南京学研究

曹劲松　卢海鸣　主编

南京出版传媒集团
南京出版社

图书在版编目（CIP）数据

南京学研究 / 曹劲松，卢海鸣主编 . -- 南京 : 南京出版社，2020.5

ISBN 978-7-5533-2813-3

Ⅰ. ①南… Ⅱ. ①曹… ②卢… Ⅲ. ①城市史—研究—南京 Ⅳ. ① K295.31

中国版本图书馆 CIP 数据核字（2020）第 027822 号

扉页题签 蒋赞初

书　　名 南京学研究
主　　编 曹劲松　卢海鸣
出版发行 南京出版传媒集团
南 京 出 版 社
社址：南京市太平门街53号　　邮编：210016
网址：http://www.njcbs.cn　　电子信箱：njcbs1988@163.com
联系电话：025-83283893、83283864（营销）　025-83112257（编务）

出 版 人 项晓宁
出 品 人 卢海鸣
责任编辑 徐　智
封面设计 张　淼
版式设计 王　俊
责任印制 杨福彬

排　　版 南京新华丰制版有限公司
印　　刷 南京工大印务有限公司
开　　本 787毫米×1092毫米　1/16
印　　张 17.75
字　　数 253千
版　　次 2020年5月第1版
印　　次 2020年5月第1次印刷
书　　号 ISBN 978-7-5533-2813-3
定　　价 68.00元

南京出版社
图书专营店

编委会

序　言

南京地处长江下游，承东启西，南北交汇，通江达海，地理位置优越。作为我国唯一跨越江南和江北的古都，南京拥有近2500年的建城史和约450年的建都史，是中外闻名的历史文化名城，享有“六朝古都”“十朝都会”的盛誉。

古往今来，南京优美的自然环境与厚重的人文历史和谐共生，交相辉映，形成了“山水城林人”融为一体的生命共同体，不仅使南京成为一座高颜值的、令人迷恋的城市，而且更是一座高素质的、拥有灵魂的城市。

在中国的古都中，南京堪称英才辈出之地。帝王将相、文人骚客、才子佳人、高僧大德、富商巨贾、外国使节等，或在此建都，或在此创业，或在此致仕，或在此定居，或在此游历……他们被南京独特的山川形胜和丰厚的文化底蕴所滋养，产生了不竭的创作灵感和源泉，为中华民族谱写出一曲曲辉煌壮丽的篇章。千百年来，南京的文化绵延不绝，标杆性成果层出不穷，传世名著熠熠生辉，不仅是中华优秀传统文化的高原之一，同时也是中国古代和近现代科技创新创造的先驱地之一。时至今日，南京更是名家辈出、名作纷呈，跃升为国家战略版图中重要的东部中心城市之一。

纵观中国历史，南京在关键时刻，屡屡承担起“救亡图存”的责任与使命，成为中华文化的保护者、传承者、复兴者和创造者。如果没有南京这座城市在历史上做出的牺牲、担当和贡献，不仅中华文明的进程会受到影响，中华民族的历史也有可能被改写。与同为我国“四大古都”的北京、西安、洛阳相比，南京在中华文化史上占有特殊的历史地位，富有独特的文化魅力。著名历史学家朱偰先生在《金陵古迹图考》中评价道：“文学之昌盛，人物之俊彦，山川之灵秀，气象之宏伟，以及与民族患难相共、休戚相关之密切，尤以金陵为最。”

21世纪以来，北京、西安、洛阳、上海、杭州、广州、泉州、武汉、鄂尔多斯、扬州等城市纷纷开展地方学研究，形成了一批体现历史文化名城丰富内涵的研究成果，彰显了城市的自然禀赋、文化价值和人文精神。有关南京的研究虽然有较多积累，但还不够全面、系统、均衡。在习近平新时代中国特色社会主义思想引领下，为了更好地聚合各界力量，整合学术资源，提升南京文化的研究高度，拓展南京文化的研究广度，加大南京文化的研究深度，以家国情怀和全球视野为基点，创立一门独立的地方学——“南京学”，显然迫在眉睫。

近年来，有关学者对创立“南京学”进行了一系列深入的思考。2016年3月，卢海鸣、徐智发表了《关于建构“南京学”的思考》（《社区新报》2016年3月4日和11日连载）一文，提出了建构“南京学”的最初设想。《南京钟山文化研究》2016年第3期、《江苏文史研究》2016年第3期、《南京史志》2017年第1期相继转发或刊载。2019年1月4日，卢海鸣在《南京日报》“风雅秦淮”版发表了《创立“南京学”，是时候了！》一文，大声呼吁创建“南京学”这门独立的学科。2019年3月17日，卢海鸣在《中华读书报》第13版“文化周刊·思想”

专栏上发表《“南京学”研究的三个维度》一文，进一步提出了开展“南京学”研究的着力点。2019年8月15日，卢海鸣在南京市政协《建言》杂志第15期发表《关于构建“南京学”推动南京文化高质量发展的建议》一文，提出了“南京学”研究对推动南京文化高质量发展的作用和意义。与此同时，在南京出版传媒集团（南京出版社）内部，专门成立了“南京学”研究中心和《金陵全书》编纂中心，从事相关活动的组织和作品的编纂工作。2019年12月29日，在成贤街43号南京市社科联（社科院）会议室举行的“南京城市文化研究会换届大会暨‘南京学’研讨会”上，出席会议的40余位专家踊跃发言，就“南京学”创立的意义以及研究的范围、内容、方向等，进行了广泛而又热烈的研讨，标志着“南京学”的创立已经得到专家学者们的高度认同。

由南京市社科联（社科院）、南京出版传媒集团（南京出版社）和南京城市文化研究会共同策划推出的《南京学研究》一书，以“立足南京、研究南京、服务南京”为宗旨，通过对地方学的多方面研究，提炼地方特色，揭示地方发展规律，提供地方问题的解决方案。这既是传承弘扬中华优秀传统文化南京篇章的现实需要，也可以激发全体市民对本地的认同感、归属感和自豪感，同时亦可以为“创新名城，美丽古都”新南京建设提供理论依据和决策参考。

目 录

“南京学”纵横谈

考古发现与文化遗产

古都历史与景观变迁

历史名人与地域文化

文献档案与出版研究

《金陵全书》专栏

NANJINGXUE

“南京学”纵横谈

南京学的研究对象与研究维度

曹劲松

摘要： 南京学如何在目前地域学研究的不同学科定位中确定自身的研究对象，是建立南京学首先要回答的问题。本文通过对地域文明体的价值分析，在讨论以南京文明体作为南京学的研究对象的基础上，从基本问题、基本规律、主体特质和实践特色四个方面，提出了南京学的研究维度。

关键词： 南京学；地域学；地域文明体；研究对象；研究维度

随着城市发展步伐的加快，以城市为核心的地域科学逐渐兴起，不仅北京、上海等全国中心城市先后提出北京学、上海学的学科概念，而且泉州、温州、武汉等一些特色城市和新兴中心城市也对泉州学、温州学、武汉学等加以界定，探索以城市为核心的地域学作为一门综合性学科的研究对象及其意义。南京作为华夏文明南北融合的历史交汇点和“一带一路”世界文明交流互鉴的古今畅流地，其城市文脉和人文特质无时无刻不对这座城市的发展产生影响。因而，南京学的提出在学界也形成了一定的共鸣度。那么，南京学的研究对象应当如何科学界定？

南京学的建立离不开地域学作为一个学科的研究背景。按照地域来构建学科，实质上是将一个地域范围的自然与人文要素及其内在演化机制进行综合研究。当然，地域不是一个封闭的系统，它处在一个开放的环境中，尤其是在当下，外部因子对地域发展影响日益显著。当前，究竟从地理的、历史的，还是文化的、经济的视角出发，对地域学加以研究，成为不同城市学探索的分野。

一、地域学的研究视角

北京学研究所自1998年1月在北京联合大学成立以来，以充分认识、分析、研究北京城市性质与功能为首要任务，以中观到微观层次的调查研究为重点，开展北京城市及区域发展的综合研究和应用研究，在实践中逐步建立起北京学的研究体系。北京学以北京城市及其环境共同组成的城市综合体为研究对象，探索其形成、演化和发展规律，成为为北京城市发展战略和管理决策提供应用理论基础的一门综合性学科。[①]与北京学研究体系相类似，上海学的研究是建立在城市学理论基础上，与都市地理学相复合的新学科。上海学在2000年后逐渐形成以经济、文化、城市质量、资源环境为研究命题的基础上，注重历史回顾式研究与前瞻式全球都市性研究相接驳，都市产业、都市经济、都市文化以及城市学科意义上的“上海人”理论样本等正在成为其新的有形的学科结构形态。[②]可见，北京和上海作为全国中心城市，其地域学是以城市或城市综合体为研究对象，主要是从地理学视角展开研究的。

与北京学和上海学不同，泉州学则是以历史文化的研究视角，将地域学作为研究地域历史文明的一门学科，其研究对象是泉州独具特色的地方文化综合体。与泉州学相类似，温州学把研究温州文化作为出发点和主要方向，研究温州人和温州人精神，研究文化与经济互动发展，进而探索温州经济和

①参见张妙弟、张景秋、张宝秀、卢培元《北京学研究的理论体系》，《北京联合大学学报》2003年第1期。

②参见张祖建《对“上海学”研究的新思考》，载《北京学研究文集2008》（上），同心出版社2009年版。

社会发展的内在规律。潮州学同样聚焦潮州地区人文现象的探讨，研究对象除潮人在经济活动的成就和侨团在海外多年拓展的过程外，还突出了与国史有关的专题研究。事实上，从区域文化的视角开展地域学研究，已成为特色人文城市的现实需要，并形成了一批彰显历史文化名城丰富内涵的研究成果。文化视角的地域学研究相较于地理学视角而言略小，虽然其研究也拓展到经济社会的其他方面，向综合性学科发展，但其研究路径是以区域人文为出发点的，凸显的是人的主体精神和文化价值。

地域学研究还有一种更广的视角，即把地域学作为统领，涵盖地域范围内的各个方面的研究。比如，武汉学"以城市地方学的学科形态统摄现有武汉研究的各个方面，以武汉城市本身及其所在区域的社会与文化为主要研究对象，以全面的观点、综合的视野研究城市社会与文化的结构特征，即在共时态中研究武汉城市社会的结构功能，区域环境与城市社会经济、政治、文化之间的内在关联"①。这种将地域学研究上升到统摄各方的最高位置，在已经开展的各地地域学研究中还不多见，其学科定位的效果如何，还需要通过进一步的研究实践来加以检验。

二、地域文明体的价值

地域学无论是从地理的、文化的研究视角，还是从统摄各方的全方位视角，都是对特定地域展开研究的。地域如何界定就成为地域学首先要回答的问题。从目前已经开展的地域学研究来看，基本上是以现有的行政区域划分作为基础的，有的也将周边地区或历史上行政区划出现的波动范围等纳入研究对象。以当下的行政区域划分来界定地域学研究范围，具有一定的合理性，尤其是在获得当地政府的各方面支持上，有着诸多的便利性。同时，相关研究成果也能够及时地回馈政府、服务社会。因而，地域学研究普遍得到了当地政府的鼓励，有的地方政府甚至主导着当地地域学的研究。

①首届武汉学高峰论坛暨《武汉学研究》《武汉城市简史》首发式在汉召开，https://www.jhun.edu.cn/de/92/c208a122514/page.htm，2019年12月9日。

当然，这种以现有行政区域的划分作为地域学的研究范围也存在着不足，主要集中在以下两个方面：一是行政区域划分在不同的历史时期往往是不同的，这里不排除一些地方区划的历史稳定性较强，但对于大多行政区域而言是存在历史变迁的，划入与划出往往伴随着政权更替发生变化。以现有行政区域划分来界定研究范围，有时会造成与周边区域在人文历史上存在复杂交错的关系，或在同一行政区内也存在着较强差异性。二是有些地方虽然分属不同的行政区域，但其内在的自然与人文要素同质性很强，联系紧密且区分度不大，显然没有必要将其硬性分开加以研究。因此，地域学的研究范围以现有行政区划为基础虽然具有一定合理性和现实需求性，但从学理上加以阐释则是不充分的、模糊的，也是目前地域学研究中基本问题的学术短板所在，即不能清晰描述地域学的研究对象。

简单地将地域作为研究对象，仅仅是一种地理学的视角，或在这一视角基础上的延伸，这种界定还不足以使地域学成为一个学科。地域成学的核心在于要有与其他学科不同的特定研究对象，使之区别于其他已有的成熟学科。地域是一个有形的物理空间，在这个空间里的人作为社会的劳动者和创造者，必然形成生活空间、制度空间、智识空间，也就是形成一个地域文明体。古希腊的各城邦就是比较典型地域文明体。在泱泱华夏五千年文明史中，中国作为历史上长期统一的多民族大国，自身的文化传承、融合与创新的脚步一直在持续。在这一宏大的文明背景下，也形成了具有诸多特色的区域性的地域文明体。这种地域文明体既以中华文明为底色，又因各自的自然环境、生产方式、生活方式、人文精神等要素组合差异而形成不同的文明特色。

地域文明体的价值在于“通”“融”“和”三个方面。其一，在世界文明历史演进的宏大背景下，地域文明体与之相通，且不同地域文明体之间相互交流，来自不同地域的文化基因使人类文明成果更加具有丰富性；其二，在人类文明交流互鉴的大格局中，地域文明体彼此融汇，相互启发，地域文明体中的优秀因子可以被相互吸收、融合创新，使人类文明成果更加具有进步性；其三，在推动构建人类命运共同体的新时代，地域文明体可以贡献“和”的智慧与“合”的价值，让价值共存成为世界秩序的度量衡，使人类文明成果更加具有和谐性。地域文明体的独特价值，为地域学的研究提供了一个全新的视野，以其作为研究对象可以使地域学成为区别于其他学科的新学科。

三、南京学的研究对象

南京历史悠长、经济发达、人才荟萃、文化积淀丰厚，又是华夏文化的南北交融地和海上丝绸之路的决策地、出发地，具有独特的地域文明体价值。因此，南京学应以南京文明体为研究对象，着力探究其在历史演进过程中的发展规律，为区域高质量发展明晰路径，为中华文明增彩添色，为人类命运共同体的构建贡献智慧。

南京文明体是一个以人的主体价值为核心，融自然与人文、政治与经济、智识与创造为一体的文明范畴，它与南京行政区、南京都市圈等简单的地理概念不同，其空间范围具有历史性，体现了人与时空动态交汇的文明特征。在历史长河中，人始终是最活跃、最具创造力的主体，他们在对自然和社会的认知与改造、斗争与合作，以及自身的传承与创新中，不断累积成果和经验，共同推动人类文明的进阶。相对于自然地域稳定且四季有序的静态特点，人则具有流动、迁徙、征服与被征服的动态性，人们所构建起的生活家园及其聚落也会随着历史变迁而变化。作为地域文明体的南京，其空间范围必定随着历史变化而在一定范围发生变化，呈现出一种随时间轴变化的空间波动。因而，以严格的地理边界去框定南京文明体的范围是不恰当的，无论是历史的边界，还是当下的边界，因为地域文明体本身的演化就具有历时性与空间性相结合的动态特征。

那么，南京文明体究竟还有没有地域范围呢？当然有。南京之所以为“京”，是因为其作为历史上不同朝代或区域政权的都城所在地所发挥的政治、经济、文化中心的功能。在南京近2500年的建城史中，其作为十个朝代和政权的都城只有断续的443年，其他时间或城或废，行政治所也历经多次变化。尽管历史上的南京命运多舛，但其作为首都及城市的核心区域却相对稳定。这里固然有自然山水形胜之必然，更有南京文明体之基因延续与人文影响之功效。因此，南京文明体的空间范围是以南京城为核心的经济人文圈。

作为南京学研究对象的南京文明体，无论是在空间上，还是在文明要素内在联系的强度上，都具有明显的圈层结构。其核心圈是南京城也就是当下主城区范围，这里既是历史上的城市所在地，也是现代城市的中心所在，构成了南京文明体的政治、经济、人文枢纽；从核心圈之外到目前南京行政区边界，是南京文明体的中心圈，现行的行政隶属关系强化了这一区域的内在联系，在当下文明实践中同质性很强；从中心圈向外则是南京文明体的辐射圈，这种辐射不是以行政关系作为支撑，而是由文明体内在的经济人文特质所形成的引力作用范围，主要部分在南京都市圈的城市群内，但既不一定包括都市圈城市群的全部行政区范围，也并非不能超出都市圈范围，其关键在于南京文明体所能产生实质影响的作用区域。

四、南京学的研究维度

南京学以南京文明体为研究对象，需要以系统思维和综合观念探究其内在要素的作用机制与演化规律，构成了一个全新的学科命题。作为一个新兴学科，如何架构南京学的研究维度，是学科建设首先要回答的问题。从学理上分析，任何学科都必须明确自身研究的基本问题，探求其发展的基本规律，两者构成了学科骨干；同时，人作为文明体核心要素，其主体特质和实践特色则是文明体的有机展开，两者构成学科体系的基本脉络。

南京学的基本问题是对何谓南京文明体的科学回答，这是确立南京学学术话语体系的出发点。文明体作为地域学的核心概念，体现了人类实践主体适应性、能动性和创造性的本质特征，以及在不同视域下的分级呈现，如人类文明体、亚洲文明体、华夏文明体、南京文明体等。从文明体的核心概念出发，还可以形成扩充概念、边缘概念和交叉概念，如共同体、类文明体、历史文明体等。学科概念是形成学术话语体系的基础，在此基础上，以马克思主义哲学观和方法论为逻辑架构，形成一系列科学命题和准确判断，进而推动体系化的思想表达，不断使南京学的研究日臻完善。南京文明体不是简单的地理概念，而是以价值共同体为内核、以思想文化为支撑、以区域环境为条件且内在紧密联系着的人们的思想实践和物质实践的综合体。显然这一综合体不是孤立地存在，而是有着强大的文明底色和日益开放的外部环境，因而任何文明体都不是僵死的、不变的，而是充满生机活力的、动态演进的有机生命体。

南京学是研究南京文明体形成、演进、发展规律的科学，文明体作为一个有机生长的系统，其内在各要素的作用机理，以及与外部环境的相互作用关系，构成了地域学的基本原理。对于南京学基本规律的研究，既要在华夏文明体发展的历史趋势中加以考量，体现继承性和民族性；又要立足于南京文明体独有的气质和韵味挖掘特色，彰显原创性和时代性。同时，要将两者有机统一起来，逐步形成文明体研究的专业范式和理论框架，呈现学科所应有的系统性和专业性。探究南京文明体发展基本规律的过程，实质上也是对人类文明体本身的研究过程。从南京文明体的特殊规律上升到华夏文明体的一般规律，再到人类文明体的普遍规律，是学术思想形成与发展的内在逻辑。因此，南京学研究绝不能陷入孤立视角和封闭体系，要以推动人类文明进阶和构建人类命运共同体为学术宗旨，以自然、人文、技术及其交叉学科的知识和理论为支撑，开展综合研究，逐步形成包含文明体理论、文明体发展史、文明体实践设计等在内的学术思想体系。

南京人是南京文明体构成的最核心要素，也是实现文明体其他要素相互协调作用的关键所在，因而，将文明体的主体特质加以凸显，是地域文明体研究的重要维度。这在上海学、温州学等已经开展的地域学研究实践中得到了充分体现。在任何文明体中，人都是最活跃、最具创造性的主体。人的价值理念、道德观念、思想共鸣和不懈追求，通过制度设计、发展战略规划和实践路径选择等，对文明体的走向与进阶都起着决定性的作用。21世纪初，我国许多城市都开展过市民精神的研究与提炼，除了作为城市名片彰显一个城市的人文气质外，更重要的是为城市发展凝聚共识和提升人的精气神，进而转化为推动城市又好又快发展的精神动能。对南京人主体特质的研究，不能仅停留在历史文化积淀所形成的静态品质方面，还要着眼于新时代所提出的课题，身处其中的人的感受和精神生活变化，绘就南京人新时代的精神图谱。

南京文明体并非孤立存在，它是华夏文明体的有机组成部分，也是人类文明体的鲜明个案。南京学将南京文明体作为特定的研究对象，在探究其作为文明体共同特征的同时，必然将其实践特色作为区别于其他文明体，尤其是如何更好地促进其高质量发展的重要维度。作为南京文明体的实践者，人们只有理清原来、立足本来，才能更好地面向未来。应当看到，南京文明体的实践既有综合性特色，也有在不同实践领域的单项特色，并同华夏文明的母体融会贯通。因此，在南京文明体的实践特色研究中，要以时空经纬网为其架构发展坐标，在注重综合研究的同时，细分领域、深化研究，发挥出南京学理论应用于实践的设计功效。理论研究的使命在于指导和服务实践，同时也在丰富多彩的实践中不断获得源头活水。作为南京学的研究者，一定要与时代同步伐，不断提升南京文明体的思维能力、精神品格和实践水平，为华夏文明走向世界、共同构建人类命运共同体贡献智慧和经验。

作者简介：曹劲松，哲学博士，研究员，南京市社科联主席，南京市社科院院长

试论“南京学”

卢海鸣

摘要：本文围绕构建一门全新的地方学——“南京学”的学科体系，进行了全面、深入、系统的探讨。首先对“南京学”构建的意义进行了论述，接着对其内涵和外延进行了界定，阐述了创立“南京学”的四大基础，论述了“南京学”研究的三个切入点——地理维度、政治维度和文化维度，指出了开展“南京学”研究的八大具体举措。不仅对于挖掘、整理、传承、弘扬金陵文脉，讲好中国故事南京篇章具有实践价值，而且对我国历史文化名城弘扬中华优秀传统文化具有借鉴意义。

关键词：南京学；内涵和外延；维度；传统文化

地方学是20世纪60年代产生于西方的一门新兴学科，它“是对特定地域空间内的生态环境、经济方式、社会结构、文化传统与文化现象等诸方面进行综合研究的学问。地方文化研究是地方学研究的重要组成部分”[①]。20世纪末，地方学传入我国。进入21世纪，北京、西安、洛阳、上海、广州、泉

①萧放：《地方文化研究的三个维度》，载张妙弟主编《地方学与地方文化》，知识产权出版社2012年版，第41页。

州、杭州、鄂尔多斯、武汉、扬州等城市纷纷开展地方学研究，我国的地方学呈现方兴未艾的趋势。本文就构建以南京为研究对象的地方学——“南京学”作一探讨。

一、构建“南京学”的意义

每一座城市都有其独特的基因，文化是其中重要的组成部分，南京亦不例外。美国著名城市理论家刘易斯·芒福德（Lewis Mumford）在《城市文化》一书中写道：“城市……就是人类社会权力和历史文化所形成的一种最大限度的汇聚体。”[①]古往今来，南京这个“汇聚体”作为中国著名的四大古都之一，完美地承载了贮存文化、传播文化和创造文化的作用，在中华文明史上写下了光辉灿烂的南京篇章。

文化是民族的血脉，是人民的精神家园。为建设社会主义文化强国，增强国家文化软实力，实现中华民族伟大复兴的中国梦，2017年1月中共中央办公厅、国务院办公厅印发了《关于实施中华优秀传统文化传承发展工程的意见》；2017年9月4日和2019年10月31日，南京先后荣获“国际和平城市”和“文学之都”两大国际名片。在此背景下，以家国情怀和全球视野为基点，创立一门独立的地方学——“南京学”学科体系，聚合各界力量，整合学术资源，提升南京文化的研究高度，拓展南京文化的研究广度，加大南京文化的研究深度，不仅是传承弘扬中华优秀传统文化南京篇章的现实需要，而且对激发南京市民内心深处的认同感、归属感和自豪感也具有重要的现实意义。

另一方面，一座城市的建设和发展需要符合这座城市特色的经济、社会、文化和生态发展理论来指导。“南京学”作为地方学，是一门应用性较强的学科，它以“立足南京、研究南京、服务南京”为宗旨，通过对地方问题的多方面研究，提炼地方特色标识，揭示地方发展规律，对于南京更好地

① [美] 刘易斯·芒福德：《城市文化》，宋俊岭、李翔宁、周鸣浩译，郑时龄校，中国建筑工业出版社2009年版，第1页。

弘扬既往、把握现在、规划未来，不仅具有重要的指导意义和实践价值，而且可为当下“创新名城，美丽古都”新南京发展战略，提供理论依据和决策参考。

二、“南京学”的内涵和外延

“南京学”是以1949年之前的南京为中心，研究其自然、人文和社会的一门综合性学科。它涉及地理、地质、气候、动植物、文学、历史、哲学、艺术、政治、经济、法律、社会、人类、民族、宗教、民俗、科技、语言、建筑和文献等多个领域。旨在推动以南京文化为重要组成部分的中华优秀传统文化的挖掘、整理、传承、弘扬和发展，提升南京的文化软实力和国际影响力，为政府提供决策依据和智力支持。“南京学”的研究范围，主要包括以下三个方面。

1.自然科学

包括数学、天文学、物理学、化学、地球科学、生物学等基础科学和医学、农学、气象学、材料学等应用科学，是以自然界为研究对象的科学。主要研究自然界的物质形态、结构、性质和运动规律。就南京而言，着重研究南京的生态环境，如地理、地质、气候、动植物等自然因素对南京建都和城市发展的影响。它关注的焦点是，为什么南京会成为江南第一古都和中国著名的“四大古都”之一?

2.人文科学（学科）

包括文学、历史学、哲学及其基础学科美学、逻辑学、宗教学、伦理学、文献学、考古学等，是指以人类文化现象作为研究对象的科学。主要通过研究人类的精神世界和精神文化，以揭示人类社会文化领域的本质和发展规律。就南京而言，着重研究历史人物在南京的精神活动，以及南京建城2500年来的精神文明成果。它关注的焦点是，南京在历史上曾经贡献给中国乃至世界的精神文明成果，以及南京在中华民族精神家园建设中的地位和作用。

3.社会科学

包括政治学、经济学、法学、人类学、社会学等，是以人类社会为研究对象的科学。主要研究并阐述各种社会现象及其发展规律。就南京而言，着重研究南京的历史发展规律及其与中国历史发展规律之间的内在联系。它关注的焦点是，南京的兴衰起伏为什么与北方古都时而同频共振，时而背道而驰？

三、创立“南京学”的基础

“南京学”作为客观存在的一门学科，应该说，从公元前472年（周元王四年）南京建城之日起就已经开始萌芽。时至今日，它作为一门独立的地方学科条件已经成熟。具体说来，今天我们创立“南京学”，有以下几个良好基础。

1.深厚的文化底蕴

南京占据了长江下游的特殊地理位置，优越的自然环境使它成为历史上政治家、军事家钟爱的定都之地。三国时期的蜀汉政治家诸葛亮称：“钟山龙盘，石头虎踞，此乃帝王之宅也。”[①]南京不仅有奔腾的长江穿城而过，还有连绵的青山，逶迤的秀水，蜿蜒的古城，丰茂的林木，其中任何一景都足以令人陶醉。如果说，“山水城林”融为一体的自然景观使南京拥有了无限魅力的话，那么，深厚的文化底蕴则铸就了南京这座古都的不朽灵魂。在漫长的历史发展过程中，南京积淀了丰富的文化宝藏，既包括北阴阳营新石器时代遗址、湖熟文化遗存、南朝陵墓石刻、南唐二陵、明孝陵、明城墙、龙江宝船厂遗址、中山陵、总统府等物质文化遗产，又包括书法绘画、诗词歌赋、戏剧小说以及南京云锦织造工艺、金陵刻经技艺、秦淮灯彩扎制技艺等非物质文化遗产，还包括《昭明文选》《文心雕龙》《永乐大典》等文献典籍类记忆遗产。

---

①（唐）许嵩撰：《建康实录》卷2引西晋张勃《吴录》，张忱石点校，中华书局1986年版，第38页。

2.集聚的名人群体

南京文化之所以能够在整个中华文化中独具魅力，成为中华优秀传统文化中的一个重要组成部分，除了地域文化本身的浓厚底蕴以外，还有一个很重要的因素，这就是在这一片土地上孕育产生过在历史上享有突出声望、做出过突出贡献、令后人无限钦仰的杰出人物。清代文人余怀《板桥杂记》中赞美南京：“衣冠文物，胜于江南；文采风流，甲于海内。”

孙权、朱元璋、孙中山这样的开国伟人自不必说，他们的文韬武略，丰功伟绩，彪炳千秋；一代名将谢玄、岳飞、韩世忠、徐达、邓廷桢、徐绍祯，气吞山河，力挽狂澜，战功赫赫；一代名臣范蠡、诸葛亮、王导、谢安、王安石、刘基、曾国藩，励精图治，运筹帷幄，富国强兵，他们共同为南京乃至中华民族的和平发展与辉煌荣光奠定基石。历朝历代，南京这块沃土人文荟萃，群星璀璨，既有谢灵运、谢朓、鲍照、李白、刘禹锡、杜牧、李煜、周邦彦、李清照、辛弃疾、萨都剌、高启、纳兰性德这样的大诗人大词家，又有范晔、沈约、萧子显、裴松之、许嵩、周应合、张铉、解缙、姚鼐、陈作霖、朱偰这样的史学家和方志学家；既有支谦、康僧会、葛洪、法显、僧祐、陶弘景、达摩、法融、文益、可政、宝志、杨仁山、太虚、达浦生、丁光训这样的宗教人物，又有萧统、刘勰、颜之推、崔致远、李煜、焦竑、李渔、汤显祖、孔尚任、吴敬梓、曹雪芹、袁枚、赛珍珠、卢前、胡小石、唐圭璋这样的文坛泰斗；既有皇象、王羲之、王献之、颜真卿、高二适、林散之、萧娴这样的书法巨擘，又有顾恺之、陆探微、张僧繇、萧绎、顾闳中、王齐翰、董源、卫贤、巨然、髡残、龚贤、郑板桥、徐悲鸿、傅抱石这样的绘画名家。科学技术领域亦是人才济济。南朝时期祖冲之，在世界上第一次将圆周率值推算到小数点后第7位，比欧洲早了1000多年；明朝初年郑和从南京出发，七下西洋，乘风破浪，直抵非洲，成为世界航海史上的佳话，比哥伦布发现新大陆还要早87年，南京由此成为中国海上丝绸之路的重要城市；民国时期吕彦直设计的中山陵，布局奇巧，寓意深远，成为中国近代建筑史上中西合璧的典范之作。

3.雄厚的学术团队

南京是中国四大科教中心之一，拥有南京大学、东南大学、南京师范大学、南京航空航天大学、南京理工大学、南京农业大学、南京林业大学、南京工业大学、南京晓庄学院等著名高校，这些高校在各自领域都做出了突出贡献。此外，有关南京文化研究的学术机构和团体门类齐全，综合性的有江苏省社会科学院、南京市社科院、南京城市文化研究会、南京古都学会、南京历史文化名城研究会、南京历史学会等；断代史方面的包括江苏省六朝文化研究会、江苏省中国近现代史研究会、南京六朝文化研究会、南唐文化研究院、南京明文化研究会、南京太平天国史研究会、南京中华民国史研究会等；专门性的有南京市考古研究院、侵华日军南京大屠杀史研究会、南京文化遗产保护与利用研究会、南京钟山文化研究会、南京大学南京历史文化研究中心、南京大学世界文化遗产中心、南京城墙研究会等。这些高校、科研院所和学术团体，汇集了一批科研能力强、学术水平高的研究力量，许多研究工作在全国处于学界领先地位。

4.丰硕的成果积淀

古往今来，南京独特的山川形胜和丰厚的历史底蕴，给世人提供了不竭的创作灵感和源泉。在南京诞生或以南京为主题的诗词歌赋比比皆是。创作者不仅有才子佳人，更有帝王将相和外来使节。诗词歌赋的门类众多，既有乐府诗、游仙诗、边塞诗，也有山水诗、宫体诗、怀古诗以及各类辞赋，其中流传下来的大多是经典之作，南京因此有“诗国”之称。[①]

南京这座古老的城市，给中国乃至整个世界，留下了一批又一批不朽的文化遗产。文学方面，既有《世说新语》《昭明文选》《桃花扇》《儒林外史》《红楼梦》《大地》之类的巅峰之作，又有《文心雕龙》《诗品》之类的经典文艺理论和批评著作。史学方面，既有记录国家历史全景的《后汉书》《宋书》《南齐书》《元史》《永乐大典》，又有专注于南京地方历史

---

①胡小石：《南京在中国文学史上的地位》，载《胡小石论文集》，上海古籍出版社1982年版，第146页。

全貌的《建康实录》《景定建康志》《至正金陵新志》《洪武京城图志》《首都志》《金陵古迹图考》。书画方面，既有《古画品录》《续画品》之类的理论著作，又有《芥子园画谱》《十竹斋书画谱》之类的入门教材。宗教方面，既有不朽的佛教和道教典籍《抱朴子》《佛国记》《弘明集》《高僧传》《永乐南藏》《金陵梵刹志》《金陵玄观志》，又有重要的伊斯兰教文献《天方典礼》《天方性理》《天方至圣实录》。科技医药等领域，既有《本草经集注》《本草纲目》之类的医药学名著，又有《首都计划》《科学的南京》之类的科技规划作品。

新中国成立以来，特别是进入21世纪后，有关南京的学术研究呈现井喷的态势，出版的研究成果可粗分为以下四大类。一是文献古籍类，如《金陵全书》、“南京稀见文献丛刊”等；二是辞典图录类，如《南京词典》《南京大百科全书》《南京大屠杀辞典》《中国南京云锦》《南京百年风云》《南京历代风华》《南京当代风采》等；三是学术研究类，如《南京通史》《南京通志》《南京园林志》《南京水利志》《南京明清建筑》《南京民国建筑》《南京历代运河》，以及“六朝文化”丛书、“十朝故都文化”丛书、“南京大屠杀史研究与文献系列”丛书等；四是大众普及类，如《朱元璋传》、蒋赞初《南京史话》、“可爱的南京”丛书、“文化南京”丛书、“我爱南京”丛书、“品读南京”丛书、“南京地标”丛书、《南京的水》等。

由上可见，创立“南京学”学科体系的内在条件和外部环境已经成熟。

四、“南京学”研究的三个维度

针对拥有近2500年建城史的南京所处的优越地理位置、历史上的独特政治地位和积淀下来的丰厚文化资源，我们开展“南京学”研究，须以历史为轴线，从地理、政治和文化三个维度着手，方能在现有研究基础上达到进一步升华。

1.地理维度

从全国视角来看，南京地处我国东南地区，位于长江下游中部，跨越淮河、滁河、长江干流、秦淮河、水阳江和太湖六大水系，因水而生，因水而兴，因水而盛。独特的地理区位优势，使得南京在我国历史发展的长河中，脱颖而出，成为跨江城市的杰出代表。

历史上的南京，地域范围变动不居。行政管辖范围最大的时期是汉末至唐朝初年，南京作为扬州刺史治所所在地，管辖范围涵盖了今天的上海、江苏、安徽、江西、浙江和福建等省市；管辖范围最小的时候是楚国金陵邑、秦汉秣陵县以及唐代归化县、金陵县、白下县、江宁县、上元县，南京作为一个县级政区建置，堪称弹丸之地。在漫长的历史演变过程中，南京由建城初期“控江临淮”的军事堡垒“越城”，到六朝时期地方性政权的都城，再发展成为明朝跨江而治的大一统王朝的都城，最终形成今天跨越江南江北的南京，其行政管辖的地域范围涵盖了玄武区、鼓楼区、秦淮区、建邺区、浦口区、六合区、栖霞区、雨花台区、江宁区、溧水区、高淳区11个区，总面积6587.02平方千米，地理坐标为北纬31° 14′ —32° 37′ ，东经118° 22′ —119° 14′ 。南京东连富饶的长江三角洲，西靠皖南丘陵，南接太湖水网，北接辽阔的江淮平原，承东启西、南北交汇、通江达海，既有秦淮河舟楫之利，又有“黄金水道”长江沟通内外。同时，南京地处富庶的江浙与广袤的中原之间，便利于促进不同地域之间经济和文化的交流。

南京历史上地域范围的盈缩变迁，造就了南京既不因循守旧而又随遇而安、既不画地为牢而又顺势而为的个性。

南京在我国的区位，使它成为海派文化与内陆文化、北方文化与南方文化、运河文化与长江文化的交汇点，不同的文化在这里碰撞激荡，造就了南京开放创新、包容并蓄的特质。

从地理维度考察南京，我们必须具有全球视野、中国视角，以今天的南京主城区为核心，以南京市域范围为重点，兼顾历史时期的南京辖境和今天的江南地域变迁。

2.政治维度

据史念海先生统计，南京作为古都，前后定都时间共计450年，仅次于西安（1077年）、北京（903年）、洛阳（885年），名列中国古都排行榜的第四位。①

南京作为都城，政治在其发展过程中始终扮演着重要的角色。哈佛大学学者玛丽露丝·科勒曼在其所著《南京地方政治：1927—1937》一书中写道：“政治……多少世纪以来都是南京的主要‘产业’，是南京的悲哀。它的主要产品有围城、屠杀、劫掠、战火和残墟……这一点其他任何城市都无法比拟。”②在南京近2500年的建城史中，孙吴、东晋、刘宋、萧齐、梁、陈，先后以建康（孙吴时期称建业，东晋南朝称建康。今南京）为都，史称“六朝”。此后，南唐、明、太平天国、中华民国相继在南京定都。在定都南京的十个王朝和政权中，六朝、南唐和太平天国属于地区性的政权，明朝和民国属于全国性的政权。

六朝、南唐和太平天国虽然同为地区性政权，但是，它们在中国历史上的地位和对中国历史发展的贡献截然不同。

传统观念上，六朝是一个偏安王朝、短命王朝，或者用美籍华人学者黄仁宇的观点来说，是一个汉人在江南建立的“流亡政府”③。正因为是汉人建立的政权，所以在当时就被看作是华夏正统。《宋书·武三王传》云：“高祖（指东晋大将刘裕）将还，三秦父老诣门流涕诉曰：‘残民不沾王化，于今百年矣。始睹衣冠，方仰圣泽。长安十陵，是公家坟墓，咸阳宫殿数千间，是公家屋宅，舍此而欲何之？’”隋灭陈后，隋文帝杨坚爱听“南朝旧乐”，称其为“华夏正声”④。南宋李焘《六朝通鉴博议》指出：“若夫东晋、宋、齐、梁、陈之君，虽居江南，中国也；五胡、元魏，虽处神

---

①史念海：《中国古都与文化》，中华书局1998年版，第136—138页。

②转引自陆素洁主编《民国的踪迹——南京民国建筑精华游》，中国旅游出版社2004年版，第13页。

③黄仁宇：《中国大历史》，三联书店1995年版，第75页。

④《隋书·音乐志》。

州，夷狄也，其事又与孙、曹不同。”[①]六朝都城建康作为中华正朔所在，其兴衰起伏，直接关系到中华文明的盛衰。因此，确切地说，六朝是一个继汉开唐、存亡续绝的时代，是一个由分裂走向统一的时代。

南唐作为五代十国之一，是一个名副其实的短命王朝、偏安王朝。南唐政权以江宁（今南京）为中心，前后统治江淮地区将近40年之久。南唐全盛时期的地域包括江苏、安徽淮河以南、江西、湖南、湖北东部、福建，也就是说，我国中南部最富庶的地区大多属于南唐国。在五代十国这样一个分裂动乱的时代，南唐的存在时间超过五代中的任何一个国家，也是十国中存在时间比较长久的一个国家。它不仅是我国南方地区的一个重要的地区性政权，而且是这一时期我国东南地区的政治、经济、文化中心。南唐政权对中华文明的发展同样起到了积极的推动作用。

太平天国农民政权，自清朝咸丰三年（1853）定都天京（今南京），至同治三年（1864）天京沦陷，宣告失败，与清政府分庭抗礼达11年之久。太平天国军力曾经发展到数百万之众，势力遍及18省，攻克了600多座城镇。太平天国农民政权极大地动摇了清王朝的统治基础，加速了清王朝的灭亡。

明朝和中华民国是我国历史上定都南京的两个统一政权，与上述地区性政权相比，政治上的影响力不可同日而语。

1368年，明太祖朱元璋将应天府改称南京，并在南京称帝，建立明朝，这是南京也是江南地区第一次成为全国的政治、军事、经济、文化中心，时间达54年。1421年，明成祖朱棣以“天子守国门”为由，迁都北京，此后200余年间，南京成为留都，又称南都、陪都，但府部犹存，仍然是南方地区的政治、军事、经济和文化中心。明朝276年间，南京不仅是一个地理概念，同时也是一个政治符号、经济符号、文化符号。据统计，在洪武朝的31年间，明朝政府先后30次派使节对周边12个国家进行访问，有17个国家的使节先后135次访问中国；永乐年间，有60个国家的使节先后

① （宋）李焘：《六朝通鉴博议》，胡阿祥、童岭点校，南京出版社2007年版，第155页。

245次访问中国。[①]明代南京对周边国家和地区的影响力既深且远。在此后相当长一段时间内，南京在日本就是中国的代名词，“南京町”成为“中华街”的代名词。[②]

民国南京载浮载沉，既饱受战火的侵扰和蹂躏，又创造了一个又一个辉煌和奇迹，可谓集辉煌荣耀与酸楚泪水于一身，融动乱纷扰与典雅安宁于一体。其中，1912年1月1日至4月1日，孙中山在南京建立的中华民国临时政府，结束了我国2000多年的封建帝制，创建了我国历史上第一个资产阶级共和国——中华民国，颁布了中国第一部资产阶级宪法——《中华民国临时约法》。从此，“皇帝”一词成为历史的陈迹。孙中山在短短三个月的任职期间，在南京亲自发布了大量的通告，下令废除了许多封建陋习，也就是从那时起，中国男人留辫子、女人裹小脚的恶习得到根本改观；老爷、大人、奴才、小人等反映人身依附关系和社会等级制度的词语被扔进了历史的垃圾堆；流行数千年的跪拜礼也被鞠躬礼所取代；长袍马褂向中山装、西装等多元化服装过渡。

1927年4月18日，蒋介石在南京建立国民政府，南京时隔15年后再一次成为民国的首都。为了巩固国民党的统治地位，提升首都南京的影响力，当时在全国各省都有以“南京”命名的街道。1931—1945年日本发动侵华战争，改变了中国历史的发展方向，也改变了南京的发展进程。1937年12月13日南京沦陷，使得民国首都成为中国人的屈辱之地。经过中国人民艰苦卓绝的14年抗战，至1945年8月15日，日本宣布无条件投降。1945年9月9日上午9时，中国战区日本投降签字典礼在南京中国陆军总司令部大礼堂举行，日军在南京签订城下之盟，南京成为英雄之城、胜利之都。

南京不仅作为都城而存在，在非建都的2000多年里，南京因其“江南佳丽地”的独特江山形胜，或为王侯封国，或为帝国陪都，或为龙兴之地，或

---

①王天有、高寿仙：《明史：多重性格的时代》，中信出版社2017年版，第81—92页。

②秦岚：《一座城市的影子——前近代日本有关南京的记忆与想象》，《文史知识》2014年第5、6期。

为封疆大吏的治所，如秦汉秣陵县、北宋江宁府、南宋建康府、元代集庆路、清代江宁府等，均是江南地区政治、经济、军事、文化重镇。南宋张耒《怀金陵》中的“芰荷声里孤舟雨，卧入江南第一州”，可谓对南京“非都”时期地位的真实写照。

南京无论是在定都的450年，还是“非都”的2000余年，在历史上的紧要关头，每每首当其冲，忍辱负重，挺身而出。尤其是1840—1949年近百年来，南京作为东南地区乃至全国政治、经济、军事、文化中心，在内战不休和外敌入侵时，饱受战火的蹂躏，抢劫、强奸、屠城、废墟乃至城下之盟在这座城市屡屡上演。最显著的事例，一是1842年清政府被迫在南京下关江面与英军签订丧权辱国的中英《南京条约》，中国从此沦为半殖民地半封建社会；二是1937年侵华日军在南京制造的惨绝人寰的南京大屠杀事件，30万无辜同胞被日军杀害。余秋雨《五城记》写道：“历代古都多得很，哪像南京，直到现代还一会儿被外寇血洗全城，一会儿在炮火中作历史性永诀，一次次搞得地覆天翻？”①我们同时也不应该忘记，南京更是一座伟大的城市。最典型的事例，一是1912年孙中山先生在南京建立民国，结束我国2000多年的封建帝制；二是1949年4月23日，中国人民解放军占领南京，标志着蒋家王朝的覆灭和一个新时代的来临。

从政治维度考察南京，我们可以发现，自古至今，南京与中国的命运紧密相连。南京兴，则中国兴；南京衰，则中国衰。纵观中国历史，南京在中华民族危亡的紧急关头，坚忍不拔，忍辱负重，成为中华文明的避难所，荷载起救亡图存、传薪播火的重任，从而使中华文明绵延不绝。②南京以其自身扮演的独特角色，为中华民族谱写了辉煌壮丽的篇章。

今天，我们开展“南京学”研究，就是要充分认识到南京在政治上兴衰起伏的内因，及其对中华文明发展进程乃至发展高度、深度、广度和厚度的影响。

---

①余秋雨：《五城记》，载《文化苦旅》，知识出版社1992年版，第163—164页。
②叶皓：《重读南京》，南京出版社2011年版，第73页。

3.文化维度

城市是文化的载体，文化是城市的灵魂。美国著名城市理论家刘易斯·芒福德在《城市发展史——起源、演变和前景》"中文第二版序"中写道："贮存文化、流传文化和创造文化，这大约就是城市的三个基本使命了。"[①]南京通江达海、南北交汇，各种文化在这里交流、交融和交锋。不同的时代，造就了各具特色的文化。经过千百年的积淀，南京文化已经成为中华文化的一个重要组成部分。

南京在十朝建都的450年左右时间里（除了太平天国政权定都南京11年外），因其"金陵帝王州"的至高无上地位，引领时尚，指点江山，海纳百川，创新发展，义不容辞地承载起积累文化、传播文化、创造文化的重任，责无旁贷地成为中华文明的中心。

六朝320余年，尽管是地区性政权，然而在历史的大动荡时期，义无反顾地承载起传薪播火、救亡图存的角色，都城建康成为中华传统文化的中心。六朝的文学、艺术、史学、宗教、科技超越前人，独领风骚，第一次使南方地区成为中国文化的高原，涌现了《兰亭序》《女史箴图》《洛神赋图》《后汉书》《宋书》《弘明集》《昭明文选》以及"竹林七贤和荣启期"砖拼壁画等一座又一座文化高峰，制定了作文（《文心雕龙》）、写诗（《诗品》）、绘画（《画品》）等一个又一个国家标准。范文澜先生称："军事上是北朝战胜南朝，文化上却是南朝战胜北朝。"[②]

南唐立都江宁（今南京）头尾40年，是五代十国时期南方地区的一个重要国家，政治上无足称道，但文化上却可圈可点。国学大师钱穆称赞南唐文物"尤为一时之冠"[③]。其诗词书画独步天下，开创了一代文学之风。诗词以中主李璟、后主李煜造诣最深，李煜被称为"千古词帝"。王国维曾评价

---

①［美］刘易斯·芒福德：《城市发展史——起源、演变和前景》，宋俊岭、倪文彦译，中国建筑工业出版社2005年版，第14页。

②范文澜：《中国通史简编》（修订本第二编），人民出版社1964年版，第446页。

③钱穆：《国史大纲》第五编第三十二章《黑暗时代之大动摇》，商务印书馆1996年版，第502页。

其词道：“词至李后主而眼界始大，感慨遂深，遂变伶工之词而为士大夫之词。”[①]南唐书画则以宫廷画家顾闳中《韩熙载夜宴图》、王齐翰《勘书图》等享有盛名。在五代十国纷争中，南唐成为传承中国传统文化的中心。

明朝时期，南京第一次成为大一统王朝的都城。在定都南京的54年，南京文化的成就达到了封建社会的顶峰，树立了一个又一个国家级的标杆。我国古代辑录最为广博、内容最为丰富的大型类书《永乐大典》，就是在南京编纂的。全书正文22877卷，凡例和目录60卷，装成11095册，总字数约3.7亿字。书中保存了中国上自先秦、下迄明初的各种典籍资料达8000余种，是中国古代最大的百科全书。300年后清代乾隆年间编纂的《四库全书》就是直接受到《永乐大典》的影响。[②]尤其值得称道的是明代南京的城市建设和陵墓营造对同时代及清代城市建设和陵墓营造的影响。明朝南京城由内到外的四重城墙构造，不仅体现了南京至高无上的国都地位，而且在中外都城建设史上也是一个创举。南京明城墙不仅成为全国城墙的典范，而且南京明故宫也成为北京紫禁城的蓝本。[③]明孝陵陵寝制度承前启后，独创新规，为以后500多年的明清两代帝陵所沿用，在中国古代帝陵制度史上具有里程碑的地位。2003年7月3日，明孝陵被联合国教科文组织列为“世界文化遗产”。

民国38年，南京作为首都历时22年，其中1927—1937是其黄金时代，俗称“黄金十年”。民国时期的南京文化，主要亮点体现在城市规划、科技教育等方面。其中，为将首都南京打造成世界一流大都市，聘请美国建筑师墨菲和古力治编制的《首都计划》，使南京成为我国历史上第一座运用西方都市的现代功能、技术，采用棋盘街和放射状规划模式，进行分区规划的城市。这一时期，南京涌现出了一批现代化的科研机构和院校，如中央研究院、紫金山天文台、北极阁气象台、中央博物院筹备处、中央大学、中央医

---

①（清）王国维：《人间词话》，人民文学出版社1960年版，第197页。

②周晓聪：《〈永乐大典〉与〈四库全书〉编纂的比较》，《天水师范学院学报》2006年第1期。

③朱明娥：《旷世城垣——南京明城墙》，南京出版社2018年版，第6页。

院，同时在南京城内，兴建了大量的民国建筑，它们无不深深地受到西方文化的影响。

除了六朝、南唐、明初和民国定都南京，接二连三地创造南京文化的辉煌之外，在清代200余年间，南京文化在守正中再创辉煌。李渔《笠翁传奇十种》、孔尚任《桃花扇》、王概等《芥子园画谱》、袁枚《随园诗话》、吴敬梓《儒林外史》、曹雪芹《红楼梦》等，堪称南京传世名著乃至中华文化宝库中的杰作。以龚贤为代表的“金陵八家”的绘画作品名闻遐迩。谭嗣同在南京撰写的《仁学》，被邹容称为“维新运动的《圣经》”。杨仁山在南京创立金陵刻经处，搜集中国失传的佛典经疏300多种，择要刻印了3000多卷，使三论宗、唯识宗、华严宗等重要佛教宗派的教义重新昌明。洋务运动时期，“西学东渐”以模仿西方兵工及学习科技文化为特征，南京创办了金陵机器制造局等兵工企业，并兴办了江南水师学堂、陆师学堂等军事学堂，促进了我国军事文化的近代化进程。维新变法时期至清末，南京的西学东渐以大量输入法律、政治等人文科学，改革文化教育制度为特征，兴办了金陵大学堂、金陵女子大学等培养新式人才的教会学校。

从文化维度考察南京，我们可以发现，南京文化文脉悠长，绵延不绝。南京文化屡次成为中国文化的高原，涌现出一座又一座文化高峰，留下了一大批脍炙人口的传世名著，开创了文学、艺术、史学、宗教、科技、教育多方面的先河。

今天，我们开展“南京学”研究，就是要深入挖掘南京文化作为“天下文枢”的特殊地位和价值，全面阐述南京文化所蕴含的中华核心思想理念、传统美德和人文精神，进而发扬光大。

五、开展“南京学”研究的具体举措

“南京学”研究是一项系统工程，需要整合社会各界力量，持之以恒，方能达到预期的效果。具体措施如下。

1.建立“南京学”研究院

研究院可以由政府部门牵头成立，也可以依托南京地区的某个高校设立。构成人员应当包括自然科学、社会科学和人文科学方面的专家学者，不仅要有国内的知名学者，而且还要吸纳国外的学者参加。研究院要有固定的编制、固定的人员、固定的经费、固定的办公地点，研究院统筹指导南京学研究工作，整合资源和力量制定新时代南京学研究规划，组织实施重点重大项目。只有设立独立的研究院，有计划地组织多学科、多部门、跨地区、跨领域、跨国界的专家学者共同参与，才能真正做到从全球化视野中全面、系统、深入地研究“南京学”，推动南京文化的研究向更深层次、更高高度、更广范围拓展。

2.成立中国地方学研究联盟

“南京学”研究不仅要有家国情怀，更要有全球视野。为了借鉴国内外相关城市的研究成果和研究经验，加强国内外城市间的学术交流互鉴，可以考虑牵头成立中国地方学研究联盟，将国内已经开展或正在开展地方学研究的相关城市，如北京、西安、洛阳、上海、杭州、温州、延安，以及国外的相关城市，如首尔、伦敦、罗马等联合起来，定期举行全方位的深度交流合作。

3.设立“南京学”专家智库

开展“南京学”研究，专家智库必不可少。我们要广泛发动社会各界造诣深厚、学有专长、国内外有影响、理论与实践方面成绩突出的专家学者投入到这项工作中来，并建立专家智库，为“南京学”研究提供人才储备和智力支持。

4.举办“南京学”学术研讨会

“南京学”研究要在全国叫得响，在全球站得住，在国内外学术界产生持久的影响力，举办国际、国内大型学术研讨会无疑是最佳选择。南京每年可以组织一场大型的“南京学”国际或国内学术研讨会，邀请国内外知名学者共同就“南京学”的研究进行研讨。此外，还可以举办讲座、座谈会、学术沙龙等。

5.出版“南京学”研究书刊

“南京学”作为一门新兴学科，全媒体的宣传推广是必然的选择。传统媒介方面，创办《南京学集刊》，作为这一领域的核心期刊，刊登相关论文、信息，从不定期出版过渡到定期出版。同时，策划出版“南京学”系列丛书，整理前人成果，汇集学界现有研究成果，分成自然、社会和人文三大系列，予以出版。新媒体方面，设立“南京学”网站，开通“南京学”微信公众号等平台，适时将相关信息发布传播出去。

6.建立“南京学”数据库

对现有与南京有关的方志、史料、文献、档案以及当代学界的研究成果，进行系统的数字化，建立起“南京学”数据库，为全国乃至全世界提供一个“南京学”的研究平台。

7.培植“南京学”研究人才

多年来，从事南京文化研究的人员一直比较少，有后继乏人之虞。就目前从事南京文化的研究人员来看，从事微观研究的学者较多，从事宏观研究的学者较少；从事专门学科研究的较多，从事中外比较研究的较少；从事社会科学和人文科学研究的学者较多，从事自然科学研究的学者较少。

“南京学”作为一门刚刚诞生的学科，培养后备人才迫在眉睫。一方面，我们要制定切实可行的人才培养计划，从高校和科研院所选拔一批学有专攻并有志于从事“南京学”研究的人才；另一方面，每年就“南京学”研究方向面向全社会发布研究课题，有针对性地引导、培植和网罗国内外学者从事“南京学”研究，从经费上给予保障，从而更好地推动“南京学”研究的持续开展。

8.设立“南京学”研究基金

“南京学”研究是一项长期的、复杂的、系统的工程，需要投入一定的人力、物力和财力。政府部门的扶持固然必不可少，但仅仅依赖政府显然是不够的，我们需要运用产业思维，动员社会资本，来共同推动“南京学”研究的持续不断开展。

总之，在全球化视野下，在建设“创新名城、美丽古都”南京的进程中，有计划、分步骤地开展“南京学”研究，对我们全面、系统、深入整理研究金陵文脉，传承弘扬南京优秀传统文化，培育富有家国情怀的公民，讲好中国故事中的南京篇章，推动我国历史文化名城的地方学研究，具有重要的实践价值和借鉴意义。

本文在2018年度南京市社会科学基金春季项目“南京优秀历史文化传承与弘扬研究”（18CB11）成果基础上修改而成。

作者简介：卢海鸣，历史学博士，编审，南京出版传媒集团总经理、党委副书记，南京出版社社长

“地域”如何成“学”？

胡阿祥

摘要：本文在反思地域学发展现状的基础上，对“地域”如何成“学”的问题进行了理论思考，提出了判断地域学成立与否的几个标准，并鼓励学者们积极投身地域学的研究。

关键词：地域学；学理基础；学科体系；社会需求

癸巳正月，二十多位专注于“首尔学”、主要来自首尔市立大学的韩国学者到访南京，与我谈起他们对“北京学”的理解，并不解地询问为什么没有“南京学”的说法。我介绍了曾经参加过的“澳门学”国际研讨会议，这澳门学为澳门、北京、葡萄牙、巴西多方学者关注，在英文中还专门有词Macaology；我介绍了多次游历的潮州、颇具特色的潮州文化以及以“精细”为核心的“潮州学”，这潮州学既以国学大师饶宗颐为学术大旗，又在本地与港台及海外讲潮汕话民系中（约有两千万人）富有现实影响。闲聊当中，我们还交流了安徽大学徽学研究中心与韩国国学振兴院合作项目“徽学与安东学比较研究”的情况，我对韩国“曲阜”安东的考察体会，以及参加韩国“全州学国际学术大会”所作报告《中国历史研究的地域视野与南京地域历史文化的研究》的大致内容。

然则诸如首尔学、北京学、澳门学、潮州学、徽学、安东学、全州学一类的“学”，其研究对象，都指向特定的空间以及特定空间里的时间与人，应该就属于本文所谓“地域学”的范畴吧。但是现实存在的尴尬局面是，不仅在官方发布的学科目录中不见“地域学”的位置，“地域学”外人也往往对各种“地域”之“学”一笑了之，“哪来的某某学”就是否定者无意深究而随口发出的习语。更加麻烦的是，因为地方政府好谈“某某学”，于是部分学者就不屑谈之；因为地方文人好谈“某某学”，于是部分学院派就不屑谈之。即以笔者生活与工作的南京为例，地方政府与地方文人命题立意的“钟山学”“秦淮学”以至“清凉山学”等等，就基本得不到“自视甚高”的学者们的认可甚至回应；哪怕其实能够成立的“南京学”，似乎以学者而谈“南京学”，便成媚俗的非纯粹学者了，所以多数学界中人是宁可避而不谈。再者，也还存在着个别的“地域学”中人，互不承认对方的某某“地域学”能够成立的状况。

“地域学”的乱象如此！而如此的乱象，也凸显了我们思考“地域”如何成“学”问题的急迫。

首先，立足于现状，某些地域的研究，比如徽州，因为涉及历史学、文献学、经济学、社会学、人类学、地理学、文学、美学、民俗学、建筑学、环境学、医学诸多学科，所以徽州研究的属性，按照现代学科分类难以归属，而将之上升为“徽学”，并且视为综合性的“地域学”的一种，就无疑更加顺理成章、易于操作。

其次，“学”较之“研究”，区别在于“学”的内涵更深、外延更广，至于“研究”而能成“学”，关键在于具备独特的研究对象、发展历史、成果积累、知识体系、理论方法与社会需求。以此衡量，比如徽州的研究，地域基础在于唐大历五年（770）以来维持近一千两百年之久的一府六县格局，即徽州府及其所领歙、休宁、黟、祁门、绩溪、婺源六县；资料基础在于大量的历史文献（文字资料）、众多的文化遗存（物态文化资料），以及通过口述和演唱形式保留下来的丰富的无形文化遗产；学术基础在于百余年来的研究历史与成果积累，以及在此过程中形成并完善的理论与方法。又近三十余年来，从国家到地方各级政府、从中国到海外（日本、美国、西欧、韩国）诸多学界、从学者到民众各类人群的高度关注，则显示了徽州研究及其应用的社会基础。于是，徽州研究就进步成了越来越显声势、已获广泛承认的“徽学”，而徽学作为典型的“地域学”，又反映了地域学的学术意义与现实意义，并对类似的地域学的架构与展开，具有重要的借鉴价值。

其实，与“徽学”同属广泛意义上的“地域学”，在民族众多、历史悠久、保持地域特色相对明显的中国，当然还有许多，它们各具学术基础、社会需求、现实价值。比如已经成为国际性学问、虽以地域命名、然而学科性质比较复杂的“敦煌学”“藏学”“西夏学”“龟兹学”“吐鲁番学”；致力于研究北京、上海都市及其区域环境共同组成的区域综合体之形成、演化、发展规律，具有较强应用性与综合性的“北京学”“上海学”；新兴的诸如“楚学”“泉州学”“温州学”“三峡学”一类关注“地域”的学科。回顾既往，我们甚至可以推想，随着中国历史研究的精细化与立体化，随着各别地域之特色意识的明朗化，随着“可持续发展”成为中国各级政府最为关注的热点问题，随着各地努力发掘其历史传统、寻找并保护与光大各级各类文化遗产，今后肯定还会有更多的“地域学”命题，为研究者特别是地方史研究者提出与论证，再被承认或不被承认。而针对这样的推想，我在这里特别希望强调的几点是：

其一，“地域学”的“地域”不同于“地域研究”的“地域”，后者是比较随意的，而前者相对严格。“地域学”的“地域”，无论是此“地域”还是彼“地域”，是小“地域”、中“地域”还是大“地域”，都当以历史上确实存在过或者现实中确实存在的“地域”为基础。也就是说，对于选定的或者划定的“地域”，必须进行清晰的界定，交代其在相关学科或相关现象方面的依据，然后再致力于探讨确定“地域”的时间过程与内容结构。那些凭空构造出来的“地域”是难以成立的，其相应的“地域学”也难以成立。

其二，中国各地“地域学”的提出、建立与展开，不能离开“中国”历史、文化、社会、生活的宏大背景。作为重视统一传统的国家，我们在探讨各地地理环境、经济形态、政治状况、文化教育、社会习俗乃至文化心理等方面的“同中之异”时，不能忽视了“异中之同”，因为缺乏了这种辩证的、相对的“同”与“异”的认识，也就没有了坚强的“地域学”的学理基础。

其三，如果不以“中国”的历史过程与空间范围为限定，而言普遍意义上的“地域学”，则一定地域内，自然尤其是人文方面可成体系、相对独特、较为稳定、尚在传承、认同感强的现象，是地域学能够成立的关键；相当数量的历史文献、众多类别的实物遗存以及其他形式的无形文化遗产，是地域学能够展开的资料基础；历史学、地理学、历史地理学以及社会学、文化学、人类学等学科，是地域学重要的支撑学科；具有系统的理论、可以操作的方法、工具意义的术语，是地域学走向成熟的标志；国家与地方、全国与区域、微观与宏观、个性的差异与共性的一致、地域内的历时比较与地域外的共时比较，是地域学需要妥当处理的几对关系。

其四，“地域学”不能仅仅满足于地方性资料的发现与整理，以及“地方性知识”的描述与建构。体验式的学术研究与应用性的经世致用，是地域学应该兼顾的两大方面；成功的地域学，应该能为特定地域的经济社会发展提供精神动力、智力支持和文化氛围，并且通过与地域经济的互动，形成文化经济，产生经济效益和社会效益。

其五，本地学者、政府、民众的共同参与，外地学者、政府、民众的大体认同，是地域学能够推进的社会保障。

进而言之，若以上述所强调的各点为参照，则“地域”如何成“学”的问题，大概可以获得答案；而哪些地域研究已经成“学”，哪些地域研究正在成“学”，哪些地域研究在可以预期的将来还难以成“学”，以及哪些地域研究根本与“学”无涉，也就有了相对全面的衡量标准吧。

回到文章的开头，地域面积不足十万平方公里、袖珍如韩国者，学者们尚在孜孜不倦地研究、经世致用地推广着首尔学、全州学、安东学等地域学，这样的努力，值得我们尊重；那么，地域面积将近千万平方公里、广袤如中国者，不仅提出与尚未提出的、林林总总的地域学，存在着广阔的基础研究空间与丰富的应用研究空间，而抛开无谓的争论、放下“高贵”的身段，致力于地域研究以至地域学研究，也应该是学者们的责任乃至义务所在吧。

作者简介：胡阿祥，文学博士，南京大学历史学院教授、博士生导师，六朝博物馆馆长，天水师范学院“飞天学者”讲座教授

“南京学”专家研讨会会议纪要

徐 智

时间：2019年12月29日上午

地点：成贤街43号1号楼六楼会议室

主题：“南京学”的学科建设、研究内容、未来发展等

主持人：卢海鸣（南京出版传媒集团总经理、党委副书记，南京出版社社长）

为了更好地开展“南京学”研究，决定采取以下三项举措：一是南京出版传媒集团（南京出版社）、南京市社科联（社科院）与南京城市文化研究会每年至少出版一本《南京学研究》图书；二是每年举行一次“南京学”专家研讨会；三是每年围绕重大活动组织专家进行实地调研。

专家发言：

曹劲松（南京市社科联主席，南京市社科院院长）

“南京学”应以南京文明体为研究对象，着力探究其在历史演进过程中的发展规律。要以推动人类文明进阶和构建人类命运共同体为学术宗旨，以自然、人文、技术及其交叉学科的知识和理论为支撑，开展综合研究，逐步形成包含文明体理论、文明体发展史等在内的学术思想体系。

薛冰（南京市作协副主席）

南京不是都城的2000多年历史尚缺乏足够研究。“南京学”的研究，不仅需要学者加强历史文献的研读，还要充分利用最新的考古成果。用好“文学之都”这张名片，不但能够更好地促进“南京学”研究，也便于南京走向世界。

胡阿祥（南京大学历史学院教授、博导，六朝博物馆馆长）

关于地域如何成“学”，需要特别强调：其一，以历史上确实存在过或现实中确实存在的“地域”为基础；其二，在探讨各地域“同中之异”时，不能忽忘了“异中之同”；其三，地域学一般具备能够成立的关键、展开的资料基础、重要的支撑学科等；其四，地域学应兼顾体验式的学术研究与应用性的经世致用；其五，地域学能够推进的社会保障在于本地参与与外地认同。

夏蓓（南京市档案馆研究馆员）

关于“南京学”未来的发展，提出三个建议：一是邀请外地的地域学专家做讲座，丰富“南京学”的研究视野；二是“南京学”的研究队伍应多元化，可邀请自然科学的学者加入；三是“南京学”研究应梳理挖掘档案资源，做到学科发展和文献出版相统一。

徐忆农（南京图书馆研究部主任、研究馆员）

南京文献是开展“南京学”研究的重要依托，可分为四类：南京记忆，包括方志、笔记等；南京著述，指历代南京籍及定居南京人士编写的典籍；南京出版，指古代南京地区出版印制的图书，如宋代出版物、明代小说等；南京珍藏，指古代南京地区的藏书家和藏书楼，如澹园藏书楼、甘氏津逮楼等。

李玉（南京大学中华民国史研究中心教授、博导）

开展“南京学”研究，需要明确：一是学科的定位、定调，南京历史文化是江南文化的龙眼、吴楚文化的根与魂、长三角文化的重要组成部分；二是学科的做法、作为，“南京学”研究要注意吸收其他地域学的优点，力争后来居上；三是学科的建设、建议，应定期编辑出版《南京学研究》、举行学术研讨会。

刘刚（南京中国近代史遗址博物馆副馆长、研究员）

开展“南京学”研究，要有历史性、进程性，与当今主流政治相联系；要有多样性、选择性，呈现南京历史文化的多元性；要有时代性、主题性，与“一带一路”倡议、大运河文化带建设等热点问题相联系；要有责任性、担当性，推动学科更好更快地发展。

关卫东（凤凰网江苏总编辑）

国内的地域学研究，既有殿堂级的“北京学”，也有草根级的“鄂尔多斯学”，选择合适的发展路径，是“南京学”需要思考的问题。开展地域学研究，不能忽视对城市精神的研究。凤凰网目前正在筹备《南京》电子杂志，愿意为“南京学”的发展助力。

曹志君（南京市博物总馆馆长、研究馆员）

文博系统可以在提供资料方面为“南京学”的发展做更多贡献。“南京学”的研究，应该多关注南北朝二百年间、唐宋二百年间以及1840—1949年一百年间这三个时段，尤其是此前研究比较薄弱的唐宋时期。

赵德兴（南京市社科院原所长、研究员）

“南京学”学科的建构，必须明确南京城市的独特性及其形成、变化规律的整体性研究。就独特性而言，需要与南京的地域生态系统、历史、文化、政治联系起来，进行跨学科研究；就反思性而言，需要明确“南京学”研究的价值追求是什么，以及关注传统文化的现代转型问题。

王卫星（江苏省社会科学院历史所原所长、研究员）

开展“南京学”研究的时间界限、地域范围和研究内容需要明确。南京历代文化的精华理所当然是“南京学”研究的内容，创伤部分如南京大屠杀是否属于“南京学”的研究内容，值得探讨。

江庆柏（南京师范大学文学院教授、博导）

“南京学”专家研讨会的召开，适逢南京入选联合国教科文组织“文学之都”，建议成立南京文学馆，加强南京文献和文学的研究，同时在文学之都的相关地点设立纪念性标志，以便普通人也能受到南京文化的熏陶。

柳云飞（南京市地方志编纂委员会办公室副主任）

“南京学”学科体系的建构，需要从基础理论体系、专业理论体系和核心价值体系三个维度加以考量。同时应积极探索壮大“南京学”的有效途径，将这门学科打造成集文献挖掘、学术研究、平台发布于一体的新兴地域学。

朱明娥（南京城墙保护管理中心研究员）

“南京学”的研究不能忽视南京城墙，要加强对南京城墙的研究。未来的“南京学”学术研讨会，要进一步细分学科，进行必要的分组讨论。开展“南京学”研究，要建立适当的激励机制，获奖成果应该获得一定的奖励。

作者简介：徐智，历史学博士，副编审，南京出版社“南京学”研究中心执行主任

考古发现与文化遗产

南京及周边地区六朝墓葬概观

王志高

摘要：本文在以往研究的基础上，结合近年来南京及周边地区六朝墓葬考古的新发现，对墓地建筑、地下空间、葬祭设施等问题做一鸟瞰式解读，以深化对六朝京畿之地墓葬问题的认识。

关键词：南京及周边地区；六朝墓葬；墓地建筑；地下空间；葬祭设施

3至6世纪的魏晋南北朝时期，除了西晋短暂统一外，中国大陆南北方分治，墓葬文化面貌呈现出南北有别的特征。其时北方政权之都城数有迁徙，而南方政权虽经历孙吴、东晋及南朝宋、齐、梁、陈诸朝代的更迭，但都城则差不多一直在建康（孙吴称建业），也就是今天的南京。作为京畿之地，南京及周边地区考古发现的六朝墓葬不仅数量众多，类型多样，且自成体系，演变轨迹清晰，对同时期南方其他地区的墓葬，乃至遥远的韩国公州宋山里百济王陵，都曾产生一定的影响。关于南京及周边地区的六朝墓葬，可探讨的内容甚多，因篇幅限制，本文主要在笔者以往相关研究的基础上，结合近年六朝墓葬考古的新发现，就墓地建筑、地下空间、葬祭设施等问题做一鸟瞰式解读。

一、墓地建筑

因后世人为的破坏扰乱及自然损毁，南京及周边地区六朝墓葬的各类地面建筑多不易保存，在考古工作中一般也很难发现，故早年我们的认识仅局限于南朝陵墓的神道石刻。近十多年来，为配合六朝帝王陵寝课题研究及南朝陵墓石刻保护规划等工作的开展，我们先后对辖域内地貌保存较好的部分南朝陵墓神道石刻所涉陵园区域进行过重点勘探与试掘，取得了不少有价值的成果，在其他一些重要六朝墓葬的发掘过程中也有一些意外发现，这都为相关墓地建筑的研究提供了必要的资料。

1.陵区、陵园与家族墓地

聚族而葬是六朝墓葬的最基本特征之一。就帝王陵墓而言，往往由两个以上的陵墓依照一定规律构成一个庞大的陵区。如吴都建业钟山之阳的蒋陵至少有大帝孙权和太子孙登两陵。东晋建康鸡笼山陵区、钟山陵区则分别葬有四座和五座帝陵。其中元帝建平陵、明帝武平陵、成帝兴平陵、哀帝安平陵葬鸡笼山之阳，康帝崇平陵、简文帝高平陵、孝武帝隆平陵、安帝休平陵、恭帝冲平陵葬钟山之阳。刘宋丹徒雩山的京陵以及建康钟山、岩山、幕府山等几个陵区也各有多座陵墓。梁文帝萧顺之建陵、武帝萧衍修陵、简文帝萧纲庄陵则集中分布于镇江丹阳三城巷一带。今南京尧化门、甘家巷及麒麟门地区则是萧梁宗室王侯陵区，至少分布着九座王侯陵墓，其中有五座已经过考古发掘。除了帝陵及宗室墓外，作为陪葬的功臣贵族墓，同样是各陵区不可分割的组成部分。

另一方面，各个陵园又相对独立。各陵园内，除了一个身份地位较高的主墓，其周围还有若干处于从属地位的家族墓。如甘家巷推定为梁安成王萧秀的陵墓旁有两座其家族墓，白龙山推定为梁临川王萧宏的陵墓一侧约20米亦有一同时期墓葬。梁昭明太子萧统与其生母丁贵嫔的陵墓同在狮子冲的陵园，丁贵嫔的陵墓是这一陵园的主墓。甘家巷西梁始兴王萧憺石刻与其东侧约60米的一对南朝石兽同在梁始兴王陵园，后者的墓主有可能是萧憺世子始兴嗣王萧亮，萧憺的陵墓是这一陵园的主墓。[①]

陵地的选定，除聚族而葬及风水因素外，还要考虑墓主之间血缘关系的亲疏远近。一般来说，同一陵区或同一陵园内，血缘关系相近者大多相距较近。如东晋鸡笼山陵区晋四陵中的明、成、哀三帝是元帝嫡直系，即所谓“中兴正统”，故形成一个相对独立的陵区。而钟山之阳的晋五陵中除康帝外，其余四帝一系相承，以旁支继位，故另辟新的陵区以示血统上的区别。所以说血缘关系的亲疏尊卑是东晋鸡笼山和钟山两个陵区形成的根本原因。[②]刘宋几个陵区形成的原因大约也是这样。幕府山陵区内所葬的明帝和沈太后是母子关系。岩山陵区内所葬的孝武帝和路太后是母子关系，殷贵妃和始平王刘子鸾也是母子关系。狮子冲陵园所葬的梁昭明太子萧统与丁贵嫔，同样也是母子关系。同在甘家巷西梁始兴王陵园的萧憺与其世子萧亮，则是有袭爵关系的父子。

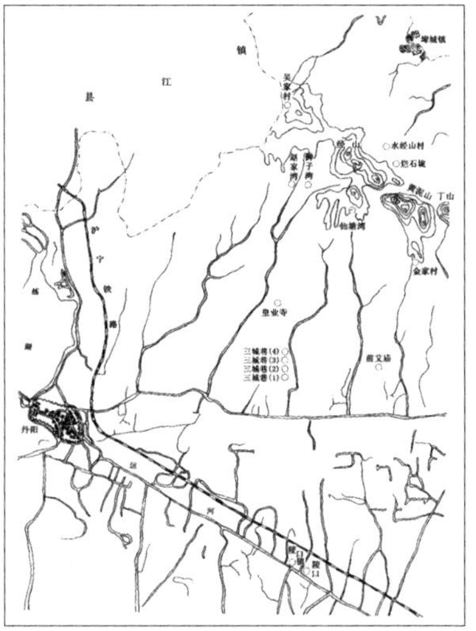

丹阳齐、梁陵墓位置示意图

陵区内各陵之间，以及各陵园中主从墓之间，并非杂乱无章布列，而是按生前尊卑有规律地分布，一般以长者尊者居右为主。如东晋元、明、成、哀四帝系帝室正统，葬在都城右上首的鸡笼山之阳，而康、简文、孝武、安、恭五帝在东晋帝系上属旁支，葬在都城左下首的钟山之阳。又如丹阳三城巷推测为梁武帝祖父萧道赐陵墓、梁文帝建陵、武帝修陵、简文帝庄陵的四组石刻，从南至北按规律排列，萧道赐陵墓在建陵之右，建陵在修陵之右，修陵又在庄陵之右，毫不紊乱，其陵位正与他们的世系辈序

①其墓主一般推定是梁鄱阳王萧恢，但据笔者所考是萧亮。参见王志高《南京甘家巷“梁鄱阳王萧恢墓神道石刻”墓主身份辨正》，《中国国家博物馆馆刊》2015年第12期。
②王志高等：《关于东晋帝陵的两个问题》，《东南文化》2001年第1期。

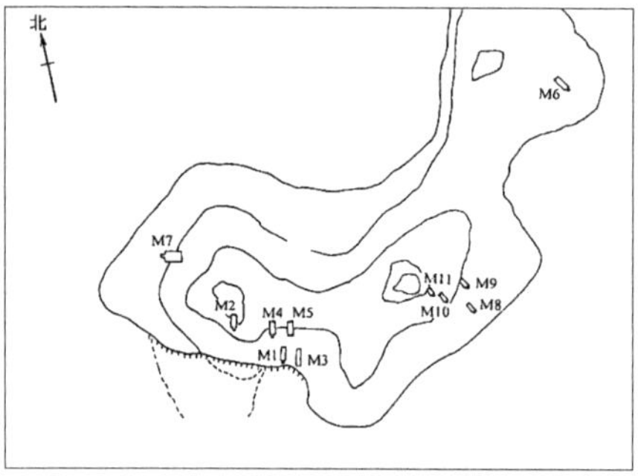

象山东晋王氏墓地墓葬分布示意图

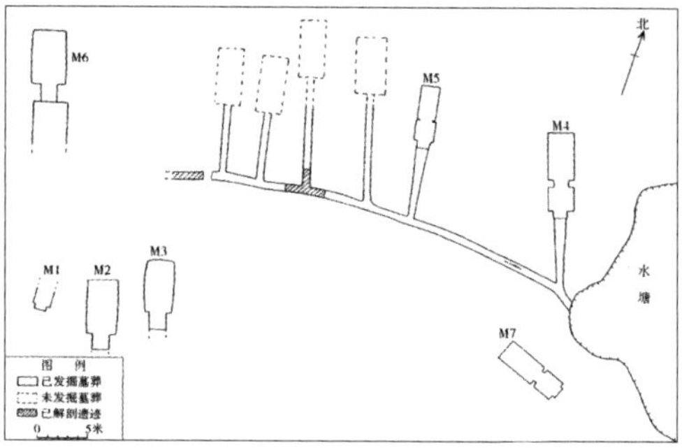

仙鹤观东晋高崧家族墓地及孙吴家族墓地墓葬分布示意图

完全吻合。[①]狮子冲陵园中东西并列的两座墓葬，东侧的M1墓主为昭明太子萧统，西侧的M2墓主为萧统生母丁贵嫔，这一陵位安排亦符合长者尊者居右的规律。[②]

以上是就帝王陵墓而言，聚族而葬的世家大族墓地亦颇为相似。同一家族墓地之内埋葬的无疑是血缘关系十分亲近的支系，其排列有三种方式：一行排列式，典型者有仙鹤观孙吴家族墓地、吕家山东晋李氏家族墓地等；前后排列式，典型者有仙鹤观东晋高崧家族墓地、司家山谢攸家族墓地等；综合排列式，典型者如象山东晋王氏家族墓地，自西向东划为几个不同墓区，南麓西段和中段两个墓区发现的八座墓葬又可划分为前后几排。家族墓地内各墓之排葬次序，虽存在长者尊者居右、居左、居前、居后等多种情况，但以居右多见。所谓居右，是相对于墓葬方向而言。若墓地南向，则以西为尊；反之，则以东为尊。如象山王氏墓地南麓西段和中段两个墓区中分列前后几排的墓葬，一方面明显前排时代早、辈分高，另一方面四个墓区自西向东又按时代先后分布，实际上仍以右为尊。西麓的七号墓时代最早，为东晋早期墓，墓主可能是王彬兄王廙。南麓西段的王兴之墓、王丹虎墓、王闽之

①南京市考古研究所：《南京栖霞狮子冲南朝大墓发掘简报》，《东南文化》2015年第4期；王志高：《再论南京狮子冲南朝陵墓石兽的墓主身份及相关问题》，载《六朝建康城发掘与研究》，江苏人民出版社2015年版，第285—295页。

②王志高：《丹阳三城巷（1）南朝陵墓石兽墓主身份及相关问题考订》，《东南文化》2011年第6期。

墓，再加上已毁的王彬墓，时代稍晚，葬于咸康、升平年间。南麓中段的王仚之、王建之等墓时代又晚，葬于泰和年间。而夏金虎非王彬正室，又卒于更晚的太元十七年（392），故葬于更远的东麓。仙鹤观东晋高崧家族墓就前后两排而言系尊者居后，但实际上后排的六号墓居西，前排的二号墓、三号墓在其前方的东侧，仍以右为尊，并且前排的这两座墓葬，西侧的二号墓主是东晋中期的高崧夫妇，东侧的三号墓主被推测是卒葬于东晋晚期的高崧子高耆，亦以右为尊。

2.陵墙、陵门、陵寝等建筑遗迹

六朝时期陵园的陵墙、陵门及陵寝等建筑，文献记载有一些线索，相关的遗迹在田野考古工作中也时有发现。

陵墙在狮子冲梁昭明太子陵园、十月村梁吴平侯萧景石刻墓园都有发现。狮子冲的陵墙，系依凭地势夯土堆筑，位于园内两座墓葬的四周。复原后的陵墙近方形，南北长约180米，东西宽约160米，周长约680米，其北墙局部用石块垒砌。[①]萧景墓园的园墙系以木竹编制的篱墙，我们在其神道西侧的一条探沟中发现有成组分布的柱洞，与神道方向一致，部分柱洞内尚存半腐的木柱。这种木构园墙的功能，应近东汉帝陵所设的“行马”，是当时

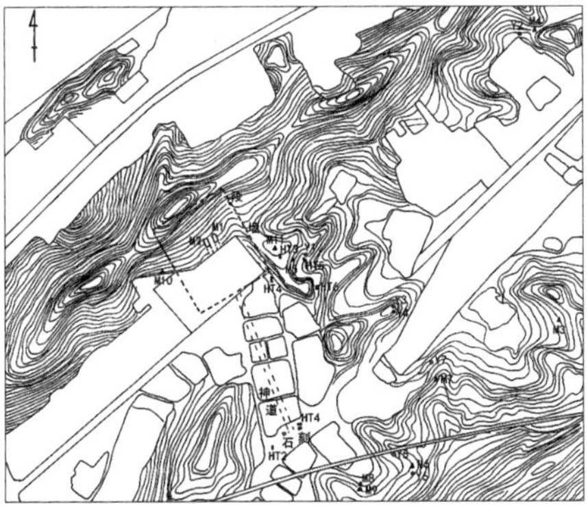

狮子冲南朝陵园勘探遗迹分布示意图

萧景墓园发现的以木竹编制的篱墙

①马涛、祁海宁：《南京市栖霞区狮子冲南朝陵园考古工作简报》，载《南朝真迹》，江苏凤凰美术出版社2016年版，第86—95页。

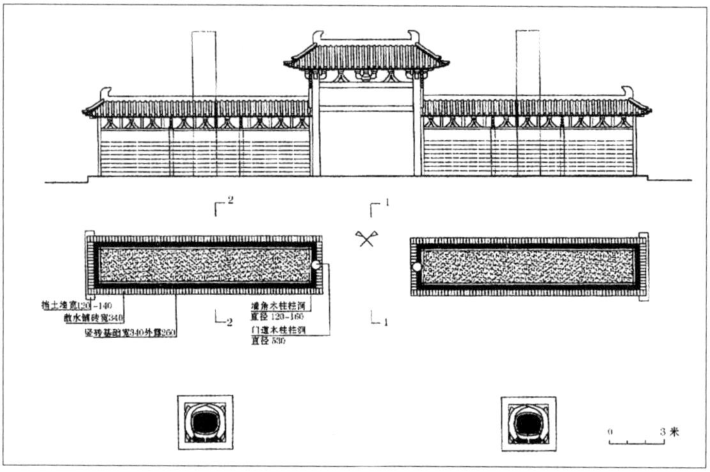

北家边南朝陵园发现的陵门遗迹复原示意图

墓域的界标，亦可阻挡人马的侵扰，因竹木易朽，故难以发现。类似的篱墙遗迹亦见于萧憺墓石刻东侧的其嗣子萧亮之墓园。根据目前的发现，南朝帝王陵园至少有两重陵墙。内重陵墙近方形，在主墓四周，为土筑；外重陵墙呈长方形，在主墓前方的神道两侧，为篱墙。

陵门一类遗迹，见于尧化门外北家边南朝陵墓神道石刻埋藏区发现的大型砖构建筑遗存。这处建筑遗存位于陵园南端，距陵墓封土约800米。遗迹平面略呈长方形，由东西两座单体建筑基址构成，总长约29.3米，神道从其中部穿过，其前便是一对神道石柱。东西两座建筑基址之间为宽5.67米的门道，门道两侧墙体中部各发现一个大型柱洞，应是门柱所在。发掘者判断此遗迹应为墓阙。[①]笔者曾据其形制、结构，特别是门柱的存在以及神道从门柱间穿过等情况，认为它更有可能是此陵园的陵门遗存，其两侧原来是否连接有不易辨认的竹木篱墙则未可知。[②]

陵园内的寝殿等类建筑，称为寝庙、陵庙、坟庙、明堂等，当时上陵时所行的拜祭辞告之礼便在其中举行。这类与墓地祭祀有关的建筑遗迹近年亦

①南京市文物研究所等：《南京梁南平王萧伟墓阙发掘简报》，《文物》2002年第7期；朱光亚、贺云翱等：《南京梁萧伟墓墓阙原状研究》，《文物》2003年第5期。
②王志高：《六朝帝王陵寝述论》，《南京晓庄学院学报》2004年第3期。

有发现，如2013年在狮子冲石兽前后及陵墙外东南侧发现的多处夯土基址，2005年上坊孙吴大墓东南约30米的建筑基址还出土有大量碎砖瓦以及26枚人面纹瓦当，[①]等等。

一般贵族墓地也发现有园墙、园门及祭祀类建筑遗迹。如2008年发掘的江宁梅家山东晋毛氏墓，其墓南50米处有一段石块砌筑的墙体，残存约15米，残高0.8米，应该是该墓地的园墙遗存。在其墓道前方的地面上还有一处砖石混砌的建筑遗迹，主体为砖砌基础，长约13米，宽2米，残高0.3米，中部有以青砖铺垫的石柱础，可能属于该墓地园门一类遗存。1998年在仙鹤观高崧家族墓地西北角勘探发现的一处长方形建筑遗迹，则当与墓地祭祀有关。

3.神道及神道石刻

墓前开设神道，神道两侧列置象征吉祥、驱灾避祸的石刻群，这一制度始自东汉。孙吴的高陵（孙坚陵）就有神道碑。《宋书·五行志五》载："吴孙权太元元年（251）八月朔，大风，江海涌溢，平地水深八尺，拔高陵树二株，石碑蹉动。"《晋书·五行志下》有近乎相同的记载，唯曰"拔高陵树二千株"。晋武帝明令禁止石兽碑表，西晋帝陵没有发现此类神道石刻。关于东晋帝陵神道石刻，不仅史料未见明确记载，而且东晋陵前迄今亦未见任何神道石刻遗物出土。这大约是因为东晋陵寝延续西晋节葬传统的缘故。

但东晋时期人臣墓葬神道立碑却屡禁不止，碑文且以名家撰制为荣。《晋书·孙绰传》云："（孙）绰少以文才垂称，于时文士，绰为其冠。温、王、郗、庾诸公之薨，必须绰为碑文，然后刊石焉。"《艺文类聚》卷45、46、47就辑录有孙绰所撰王导、郗鉴、庾亮、庾冰等人碑文。又，《景定建康志》《六朝事迹编类》等记载，至宋代建康周围尚见纪瞻、竺瑶、吕游等东晋神道碑存世。

东晋帝陵神道虽无石刻，但不排除有其他质地标志性建筑的可能。《宋书·五行志四》及《晋书·五行志下》都记有晋惠帝永康元年（300）震崇

---

①南京市博物馆等：《南京江宁上坊孙吴墓发掘简报》，《文物》2008年第12期。

阳陵标破为七十片一事。两晋陵寝制度前后沿袭，东晋帝陵神道当然也可能有“标”这种建筑物。“标”既然从木，就有可能系用木制。直到刘宋前期，帝陵神道前仍对称设置“标”。《宋书·五行志四》记：“元嘉十四年（437）震初宁陵口标，四破至地。”《宋书·五行志五》又记：“孝武帝大明七年（463），风吹初宁陵隧口左标折。”

此外，东晋陵前可能还设有“凶门柏历”，或称“凶门柏装”，自天子至于庶人都可使用，且耗费惊人。这种建筑即树于神道之上，因主要是以木材和竹子制成，故易朽腐。《晋书·元四王传》说：“今天台所居，王公百僚聚在都辇，凡有丧事，皆当供给材木百数、竹薄千计，凶门两表，衣以细竹及材。”它的形状和制法，根据何汉南先生的研究，是用许多大的圆木聚成圆柱形，下部用刳成两半的竹片背面反贴于柱表，上部留出圆木原形，并以大绳束缚，下端再插入基座内，使其不会散乱倾倒。[①]“凶门柏历”与前述帝陵神道上的“标”似有某种联系，后者可能是“凶门柏历”的简化形式。它与南朝陵墓神道石柱亦有相似之处，后者外表雕饰20—28道隐陷直刳棱纹（束竹纹）及绳辫纹等，显然就是仿自竹木制“凶门柏历”的造型和装饰。

南朝陵墓神道石刻已成为陵园中不可或缺的重要组成部分。南朝陵墓多依山麓、山腰筑就，神道均在陵前平地上，这可能是当时葬制使然。一般来说，神道石刻与其尽头的陵墓基本在一条中轴线上。已发掘的南京及丹阳两地的齐梁帝王陵墓，与其前神道石刻多相距500—1000米。南京狮子冲新发现的梁昭明太子萧统墓与其前方的一对大型石兽相距仅约350米，是目前所知南朝陵墓神道之最短墓例。其两兽之间的神道南北向，土筑，宽16.93米，两侧有以丁砖锁边的路牙。类似的神道遗迹近年在梁建安侯萧正立墓地也有发现，其神道宽约3.8米，两侧有路沟。[②]

南朝陵墓神道石刻，从宋至陈皆有发现，而以萧梁一代保存最多，品类

---

①何汉南：《南朝陵墓石柱的来历》，《文博》1992年第1期。

②六朝建康城遗址考古队资料。

南朝陵墓神道石刻位置示意图

最全。多数陵墓神道对称分布三对石刻，依次为石兽、石柱（或称华表、表等）和石碑。梁文帝建陵、安成王萧秀墓、始兴王萧憺墓神道石刻有四对八件，其中前者多出石础一对，后二者多出石碑一对，应视为特例。石兽可分为独角的麒麟、双角的天禄和无角的辟邪三类，其间有等级差异，帝陵等级的石兽有角，王侯等级的石兽无角。除了以上常见的几类石刻外，据文献记载及早年的考古发现，最近我们又确认南朝陵墓神道石刻至少还有石人、石虎、石羊三类。

4.封土

从吴末帝孙皓为左夫人张氏“大作冢”的记载看①，孙吴陵墓应该有高大的封土。2005年发掘的江宁上坊孙吴大墓，虽经多次盗扰，但墓上仍存厚0.96米的封土，其土质坚硬，似经夯筑。考古发现可以证实，包括象山王氏家族墓在内的东晋时期世家大族墓葬，墓上多有高低不等的封土。东晋诸陵则多承袭洛阳西晋帝陵“不封不树”的传统，《建康实录》即记东晋各陵皆“阴葬不起坟”，《晋书·刑法志》亦称其时“山陵不封，园邑不饰，墓而

①《三国志》卷50《吴书·妃嫔传》注引《江表传》载：吴末帝孙皓左夫人张氏死，“皓哀愍思念，葬于苑中，大作冢，使工匠刻柏作木人，内冢中以为兵卫，以金银珍玩之物送葬，不可称计。已葬之后，皓治丧于内，半年不出。国人见葬太奢丽，皆谓皓已死，所葬者是也”。

不坟，同乎山壤”。只有葬在幕府山陵区的穆帝永平陵明确记载起坟，坟“周四十步，高一丈六尺”。

至南朝，帝王及一般贵族墓葬仍以起坟为常。《建康实录》记载了宋、陈四陵封土的情况：宋武帝初宁陵“周围三十五步，高一丈四尺”，宋文帝长宁陵“周围三十五步，高一丈八尺”，陈武帝万安陵“周六十步，高二丈”，陈文帝永宁陵“周四十五步，高一丈九尺”。其封土高耸，以体现皇权之威严。上述记载已为考古发掘所证实，南朝帝王陵墓多有圆形或椭圆形的高大封土。丹阳胡桥吴家村大墓封土南北长28米、东西长30米、高达8米，南京西善桥油坊村大墓封土周长141米、高约10米，都超过了文献记载的南朝陵墓封土的高度。白龙山北麓的梁临川王萧宏墓，历史上虽曾遭大规模破坏，但发掘前封土仍存高约3米。比较考究的封土外围还有砖砌护墙。如2010年发掘的安德门外南京警犬研究所南朝墓，发现的护墙砌筑规整，保存基本完好，呈弧形包砌于椭圆形的封土前部及两侧，砌砖共20层，高0.95米，东西相距3.6米。①

二、地下空间

地下空间是墓葬的核心本体，是田野考古工作的重点内容。根据构筑材料的不同，南京及周边地区的六朝墓可以分为土坑墓、土洞墓（洞室墓）、砖室墓、瓮棺墓几类。其中土洞墓、瓮棺墓目前仅见于镇江花山湾、丁卯小窑湾等地，在南京地区还没有发现。土坑墓在当时虽数量很多，但不易发现，或即使经过发掘，其成果也难以报道。就笔者掌握的南京草场门、南航旧实习机库工地发掘的土坑墓的资料看，其规模都不大，长2—3米，部分墓底铺砖，亦见设砖砌祭台的现象。毫无疑问，土坑墓对全面研究六朝丧葬礼俗有着一定的学术价值，但因受材料限制，其面貌一时还不太可能搞清。因此之故，笔者以砖室墓为例，介绍其地下空间的基本情况。

①南京市博物馆等：《南京市雨花台区警犬研究所六朝墓发掘简报》，《东南文化》2011年第2期。

1.墓坑、墓道与排水沟

南京及周边地区六朝砖室墓的地下空间一般由墓坑、斜坡墓道、排水沟和砖室等部分组成。墓坑在封土之下，一般依地势和砖室形状开挖。坑壁多内收，梅家山东晋毛氏墓墓坑内发现有四层内收台阶，则极为罕见。坑内填土多夯筑，上坊孙吴大墓墓坑的填土上部还设有三层碎石层，用于防盗。

大中型墓前多设斜坡墓道，近封门墙的一段墓道底部或为平底，并以单砖铺地。马鞍山当涂天子坟孙吴大墓及吕家山东晋李氏家族墓地1号墓的墓道底部均发现有因墓主先后入葬而形成的上下两层斜坡坡面之现象。墓道内填土多为夯筑，梅家山东晋毛氏墓斜坡墓道中填筑有25层碎石用于防盗。该墓及仙鹤观东晋高崧家族墓地的6号墓在斜坡墓道两侧还发现有内收台阶。众所周知，在墓坑及斜坡墓道侧壁设置内收台阶是洛阳地区大型魏晋墓的普遍现象，在南京地区并不多见，推测乃受洛阳地区的影响。

排水沟分墓内、墓外两部分。墓内部分在甬道或墓室前部、后部砌出方形窨井，井口放置陶、铜制漏水板。墓内积水通过漏水板及铺地砖下砖砌孔槽泄出墓外排水沟中。墓外部分一般开挖于墓前斜坡墓道底部中央，或偏于一侧。当涂天子坟孙吴大墓排水沟开挖于砖室一侧，则比较特殊。排水沟底部多砖砌，中间留有泄水孔。也有瓦管状排水沟，多见于孙吴、西晋墓葬，东晋时期已少见。排水沟长短不一。上坊孙吴大墓总长达326米，为明沟和暗沟相间开挖，墓前27米为明沟，之后每隔2.5—8.7米的一段明沟后，

梅家山东晋毛氏墓墓坑内的内收台阶

梅家山东晋毛氏墓明沟与暗沟相间挖掘的排水沟

就有一段长1.5—2米的暗沟，暗沟从明沟的底部两端向中央掏挖，以减少劳动量。这种明沟与暗沟相间挖掘的现象亦见于梅家山东晋毛氏墓，其明沟内一侧还设有便于上下的台阶。家族墓地的排水沟，有各墓单独设置的，也有互相联通的。如仙鹤观孙吴家族墓地勘探发现的六座砖室墓很整齐地由西向东分布，墓前均有斜坡墓道和排水沟，并通过一条东西向的排水总渠把各墓之排水沟连接在一起。通过对其中四座墓葬排水沟及排水总渠的解剖表明，墓前排水沟一般偏于斜坡墓道东侧，底部有砖砌排水孔道，而排水总渠底部则埋设相套接的筒状瓦管，愈向东总渠愈深，形成一定的高低落差，以利排水。这一完整的墓地排水系统，揭示出这处家族墓地曾经过统一的规划和设计。

2.砖构墓室

根据墓室数量的不同，六朝砖室墓可以分为多室墓、双室墓和单室墓三种类型。砖室前有封门墙，墓壁多以三顺一丁或四顺一丁组砖砌筑，中型以上墓葬墓壁外侧还砌有挡土墙。墓底铺砖，多前低后高，中央高两侧低，以利排水。多室墓、双室墓多见于孙吴、西晋时期。多室墓数量不多，但规模较大，多为横列式，由甬道、前室、并列双后室等部分构成，或由甬道、前室、后室及侧室等部分构成。纵列式仅见于江宁上峰张府仓村两座吴晋墓，由甬道、前室、中室、后室及连接各室的过道构成，其中一座在后室一侧还有一个小耳室。多室墓因属多人合葬性质，故与双室墓比较既不反映时代早晚，也与等级制度无关。

双室墓数量较多，最常见的是平面呈“吕”字形的前后室墓。部分双室墓前室、后室一侧或两侧带有短小耳室，或不仅前室附耳室，甚至甬道两侧亦附耳室。还有一类数量较少，虽仅一个主室，但一侧有较大侧室，如南京郭家山永安四年墓等。板桥杨家山西晋墓由两个并列的“凸”字形单室构成，中部以过道相连通。双室墓墓主既有二千石的太守一类高官，也有无职的大男黄甫，说明其类型和墓主职官的高低没有必然的联系。需要说明的是，多室墓、双室墓的甬道、墓室一侧或两侧附加的小型耳室似乎与墓主的

上峰张府仓村M4、M5全景

身份等级关系不大，但近年江宁上坊、当涂天子坟发掘的两座孙吴时期大型双室墓墓室两侧所附的大型耳室应该与墓主的身份等级相呼应，前者前、后室的两侧共附四个对称的大耳室，其墓主推测是吴末帝孙皓晚期的一位宗室之王；后者前室两侧有两个对称的大耳室，其墓主推测是吴景帝时期的一位宗室之侯。

单室墓分为甬道居中的“凸”字形、甬道偏于一侧的刀形和不设甬道的长方形三类，后两类规模都不大。“凸”字形单室墓数量多，规模不一。孙吴、西晋时期其甬道较短，墓室、甬道一侧或两侧常附耳室或侧室。东晋以降，“凸”字形单室墓已成为南京地区砖室墓的主流，其甬道普遍较此前要长且高，墓壁外弧及墓室中后部铺设砖砌棺床者有逐渐增多的趋势。南大北园东晋早期墓是个例外，它的近方形主室一侧还附设一“凸”字形侧室。南朝时期，“凸”字形单室墓绝大部分有砖砌棺床，其侧壁和后壁外弧的现象越来越多。被推定为陈宣帝显宁陵的南京西善桥罐子山大墓墓室侧壁和后壁外弧严重，使整个墓室近似油瓶状。至南朝晚期，还出现一种在甬道两侧附设小耳室的新墓型，如东善桥南朝墓、西善桥陈黄法氍墓即是。

胡村南朝墓后壁的双塔形结构

“凸”字形单室墓中比较特殊的是砖柱墓。砖柱墓仅有个别墓例，所知如江宁滨江开发区15号路的两座东晋墓，在墓室四角砌有4个砖柱。[①]麒麟门外灵山和西善桥油坊村的两座南朝晚期墓，在墓室侧壁及后壁砌有多垛砖柱。[②]这种砖柱墓不属于南京地区固有传统，有着明显的长江中游地区六朝墓葬色彩。此外，江宁街道胡村南朝墓后壁的形制也不太寻常，其中部砌有两座凸出的并列塔形结构。[③]相似的双塔形后壁结构，还见于西善桥第二砖瓦厂南朝墓，只是保存不太完整。[④]这是佛教信仰深度影响南朝墓葬建筑的重要墓例。

其墓顶有叠涩顶、券顶、穹窿顶三种，叠涩顶仅见各时期的小型墓葬。券顶是最为多见的结顶方法，甬道、过道、耳室、侧室等非主要空间均为券顶。穹窿顶有两种：一种为“四面结顶式”，或称“四边券进式”，从四边向中间平行券进，使四角向中心形成接缝，顶中部为一平面，四边则为带弧度的斜面，从剖面看，整个顶部呈梯形；一种为“四隅券进式”，具体砌法又有多种，常见的一种乃以三顺一丁组砖两组或三组砌成一段基墙，基墙之上由中部用砖侧立斜砌，接缝的地方呈倒“人”字形，前部则由甬道（过道）里口顶部用砖侧立向上斜砌，整个墓顶为四组侧立斜砌倒“人”字形砖合为一体。其中前者不多，主要流行于孙吴、西晋时期，属于东汉以来南方

①南京市江宁区博物馆：《南京滨江开发区15号路六朝墓清理简报》，《东南文化》2009年第3期。

②南京市博物馆：《南京油坊桥发现一座南朝画像砖墓》，《考古》1990年第10期。

③南京市博物馆：《南京市江宁区胡村南朝墓》，《考古》2008年第6期。

④南京博物院：《南京西善桥南朝墓》，《东南文化》1997年第1期。

砖室墓穹窿顶之传统。后者数量多，较为常见，在南京地区流行于孙吴中期到东晋前期，周边的镇江、马鞍山地区直到东晋晚期仍可见这种墓顶，其最晚墓例则是近年浙江杭州小横山发掘的多座南朝晚期墓。[①]值得一提的是，上坊孙吴大墓及当涂天子坟孙吴大墓的前室顶部还发现了大型覆顶石，前者内面的中央方框内雕有神兽纹（或称为羽人）。同类遗物不见于其他墓葬，应为孙吴时期高等级墓葬所特有。

颇具时代及地域特点的墓葬设施，还有石门（木门）、灯台、灯龛、直棂假窗等。石门在孙吴、两晋及南朝墓葬中都有发现，是标明身份的高等级墓葬设施。孙吴、西晋时期的石门仅见于上坊孙吴大墓、马鞍山朱然家族墓、马鞍山宋山墓以及宜兴周墓墩M1、M4等大型贵族墓。上坊孙吴大墓与朱然家族墓石门设于封门墙内的甬道前部。宋山墓设有两道石门，分别位于甬道与前室、前室与过道的交接处。周墓墩M1的石门则位于甬道的中段。东晋墓葬的石门仅见于铁心桥马家店及马鞍山林里两例，皆设于甬道中部。南朝高等级的帝王、宗室王侯及一些重要异姓功臣墓甬道中部设有一道或两道石门，其门额多浮雕仿木结构的人字拱。近年发现的灵山北麓大浦塘村南朝墓及狮子冲两座南朝墓的石门门柱、门扇、门额上均有极为精美的线刻图案。木门仅见于东晋、南朝墓，皆设于甬道中部，东晋墓比较多见，一些大中型墓葬见设一道或两道木门。木门虽易朽毁，但可见装设木门之孔槽。江宁下坊村东晋墓甬道内曾发现两扇保存完好的木门，

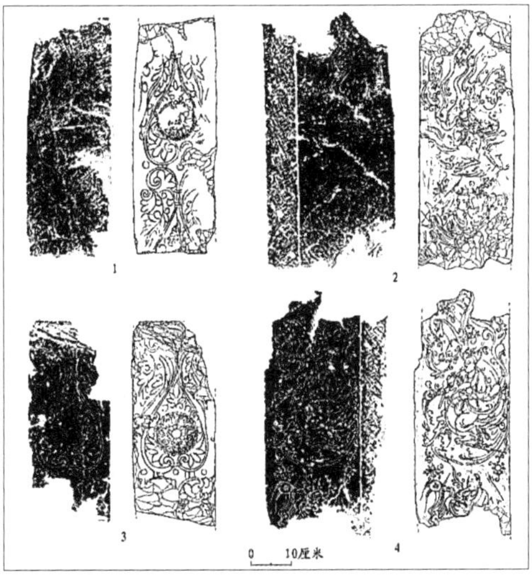

狮子冲M1第二重石门门柱上的线刻图案

①杭州市文物考古研究所等编著：《余杭小横山东晋南朝墓》，文物出版社2013年版。

可为证明。[①]南朝木门见于刘宋早期墓及将军山等个别南朝晚期墓例。需要说明的是，东晋、南朝墓葬木门或石门的多少可以反映墓主的身份等级。考古发现已经证实，疑为帝陵的三座东晋大墓甬道中皆设两道木门，推测为帝陵等级的六座南朝大墓甬道中皆设两道石门，而一般宗室王侯或高等级贵族墓甬道中多仅设一道木门或石门。

灯台与灯龛是墓内的照明设施，灯台见于孙吴至东晋早期墓葬，一般在墓室拐角处的墓壁中部伸出半砖，称为羊角砖灯台，其上可供放置瓷质灯盏。其后至南朝晚期一直流行在墓室的侧壁和后壁中部设置“凸”字形、长方形灯龛，以前者常见。南朝中晚期的部分大型墓葬还设置一种火焰形灯龛，从种种线索来看，其墓主不少与宗室相关。这些火焰形灯龛还见于杭州小横山南朝晚期墓、韩国公州百济武宁王陵及宋山里6号坟，可见其影响之大。在考古发掘过程中，不少灯龛内都发现有燃烧痕迹的瓷质灯盏，可以确证其功能。除了这种简易的灯台、灯龛外，2005年发掘的江宁上坊孙吴大墓，在其前、后室四角的墓壁中部各嵌置一件大型牛首形石刻，同类设施再次出现于2015年发掘的当涂天子坟孙吴大墓的前室四角。这种墓葬设施颇疑源自东汉，南阳第二化工厂21号画像石墓的墓室四角承托券顶的横梁上就嵌置有4个朝向墓室的石刻兽头。发掘者认为它起“引导穹隆券顶的向心作用”，实际上从上坊孙吴大墓一件牛首形石刻上端壁面的烟熏痕迹看，也可能是搁放灯具的灯台。因为这类设施目前仅见于江宁上坊及当涂天子坟两座孙吴大墓，颇疑为孙吴高等级宗室墓所专用。

直棂假窗是模仿地面住宅窗棂结构的一类设施，最早出现于板桥杨家山等西晋晚期墓，流行于东晋、南朝时期不同类型与等级的墓葬，一般在墓室的侧壁与后壁中部砌设3个或5个，直棂的数量则有多少之别，其上往往配置“凸”字形或火焰形灯龛。由于直棂假窗与其上灯龛的组合极少见于同时期的其他地区，笔者曾经将它列为典型“建康模式”六朝砖室墓葬的核心

---

①南京市博物馆等：《江苏江宁县下坊村东晋墓的清理》，《考古》1998年第8期。

江宁上坊孙吴大墓（左）、当涂天子坟孙吴大墓（右）前室四角的牛首形石刻

元素。这一模式在建康以外的湖北武昌何家大湾南齐永明三年（485）刘觊墓[①]、韩国公州百济武宁王陵及宋山里6号坟等墓葬的应用，可以视为南朝都城墓葬文化对外的强势传播与输出。

3.墓内装饰

六朝时期南京及周边地区流行在墓砖上刻印各类图案以装饰墓葬。其中在单一砖面刻印几何、植物纹饰者称为花纹砖，在单一砖面刻印人物、动物图像者称为画像砖，由两块以上砖面拼砌成人物、动物、植物等图案者称为砖拼壁画。

其中花纹砖分打印、刻画和模印三类，以模印数量最多，题材最为丰富，时代特征最明显，主要为阳线刻。孙吴、西晋墓葬流行的纹样，主要有网纹、菱形纹、对角线纹、钱纹直线组合纹、蕉叶纹等。东晋及南朝刘宋时期，各类花纹砖明显减少。南朝中晚期几何纹样有钱纹、菱形纹、折线三角纹、网纹钱纹组合等，莲花、忍冬纹数量大增，尤其是莲花种类多样，莲花纹与其他纹饰的组合更是变化多端。此外，还有与佛教题材相关的供花、供果等图案。

画像砖中偶见打印或刻画的人面纹、鱼纹等图像，余均为模印，有阳线刻、浅浮雕、高浮雕三种。孙吴、西晋以阳线刻为主，动物图像有虎

①湖北省博物馆：《武汉地区四座南朝纪年墓》，《考古》1965年第4期。

纹、鸟纹、鱼纹以及朱雀、玄武、龙、凤等神怪动物，人物图像有人面纹。东晋及南朝刘宋时期仍以阳线刻为主，但浅浮雕以及浅浮雕与阳线刻相结合的形式增多。阳线刻主要有兽面纹、龙纹等，浅浮雕可以镇江东晋隆安二年（398）墓出土的54幅10种画像砖为代表，有四神、兽首鸟身、人首鸟身、兽首人身、兽首噬蛇、虎首戴蛇等。南朝中晚期模印画像砖数量大增，三种表现形式都达到了艺术顶峰，特别是高浮雕被广泛使用。动物图像皆为祥禽瑞兽，有四神、人首鸟身、兽首鸟身、狮子、麒麟、凤凰、神兽等，人物图像有男女侍从、文官武将等，有反映佛教内容的佛像、男女供养人、飞天等。

根据规模不同，砖拼壁画可分为小幅和大幅两种。所谓小幅是指用几块画像砖拼砌成小幅壁画，最早见于南京迈皋桥东晋永和四年（348）墓。墓内出有一幅“虎啸山丘”砖拼壁画，模印于3块砖的端面。又见一幅砖画模印在2块砖的侧面，为修长之龙形，并榜题“龙”字。[①]拼砖数量的增多自然扩大了画幅的面积，从而可以表现更为复杂的内容。这种小幅砖拼壁画一经产生便具有强大的生命力，一直沿用到南朝晚期，并发展为浮雕形式。例如常州田舍村、戚家村南朝墓出土的车马出行、凤凰、龙、虎、狮、飞仙等砖画[②]，多由3—7块画像砖拼砌而成。大幅砖拼壁画指用数十块以至上百块画像砖拼砌成大幅阳线刻壁画，装饰于整个砖室内壁，气魄宏伟。目前所知南京、丹阳两地有九座南朝中晚期大型墓葬使用这种大幅砖拼壁画，其题材有“日月”“竹林七贤和荣启期”“羽人戏龙”“羽人戏虎”“狮子”“骑马车队”“仪仗出行”“飞天”等。其中大幅砖画拼砌完整的墓葬皆被推测为帝陵等级，而近年在石子岗、铁心桥小村发现的两座南朝墓中虽有“竹林七贤和荣启期”等类画像砖，但并没有拼砌完整，其墓主可能是当时有特殊背景的宗室中级别较高的人物。

---

①南京市文物保管委员会：《南京六朝墓清理简报》，《考古》1959年第5期。

②常州市博物馆：《江苏常州南郊画像、花纹砖墓》，《考古》1994年第12期；常州市博物馆：《常州南郊戚家村画像砖墓》，《文物》1979年第3期。

西善桥宫山南朝墓“竹林七贤和荣启期”大型砖拼壁画

除以各类花纹砖、画像砖、砖拼壁画装饰墓壁外，南京及周边地区个别大型南朝墓还见有彩绘壁画的痕迹。如丹阳胡桥、建山两座被疑为南齐帝陵的大型南朝墓甬道口外均发现有彩绘壁画，以青绿色为底，用红、白、蓝三色彩绘四神或龙凤一类图案。不过由于潮湿暴露，彩绘多已剥落或褪色。甬道内左右两壁嵌砌的“狮子”砖拼壁画表面亦涂彩色，耳、眼、鼻、舌涂红色，两颊涂白色。建山金家村墓墓室内嵌砌的“竹林七贤与荣启期”砖拼壁画局部亦尚遗存彩绘，如树木和乐器都用红彩涂绘，两墓一些花纹砖上亦曾涂彩。此外，南京西善桥发现的陈义阳郡公黄法氍墓室内壁先涂一层厚约5厘米的石灰层，其上亦见有断断续续的以红、黄、绿等色彩绘的壁画，惜因漫漶，内容不得而知。同样现象据说还见于灵山大墓和西善桥油坊村大墓。由此可知一些大型南朝墓曾流行彩绘壁画，甚至一些模印画像砖和花纹砖亦曾着色装饰。南京象山、老虎山等部分东晋砖室墓内壁曾见有涂施石灰的现象，我们甚至怀疑其上原来可能也有彩绘。

三、葬祭设施

1.葬具

已经发现的六朝葬具有木棺与棺座。南京地区土壤酸性极重，地下水位高，木棺多朽腐无存，仅遗部分铜铁质棺钉。所幸大光路孙吴薛秋墓[①]、江宁上峰张府仓东晋墓、江宁下坊村东晋墓出土的木棺保存完好，江宁上坊孙吴大墓、江宁官家山西晋墓[②]、仙鹤观东晋墓出土的木棺虽不完整，但基本可以复原。如上坊孙吴大墓发现的构件经过拼对为三具木棺，其中两具稍小，侧板、底板和棺盖均为整木挖制；另一具较大，非整木挖制，各构件之间用榫卯连接。薛秋墓、下坊村东晋墓出土的木棺棺盖、左右侧板、头足挡板及底板亦皆用整木做成。前者除棺盖用铁钉固定外，余用榫卯连接，外饰黑漆，内涂朱砂，棺底置长方形七星板，上有14个菱形孔。后者内外髹红漆，使用铜棺钉连接各部分，棺内以一块木板把木棺分隔成头箱和棺室两部分，大部分随葬品集中放置头箱内。这种随葬品成组出自棺内头侧的现象，还见于官家山西晋墓及老虎山、象山东晋墓等，可见棺内设置头箱在当时很流行。棺内骨殖保存情况同样不好，大多仅见遗痕。据下坊村东晋墓等极少数保存较好的墓主遗骸分析，墓主入葬系仰身直肢，头向墓门。合葬于一室的夫妇，男性居右，女性居左，与家族墓地内各墓的排葬规律一致。

垫棺的葬具为棺座。孙吴、两晋时期的棺座并不普遍，木棺多直接放置墓底或棺床之上，仅个别墓葬在墓底前后各铺置一道长条形的砖搁以承棺。高等级的墓葬则发现有石棺座，迄今发现有两个墓例。其一是上坊孙吴大墓，该墓后室后部发现三组六件石棺座，分前后两排整齐排列。其中前排的三件石棺座保存完好，均凿制规整，长1.46厘米、宽24—26.5厘米、高26

---

①南京市博物馆：《南京大光路孙吴薛秋墓发掘简报》，《文物》2008年第3期。

②南京市博物馆：《江苏江宁官家山六朝早期墓》，《文物》1986年第12期。

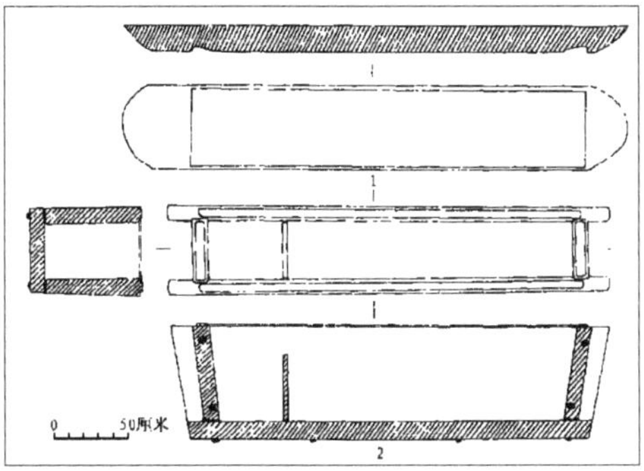

下坊村东晋墓出土的木棺

上坊孙吴大墓后室的石棺座

厘米，两端雕凿有虎首和虎的前蹄，出土时两端虎首相对。后排的三件石棺座遭不同程度破坏，中间的一件亦雕虎首。其二是上坊沙石岗孙吴天册元年（275）墓，该墓后室后部两排对称分布的四根“凹”形条石，即为搁置棺木的石棺座。[①]此类石棺座仅见于这两座孙吴大墓，可知是具有较高身份的孙吴贵族所能拥有的特殊墓葬设施。大约从刘宋中期开始，一些大中型墓葬的墓室砖砌棺床上始见有石棺座。石棺座一般以两块厚大的长方形石板前后相拼而成，部分石棺座的表面及侧面尚存成排分布的乳丁痕迹。根据石板的数量，可以了解是合葬墓还是单人葬。

2.墓祭设施

墓祭是古代丧葬活动的重要环节之一。考古工作证实，南京及周边地区六朝墓祭现象比较普遍，在墓地建筑及地下空间都有发现。地下空间的墓祭又分砖室内及封门墙外的墓道中两种情况。

砖室内的墓祭可明确多以祭台为相关设施，祭台在各时期不同类型的墓葬中占比较高，用于祭祀的物品就置于祭台之上。其中孙吴、西晋墓葬多设砖砌祭台，双室墓大多设于前室，所见仅尹西村西晋墓等祭台设于后室近门处。[②]单室墓则设于墓室前部。祭台以多层墓砖砌筑，平面呈长方形或近方

①南京市江宁区博物馆：《南京江宁孙吴“天册元年”墓发掘简报》，《东南文化》2009年第3期。

②南京市博物馆：《南京市尹西村西晋墓》，《华夏考古》1998年第2期。

形。合葬的砖室墓，既有像大光路孙吴薛秋墓这样夫妇共用一个祭台的，也有分设祭台的，如马鞍山孙吴朱然墓及朱然家族墓均在前室左右两侧各用两层砖砌出祭台。

砖砌祭台在中小型东晋、南朝墓葬中仍有发现，不过一些大型东晋墓似乎以特制的陶案作为祭台使用。如象山M7是一座大型穹窿顶单室墓，尽管墓内没有出土能够明确墓主身份的墓志，但此墓保存完好，墓内积土仅8—15厘米，随葬遗物大多保留了入葬时的原始位置，因而可以通过随葬品分布、类别来探讨墓主数量、性别、棺位及部分遗物的用途。发掘简报据此推断墓室内东西纵陈三具木棺。中央见有铜刀、玉带钩、铜弩机等代表男性身份的遗物，当置男棺。左右两侧均见金银钗、簪、金铃、玛瑙、琥珀、水晶珠及釉陶小壶等代表女性身份的遗物，当置女棺。墓室前部居中稍偏有一件大陶案，出土时上置陶凭几、陶盘、陶耳杯、陶砚、瓷香熏、瓷唾壶各一件，毫无疑问其功能就是祭台。[①]南大北园东晋墓就更为典型。根据能够体现性别特征的铁刀、剑、金饰片、棺钉等随葬品位置，发掘简报推断主室后半部偏东置男性棺木，主室后半部偏西置一女性棺木，侧室所葬可能是另外一个女性。该墓内总计发现六件陶案，大、中、小型各两件。其中甬道中发现一件中型陶案，侧室甬道口发现一件中型陶案，主室前半部发现两个小型陶案，主室西南角和东北角各发现一件大型陶案。这些陶案出土时其上及周围放置有多种陶瓷器物，如凭几、盘、耳杯、果盘、砚、熏、唾

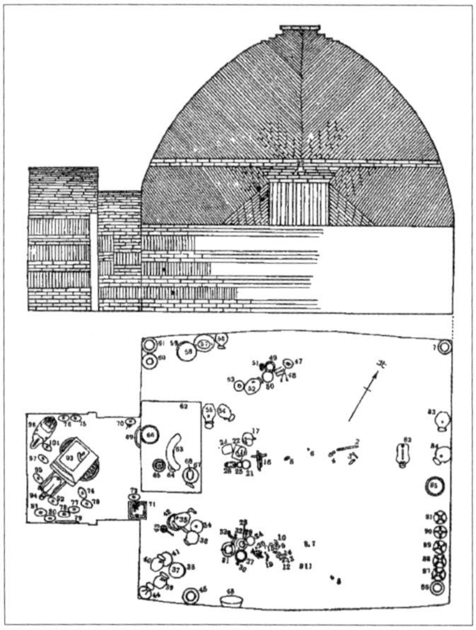

象山M7平剖面图

①南京市博物馆：《南京象山5号、6号、7号墓清理简报》，《文物》1972年第11期。

壶、盆等，可证作为祭台使用。[①]因为这是一座合葬墓，这六件陶案当与多人先后入葬的多次墓祭相关。

至南朝，大中型墓内则以设近方形石祭台为常，亦置于墓室前部的砖砌棺床之前。合葬墓中的两个墓主或共用一个祭台，或各设祭台。这种石祭台以往发现较多，但因受条件限制，其完整结构并不清楚。近年，江宁谷里杨村M4、西善桥岱山保障房项目M3、灵山北麓大浦塘村M1等南朝墓出土的石祭台及相关设施保存完好，为我们复原其形态提供了可能。这些祭台皆石灰岩质，台面呈横长方形，其左右及后侧多设5个凹槽，规模大一点的台面上有6个凹槽，凹槽内可按插带榫卯的小型石屏风，其前方凿有长条形凹面。祭台下设四蹄形足。祭台外四角还各配置1个半圆形石帐座，可知祭台上原来还张挂有帷帐，但帷帐及木构帐杆等均已不存。这种三面围护小屏风的石祭台，与同一时期北朝墓葬出土的围屏石榻形制相似，应该就是相关南朝文献记载的“石屏风”，是专用的一类墓祭设施。

斜坡墓道中的祭祀乃封闭墓室后在封门墙外举行，墓祭的设施虽然目前没有发现，但有一些相关的现象。如南京仙鹤观四号墓、镇江金家湾东晋墓[②]等封门墙外斜坡墓道底部曾发现有青瓷盘口壶、唾壶等遗物。梅家山东晋毛氏墓在墓道填土中出土一件青瓷盖罐，罐内发现青灰色、红色的晶

灵山大浦塘村M1出土的石祭台台面

西善桥岱山保障房项目M3出土的石祭台

①南京大学历史系考古组：《南京大学北园东晋墓》，《文物》1973年第4期。
②林留根：《江苏镇江东晋纪年墓清理简报》，《东南文化》1989年第2期。

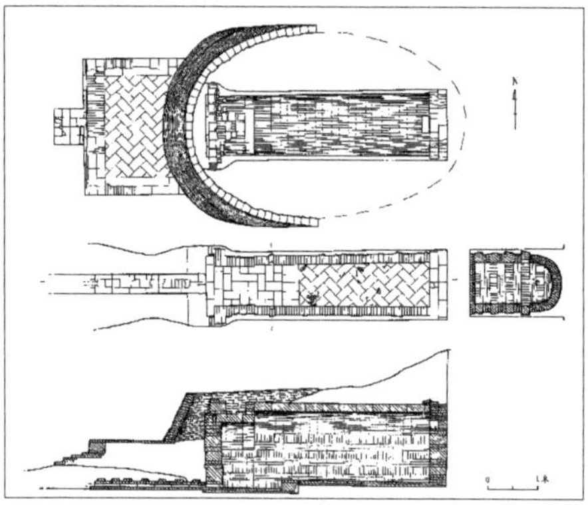

南京警犬研究所南朝墓平剖面图

状物。象山9号墓王建之夫人刘媚子的一件砖刻墓志亦出土于墓道填土中。[①]这些现象一般认为可能与墓祭有关。由于过去六朝砖室墓封门墙前墓道部分大多未予正式清理，因此，这种现象在当时是否具有一定的普遍性，现在不得而知。

地面上的墓祭在陵（墓）园内的享祭建筑中及墓前举行。如前所述，享祭类墓地建筑遗迹已有发现，因多未正式发掘，或因保存不佳，具体的墓祭情况还不太清晰，但墓前的祭台近年在安德门外南京警犬研究所南朝墓则有揭露。该墓在封土护墙之前的斜坡墓道之上设砖砌祭台，由近方形的台面和台阶两部分构成。台面东西长2米、南北宽2.7米，中部平铺一层人字形砖，四周以立砖锁口。台面前方有三层砖砌台阶，台阶宽0.7米。这一考究的砖砌祭台，显然是为一般的岁时常祭而设置，与前文介绍的墓内祭祀及墓门前的墓道祭祀颇不相同。值得注意的还有，该墓封土、祭台所呈现的前方后圆的平面形态，与日本古坟时代常见的前方后圆类古坟有某种相似之处，其间的联系有待进一步分析。

附记：2019年8月21日至24日，受韩国文化遗产管理部门之邀，笔者参加了由加耶古坟群申遗推进团组织的“加耶古坟群比较研究”中韩专家研讨会及相关实地考察。本文在此次研讨会发言稿的基础上做了修改完善。

作者简介：王志高，南京师范大学社会发展学院教授、博士生导师

①南京市博物馆：《南京象山8号、9号、10号墓发掘简报》，《文物》2000年第7期。《发掘简报》称墓志出土于“墓坑填土”，实系墓道填土中出土。

南京明城墙瓮城设计思想研究

朱明娥

摘要： 南京明城墙十三座城门中，七座没有瓮城，六座有瓮城，这六座瓮城的规制不同，平面形状各异，体量大小不一。南京明城墙瓮城的多样性，体现了明朝政府扬国威、重防御、融自然的设计思想和理念，在我国城市建设史上具有重要的里程碑意义。

关键词： 南京明城墙；瓮城；规制；设计思想

我国城墙瓮城的建造至少可以追溯到五代十国时期。《新五代史·朱珍传》记载："郓人从城上礰石以投之，珍军皆死瓮城中。"到了北宋时期，在城门外加筑外瓮城已经成为一项制度。据北宋曾公亮和丁度奉敕编纂的《武经总要》卷12《守城》记载："其城外瓮城或圆或方，视地形为之，高厚与城等，惟偏开一门，左右各随其便。"南宋时期，由于火药的广泛使用，为了加强城市的防御，外瓮城甚至多达三层。南宋孟元老《东京梦华录》卷1《东都外城》记载："城门皆筑瓮城三层，屈曲开门，唯南熏门、新郑门、新宋门、封丘门皆直门两重，盖此系四正门，皆留御路故也。"瓮城设在城外，不仅为城门增加了一道防线，可以有效地阻碍敌人对城门的进攻，同时瓮城自身也形成了一个封闭的空间，一旦敌军攻入瓮城内，守军便可瓮中捉鳖，轻易地将敌军消灭。值得注意的是，南宋陈规《守城录》中，提出了在城门内“筑月城”，可以看作是建造内瓮城的最早设想。而瓮城设在城内，比外瓮城更加隐蔽，可以大大提升城门的防御能力。

明代初年，朱元璋在下令建造长达35.267公里的南京明城墙的过程中，依据地理形势和城市整体布局，在东西南北四面共辟有十三座城门。史称：“京师城垣，洪武二十六年（1393）定……城周围九十六里，门十三，曰：正阳、通济、聚宝、三山、石城、清凉、定淮、仪凤、钟阜、金川、神策、太平、朝阳。”①在这十三座城门中，朝阳门（今中山门南）、太平门、金川门、钟阜门、仪凤门（今兴中门）、定淮门和清凉门七座城门没有瓮城，石城门（即旱西门，在今汉中门广场中央）、三山门（今水西门一带）、聚宝门（今中华门）、通济门、神策门（今和平门）和正阳门（今光华门一

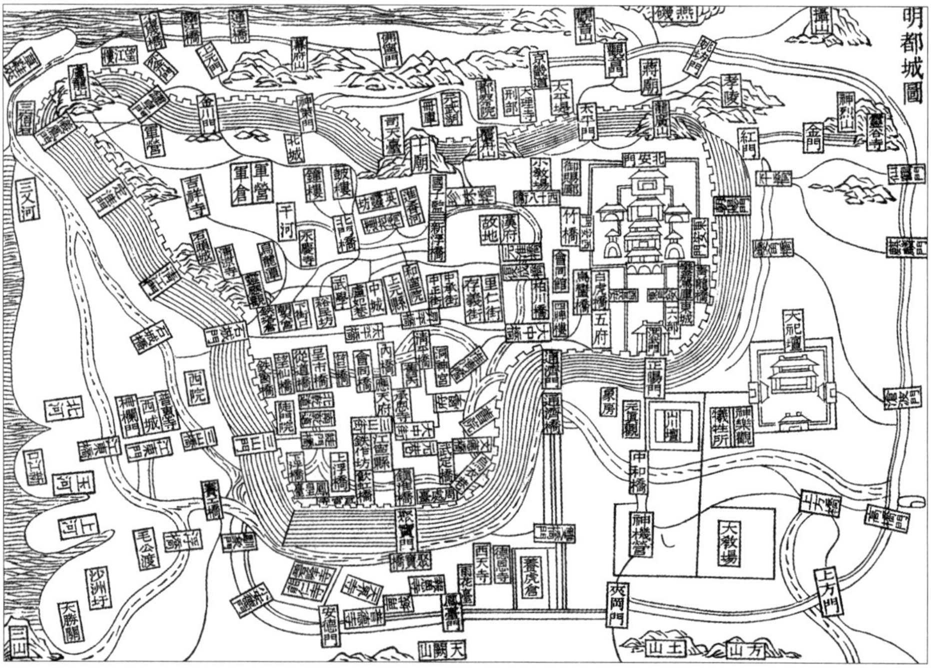

明朝南京的十三座城门（明朝陈沂《金陵古今图考》）

①（明）李东阳等编纂：《大明会典》卷187。

带）六座城门建有瓮城。就规制而言，石城门、三山门、聚宝门、通济门四座城门的瓮城设在城内，属于内瓮城；神策门的瓮城设在城外，属于外瓮城；正阳门既有内瓮城又有外瓮城，内外瓮城融为一体。就平面形状而言，正阳门、石城门、聚宝门呈长方形，三山门、通济门呈船形，神策门呈不规则的瓦刀形。就体量而言，神策门有一层瓮城，正阳门、石城门有两层瓮城，三山门、聚宝门、通济门有三层瓮城。现根据瓮城规制的不同分别阐述如下。

一、独步一时的内瓮城

在明代之前，我国城墙的瓮城一律建在城外，俗呼为外瓮城或月城。明朝建立后，别创新格，在南京城墙的建设过程中，首次将石城门、三山门、聚宝门、通济门四座城门的瓮城建在城内，由此开创了我国城墙建造内瓮城的历史。

（一）石城门

石城门又名旱西门、汉西门，位于南京城西，在今天汉中门广场中央。明清时期，它是南京城西入城的一个重要孔道。

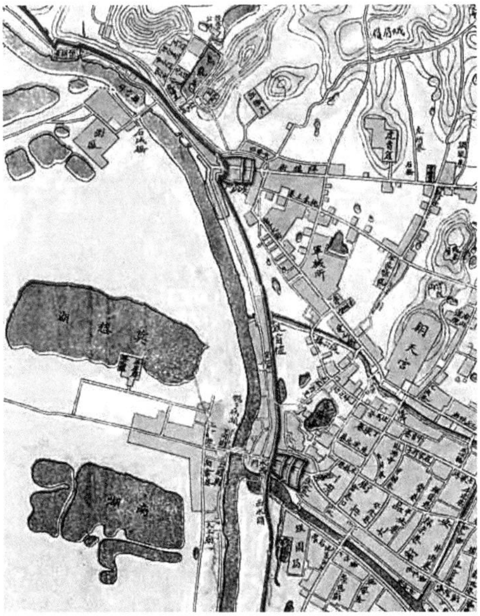

石城门和水西门（1903年《陆师学堂新测金陵省城全图》局部）

据明朝万历年间徐必达、施沛等人修纂《南京都察院志》卷21《职掌十四·城垣》记载：“石城门，城楼一座，城铺十八座，旗台二座，垛口六百五十四个。门外官厅三间，门里内外官厅六间。头券库房左右六间；二券左右官厅库房六间。城长三百九十七丈。南至三山门界，北至清江门界。本门稍

石城门又名旱西门（清代王翚《康熙南巡图》第11卷局部）

繁。”又《南京都察院志》卷24《职掌十七·里十三门事宜》记载：“城垣南至三山门界，北至清江门界，共长三百九十七丈，垛口六百五十四座。铁窗棂水洞一座，铺设官厅十八座，南、北、中杉栏三座，旗台二座。”

石城门由两层瓮城、三道拱门组成，瓮城建在城内，瓮城的南城墙与京城城墙合而为一，平面呈长方形。

清朝初年，康熙、乾隆皇帝数次南巡，离开南京时，都是由这座城门出城，至秦淮河登舟北返的。清朝王翚等人绘制的《康熙南巡图》第11卷专门描绘了旱西门的场景。

1842年中英《南京条约》签订过程中，戒备森严的旱西门成为一个重要的出入口。清朝道光二十二年（1842）农历六月二十九日，英国大批军舰驶抵南京，扬言于七月初二日开炮攻城。南京城形势危急，清朝钦差大臣耆英、伊里布和两江总督牛鉴商量后，连忙于初三日派张喜、陈志刚、刘建勋等人出旱西门，坐船出大江，至英国军舰上与璞鼎查等人协商，请英军暂缓攻城。张喜等人与英国侵略者头目商谈良久，“船至旱西门，则城门紧闭，轿马已回，静悄悄并无一人。叫之良久，城门始开。喜等进城，徒步行走，回至督署消差，回明一切”[①]。农历七月十五日（1842年8月20日），耆英、伊里布、牛鉴、黄恩彤、咸龄等清朝官员，乘坐轿子至旱西门外，坐船至静海寺，然后再坐船至英国军舰，与英方代表璞鼎查等谈判。谈判结束后，英方派马礼训送清朝代表回到静海寺。此后，耆英、伊里布、牛鉴三人乘坐轿子由旱西门进城。“各宪乘肩舆由旱西门进城，喜等俱坐船至旱西门进城”[②]。农历七月二十一日（1842年8月26日），入侵到南京的英国侵略军头目璞鼎查、麻恭、马礼训、罗伯聃、郭士立等人，应清朝钦差大臣耆英、伊里布和两江总督牛鉴的邀请，在20多名士兵的护卫下，骑马经由旱西门入城，至上江考棚，与清朝官员进行最后一次议约。三天后，即农历七月二十四日（8月29日），我国历史上第一个丧权辱国的不平等条约——《南京条约》被迫在下关江面的英舰“康华丽”号战舰上签订。

吴敬梓在《儒林外史》中，多次提及此门。如第34回写道：“庄绍光悄悄叫了一辆乘小轿，带了一个小厮，脚子挑了一担行李，从后门老早就出汉西门了。”第35回写道：“（庄征君）叫了一只凉篷船，载了行李，一路荡到汉西门。”第38回写道：“杜少卿同武书送到汉西门外，方才回去。”第41回写道：“当下沈琼枝同两个差人出了县门，雇轿子抬到汉西门外，上了仪征的船。”

（二）三山门

三山门又称水西门，位于今天南京城西偏南的水西门大街与城西干道交界处附近，原为南唐都城的龙光门。现已无存。

据《南京都察院志》卷21《职掌十四·城垣》记载：“三山门，城楼一座，更衣厅三间，厨房二间，东厢房一间，城铺二十座，旗台三座，垛口八百六十四个，城长七百一十五丈。南至聚宝门界，北至石城门界。城

---

①（清）张喜：《抚夷日记》，南京出版社2018年版，第22页。

②（清）张喜：《抚夷日记》，南京出版社2018年版，第39页。

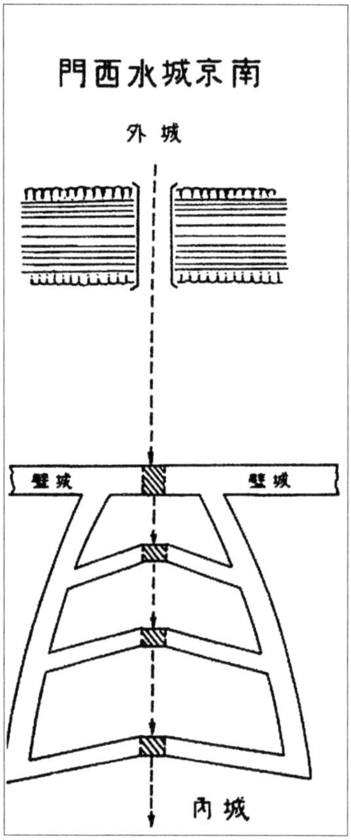

三山门又名水西门（20世纪30年代绘制，转引自石割平造编、蔡敦达译编《中国城墙图录》，同济大学出版社2018年版）

下门券四层。里外铳房十座，无敌大将军铜铳十位。门里左边内守备更衣厅三间，右边魏国公更衣厅三间，左边直房三间，右边把总厅三间；三层券内左右军器库房六间；头层券内左边外守备更衣厅三间，右边江营军器库房三间。门外左右更衣厅六间，盘诘官厅六间。右边水关一座通城内秦淮大河。本门冲繁，通京驿道。”又《南京都察院志》卷24《职掌十七·里十三门事宜》记载：“南至聚宝门界，北至石城门界，共长七百一十五丈，垛口八百六十四座，城铺二十座，更衣厅、摆饭厅六间，厨房一间，厕厅一间，旗台三座。城券四层，锁钥四副；水关一座，锁钥一副。左右更衣官厅十八间，三山库一座，左右库房六间，直房三间，鹿角十座。”

三山门外临护城河（今外秦淮河），城门由三层瓮城、四道拱门组成，瓮城建在城内。从空中俯瞰，整个城门的平面形状呈船形。城门南侧设水关一座，内秦淮河水由此出城，汇入城外的护城河（外秦淮河）中。

三山门自明朝起是南京的一个重要的水门，又是通往南京的一个重要驿道，南来北往的过客常常都是由此门进出南京城。

明朝洪武十年（1377），卫国公邓愈在班师回朝途中生病，病逝于寿春（今安徽寿县）。朱元璋闻讯大哭，停止上朝三天，当其灵柩至三山门时，朱元璋亲临吊唁。1853年3月19日，太平军攻占江宁城（今南京），3月29日，天王洪秀全由三山门入城，直入两江总督府，改名为天朝宫殿，将江宁

三山门瓮城顶部（20世纪70—80年代拍摄）

改名为天京，建立太平天国农民政权。

吴敬梓在《儒林外史》中，多次提及此门。如第24回写道："这鲍文卿住在水西门。水西门与聚宝门相近……鲍文卿进了水西门，到家和妻子见了。"第28回写道："主意已定，一直走到水西门口，只见一个人，押着一担行李进城。"第46回《三山门贤人饯别，五河县势力熏心》写道："那日叫了一只小舡，在水西门起行，只有杜少卿送在舡上。"

（三）聚宝门

聚宝门，俗称南门，又称中华门、中华门城堡、中华门瓮城。它地处南京城南交通咽喉，前临外秦淮河，后依内秦淮河，南北两侧以长干桥和镇淮桥贯通，是南京城的南大门。

聚宝门始建于五代十国时期的杨吴天祐十四年（917），后来成为南唐都城的正南门。南宋时又加固了城墙，仍呼为南门。元朝时期沿袭旧制，无所损益。朱元璋在南京建立明朝前后，扩建了南唐、宋、元以来的南京城，对原来的南门进行改建，并改名为聚宝门。

据《南京都察院志》卷21《职掌十四·城垣》记载："聚宝门，城楼一座，城铺三十四座，旗台四座。城长九百五十三丈五尺，垛口一千二百零二个。东至通济门界，西至三山门界。城下门券四层，宿守库房四间，左右官厅各三间；二层券内左边藏军房三间，右边玄帝庙三间；三层券内左右军器库房六间。门外左右盘诘官厅六间，无敌大将军铜铳十位。本门冲繁。"又《南京都察院志》卷24《职掌十七·里十三门事宜》记载："东至通济门

聚宝门（中华门）2015年航拍图

界，西至三山门界，共长九百五十三丈，垛口一千二百零二座，城铺三十四座，旗台四座，官厅一座，界牌八座，矼礤二座，栅栏四扇，上下藏军洞二十八，券四层，门八扇，锁钥四副，门里官厅二座，直房六间，券内库房二间，外有盘诘房二间，里外鹿角六座。”

聚宝门为南京明城墙十三座城门中保存最完好、规模最宏伟、设计最奇巧、结构最复杂的城门之一。平面呈长方形，东西宽118.5米，南北长128米，占地面积15168平方米，高20.45米。有三层瓮城，以四道拱门贯通。每拱门皆为重门，外面一道门皆为从城头上吊放下来的千斤闸，坚不可摧；里面一道为铁皮包裹的双扇木门，牢不可破，如今千斤闸、木门均已无存，仅存闸槽和门位遗迹。第二道拱门至第四道拱门上方，原来建有木结构绞关亭，现已无存；但在首道拱门二层藏兵洞的南端东、西两侧墙体上，仍保存有绞关石柱一对。在首道拱门上，原来还建有镝楼一座，现仅存石柱础。聚宝门内瓮城的规制，为明初南京城墙首创。由于内瓮城设置在城门的里边，就有条件设置瓮洞（即藏兵洞），将城门守御这一明显的薄弱部位变成防御作战中的强点，这是外瓮城所无法做到的。

聚宝门上、下两层分布有13个藏兵洞，加上东、西两侧登城步道（又称马道）下方的14个藏兵洞，共计27个，可藏兵3000余人。首道拱门上层面北的中洞进深45米，宽6.85米，高6.32米，居各洞之首。这些藏兵洞在战时用以贮备军需物资和埋伏士兵。

聚宝门东、西两侧筑有宽11.5米、长86.1米的登城步道通到城墙之上，既可用于运送军需物资，也可供守城官兵策马直登城头。

明清至民国，聚宝门一直是南京最繁忙的城门。吴敬梓在《儒林外史》中，多次提及此门。如第24回写道：“水西门与聚宝门相近，这聚宝门，当年说每日进来有百牛千猪万担粮，到这时候，何止一千个牛，一万个猪，粮食更无其数。”第28回写道：“三人一路走出了南门。那南门热热闹闹，真是车如游龙，马如流水！三人挤了半日，才挤了出了，望着报恩寺，走了进去。”

聚宝门原本是单孔拱券门。国民政府定都南京后，于第二年将聚宝门更名中华门，更改理由：“意涉迷信，故改为中华门，以表纪念中华民国立国之意。”①并请蒋介石题写匾额。随着南京城市人口急剧增长，交通日趋繁荣。1929年11月12日《申报》记载；“现在中华门一带，街道狭窄，交通不便，往往货物入城，拥挤至一二小时不得通过。各项货物，因为运输的困难，价格也就增高。而且首都人口日繁，这种不便的交通，何能供求相应。”显然，仅有一个通道的中华门难以适应现代城市发展的需求。1933年，为改善城南交通状况，南京市政府在中华门东、西两侧增辟城门各一，分别命名为中华东门和中华西门，从而缓解了这里的交通压力，避免了聚宝门遭受拆除的厄运。对此，1933年4月8日的天津《益世报》报道：“首都市政府因中华门内外人烟稠密，进出人数较别门尤多，特将中华门两旁添置两耳门，以便行人往来，一名‘中华东门’，为进口，一名‘中华西门’，为出口，总门则供车马出入。鸠工兴筑半载，现已完成，此亦今岁清明之新点缀也。”

抗战期间，中华门饱受侵华日军炮火的蹂躏。1937年12月13日，中国守军与日军展开殊死搏斗，最后寡不敌众，日军首先攻破这座城门，南京沦陷。中国守军在中华门保卫战中谱写了一曲壮丽的篇章。中华门城堡的镝楼毁于日军的炮火之中，“中华门”匾额也被炮火损毁，直到1946年国民政府

① （民国）方继之：《新都游览指南》，上海大东书局1929年5月再版。

聚宝门（2015年拍摄）

还都南京后才重新制作更换。

1954年，由于中华东门和西门的墙体长期遭水渗透变形，随时都有倒塌的危险，有关部门拆除了中华东门和西门的门券（现收藏在南京城墙保护管理中心）。2007年，南京市有关部门复建中华东门和中华西门。新复建的城门外立面由仿城砖的石料建成，城门拱券的顶部沿用了部分旧城砖，中华东门和中华西门的高度与中华门瓮城顶部持平。中华东门和中华西门皆为青砖砌筑，清水墙，拱门上方镶嵌石质匾额，镌刻楷书“中华东门”“中华西门”字样。

20世纪80年代以前，聚宝门常年废弃，处于无人问津的状态。1980年正式开放后，在国家旅游局、南京市文物管理委员会、市园林局及秦淮区人民政府等单位领导和规划下，采用边开放、边维修、边完善内部设施的办法，相继设立了中华门史料陈列室、盆景园等，完成了城堡四周居民和多家商店工厂的搬迁以及大量积土乱石的清运平整，全面整修了二层朝北墙体，并着力绿化、美化环境。

1983年，聚宝门以“中华古堡”的美称跻身新评“金陵新四十景”之列，沉寂经年的古城门重新焕发出夺目的光彩。1988年，聚宝门以中华门城堡的名称被国务院列为全国重点文物保护单位。1995年，结合中华路、雨花路改造，在聚宝门周围建成了中华门广场，新增绿化面积近万平方米，架设一批高杆照明宫灯和草坪灯。广场和镇淮东、西桥的建设，不仅改善了交通状况，而且美化了城门的外环境，使城门更显雄壮巍峨。城门与广场连为一体，相互衬托，相得益彰。

今天，经过多次修复的聚宝门，已成为南京一个别具特色的观光胜地，每年慕名而来的中外游客达100多万人次。他们在聚宝门上观光留影，流连忘返。

（四）通济门

通济门，民国时期又名共和门，位于南京城南偏东，即今天城东干道龙蟠中路的最南端，是明朝南京城南的又一座重要交通要道。

据《南京都察院志》卷21《职掌十四・城垣》记载："通济门，城楼一座，城铺二十三座，旗台二座，瓮城四券，垛口无。东至正阳门界，西至聚宝门界。通长计五百一十一丈七尺。东西两边垛口共七百五十座。本门冲要。"又《南京都察院志》卷24《职掌十七・里十三门事宜》记载："城垣东至正阳门界，西至聚宝门界，共长四百一十四丈，垛口七百五十座。城铺二十三座，旗台二座。上城矼礤二座，杉栏四扇。城下券四层，城门八扇，锁钥四副，门里官厅十间，盘诘小房一间，直房四间。头券内东西库房十二间；二券内库房六间；三券月城东西原有直房十间，倒塌无存，券内有藏军洞。二券门外东边盘诘房三间，倒塌无存；西边盘诘房三间，倒塌在地。"

通济门鸟瞰（20世纪30年代拍摄）

通济门由三层瓮城、四道拱门组成，瓮城建在城内。它和聚宝门、三山门同属明朝南京城墙城门中规格最高的三座城门。通济门不仅规格高，而且平面造型奇特，从空中俯瞰，通济门宛如一艘扬帆远航的船，停泊在外秦淮河畔。

通济门的东北方向是明朝南京城的皇宫所在地。清朝顺治二年五月初十日（1645年6月3日）凌晨，南明小朝廷的弘光帝朱由崧在清军渡江逼近南京城时，与马士英等人自通济门出逃。半个月后，弘光帝被捕，清军将他押回南京，特地从通济门入城，沿途南京市民无不唾骂。一年以后，朱由崧在北京菜市口被斩首，通济门见证了明王朝衰亡的历史。

通济门在1958年至1959年间被拆除，尽管如此，今天不仅留有通济门地名，还留有瓮城遗迹。

二、守正创新的外瓮城

南京明城墙仅有神策门建有外瓮城。这种将瓮城建在城外的制度是中国古代瓮城制度的延续。继南京城之后而建的明朝的北京城，其所有的瓮城都建在城外。

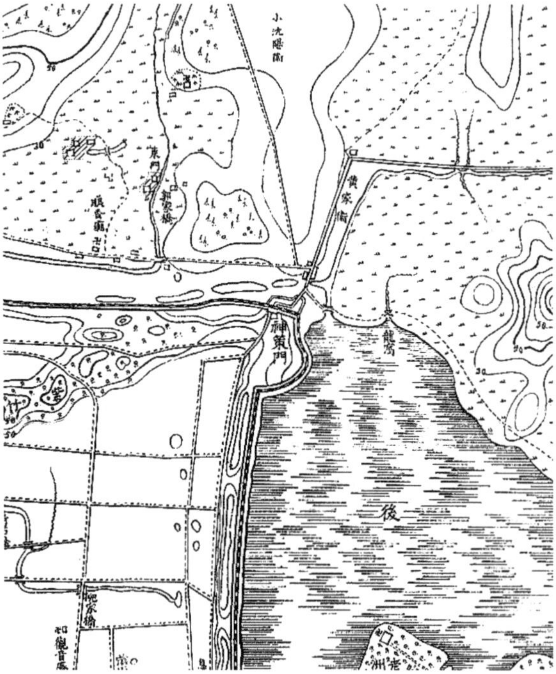

神策门（《南京地图》局部。1905年测量，1906年绘制）

神策门（今和平门）位于南京中央门立交桥东南角，玄武湖的西北角。不远处是幕府山和长江，在军事上占有极其重要的地位。

据《南京都察院志》卷22《职掌十五·城垣》记载：“神策门，城楼一座，城铺十五座，旗台二座。……外面瓮城上方垛口一百零八座。”又《南京都察院志》卷24《职掌十七·里十三门事宜》记载：“瓮城上方垛一百零八座，以映北固山，城楼一座，旗台二座，城铺十五座，左右矼磜棚栏二座，鹿角十座，左摆饭厅二间，厨房、茶房并脱衣厅八间以备春秋阅城之用。内官住房八间，把总官厅三间，军余直房二间，月城一座，锁钥四副。”

神策门（德国莫理循1945年左右拍摄）

清朝顺治十六年（1659），郑成功抱着“灭清复明”的信念，率约20万大军从舟山群岛出师北伐，水陆并进，打到南京城下。然而，郑成功中了清朝守军将领梁化凤的缓兵之计，屯兵南京城下按兵不动。清兵从神策门悄悄出城偷袭，大败郑成功军队。清朝顺治皇帝为了庆贺这场胜利，下令将神策门更名为“得胜门”。民国定都南京后，又将神策门改名为“和平门”。

神策门外瓮城因形随势而建，它摆脱了传统的外瓮城中规中矩的规制，具有与众不同的三大新特点：一是依山而建，居高临下；二是瓮城门开在东北角，不正对城门；三是瓮城平面呈不规则的瓦刀形。

神策门外瓮城保存较为完好。2004年10月1日，以神策门瓮城为核心建成的神策门遗址公园正式对外开放。

三、构思奇特的内外瓮城合璧规制

在明朝十三座城门中，正阳门（位于今天大光路与御道街交界处以南的光华门一带）位于南京城南垣的东段，该城门位于御道（洪武大街，今天的御道街）的正南端，与宫城的正南门午门、皇城的正南门洪武门处在同一条中轴线上。“正阳门内卫宸居，府部拱侍于左右；外有天坛、郊祀大典之故基，神乐、玄真二观，新任缙绅驻节之区，神机并及大营练武官军操演之

正阳门（明朝朱之蕃编、陆寿柏绘《金陵图咏》）

地。”[①]内有社稷坛和五部等重要机构和建筑，外有天坛、郊祀坛和神乐观，因位置显赫，其瓮城在构造上与众不同。

据《南京都察院志》卷21《职掌十四·城垣》记载：“正阳门，城楼一座，城券一座，月城一座，城铺十七座，旗台五座，穿城水闸一座。东至朝阳门界，西至通济门界。通长计九百零八丈，东西两边垛口共一千三百二十六座。本门冲要。”因临近洪武门，故常常被误称为洪武门。

清朝顺治二年（1645）六月

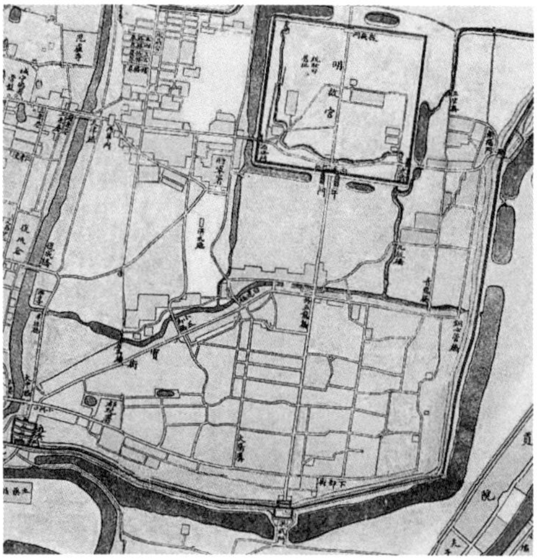

正阳门常常被误称为洪武门（1903年《陆师学堂新测金陵省城全图》局部）

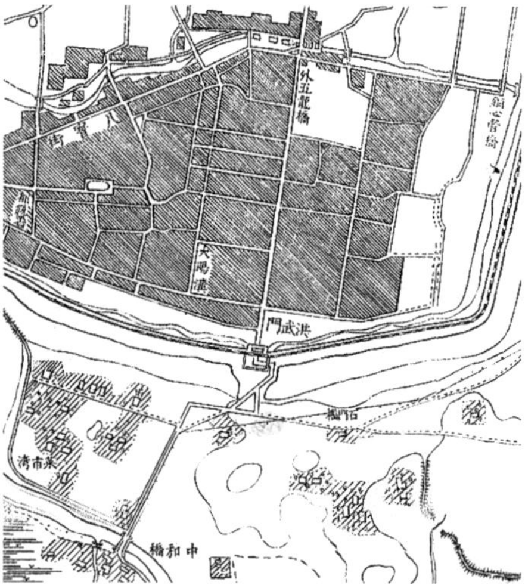

正阳门常常被误为洪武门（《南京地图》局部。1905年测量，1906年绘制）

① 《南京都察院志》卷24《职掌十七·里十三门事宜》。

十六日，清军统帅多铎骑马从正阳门进入南京城，宣告南明弘光王朝的覆灭。1927年，国民政府定都南京，第二年，将正阳门改名为光华门。1937年12月日军进攻南京期间，中国守军和日军在光华门瓮城展开多次攻防战乃至肉搏战。中国守军英勇抗敌，城门虽最终失守，但也让日军付出了惨重的代价。

正阳门由城墙内侧的瓮城和外侧的瓮城组合而成，外瓮城（史称“月城”）大于内瓮城。外瓮城除了南面正中辟有一门外，在东面还辟有一门。正阳门这种内外瓮城合璧的规制，不仅在南京明城墙中独一无二，在中国城墙建筑史上也是罕见的。可惜的是，正阳门于“文革”期间被拆毁。

四、南京明城墙瓮城的设计思想

南京明城墙六座瓮城不同的规制、平面形状、体量，凸显了南京明城墙瓮城的多样性，这种多样性的设计思想和理念主要体现在以下三个方面。

（一）扬国威

明朝南京乃一国之都，不仅是中央政权的政治中枢，而且是统治者发号施令的地方，同时还是中外观瞻所系。据史料记载，朱元璋在南京城建成后，为了向国内外展现南京城的形象，显示大明王朝的国力和国威，诏令中央六部之一的礼部负责编纂刻印《洪武京城图志》，以使天下之人了解都城的宏伟壮丽，进而产生敬畏和归顺之心。明朝承直郎、南京户部主事王鸿儒《洪武京城图志·跋》写道：“盖我太祖高皇帝敕礼部为之，以观示天下，欲使四海之内，遐陬荒服，得而观之，咸知神京天府之雄，龙蟠虎踞之胜，而有以识紫盖黄旗之运之有，在于今日。”

明朝十三座城门中，朝阳门地处皇宫和明孝陵两大禁区之间，太平门外是刑部、都察院、大理寺“三法司”所在地，金川门、钟阜门、仪凤门、定淮门地处偏僻，人烟稀少，这七座城门没有瓮城。而与此形成鲜明对比的是，神策门、石城门、三山门、聚宝门、通济门分别位于南京城北、城西、城南的交通要道，是进出南京城的必经之地；正阳门地处御道的正南端，在十三座城门中地位更是至高无上。可以想见，朱元璋当年选择这六座城门加建瓮城，是经过一番慎重考量的，这些瓮城的修建对提升明王朝的形象、宣扬明王朝的国力和国威，具有重要的意义。

洪武十九年（1386）奉命出使明朝的高丽使节郑梦周（1337—1392）来到南京，目睹京城的壮美，曾一气呵成写下了《皇都》四首，其一写道："皇都穆穆四门开，远客观光慰壮怀。日暖紫云低魏阙，春深翠柳夹官街。锦袍公子乌纱帽，蒨袖女儿红绣鞋。宝馆岹峣近天上，兰舟不用泊秦淮。"不久，撒马尔罕使节来朝奉表曰："今又特蒙施恩远国，凡商贾之人来中国者，使观都邑城池，壮丽富贵，如出昏暗之中忽睹天日，何幸如之！"①

（二）重防御

明朝南京城有宫城、皇城、京城和外郭四重城墙组成。其中京城城墙（俗称南京明城墙）是防御的核心部分。明代顾起元《客座赘语》称赞道：

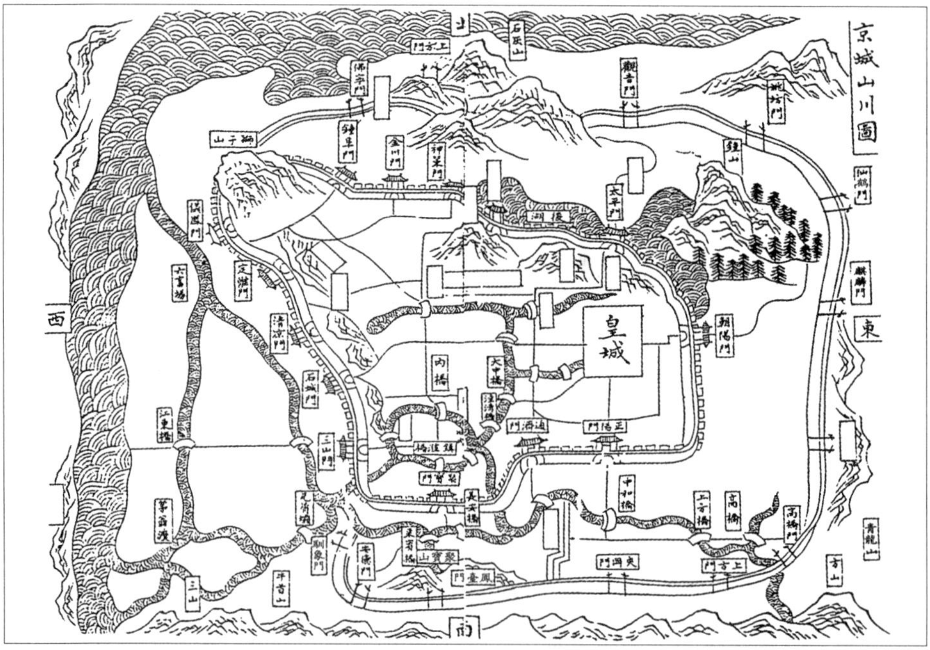

《京城山川图》中南京城门与地形的关系（明朝礼部《洪武京城图志》）

①《明太祖实录》卷234"洪武二十七年"。

“南都城围九十里，高坚甲于海内。……吾行天下，未见有坚厚若此者也。”意大利传教士利玛窦（1552—1610）来到南京，惊叹不已。他在《利玛窦中国札记》写道：“第二重墙包围着包括皇宫在内的内墙，囊括了该城的大部分重要区域。它有十二座门（笔者按：应为十三座门），门包以铁皮，门内有大炮守卫。这重高墙四周差不多有十八意大利里……论秀丽和雄伟……确实或许很少有其他城市可以与它匹敌或胜过它。”

南京明城墙的城墙本体、城池和城门构成了一套完善的防御体系。即便如此，明城墙仍然存在软肋，这就是十三座城门。如上所述，明朝南京城十三座城门中，神策门、石城门、三山门、聚宝门、通济门五座城门分别位于南京城北、城西、城南的交通要道，人烟稠密，因此也成为最容易被攻破的地方。明朝政府未雨绸缪，从加强防御的角度出发，分别在这些城门内外加筑瓮城一层到三层不等，形成“瓮中捉鳖”的震慑作用。

（三）融自然

南京明城墙按照山川、湖泊、河流的地理形势，从防御的需要，因形随势而建，平面呈西北角伸出而南部突出的不规则状。体现了管子“因天材，就地利，故城郭不必中规矩，道路不必中准绳”（《管子·乘马第五·立国》）的思想。南北长约10公里，东西长约5.5公里。东北靠近钟山西南麓，与前湖、琵琶湖相邻；北面紧邻玄武湖，将覆舟山（小九华山）、鸡笼山全部包进城内；西面和西北角几乎伸到长江边，把石头山、乌龙潭、狮子山、马鞍山纳入城中；南面将秦淮河包进城内。它将六朝建康城、南唐金陵城、宋代建康府城、元代集庆路城全部涵盖进来，成为南京历史上规模最大、建筑最为坚固的城墙。

十二座城门也是根据自然地理环境因地制宜而建。其中六座瓮城在人与自然和谐融为一体方面显得尤为突出。如，城北的神策门瓮城和城西的石城门瓮城，皆为依山而建，但规制、形状、体量各不相同：神策门瓮城位于城外，呈瓦刀形，只有一层；石城门瓮城建于城内，呈长方形，有两层，瓮城的南城墙直接利用了明城墙。城南的通济门和城西的三山门地处平旷之地，分别临近秦淮河的入城处东水关和出城处西水关，规制、体量相似，形状也高度一致，呈船形，蕴含了“天人合一”的思想。

总之，南京明城墙瓮城的多样性，体现了明王朝扬国威、重防御、融自然的设计思想和理念，展示了守正创新的开拓性和因地制宜的天人合一性，在我国建城史上写下了绚丽多彩的篇章。

参考文献：

1.（明）礼部纂修，陈沂撰：《洪武京城图志·金陵古今图考》，南京出版社2006年版。

2.（明）姚广孝：《姚广孝集》，栾贵明辑校，商务印书馆2016年版。

3.（明）李东阳等编纂：《大明会典》，广陵书社2007年版。

4.（明）徐必达领修、施沛等协纂：《南京都察院志》，收入《金陵全书》“乙编·史料类”，南京出版社2015年版。

5.朱明娥：《旷世城垣——南京明城墙》，南京出版社2018年版。

6.邓攀编著：《金陵汉诗》，南京出版社2019年版。

作者简介：朱明娥，研究员，南京城墙保护管理中心藏品保管部主任，南京城墙研究会理事

南京民国建筑遗存在新时代的积极作用

刘　刚

摘要： 本文从建筑遗存视角出发，阐述了与南京民国建筑遗存关联而产生的对应记忆、人文情感和社会文化，评价了其在新时代所发挥的积极作用，从两岸共同的历史记忆中，筑牢中华民族共同体意识，从历史的必然性中强化爱国主义意识。

关键词： 南京民国建筑遗存；民国往事；乡愁情感；重要使命

1949年10月1日，中华人民共和国宣告成立，国民党政权统治结束，留下了许多机关、学校和私宅建筑，其中以南京总统府、中山陵等为代表的一批重要建筑，后来成为国家重点文物保护单位。这些文保建筑在两岸留下深刻记忆，具有一定的影响，并以建筑遗存为依托，形成史事背景下的文化记忆。

考虑到南京民国建筑遗存在民国往事与两岸记忆中的作用，本文试从建筑遗存视角出发，关注与民国建筑遗存关联而产生的对应记忆、人文情感和社会文化，筑牢中华民族共同体意识，强化人们的爱国主义意识。

一、南京民国建筑遗存的对应性钩沉着民国往事

南京民国建筑遗存与历史事件的对应性，具有独到的记忆唤醒和原生再现效应，发挥着思维连接和目标指向的作用。下面以古滂、林伦可的回忆为例说明。

南京中国近代史遗址博物馆（总统府）是重要的民国建筑遗存。2011年10月27日，馆内举办了“古应芬先生文献史料展”。[①]古应芬，广东番禺人，早年追随孙中山投身革命。1925年任广东省财政厅长、国民党中央监察委员，1927年任南京国民政府财政部部长。1928年10月，古应芬任国民政府第一任文官长。总统府门楼修建，即为古报呈蒋介石，得准37000大洋而成。[②]

古应芬的儿子古滂先生应邀从美国而来，参加了展览开幕式，时年87岁。他满含深情地发言，仔细观看每一块展板，并在总统府内找寻父亲做文官长时的办公室。

古应芬早年在南京的时间并不长，大约两年又八个月。尽管时间久远，古滂还记得幼年时随父亲住在南京鼓楼头条巷，有时去雨花台玩耍，八十多年过去了，家里一直珍藏着当时捡得的几块雨花石。每当思乡之时，古滂便会取出雨花石放在手心里摩挲。

古滂回忆：“从南京回广州后，曾用捐款10万元建了一座红砖头的房子，一直住到抗战时期。古应芬喜欢买书，在广德路书店先后买了很多的书，有上万册之多，房子里堆满了书，没有空地；后来都捐了，如果现在你们在图书馆里看到书上印有‘双梧桐馆印’字样，便是我们古家捐的。”“白崇禧初到广州时，到处找房子住，曾住我家。房子里曾有新疆办事处。现在为广州市文物保护单位。”

有关古、白两家的世交之谊，从总统府保存的一张合影里能够看出端倪。1929年 1月25日，国民政府召开编遣会议，有一张出席会议代表的合影留存下来，佐证了古、白的关系。照片拍摄地点是同府的二堂，照片上有蒋

---

①刘刚：《我在博物馆做接待》，江苏人民出版社2015年版，第40页。

②刘刚：《南京总统府门楼建筑考释和修缮记录》，《档案与建设》2018年第2期。

介石、冯玉祥、李宗仁、宋子文、戴季陶、胡汉民、白崇禧和古应芬等人。其中古应芬和白崇禧并肩站在一起，分别是后排右二、右一。[①]

我陪同古滂在二堂当年古应芬拍照的位置站立良久。特定的环境使然，触景生情，古滂说似乎听见父亲的说话声，许多往事涌上心头。而照片上古、白两人站在一起的细节，也支持了古、白两家始于20世纪20年代的世交之谊的说法。

国民政府行政院遗址位于总统府东区，有北楼和南楼之分。北楼建于1928年，是府内最早的民国建筑，正中抱厦上“行政院”三字现已复原，原为谭延闿所题。南楼建于1934年。2012年9月，行政院南楼遗址举办了“国民政府行政院文物史料陈列”，除了展出许多珍贵的历史照片、文献资料和实物文物外，行政院正、副院长办公室也做了复原和开放。

1932年1月1日至29日，孙科曾担任第三任行政院院长，虽因经济匮乏原因很快离职，却在南楼的行政院院长办公室留下了他的人生足迹。

2014年6月，孙科儿媳林伦可女士来访。我们打开南楼二楼院长办公室的门，请林女士入内坐在行政院院长办公的木制转椅上。林女士仔细查看了摆放在桌上的文件，又拿起桌上的电话，感慨地说：“这就是行政院院长孙科的办公室呀！”[②]

在行政院展览中有一张孙科右手插西装口袋、左手夹雪茄烟，脚边卧一条黑白花狗的老照片。南京有一位老人叫王静波，他的回忆佐证了民国达官贵人，包括孙科在内喜欢养狗的情况：民国时期王静波在总统府做电工，王曾去孙科公馆修理电灯，因孙不在家，王便在门房室等候，见桌上有一把梳子，便拿起梳头。门房见状告诉他，这个你不能用，是孙科专为狗梳毛的。

林女士指着对面二楼办公室窗户说：“那里是你的办公室！”又侧头对我说：“你俩到底谁在监视谁呀？”等我反应过来，不禁莞尔一笑。这种思维和语境的穿越，自是因为对应的建筑遗存环境而起，民国往事不禁浮现眼前。

---

①刘刚：《总统府建筑》，南京出版社2018年版，第48页。

②刘刚：《我在博物馆接待》，江苏人民出版社2015年版，第27页。

南京总统府之行，林伦可在展览中看见了1948年5月20日蒋、李当选正副总统府后，在总统府礼堂休息室一张合影的蜡像场景复原，留下了深刻印象。照片中有5个人，除了蒋介石、宋美龄夫妇，李宗仁、郭德洁夫妇外，还有一位女士，坐在蒋宋之间。后来，林伦可从美国打来电话说：坐在蒋宋中间的那个女士是她的婆婆、孙科的夫人陈淑英，陈和宋互相说着英语，但是与蒋说不了，因为蒋只会宁波话，不好懂；就算讲几句英语，也让人猜半天。难怪那张老照片上，陈和蒋说话时，身形和神态像是在互相猜谜的样子，原来是不太听懂对方的话，不了解情况的人从照片上是看不出这些原委来的。

南京民国建筑遗存对历史事件的钩沉，虽然不是其全貌，但它真实而鲜活，在两岸记忆中起到了“酵母”作用。

二、南京民国建筑遗存的初始性激发着乡愁情感

南京民国建筑遗存的初始性，为记忆提供了直观的凭借。建筑遗存的内部空间，为情感的宣泄设置了回转的路径，更为乡愁营造了归宿，在建筑遗存里有一种回到襁褓的虔诚。这里以余光中、周造时、周定时等人的经历为例说明。

余光中先生是台湾著名的乡愁诗人，生前在台湾多所大学从事教学工作，曾多次从台湾来南京。大部分人都知道他的著名诗歌《乡愁》，也知道他出生在南京，可是却少有人了解，民国时期他的父母都曾在行政院的海外部工作，地点是行政院南楼。①

余光中先生对乡愁的记忆也是从南京民国建筑遗存开始的。他在《金陵子弟江湖客》文中有描述：“我家住在鼓楼广场的东南角上，正对着中山路口，门牌是三多里一号；弄堂又深又狭，里面蜗藏着好几户人家，我家只有一间房，除了放一张双人床、一张书桌、几张椅子之外，几乎难有回身之

①刘刚：《我在博物馆做接待》，江苏人民出版社2015年版，第187页。

地。”“后来我家终于盖了一栋新屋，搬了过去。那是一栋两层楼房，白墙红瓦，附有园地，围着竹篱，在那年代要算是宽敞明亮的了。篱笆门上的地址是‘将军庙龙仓巷十八号’。我的房间在楼上，正当向西斜倾的屋顶下面，饶有阁楼的遁世情调。最动人逸兴的，是我书桌旁边的窗口朝东，斜对着远处的紫金山，也就是歌里所唱的巍巍钟山。”

2008年10月7日，余光中先生和夫人范我存来到总统府。时值桂树花期，桂香弥漫。余先生说：“桂花是开启我诗心的钥匙！”这句话本身就是诗，只有余先生这样的乡愁诗人才会有这样的经典！余先生感叹：“台湾的桂花长不到这样高大，也开不出这样的花！”

余先生看见“行政院文物史料陈列”展牌，落款是台湾“九一朽翁蒋永敬”，便立住脚步。我对余先生说，等下次馆里有新展开展时，也想请您题写一个展名。余先生环顾四周，似有所思，忽然伸手抚摸木制楼梯的扶手。

我向余先生请教他少年时对南京的记忆，特别是当时有关总统府的情况，比如国民政府还都、蒋介石庆贺60岁生日和竞选总统等情况。余先生说记得抗战胜利从重庆回来，每天天快亮时在睡梦中都能听见门前有马拉车在石板路嗒嗒掠过的声音……

10月是余光中先生的八十寿期。我们将贺寿晚宴安排在总统府煦园漪澜阁内。长条桌围成方形，余先生和夫人坐正中，大家分坐两旁；背屏上是“贺余光中先生八十华诞”一行大字，喜气洋洋。华灯初上，倒影波光，楼台亭阁，宛如仙境。

余先生说：“80年前，我出生在南京，我第一口吸入胸腔的是桂香，我第一眼看到的是我的母亲；在这里，我第一次遇见了我的妻子；今天，我80岁了，还要来这里看我的母校！”言词中满是乡愁！

2014年12月，我们在南京市档案馆查阅到了1947年余先生父母在南京的户籍卡。余先生父亲名余超英，教育程度大学，当时49岁，服务处所海外部，本籍福建永春，家属二人，住址是湖南路18号6区9保，右上角有本人照片。余先生母亲名孙秀君，教育程度高中，服务处所海外部，本籍江苏武进，与户主关系余超英妻，家属人数栏有子余光中，住址中山路三多里一号。户籍卡上有余先生父母年轻时的照片和信息，也明确了其父母的服务处所。

我将户籍卡影印件邮发给回到台湾的余光中先生。此时方才明白，那次余先生在行政院楼前停步不行的原因，竟是因为遇到了父亲曾经工作的地方，而当时余先生的年龄，已经比户籍卡上父亲的年龄大了30多岁，这种时空交错和穿越，让当事人内心澎湃却又无从言语。

周复是黄埔军校第三期学生，抗战爆发后，担任第一战区中将政治部主任。1943年率领800人突围时，周复遭到日军重兵围攻，胸部中弹殉国，成为抗战时期国民党军队中殉国的职务最高的黄埔将领。1995年中华人民共和国民政部颁发了“革命烈士证明书”。根据周复烈士的事迹，及其子女从台湾捐赠来的文物，总统府举办了“周复抗战文物史料展览”。周复的儿子周造时、周光时、周定时等先后多次从台湾来南京协商办展事宜。[①]

民国建筑遗存桃源新村在总统府东边，遗存风貌保护比较完整。周定时先生说：“1932年父亲回国，就住在桃源新村。先兄造时（1933年生）、我（1935年生）、先弟安时（1937年生）都出生在南京。好像就是这里，却又记不得是哪一幢，当时年纪太小了！抗战期间撤退到重庆，抗战胜利后回南京住在鼓楼，我入遗族学校上学！”

在展览中，有一张周复夫人陈景贤抱着孩子的照片，上面写着“在桃源自宅”。桃源新村建筑多为拉毛墙面，照片中背景建筑的墙面也是拉毛工艺。三子周造时生前在现场比着照片说：“这是母亲抱着我，那时候我一岁。”翻过照片，背后还有钢笔字：二十三年（1934）十月摄于南京桃源自宅，应该就是这里。一语未了，老泪纵横，号啕如同幼孩。

后来证实，这张照片并非拍摄于桃源新村，确切的拍摄地点是在上海路的陶谷新村。周造时思亲心切，一时错认。但是民国建筑遗存营造的乡愁氛

---

①刘刚:《我在博物馆做接待》，江苏人民出版社2015年版，第149页。

围，让他感觉时光倒流、亲人宛在！

三、南京民国建筑遗存的历史性担负着重要使命

南京民国建筑遗存在社会发展中的历史性，决定了它担负着重要使命。作为两岸记忆的见证和别乡离愁的符号，民国建筑遗存于1949年10月以后回到人民的怀抱，被赋予全新的功能和内涵，成为“同体意识、两岸统一”的标识和鉴往知来的载体，得到两岸共同的关注，在新生文化记忆中，具有特别的意义。

对南京民国建筑遗存历史文化价值的认识，关乎两岸记忆的整理和评价，更关乎当今两岸关系的发展。发挥好南京民国建筑遗存的积极作用，首先要做好民国建筑的保护和利用。

1949年4月，南京总统府内一片混乱，各级官员慌忙收拾细软，准备逃跑。不愿走的和走不掉的职员人心惶惶，不知所措。21日，代参军长刘士毅在西花园会议室召集留守人员训话：“长江防务巩固，可保无虑，你们在此看守，带走的人和留守的人，一视同仁，同等看待，以后按月发薪水。今天下午本人还须去溪口一行。”可以说在场人员皆是历史的亲历者，当时全部在沉默中，但他们的记忆在今天却时有发声。①

两天后，人民解放军占领南京，登上总统府门楼。从这一刻起，民国建筑遗存的保护和利用问题就摆在了面前。最初进入总统府的解放军战士，当看见墙上挂着蒋介石的肖像时，便满怀强烈的仇恨，冲上去用刺刀捅刺，在绣像上留下了多处刀痕和窟窿。战士们大都来自农村，进了总统府有点不知所措，有的乱扔东西，有的找不到厕所随地大小便，有的把地毯剪成一条条当背包带，有的在电灯泡上点烟，有的在水池里洗马，有的开自来水龙头洗手，要么打不开，要么开了以后不会关。甚至还有打报告要求将总统府围墙

①汤又新、丁绍兰：《南京国民政府、总统府见闻数则》，载江苏省政协《江苏文史资料选辑》第九辑，1982年，第54页。

和部分房屋拆除的情况。[①]

4月28日，南京市军管会成立，专门发布命令："为保存伪总统府蒋匪残迹，已经决定将伪总统府交由教育局组织古代文物保管机构，保管布置与使用。所有该处一切布置物资仍应保持原状，不得移动分毫，望即迅予派员点交。交接后立即具报本会，仰即遵照此令。"这条命令起初以保护文物为主，也记录下了珍贵的第一手资料。

改革开放以后，南京民国建筑遗存的保护和利用开始得到重视。南京中山陵是20世纪20年代建造的优秀民国建筑。民国时期，国民党多次组织谒陵和总理纪念周活动，败逃之际也专门谒陵告别。而今，每年3月12日、11月12日有组织的谒陵活动，已成为江苏省社会各界生活中的大事。

2005年3月的"破冰之旅"，国民党主席连战首次访问大陆，参访团拜谒南京中山陵，这是56年来中国国民党首次以党的名义委派代表团拜谒，纪念中国国民党创始人孙中山先生逝世80周年，其间也专程到总统府参观，登上子超楼。

2019年是新中国建立70周年，也是南京解放70周年，有关部门以总统府门楼为背景，专门组织了一场大型的庆祝活动和演出，再现了70年前解放军进入总统府的一幕。如今，总统府门楼已成为一种"门楼文化和情结"，凡是入此门者，莫不怀着崇敬而喜悦的心情，将记忆定格在1949年4月23日那一天。

尽管两岸对南京民国建筑遗存的认识和出发点有差异，表现上甚至一方是怀旧，一方是前行，但双方在这里却得到交集、了解和交流。从事物和历史的发展规律来看，怀旧之余，也会有反思、改变；前行之中，更需要总结、创新。两岸都将相关重要活动，安排在民国建筑遗存中进行，显然是考虑到建筑的历史性和活动的使命感。

习近平总书记指出："历史是现实的根源，任何一个国家的今天都来自

①刘刚：《总统府文物保护利用追忆》，《中国文物报》2019年9月17日。

昨天。只有了解一个国家从哪里来，才能弄懂这个国家今天怎么会是这样而不是那样，也才能搞清楚这个国家未来会往哪里去和不会往哪里去。”从共同的历史记忆中，筑牢中华民族共同体意识，从历史的必然性中强化爱国主义意识。

一段时间以来，对民国建筑遗存的保护和利用，主要集中在对其建筑结构和工艺的复原，以及复原后的经营业态选择上。在习近平新时代中国特色社会主义思想指引下，民国建筑遗存的保护利用要在理念和实践上有新的突破，既要研究历史，又要发展创新，发挥民国建筑遗存保护利用在民国往事与两岸记忆学术研究中的作用，为实现全面建成小康社会和建成社会主义现代化国家“两个百年”奋斗目标，做出应有的贡献。

作者简介：刘刚，研究员，南京中国近代史遗址博物馆（总统府）副馆长

NANJINGXUE

古都历史与景观变迁

南京古城的早期形成过程及地理机制研究

姚亦锋

摘要：“地理空间”是城市变迁的基础，是城市空间发展的内在驱动力。以多尺度地理空间的视角探寻南京城市早期形成过程，能够更深入地发现城市历史运行轨迹以及可持续发展途径。山脉走向、河流网络、湖泊分布以及冲积小平原，形成南京城市空间的景观演绎。春秋战国至秦汉末期，南京地区已经有越来越密集的人居营造活动。东吴建都南京后，政治、军事、经济和文化影响逐渐叠加入地理空间内，形成了南京的城市文化生态传统。早期城市起源形态对于地理环境选择的思路，清晰可辨。地理格局的重要作用始终隐含在南京景观变化中。

关键词：南京；地理空间；多尺度；城市景观

引言

地理空间是城市起源的最基本驱动力，也是构筑城市空间的第一要素。以地理视角研究城市具有重要的本质意义，比建筑空间的研究更加广阔和深刻。C.O.Sauer提出，“文化景观”是某个文化群体利用自然景观的产物，其中文化是媒介。[①]

---

①Sauer C. O. , Morphology of Landscape (University of California Press, Berkely, Los Angeles, 1974), p. 315—350.

城市发展过程中有诸多影响因素，政治、经济和文化等确实有很重要的影响，但是这些都是人类活动赋予地理空间而形成的影响因素。实际上，地理空间是城市发展的纯内生变量，是最核心的内生动力。以往社会演替研究中，空间被看作自然常态，[①]是一种外部变量，而非社会创造。本文所谓的“地理空间”是城市景观变迁的关键所在，是连续的景观创造，是城市空间发展的根本驱动机制。

时间流逝表现出朝代更迭，遗留下历史文献和古迹。地理空间表现着城市延续在时空之中的构成方式。在数千年时间里，山脉保持稳定，水系也许还有改变，但是流域主脉依旧存在。这是研究城市变迁的最好物证，更是空间内运行轨迹的标志物。古城、宫殿虽然毁灭了，但依照山川的城郭墙基仍依稀可辨。

一、地理格局和地貌的重要影响

城市景观的历史变迁，由单一到多种功能，由偶然变化到形成传统，贯穿始终的是地理景观空间。探寻城镇起源点在数千年历史的地理空间中的变迁轨迹，能够深刻辨析城市传统景观价值，明晰地区内人类与自然景观可持续的运行方向，进而科学地制定景观风貌保护规划。

城镇起源最初时期，人们首先以“地理景观意向”选址建城，对多个尺度的地理空间进行考察和分析，选址会有游移变化，地理空间大中小序列有嵌套结构关系。由于没有政治、经济、文化、居住等多要素交错叠加，其中单一意图显示直接而清晰可辨。探寻地理环境系统中的历史城市遗址和建筑空间变化规律，其时间源头的地理空间意识是重要的研究依据。

南京城市起始于三国东吴建都。但在此之前，从西周、春秋战国到秦汉，南京地区已经有1000多年的人居活动，有定居村落、军事城堡，也有古驰道、码头渡口。再往前追溯3000多年，还有数百处新石器人类聚落。[②]探

①童强：《空间哲学》，北京大学出版社2011年版。

②吴建民：《长江三角洲史前遗址的分布与环境变迁》，《东南文化》1988年第6期。

寻早期南京城市起源以及雏形过程，研究地理山脉水系与早期人居环境的空间关系，对现代南京城市景观研究有重要的意义。

从中国版图的大尺度辽阔空间分析，区域范围内南京地理格局的首要重大影响是长江。长江辽阔浩荡，在下游地区切割运行，北岸缓坡平坦，南岸多陡壁岩崖，[①]如著名的湖南城陵矶，安徽采石矶，南京燕子矶、三山矶等。古代沿长江，这些山脉悬崖设有系列军事城堡和烽火台。

南京地处长江下游河谷冲积平原和低山丘陵的复合部位。宁镇山脉的三条支系幕府山、紫金山、牛首山山脉，分别在北部、中部和南部延伸围合，形成多个空间。长江支流秦淮河侵蚀这一带地貌，形成3000平方米的冲积平原小盆地，[②]南京古城区就是在这一地势平坦的小盆地中起源和演化的。

史前时期南京地区森林密布，荆棘丛生，河流湖泊纵横。距今5000年前，在长江支流的上游方向，南京原始居民选择秦淮河与金川河的中上游沿岸台地建立村寨，这些地段接近水源，又不会被洪水淹没。考古发现200多处原始居民聚落，分布于四个密集区：秦淮河流域、金川河流域、六合滁河沿岸和远郊丹阳沿江地带。其中以秦淮河中游的湖熟遗址最为集中，[③]考古学界以“湖熟文化”命名。

原始居民即有地理格局的认识，主要还是在自身狩猎活动区域内，为个体或者群体生存经济考虑。相对于后来君王国家意念的地理格局意识，范围尺度要小很多。

从春秋战国到秦汉，南京地区逐渐有几个城堡和驰道，此外整体上这一地区还是自然荒野荆棘，河流湖泊遍布。玄武湖名“桑泊”，浩瀚无际，与长江浑然一体，时常洪水汹涌。秦淮河宽800米，金川河等也是宽阔大河，莫愁湖等还在长江水面之下。古代长江水面宽阔，波涛汹涌，是南北方的

---

①中国科学院《中国自然地理》编辑委员会：《中国历史自然地理》，科学出版社1982年版，第32—50页。

②罗宗真：《六朝考古》，南京大学出版社1994年版。

③蒋赞初：《南京史话》，南京出版社1995年版。

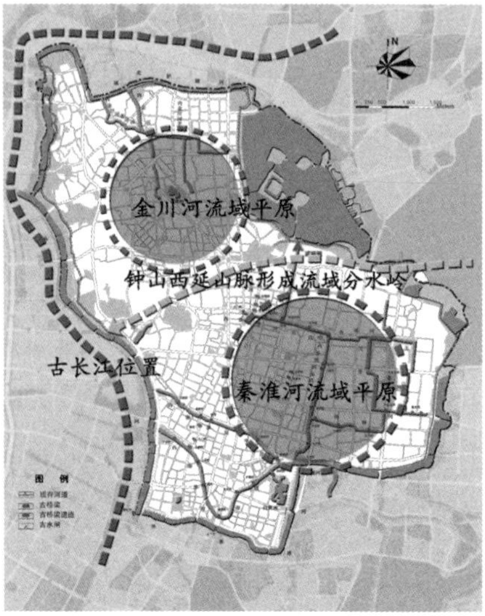

钟山西延山脉为分水岭，形成南部秦淮河小平原和北部金川河小平原

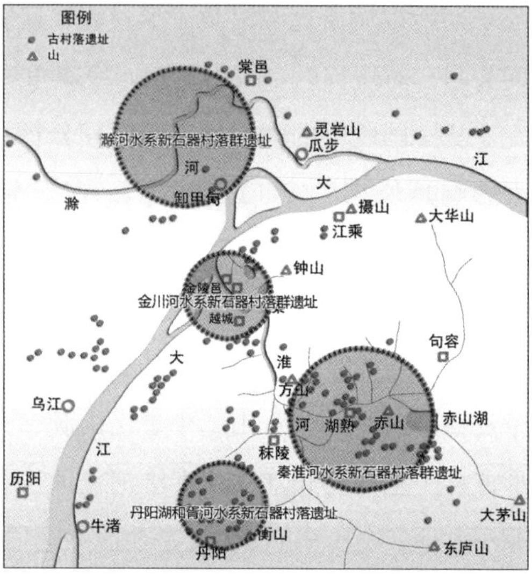

新石器时期南京古村落分布示意图

交流障碍，也是抵御入侵的天然屏障。这也成为选择建都南京的最根本原因。对此朱偰评论道：“三山驻师，终鼎足割据之势。五马渡江，开南朝偏安之局。”①

三国之后，陆续有东晋及南朝的宋、齐、梁、陈建都南京，基本仍沿旧制对地理格局充分利用。六朝时期面临抵御长江北岸强敌的侵犯。城建利用山脉建设城墙，沿长江还设有系列军事城堡和烽火台。在秦淮河入长江口山岗地段，六朝依托山崖建立“石头城”。地势险要，军事战略地位尤显得突出重要。史书多有记录争夺石头城的激烈战斗，这里成为后来文人墨客歌咏的著名临江景观。今天长江河道西移，石头城西部崖壁依然可以看到江水冲刷的自然痕迹。

六朝时期，南京城市和周围一系列军事战略城堡建立，依据自然山川地形因势构筑，进一步附加“王气”“紫光”“风水”且映射天文星象等说法，但其最核心的部分依然是遵从客观的自然。

①朱偰：《金陵古迹图考》，中华书局2006年版，第12—15页。

二、多尺度时空范围内的人类活动遗迹

地理格局作为一个客观存在的现象，无法伸缩变化，但是基于多尺度或者多视角观察，结论却大相径庭。地理格局研究需要多个尺度清楚地界定所关注的空间问题，[①]探索各个尺度空间内城市运行规律，以及如何将不同尺度的研究结果关联起来，从而能够既全面地认识整体世界，又深入把握局部环境。

笔者设定研究的多尺度地理空间，分别是大尺度区域空间、中尺度领地空间和小尺度核心空间。区域空间，表现为跨越多个城市地域的广大范围。这个大尺度范围是有共同地理基础的区域，城市之间有相互影响，有主从、互补或者共轭等关系机制。领地空间，表现为地貌范围。山脉水系连续施加影响，超出城市用地范围。核心空间，表现为城市范围。古代城市的边界往往是城墙。

现代南京城市建设规划在其行政管辖范围内，分为明朝城墙的老城区、绕城公路的都市区和远郊县城的区域三个地理范围空间，[②]这些都属于南京领地空间范围。这三个地理空间内都有各个历史时期的遗址古迹。时空统计辨析发现，越是悠久时期，古迹点分布越是分散，散布在区域广大范围内；随着时间延伸，古代至近现代时期，古迹点分布越来越集中，以致密集积压在老城区内，说明人类地理环境选址越来越趋于共识。2010年的调查统计，老城区有古迹点1200个，都市区和远郊区域古迹单位总共不到老城区的四分之一。[③]古迹分布沿秦淮河、长江、玄武湖等水系边缘数量多于沿山区域，表明沿水系的地理空间始终是人类活动重要场地。

1.大尺度区域空间：长江中下游流域“节点”“轨迹”与“领域”

在大尺度地理空间范围内，对城市现象进行抽象，将其看成是空间联系的“切换点”或“节点”，山脉河流看成是“线条”。在时空背景过程中，

---

①大卫·哈维：《地理学中的解释》，商务印书馆2012年版。

②苏则民：《南京城市规划史》，中国建筑工业出版社2016年版。

③苏则民：《南京城市规划史》，中国建筑工业出版社2016年版。

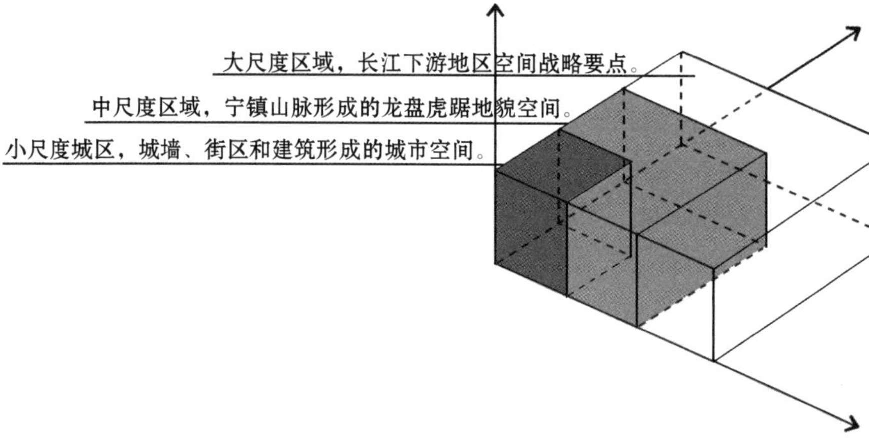

多尺度地理空间嵌套构筑南京城市景观示意图

观察地域整体系统内的这些点线运作轨迹是有规律联系的。研究解释城市社会的历史过程，需要逐步明晰多个尺度空间的嵌套关系。

南京城市位置从长江中下游区域或者华东地区大尺度空间看起来，逐步明确地形成固定的景观空间节点，历朝历代更迭，三国时期浙江扩张过来的孙权、“五胡乱华”避难的晋室南渡、“靖康之耻”后南退的北宋军队、元朝末期安徽来的朱元璋军队、近代广西来的太平天国军队、20世纪初从南方北伐过来的国民党军队等，对南京所处位置控制长江下游地区的作用认识一致。南京成为这一带广大空间的核心点。

在战争时期，南京是对峙前沿重要的控制要点。在和平时期，南京是经济交流沟通的重要控制要点，也是以长江为界的南北空间转换要点。在近现代，津浦铁路过长江的位置在南京，新中国建立具有战略意义的长江大桥也选址在南京，而非其他地方。

公元229年，孙权选址定都，开始在现代南京市区范围内建设都城。相比较春秋战国时期的霸主，有更大尺度的视角审视区域地理格局。孙权曾经考虑在镇江、南昌、鄂州等地选址建都，[①]但从当时黄河中原至江东范围的

①郭黎安：《六朝建都与军事重镇的分布》，《中国史研究》1999年第4期。

大尺度格局考虑，最终定都南京。都城具体位置并不是秣陵县所在位置，而是临近长江，直接面对江北的对峙局面。

在中国版图的宏大尺度范围内俯瞰南京位置，东南方向接太湖水网地带，西部连接皖南丘陵地区，隔江对应江淮大平原。这三个方向都是中国最主要的经济场地。从地理区域空间尺度上，南京被视作空间联系的“切换点”或“节点”。

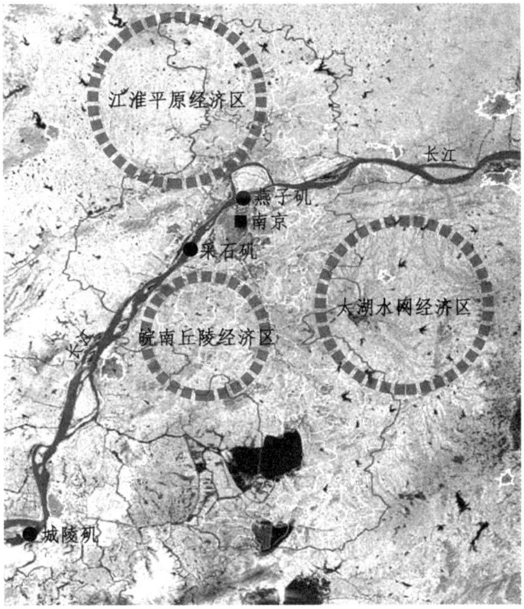

长江南岸著名的“三矶”以及经济区域分布示意图

以南京为核心点，辐射形成一系列城镇体系，近郊有东山镇、汤山镇、湖熟镇，远郊有漆桥镇、固城镇等历史古镇，都具有2000年历史。东面有镇江，南面有高淳、溧水，江北有六合、江浦。这些点构成“控制面”或者“控制圈”。

2.中尺度领地空间：宁镇山脉地貌区域

地貌连续范围跨越多个城镇，形成相对独立的地理空间，此即中尺度领地空间。山脉水系是影响人工城市建构的最基本核心动力。南京城市历史上多次毁灭，又多次重新建设，而地貌是最稳定、最持久、最基本的城市空间发展机制。地理脉络支撑古都主体空间存在，也引导形成人地关系变迁的历史轨迹。表现在城市功能有军事防御、经济发展、商贸流通、景观构造，甚至风水天象星座的映射。这些都是人工建筑所无法替代的。

公元前559年，楚国在长江北部六合西北程桥镇设置的棠邑，位于滁河下游一带。宁镇山脉有150多公里长，沿着长江南岸延伸，到达太湖流域的边缘。公元前541年，吴国在固城湖入口筑城濑渚邑以御楚，使得吴国军事势力从太湖跨越宁镇山脉，扩展到固城湖，进而入长江，[①]并以此作为水军攻击楚国的路线。由于早期出现的这两座军事城堡，南京处于吴国与楚国交界前沿，史称“吴头楚尾”。

战国时期，南京现代城区范围内，先后建立有吴国冶城、越国越城和楚国金陵邑三个军事城堡。这也是后来南京三国东吴建城的雏形，显然为后来南京城市正式建立奠定了地理格局内选址的基础。

春秋战国时期，这些连续建立的城堡，以及布局演化的轨迹，依然显示出各国君王所处位置的视角有差异，但对南京的战略控制地位的认识，逐渐是一致的，即把控这一带便能控制长江南岸大面积区域。因此在后来的历史时期，南京发展成为重要城市，成为历代兵家激烈争夺之地。

公元前210年，秦始皇嬴政出巡，过金陵，登临摄山（栖霞山）纵目，并埋双璧以祭告天地。《建康实录》记述：“望气者云：‘五百年后金陵有天子气。’因凿钟阜，断金陵长陇以通流，至今呼为秦淮。”[②]史料记载，秦始皇判断出南京地理格局潜在的威胁，就破坏其原有地理景观空间，以求得自己内心安宁。进一步理解，秦始皇实质上意识到此地点在大尺度地理区域范围内，具有重要的军事战略价值，此地的地貌形态利于防御，而且具有控制广大区域的重要据点作用。在以后时间里会有人利用这个地理形势掌控格局，崛起而与北方的主人分庭抗礼。

孙权在赤壁之战取胜后，曾经考虑在镇江建都，视角在长江中下游大尺度范围寻查，[③]最后得到诸葛亮评价南京周围的地貌景观是“钟山龙盘，石头虎踞，此乃帝王之宅”。这个著名的地貌景观评价，影响了南京后来数千年的城市建设。

地理空间格局的基本组成是山脉和水系，山脉是军事防御或者居住的依托形态，水系是交流联系的重要途径。早期城邑或者定居点建设，地理

---

①（汉）司马迁：《史记》，中华书局1982年版。

②（唐）许嵩：《建康实录》，张忱石点校，中华书局1986年版。

③郭黎安：《六朝建都与军事重镇的分布》，《中国史研究》1999年第4期。

脉络的影响非常清晰，这是城镇起源的根本依据。这个基本属性在后来漫长纷繁的历史演变过程中，依然是很重要的要素。只是越来越庞大的人工建设层层叠加，掩饰了地理的显著作用，使得地理似乎成为前期或者潜在的影响力量。

城镇作为历史文化遗存，是自然环境与人类活动长期相互作用的结果，地貌形势是城市构建的最基本元素。历史年代的建筑会遭受损坏，而地貌景观具有较强的整体性和稳定性，是延续古城景观的最根本要素。现代南京城市规划建设强调实用功能，历史上的连绵山脉被分断，水系大规模填埋，“龙盘虎踞”的地貌景观基本被破坏，是城市景观的重大损失。

3.小尺度核心空间：城市建筑街区

相对自然地貌或者河流而言，城市建筑空间尺度比较小。建筑具有人类文化寓意，海德格尔有言：“住所是人类与物质世界之间精神统一形式的基本单元。通过反复体验和复杂联系，人类住所空间建构赋予地方含义。”①

古代城市首先表现出的是城墙围合，形成城市边界。建筑和街区形成密集的人居活动空间，也营造了文化发散的核心。南京城市历史上先后有十个王朝建都，历代城市轴线和道路系统形成有自身特征的国家政治文化和景观文化，城区是文化运行的核心。

从春秋战国开始，历代君王谋臣认识到南京地理位置在军事和政治上的重要性，陆续在长江或者其支流建立军事战略城堡。对于多个尺度地理空间的考察和分析可知，其选址会有游移变化，空间尺度从长江中下游区域大尺度，逐渐集中到南京地区小尺度，从固城湖濑渚邑到秦淮河石头城确立，历经约1000年。其间，军事城堡基本作用是控制长江及其支流交通运输。

东吴孙权定都南京，开启了城市建设的历史，表现为四个阶段：六朝时期，都城称“建业”“建康”，城周二十里十九步，规划以“君”为本，宫城居中规整，半圆形山脉环抱“金陵王气”；南唐时期，都城称“金陵”，

---

①［德］海德格尔：《存在与时间》，陈嘉映译，三联书店2005年版，第1—9页。

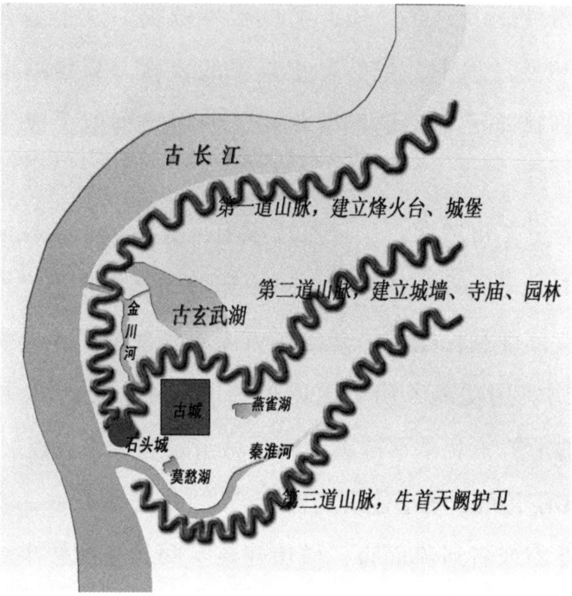

孙吴定都南京后，依顺山脉河流构筑城市示意图

按照“筑城以卫君，造郭以守民”的规划思想建设都城，城周二十五里；明朝时期，都城称“应天府”，集政治、经济、军事多种功能于一身，修筑了四重城垣，为世界建城史首例，其中都城周长三十五公里；民国时期，建都称“南京”，修筑Z字形中山大道，为中国首个三块板道路，种植六排悬铃木大树，形成著名的城市林荫景观大道。[①]

三、多尺度地理空间嵌套的古都格局体系

1.地理时空演绎映衬的古都景观格局、过程以及机理

自然与文化作用过程中，地理空间和时间有无限延伸的特征，形成了景观的变化和传承。这与城市有限边界和历史朝代更迭形成对照。

地貌的山脉、河流或者平原是按照自然规律分布的，也是有内在自然联系的。在连续演绎的时空过程中，地理空间延伸也有阶段，有节奏节点，有不同尺度时空内发生的各种作用。这一自然空间和过程序列，有嵌套结构关

①苏则民：《南京城市规划史》，中国建筑工业出版社2016年版。

系，形成有景观的格局形态和相应内在机理，直接影响着历代政治家、军事家的城市选址判断。

南京地理格局是由长江南岸宁镇山脉的三条支脉围合形成的，山体是500米以下的连绵山岗，秦淮河冲积形成3000平方米的小平原。自然山脉水系格局对城市空间、形态和结构有直接影响，而对城市景观象征、城市文化形成、习俗的延续也有着深刻影响；军事战略堡垒依据自然山川地形因势构筑，后来的“王气”“风水”“紫光”等说法仍以地理格局为基础，文人附加描绘。南京六朝时期著名的“龙盘虎踞”地貌，连绵环抱凝聚“金陵王气”，城市最核心的部分依然是遵从客观的自然。

南京城市建筑营造依山、抱湖、临江，城市格局叠加于自然地理格局之上，历经各时期内在地理和外在功能的矛盾作用，逐渐形成南京古都特色的空间格局、建设尺度和景观机理，形成地理与城市交融的空间系统。各个历史时期地理尺度格局与城市规模虽有不同的对应关系，但始终把地理景观形态判断和格局分析，作为城市规划根本点，确定城市最初景观形态。

从时间流逝轴线延伸，截取南京城市早期的历史时空转换节点：公元前541年，吴国在固城湖始建濑渚邑；公元前472年，越国在今天南京城区秦淮河畔建越城；公元212年，东吴在长江边建石头城。南京建城有2500年历史，其中都城约450年，先后有十个朝代更迭建都，每一历史时期的城市主人都按照其各自文化理念营造城市空间，有传承的，也有变化的。由于使用的基础地理空间是固定一致的，形成了城市历史文化信息的叠加。在时间延续的过程中，各个城市景观相继“占用”相同的一个地理空间，各个朝代文化叠加，继而相互吸收、融合，城市发展逐渐整合为一种传统景观。

海德格尔在其哲学著作《存在与时间》中说道：“只有理解了人类的生存本质，才能理解人类的生存空间。”依附地理脉络的历史城市、历史遗址群，历史文化格局景观的形成，显示出长期的人类社会实践和世代文明积淀，也折射出人地关系的本质过程。

地理环境透过城市景观表达和规定了古都的风貌特色，而城市景观和地理环境格局之间的内在关联则体现了古都的城市意象。各个历史阶段古都城市景观的发展延续和积淀，皆有其基本内在的地理格局影响。地理格局脉络的传承，使古都景观具有持续的深厚传统。

2.景观嵌套空间的规划研究

地理景观在空间延伸过程中，表现出持续扩展联系。以人为核心的抽象地理空间可分为三个尺度：城区核心、地貌脉络、空间区域。三重空间相辅相成，嵌套耦合形成多尺度结构系统，人文遗址也是按照此体系分布。景观规划应该以此为视角统筹体系研究。

（1）古都空间的地理核心。城市起源地是古都建设的最初空间，相对于城市后来的发展是“核心空间”。这个地理内核确定了城市起源的最初景观特性，保护并且传承这个地理特性，具有重要的文化意义。古城后来的空间衍化和稳定需要延续“内核”来保持；宁镇山脉在南京地区围合形成的地貌空间，史称“龙盘虎踞”，是城市起源和发展的最本质的“关键内核”，具有深刻影响。

（2）古都空间延伸的地理脉络。历史上城市空间延伸，多以山脉和河流为发展脉络，并且逐步形成网络系统。历史时期城市结构走向以及目前城墙遗址也主要顺应这些山脉和河流。辨析城市历史演替的空间构成和机理，依顺自然山水脉络系统实地调查古城市起源和发展遗迹，考察体现古都景观特征的重要河流和山岭，分析目前古都风貌保护与现代城市建设主要冲突地段，确定历史城市与自然融合的景观空间格局，探寻形成古都特色的基础。同时，规划研究保持山体轮廓的连续性、河流水系的完整性，以及连续的遗产廊道，形成景观基本网络，构成自然景观与人文景观系统叠加的南京古都保护格局。

（3）古都空间的扩展地理区域。历史上城市发展逐渐扩大面积，形成历代城区，有军事控制区、防御外廓区、经济外延区、都市圈交通影响区、周边城镇体系区，甚至国家疆域影响区。表层显示的是实体地理空间形成的联系，实质还有生态联系、经济联系、文化联系等，探索发展区域的空间机理以及多层次的规律联系，有助于研究整体的文化生态传承。

（4）更深入一步的探讨，应该研究保持城市历史时期人地关系发展协调的轨迹，这是在“有形”和“无形”之间把握更深层的“道”。从实体空间形态辨析和规划研究，自然景观系统与城市景观系统在历史时期相互作用，表现在多尺度地理格局和城市实体空间。潜在文化生态的脉络“软件”操控，形成了历史城市特色的格局、过程和尺度。探索“道”的“轨迹”，可以继承古都持续的文脉，最终达到整体环境的可持续发展。

（5）在多尺度地理空间嵌套的系统内，考察人文遗迹分布状态。从格局到系统的风貌认知和景观规划，耦合经济发展、文化传承和自然保护布局在地理空间格局之中，形成整体的景观格局系统。发挥历史上山脉、河流、城墙、街巷、绿化等景观空间有机交融的特色，从整体上按照地理格局、地貌形态、景观界面和城区遗址地四个层次，构成完整的保护系统。

“古都风貌”是指有成片的历史建设遗存布局以及与周围山川地貌形势等构成的整体空间，这些历史年代中形成的风貌对现代社会发展有着极为重要的意义。保护历史遗留的一栋建筑，只能算是保护一件“文物”。南京“龙盘虎踞”的历史风貌特色存在，能使整个城市发出独具魅力的光泽，对整个城市战略性的发展有重要意义。现代城市研究应该以历史地理格局作为时空变迁的基本参照，探寻地理环境系统中的历史城市遗址和建筑空间变化规律。

3.人地关系以及古都文化生态

地理地貌在时空延伸过程中是连续地、不间断地持续着，强烈地影响着城市景观不断地运动、变化和发展。在2000多年时间里，南京城市由起初单一的军事或者交通功能，发展成为多项复杂功能。历史上自然生态、军事、经济、社会历史和人文艺术，层层叠加和渗透，景观形成其特有的文化生态传统。按照哲学理论，其内部矛盾相互作用乃是发展的源泉。这个内部矛盾应该就是人地关系的对立统一运动。即人与地的相互作用，表现在经济上的人地关系、军事上的人地关系，还有社会文化和艺术上的人地关系，等等。

总体上就是哲学上的人地关系。这是对立统一矛盾的两个方面，需保持和谐发展而不是毁坏其中一个方面。对于人类而言，就是不要毁坏其生存基础的地理空间，更进一步就是要保持人地关系的可持续发展。

地理景观是城市规划的重要内容，本文提出三个尺度空间的规划研究，其核心是人地关系地域系统，进而衍生出生态系统、环境景观系统、人类系统、社会系统，以及建筑空间系统、道路交通系统、绿地系统，等等。南京城市传统特色是优雅尺度的建筑融合平缓的山峦，三重空间相辅相成、嵌套耦合、统筹和谐。

地理空间理解是城镇发展的“硬件”，而其中文化传承是“软件”。在历史城市化过程中，逐步强化的城镇建设表层显示的是人的军事和经济目的，而深层把握则是人地关系永久可持续发展的问题。现代城市规划建设过分强调对于人类的使用功能，密集成群的摩天高楼、密集成网的交通道路、迅速庞大的建筑空间解构了自然地貌空间所承受的尺度容量。

数千年以来，文化生态是逐渐深化形成的，其中非功利的文化审美价值以心灵悟性感受而获得，其深层折射的是人与自然的和谐关系，也应该依然是现代人地关系研究关注的重要课题。

海德格尔曾说：“空间是通过存在而显示出意义的。”古都作为国家历史文化标志，其地理环境乃是国家历史文化演变的重要空间集聚载体。历史城市景观表现出地理和社会空间关系，地理空间内显现出人地关系传统和连续文化积淀。大规模传统城镇景观的损坏，意味着传统人地关系理念的断裂。

四、研究结论

以地理视角研究历史城市具有更加广阔和深刻的重要意义。由外部表层观察到深层本质研究，包括观察区域城镇变迁现象、分析地貌格局和城市空间结构、研究其景观形成和变迁的基本内在动力机制。

南京城市景观在两千多年时间里，不断地运动、变化和发展着，其内部

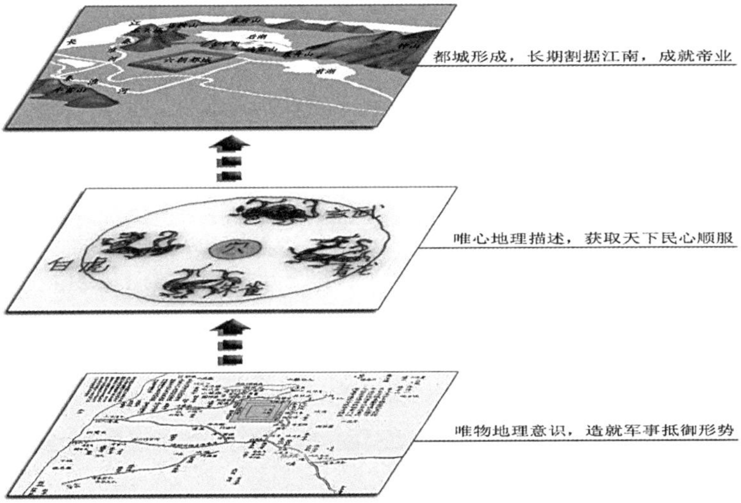

南京古都文化三层叠加示意图：自然、天象和城市景观

人地关系的对立统一矛盾相互作用乃是发展的源泉。早期城邑或者定居点建设，地理脉络的影响非常清晰。这是城镇起源的根本依据。这个基本属性在后来漫长纷繁的历史演变过程中，依然是很重要的要素。只是越来越庞大的人工建设层层叠加，掩饰了地理的显著作用，使得地理似乎成为前期或者潜在的影响力量。现代城市规划建设过分强调对于人类的使用功能，庞大的建筑空间解构了自然地貌空间所承受的尺度容量。

从地理空间视角研究历史城市能够更加全面和深刻地抓住历史风貌的本质，研究核心是人地关系地域系统。以地理学研究空间分异规律、时间演变过程及区域基本特征，辨析区域分异“格局”、时空演变“过程”和人地关系“耦合”，从而在更广阔范围和深度上把握历史城市风貌的机理。

参考文献：

1.史念海：《中国古都与文化》，中华书局1998版。

2.张兰生：《中国生存环境历史演变规律研究》，海洋出版社1993年版。

3.傅伯杰：《地理学综合研究的途径与方法：格局与过程耦合》，《地理学报》2014年第8期。

4.樊杰：《人地系统可持续过程、格局的前沿探索》，《地理学报》2014年第8期。

5.薛兴祥：《高淳县志》，江苏古籍出版社1988版。

6.（北宋）张敦颐：《六朝事迹编类》，上海古籍出版社1995版。

7.（明）陈沂：《金陵古今图考》，江苏古籍出版社1988版。

8.［美］戴维·哈维：《正义、自然和差异地理学》，胡大平译，上海人民出版社2010年版。

9.Forman, R. T. , Land mosaics:The ecology of landscape and region (Cambridge: Cambridge University Press, 1995).

10.I. L. McHarg, Design with nature (Natural History Press Company, 1971).

11.Alan R. H. Baker, Geography and History (Cambridge: Cambridge University Press, 2003).

12.James M. Rubenstein, The Cultural Landscape (James M. Prentice Hall, 2011).

作者简介：姚亦锋，理学博士，南京师范大学地理科学学院教授、博士生导师

近代南京地区的水灾、兵灾、疫灾

经盛鸿

摘要：南京是一座有着2500年建城史的古城，地处长江之滨与控扼南北东西交通要冲的极重要的地理位置。鸦片战争后，由于它在近代中国历史中，不仅是最重要的政治中心之一，而且是军事上的战略重镇，因而在激烈动荡的近百年历史中，南京成为长江流域乃至全国遭受各种灾害最严重的地区，不仅遭受多次严重的洪水侵害，而且经受了外国侵略者、反动统治者与野蛮军阀多次强加给它的战争、屠城、烧杀抢掠与瘟疫等灾难。这些灾难对南京地区的社会经济发展与近代化进程，造成了惨重的破坏，给南京人民带来了极大的痛苦。

关键词：南京地区；近代史；水灾；兵灾；疫灾

南京是一座有着2500年建城史的古城，又是中国东南的军事重镇与政治中心。近代以来，因得天时、地利之便，南京在经济、文化等方面得到长足发展，在政治上，更从清王朝的两江总督衙门所在地，一跃而先后成为太平天国、中华民国临时政府与国民政府的首都所在地，时间长达数十年，地位更显重要，成为全国名列前茅的大都市之一。

尽管如此，在鸦片战争后中国进入半殖民地半封建社会的一百多年时间里，南京也像中国其他许多地方一样，蒙受了太多的灾难与耻辱，其中一个重要的表现，就是在这段不太长的时期里，不断加剧的自然灾害与人为灾害，尤其是严重的水灾与兵灾、疫灾，一次又一次地降临南京，对南京地区的社会经济发展与近代化进程，造成了惨重的破坏，给南京人民带来了极大的灾难与痛苦。

一、近代南京地区灾害频发的原因

近代南京地区的自然灾害中，以水灾危害最烈。

南京地处长江下游地区，城市紧邻长江，其所辖区分布在长江南北两岸，自古以来就与长江水情有密切的关系，是受长江水灾威胁最大的地区之一。在清代260多年时间里，南京称江宁府，就含有当时朝野官民期望与祈祷长江安宁的意思在内。

翻开南京的历史，我们可以看到，南京地区古代的水灾并不多。这是因为南京面临与背靠的长江，在清代乾嘉以前，一直水灾较少，更不严重，若和北方几乎连年泛滥的黄河相比，长江的水灾就更是轻微了。这是中国古代自南北朝、隋、唐以后，全国经济中心逐渐南移的重要原因之一。直到清道光年间鸦片战争爆发前，长江流域发生水灾的次数仍然较少。据《中国历史大洪水》一书记载，从1583年（明万历十一年）到1840年（清道光二十年），在这257年时间中，长江流域发生的大水灾，仅有两次。①

长江流域在古代水灾较轻的原因，主要是因为长江上游两岸，山岩矗立，原始森林覆盖严密，植被保存完好，水土流失现象难以发生，因而江水清澈，不像黄河那样夹带两岸大量流沙，河床日益垫高；而长江自宜昌出三峡后，进入广阔的中下游平原地区，水流比较平缓，两岸有许多湖泊，如洞庭湖、洪湖、鄱阳湖等，吸纳与调节长江水量，因而长江就不易发生水灾，即使偶有发生，灾情也不那么严重。

①骆承政主编：《中国历史大洪水》，中国书店出版社2006年版。

自1840年鸦片战争爆发以后，中国进入动荡与多灾多难的近代社会，长江中下游流域的灾情迅速加剧，特别是水灾更加严重。据《中国历史大洪水》一书记载，自1841年（清道光二十一年）到1949年（民国三十八年）这108年时间中，长江流域竟发生大水灾9次，超过了同一时期黄河重大灾害性洪水的次数；至于范围与危害较小的小水灾，次数则更多。

长江中下游在近代以来水灾增多的原因很多，除了天气异常等自然原因外，人为破坏的社会原因更为重要。

首先，是由于明清以降数百年来，长江流域生态平衡遭到日益严重的破坏。特别是在1644年清王朝入关统治全国以后，历经二百多年的承平时期，人口激增，土地不足，大量移民进入人烟一直稀少的长江上游流域各地，开山毁林，开荒种地，安家落户，破坏了大量植被，既削弱了上游水源的涵养功能，洪水无所阻挡，滚滚而下，洪峰不断增大，又造成严重的水土流失，使长江水含沙量剧增，由清变浑，河床不断垫高，河道逐渐淤升，在中下游形成高出两岸陆地的“悬河”，迫使长江两岸的护堤不断加高，风险日大。而在长江中下游广大地区，官府与民众为扩大耕地面积，又大兴围湖筑圩造田，使洞庭湖、洪湖、鄱阳湖等大小河湖面积日益缩小，既失去吸纳与调节长江水量的功能，又堵塞了水路，使各河湖不能顺畅其流。这种情况到了鸦片战争以后更加严重，引起的巨大危害也日益明显地暴露出来。

对于入清以来人为破坏长江流域生态平衡而引起长江水患不断加剧的情况，一些有识之士早就觉察。清初，著名的思想家、江苏昆山人顾炎武在其名著《天下郡国利病书》中就指出，山地垦殖使“山谷泥沙尽入江流”，造成江河湖泊的淤积之状。道光年间长期在南京任两江总督的陶澍也明确指出：长江下游的水患，是“因上游川、陕、滇、黔等省开垦太多，无业游民到处伐山砍林，种植粮食，一遇暴雨，土石随流而下，以至停淤接涨”[①]。鸦片战争时期的启蒙思想家魏源更深刻地指出，“历代以来，有河患无江

①《陶文毅公全集》卷10。

患”，但到鸦片战争前后，长江水患却日益加剧，“乃数十年中，告灾不辍，漂田舍，浸城市，请赈缓征，无虚岁，几与河防同患，何哉？”就是因为在长江上游大量移民盲目伐木垦荒，使得“泥沙随雨尽下，故汉之石水斗泥，几同浊河”；而在长江中下游地区，官府与农民在江湖洲渚上大量筑圩垦田，“泽国尽成桑麻”。[①]他们的分析是符合历史事实的。

第二，长江流域在近代水患加剧的更重要的原因，则是因为中国君主专制社会进入清代以后到了末世，统治者日益腐败，内政不修，官吏贪黩，经济落后，生产力低下，水利荒芜，控制、驾驭与利用自然的能力日益减弱，反而越来越被自然界的野性力量所压服与支配。近代著名思想家、江苏无锡人薛福成揭露清代“河工”（水利工程）的官场黑幕，说：“每岁经费银数百万两，实用之工程者，十不及一。其余以供文武员弁之挥霍、大小衙门之应酬、过客游士之余润。”[②]孙中山则更尖锐地指出：“中国所有一切的灾难只有一个原因，那就是普遍的又是有系统的贪污。这种贪污是产生饥荒、水灾、疫病的主要原因。”[③]孙中山尖锐而深刻的言论，不仅指出君主专制制度与官吏贪污腐败，造成中国水利不兴、灾害猖獗，而且使得中国广大民众饥寒交迫，阶级矛盾尖锐，民变迭起，社会动荡，内战与兵灾、瘟疫不断。

到了鸦片战争以后，中国人民在饱受清王朝专制制度统治压迫的同时，又屡遭外国的侵略与蹂躏，雪上加霜，各种自然灾害与人为灾害就更加频繁与惨重了。

南京地区地处长江之滨与控扼南北东西交通要冲的极重要的地理位置，由于它险要的地势特征，更由于它在近代中国历史中，不仅是最重要的政治中心之一，而且是军事上的战略重镇，因而使它在激烈动荡的近百年历史

①（清）魏源：《魏源集》上册，中华书局1976年版，第388—391页。
②（清）薛福成：《庸庵笔记》，载《河工奢侈之风》，上海叶山房1922年石印本。
③孙中山：《中国的现在和未来》，载《孙中山全集》第一卷，中华书局1981年版，第89页。

中，成为长江流域乃至全国遭受各种灾害最严重的地区：不仅遭受多次严重的洪水侵害，而且经受了外国侵略者、反动统治者与野蛮军阀多次强加给它的战争、屠城、烧杀抢掠与瘟疫等灾难。

二、鸦片战争后南京连续三年的大水灾

从1840年到1842年，英国发动了侵略中国的鸦片战争。1842年8月29日，清政府被迫在南京与英国侵略军签订了不平等条约《南京条约》，中国从此进入了苦难的半殖民地半封建社会。古城南京蒙受了巨大的耻辱。似乎与这场灾难伴随而来的，以洪水为代表的自然灾害也接连肆虐南京。早在鸦片战争进行期间的1840年、1841年与随后的1843年，南京都遭受了程度不同的水灾，有一年甚至江湖涌灌入城，但因为时较短，造成的灾害尚不重。到了1848年至1850年，即道光朝的最后三年，在东南各省与长江中下游广大地区，连续三年发生特大水灾，其中尤以1849年最为严重。当时的南京饱受长江水灾的浩劫，每年都不得安宁。

先是在1848年（道光二十八年），长江中下游流域的苏、皖、浙、鄂、赣、湘及豫、鲁八省，发生了大面积水灾，史称“东南八省之水”，其中以江苏灾情最为严重。这年夏间，连降暴雨，长江盛涨，加之海潮汹涌上托，高达丈余，使苏南、苏北地区圩破堤塌，遍地皆水，南京受害最深。时人姚莹（桐城派大师姚鼐之孙）记载说：“道光二十八年七月，霖雨，湖南北、江西、安徽、江苏、浙江滨江海诸郡县患水……而江宁被水尤甚。”[①]关于南京这年水灾的严重程度，《同治上江两县志》记载说：“道光戊申大水，金鳌家桐树湾门扉不没者只三板，人无过问者。”洪水进了南京城，居民家的门扉已大半淹没，大街上可行船。这时在北京做官的仪征人张集馨接到家信，记述了南京一带的水灾情况：“接南中家信，金陵、仪征一带，居民皆架木栖止。余家天安桥宅亦复水深数尺，哀鸿遍野，百姓其鱼。”[②]直到第

---

①（清）姚莹：《江宁府城水灾记》，载《东溟文后集》卷9，第23—24页。

②（清）张集馨：《道咸宦海见闻录》，中华书局1981年版，第106页。

二年（1849年）春，姚莹来到南京，仍处处看到前一年南京水灾的遗迹，听到水灾的消息："明年四月，莹到江宁，见城中门扉水迹三四尺不等，咸相告曰：某某市中以船行也。"[①]

这年的水灾给南京与江苏各地人民带来沉重的经济困难。据新任江苏巡抚傅绳勋在1849年4月给朝廷的奏章中所说，"上年（1848年）江海湖河并涨，各坝齐开，江（宁府）、淮（安府）、扬（州府）、常（州府）等属，被灾地方较广，商贩稀少，粮价日增"[②]，人民生活十分困难。

然而，到了第二年，即1849年（道光二十九年），长江流域中下游地区又发生了更加严重的三江（江苏、浙江、江西）、两湖（湖南、湖北）与安徽的大水灾。江苏灾情比上年更重，长江暴涨，破堤淹没两岸城乡。时人记载："己酉，江水泛涨……沿江漂胳如麻。"[③]南京与苏南的水灾灾情超过苏北。在南京地区，从这年春末夏初的农历闰四月开始，就一直风雨连绵，到农历五月，除本地暴雨成灾外，长江上游洪水汹涌入境，主、客水交汇，几乎淹没了南京城内城外的全部地区。"江宁省城已在巨浸之中"[④]，而且时间长达数月之久。南京城南夫子庙旁的贡院，水深三四尺，以至原定农历八月举行的科举乡试，被迫展期举行；城中的两江总督衙门也有一二尺深的积水；糖坊桥一带平地"水深三尺"，南京的许多居民被迫举家迁居到钟山、清凉山上。关于这年南京大水灾，时人留下了许多生动而又凄惨的记载，试举数例：

姚莹《江宁府城水灾记》写道："闰四月，久雨不已。五月，复大水，阛阓深六七尺，城内自山阜外，鲜不乘船者，官署民舍胥在水中，舟行刺篙于人屋脊，野外田庐更不可问矣。……连年船行市上。"[⑤]

南京当时著名的地方文化人士陈作霖在其所著《炳烛里谈》中写道：

---

①（清）姚莹：《江宁府城水灾记》，载《东溟文后集》卷9，第23—24页。
②"道光二十九年四月傅绳勋片"，北京中国第一历史档案馆藏《军机处录副奏折》。
③佚名：《广陵史稿》第一《钟淮传》。
④"道光二十九年傅绳勋片"，北京中国第一历史档案馆藏《军机处录副奏折》。
⑤（清）姚莹：《江宁府城水灾记》，载《东溟文后集》卷9，第23—24页。

“道光己酉，金陵水灾为数百年所未有，通城行船。东花园、王府园等处，水逾屋脊者数尺。船行其间，为水中树枝所挂，辄至覆。”

魏源则在《江南吟》一诗中，用沉痛的语言描述了南京这年的水灾惨景：“江潮挟淮城倒灌，一闸难回万马奔。城南移家走城北，月华照城如泽国。船撑桥顶鸡栖树，父老百年未传说。一岁潦尚可，岁岁淹杀我。南北六朝都江左，几见金陵之城水中坐？”①

由于这年南京地区与江苏南北各地在去年水灾的基础上，再次普遍遭受大灾，因而使得“民情困苦异常”，各地农村不断发生“抢大户”“借荒”的群众自发斗争。

1850年（道光三十年）是道光朝最后一年，江苏许多地方，包括南京，仍有水灾，虽较上年为轻，还是造成了很大损失。

连续数年的水灾以及由此造成的灾民遍地、民变四起、社会动荡，为太平天国起义军进入南京并在长江流域地区迅猛发展，准备了条件。

三、战祸、疫灾与湘军、北洋军血洗南京

由于重要的地理位置与战略价值，南京自古以来就是兵家必争之地，在其城内、城外，不知发生过多少次大大小小的战争；到了鸦片战争以后的中国近代史上，南京更经历了多次战火的洗劫。反动统治阶级为镇压人民革命运动，对南京进行了多次残酷屠城，给这座千年古城带来了巨大的灾难。

1853年初，太平天国农民起义军沿长江而下，经过战斗，攻入了南京，从此以此为首都，建立政权，向全国进军。清王朝在十多年时间中，先后调来几百万军队围攻南京。南京地区成为清军与太平军激烈战争的最重要战场。长期的战争首先给南京人民带来了多次可怕的疫灾，夺去了成千上万人的生命。

先是在1853年3月，太平军攻入南京。接着，清军在浦口建江北大营，

①（清）魏源：《魏源集》下册，中华书局1976年版，第671页。

在孝陵卫建江南大营，包围南京，与太平军多次作战。南京城四周山野间，到处裸露着大量双方阵亡官兵与牲畜的尸体，不及掩埋，恰又遇上这一年“天大旱，赤地千里”，很快造成“疫气流行”，各种传染病在南京城内、城外迅速传播，使得太平军与清军官兵以及南京当地百姓大量感染，“均多死者”。

以后十数年，南京地区战争连绵而又激烈，1860年、1862年、1863年、1864年又多次发生瘟疫流行。例如在1862年，曾国藩的湘军对南京形成了合围之势，南京城下的战争空前激烈。仅在湘军方面，官兵就因染瘟疫，而“死者山积”。曾国藩后来描述湘军遭受疫灾情形说：“我军薄雨花台，未几疾疫大行，兄病而弟染，朝笑而夕僵。”[①]常常是一人死，几个人去送葬，结果送葬队伍中又有一半人在途中疫发而殁。湘军方面尚如此，太平军与广大南京民众感染疫病的严重情形，就更可想而知了，可惜没有留下文字史料。

比疫灾更可怕的，是清朝官兵对太平天国起义军与南京人民实施残酷的屠杀与劫掠焚烧所造成的所谓“兵灾”。

据史料记载，太平军初入南京时，军纪严明，“并未焚杀，百姓安堵如故”[②]，但赶来围剿太平军、包围南京的清朝军队，抱着对起义军民的强烈仇恨，在曾国藩发出的“虽使周孔生今，断无不力谋诛灭之理。既谋诛灭，断无以多杀为悔之理”[③]的号召下，对南京太平军与普通百姓进行了长期残酷野蛮的烧杀抢掠。而且，他们打胜仗时这样，打败仗时也是这样。1860年四五月间太平军二破江南大营，从南京东进，一直打到上海郊区。战败的清军在从南京东郊向东溃败时，对沿途的民众烧杀抢掠。家住南京东郊江宁县的一个地主阶级知识分子名叫李圭的，愤恨地写道：“至官军一面，则溃败

---

①（清）曾国藩：《金陵湘军陆师昭忠祠记》，载《曾文正公全集·文集》，湖南传忠书局版。

②（清）谭嗣同：《上欧阳中鹄》，载《谭嗣同全集》上册，中华书局1990年版，第466页。

③“咸丰十一年六月十二日”，《曾文正公全集·家书》，湖南传忠书局版。

后之掳掠，或战胜后之焚杀，尤耳不忍闻，目不忍睹，其惨毒实较‘贼’又有过之无不及，余不欲言，余亦不敢言也。”①

对南京造成毁灭性灾难的，无疑是湘军在1864年7月19日攻破南京后，对全城进行的骇人听闻的血洗屠杀。据曾国藩向清廷上奏所说：湘军攻入南京后，“分段搜杀，三日之间毙贼共十余万人，秦淮长河，尸首如麻……三日夜火光不息”②。被湘军杀死的，绝大多数是南京本地的老百姓，其中又多是老弱妇幼。曾国藩的幕僚赵烈文当时随湘军入城。他在日记中记载说：“老弱本地人民……尽遭杀死。沿街死尸十之九皆老者；其幼孩未满二三岁者，亦砍戮以为戏，匍匐道上；妇女四十岁以下者，一人俱无；老者无不负伤，或十余刀、数十刀，哀号之声达于四远。其乱如此，可为发指。”③湘军萧孚泗等部在劫掠天王府、忠王府等后，“取出金银不赀，即纵火烧屋以灭迹”④。结果，“十年壮丽天王府，化作荒庄野鸽飞”⑤，壮丽的古城南京经此场毁灭性浩劫后，变成了一片瓦砾，一座荡然无存的空城。一年以后到南京就任两江总督的李鸿章所看到的是：“金陵一座空城，四围荒田，善后无从着手。……实则无屋、无人、无钱。管、葛居此，亦当束手……似须百年方冀复归也。”⑥李鸿章的友人竟劝他将两江总督衙门移往扬州。

经此浩劫，南京城居民锐减。战前的1853年，南京有人口约97万；到1867年，南京“居民才八九千”，“鹄面菜色相与行乞于道”。特别是在朝天宫以北的南京城广大地区，“极目百里，不复见一民一物，惟瓦砾满

①李圭：《思痛记》，载中国史学会编《中国近代史资料丛刊——太平天国》（四），神州国光社1952年版，第481页。

②（清）曾国藩：《金陵克复全股悍贼尽数歼灭折》，载《曾文正公全集·奏稿》第20卷，湖南传忠书局版。

③（清）赵烈文：《能静居士日记》，载《中国近代史资料丛刊——太平天国》（三），神州国光社1952年版，第376页。

④（清）赵烈文：《能静居士日记》，载《中国近代史资料丛刊——太平天国》（三），神州国光社1952年版，第376页。

⑤（清）何绍基：《金陵杂述》四十绝，载《东州草堂诗钞》卷26。

⑥（清）李鸿章：《复郭筠仙中丞》，载《李文忠公全集》朋僚函稿卷6，第34页。

前，荆榛塞道，天阴鬼哭，正不待夕阳时也”[①]。二十年后，南京所辖各郊县，耕地仍有一半以上荒芜，无人耕种。1882年2月，左宗棠到南京就任两江总督，他描绘当时的南京是：“江南克服廿年，而城邑萧条，四野不辟，劫窃之案频闻。金陵向非贸易埠头，人烟寥落，近则破瓦颓垣，蒿莱满目，虽非荒歉之年，而待赈者恒至二万数千之多，较之四十年前光景，判若霄壤。”[②]直到1897年，距湘军屠城已三十多年，湖南的维新志士谭嗣同因任江苏候补知府，来到南京，他见到的南京，仍是一片破败凄惨景象。他气愤地写道：“顷来南京，见满地荒寒气象。本地人言……湘军一破城，见人即杀，见屋即烧，子女玉帛，扫数悉入于湘军，而金陵遂永穷矣。至今父老言之，犹深愤恨。”[③]

湘军洗劫南京，给南京留下巨大创伤，历经数十年未能恢复。然而旧伤未平，新伤又起。1913年9月2日，袁世凯部北洋军在镇压孙中山、黄兴领导的“二次革命”后，攻入南京，各部按照其长官们大掠三日的许诺，立即划分地盘，肆意进行抢劫、杀戮、奸淫、焚烧。冯国璋部把繁华的下关烧为灰烬，蓝衣辫发的张勋部更是无恶不作，连幼女老媪也要受他们的糟蹋。据上海《时报》报道，“北军进城后，即肆行淫掠，几乎无兵不抢。冯国璋兵在下关抢，雷震春兵在南门抢，张勋兵在太平门抢。冯国璋且在下关纵火焚烧，全埠化为焦土”；北洋军“抢掠后所有赃物皆运往浦口，由火车直运天津、北京或运至上海矣”；劫掠后的南京，“被劫一空，虽家具什物，亦搬运全尽。各等人民皆体无完衣，家无一餐之粮”[④]。南京再次遭到一场浩劫。3日后，北洋军称有军令到，严禁扰民，违令者斩。这时，南京全城居户已经十室九空，省行政公署瞻园内，死人倚树，军马倒地，到处血迹斑斑。所有妇女人等，或死或逃，掠无可掠，淫无可淫，自然应令即止。据事

---

①（清）汪士铎：《致王柏心书》，载《道咸同光名人手札》第二集第三册。

②（清）左宗棠：《与徐小云太常》，载《左文襄公全集》书牍卷25，第49页。

③（清）谭嗣同：《上欧阳中鹄》，载《谭嗣同全集》下册，中华书局1990年版，第466页。

④《时报》1913年9月9日、21日。

后江苏省警察厅调查核定，南京兵燹共使商民4万余户受损，价值高达1600万元。

当北洋军在南京烧杀淫掠时，南京城内的美国传教士、鼓楼医院院长马林（William E. Macklin），金陵大学校监韦理生（William F.Wilson）与其夫人，在金陵中学任教的Mary Rowley，以及宝珍三、夏伟师等西方人士，一起救护与帮助了许多中国难民。由于教会学校与医院中有许多外籍人士，北洋军有所顾忌，因此这些地方成为难民的聚集地。“各教会虽有兵士入内，概未扰及，各教堂及各医院均改作留养妇孺之所，避难金陵大学者数逾千人，圣经学校亦有六七百人，鼓楼红十字会医院，庭无隙地，盖近段居民皆逃入，以求庇护也，各医院避难者亦为人满，皆席坐露宿，家中虽有巨厦，不愿居也，西人亦均竭力保护妇孺，每一宅内概容留五六十人不等。”[①]文中提到的“鼓楼红十字会医院”，即金陵大学附属医院，南京民间俗称鼓楼医院，当时被红十字会借用；此时金陵大学校址是现在的金陵中学，校区面积有限，收留千余名难民，亦属难能可贵；“圣经学校”是指金陵神学院。1913年11月，金陵大学校刊《金陵光》第4卷第6期刊登了这次难民救助活动的亲历者侯宝璋的文章《二次革命声中之金陵大学》，比较完整地记述了金陵大学在南京陷落后救助难民的情况，原文如下：

避难：自二次宣布独立，徐州战争，消息不佳，宁人以孤城可危，将被兵祸，故避居本校者，络绎不绝。

停课：本校洪、陈诸君，曾开夏日学以饷学者，一时俊秀之士，负笈来游者，实繁有徒，嗣以徐州失败，张军进逼，学生恐兵祸将及，乃相率归家，学校亦因之停课。

人满：张军进逼，炮声隆隆彻昼夜，城军无粮，岌岌不支，人心乃大乱，于是避于本校者益众，校中所有各房皆满，且有卧于地

①《申报》1913年9月9日。

上者，有坐以待旦者，盖是时已达千二百人矣，本校以拥挤难容，恐有碍卫生，乃禁止续入，门前万头攒动，几欲破门而入，司阍者竟不敢启阖，有本校学员友人刘、董二君立待竟日，卒不得入。

调查：人多易杂，洪君乃订立章程，以为范围（如夜间不准外出，禁止灯火等条）。而又恐宵小间入，乃制出入凭证，凡已入本校者，人给一张，有此方得出入……

匿名书：当二十八夜十一句钟时，忽有匿名书由墙外传入，大意谓本军队无粮难支，闻贵校储财甚多，望借用一二，其早筹出，免致临时动手云云，比时人已丧胆，哪堪更闻是语。及夜深，而枪声又大作于四周，难人心胆俱裂，竟有膝行入礼堂地道下者，其居房中者，已呆若木鸡，惟坐听天命而已，次日难民中之有声望者，联名请兵保护，司令部乃发兵一队于前门，以资防守……

绝粮：当冯、张诸军未入之先，避难者亦不过以饘食充饥已耳，而犹系千辛万苦，自外间送来者也，比兵已入城，其留于家者皆逃匿无余，堂中又无宿粮，人尽饥，计不得食者凡二日，其苦可想见矣。

雨绝：天气酷热，难人需水孔多，堂中仅有三井，即不旱而水亦不丰，况又月余未雨，以此三井均涸，日惟乘隙外出，取水一二次，以资饮焉。

巷战：张军入城，本堂附近各处，如北门桥等街，皆有两军互相搏击，枪声如施连珠炮，竟日始息。该时适有东洋人某，由城南赴该领事署，取道本校门首，为张军所见，乃发枪射击，死其一，其他则由五台山后绕道，至该领事署始免。盖倭人与我，原系同种，张军以为汉人而西装者，故残之。倭人被残后，张军乃群集门首，欲斩关而入，难者闻此，惊骇万状，不知命在何时也，嗣由本校监学韦理生君，亲至门首，谓此系美国学堂，幸勿拦入等语，始各行散去，然亦险矣。

弹裂：当时城军犹未尽出，仍于虎山施弹，本校适当战线内，其险何如，午时，倏有一弹落校舍外，入地约尺许，隆然一声，尘土纷飞，地为之震，难者心惊胆悸，莫知所措，以为不死于兵，亦将死于弹也，正亡魂间，又有一弹，瞥如飞鸟，自西南来，冲空气作嗤嗤声，越二校舍而射至墙外，崩然大声以裂……

摄影：宁垣秩序稍整，难者乃同拍一照，以志不忘。

展期：平定后，本校乃遍请避难者归家，以将开课也，嗣以避难者之请缓，不肯重违其意，姑展限半月，然外间抢掠一空，其中户而变为赤贫者，不知凡几，当轴者若无善后之法，将见饿殍载途，不知伊于胡底，本校乃颁面以赤贫者，自此饿者得食，而秩序又为之一变矣。

赠匾：难者尽出校后，复同赠一匾，上颜“慈云普护”四字，以垂纪念。

开师范：此次受难，惟文人为最苦，盖家既被抢一空，而事业又难图，本校蒲洛克君有（鉴于）此，特开师范专科于陶园，并每月津贴学者三元，以作零用，才士联袂而来，除甄别外，计得八十一士，可谓盛矣。①

文中还写道：“继又得上海红十字会函，谓有轮舟一艘来宁，专载无依之难民及老弱不能自卫者赴申，其健者留焉。”这是指上海红十字会租用“大通”号轮船，两次到南京，运送难民及伤员3000余人到上海救治。

四、清末与民国年间南京的水灾

历史进入清末与民国时期，南京在经历了湘军、北洋军先后的血洗劫掠、难以复苏之际，又多次遭到洪水灾害的袭击，尤其是1931年（民国二十

①侯宝璋：《二次革命声中之金陵大学》，载金陵大学校刊《金陵光》第4卷第6期，1913年11月。

年）的大洪水，可算是南京历史上最惨重的大水灾。

早在19世纪末、20世纪初，在清王朝行将崩溃的最后十多年的时间中，南京地区就遭受了多次水灾。

例如在1901年，长江洪水泛滥，“长江自鄂以下决堤，不可胜计”[①]，南京与江苏各地，先是暴雨如注，后又风潮肆虐，沿江尽成泽国，南京城内竟“积潦深至数尺”。

1912年1月1日民国建立后，由于社会性质没有发生根本的变革，南京地区与全国一样，依然灾害不断。1921年8月中旬，南京遭受数日狂风暴雨的侵袭，使得全城“低洼之处，通衢水可盈尺。学校公所以及居室之内，一日之间，可以观潮汐之涨退（按长江潮汐可直达芜湖）。亦可谓奇观矣”[②]。1926年7月，南京再遭水灾，“南京四乡均成泽国，最大之沙盱圩亦决口，……该圩有田十余万亩”[③]。

到了1931年夏秋间，一场空前严重的洪水灾害袭击了南京城及其郊县广大地区。

当时正是中国危难重重的时期。国内连年内战，战祸不断，民生艰难；国外日本正虎视眈眈、剑拔弩张，准备对中国发动侵略战争；在南京建都刚三年的国民政府，处在内外交困、风雨飘摇之中。就在这一年夏秋期间，长江、淮河流域发生了多年未见的严重的大水灾，造成了极其惨重的人员伤亡与经济损失。南京也遭受了一场浩劫。

这年入夏以后，当长江上游暴雨成灾、滔滔洪水沿江而下威逼南京之时，南京地区自7月4日到12日，连续九天大雨滂沱，电闪雷鸣，白昼如晦。在狂风暴雨的冲击下，南京城内许多房屋倒塌，未倒的房屋也门窗玻璃碎裂，市民惊呼的声音此起彼伏，在风雨中倍感凄厉。长江中主、客水汇合，水位暴涨，南京一带的长江江面宽达十公里，水面高出两岸陆地一二尺，浊

---

①《翁同龢日记》第五册，中华书局1991年版，第2326页。

②《申报》1921年8月28日。

③《晨报》1926年7月19日。

浪滔天，声势吓人。南京城东北的玄武湖承受钟山狂泻而下的山洪，湖面迅速提高，很快高出城内平地。长江与玄武湖的洪水交汇，一齐灌进市区，南京全城遍地皆水，下关一带因濒临长江，水势更大。江、湖、河中的鱼游上了马路。[①]

到7月下旬，南京地区大风大雨天气连续20余天仍未停止，雨量达618.3毫米，比常年同期平均雨量多出423.9毫米，[②]突破了南京地区在近100年间雨量最高纪录。在此期间，先后有6次风暴，从南京呼啸席卷而过，风暴次数是前10年间7月飓风过境平均次数的5倍。低气压和风暴形成了罕见的低温天气，南京地区在7月盛夏期间的平均气温只有24.6℃，比常年7月平均气温低3℃。[③]7月23、24两日，雨势特大，暴风雨与洪水交加，冲毁了下关一带4000多家贫苦市民的棚户，灾民哭喊之声惊天动地。[④]1931年7月28日上海《申报》报道南京灾情，说："（南京城）南北及下关积水，日甚一日。下关方面冲要路面，悉被冲毁，中山码头至挹江门一带，水深过膝。中央党部、三牌楼、黄埔路等处，竟达胸部。城南秦淮河两岸，大石坝街、夫子庙等处，水已浸入住屋。"

当时南京国民政府中一些中央军政大员在自己的日记中，也留下了一些有关此次南京大水灾的惨痛记述。如驻德公使蒋作宾于1931年7月28日从江西乘船回到南京，他在这天的日记中写道："下午五时抵下关码头，街市多没水中。进城至成贤街附近，则一片汪洋。余之住宅亦进水尺余，因此地多系堰塘，现多填平建筑，修筑马路亦不修沟道，故水无处消纳，亦无处排泄，将来势必臭污湿气上蒸，恐不免转为瘟疫矣。"[⑤]他不仅记载了当时南京水灾的严重，而且揭露了当时南京市政建设中的严重弊病及其在洪灾中的危害。另一位国民党元老、立法院副院长邵元冲在1931年7月29日的日记

①参阅上海《民国日报》1931年7月6日、《大公报》1931年7月13日。

②《时事月报》第5卷，1931年9月，第158页。

③《竺可桢文集》，科学出版社1979年版，第133、136页。

④上海《民国日报》1931年7月25日。

⑤《蒋作宾日记》，江苏古籍出版社1990年版，第344页。

中写道："傍晚驱车到陵园太平门外视察水势，农田、庐舍损坏甚多，为之恻然。又至玄武门外五洲公园，见城外十余丈处堤岸，均为水淹没，一片汪洋，城内登城垣之石阶亦冲毁一段，不能登涉。"①

南京城内遍地皆水，房倒屋塌。南京城外广大农村则是一片汪洋，颗粒无收，景象更是凄惨。《新京日报》所刊《南京近郊水灾纪实》一文，报道了江宁县秦淮河两岸的水灾情景："秦淮河沿岸百数十里，均属圩田。自7月4日起至12日止（农历五月十九日至二十七日），大雨滂沱……其被灾区域，上自江宁县第七区之谢村，下至长江与南京，长凡百余里，两岸本有薄堤，此次因连日大雨，山水齐发，河水陡涨三丈余，虽经农民抢救，各圩仍相继溃决，淹没田亩达数十万亩。"②江宁县县长冷隽在8月29日《致华洋义赈会快邮代电》中，报告了8月25日该县沙洲圩、江心洲又先后溃决的惨景，"此次灾情惨重，为空前所未有，加以沙洲首圩溃决，难民人数增加，遍地哀鸿，惊心惨目"③。八卦洲灾民代表钱平原等在《致华洋义赈会》的一份呈文中，陈述该洲"上年曾经被水，今夏七月二十三、四等日，复被大水，不特收获俱无，亦且房屋尽没。迨八月二十六、七，水复盛涨，俨是陆沉，内洪外潮，杂然交厉，尔时房屋家什牲畜一洗无余，冲入江流者老弱为鱼，死亡甚多，凄惨之状，业于中外报端几经详载"④。

南京长江以北的江浦、六合两县，也遭到了洪水的洗劫。江浦县"面临大江，后毗皖境"，在7月一直淫雨不止，到7月23、24两天，"大雨倾盆，接宵连旦，兼之皖北八百里黄山蛟洪四溢，直泻而下，所有圩田埂堤，均被冲溃，即平地村镇如汶河、东葛、永宁、汤泉等镇，亦莫不水深数丈，以至津浦路基，被水冲断十余里，为之停车四五日。一片汪洋，无分界域，人畜

①《邵元冲日记》，江苏古籍出版社1991年版，第755页。

②转引自《长江水利史略》，水电出版社1979年版，第188页。

③《江宁县县长冷隽致华洋义赈会快邮代电》（1931年8月29日），《民国档案》1991年第4期，第28页。

④《八卦洲灾民代表钱平原等致华洋义赈会呈》（1931年11月14日），《民国档案》1991年第4期，第29页。

器物，漂没无遗”[①]。江浦县汤泉镇的基督会代表赵纪先在《致华洋义赈会函》中，陈述该镇近几年“兵灾迭见，匪祸重逢”，而在1931年7月，“大雨连朝，洪水暴涨，街乡地面俱成泽国，高低圩田一白无际，高埂农家，屋舍冲毁，木料全无，家具完全漂没。最惨者救命呼声盈耳，惜无船只可救，尸横于水面者不可屈指矣。……终日啼哭街市者不绝于耳。死者固已漂没，余者生活何存？”[②]六合县的水灾也是触目惊心。该县自1929年“全境赤地大旱”后，1931年又“降此八十余年来未见之水灾”。六合地理地势，“西北邻皖多山，东南滨江，滁河中贯，西去东来，为惟一宣泄水道，容量本隘，又因失修淤垫，忽遇上月（按：指1931年7月）江日起，兼旬以上昼夜不止，势如倾盆之大雨，山洪暴注，江潮复涨，以致放滥四溢”，“当水势极涨时，淹毙人口牲畜与夫漂没之口粮，冲倒庐舍之物材，顺流直辖，惨怵心目”，约略统计，全县圩田，“全灾田亩在四十万亩以上，超过全县田亩总额之半数”，其余田亩也遭受不同程度的灾害，较低之山田几乎全部冲毁淹没，“全县三十六万民众无一能免，登高极目，尽成湖荡，炊烟断绝，鸡犬无声”[③]。

1931年的严重水灾给南京城乡人民带来了巨大的苦难。据当时有关部门统计，在这次水灾中，仅在南京城区与近邻，“灾户为10031家，口数为38787人。灾民啼饥号哭，备极凄伤。综计京市田地，多被淹没，农作物之损失，约及十分之九”[④]。

然而，正当南京与中国广大地区的灾民们家破人亡、啼饥号哭之时，1931年9月18日，日本军国主义乘机发动了对中国大规模的侵略战争，九一八事变爆发了。又过了六年，1937年12月13日侵华日军攻占南京后进行

①《申报》1931年8月4日。

②《江北汤泉基督会致华洋义赈会函》（1931年7月26日），《民国档案》1991年第4期，第27页。

③《六合县水灾救济委员会常务会致华洋义赈会快邮代电》（1931年8月4日），《民国档案》1991年第4期，第27页。

④《时事月报》第5卷，1931年9月，第158页。

的惨无人道、令人发指的大屠杀、大劫掠暴行，给南京人民带来的灾难亘古未有。

一部中国近代史，是中国逐步沦为半殖民地半封建社会的历史，是中国人民不断蒙受灾难与耻辱的历史；但同时也是中国人民英勇奋斗、前赴后继，与各种灾害做斗争并最终取得胜利，走向民主、繁荣与近代化的历史。南京地区的近代史也是这样。难忘的1949年4月23日，南京人民终于摆脱了漫漫长夜，迎来了光辉的黎明。

作者简介：经盛鸿，南京师范大学社会发展学院教授

新民主主义革命时期的南京在中共党史上的独特地位

邓　攀

摘要： 新民主主义革命时期的南京先是北洋军阀统治下的南方重镇，后成为国民政府的首都，抗日战争时是日伪势力的统治中心。中国共产党人在南京开展了英勇斗争，从传播马克思主义和创建党团组织、实践统一战线、经受刑场考验、锻炼输送人才、组织爱国民主运动、反抗日本法西斯侵略、终结旧中国七个方面留下了不可磨灭的特殊印迹，成就了南京在中共党史上的独特地位。

关键词： 新民主主义革命时期；南京；中共党史；地位

在中共党史上，有些耳熟能详的红色圣地，比如红军时期的井冈山、瑞金、遵义，抗战时期的延安，以及解放战争时期的西柏坡等。而南京往往贴有“白色恐怖”的标签。早在北洋政府时期，它作为北洋军阀统治的南方重镇，是反帝反封建运动的对象城市之一；后来作为国民政府的首都，更是中国共产党致力推翻的国民党反动统治的中心所在地。其实除了作为传统认知上的敌人“巢穴”，新民主主义革命时期的南京在中共党史上也有其独特地位。

一、南京是早期传播马克思主义和建立中共党团组织的重要城市

南京自古文教昌盛。即便在失去首都地位的清代，夫子庙的江南乡试仍然名闻天下，是读书人向往的文枢之地。民国初期，因拥有号称“南雍”、与北京大学齐名的南京高等师范学校暨国立东南大学（前身为清季的三江师范学堂，南京政府时期改为中央大学），教会名校金陵大学、金陵女子大学，工科翘楚河海专门工学校等著名高校，以及省立第一农业学校、省立第一工业学校、暨南学校等知名中等专业学校（不久即陆续升格或并入高校），又是中国科学社社址所在地，作为省会的南京实际上已成为全国数一数二的文教名城。彼时的南京，既受到因主张“昌明国粹，融化新知”而对新文化运动多有批评的学衡派的深刻影响，也因招纳了大批留洋的理工科学者，而成为“中国现代科学的摇篮”。

“科学”与“民主”同为五四精神的两大旗帜，二者密不可分。在南京，除了广泛以英文教学的河海这样的工科名校，南高（东大）更是“以科学名世”而著称的高等学府。这两所学校恰好都是当时传播新文化运动和马克思主义的重镇。而拥有大量马克思主义信仰者的学术性政治社团——少年中国学会在南京的活动，更是起到了媒介和强化作用。

当时，河海学生张闻天、沈泽民分别是南京最早成立的校友会（学生自治组织，即学生会）——河海校友会的评议部长和音乐部长。[①]张闻天在《南京学生联合会日刊》发表了30篇文章，被邓小平称为“五四新文化运动时期的热情战士”。其中1919年8月发表的《社会问题》一文，被公认为早期传播马克思主义的重要文献。此文以唯物史观分析中国社会问题，并且是五四前后全文摘录《共产党宣言》第二章十条纲领的三篇文献之一。张闻天从南京起步投身中国革命，南京也因他而成为中国最早传播马克思主义的城市之一。沈泽民于1921年5月在其兄沈雁冰（茅盾）介绍下加入当时仅有13人的上海共产主义小组，成为最早的中共党员之一。张闻天先后留学日美，在经历

①姜弘道：《张闻天与“河海”》，《河海大学学报》（哲学社会科学版）2000年第3期，第2页。

文学革命的挫折后，于1925年在沈泽民、董亦湘介绍下加入中国共产党。

五四以后，南京成为李大钊、王光祈发起筹建的少年中国学会的重要根据地。由于会员较多，1919年11月1日沈泽民等人成立了南京分会（另一个分会设于王光祈所在的成都）。不久，张闻天也被吸收为南京会员。随着南京分会影响的不断扩大，1921年7月学会的第二届年会就在东南大学梅庵召开，1924年总会也迁往南京。南京分会主办的《少年世界》及受学会影响、由南京高师进步学生创办的《少年社会》均刊载过介绍苏俄、国际工人运动情况或马克思主义的文章，1921年、1925年少中学会在南京的两次年会都激辩是否要确立社会主义方向。1923年中国社青团二大选择在东大梅庵召开，不仅在于南京团组织工作的出色，与进入团中央的邓中夏、恽代英、刘仁静皆是少中学会会员也有关系。

由于少中南京分会会长杨贤江为南高师（东大）职员，该校不仅成为少中学会的活动中心，也成为南京马克思主义的传播中心。1920年初，北京、上海兴起马克思主义研究，杨贤江随即于当年春夏秘密组织南京的马克思主义研究小组，并组织社会调查。莫如、钱杏邨（阿英）、怪君（柯庆施）等分别撰写了《南京劳动状况》《南京胶皮车夫的状况》《南京人力车夫底生活状况》等调查报告，发表在《新青年》以及上海共产主义小组办的《劳动界》等刊物上。同年12月南京发生机织工人为“饭碗问题”捣毁省议会的事件后，该小组联络各校进步青年，邀请南高师教授杨杏佛做了《教育与劳动问题》的演讲，号召青年“要像马克思那样，养成牺牲的精神，为人类谋幸福”。这种结合社会实际的马克思主义研究，体现了南京进步知识分子的求实作风和南京马克思主义的传播特点。在此基础上，东南大学进步学生很快公开成立马克思学说研究会，许多青年通过学习走上革命道路。南京党团组织负责人、东大学生谢远定身体力行，仅1923年到1924年间就在《向导》周报等中共党团刊物上发表了诗文数十篇。

这些历史事实体现了南京在早期马克思主义传播中的地位和作用，也为南京成为较早建立中共党团组织的城市打下了良好基础。1921年5月，张太雷在共产国际三大上的报告就提及南京已有共产主义组织的活动。1922年5月，南京社会主义青年团地方委员会在东南大学成立，是全国15个地方团组织之一。同年秋，南京最早的党小组在浦镇诞生。次年10月，南京城区也出现党小组。1924年4月，机关设在东南大学的中共南京地方执行委员会成立。南京成为继北京、上海、武汉、广州、济南之后又一个设立直属中共中央的地执委的城市。南京的早期党团组织先后领导组建了南京社会科学研究会等几十个社会团体，进一步扩大了对马克思主义和反帝反封建革命主张的宣传。

二、南京是中国共产党统一战线政策的主要实践地之一

统一战线是毛泽东总结的中国共产党领导革命胜利的三大法宝之一。中共早在成立的第二年就决议建立民主的联合战线，此后在新民主主义革命时期，为完成不同的历史任务，先后倡议和建立了反帝反封建的民族统一战线、抗日民族统一战线、人民民主统一战线等。而在不同的历史阶段，南京都是中共统战工作的重要实践地。

1923年6月，中共三大确定了与中国国民党合作的方针。当年8月，在南京召开的中国社会主义青年团第二次代表大会，明确贯彻党的统战方针，决定团员可以和共产党员一样，以个人身份加入国民党。当时，全国青年团员的数量近2000人，而党员数量仅420余人，民众运动的大量工作实际由团员承担，因此团二大的决议标志着国共合作反帝反封建的统战工作进入实质性阶段。[①]当年底，南京的中共党员、青年团员全部以个人名义加入了国民党。此后，南京的国民党组织迅猛发展，党员成倍增加，1926年成立了市党部。1927年3月，以共产党员和国民党左派为骨干的北伐军江右军光复南京时，城内国共两党密切合作，开展宣传、组织群众、策反敌人、提供情报、破坏军运，有力支援了前线战斗，并在政权空档期由市党部临时代行市政府职能。不久蒋介石为扫除夺权障碍，坐镇南京制造了四一〇事件，捣毁坚持

①中央档案馆编：《中共中央文件选集》第1册，中共中央党校出版社1989年版，第168页。

国共合作的国民党省市党部、市总工会，秘密杀害国民党省党部常委、中共党团书记侯绍裘等9名负责人。此事成为大革命走向失败的重要前奏。

1935年，中共先后发表《八一宣言》和召开瓦窑堡会议，呼吁停止内战，并决定建立抗日民族统一战线。此后，国民党方面反复以不同渠道与中共联络，其中较早展开并持续较长时间的是国民党CC系与中共北方局在南京的多次谈判，这些早期接触为其后国共高层的直接谈判创造了条件。①1936年底，西安事变和平解决。1937年2月起国共进行了六轮谈判，其中朱德、周恩来、叶剑英和博古分别参与的最后两轮谈判在南京举行。8月，蒋介石同意红军改编为国民革命军第八路军（后改第十八集团军），朱德、彭德怀任正副总指挥。叶剑英留南京傅厚岗组建八路军驻京办事处。9月，第二次国共合作的协议最终达成，国民党报纸先后发表《中共中央为公布国共合作宣言》和承认中共合法地位的《蒋委员长谈话》。此外，经谈判，国民政府军事委员会于10月12日宣布，南方8省红军和游击队改编为国民革命军陆军新编第四军，军长叶挺、副军长项英。南京见证了抗日民族统一战线的正式建立，国共南京谈判为抗日战争的胜利奠定了基础。

八路军驻京办事处是抗日战争时期中共中央在南京设立的第一个公开办事机构。它虽然前后仅存在三个月时间，但进一步巩固和发展了抗日民族统一战线，营救了被关押在江浙两省的1000多名政治犯，恢复和建立了长江流域以及华南地区的共产党组织，为陕甘宁边区和八路军采办了大量物资，成为国共在抗战初期良好合作的标志。

1945年4月，毛泽东在中共七大发表《论联合政府》，开始推动建立人民民主统一战线。抗日战争胜利以后，为争取和平，毛泽东、周恩来等赴重庆与国民党谈判签订了《双十协定》。但国民党军队仍不断进犯各解放区。国民政府还都后，周恩来率中共代表团进驻南京梅园新村，继续进行停止内战的政治谈判。南京谈判持续了10个月，通过针锋相对、有理有利有节的斗

---

①黄修荣、黄黎：《国共关系纪实》，人民出版社2014年版，第236—259页。

争，推迟了全国内战爆发的时间，为推动国统区工作和爱国民主运动、开辟人民革命的第二战场、加速夺取新民主主义革命在全国的胜利，做出了卓越贡献。由于国民党执意召开包办的“国民大会”致使和谈破裂，周恩来、邓颖超等返回延安。中共代表团南京办事处改为中共驻京办事处，在董必武主持下坚持到1947年3月7日。第二次国共合作最终被迫中止。但中共代表团在南京对民主党派做了大量统战工作，尊重以民盟为主要代表的第三方面的调停建议和主张，“动之以情，晓之以理”争取中间分子，严厉谴责南京下关惨案和枪杀李公朴、闻一多血案，积极保护民主人士，给予经济救济、政治关照。这些努力收到明显成效，“达到了教育人民的目的”，团结了民主党派，为正式确立人民民主统一战线做出重大贡献。

三、南京是革命英烈殉难最集中的城市

新民主主义革命时期，南京作为反动统治的虎穴之城，也是革命英烈最为集中的殉难地。早在北伐战争时期，就有革命志士在南京就义。1926年8月，中共豫陕区委委员兼团区委书记张霁帆在赴上海向中共中央汇报工作返回途中被捕，转押南京小营陆军监狱后被毒杀，成为第一位在南京牺牲的中共党员。同年12月，北伐军总司令部警卫团少将团长、黄埔一期的金佛庄赴南京准备策反时被捕，次日即被枪杀，是第一位在雨花台牺牲的中共党员。1927年3月，东南大学学生成律、吴光田在小营陆军监狱被斩首，二人分别是最早在南京牺牲的国民党左派和共青团员。这些就义者既有本地的，也有外地押解到南京的，还有潜入南京从事地下工作的，体现了革命英烈来自五湖四海的特点。据2011年公布的统计结果，在南京就义的英烈能查找到姓名的有2401人。他们来自全国20多个省市，牺牲时平均年龄30岁不到，其中最小的年仅16岁。

从1927年四一〇反革命事件起到1934年，是革命英烈在南京牺牲最为密集的时期。当时国民党反动派为巩固政权，开展大规模清党运动，对其党内左派和共产党员以白色恐怖手段进行严酷清洗和镇压。革命力量处境极为困

难，加之错误路线的干扰，革命由复兴陷入低谷，建立了苏维埃政权的红军也在经历了五次反围剿之后被迫长征。国民党在南京设有大量军警和特务机关的监牢，关押共产党员和其他革命者的主要有首都卫戍司令部看守所（后为宪兵司令部看守所）、江苏第一监狱、小营陆军监狱、中央军人监狱、南京市公安局看守所（后为首都警察厅看守所）等，大批被捕的共产党人和革命志士被押到南京审判、监禁乃至杀害，著名烈士有中共中央政治局委员罗登贤，工运领袖、政治局原候补委员邓中夏，早期青年运动领导人恽代英，刘少奇夫人何葆珍，国民党左派领导人、原国民革命军总政治部主任邓演达等。南京党组织在反动统治中心的斗争也极为残酷，这一时期先后遭遇八次大破坏，以致到1937年抗战前有长达两年多时间无法重建组织。其中，仅1930年夏秋就有近百名党团员牺牲，全市32个党支部锐减到8个。秘密战线也有很多同志长眠于南京，特别是解放战争时期，有策反被国民政府收编的原汪伪高级将领郝鹏举的新四军秘书长朱克靖，有中共中央华中分局负责南京、上海情报策反工作的徐楚光，有曾任军统南京站少将站长、负责策反刘汝明和孙良诚的周镐，还有包括两名中将在内的谢士炎、丁行、朱建国、赵良璋、石淳等“北平五烈士”，等等。一批批革命先烈前赴后继，谱写了中共党史上极其悲壮的不朽篇章，充分展现了“共产党人的崇高理想信念、高尚道德情操、为民牺牲的大无畏精神”。

这些烈士大多在雨花台刑场英勇就义，新中国成立后专门修建了雨花台烈士陵园以志纪念，邓小平还亲自为纪念碑和纪念馆分别题写碑名、馆名，雨花台从此成为中共党史上具有特殊意义的重要标志，新民主主义革命时期在南京牺牲的烈士也因此被统称为雨花英烈。南京之所以可称为革命城市、英雄城市，这是重要原因之一。

四、南京是为中国共产党锤炼输送了大批优秀人才的特殊城市

中国共产党历来重视人才，党的建设的一项主要任务就是干部队伍建设。毛泽东曾经说过：“中国共产党是在一个几万万人的伟大民族中领导伟

大革命的党，没有多数才德兼备的领导干部，是不能完成其历史任务。”而越是艰苦的环境越能锤炼和展现才德，因此“久经考验”是对一名党员干部的高度认可。

南京是文教名城，人才辈出，同时作为军警宪特机关的大本营、监狱林立的魔窟，斗争环境艰巨复杂，从事革命工作极端危险，被捕的革命者在此更是面临真实的炼狱，许多意志薄弱者或能力不足者被历史无情淘汰，南京也是最考验革命者才德的地方。因此，以张闻天、王荷波等为代表的不少党内高级干部从这里开始革命起点，或经历了革命生涯里凤凰涅槃、百炼成钢的重要时刻。

张闻天，从就读南京的学子成长为中共早期领导人。他在河海读书期间接触和传播马克思主义，奠定了影响终身的思想基础，在探索改造这“不合理的社会”的过程中，下定决心“做一名为社会主义奋斗的小卒”[①]。他1925年入党，1933年在中共六届五中全会上当选为中央政治局委员、中央书记处书记，1935年遵义会议参与确立毛泽东的领导地位，并在随后的中央政治局常委会议上被推举为党的总负责人，形成中共历史上一直延续到延安时期的“洛毛合作”的领导体制（当时他化名“洛甫”），被毛泽东戏称为“明君”。[②]

王荷波，从南京的铁路工人成长为中国工人运动的先驱和中国共产党早期领导人之一。他原是浦镇机厂的机匠，在罢工斗争中建立了工会组织。1921年底，因营救了在浦镇开展工作时被捕的中共工运领导人罗章龙，次年被中共北京党组织发展入党，并建立了南京地区第一个党小组。1923年，他积极组织津浦路沿线工会支援京汉铁路大罢工，并成功领导了南京两浦铁路工人的二九卧轨斗争。当年6月在中共三大当选中央执行委员，9月补选为中共中央局委员，并任中共上海区执行委员会委员长，成为中共领导层核心成

①程中原：《张闻天传》，当代中国出版社2006年版，第81页。

②吴黎平：《坚持真理修正错误的模范——学习张闻天同志的革命精神》，载《中共六十年纪念文选》，中共中央党校出版社1982年版，第443页。

员。1927年在中共五大当选为新成立的中央监察委员会主席，成为中共纪检机构第一位负责人。在挽救中共和革命事业命运的八七会议上当选临时中央政治局委员，并任中共中央北方局书记。当年11月因叛徒出卖在北京遇害。

除了学运、工运中脱颖而出的人才，很多白区工作者都有牢狱的经历，在南京各监狱中走出来的著名革命者有陶铸、王凯、曹瑛、李丰平、惠浴宇、刘顺元、王鹤寿、刘宁一、顾卓新、潘梓年、楼适夷、陈农菲、钱瑛、夏之栩、帅孟奇、熊天荆等，仅中央军人监狱囚禁过的共产党人中就有80多人成长为新中国的省部级以上干部。[①]1937年、1946年中共代表团两次进驻南京，钱之光、齐光、童小鹏、吴志坚、康一民、李白、王炳南、范长江、石西民等大批干部随周恩来、博古、李克农、叶剑英、董必武、李维汉、廖承志、邓颖超等领导同志，在重要历史关头经受了复杂斗争的考验，后来许多人对这段经历有过回忆，体现出在其革命生涯中锻炼才干、塑造品格的重要价值。

五、南京是爱国民主运动的主要爆发地之一

南京是近代中国著名的政治中心、文教中心和交通枢纽，清代为南洋大臣、两江总督驻地和太平天国的定都之地，民国时先后为临时政府驻地、江苏省会和南京政府的首都，境内从初等到高等教育、职业教育一应俱全，学校数量众多，可谓文教昌明，同时津浦铁路、沪宁铁路和长江航运在此形成十字交汇，人流、物流、资金流、信息流畅通无阻，具备组织大型群众运动的各种便利条件。

早在五四时期，南京就是抵制日货、声援北京学生义举的重要城市，发动过全城罢课、罢工、罢市的“三罢”斗争。中国共产党成立后，积极推动和组织工农群众运动，南京也一次又一次掀起影响全国的爱国民主运动高潮。20世纪20年代，在中共党组织领导下，南京的工人成为大规模群众运动

①闻慧斌：《雨花台烈士在南京战斗过的狱所》，中国江苏网。

的主力，为支援全国二七大罢工、五卅运动，他们先后组织了震惊世人的两浦铁路工人二九卧轨斗争、和记洋和工人大罢工暨全市大游行。20世纪30年代，南京的学生成为抗日救国运动的先锋。1931年九一八事变后，在中共推动或声援下，南京先后爆发怒打外长王正廷和“送”蒋北上的学生运动。当年11月，国民党军警悍然镇压各地学生齐聚南京举行的联合大示威，酿成珍珠桥惨案。在各界愤怒声讨下，学生的抗日请愿行动迅速升级为举国参与的抗日救国运动。

解放战争时期，由南京始发的五二〇学生运动更是促进了人民民主运动的高涨，是蒋家王朝的反动政权陷入全面政治危机的重要标志，堪称五四运动、五卅运动和一二·九运动的延续和发展。1946年6月国民党当局发动内战后，国统区民生状况迅速恶化。1947年5月20日，京沪苏杭四区16所专科以上学校6000余名学生在南京举行挽救教育危机联合大游行。当局设卡镇压，学生重伤19人、轻伤104人、被捕28人。消息传出，全国60多个城市的学生先后罢课和游行示威。各地学联以“反饥饿、反内战、反迫害”为口号，在国民党统治区掀起抗议反对蒋介石统治集团的浪潮。受此影响，全国仅主要城市的120万工人就举行了反内战反美帝的罢工3000次。毛泽东在5月30日发表《蒋介石政府已处在全民的包围中》，高度评价五二〇学生运动，认为“伟大的正义的学生运动和蒋介石反动政府之间的尖锐斗争”是继军事战线之后，中国境内对国民党反动派进行斗争的“第二条战线”。

1949年春，在国共和平谈判之际，南京人民继反搬迁斗争之后又掀起争取真和平、反对假和平的群众运动。为给当局施加舆论压力，南京各校学生不顾中共地下组织的紧急劝阻，举行了拥护中共八项和平条件的大游行，遭到国民党暴徒围攻，先后有3人被打致死，重伤者仅学生就达80名。毛泽东愤怒发表《南京政府向何处去》的檄文。一位老国民党员在唁电中说，这些学生“为新中国的诞生流了血”。以南京学生为首发起的反内战、争和平的民主运动加速了国民党政权的崩溃。

六、南京是中国共产党直接反抗日本帝国主义侵略的最前沿之地，也是胜利之地

1840年，英国侵略者发动鸦片战争，强迫清政府签订《南京条约》，不仅使名城蒙羞，更揭开了中国近代屈辱史的序幕。战争的失败、鸦片的流入导致财政亏空，外国工业品的倾销使城乡手工业走向衰败，阶级矛盾以太平天国运动的形式爆发。太平军以天京（即南京）为中心，坚持了十年，最终被外国侵略者和清朝统治者联手镇压。民国肇兴，帝国主义的枷锁依然牢固。

1931年，日本帝国主义发动九一八事变，蓄谋已久的侵华战争从此开端，世界反法西斯战争也是第二次世界大战的东方战场揭开序幕。此后，全国抗日救国运动勃然兴起，揭开了中国近代抗击外敌并最终取得伟大胜利的历史新篇章。南京是开展这一运动的中心城市，以学生为首的各界群众在国民党政权的高压下仍然掀起一波又一波抗日怒潮。中共党员人数虽少，却往往是其中的先锋和推动者。他们的积极行动促进了民族觉醒，推动了抗日力量的壮大，为在南京实现第二次国共合作、建立抗日民族统一战线创造了条件。

全面抗战爆发后，南京成为全民族抗战的指挥中心。尽管中国军人浴血抵抗，南京仍然很快沦陷并遭遇惨绝人寰的大屠杀。侵华日军在此建立大本营，扶植伪政权，将其打造成日伪统治中心。但1938年5月距离南京失守不到半年，陈毅、粟裕等就率领新组建的新四军兵临城下，发动群众开展游击战争。南京周边的大江南北，先后建立了一系列抗日根据地。其中溧水一度成为苏南抗日根据地的中心区，驻有新四军十六旅旅部和苏南党政领导机关。中共江苏省委、苏皖区党委先后派人在南京城内重建党组织，在学生、工人、职员中开展工作，团结群众积蓄力量，以各种方式进行斗争。浦口集中营的战俘们也不屈反抗，在八路军、新四军被俘人员的领头示范下，先后四次暴动越狱。

隐蔽战线的斗争开展更早。从1938年到1945年，先后有10多名中共党员、20多名中共领导的非党情报人员打入日伪高层机构，搜集情报，团结爱

国人士，策反伪军，做出极大贡献。[①]其中，中共中央社会部上海情报站组建了以李德生为组长的南京情报组，其成员有日籍中共党员、日本同盟社南京支社首席记者西里龙夫，日本《读卖新闻》上海支局特约记者，汪精卫随从秘书汪锦元等8人，获取了包括日本海军袭击美国太平洋舰队（即偷袭珍珠港）等大批战略情报。八路军总参谋部所派的徐楚光（后转新四军领导）发展汪伪高级将领、洪门首领为党工作，收集敌伪情报，建立地下交通线，策反汪伪警卫三师向新四军反正。此外，共产国际也直接派遣中共党员潜入南京独立开展情报活动。

1945年8月，中共华中局和新四军军部任命粟裕为南京市市长、方毅为副市长，南京党组织根据上级指示，积极筹备组建地下军，配合新四军里应外合解放南京。淮南区党委城工部还派人策反汪伪财政部卫士队，部分人员潜入栖霞山准备汇合南京地下党。尽管由于中央战略方针改变，这一计划最终没有实现，但新四军在南京周边实施了战略大反攻。江南的苏浙军区先后攻克溧水、高淳等10余座县城，并收复了南京近郊的湖熟、秣陵关等重要集镇；原计划攻打南京的江北新四军二师在罗炳辉的指挥下解放六合全境，淮南军区南京支队还渡江攻占了龙潭、栖霞等地。南北新四军对南京形成了夹击包围的态势。

日本宣布无条件投降后，国民政府于8月底紧急空运新六军接防南京。9月9日，中国战区日军投降签字仪式在南京举行，中国近代史上第一次反抗外国侵略的战争取得完全胜利。尽管这个仪式上没有中共代表，但中共领导的抗日军民在日伪统治中心南京城内外艰苦卓绝的直接斗争，为南京成为反抗侵略的胜利之城做出了重大贡献，是抗日战争中极富意义和价值的组成部分，是中华民族不屈抗争赢得胜利的重要精神象征。

---

①中共南京市委党史工作办公室编：《南京人民革命史》，南京出版社1991年版，第219页。

七、南京是中国共产党推翻国民党反动统治、终结旧中国最具标志性的城市

大革命失败后，蒋介石在南京建立国民政府，通过新旧军阀的多次混战，在中国大陆实现了形式上的统一，建立起在全国范围内的统治。该政权事实上放弃了反帝反封建的政策，竭力维护官僚买办资产阶级和封建地主阶级的利益，残酷地镇压、屠杀共产党人和革命群众，替代北洋政府，成为代表大地主大资产阶级利益的新的独裁专制政权。反帝反封建的民主革命功亏一篑，中国共产党为继续完成革命使命，确定了土地革命和武装起义的方针，走上了建立党领导下的无产阶级军队、直接武装反抗国民党反动统治的道路。

1949年4月，邓小平、刘伯承、陈毅、粟裕、谭震林领导两大野战军的百万雄师横渡长江，歼灭了43万国民党军，解放了国统区政治中心南京、经济中心上海及周边大片国土，粉碎了划江而治重现南北朝的分裂图谋，标志着“反动的南京政府的灭亡”，为全国的彻底解放和新中国的建立创造了必要条件。其间，发生了英国海军远东舰队“紫石英”号护卫舰为进泊南京擅闯长江，与沿线解放军冲突遭受重创的事件。邓小平在南京根据中央指示，采取强硬而又务实的态度与英方周旋。最终英舰逃出长江，半年后英国政府在西方国家中率先宣布承认中华人民共和国。此事件宣示了西方列强在中国“炮舰”政策的破产。同样由闯入长江的英国舰队带来的屈辱时代在延续了整整一个世纪后，以始作俑者的挫败为标志拉下了帷幕。

上海解放后，邓小平、刘伯承即在南京奉命筹划进军西南的相关事宜，并为准备随军接管的干部建立了1.7万人的西南服务团，其中仅在南京招收的青年知识分子和工程技术人员就有3000多人。开国大典结束后，10月20日二野机关从南京出发，开始了新中国的开国第一战。到12月27日成都解放，整个西南战役先后解放了四川、贵州、云南、西康四省，歼灭国民党军90余万人，完全消除了国民党建都重庆割据西南的可能，彻底终结了国民党在大陆的统治，极大巩固了新生的人民政权。

通过梳理和总结，我们可以发现，南京在中国共产党领导新民主主义革

命、创建新中国这一历史过程中发挥了独特作用，具有特殊地位和影响。这首先要归因于这座古都名城具有一般城市所没有的政治地位和政治功能，同时新民主主义革命时期国共关系和国际政治军事形势的不断变化等提供了外部条件和历史机遇，但最重要的还在于南京的中国共产党人始终坚持共产主义信仰，为民族独立、国家富强不畏牺牲英勇奋斗，并形成了雨花英烈精神、梅园精神、渡江精神等有着独特内涵的革命精神，体现了南京在中共党史中的作用发挥和价值塑造。

一座城市的历史变迁对其文化禀性与精神风貌的形塑具有深刻影响。新中国的诞生是近现代中国最重大的历史事件之一，这是中国共产党领导中国革命的胜利结果。新旧两个中国的转换，彻底改变了南京城市变迁和发展的方向。这一时期的南京不能仅仅关注城市地位跌宕起伏的外在变化，不断探究南京在中国革命和中共党史中的作用，不但可以丰富对南京红色文化的认识，更有利于深入挖掘当代南京城市精神和人文面貌的红色底蕴和内涵，为在实现中国梦的宏大历史目标引领下更好地建设“强富美高”新南京、弘扬社会主义核心价值观等提供自信前行、奋发进取的历史资源、创新动力。

参考文献

1.《毛泽东选集》，人民出版社1991年版。

2.中共中央党史研究室：《中国共产党历史》第1卷（1921—1949），中共党史出版社2002年版。

3.中共中央组织部、中共中央党史研究室、中央档案馆编：《中国共产党组织史资料》，中共党史出版社2000年版。

4.中共南京市委党史工作办公室编：《南京人民革命史》，南京出版社1991年版。

5.中共南京市委党史工作办公室编：《南京地区抗日战争史（1931—1945）》，中共党史出版社2015年版。

作者简介：邓攀，南京市社科院科研处处长

NANJINGXUE

历史名人与地域文化

释“安石不肯出，将如苍生何！”

张学锋

摘要：在东晋门阀政治下，谢安屡次不遵朝廷征召，破坏了贵族子弟按序入仕的规则。当代表谢家活跃于官场的谢万失意之后，谢安为了维护家族利益，只得以四十多岁高龄出仕。由于谢安错过了出仕的最佳时间，不得不以低于自家门第的征西将军府司马为起家官，这又影响到了其后贵族子弟的入仕顺序。因此，高崧的戏语“安石不肯出，将如苍生何”中的“苍生”其实指的是贵族子弟。由此，认为“安石不肯出，将如苍生何”是一种身在山林、心在朝廷的救世情怀，以及谢安出仕是想有一番作为等，都是后人不了解东晋门阀政治（贵族制）的精髓而造成的错误理解。

关键词：东晋；谢安；门阀政治；高崧

一

《晋书》卷79《谢安传》曰：

谢安字安石。……初辟司徒府，除著作左郎，并以疾辞。寓居会稽，与王羲之及高阳许询、桑门支遁游处，出则渔弋山水，入则言咏属文，无处世意。……时安弟万为西中郎将，总藩任之重。安虽处衡门，其名尤出万之右，自然有公辅之望，处家常以仪范训子弟。安妻，刘惔妹也，既见家门富贵，而安独静退，乃谓曰："丈夫不如此也！"安掩鼻曰："恐不免耳。"及万黜废，安始有仕进志，时年已四十余矣。征西大将军桓温请为司马，将发新亭，朝士咸送，中丞高崧戏之曰："卿累违朝旨，高卧东山，诸人每相与言，安石不肯出，将如苍生何！苍生今亦将如卿何！"安甚有愧色。①

这一段话的核心内容是：谢安再三推辞朝廷的征召，年过四十尚未出仕，以渔弋山水的处士自居。因其弟谢万犯事遭贬，谢安不得不以"高龄"出仕当时第一权臣桓温的司马。谢安在都城建康西南江边的新亭上船往桓温的大本营荆州赴任时，朝中公卿大臣皆来饯行送别，中丞高崧多喝了几杯，乘着酒兴对谢安前隐后仕的行为戏弄了一番，其中"安石不肯出，将如苍生何"一句，成为读史者耳熟能详的名言。那么，高崧是谁？为什么要"戏曰"？《晋书》中华书局点校本为何在两处"如……何"的句子后用"！"？还有，谢安听闻后为什么"甚有愧色"？

其实，这个故事还有后续。《世说新语·排调》记录了这么一个故事：

谢公始有东山之志，后严命屡臻，势不获已，始就桓公司马。于时人有饷桓公药草，中有远志。公取以问谢："此药又名小草，何一物而有二称？"谢未即答。时郝隆在坐，应声答曰："此甚易解。处则为远志，出则为小草。"谢甚有愧色。桓公目谢而笑曰："郝将军此过乃不恶，亦极有会。"②

①《晋书》卷79《谢安传》，中华书局1974年版，第2073页。

②徐震堮：《世说新语校笺》卷下《排调第二十五》，中华书局1984年版，第430—431页。

《太平御览》卷989《药部六》引用这个故事时，在“时郝隆在坐”与“应声答曰”之间还有“谢因曰：‘郝参军多知识，试复通看。郝’”这十四个字，这样一来，故事场景就更加完整了。桓温想借“远志”与“小草”来戏弄谢安，谢安无法作答，郝隆对事情的前因后果了如指掌，于是“应声”而答。“远志”这种草药，其叶又称“小草”，郝隆巧妙地利用“远志”与“小草”一物二名的特征，用“处则为远志，出则为小草”一句，暗讽谢安前隐后仕的行为。桓温听后对郝隆的回答表示“此过乃不恶，亦极有会”。“此过”二字很难解，《太平御览》引文作“此通”，徐震堮先生在校笺《世说新语》时认为应该是“此通”。“此通”犹言“此论”，是六朝时的常用语。可见桓温对郝隆的说法是非常赞同的，认为其深得此事之精髓。

郝隆暗讽谢安“处则为远志，出则为小草”这句话，有了以上的背景知识后就一点都不难理解。然而，同样是戏弄谢安并让谢安甚有愧色的“安石不肯出，将如苍生何”一句，又当做何解释呢？

二

《晋书》卷71《高崧传》称：

> 高崧字茂琰，广陵人也。……崧少好学，善史书。总角时，司空何充称其明惠。充为扬州，引崧为主簿，益相钦重。转骠骑主簿，举州秀才，除太学博士，父艰去职。……拜中书郎、黄门侍郎。……累迁侍中。是时谢万为豫州都督，疲于亲宾相送，方卧在室。崧径造之，谓曰：“卿今强理西藩，何以为政！”万粗陈其意。崧便为叙刑政之要数百言。万遂起坐，呼崧小字曰：“阿酃！故有才具邪！”……后以公事免，卒于家。[1]

---

[1]《晋书》卷71《高崧传》，中华书局1974年版，第1895—1896页。

高崧是可以直接走进谢万卧处的人。高崧径自入室的故事在当时应该流传很广，《世说新语·言语》就收录了这一条：

> 谢万作豫州都督，新拜，当西之都邑，相送累日，谢疲顿。于是高侍中往，径就谢坐，因问："卿今仗节方州，当强理西蕃，何以为政？"谢粗道其意。高便为谢道形势，作数百语。谢遂起坐。高去后，谢追曰："阿酃故麤有才具。"谢因此得终坐。①

著籍于广陵（今扬州市）的高崧家族，至少从他的父亲高悝开始就定居在都城建康了。高悝在东晋建国初期进入晋元帝幕下，后频历显位，做到了都城所在地的最高长官丹阳尹，并获得了建昌伯的爵位。高崧袭爵建昌伯，累迁至三品高位的侍中。高崧之子高耆亦官至三品的散骑常侍。高氏父子三代所历官爵，对广陵高氏这样一个门第并不太高的地方家族而言，无疑是个望外之得，因此不难推测，广陵高氏在当时的贵族制社会中，虽然门第不高，但却有着极强的进取意识。这与他戏弄谢安，道出那句千古名言"安石不肯出，将如苍生何"不无关系。

那么，高崧为什么要"戏曰"？《晋书》点校本为何在两处"如……何"的句子后用"！"？还有，谢安为什么闻后"甚有愧色"？在回答这些问题前，我们先看一下陈寅恪先生在《述东晋王导之功业》中对清人王鸣盛的批评。

三

王鸣盛《十七史商榷》卷50《晋书王导传多溢美》条云：

> 王导传一篇凡六千余字，殊多溢美，要之看似煌煌一代名臣，

①徐震堮：《世说新语校笺》卷上《言语第二》，中华书局1984年版，第77页。

其实乃并无一事，徒有门阀显荣，子孙官秩而已。所谓翼戴中兴称“江左夷吾者”，吾不知其何在也。以惧妇为蔡谟所嘲，乃斥之云：“吾少游洛中，何知有蔡克儿？”导之所以骄人者，不过为门阀尔。①

陈寅恪先生对王鸣盛的这段话做如下评述：

王氏为清代史学名家，此书复为世所习知，而此条所言乖谬特甚，故本文考辨史实，证明茂弘实为民族之功臣。至若斥蔡谟一节，《晋书》殆采自《世说新语·轻诋类》王丞相轻蔡公条及刘注所引《妒记》，源出小说，事涉个人末节，无关本文宏旨，不足深论。……总而言之，西晋末年北人被迫南徙孙吴旧壤，当时胡羯强盛，而江东之实力掌握于孙吴旧统治阶级之手。……王导之笼络江东士族，统一内部，结合南人北人两种实力，以抵抗外侮，民族因得以独立，文化因得以续延，不谓民族之功臣，是非平情之论也。……呜呼，当永嘉之世，九州空荒，但仅存江南吴土尚得称康平丰盛者，是谁之力欤？②

陈寅恪先生在上文中，不谈小说虚妄不实之事，实为至理。然其“门阀一端乃当时政治社会经济文化有关之大问题，不在本文范围之内，是以亦不涉及”一句，却使他错失了评述王导功业的另一个侧面，从而使王导的功业止于彰显“民族因得以独立，文化因得以续延”的国家与民族的大义上。

其实，“门阀一端乃当时政治社会经济文化有关之大问题”，即门阀

①王鸣盛撰：《十七史商榷》卷50《晋书王导传多溢美》，上海书店出版社2005年版，第368—369页。

②陈寅恪：《述东晋王导之功业》，载《金明馆丛稿初编》，上海古籍出版社1980年版，第48、86页。引用时标点符号略做调整。

政治（贵族政治、贵族制），正是六朝尤其是东晋一代政治社会的鲜明特征，即东晋的“时代格”（宇都宫清吉首唱），是我们理解东晋政治社会的关键词。

正如田余庆先生在《东晋门阀政治》自序中所言：“门阀政治，质言之，是指士族与皇权的共治，是一种在特定条件下出现的皇权政治的变态。……在作者看来，严格意义的门阀政治只存在于江左的东晋时期。”[①]在门阀政治或贵族政治色彩极其明显的东晋时期，作为首辅的王导，其主要功业就在于将适当的贵族（士族）成员安置到适当的岗位上去，以维持贵族共同体内部的平衡，从而达到维持东晋王朝的存续。贵族共同体一旦失衡，东晋王朝亦将随之动摇，并最终趋于灭亡。庾亮、桓温当政时期的内乱就是最好的反例。《晋书》卷83《顾和传》中顾和称王导的执政“宁使网漏吞舟，何缘采听风闻，以察察为政”[②]，以及《世说新语·政事》所载王导自称“人言我愦愦，后人当思此愦愦”[③]，均言简意赅地表述了王导为维护共同体平衡所表现出来的容忍与宽缓。

四

就“安石不肯出，将如苍生何！苍生今亦将如卿何！”少见有学术上的理解，通常都是想当然的解释，如：（1）时人常说，谢安不肯出山，天下苍生将如何，今天谢安已出山，那么谢安将对天下苍生如何。意思是说谢安该有一番作为。（2）安石不肯出来做官，对老百姓打算怎么办呢！现在百姓对你又打算怎么看呢？（3）简文帝时，国运每况愈下，朝野都希望他出来主持政局，于是由会稽赴建康接任丞相。（4）谢安高卧东山时，朝廷中纷纷议论说：“安石不肯出，将如苍生何？”可见谢安虽隐居，但心不忘朝廷。（5）中丞高崧挖苦说：卿屡次违背朝廷旨意，隐居东山不出，人们时

①田余庆：《东晋门阀政治》，北京大学出版社1989年版，第1—2页。
②《晋书》卷83《顾和传》，中华书局1974年版，第2164页。
③徐震堮：《世说新语校笺》卷上《政事第三》，中华书局1984年版，第98页。

常说，安石不肯出，将如苍生何！如今苍生又将如卿何！而谢安夷然毫不介意，等等，不一而足。这些解释，总的指向是立于家国情怀的立场上，认为谢安身在山林心在朝廷，忧国忧民。日本学者森三树三郎《六朝士大夫的精神》中论及南朝士大夫的精神风貌时认为，即使是在魏晋时期贵族通常对政治漠不关心的风气之下，仍然出现了不少颇具宰相之局、以天下为己任的一流贵族，如“王与马共天下”的王导，如“安石不肯出，将如苍生何”的谢安等等。[①]这里，森三树三郎同样是将“安石不肯出，将如苍生何”理解为以天下为己任的救世胸怀的。然而，这些解释本身就是前后逻辑不清的。

心在朝廷，忧国忧民云云，这与前引《晋书·谢安传》中其再三推辞征召，渔弋山水、无处世之意是矛盾的。其实，当时朝野对谢安的“不肯出”是痛恨的。

本文篇首引出的《晋书·谢安传》的文字中，未涉及朝野对其“并以疾辞……出则渔弋山水，入则言咏属文，无处世意”行为的惩罚，如果引出来，就是如下一段：

> 扬州刺史庾冰以安有重名，必欲致之，累下郡县敦逼，不得已赴召，月余告归。复除尚书郎、琅邪王友，并不起。吏部尚书范汪举安为吏部郎，安以书距绝之。有司奏安被召，历年不至，禁锢终身，遂栖迟东土。

谢安由于屡召不至，有关部门建议朝廷对其“禁锢终身”，即永远不再起用。谢安被“禁锢终身”之事，还见于《晋书》卷49《阮籍传附阮裕传》：

> （阮裕）在东山久之，复征散骑常侍，领国子祭酒。俄而复以为金紫光禄大夫，领琅邪王师。经年敦逼，并无所就。御史中丞周

---

①［日］森三树三郎：《六朝士大夫的精神》，同朋舍1986年版，第42页。

闵奏裕及谢安违诏累载，并应有罪，禁锢终身，诏书贳之。

同谢安脾性相近的阮裕，与谢安同时遭到朝廷肃整纲纪的御史中丞周闵的弹劾。谢安、阮裕这种高卧东山的行为，虽然很大程度上正如阮裕所说的那样“吾少无宦情，兼拙于人间”[①]，是真性情的表现；这样的行为虽然也为世人所仰慕，但在御史中丞周闵看来，对于拥有士族身份的人来说，这样的行为明显违规，甚至是一种犯罪，必须受到惩罚。但皇帝还是下诏赦免了他们。

“不肯出”的事例尚不止谢安一例。唐人许嵩撰《建康实录》卷8载陈郡长平殷浩事：“起家，累迁司徒左长史，除侍中、安西军司，并称疾不起。遂屏居墓所十年，于时拟之管、葛。王濛、谢尚伺其出处，以卜江左兴亡，因相与省之，知浩有确然之志。既返，相谓曰：‘深源（殷浩字——引者）不起，当如苍生何！’”[②]引文中的“不起”，与“不肯出”其实是同义，正如《南齐书》卷25《张敬儿传》所称“敬儿弟恭儿，不肯出官，常居上保村中，与居民不异”[③]中的“不肯出官”一样，即不愿出仕。

五

一个人哪怕伪装得再厉害，也不会为了切实的功名隐忍到老之将至的四十来岁还毫无动静，因为这不合情理。

这里的“苍生”是指什么？果真是指天下？指朝野？指老百姓？

就“安石不肯出，将如苍生何！苍生今亦将如卿何！”笔者目前读到的最贴切的解释，是宫崎市定在其《六朝时期江南的贵族》一文中的解释，[④]现摘要介绍如下。

---

①《晋书》卷49《阮籍传附阮裕传》，中华书局1974年版，第1368页。

②（唐）许嵩撰：《建康实录》卷8《哀皇帝》，张忱石点校，中华书局1986年版，第230页。

③《南齐书》卷25《张敬儿传》，中华书局1972年版，第473页。

④［日］宫崎市定：《六朝时期江南的贵族》，载《宫崎市定亚洲史》中卷，张学锋、马云超等译，上海古籍出版社2017年版，第789—799页。

宫崎写道：六朝江南的门阀政治具有多重层面。在公共活动层面上，贵族们被要求像私生活一样保持安静。在仕途的进取上，如果出现猎官或暗箱操作等行为，不仅会被认为有损公正，而且还会因破坏贵族共同体的平衡而遭到排斥。子孙在仕途上只要能够达到父祖的地位就会满足。个人优秀的才情或卓著的功勋，虽然有可能得到破格的待遇，但前提是必须得到贵族之间的舆论支持。这些都意味着贵族家庭的门第各有高低，而门第的高低差别，正是贵族社会的秩序。

门第的高低首先体现在贵族子弟任官之际。最初被任以官职称作“起家”“释褐”或“初仕”，起家时的官职如何，在很大程度上会影响到以后的升迁。东晋继承曹魏以来的九品官人法，贵族子弟由其籍贯所在地的中正官授予乡品，而贵族子弟在什么官职上起家，这与乡品的高低密切相关。然而，这种制度进入东晋以后已变得有名无实，完全固化。高门贵族全都被授予乡品二品，于是，二品之家的子弟通常都从六品官起家。[①]这样一来，以六品官中的什么职务起家就成了问题。起家的六品官中最受人青睐的是秘书郎，其次是著作郎。决定起家官职的，是中央政府的吏部尚书。吏部尚书依据贵族子弟的门第、人品，进而听取贵族之间的舆论，选择适当的官职让适当的贵族子弟起家。

这里，我们又一次想到了前文所引王鸣盛对王导的评论：“看似煌煌一代名臣，其实乃并无一事。……所谓翼戴中兴称‘江左夷吾者’，吾不知其何在也。”生活在极端专制独裁体制下的王鸣盛，脑海中缺乏明确的六朝“时代格”，因此，看不到王导在门阀政治中的砥柱之义。王导当时最大的责任就是“总百揆”，协调南北贵族，熟读“百家谱”，将适当的贵族成员安置到适当的官职上去，维持门阀政治及贵族共同体的秩序和平衡。

宫崎继续写道：另一方面，贵族子弟则不能妄自行动破坏这种秩序，按次序悠然等待，被看成是一种高尚的风格。

①参见［日］宫崎市定《九品官人法研究——科举前史》，韩昇、刘建英译，中华书局2008年版的相关论述。

关于这一点，我们可以从琅邪王氏王彪之的言语中获取一些信息。彪之年二十，须鬓皓白，时人谓之王白须。起家为东海王文学时，从伯王导谓之曰："选官欲以汝为尚书郎，汝幸可作诸王佐耶！"彪之答曰："位之多少既不足计，自当任之于时。至于超迁，是所不愿。"[①]即不愿意突破规矩"超迁"。

这里，笔者想到了《南齐书》卷23《王俭传》"史臣曰"中的那段话："贵仕素资，皆由门庆，平流进取，坐至公卿，殉国之感无因，保家之念宜切。市朝亟革，宠贵方来，陵阙虽殊，顾眄如一。"[②]同时也想到了《颜氏家训·勉学》中所说的那样："梁朝全盛之时，贵游子弟，多无学术，至于谚云：'上车不落则著作，体中何如则秘书。'"[③]《晋书》卷79《谢安传附谢玄传》在说到名门谢玄之子谢瑍时说："子瑍嗣，秘书郎，早卒。子灵运嗣。瑍少不惠，而灵运文藻艳逸，玄常称曰：'我尚生瑍，瑍那得生灵运！'"[④]不知甲子、不知寒暑的天生傻瓜谢瑍，却身为秘书郎，而这个岗位，正是二品高门贵族子弟的起家官。

宫崎又写道：但如果过于客气，动辄拒绝朝廷委任的官职，则会对后来的子弟及其他家族的子弟起家带来麻烦。

读到这里，我们也许已经可以体会到"安石不肯出，将如苍生何！苍生今亦将如卿何"以及谢安闻后"甚有愧色"的真意了。因为谢安是破坏贵族子弟按序入仕规则的典型人物，当然还有前面提到的阮裕。

代表谢家活跃于官场的是谢安之弟谢万，但谢万官场失意后，即便谢安心中极不情愿放弃"出则渔弋山水，入则言咏属文"的风流才性，但在家族利益的面前，谢安还是听从了家族的安排，四十多岁才踏上仕途进入官

---

①（唐）许嵩撰：《建康实录》卷9《烈宗孝武皇帝》，张忱石点校，中华书局1986年版，第264页。

②《南齐书》卷23《王俭传》，中华书局1972年版，第438页。

③（北齐）颜之推撰：《颜氏家训集解》卷3《勉学第八》，王利器集解，上海古籍出版社1980年版，第145页。

④《晋书》卷79《谢安传附谢玄传》，中华书局1974年版，第2085—2086页。

界。这就是前引《南齐书·王俭传》中所说的“殉国之感无因，保家之念宜切”。《世说新语·排调》中还有一则谢安的故事，虽然与《晋书·谢安传》中的差不多，但在为保家族利益这方面表现得更加克明。“初，谢安在东山居布衣时，兄弟已有富贵者，翕集家门，倾动人物。刘夫人戏谓安曰：‘大丈夫不当如此乎？’谢乃捉鼻曰：‘但恐不免耳。’”[①]这里可以看出陈郡谢氏“兄弟已有富贵者，翕集家门，倾动人物”，因此谢安不必出仕。同时又留下一个伏笔“但恐不免耳”，说明谢安心里早有准备，一旦谢氏家族利益受损，出仕是势在必行的。《世说新语·方正》中的一则故事说，桓温问桓伊（字子野）：“谢安石料万石必败，何以不谏？”子野答曰：“故当出于难犯耳。”桓作色曰：“万石挠弱凡才，有何严颜难犯？”[②]意思是桓温不理解谢安明知谢万（字万石）会犯事失意，为什么不早早劝告。桓伊说也许是不太好意思吧。桓温怒曰，谢万如此弱智，有什么不好说的！桓氏的门第较低，也许无法理解王、谢这些高门大族内部的规则，以为有能力就能上位，因此也正是这个桓温及其孽子桓玄，使得东晋的贵族共同体严重失衡，将东晋王朝推向了灭亡。

然而，由于谢安此前多次拒绝朝廷的征召，错过了最佳时期，因此，不得不从低于自家门第的征西将军府司马起家。出发前往征西大将军桓温幕府的驻地荆州时，在都城西南郊的港口新亭与前来送行的人告别。当时政治社会地位并不是很高的高崧，对谢安戏言道：“卿累违朝旨，高卧东山，诸人每相与言，安石不肯出，将如苍生何！苍生今亦将如卿何！”谢安听到此话后很是羞愧。大概也只有被谢安之弟谢万亲昵地呼过小字“阿酃”的高崧才敢讲出这样戏谑的话来。

可是，高崧的这段话到底表达的是什么意思，仍是似懂非懂。宫崎进一步解释道，想来高崧这句玩笑话，想表达的意思应该是这样的：在你无论如

---

①徐震堮：《世说新语校笺》卷下《排调第二十五》，中华书局1984年版，第429—430页。

②徐震堮：《世说新语校笺》卷中《方正第五》，中华书局1984年版，第188页。

何都不肯出山的时候，排在你后面的贵族子弟，他们的入仕顺序也不得不往后推，真不知道他们对你会是一种什么样的态度！而现在你出仕了，在你之前出仕的贵族子弟，这次该轮到他们不知该如何对待你了。

把贵族子弟称为“苍生”，这是一种夸张的表现。但高崧讲的这段话，前半部是非常直白的，这一点是很有意思的。

由于谢安受到了桓温的尊敬，不久后即返回朝廷，并官至宰相。北方前秦苻坚大举南侵，谢安指挥同族子弟谢石、谢玄在淝水击败了苻坚，大获全胜，从而保证了东晋政权的安泰，江南贵族也因此毫无异议地把谢安推崇为一代领袖。从此以后，谢氏家族与开国元勋王导的子孙齐名，并称“王谢”，成为江南贵族的代表。

因此，将“苍生”理解为“天下”“朝廷”“老百姓”，将谢安的出仕认为是“想有一番作为”“希望他出来主持政局”“身虽隐居，心不忘朝廷”“老百姓对你怎么看”等等，就像王鸣盛对王导的“翼戴中兴称‘江左夷吾者’”而“不知其何在”的批评一样，都源于其没有理解东晋门阀政治（贵族制）的精髓，亦即东晋的“时代格”。其实，将“苍生”理解为“百姓”也不错，但不能加“老”称“老百姓”。因为六朝的“百姓”，只是拥有族谱的那百余家大小贵族而已。

六

总之，东晋之所以能够相对安定，原因就在于皇室司马氏政权下存在着一个贵族群体，贵族出身的官僚掌握着军队，在阻止北方异民族南下的同时压制着江南的土著豪族。而且贵族群体以维持现状为原则，防止共同体的分裂，团结一致，努力辅佐皇室。但是，这种安定并不会永远地维持下去，事实上，试图打破这种安定的因素一直存在，并渐渐地走向了前台，贵族共同体的失衡，导致了东晋王朝的灭亡。

高崧、郝隆这样的次等贵族，为了获取超出自家门第的更大的利益，进入社会的更高阶层，他们会积极进取，迫不及待。《晋书》卷71与高崧同传者还有孙惠、熊远、王鉴、陈頵四人。孙惠是吴国富阳人，孙吴宗室孙賁的曾孙。熊远是豫章南昌人，祖父熊翘西晋时曾是富豪石崇家的苍头，后经潘岳之劝，石崇才将之放归乡里。王鉴是堂邑人，父王濬曾任御史中丞。陈頵是陈国苦人，少好学，有文义。这五个传主，除陈頵外，其他四人都是江淮地区的低等贵族，同时都还具有一个共同特征，就是自己有才学。该传的“史臣曰”中有这么一句话：诸人皆“有毗济之道，比之大厦，其榱桷之佐乎！”毗济与毗助、毗佐、毗翼、毗赞、毗益等词汇一样，是有佐时之才的意思，但比起支撑起大厦的栋梁之材相比，他们最多是“榱桷”，即屋椽，是次要人物。正因为如此，以高崧、郝隆为代表的次等贵族在向往的同时对高门大族在政治、社会上的垄断也会有所不满，有所微词，在恰当的环境下，更会发出适可而止的戏谑，令高门“甚有愧色”。

当时人如此，后世生活在极端专制独裁体制下的人们，更是难以理解六朝贵族制的真谛。清人朱轼在其所撰《史传三编》卷19《谢安传》中对“苍生”以及高崧、郝隆的戏谑也有所评论，称：“谢安与殷浩当韦布衣时，并负苍生之望。其应桓温之召也，高崧尝戏之曰：今日苍生将如卿何！盖阴以浩之前车相讽厉。而安独克弘远谟，一雪处士虚声之谤。固知体公识远，则隐显同归。而郝隆所诮处为远志出为小草者，未为通论矣。”[①]不是高崧、郝隆“未为通论”，只是王鸣盛、朱轼不知道六朝“时代格”为何物而已！

作者简介：张学锋，京都大学文学博士，南京大学历史学院教授、博士生导师

①朱轼撰：《史传三编》卷19《名臣传十一·谢安》，《文渊阁四库全书》（电子版）史部传记类，上海人民出版社。

明朝官员、学者葛寅亮及其《金陵梵刹志》

何孝荣

摘要：葛寅亮是明朝后期的著名官员、学者。他廉能正直，兴利除弊，抵抗外国入侵，反抗清朝军队；依归王守仁心学，强调“悟”，讲学授徒，修建书院、学校，提倡教育；亲近佛教、道教，乐善好施，在当时及后世产生了一定影响。其著作《金陵梵刹志》对研究明史、明代佛教史、南京史等具有较高价值，对今天的南京城市、旅游建设等有一定的借鉴意义。

关键词：葛寅亮；明朝；金陵梵刹志

葛寅亮（1570—1646）是明朝后期的著名官员、学者，“文章、政事、理学皆有可称”[①]，在明朝后期乃至清初都产生了一定影响。不过，迄今为止，学术界对葛寅亮的研究尚不多见。笔者此前考述葛寅亮生平、著述[②]，对其进行了初步的研究。本文拟在此前研究的基础上，进一步对葛寅亮的政绩、思想、性格加以探讨，并阐发其所编撰的《金陵梵刹志》的价值。不当之处，请方家指正。

①（清）董天工：《武夷山志》卷16《名贤上·理学·葛寅亮》，《续修四库全书》本。
②参阅拙文《葛寅亮生平、著述考述》，载《明代杭州研究》，杭州出版社2007年版。

一、廉能正直，兴利除弊

葛寅亮，字水鉴，一字参疑，别号屺瞻，浙江钱塘（今杭州市）人。万历二十八年（1600），中浙江乡试解元。次年，中进士。授南京礼部主事，迁南京礼部郎中。万历三十六年，引疾归里。三十九年，起官，先后为江西右参议、按察副使、参政等，均充任九江兵备道。后又因病告官。四十四年，再起为湖广提学副使。因得罪权贵，被弹劾，丁艰去官。天启二年（1622），起为福建按察佥事，充任水利道。寻升湖广参议，兵巡荆南道。转福建参议。六年，升为南京尚宝司卿。寻又去官。崇祯四年（1631），又起为尚宝司卿。七年，升左通政。十二年，罢官。南明弘光时，先后任太常寺卿、大理寺卿、户部侍郎。隆武时，任工部侍郎、尚书。隆武二年（1646）十月，隆武政权灭亡后，绝食而死。[①]葛寅亮一生虽然在官时间不长，但所至廉能正直，兴利除弊，抵抗外国入侵和清朝军队，其具体表现有：

第一，为官廉能，惩治贪官污吏。万历年间，葛寅亮任南京礼部郎中，“一切曹事之废坠”，“皆悉力复之”[②]，“留意振刷，众誉烨然”[③]。南京诸佛寺，明初有数额不等的“赐田”。至明代后期，不少赐田“久夺于豪右”。葛寅亮奉职清理，“皆悉力复之”[④]。任湖广提学副使，“藻鉴冰棱，虽抚按台不得以尺一相嘱”；所有学租及廪缺余银，“发各郡创建书院，并赡文行之优者”[⑤]。天启年间，他任福建按察佥事，“廉洁无私，竭力公家，不避劳怨”[⑥]。后升福建右参议，提督学政，“公明严正，品题允

①（清）佚名：《葛寅亮传》、（清）张右民：《葛司农先生传》，载（明）葛寅亮撰，（清）吴之淇、王允元编《葛司农遗集》附录，中国国家图书馆藏清抄本。

②（明）叶向高：《苍霞余草》卷1《宪使屺瞻葛公颂德碑》，南开大学图书馆藏明末刻本。

③（明）董应举：《崇相集》卷10《答苏子介书（壬子）》，《四库禁毁书丛刊》本。

④（明）叶向高：《苍霞余草》卷1《宪使屺瞻葛公颂德碑》。

⑤（清）张右民：《葛司农先生传》。

⑥（明）董应举：《崇相集》卷2《鼓铸急需切要疏》。

当，私窦尽绝”[①]。他为官各地，两袖清风。如为九江兵备道数年，“移疾去，行李一肩，萧然而已”[②]。在福建佥事任两年余，“饮冰茹檗，衙斋萧然，日酌三山水耳，不以一丝一缕累及民间”[③]。

葛寅亮正直为官，不依附朝臣朋党。万历中期以后，群臣结党攻讦，门户竞起。葛寅亮对此有清醒认识，指出：“二三君子，以同道相切磋，而德望既彰，声价日重，于是有指龙门之登为集菀之地者，而出奴入主，蹊径不免转多。门户之外，复有门户，令人莫可测识。但见攻击，递为主盟盛衰，互相倚伏。……直至善类尽，而主势孤，而国运并随之以俱尽。”[④]他“为人望”，诸党“咸争致之”，而他“毅然不附”[⑤]。他自称“未尝知有门户，生平止孤蹇自安，即交际竿牍，多从谢绝”[⑥]。天启二年（1622）四月，左都御史邹元标上疏举荐葛寅亮等人，并称其“皆门户中人”[⑦]，因此此前被罢斥。葛寅亮闻疏，立刻致信邹元标，否认“以门户受锢”[⑧]。他与朋党刻意区隔，“盖深鉴其流祸也”[⑨]。南明弘光时，假太子案发，主政的奸臣马士英等企图穷治其狱，打击政敌。葛寅亮加以劝止，马士英等“不复究”[⑩]，避免了朋党争斗。

葛寅亮对贪官污吏绝不姑息。他任九江兵备道，“解守令贪污者数人，使之去”[⑪]。天启后期，权阉魏忠贤专政，“恣威福惟己意”，“遍置死党”[⑫]，冒功滥赏。思宗继位初，惩处阉党，但一时清除未净。崇祯元

①乾隆《福州府志》卷46《名宦一·历代节使方面·葛寅亮》，清乾隆刊本。
②（清）文行远：《浔阳跖醢》卷2《吏治》，《四库全书存目丛书》本。
③（明）叶向高：《苍霞余草》卷1《宪使屺瞻葛公颂德碑》。
④（明）沈国元：《两朝从信录》卷14，《四库禁毁书丛刊》本。
⑤（清）张右民：《葛司农先生传》。
⑥（明）沈国元：《两朝从信录》卷14。
⑦（明）邹元标：《邹忠介公奏疏》卷4《阐幽拔茅疏》，明崇祯刻本。
⑧（明）沈国元：《两朝从信录》卷14。
⑨（清）张右民：《葛司农先生传》。
⑩（清）李清：《南渡录》卷4“弘光元年三月丁未”，清抄本。
⑪（清）张右民：《葛司农先生传》。
⑫（清）张廷玉：《明史》卷305《魏忠贤传》，中华书局1974年版。

年（1628）正月，葛寅亮上疏，要求“将年来升、荫、加衔各官厘其尤甚者”[①]，进一步清理阉党余孽。疏上，思宗表示：“年来升、荫、加衔各官，委宜清汰，已下该部酌议具奏。”[②]南明弘光时，政以贿成，腐败不堪。弘光元年（1645）正月，葛寅亮上疏抨击说：“司帑者出纳皆有扣克，鞫狱者轻重多以贿成。即抡才之任，交易若市。而地居清要，又或借润于居间。源之不清，流于何洁？凡为外臣，无不括民脂，一邀进取，故桁杨桎梏之下，富则破家析产，贫则贴妇卖儿，怨仇交腾，大法小廉之风荡然矣。”他提议严惩贪官，“贪者必宜置之重典，赃款务悉严追”[③]。

第二，赈济饥荒，兴修水利，反对加派。万历四十一年（1613），江西发生饥荒，九江兵备道葛寅亮“出三府公费数百金，并贷关使者千金，告籴湖襄，以原价平粜，民以不殍”[④]，“所活百姓以万计”[⑤]。

九江城南有甘棠湖，堤坝废坏，“夏秋则苦泛滥，秋冬则病浅涸”[⑥]。万历四十年，葛寅亮“募匠鸠工，自南岸直抵北之市廛处，计一百八十余丈，咸甃石为堤”；又在堤口筑吊桥，“听舳舻衔尾出入，无所阻”；并建西城闸，“排石为之”。堤闸成，“不独资舟楫之力，郡城受其灌输。而巨浸当前，又俨然增一金汤矣”[⑦]，一举多利。长江北有封郭洲，“其堤绵亘三十里，民田可三万六千余亩，而湖池屯田亦几其半”，“岁大熟，收常倍江南”。但是，洲田紧挨长江，春夏水大溢，往往淹没田禾，导致颗粒无收。万历四十一年，淫雨肆虐，外堤“溃其七口”，石闸“亦

①《崇祯长编》卷5“崇祯元年正月辛卯”，台湾“中央研究院”史语所校印本，1983年版。
②（清）外史氏：《圣朝新政要略》卷7“崇祯元年二月初七日”，《续修四库全书》本。
③（清）李清：《南渡录》卷4“弘光元年正月乙未”。
④（清）文行远：《浔阳跖醢》卷2《吏治》。
⑤（清）张右民：《葛司农先生传》。
⑥（清）顾祖禹：《读史方舆纪要》卷85《江西三·九江府·甘棠湖》，清稿本。
⑦（明）葛寅亮：《葛司农遗集·重筑西城堤并建闸记》。

崩圮十之三”。葛寅亮“修筑堤闸，高广完固”[①]，“所决七口，咸复其故”[②]，保障了数万亩民、屯田的安全。他还浚老鹳塘，“既避风涛之患，且通贸易之利”[③]。

福州南临南台江（今称闽江），“江水经沙合河口，凡三十有六曲”，到达城内。弘治年间，市舶司太监邓某重开直渎浦、直渎新港，“径趋大江，便夷船往来，土人因而为市”，沙合河遂逐渐淤塞。嘉靖年间，倭寇流窜至此，“顺流至河口，焚杀殆尽”。万历年间，地方官筑堤坝，阻新港，以保福州安全。然至天启三年（1623），堤坝“溃于巨浸”。葛寅亮“复塞之”，并“浚旧沙合河，以通水道”[④]。

崇祯中期，财政危机至极。明朝政府饮鸩止渴，大肆加派。崇祯七年（1634），新安人杨光先上疏，建议“革各省郡倅、县尉，改设练总，且请加派以充练饷”，要求加派“练饷”。葛寅亮时任左通政，认为“民苦役骚，乌可以无事之地，激而有事耶？”驳杨疏“不上”[⑤]。这一行为不免书生意气，但反对加派、保护百姓之苦心却可以理解。至弘光年间，他上疏要求严惩贪官，没收其资产充公，“兹值军需告急，民力惟艰，免加派之烦苛，以此相抵，实大有裨于国用”[⑥]。

第三，抑制税使势焰，宽减盐引价格，惠商恤商。明神宗喜挥霍，性贪婪，向全国各地派遣宦官充当矿监、税使，恣意搜刮。江西税使李道驻于湖口，“搜括无遗，商民苦之”[⑦]。他“势焰猖獗，牙爪纵横，当道莫敢问”[⑧]。葛寅亮任九江兵备道，不畏李道势焰，首先“榜张其弊蠹，仍条关款，檄李道举行”。其后，他“执其铺户某等，立毙以法，渐及参随、胥

---

①（清）顾祖禹：《读史方舆纪要》卷85《江西三·九江府·封郭洲堤》。
②（明）葛寅亮：《葛司农遗集·筑封郭洲堤并修闸记》。
③（明）葛寅亮：《葛司农遗集·重启东作门并决塘开衢记》。
④乾隆《福州府志》卷7《水利·城外河》。
⑤（清）佚名：《葛寅亮传》。
⑥（清）李清：《南渡录》卷4“弘光元年正月乙未”。
⑦雍正《江西通志》卷34《关津·九江关》，《文渊阁四库全书》本。
⑧（清）张右民：《葛司农先生传》引《九江名宦传》。

吏”，惩治李道爪牙，李道“虐焰为息”[①]。最后，葛寅亮“除冗役，首恶论罪，分谨守者百余人为二番，给牌，腰佩之，月赴道验，更听约束”，约束李道及其爪牙，“民始免水火矣”[②]。葛寅亮“执法惠商，救荒备患”[③]，其上司、提督操江兼管巡江右佥都御史丁宾称赞说，“商悦于途，民歌于巷”[④]。

明朝实行开中法，商人输纳钱、粮，以换取政府盐引，贩盐牟利。起初，盐商“每引输价不过百二十缗”。至明末，国家财政紧张，加价盐引“以助饷，溢至数倍矣”。官府“催征迫急，众皆思逃”。葛寅亮为福建水利道，“多方调护，恤其穷困，而宽其烦苛”，盐商“乃得少苏”[⑤]。

第四，表扬贤良、忠节，抵抗外国侵略，坚持抗清斗争。任南京礼部郎中时，葛寅亮表扬先贤、忠良。南京城内青溪东，原有宋朝时所建先贤祠，祭祀历代“先贤”，“皆生长金陵与宦游于此者”[⑥]。后祠毁。万历三十五年（1607），葛寅亮重建先贤祠于普德寺后山，“春秋祀之”[⑦]。青溪鹫峰寺后有塘，相传为唐朝时名臣颜真卿所置放生池，岁久湮没。明代，塘地为太监所占。葛寅亮“以教坊毁庵隙地易之”，恢复放生池，“并构一椽”，祭祀颜真卿，[⑧]“以存忠烈遗址”[⑨]。他对抵抗元朝而英勇献身的南宋大臣文天祥十分钦仰，至北京文丞相祠凭吊，并作《文山祠赞》，称“宋绝于柴市之杀文山，非绝于厓海之溺”[⑩]。

①嘉庆《大清一统志》卷307《江西统部·名宦·葛寅亮》。上海书店1984年版。
②雍正《江西通志》卷58《名宦二·葛寅亮》。
③（清）查培继：《希贤书院记》，载雍正《江西通志》卷134《艺文·记十三》。
④（明）丁宾：《丁清惠公遗集》卷7《复葛屺瞻兵宪》，《四库禁毁书丛刊》本。
⑤（明）叶向高：《苍霞余草》卷1《宪使屺瞻葛公颂德碑》。
⑥乾隆《江南通志》卷37《舆地志·祠墓·江宁府·先贤祠》，《文渊阁四库全书》本。
⑦乾隆《江南通志》卷37《舆地志·祠墓·江宁府·先贤祠》。
⑧（明）葛寅亮撰：《金陵梵刹志》卷22《青溪鹫峰寺》，何孝荣点校，南京出版社2017年版。
⑨（清）张右民：《葛司农先生传》。
⑩（明）葛寅亮：《文山祠赞》，载（明）刘侗、于奕正《帝京景物略》卷1《城北内外·文丞相祠》，北京古籍出版社1982年版。

明初建都南京，明太祖朱元璋传位于皇太孙朱允炆，为建文帝。明太祖四子燕王朱棣发动“靖难之役”，推翻建文帝统治，夺得皇位。一些官员、士人忠于建文帝，不归附明成祖朱棣，因此遭到残酷镇压。牛景先为明朝建文时御史，“靖难之役”后逃死。成祖追查，将其次妻罚入教坊，景先后人遂入“乐籍”。万历三十三年九月，葛寅亮访得景先五世孙，“给照除名，复姓从良”[①]。建文忠臣黄观、方孝孺祠隘敝，葛寅亮加以“拓新”[②]。

对于外国侵略，葛寅亮坚决抵抗。万历后期，荷兰殖民者窜到中国东南沿海。天启二年（1622），他们强占我国领土澎湖岛。天启四年十月，福建巡抚南居益驱逐荷兰侵略者。战后叙功，“同心勠力诸臣”中，即有“佥事葛寅亮”[③]。

作为传统的封建官员、士人，葛寅亮坚持抗清斗争。崇祯十七年（1644）三月，明王朝灭亡，清军入关。明朝残余势力陆续建立几个南明政权，意图反清复明。九月，在南京建立的南明弘光政权起葛寅亮为太常寺卿。葛寅亮“念东南半壁，不敢坚卧，思以散秩稍补时艰万一”，毅然赴南京，加入抗清斗争行列。弘光政权灭亡，葛寅亮痛心疾首，“自经数次，为门人张伯雨救解”。他拒绝降清，又到福建，加入南明隆武政权，继续从事抗清斗争。至隆武二年（1646）八月，因大将郑芝龙降清，隆武政权灭亡。葛寅亮“忧愤成疾，谈及时事，涕泗交下，粒米勺水不入口者数日而卒”[④]，绝食而死，表现出崇高的气节。

二、讲学授徒，提倡教育

葛寅亮一生还讲学授徒，提倡教育，是明朝后期一位有成就的理学家、

①（明）施沛：《南京都察院志》卷39《人物三·监察御史列传·牛景先》，《四库全书存目丛书补编》本。

②（清）佚名：《葛寅亮传》、（清）张右民：《葛司农先生传》。

③《明熹宗实录》卷47“天启四年十月己亥”，台湾“中央研究院”史语所校印本，1983年版。

④（清）张右民：《葛司农先生传》。

学者。

1.理学思想

葛寅亮“精于理学”，被称为“理学名臣”[①]。他服膺明朝中期以后风行的王守仁及其心学，称赞王守仁“入室禅宗，开坛儒学，世出世法，几于一之”。他自称，每读王守仁书，“祇徊向往，愿为执鞭而无从”[②]。

葛寅亮的理学，以王学为依归。在讲解《大学》“大学之道，在明明德”时，他说：“明德者，其本体原通天地，彻古今，洞然闭□□无疆界，实具于吾心，而非从外取者，故谓之明德。”[③]在讲解“致知在格物”时，他说：“知即是前明德，乃本明之体，何假外求？只就吾意之不自昧处，便是致者。”[④]门人柴世埏就王守仁“天泉证道”发问，王畿主“四无”，钱德洪主“四有”，“其说何所适从”？葛寅亮解答说：“心贵空诸所有，无善无恶乃返于空者，以此认心，良亦有见。然说善，虑与恶对而并遣之；说无，又不虑与有对而独执之，可乎？惟真空妙有，不落边见，以此言心，庶其义乃圆而无漏。”[⑤]柴世埏又问：“然则如何是心之体？”葛寅亮回答说：“明德是心之体，即阳明子所提之良知。盖此知通天彻底，亘古达今，如大圆镜，光涵万象，无一物不森罗，而亦无一物之可着。心无体，以此知为体，其量亦复如是。……诚先后天地而无有终穷，溥遍灵蠢而莫之遗漏。”[⑥]葛寅亮所谓的“心”“良知”，与王学并无二致。因此，柴世埏说：王守仁“以良知为学者教父”，葛寅亮“起而入其室，一灯荧然，处境虽稍不同，而其特行焯焯，俾海区拭目，则未之或异”[⑦]。

葛寅亮强调“悟”。在讲解《论语》“温故而知新”时，他说：“此全

①（清）张右民：《葛司农先生传》。
②（明）葛寅亮：《葛司农遗集·王文成公祠记》。
③（明）葛寅亮：《四书湖南讲·大学湖南讲》，《四库全书存目丛书》本。
④（明）葛寅亮：《四书湖南讲·大学湖南讲》。
⑤（明）葛寅亮：《四书湖南讲·大学湖南讲》。
⑥（明）葛寅亮：《四书湖南讲·大学湖南讲》。
⑦（清）柴世埏：《葛屺瞻先生祠记》，载（清）董天工《武夷山志》卷11《溪北》。

要人开悟头。故与新是活套字眼，不必指实。只从前已知的，便是故。温者不令放冷，即时习之。学因温故，上触起悟端，于平日所未知的，忽然了彻，是为知新。”[①]对此，“笃信而死守”程朱的清初理学家吕留良批判说，“故者所已知，新者所未知，都只在闻见中说。言因其所已知者，而益加精详，日知其所未知，非谓故为闻见，而新为心悟也”，葛寅亮“造撰新奇之说，离叛传注”[②]。再如，在讲解《论语》“颜渊喟然叹曰仰之弥高章”时，葛寅亮说：“颜子初始参寻极猛，得夫子指点，用功愈坚，已见光景，却又不能到手，是舒而忽郁，故不觉喟然叹息，仰从高处求，钻从深处求，瞻从眼前求，是多方去用参提功夫。盖道无踪迹，如捕风捉影一般，所以又仰又钻又瞻，费尽摸索”，“仰钻瞻忽，是用参提，乃上达功夫；博文约礼，是用考证，反是下学功夫。若骤然与颜渊说，未必不忽易。待他自去苦心钻研，钻研不通，才与说破，乃急水滩头助一篙，便极平常话也”[③]。对此，吕留良批判说，“颜子之学，前后有亲疏浅深，无迷悟也。至龙溪所谓真实之见，屺瞻所分参提、资助，彼皆看得高坚前后，与卓尔别有一物事，正是禅悟的传”[④]，视为禅学化的王学后学。

2.讲学授徒

葛寅亮对理学有精深的研究，又为“庚子解元、辛丑进士”[⑤]，科场顺利，名声很大。万历三十六年，他从南京礼部郎中任上引疾归里，“筑室南屏山麓”[⑥]，“宅傍净寺，南高峰”[⑦]，“讲学西湖南之萧寺”[⑧]。他

---

①（明）葛寅亮：《四书湖南讲·论语湖南讲》。

②（清）吕留良：《天盖楼四书语录》卷14《论语上·为政第二·温故而知新章》，《四库禁毁书丛刊》本。

③（明）葛寅亮：《四书湖南讲·论语湖南讲》。

④（清）吕留良：《四书讲义》卷12《论语下·子罕第九·颜渊喟然叹曰仰之弥高章》，《四库禁毁书丛刊》本。

⑤（明）葛寅亮撰：《金陵梵刹志》序，何孝荣点校。

⑥（清）丁丙：《善本书室藏书志》卷12《史部十一下》，清光绪刻本。

⑦（明）胡维霖：《胡维霖集》卷26《访葛玺卿屺瞻》，《四库禁毁书丛刊》本。

⑧（清）王嗣槐：《桂山堂诗文选》卷7《杨中丞传》，清康熙刻本。

“绝迹城市，开讲湖南。负笈者多四方名士，质疑析理，论难衎衎”[①]。万历末年，他从湖广提学副使任上丁艰，“步归读《礼》，仍讲学湖南，从游者日益众”[②]。他一生曾几仕几归，“讲学湖南，四方士大夫执经列门墙者千计”[③]。

在官期间，葛寅亮所至也大力讲学授徒。在南京礼部任职，他即“读书讲学”[④]。张有誉，十二岁时“随父任南中”，与葛寅亮“官舍相邻”，有誉“往受业焉”[⑤]。在九江兵备道任，他兴建阳明书院，“一时问业者，有萧伯玉、余二矶、姜燕，及李太虚、杨维节、陈大士、艾千子诸公”[⑥]。任湖广提学副使，他“所至与诸生讲学不倦”[⑦]，“每行部，谒孔庙，辄命诸生讲书，次第数十人，默定优劣”[⑧]。任福建按察佥事，虽然职责不是教育，但他仍讲学授徒，“夜篝灯阅诸士课，遴其材且异者，为黄文焕、郑廷楫、陈燕翼、曾世衮、许豸诸公，待以殊礼”[⑨]。为福建参议，他“筑室武夷五曲，聚徒讲学”[⑩]。崇祯七年春，葛寅亮为左通政，其弟子赴京会试，“近自吴、楚，远迄滇、晋，几数百人，问道讲业”，“从来都门仕宦，未有桃李若斯之盛者也”[⑪]。

葛寅亮讲学，“以明道复性为旨”[⑫]，“谈经讲艺，汲引人才，惟日不

---

①（清）张右民：《葛司农先生传》。
②（清）张右民：《葛司农先生传》。
③（清）王嗣槐：《桂山堂诗文选》卷7《祁门令葛枚臣传》。
④民国《杭州府志》卷124《人物一·名臣二·葛寅亮》，民国十一年刻本。
⑤（清）金之俊：《金文通公集》卷13《前光禄大夫太子太保户部尚书静涵张公墓志铭》，《四库全书存目丛书补编》本。
⑥（清）张右民：《葛司农先生传》。
⑦光绪《湖南通志》卷100《名宦志九·葛寅亮》，《续修四库全书》本。
⑧（清）谈迁：《枣林杂俎》卷3《葛寅亮督学》，中华书局2006年版。
⑨（清）张右民：《葛司农先生传》。
⑩民国《杭州府志》卷124《人物一·名臣二·葛寅亮》。
⑪（清）张右民：《葛司农先生传》。
⑫（清）王嗣槐：《桂山堂诗文选》卷7《杨中丞传》。

足”[①]。即他所讲之学，包括“以明道复性为旨”的理学（主要是心学），也包括应付科举考试的作文（“时艺”）。针对各地不同的文风特点，他在讲学授徒时，尽力扬长补短。时人周之夔称：“吴越文秀，而屺瞻劲之以骨；江右文衍，而屺瞻束之以法；楚文豪，而屺瞻泽之以雅；闽文博，而屺瞻精之以理，作人不倦。”[②]清人李世熊也说，葛寅亮督学福建，“以闽文理不胜辞，欲救以净劲高亮”[③]。崇祯六年，他赴山西主持乡试，“力持文体，故坊刻有《晋墨一变录》”[④]。

3.修建书院、学校

葛寅亮在各地修建书院、学校，提倡和振兴教育。其中，尤以在九江兵备道任为著。万历四十年秋，他在九江城南小匡山创建阳明书院，“中为像堂，左右有讲习堂、司香所、典器所，置田一百七十亩”[⑤]，“选诸生肄业其中”[⑥]。白鹿书院在庐山五老峰下，宋初建，南宋时朱熹重建。万历四十一年，葛寅亮“捐俸三百金，大加修葺，增置号舍数十间”[⑦]。濂溪书院在庐山莲花峰下，北宋周敦颐创建。万历年间，寅亮加以“修葺”[⑧]。星子县儒学、都昌县儒学改建，葛寅亮均捐资而助。此外，他设立小学十二所，“导之习礼，以肃其威仪；讽之读书，以开其知觉；诱之诗歌，以发其志意”[⑨]，加强对幼童的基础教育。任湖广提学副使时，他在安州“建碧霞书院”[⑩]。

---

①（清）张右民：《葛司农先生传》。

②（明）周之夔：《弃草文集》卷2《葛屺瞻公祖海滨化雨诗序》，《四库禁毁书丛刊》本。

③（清）李世熊：《寒支集》卷16《承德郎兵部司务林公墓志》，《四库禁毁书丛刊》本。

④（清）佚名：《葛寅亮传》。

⑤雍正《江西通志》卷22《书院二·九江府·阳明书院》。

⑥雍正《江西通志》卷58《名宦二·葛寅亮》。

⑦（清）毛德琦：《白鹿书院志》卷3《沿革》，《四库全书存目丛书》本。

⑧雍正《江西通志》卷22《书院二·九江府·濂溪书院》。

⑨《葛司农遗集·小学十二所记》。

⑩（明）文德翼：《求是堂文集》卷14《安州碧霞书院碑记》，《四库禁毁书丛刊》本。

葛寅亮大力讲学授徒，修建书院、学校，提倡教育，识拔人才，培养出大批人才，许多人或以科举而入仕，成为廉官能臣，或在家研讨学术文章，成为著名学者，所谓“文章节义、事功学问之臣，多出其门”①。清代有人甚至将其功绩与宋代以来的大儒胡瑗、朱熹、王守仁并称：“如胡安定之于苏湖，朱晦庵之于武彝，王阳明之于匡山，葛屺瞻之于湖南，使后进者得以熏陶渐染之。其为朝廷养士树人，岂止十世百世之利耶？”②

三、亲近佛、道，乐善好施

葛寅亮虽然以儒学安身立命，但也信奉佛教。万历后期，南京佛寺制度涣散，寺田流失，佛寺萧条。葛寅亮任南京礼部郎中，着意改革。他将具备规模的佛寺按照“就近”原则，分为大、次大、中、小几种类型，以大寺统次大寺、中寺，次大寺、中寺统小寺，实行严格统属管理。他清田定租，“有赐田者稽籍，籍在则问租，租在则问数，清查勾剔”③。他主持订立佛寺各项制度，包括行政管理制度、经济管理制度、教育制度等。葛寅亮为诸寺清田定租，“与所在有司往复甚苦”，一个重要原因应该是他对佛教的信奉。但他对此绝口不提，仅言这些寺田皆出于明太祖“钦赐”，自己奉职而行，“清租亦即吾职”④。

葛寅亮对佛教勤于布施。他为杭州六通律寺山门题“法地重开”额、净明院题寺额，为《崇祯十五年云栖寺免差役碑》篆额。杭州南屏山净慈寺建永明塔院，万历三十八年十月，寅亮置买柴山五段，共十一亩七分，施舍于塔院。⑤名僧袾宏演讲《圆觉经》于净慈寺，葛寅亮等与会。万历四十二

①（清）张右民：《葛司农先生传》。
②（清）王嗣槐：《桂山堂诗文选》卷5《广教育》。
③（明）朱国祯：《涌幢小品》卷28《两京诸寺》，《四库全书存目丛书》本。
④（明）葛寅亮：《八大寺定租碑记》，载（明）葛寅亮撰《金陵梵刹志》卷16《天界寺》，何孝荣点校。
⑤（明）释大壑：《南屏净慈寺志》卷9《田土》，《四库全书存目丛书》本。

年三月，他买邵秀荡六分七厘，扩展该寺放生池，为袾宏八十寿庆。[①]杭州湖心寺放生池，葛寅亮也是“现宰官身说法，为之护持者”之一[②]。万历四十八年，他“为母报恩，舍宅建寺”，将南屏山东宅第施舍为“普度亲庵”[③]。他有关佛教、佛寺的撰著，除《金陵梵刹志》外，还有《永明塔院田记》《重修普光院记》《海宁放生池记》《礼莲花峰三禅院记》《云门湛然禅师语录序》《放生池小疏》等。他还与僧人来往。江西僧古拙广聪筑弥陀庵于掷笔峰下，“潜修不出”，葛寅亮为易庵名为“火莲院”[④]。此外，他与晚明四大师之一的袾宏也十分近密。

葛寅亮对道教也有好感，时加亲近。他对传说中的八仙之一吕洞宾（号纯阳子）尤为崇信，称“其神挥斤八极，而度世应化，每落人间”，“诸仙中能度世者，惟纯阳最”[⑤]。武夷山诸生为葛寅亮建生祠，他“亟止之，则已庀材鸠工，有成绩矣”，遂改建为纯阳祠，“祀纯阳子于上以成”[⑥]。道士白云霁撰《道藏目录详注》，葛寅亮为作序。[⑦]在南京，他编撰《金陵玄观志》十三卷，记述各宫观沿革、雄观、艺文、公产以及规章制度等。[⑧]

葛寅亮乐善好施。他捐资修建白鹿书院、星子县儒学、都昌县儒学，并向佛寺施田地，舍宅建佛庵。万历三十五年，因家乡钱塘县漏泽园、庆乐园“埋骨已满”，葛寅亮“别置九曜山地八亩，广其额”[⑨]，支持公益事业。

---

①《葛司农遗集·放生池小疏》。

②（清）金之俊：《金文通公集》卷8《湖心寺重修放生池记》。

③（清）梁诗正：《西湖志纂》卷4《南山胜迹上·普度亲庵》，《文渊阁四库全书》本。

④雍正《江西通志》卷105《仙释·广聪》。

⑤（明）葛寅亮：《纯阳祠记》，载（清）董天工《武夷山志》卷11《溪北》。

⑥（明）葛寅亮：《纯阳祠记》。

⑦（清）周中孚：《郑堂读书记》卷69《子部十四·道家类·道藏目录详注》，民国吴兴丛书本；《葛司农遗集·〈道藏目注〉序》。

⑧参阅（明）葛寅亮撰《金陵玄观志》，何孝荣点校，南京出版社2011年版，导读第1—11页。

⑨民国《杭州府志》卷39《冢墓一》。

四、《金陵梵刹志》的价值

万历年间，葛寅亮在南京为各寺清田定租、制定规章制度以后，为了巩固和记录改革成果，编集了《金陵梵刹志》，传于后世。[①]《金陵梵刹志》不仅详细记载了明代南京各佛寺的历史沿革、殿堂分布、房田公产、山水古迹、名僧事迹、寺租赋税、僧规制度等，卷首二卷还收录了明太祖的佛学论文、明代诸帝有关佛教的诏敕法令等，具有较高的价值。

首先，它对研究明史、明代佛教史等有重要价值。

清人编《四库全书总目》，批评《金陵梵刹志》“略如志乘之体，编次颇伤芜杂”[②]。这种批评是十分偏颇的。《金陵梵刹志》“昉杨衒之《洛阳伽蓝记》，而体裁不同”，不仅“述雄观”，亦“兼饬祠政”[③]，虽然超出传统的志书体例，却为我们留下了许多十分难得的史料。例如，该书卷1《御制集》收录的明太祖佛学论文、诗文近八十篇，最为齐全；卷2《钦录集》，收录明代诸帝有关佛教的诏敕法令等。其中，洪武年间设立僧道衙门的法令、整顿佛教的《申明佛教榜册》、僧人《避趋条例》等，均为原文收录。关于洪武年间僧、道录司的设立，《明太祖实录》《大明会典》等明代官私史籍都记载为洪武十五年四月设立，并颁布相关条例。而据《钦录集》，僧、道录司的设立，是在十四年六月提出条例方案，至次年四月除授各官，并公布十四年六月拟定的条例的。明末释幻轮编撰《释鉴稽古略续集》，即抄录该文件。《申明佛教榜册》《避趋条例》等，也赖该书得以保存。这些对研究明太祖的佛教政策、研究明太祖个人极具价值。而我们知道，明太祖的佛教政策是明朝佛教政策的基础，它对明代乃至清代以来的中国佛教具有决定性影响。[④]

---

①参阅拙文《论万历年间葛寅亮的南京佛教改革》，载台湾“国立”成功大学《成大历史学报》第四十号，2011年6月。

②（清）永瑢等：《四库全书总目》卷77史部三十三地理类存目六《〈金陵梵刹志〉提要》，中华书局1965年版。

③（明）葛寅亮撰：《金陵梵刹志》凡例，何孝荣点校。

④参阅拙文《试论明太祖的佛教政策》，《世界宗教研究》2007年第2期。

再如，该书卷2《钦录集》收录明成祖对编辑、校勘大藏经的多次谈话，他下令焚毁道教伪经《太上实录》，声言“我敬佛，他谤佛，留了我心不喜”[①]，活泼而生动，显示了明成祖对编校大藏经的关心和直接掌握，昭示出他对佛教的崇奉态度。成祖以“靖难”夺得帝位后，以徐皇后的名义伪造《大明仁孝皇后梦感佛说第一希有大功德经》二卷，借以宣扬自己造反、夺位的“合法性”[②]。但是，当僧一如等要求将该伪经编入大藏时，明成祖却表示：“荒唐之言，不要入。”[③]这些史料，连《释鉴稽古略续集》都没有录入，对我们研究明成祖无疑十分珍贵。

再如，关于明代佛寺经济，各种方志、寺院志乃至四部文献中很少记载，而《金陵梵刹志》则在记载南京180余所佛寺时，详列各寺土地数量、寺田经营、房产商业等，并附录有数篇寺田租税的判决文书，为我们提供了极为珍贵的明代佛寺经济的史料，其价值不言而喻。[④]

再如，《金陵梵刹志》记载了葛寅亮等人订立的佛寺内部的一些管理制度，包括僧官的迁补、住持的选任等寺政管理制度，公产、公田、公费等佛寺经济管理制度，以及寺学等佛寺教育管理制度。这些史料，也为它书所无，对我们研究明代佛教、明代历史无疑具有很高的价值。

其次，它对研究南京佛教史具有重要价值。

佛教自东汉末年传入南京，南朝先后建都于兹，由于统治者的提倡，南京佛教盛极一时，成为全国重要的佛教中心，佛寺多达700余所，“南朝四百八十寺”成为当时南京佛教、佛寺繁盛的形象说法。南朝以后，南京政治地位下降，佛教时有兴盛，断续发展。到了明代，南京先后作为首都和留都，政治地位提高，再次成为全国的重要佛教中心，佛寺大量修建，为南朝以后又一高峰。记载南京佛寺的著作，在明朝以前，主要有唐释清澈的《金

---

①（明）葛寅亮撰：《金陵梵刹志》卷2《钦录集》“永乐十八年”，何孝荣点校。

②参阅拙文《明成祖与佛教》，《佛学研究》2002年第11期。

③（明）葛寅亮撰：《金陵梵刹志》卷2《钦录集》“永乐十八年”，何孝荣点校。

④参阅拙文《明代寺院经济研究——以南京八大寺为公田租税纠纷与诉讼为中心的考察》，《暨南学报》2019年第9期。

陵寺塔记》三十六卷，唐释灵㑋的《摄山栖霞寺记》一卷。但是，二书不久皆亡佚，“第名载于史志耳”[①]，遂使四百八十寺之盛，考征无据。葛寅亮则通过广征博考，搜罗经史子集四部之文，考订当时各寺以及一些历史上有影响而当时已经废毁的佛寺的历史变迁、典故、名僧、艺文，编为《金陵梵刹志》，为后人了解、研究明代以前南京佛教、佛寺提供了便利。其后，清人刘世珩撰《南朝寺考》，即经常引用《金陵梵刹志》。

《金陵梵刹志》记载登录明代南京各寺的位置、殿堂、基址四至、公产乃至各种条例，多来自实地调查、各寺报告，主要是第一手资料。其对明代尤其是明代后期南京佛寺方方面面的记载，更为真实可信，其价值自然更高。

第三，《金陵梵刹志》明确记载明代南京各寺寺址四至，尽列各寺之雄观胜景，也对今天的南京城市建设、旅游开发有重要的参考价值，富于现实意义。最显著的事例，就是大报恩寺琉璃塔。该塔“规模雄丽，得未曾有”[②]，开创了中国琉璃塔的先河，是我国古代建筑琉璃艺术的最高成就。太平天国运动期间，该塔毁于兵火。不过，其雄观伟姿却在《金陵梵刹志》中得以寻觅。该书卷2详细列出大报恩寺琉璃塔的丈尺高度等数据，卷31则收录了明人陈沂的《琉璃塔记》、王世贞的《游报恩寺塔记略》《报恩寺塔歌》等文人墨客的吟咏之作，为我们留下了宝贵的史料。2001年 7 月，南京市规划、旅游等部门经过论证，达成了在大报恩寺原址复建琉璃塔的共识，“复建宝塔不但尺寸、形状等照旧，还将采用原来工艺方法，确保五彩琉璃塔原汁原味”[③]。至2007年5月，南京市启动重建工程，投资10亿元，用3年左右时间重建琉璃塔、大报恩寺等，“再现昔日恢宏壮丽的辉煌”[④]。复建大报恩寺琉璃塔的依据，即主要是《金陵梵刹志》的相关记载。如今，大报恩寺遗址公园琉璃塔复建成功，对南京城市建设、旅游开发有很大的促进作用。

---

①（明）顾起元：《客座赘语》卷4《金陵寺塔记》，中华书局1987年版。
②（明）张岱：《陶庵梦忆》卷1《报恩塔》，作家出版社1995年版。
③《金陵奇观大报恩寺琉璃宝塔将再现人世》，人民网2001年9月30日。
④朱福林：《大报恩寺遗址公园即将开建》，《南京晨报》2007年5月10日。

另外，对于南京佛教乃至中国佛教界，《金陵梵刹志》的相关记载，如其中的各种管理制度等，也不无借鉴意义。

近年来，《金陵梵刹志》价值越来越获得学界、社会认可。2014年4月，南京市全民阅读活动领导小组办公室委托南京出版传媒集团·南京出版社组织众多专家，从一万多种南京传世作品中筛选出五十部曾经影响南京乃至中国的传世名著，《金陵梵刹志》名列其中。其后，再通过大众点赞、专家评审等阶段，至2015年12月最终评选出二十四部“南京传世名著”。《金陵梵刹志》与《抱朴子》《世说新语》《永乐大典》《中国文化史》等一起，最终成为“南京传世名著”之一。①

综上所述，葛寅亮是明朝后期的著名官员、学者。他廉能正直，富于爱国热情和气节；讲学授徒，提倡教育；亲近佛、道，乐善好施，对当时及后世均产生了一定影响。后人称赞他“名实咸备，体用兼收，学问为真学问，而不涉于虚无，事功为真事功，而不流于迂阔”②，为允当之论。其著作《金陵梵刹志》对研究明史、明代佛教史、南京史等具有较高价值，对于今天的南京建设以及中国佛教界有一定的借鉴意义，被今人评为二十四部“南京传世名著”之一。研究葛寅亮及其著作《金陵梵刹志》，无疑有重要的学术价值和现实意义。

作者简介：何孝荣，历史学博士，南开大学历史学院研究员、博士生导师

①参阅（明）葛寅亮撰《金陵梵刹志》，何孝荣点校，点校说明第1—7页。
②（清）查培继：《希贤书院记》，载雍正《江西通志》卷134《艺文·记十三》。

文采风流为天下冠
——试论江南典籍对中华文化的历史贡献

徐忆农

摘要： 江南既是地理方位和行政区划概念，也是文化概念。中华文化延续数千年从未中断，江南先后出现的史前远古文化，对中华古代文明的形成起过极为重要的作用。商周时期，泰伯、仲雍奔吴与言偃北上投师孔门学习儒学，使中原文化从三千年前起就与江南文化血脉相连。自公元3世纪以来，许多王朝建都南京，在南京成为“十朝都会”和宋室南迁的时代，江南多次成为华夏文化的中心。江南典籍是江南文化的重要组成部分，对江南文化的演变产生了直接的影响，并且在中华文化传承发展过程中扮演了非常重要的角色。经过千百年融南纳北的历程，江南文化现已成为中华文化的主体文化之一。而江南典籍所传递的高尚品德与深刻思想，是千百年来取之不尽的精神财富。

关键词： 中华文化；江南文化；江南典籍

一、何处是江南

江南，大体泛指长江以南地区，但由古至今的含义颇不相同，综合起来说，江南既是地理方位和行政区划概念，也是文化概念。

从地理方位看，有大江南、中江南、小江南等广狭不同的指向。汉以前江南一般指今湖北省长江以南部分和湖南省、江西省一带。南北朝时，南朝与北朝隔江对峙，南朝宋、齐、梁、陈皆以建康（今南京）为都城，因称南朝及其统治下的地区为江南。南唐又建都金陵，盛时疆域35州，约为今江西全省及安徽、江苏、福建、湖南、湖北等省的一部分，后亦称南唐及其统治下的地区为江南。以上都可看作是“大江南”的范围。随着时间推移，江南所指的区域范围逐步缩小，后来多指今江苏、安徽两省的南部和上海市、浙江省一带，基本相当于现在人们常说的长三角地区“小江南”部分。

与此同时，江南在历史上多次用作行政区划的名称，而辖境差异也非常大。如西汉末，王莽曾改夷道县（今湖北宜都）为江南县。再如唐代贞观元年（627）分天下为十道，江南道为其一，辖境相当于今浙江、福建、江西、湖南省，安徽、江苏、湖北长江以南部分，以及四川东南部、贵州东北部地区。明朝南京亦称南直隶，清顺治二年（1645）清兵占领南京城后改为江南省，辖14府4直隶州，下辖13州、96县，区域范围大致相当于今江苏、安徽和上海两省一市。清康熙六年（1667）分江南省析置为江苏、安徽两省。

另外，江南还是文化概念。如据卢海鸣先生《南京历代名号》考证，六朝时的扬州是指今日的南京。隋开皇九年（589）灭陈后，改扬州（今江苏南京）为蒋州，改吴州（今江苏扬州）为扬州，设州治于江都。按理说自此以后的扬州实位于长江下游北岸，但人们还时常以扬州作为江南文化的代表。唐代杜牧《寄扬州韩绰判官》：“青山隐隐水迢迢，秋尽江南草未凋。二十四桥明月夜，玉人何处教吹箫。”周有光先生短文《江南在哪里》就发问：“扬州在江北，怎么也是江南？”而《中国大百科全书》在介绍江南园林时称：“明清时代，江南园林续有发展，尤以苏州、扬州两地为盛。”明确将扬州园林纳入江南园林。

长三角地区是长江三角洲地区的简称，这是我国经济发展最活跃、开放程度最高、创新能力最强的区域之一，范围包括上海、江苏、浙江、安徽一市三省全域，可以看作是“中江南”。推进长三角一体化发展，已成为全域内各地政府的共识。2018年11月5日，习近平总书记宣布，支持长江三角洲区域一体化发展并上升为国家战略。2019年12月1日，中共中央、国务院印发了《长江三角洲区域一体化发展规划纲要》，其中两次提到江南，一是“加快江南水乡古镇生态文化旅游和皖南国际文化旅游发展，加强浙皖闽赣生态旅游协作，共同打造长三角绿色美丽大花园”；二是“继承发展优秀传统文化，共同打造江南文化等区域特色文化品牌。”这里的“江南”应该都是文化概念。

那么，江南文化在中华文化中处于什么地位呢？美国著名汉学家比尔·波特的《江南之旅：探访中国千年文明中心》是探访中国江南的一本旅行文集。比尔1991年的这次旅程由香港出发，途经广东、湖南、湖北、江西、安徽、江苏，终点为浙江。他在书中说，如果看中国地图，你会注意到有两条河流横贯这个国家。中华文明的发端是在五千年前的黄河中下游地区，在随后的四千年中，黄河流域一直保持着中华文明发展的中心地位。一千多年前，这种情况发生了变化，中华文明发展的中心转移到了长江流域。尽管几百年后，中国的政治中心又回到了北方，但是，长江流域仍然保持了其文明中心的位置。这种情况一直持续到今天。一千多年前，中国人赋予了这个新的文明中心一个名字，他们叫它“江南”。江南不仅是地图上的一个区域，也是很难用语言表达的中国人精神上的概念。你问十个中国人“江南”是什么意思，他们会给你十个不同的回答。江南意味着一道诠释得模糊不清的风景和文化，一道与干旱、棱角坚硬的北方风格迥异的风景和文化。

比尔称“中华文明的发端是在五千年前的黄河中下游地区”，这种说法基本上沿用的是传统史学界观点。在此之前，1981年考古学家苏秉琦先生发表《关于考古学文化的区系类型问题》一文。苏先生指出：过去有一种看法，认为黄河流域是中华民族的摇篮，我国的民族文化先从这里发展起来，然后向四处扩展；其他地区的文化比较落后，只是在它的影响下才得以发展。这种看法是不全面的。在历史上，黄河流域确曾起到重要的作用，特别是在文明时期，它常常居于主导的地位。但是，在同一时期内，其他地区的古代文化也以各自的特点和途径在发展着。各地发现的考古材料越来越多地证明了这一点。同时，影响总是相互的，中原给各地以影响，各地也给中原以影响。他在这篇重要文章中，还对中国新石器文化及部分青铜文化，做了全局性归纳和区域类型的划分。苏先生这些观点后来被概括为“满天星斗”说，在学界产生了很大的影响，引起了我国考古学研究的极大变化。1988年，社会学家费孝通先生结合自己半个世纪以来的研究工作，从人类学、考古学、语言学、历史学等各方面对中华民族形成的历史过程，做了综合性的分析研究，提出了“中华民族多元一体格局”的思想，得到了世界著名的社会学、人类学学者的高度评价。费先生认为，中华民族作为一个自觉的民族实体，是在近百年来中国和西方列强对抗中出现的，但作为一个自在的民族实体则是几千年的历史过程所形成的。回溯中华民族多元一体格局的形成过程，它的主流是由许许多多分散存在的民族单位，经过接触、混杂、联结和融合，同时也有分裂和消亡，最终形成一个你来我去、我来你去，我中有你、你中有我，而又各具个性的多元统一体。费先生描述的“中华民族多元一体格局”，其实也可以看作是中华文化的多元一体格局。早在20世纪初，章太炎先生就说，“中华之名词，不仅非一地域之国名，亦且非一血统之种名，乃为一文化之族名。……华为花之原字，以花为名，其以之形容文化之美，而非以之状态血统之奇。”

无论是“满天星斗”说，还是“中华民族多元一体格局”说，江南远古文化都在其中占有非常重要的一席之地。苏秉琦先生认为，在远古中国，对中华文明起源发挥过重要作用的地区主要有陕豫晋邻境地区、山东及邻省一部分地区、湖北和邻近地区、长江下游地区、以鄱阳湖—珠江三角洲为中轴的南方地区、以长城地带为重心的北方地区，从这一著名的“考古学文化六大区系”说可以看出，中国不同地区的文化都对中国文明起源有重要贡献。苏先生指出，过去对长江下游地区的历史发展状况认识不足。近十多年来的工作，使人们认识到这里也是我国重要的古文化中心之一。从这一地区古文化面貌的差异及其分布的情况来看，似可分为三个区域：宁镇地区、太湖地区和宁绍地区。当然，它们之间既有差别，也有联系。费孝通先生认为，中华民族成为一体的过程是逐步完成的。先是各地区分别有它的凝聚中心，而各自形成了初级的统一体，比如新石器时期在黄河中下游及长江中下游都有不同的文化区。其中长江下游的文化区以太湖平原为中心，南达杭州湾，西至苏皖接壤地区。苏先生和费先生提到的长江下游地区，都接近于前文所述长三角地区的“小江南”部分。

从文化的源流与发展来看，传统的吴越文化是江南文化的核心部分，也是现今长三角文化的渊薮和根基。吴越文化包括吴文化和越文化，源于句吴（也作勾吴）文化与于越文化，二者均起源于古代百越民族。句吴分布在今苏南、上海、皖南一带，于越分布在今浙江中北部一带，两族在太湖东南一带杂居。清顾禄《清嘉录》是记录苏州风土岁时的一部专著，由陆机所云“土风清且嘉”而得名，其例言云：“吴越本属一家，而风土大略相同。”英国泰勒在《原始文化》中说：“文化，或文明，就其广泛的民族学意义来说，是包括全部的知识、信仰、艺术、道德、法律、风俗以及作为社会成员的人所掌握和接受的任何其他的才能和习惯的复合体。”由此可知吴越地区民风民俗有许多共同之处，因而文化也存在不少共性。

语言文字学家周有光先生认为，有了文字，人类才有书面的历史记录，称为“有史”时期，在此之前称为“史前”时期。苏秉琦先生以考古学探索中国史前文化和文明起源所取得的成就令人瞩目，他指出，太湖—钱塘江地区，即古吴越地区。太湖地区古文化早晚关系为马家浜文化—崧泽文化—良渚文化—青铜文化。宁绍地区的早期遗存以河姆渡文化为代表，稍后与太湖地区古文化关系密切，也有良渚文化遗存。良渚文化主要分布在太湖地区，是中国新石器时代晚期最发达的文化之一，对中华古代文明的形成起过极为重要的作用。2019年7月6日，中国良渚古城遗址获准列入《世界遗产名录》，意味着它所代表的中华五千多年文明在国际上得到了广泛认可。世界遗产委员会认为，良渚古城遗址展现了一个存在于中国新石器时代晚期的以稻作农业为经济支撑并存在社会分化和统一信仰体系的早期区域性国家形态，印证了长江流域对中国文明起源的杰出贡献。王宁《良渚人开创了“江南模式”》一文认为，良渚古城遗址只是良渚文化遗址的一部分。而良渚文化遗址分布在长三角区域，包括江浙沪以及安徽的一部分，这个地方遗址特别密集，所以提出“良渚遗址群”概念。又据林留根编著《吴地古代聚落》介绍，在距今4000年之际，良渚文化突然衰落，良渚古国也随之消亡。

早在1978年，苏秉琦先生就撰文说，以南京为中心，包括宁镇地区，这一地区原始文化有自己的特点。例如南京北阴阳营遗址，原始社会的新石器文化与阶级社会的青铜文化相衔接。这个地区的原始文化似乎有它自己的来源和发展序列，并且较早地与中原地区的文化有了更密切的联系，从而发展成为有别于太湖地区的文化。史学家蒋赞初先生在《南京史话》中介绍，现在的南京市区地处长江下游的中心。约30万年前左右（一说60万年前）南京东郊汤山一带出现了猿人活动的踪迹。而根据北阴阳营遗址考古发掘结果，可以说明五六千前南京原始居民的生产生活概况。蒋先生引用人类学家吴定良对北阴阳营原始居民骨骼鉴定的报告，认为他们与现代南京人的骨骼相比，差别很小，又与北方人的体型不同，说明5000多年前南京地区的人类，已具有江南人民的体质特点。南京原始居民在北阴阳营一带生活了数百年之久，但不知道什么原因，他们抛弃旧居向别处迁徙了。大约在4000多年前，南京地区又迁来了新的氏族。这些氏族的生产、生活和其他文化特点，都同邻近的太湖流域和钱塘江流域的良渚文化居民相似，他们可能属于同一部族。我们从蒋先生的介绍可以获知，南京地区的史前文化很早就与吴越文化融为一体了。

在文字产生后的“有史”时期，据《史记》《吴越春秋》等古代典籍记载，传说夏王少康曾封其庶子无余于会稽，遂有“于越”。商朝末期，周文王伯父泰伯（也作太伯）、仲雍来到吴地，自号“句吴”，建立吴国。明朝陈沂《金陵古今图考》云：“金陵在春秋时本吴地。”据卢海鸣先生《南京历代名号》介绍，南京与西安、洛阳、北京并称为中国四大古都，有着约2500年的建城史、近450年的建都史。春秋时期，吴、楚两国之间战争不断，南京因处于“吴头楚尾”之地，成为双方争夺的焦点，时而属吴，时而属楚。公元前472年，越王勾践灭吴后，派范蠡在今南京城南修建长干城，俗称越城，被历代学者公认为是南京建城史的发端。公元229年夏四月，孙权在武昌（今湖北鄂州）称帝，国号吴，同年秋九月，孙权迁都建业，开创了南京建都的历史。从史料记载来看，孙吴都城建业是模仿春秋时期吴国都城吴（今江苏苏州）兴建起来的。1356年，朱元璋率领的红巾军攻占集庆路，改名为应天府，自称吴王。1368年，朱元璋称帝，建国号大明，以应天府为南京，南京第一次成为统一王朝的首都。由此可知在南京建都的王朝，对与中原文化血脉相连的吴文化有高度的认同感。又据《中国大百科全书》介绍，魏晋南北朝时期，东晋在吴地的建康（今江苏南京）建都，吴地成为汉族的政治中心近300年，吴越地区也一度成为汉族的经济、文化中心。南宋时期，中国政治中心再次移到吴越之地的临安（今浙江杭州），吴越地区成为全国的文化中心。明清时期，江浙地区出现工商业的繁荣局面，形成密如蛛网的专业市镇。近现代，江浙成为中国与世界联系的前沿，中国最富活力和最为发达的地区之一。民国时期，1927年析江苏省的上海、宝山、嘉定诸县地，置上海市，直属行政院管辖。如今，长江的出海口——上海是全国最大的经济中心和第一大港，也是世界特大港口城市。从上述有书面记录的历史发展脉络来看，美国汉学家比尔所云：一千多年前“中华文明发展的中心转移到了长江流域”，这一说法大体是符合实际的。

那么，有史以来的江南典籍，在中华文化多元一体格局形成过程中发挥了什么样的作用呢?

二、江南典籍考源探流

典籍是文字出现之后的产物。过去通常认为，中国最早的汉字是距今3000多年前商朝中原地区出现的甲骨文，但据教育部网站《中国语言文字概况》介绍，汉字在公元前3000年以前新石器时代就已经产生，现在的汉字是由古汉字逐渐演变而成的。从目前掌握的材料看，除中原地区外，长江下游地区也是中国文字的孕育之地。《易经》是我国最古老的经典，自古以来就被推崇备至。传统认为，中华民族的人文始祖伏羲氏“画八卦”，文王、周公“演周易”，孔子及其弟子“作易传”。张政烺先生在《试释周初青铜器铭文中的易卦》中介绍，1979年江苏海安县青墩遗址发掘，出土骨角柶和鹿角枝上有易卦刻文八个。这是长江下游新石器时代文化，在易卦发展史上应属早期形式，可据以探寻易卦起源地点问题。而王其银等编著《青墩考古》则明确认为它们出自青墩遗址的中下文化层，也就是距今5000多年前。目前关于易卦起源的原始资料还没有比这更早的。早期易卦出现的时间，正好与汉字在公元前3000年以前新石器时代就已经产生之说相吻合。

在数千年的发展过程中，江南成为文献荟萃之邦。实际上，江南典籍是江南文化的重要组成部分，不仅包括内容涉及江南的各类文献资料，还包括江南乡贤著述、历代出版物，同时也包括公私藏书，具体可分为以下四类：

1.江南记忆

此类为记述江南古往今来疆域沿革、自然条件、经济物产、社会政治、文化教育、语言文字、风土人情、名胜古迹等的各类文献，有方志、专志、传记、谱牒、笔记、杂著、野史、游记、小说、戏曲等专门著作，如《吴越春秋》《南畿志》《金陵梵刹志》《扬州画舫录》《清嘉录》等；也有从“二十五史”、《太平寰宇记》《大清一统志》等历代史籍中辑录出的有关篇章，如《史记》中的《吴太伯世家》《越王勾践世家》等；又有各类典籍中收录的相关诗文，如南朝齐谢朓《晚登三山还望京邑》、唐李白《长干行》、民国石评梅《金陵的古迹》、当代苏秉琦《太湖流域考古问题》等，以及新罗崔志远《双女坟》、安南阮忠彦《夜泊金陵城》、日本中岩圆月《金陵怀古》、美国柯乐文《今日南京》等；还有各种典籍中与江南有关的名句佳语，如《论语·泰伯》有“子曰：‘泰伯，其可谓至德也已矣。三以天下让，民无得而称焉。’”表达了孔子对流传已久的泰伯奔吴故事的认可与赞美。

2.江南著述

此类为历代江南籍及定居江南人士编辑、撰写、注释的典籍。江南夙有积累、整理文献的传统，其中有不少传世名作。如春秋吴（今江苏苏州）人言偃（前506—前443）是孔子（前551—前479）七十二门徒中唯一的南方弟子，他以熟悉《诗》《书》《易》等古代文献著称，故在孔门所传德行、言语、政事、文学四科中，列于文学之科，他是《论语》最初的编辑者之一。又如公元6世纪生活在建康的萧统（今江苏武进、丹阳一带人，501—531）所编我国现存最早的诗文总集《文选》。到了11世纪沈括（今浙江杭州人，1031—1095）居住京口（今江苏镇江）时，完成了一部达到当时世界先进水平的科学著作——《梦溪笔谈》，书中记载了我国古代的许多重要发明创造，有布衣毕昇在世界上首创的活字印刷术，还有与英国20世纪30年代萧伯纳农历相近似的“十二气历”，等等。另有20世纪胡福明（江苏无锡人，1935—）起草的引发关于真理标准问题大讨论的《实践是检验真理的唯一标准》，还有旅居海外的李政道（原籍江苏苏州，1926—）、朱棣文（原籍江苏太仓，1948—）、贝聿铭（原籍江苏苏州，1917—2019）等江南籍名师大家在各自领域的代表性著述。同时也包括外地学人寓居江南时完成的传世杰作，如6世纪初刘勰（原籍今山东莒县，466—539），世居京口，在建康钟山定林寺所著《文心雕龙》，不仅是中国最早有严密体系的文学理论专著，在世界文艺理论史上，也是一部引以为自豪的杰作。到了19世纪，魏源（湖南邵阳人，1794—1857）寄居江苏时编著了亚洲第一部系统叙述世界史地的名著《海国图志》，书中主张学习西方的科学技术，提出“师夷之长技以制夷”，对当时和后来的思想界有很大影响，对日本明治维新也有一定影响。时至今日，新修订的《江苏艺文志》收录29617位上古至清末江苏籍及定居江苏人士的著作85309种，可谓卷帙浩繁，汗牛充栋。

3.江南出版

英国哲学家培根在《新工具》中写道：“……印刷、火药和磁石，这三种发明已经在世界范围内把事物的全部面貌和情况都改变了。……并由此又引起难以数计的变化来；竟至任何帝国、任何教派、任何星辰对人类事务的力量和影响都仿佛无过于这些机械性的发现了。”中国是印刷术的起源国，中国印刷术中雕版、活字及套色三项主要技术都与江南有着密切关系。江苏扬州、南京、无锡、苏州等地，自古出版、发行业相当兴盛，印制的图书精致美观而能传之久远。学者一般认为雕版印刷术大约起步于唐代前期，据日本学者研究，公元8世纪唐代鉴真（688—763）和尚就将《百万塔陀罗尼》印制技术从扬州传至东瀛。又如唐代诗人元稹为白居易《白氏长庆集》作序：“《白氏长庆集》者，太原人白居易之所作……然而二十年间禁省观寺、邮候墙壁之上无不书，王公妾妇、牛童马走之口无不道。至于缮写模勒，衒卖于市井或持之以交酒茗者，处处皆是（杨越间多作书模勒乐天及予杂诗，卖于市肆之中也）。”这里的“模勒”二字，不少学者即释为雕版印刷。元稹的记载为825年初，早于现存唐咸通九年（868）所刻《金刚经》。若可采信，这一序言就是目前所知的最早记载确切日期的印刷史料。因此江南很可能是中国印刷术起源和最早向海外传播的地区之一。人类历史上第一次记载活字印刷术的《梦溪笔谈》首版也是在扬州刻印的，使江苏成为最早将活字印刷术向四方扩散的地区；而1490年无锡华燧以活字铜版印制《宋诸臣奏议》，为国内现存最早的金属活字印书。套色印刷术在12世纪以前就诞生于中国，17世纪前期，南京出现以“饾版”和“拱花”印制的《萝轩变古笺谱》和《十竹斋笺谱》，把世界多版套色印刷术推进到一个新的高峰，18世纪中叶以后欧洲才第一次采用拱花技术，比中国晚了至少一个世纪。这些雕版、活字、套色印本的代表作，可以展示江南出版业在中国乃至世界印刷史上所发挥的重要作用。

4.江南珍藏

江南地区自古公私藏书楼众多，名闻遐迩。20世纪初，原藏于官府和私宅的珍贵文献大量涌入公立图书馆。权威工具书《中国古籍善本书目》收录全国善本56787种，其中上海14635种，约占26%；江苏9139种，约占16%；浙江6593种，约占12%；安徽1528种，约占3%。沪江浙皖去除重复共计

23052种，约占41%，其中不乏稀世珍本。如《九章算术》是中国传统数学最重要的著作，也是世界古代数学名著之一，许多成就领先于世界先进水平，宋版《九章算术》等多部算经是世界上现存最早的印刷本数学著作，今藏上海图书馆。又如江苏藏有一部宋版《云仙散录》记载："玄奘以回锋纸印普贤像，施于四方。"这是对中国由捺印至雕版印刷过渡形态的较早记录，有重要的史料价值。再如南宋朱熹（1130—1200）撰《诗集传》为古代经学名著，中国内地藏宋刻本均为残本，所存卷数最多之本今藏南京图书馆。

三、江南典籍对中华文化的历史贡献

江南典籍陆续涌现后，不仅对江南文化的演变产生了直接影响，而且在中华文化传承发展过程中扮演了非常重要的角色。

1.江南记忆颂扬谦让至德

据司马迁《史记·吴太伯世家》记载："吴太伯、太伯弟仲雍，皆周太王之子，而王季历之兄也。季历贤，而有圣子昌，太王欲立季历以及昌，于是太伯、仲雍二人乃奔荆蛮，文身断发，示不可用，以避季历。季历果立，是为王季，而昌为文王。太伯之奔荆蛮，自号句吴。荆蛮义之，从而归之千余家，立为吴太伯。太伯卒，无子，弟仲雍立，是为吴仲雍。"泰伯、仲雍为实现父亲的意愿，主动让位，奔于被称为"荆蛮"的江南，文身断发，终于把君位传给季历和昌（周文王）。姬昌后来扩张国势，竟有天下的三分之二，到他儿子姬发（周武王），便伐纣灭商，统一天下，建立中国历史上第三个王朝——周朝。日本宫崎市定著《中国史》中说，对历史学家而言，就算是历史概说，也应当同时是历史哲学。《史记·吴太伯世家》最后有"太史公曰：孔子言'太伯可谓至德矣，三以天下让，民无得而称焉'"，表明司马迁作为史学家对泰伯、仲雍奔吴鲜明的颂扬态度。虽然二位先贤奔吴的故事被称为传说，但《论语》《史记》等典籍对此事记录的价值取向却深入人心，正如大诗人李白诗所云："太伯让天下，仲雍扬波涛。清风荡万古，迹与星辰高。"（《叙旧赠江阳宰陆调》）

孔子将“三以天下让”称为“至德”，至是至高无上的意思。那么“至德”应该怎样理解呢？“至德”的精神内核即为“让”，有学者认为，中国传统思想文化及伦理道德中的仁、义、礼、智、信、忠、孝、悌诸思想，都从“让”中生成，这种看法是有道理的。美国威尔·杜兰特在《历史上最伟大的思想》一书中，评述了人类历史上十位最伟大的思想家，其中将孔子列为“第一个伟大的思想家”。他说：“这是因为孔子是一位道德哲学家而不是宗教信仰的传播者。他对于高尚生活的追求都是基于世俗的动机而不是源于超自然的思考。”孔子以仁作为其哲学体系的核心，不轻许人以仁。但有一件似乎不无矛盾的事。孔子认为管仲器量小，不俭，不知礼，然而管仲“不以兵车”却“一匡天下”，以至于“民到于今受其赐”，孔子曾连声称赞管仲“如其仁！如其仁！”因此，杨伯峻先生认为，依孔子意见，谁能使天下安定，保护大多数人的生命，就可以许他为仁。可见孔子是从爱惜生命的世俗动机确立仁德标准的，但仁德还不算至德。至德包括仁德，却更为宽广。孟子曰：“人之所以异于禽兽者几希。”春秋时，为争王位，臣弑君、子杀父、兄弟互残者不可胜数，皆可视为禽兽行为。两千多年来，无数人都在追问人区别于禽兽的“几希”究竟是什么？著名美学家朱光潜先生在《人生价值》中回答说：“人之所以高贵于禽兽者在于他的心灵。……哪些才是心灵的享受呢？就是真善美三种价值。”真善美是人类掌握世界的三种方式，分别反映了人的思维方式、价值取向、审美情趣的能动过程及其成果。泰伯、仲雍之“让”首先是认清真实形势，做出明智选择；其次从仁爱善意出发，以“让”避免煮豆燃萁，生灵涂炭；最后开拓进取，从顺民随俗，到移风易俗，文采风流为天下冠！可以说“让”的动机是朴实无华的，但体现了真善美的精神，孔子称此为“至德”，为天下树立道德最高标准，真可谓“清风荡万古”。因此，泰伯、仲雍的“让”，成为中华传统思想文化、伦理道德的根基，是中华文明的重要源头之一。

2.江南著述传承礼乐大同

孔子是春秋时代渊博的学问家，他融会历史上诸家思想，加以提炼，创建了儒家学派。司马迁在《史记》中将“布衣孔子”称为“至圣”。柳诒徵先生说：“孔子者，中国文化之中心也。无孔子则无中国文化。自孔子以前数千年之文化，赖孔子而传；自孔子以后数千年之文化，赖孔子而开。”孔子创立的儒家学派以思想的博大精深和关心现实、重视民生、重视伦理、重视教育、重视实践，长期统治中国意识形态，是中国传统文化的主干，在漫长的历史长河中深刻地影响着中国社会的发展。在世界上，西方学者把东亚文明称为“儒家文化”，认为它是决定当今和未来世界走向的最重要的文化之一。

有了孔子，也就有了常熟的“南方夫子”言偃北上投师孔门学习儒学。言偃在孔门所传四科中，列于文学之科，杨伯峻先生认为，“文学”指古代文献。孔门文学科的弟子传授文献，使中国古代文化不致绝灭，而且有发展、有变化，这种贡献开自孔子，行于孔门。言偃在孔门列于文学科中第一位，其成就也最为显著。言偃在历朝历代都受尊崇。唐代言偃被列为十哲之一进入孔庙而受祭祀，又被追封为“吴侯”，宋代被封为“丹阳公”“吴公”，明嘉靖时被封为“先贤言子”。清代康熙、乾隆南巡，先后派大臣到常熟言偃墓致祭，立碑纪念，并赠送御笔题“文开吴会”“道启东南”匾额。2019年10月，常熟言子祠被国务院公布为第八批全国重点文物保护单位。

孔子作为儒家学派的创建者，其主要言论和观点，都被真实地记载于《论语》之中。从目前的研究成果看，《论语》一书是从春秋末至战国初由孔子的弟子和再传弟子陆续编辑而成的，唐代陆德明在《经典释文·论语音义》中引东汉郑玄云：“（《论语》）仲弓、子游、子夏等撰。”因而言偃可以说是《论语》最初的编辑者之一。《论语》中，十多次记载了言偃的言论以及他与孔子的对话，充分显示了他对儒家文化的精通。《论语·阳货》记载：“子之武城，闻弦歌之声，夫子莞尔而笑，曰：‘割鸡焉用牛刀？’子游对曰：‘昔者偃也闻诸夫子曰：君子学道则爱人，小人学道则易使也。’曰：‘二三子！偃之言是也。前言戏之耳。’”南宋著名理学家真德秀注云："弦，琴瑟也。时子游为武城宰。以礼乐为教，故邑人皆弦歌也。"《史记·孔子世家》云："三百五篇，孔子皆弦歌之。"由此可知，"弦歌"指依琴瑟而咏诗。而《论语·子张》又载言偃"丧致乎哀而止"之语。在这里，言偃认为，居丧之礼，应求简洁而去烦琐，充分表现出他的悲哀之情也就够了。孔子主张"兴于《诗》，立于礼，成于乐"（《论语·泰伯》）。以上两处记载，可以看出言偃对孔子提倡的礼乐之治思想，不仅能认真学习和深入践行，而且还发挥创造性思维，对其精神实质有特别领悟与独到看法。

那么，礼乐之治的精神实质是什么呢？礼最初是指祭神时的器物和仪式，后来演变为社会生活中的行为准则、道德规范和各种礼节。乐包括音乐、舞蹈等，孔子及其儒家学派非常重视乐的教化作用和社会功能。儒家音乐理论的专著《礼记·乐记》云："审乐以知政……知乐则几于礼矣。"杨伯峻先生说，孔子所谓"乐"的内容和本质都离不开"礼"，因此常常"礼乐"连言。《论语·学而》中孔子学生有若提出"礼之用，和为贵"。《礼记·乐记》中说："乐者，天地之和也。"又云："是故治世之音安，以乐其政和。……声音之道，与政通矣。"由此可知礼与乐的功用都是"和"，而礼乐之治的精神实质就是实现"政和"，即政治和谐。言偃把礼教乐化看作实现"政和"手段，重精神实质，轻礼数小节，并创造性地深入运用于政治实践中，得到孔子的肯定与赞誉，千百年来对中国的礼乐文化健康发展产生深远影响。

有关孔子的主要言论和观点，多被收入《论语》之中，此外《礼记》《孔子家语》《孔丛子》等书中也集中记载了孔子的言语事迹。过去一般认为，《论语》一书是研究孔子的可靠典籍。梁启超先生在《要籍解题及其读法》中，认为《礼记》为七十子后学者所记，其著作年代，或在战国末，或在西汉不等，其价值远在《论》《孟》下，而今传《孔子家语》《孔丛子》两书，皆晋人伪作，万不可读。实际上，《礼记》是孔子及其弟子、后学论述礼乐制度的文章汇编。而《孔子家语》是专门记录孔子及孔门弟子思想言行的著作，大体与《礼记》思想、语言风格相类。但这部书不但没有进入经部，而且在很长一段时间里，被不少学者列为伪书。近年来，大批有价值的考古材料不断涌现，如河北定县汉墓竹简、安徽阜阳汉墓木牍、上海博物馆藏战国楚竹书、英藏敦煌写本等，都有与《孔子家语》相关的内容。当代著名历史学家庞朴先生对地下和传世文献进行了深入探讨与研究，认为《孔子家语》“确系孟子以前遗物，绝非后人伪造所成”。与此同时，《孔丛子》是一部相当于“孔家杂记”的书，除记述孔子的嘉言懿行外，还记述了十几位孔子后代子孙的言语行事。今天看来，《礼记》《孔子家语》《孔丛子》这些书都是在相当长的时间里陆续汇编而成的，只要书中材料不是伪造的，就不能称之为伪书或假托之作。

言偃作为“孔门十哲”之一，其事迹与言论除散见于《论语》外，在《礼记》《孔子家语》《孔丛子》等书中也有记载，其中最令人瞩目的就是言偃在《礼记·礼运》中记录和阐发了中国历史上著名的“大同”“小康”思想。《孔子家语》也录有《礼运》篇，除个别文字外，基本与《礼记》所录相同，但没有提到“小康”。相比而言，《孔子家语·礼运》较为古朴，而《礼记·礼运》最为完整，是学术界重点研究的文本。《礼运》主要论述礼的起源、发展、演变及其运用，故名“礼运”。在过去较长一段时期内，不少学者对《礼运》记载孔子之语的可靠性持怀疑态度。如中国科学院哲学研究所编《中国大同思想资料》中称，《礼记·礼运》的“大同”思想，是依托孔子表达出来的，写成约在战国末或秦汉之际。再如杨天宇先生在《礼记译注》中也认为《礼记·礼运》全篇皆假托孔子之口说出，但作者已经具有了较完整的阴阳五行思想，可见本篇之作不会早于战国晚期，很可能是秦汉时期的作品。然而，当代研究“三礼”的专家王锷教授在《〈礼记〉成书考》一书中认为，《礼运》是经多人多次记录整理而成。全篇是孔子与子游讨论礼制的文字，主体部分应该是子游记录的，大概写成于战国前期。在流传过程中，大约于战国晚期掺入了阴阳五行家之言，又经后人整理而成为目前我们看到的样子。此说较为合理，当可采信。

《礼记·礼运》以言偃问、孔子答的形式，谈到了儒家对国家、社会制度的设想，其中提出的“大同”与“小康”概念，是古代儒家所宣传的两种不同层次的社会理想。“大同”是指“天下为公”的最高理想社会，孔子曰：“大道之行也，天下为公，选贤与能，讲信修睦。故人不独亲其亲，不独子其子，使老有所终，壮有所用，幼有所长，矜寡孤独废疾者皆有所养，男有分，女有归。货恶其弃于地也，不必藏于己；力恶其不出于身也，不必为己。是故谋闭而不兴，盗窃乱贼而不作，故外户而不闭。是谓大同。”这是一幅理想化的上古时代社会政治景象，描写的是当时人理想中的社会经济状况。“小康”是指儒家认为可以达到并实现的现实目标，基本特点是“大道既隐，天下为家”，因而人们“各亲其亲，各子其子，货力为己”，为了维持这种社会的秩序，就必须提倡把礼义作为纲纪，“以正君臣，以笃父子，以睦兄弟，以和夫妇，以设制度，以立田里，以贤勇知，以功为己”。“小康”社会所描述的是夏、商、周三代相继而起的“盛世”景象。“小康”由“大同”演变而来，这种社会虽然尚未达到“大同”社会那样最高的理想境界，但毕竟是有正常秩序的。孔子生活在社会动荡的春秋时期，在他看来，“大同”已遥不可及，但“小康”通过礼的约束还是可以实现的。《礼运》所展示的“大同”“小康”社会理想在中国历史发展中影响深远。王文锦先生认为，《礼运》中“这类光辉的语言，并不因为年长日久而失去亮度，它极为精炼地反映了我们祖先对美满而公正的社会的强烈向往”。近现代如康有为、谭嗣同等思想家与政治家，又赋予“大同”“小康”新的含义，都是受到孔子思想启迪的结果。孙中山倡导“天下为公”，也渊源于《礼运》。2014年，习近平同志在纪念孔子诞辰2565周年国际学术研讨会上特别提到了“关于天下为公、大同世界的思想”，同时又强调指出：“中国共产党人始终是中国优秀传统文化的忠实继承者和弘扬者，从孔夫子到孙中山，我们都注意汲取其中积极的养分。中国人民正在为实现‘两个一百年’奋斗目标而努力，其中全面建成小康社会中的‘小康’这个概念，就出自《礼记·礼运》，是中华民族自古以来追求的理想社会状态。使用‘小康’

这个概念来确立中国的发展目标，既符合中国发展实际，也容易得到最广大人民理解和支持。”

宋代朱熹《论语集注》称：“子思学于曾子，而孟子受业子思之门人。”此语提到的子思名伋，为孔子嫡孙。长期以来，这种认为子思上承曾参、下启孟子的观点，得到许多学者较为普遍的认同，但近现代以来，学术界出现了与此不同的意见。如有学者认为“言偃上承孔子，下启思孟”，而梁启超先生在《论中国学术思想变迁之大势》中说：“孟子言大同，而大同之说，本于《礼运》，《礼运》为子游所传。”又在介绍“大同一派”时说：“《荀子·非十二子》篇，攻子思、孟子云：‘以为仲尼、子游，为兹厚于后世。’可见子思、孟子之学，实由子游以受于孔子也。”另外，据《孔丛子》记载，有人问子思，世人都说郑国的子产“仁爱”而把孔子称为“圣人”，他们两人谁更伟大呢？子思转述言偃与季康子对话来回应这个问题。季康子对言偃说，子产去世的时候，郑国的男人和妇女“巷哭三月，竽瑟不作”，而孔子去世时，没听说鲁国人这样做，这是什么原因呢？言偃回答他说，子产的仁爱如灌溉之水，所能达到的地方作物就生长，达不到的地方作物就枯死，所以容易被人们知道。孔子的圣德如霖雨，滋润作物的面积非常宽广，“民之受赐也普矣，莫识其由来者”，这是因为最高的德行是无法用有形之德来体现的。由此可知，言偃在孔子、子思、孟子“道统”传承中具有重要地位。

3.江南书业滋养文脉绵延

俗话说“一方水土养一方人”，而一方典籍也育一方学者。据钱存训先生著《纸和印刷术》介绍，中国古代凡考中进士人数最多的地区，也正是印书数量较多的地区。例如，宋代两浙、福建、成都、江南西和江南东路五地考中进士的人数，占全体进士人数的84%，同一时期中，此五地印书的总数为全国印本的90%。而西南贫瘠的贵州考中进士的人数最少，所印的书籍也最少。清代全国状元112人，江苏有49人，常熟一地就有6人。而张秀民先生《中国印刷史》载，清代除北京以外，江苏苏州的书坊是最多的。我们知道，明清之际，毛晋（1599—1659）的汲古阁为刻书巨擘，在中国刻书史上占有重要地位。常熟毛晋汲古阁，就属于苏州地区的书坊。毛晋曾是钱谦益（1582—1664）的学生，他藏书八万四千余册，多宋元刻本。又曾校刻《十三经》《十七史》《津逮秘书》《六十种曲》等，钱谦益称“毛氏之书走天下”，可见其影响之大。钱谦益为明万历年间一甲三名进士（即探花），又是明末文坛领袖，家有藏书丰富的绛云楼，这些藏书大多毁于因剪烛引起的大火。在藏书方面，除了钱氏绛云楼，常熟的私家藏书楼还有很多，如赵氏脉望馆、毛氏汲古阁、瞿氏铁琴铜剑楼等。清末叶昌炽编著《藏书纪事诗》是一部记载古代藏书家事迹的专著，全书收录藏书家739人，常熟籍者达73人。这种书籍与考试间的相互关系，清楚地说明了出版、藏书等图书事业的发达，对普及教育与提高学术水平所作的贡献。

梁启超著《清代学术概论》云：“凡‘时代’非皆有‘思潮’；有思潮之时代，必文化昂进之时代也。其在我国，自秦以后，确能成为时代思潮者，则汉之经学，隋唐之佛学，宋及明之理学，清之考证学，四者而已。”回望中国古代学术史可以发现，一个时代学术思潮的形成，往往以书业繁荣地区为发祥地。例如，宋代理学分濂、洛、关、闽四派，朱熹为闽学之宗，虽原籍徽州婺源（今属江西），但从其父亲起，就侨寓福建。他曾建草堂于建阳，曰“晦庵”，故人称“晦庵先生”，而建阳正是宋代印刷业最发达的地区之一。朱熹有一篇《建宁府建阳县学藏书记》云：“建阳版本书籍行四方者，无远不至。而学于县之学者乃以无书可读为恨。今知县事会稽姚侯耆寅始斥掌事者之余金，鬻书于市上，自六经下及训传史记子集，凡若干卷，以充入之。”说明建阳所鬻之书，内容丰富，品种多样。而朱熹博极群书，广注典籍，对经学、史学、文学、乐律以至自然科学都有不同程度贡献。他在哲学上发展了二程（颢、颐）学说，建立起完整的理学体系，在明清两代被提到儒学正宗的地位。他的博览和精密分析的学风对后世学者很有影响。在交通运输与信息传播很不便利的遥远年代，可以方便获取的地域文献资源，正是成就这样一位时代思潮代表人物的思想成长沃土。

美国艾尔曼著《从理学到朴学》指出，清代长江下游地区，存在一个统一的考据学运动赖以形成、发展的“学术共同体”，并云：“这个群体影响巨大，意义深远，聚集着当时最优秀的学者。”而这一学术共同体的产生，与当地图书交易市场的兴旺发达密不可分。例如上文介绍历代私家刻书最多的毛晋，就居住在此地区。而毛氏所刻之书，被清代学者广泛运用于文献考证与校勘。在《中国古籍善本书目》著录的毛氏汲古阁本中，有上千人次留有批校题跋，其中就有属于长江下游“学术共同体”的代表人物。如清学“吴派”的奠基者惠栋（江苏吴县人，1697—1758）亲笔批跋的《仪礼注疏》《汉书》《后汉书》《津逮秘书》《孟东野集》等古籍就著录其中。与此同时，傅增湘先生《藏园群书经眼录》著录毛氏汲古阁本焦循（江苏扬州人，1763—1820）批跋的《十三经注疏》一部。据傅先生介绍，焦循在此本有些书册上“批注极详，四周皆满”，他摘录焦循部分跋语，其中有一段叙述了购书经过：“购此书时实无资，书肆索钱五千，仅得二千，谋诸妇，以珠十粒质三年，珠价实数倍，以易赎寡取之，然究未能赎也。”而焦氏学宗戴震，最终又自成一家，与其几十年对原始文献的不辍钻研分不开。另外，有些清代的经典著作，是以毛氏汲古阁本为底本撰写的。如王鸣盛《十七史商榷序》云：“十七史者，……海虞毛晋汲古阁所刻，行世已久，而从未有全校之一周者。予为改讹文，补脱文，去衍文，又举其中典制事迹，诠解蒙滞，审核踳驳，以成是书，故名曰商榷也。”王鸣盛（1722—1797），清史学家、经学家，江苏嘉定人。累官内阁学士，兼礼部侍郎。以事降为光禄寺卿，南还居苏州三十年，键户著书不辍。以汉学的考证方法治史，所撰《十七史商榷》是清代史学名著之一。王鸣盛校跋汲古阁本《十七史》之《南史》与《北史》今藏上海图书馆，读其跋语可以获知，王鸣盛在研读《十七史》的漫长岁月里，时为儿女烦心，且经济状况不佳，但最终“不辍稽古”。又参照焦循质珠购书之窘境，可以推想，有清一代通行本图书大量刊行是多么重要。一个家境贫寒的学者，可以利用通行本书籍，过录藏书家宋元珍本之同异，记载自己的心得与独见，最终著书立说，在学术上有所建树。因此可以说，没有江南书业的繁荣，也很难有清代考据学的兴盛。

4.融南纳北拓展文化格局

据史料记载，商朝末期，泰伯、仲雍来到江南，最终落脚于今无锡、常熟一带，建立句吴国，同时以国为姓，成为天下吴姓之始祖。春秋末期，吴人言偃北上投师孔门学习儒学，在61岁时携孙儿言丰等返回故吴之虞地，传道讲学，直至公元前443年终老离世，实现了孔子“吾门有偃，吾道其南”的愿望，也因此而赢得了“南方夫子”的尊称，受到后人世代的膜拜。

文化的内涵，大致可以分为器物、制度和理念三个层次。泰伯、仲雍南来与言偃北上，使先进的中原物质、精神文明成果与吴地土著文化相融合，共同形成了吴文化。广义的吴文化，既包括句吴、吴国的文化，也包括吴国灭亡后直至今日的吴地地域文化，也可以说是江南文化的核心部分，而泰伯、仲雍与言偃都是对江南文化具有创辟之功的文化始祖。在他们的开拓与引领下，江南地区历经三千年的文明滥觞延革，文化发达，才俊辈出。仅从常熟一地来看，由于有崇文重教的优良传统，造就了大批杰出人才，因而在众多领域都取得了非凡成就，被公布为国家历史文化名城。据文献记载，常熟历史上共出10位宰相、8名状元、486名进士，其数量在同类城市中屈指可数。与此同时，常熟自古以来的书、画、琴、诗、印等许多精致文化形态，已自成流派。时至今日，从整体上看，吴文化生命力仍非常强大，如吴语的使用人口约达一亿，是全国的第二大方言。而吴文化并不局限于吴语区，如前文所述，在南京建都的王朝，对吴文化有高度的认同感。而据《南京方言志》介绍，南京方言在魏晋南北朝时当属吴方言，今天南京方言归入了北方方言，这与历史上多次北人南迁有密切关系。由此可知，吴文化影响力仍然很大，而在吴文化基础上孕育的南京文化具有积极的开放性。

更为重要的是，在泰伯、仲雍及其后代的努力经营与言偃传播的礼乐思想影响下，江南成为华夏文明的大后院，以至于在历史上多次成为华夏民族遭受战乱时休养生息的“避难所”与最终走向辉煌的“腾飞地”。由于考古工作的推进和申遗成功，吴越地区高度发达的良渚文化现已广为人知，今天有不少学者都在讨论《史记》记载太伯、仲雍所奔江南是否为“荆蛮”之地。据林留根编著《吴地古代聚落》介绍，继良渚文化之后的考古学文化，在太湖地区有马桥文化，宁镇地区有湖熟文化。马桥文化虽然继承了良渚文化的某些因素，但比起良渚文化来不是进步了，而是大大落后了。湖熟文化中，中原文化因素较多，良渚文化只对它有间接的影响，它也不是良渚文化的继承者。因为良渚古国的消亡，吴地区域内出现短暂的空白，尽管吴地还遗留有部分良渚人仍在活动、良渚文化的某些因素还在流传。此时，中原大地上则已出现了完整的国家形态：即夏王朝、商王朝。由此我们可推知，相对来说，在泰伯、仲雍奔吴之时，吴地文化已落后于中原文化。又据陈江编著《吴地民族》一书介绍，吴地最早居民与越同族。商末周初，以泰伯、仲雍为首的中原人陆续入居吴地，其后逐渐与江南当地土著实行民族融合的过程，可称为“融南”。秦汉以后，曾有西晋永嘉之乱、唐朝安史之乱及宋代靖康之乱等数次北方汉族南迁大高潮，宋人有诗云“莫道吴中非乐土，南人多是北方来”。而吴地接纳北方汉族的过程，可称为“纳北”。现代中国人的饮食习惯，可以概括为南甜北咸东辣西酸。然而在北宋沈括在《梦溪笔谈》卷24“南北异嗜”中记录云：“大抵南人嗜咸，北人嗜甘。”可以推想，南宋时北方人大量南迁，中原的饮食文化逐渐地影响了江南。民族的迁徙，是民族谋求生存与发展的举动，但客观上也实现了文化的转移。特别是在南京成为“十朝都会”和宋室南迁的时代，江南多次扮演华夏文化中心的角色。虽然这些王朝或偏安一方，或饱经战乱，或政治中心迁移，给人留下许多忧伤的记忆，但从文化成就看，这些时代都创造了无与伦比的华彩篇章。如六朝时期顾恺之、祖冲之、萧统、刘勰，南宋时期李清照、陆游、辛弃疾、范成大，明朝初期解缙、郑和，民国时期赵元任、钱穆、叶圣陶、傅抱石、费孝通、钱鍾书等，在各自领域所取得的成就举世瞩目，其影响一直延续至今。

2016年5月17日，习近平总书记《在哲学社会科学工作座谈会上的讲话》中指出：“中华文明历史悠久，从先秦子学、两汉经学、魏晋玄学，到隋唐佛学、儒释道合流、宋明理学，经历了数个学术思想繁荣时期。在漫漫历史长河中，中华民族产生了儒、释、道、墨、名、法、阴阳、农、杂、兵等各家学说，涌现了老子、孔子、庄子、孟子、荀子、韩非子、董仲舒、王充、何晏、王弼、韩愈、周敦颐、程颢、程颐、朱熹、陆九渊、王守仁、李贽、黄宗羲、顾炎武、王夫之、康有为、梁启超、孙中山、鲁迅等一大批思想大家，留下了浩如烟海的文化遗产。中国古代大量鸿篇巨制中包含着丰富的哲学社会科学内容、治国理政智慧，为古人认识世界、改造世界提供了重要依据，也为中华文明提供了重要内容，为人类文明作出了重大贡献。”

我们检索相关工具书，对《讲话》中提到的思想大家按照时代地域分布情况进行梳理：老子，先秦时期楚国苦县（史学界一般认为在今河南鹿邑）人；孔子，春秋末期鲁国人；庄子，战国时期宋国蒙（今河南商丘东北）人；孟子，战国中期邹（今山东邹城东南）人；荀子，战国末期赵国人；韩非子，战国末期韩国人；董仲舒，西汉信都广川（今河北景县西南）人；王充，东汉会稽上虞（今属浙江）人，少年时曾到洛阳太学学习；何晏，三国曹魏南阳宛（今河南南阳）人；王弼，三国时期魏国山阳高平（今山东邹城西南）人；韩愈，唐代河阳（今河南孟州）人；周敦颐，北宋道州营道（今湖南道县）人，晚年定居庐山；程颢，北宋河南洛阳人；程颐，北宋河南洛阳人；朱熹，南宋徽州婺源（今属江西）人，生于建州尤溪（今属福建），以建州建阳籍参加科举考试；陆九渊，南宋抚州金溪（今属江西临川）人；王守仁，明代浙江余姚人；李贽，明代泉州晋江人；黄宗羲，明清之际浙江余姚黄竹浦人；顾炎武，明末清初苏州府昆山（今属江苏）亭林镇人；王夫之，明末清初湖南衡阳人；康有为，近代广东南海人；梁启超，近代广东新会人；孙中山，近代广东香山人；鲁迅，生于浙江省绍兴县城，卒于上海。从时代地域分布情况可以看出，北宋程颐以前的思想大家很少有江南人，而从南宋朱熹起，思想大家许多都可归为“大江南”人。

《清嘉录》云：“吾吴古称荆蛮，自泰伯、虞仲以来，变其旧俗，为声名文物之邦……迄于今，文采风流为天下冠。……昔言子子游，游圣人之门，列文学之科，流风渐被，数千百年，天下皆以吾吴为文章渊薮。”中华文化延续数千年而未中断，这在人类历史上是独一无二的，江南先后出现的史前远古文化，对中华古代文明的形成起过极为重要的作用。商周时期，泰伯、仲雍奔吴与言偃北上投师孔门学习儒学，可以说江南文化与中原文化早自三千年前起就已血脉相连。从公元3世纪以来，不少王朝建都南京，使江南地区在中国历史上多次扮演存亡续绝、传薪播火的角色，在中华文化多元一体格局形成过程中发挥了巨大的作用。经过千百年融南纳北的历程，江南文化现已成为中华文化的主体文化之一。而江南典籍传递的谦恭礼让、求真务实、开拓进取、传本扬学、崇文重教、兼容并包等高尚品德与深刻思想，是千百年来取之不尽的精神财富，相信能够历久弥新、流芳万古。

四、启迪与展望

《周易》中说：“鼓天下之动者存乎辞。”若依据王国维先生在《古史新证》中提出以“地下之新材料”印证“纸上之材料”的“二重证据法”，江南典籍所记录的材料或许与史实有出入，但这些典籍作为各类思想观念的载体，在江南构成共同的文化记忆与价值取向，进而又对中华文化发展进程产生积极的影响，这已为学界所认同。我们可以长三角地区为核心，对江南典籍进行全面调研和梳理，选定其中最能体现江南文化特点的经典名著，深入探讨和揭示其对中华文化的历史贡献，向世界展现江南千百年的文化发展脉络。

2019年10月，南京入选联合国教科文组织创意城市网络（UCCN）“文学之都”。与此同时，南京市有关单位目前正在积极开展构建“南京学”的各项工作，已出版不少系列图书，举办了相关专题研讨会。长期以来，文史哲不分家，已在学术界形成共识，建议借助国内唯一的“文学之都”称号，创设“南京学论坛”，举办系列国际学术交流活动，透过南京文化乃至江南文化，充分展现中华文化多元一体的发展历程与无穷魅力。回望历史，南京不仅从很早时期起，就以文化自觉意识和开拓创新精神，贡献给世界《抱朴子》《佛国记》《世说新语》《弘明集》《文心雕龙》《千字文》《诗品》《昭明文选》《永乐大典》《本草纲目》《十竹斋书画谱》《桃花扇》《儒林外史》《红楼梦》《中国文化史》等精品力作，而且从远古时代起，就与良渚文化、中原文化相互融合，其后又以兼容并包的开放态度，吸引山南海北的诗人作家、书画名流、专家学者、能工巧匠汇聚于此，特别是自六朝建都以来，多次扮演中外文化交流中心的角色，康僧会、利玛窦、曾德昭、内藤湖南、赛珍珠等外籍人士来到中国，造访金陵，留下许多佳篇名作。日本水上雅晴在《金陵汉诗》序文中介绍说，南京自古一直是文艺活动的核心地域，不仅国内的骚人墨客驻足挥笔，而且海外的文人游客接踵而来。就日本人而言，一些读书人以金陵为号，从而宽慰自己的心灵。这是对南京城市魅力非常生动的写照。总之，创设“南京学论坛”，可以让江南文化走出去，也可以将人类优秀文明成果引进来，使江南文脉绵延不绝，绽放出更加璀璨的光芒！

参考文献

1.傅增湘撰：《藏园群书经眼录》，中华书局1983年版。

2.苏秉琦：《苏秉琦考古学论述选集》，文物出版社1984年版。

3.［英］培根：《新工具》，许宝骙译，商务印书馆1984年版。

4.［英］泰勒：《原始文化：神话、哲学、宗教、语言、艺术和习俗发展之研究》，连树声译，上海文艺出版社1992年版。

5.费孝通：《中华民族的多元一体格局》，《北京大学学报》（哲学社会科学版）1989年第4期。

6.中国古籍善本书目编辑委员会编：《中国古籍善本书目》，上海古籍出版社1989—1998年版。

7.张秀民：《中国印刷史》，上海人民出版社1989年版。

8.南京市地方志编纂委员会、方言志编纂委员会编：《南京方言志》，南京出版社1993年版。

9.梁启超撰：《清代学术概论》，朱维铮导读，上海古籍出版社1998年版。

10.林留根编著：《吴地古代聚落》，河海大学出版社1999年版。

11.陈江编著：《吴地民族》，河海大学出版社1999年版。

12.王国维：《古史新证：王国维最后的讲义》，清华大学出版社1994年版。

13.蒋赞初：《南京史话》（上），南京出版社1995年版。

14.周有光：《世界文字发展史》，上海教育出版社1997年版。

15.苏秉琦：《中国文明起源新探》，三联书店1999年版。

16.钱存训：《中国纸和印刷文化史》，郑如斯编订，广西师范大学出版社2004年版。

17.周膺、吴晶：《中国5000年文明第一证：良渚文化与良渚古国》，浙江大学出版社2004年版。

18.王锷：《〈礼记〉成书考》，中华书局2007年版。

19.王其银、李春涛：《青墩考古》，苏州大学出版社2010年版。

20.张政烺：《张政烺论易丛稿》，中华书局2011年版。

21.章太炎：《章太炎自述》，人民日报出版社2012年版。

22.周振鹤主编：《中国行政区划通史》，复旦大学出版社2013年版。

23.周有光：《百岁所思》，百花文艺出版社2014年版。

24.卢海鸣、邓攀编：《金陵物语》，南京出版社2014年版。

25.江苏省常熟市政协文史委员编：《让国南来——仲雍》，古吴轩出版社2015年版。

26.江苏省常熟市政协文史委员会编：《南方夫子——言偃》，古吴轩出版社2015年版。

27.苏秉琦：《满天星斗：苏秉琦论远古中国》，中信出版社2016年版。

28.卢海鸣：《南京历代名号》，南京出版社2016年版。

29.范文澜：《中国通史简编》，商务印书馆2017年版。

30.［美］比尔·波特：《江南之旅》，朱钦芦译，四川文艺出版社2017年版。

31.［美］艾尔曼：《从理学到朴学——中华帝国晚期思想与社会变化面面观》，赵刚译，江苏人民出版社2018年版。

32.邓攀编著：《金陵汉诗》，南京出版社2019年版。

33.［日］宫崎市定：《宫崎市定中国史》，焦堃、瞿柘如译，民主与建设出版社2019年版。

34.王宁：《良渚人开创了“江南模式”》，《杭州》2019年第39期。

35.中共中央、国务院印发：《长江三角洲区域一体化发展规划纲要》，http://www.gov.cn/zhengce/2019-12/01/content_5457442.htm，2020年2月25日。

本文为2019—2020江苏省政协专家咨询委员会研究课题计划“江南典籍的历史价值与保护利用，促进长三角文旅一体化发展”（2019-2020ZZWKT12）的研究成果。

作者简介：徐忆农，研究馆员，南京图书馆研究部（国学研究所）主任，全国古籍保护工作专家委员会委员

NANJINGXUE

文献档案与出版研究

美国驻南京总领事裴克就中日关系致公使詹森函之一

冯冰儿译　李玉审校

摘要：1933年10月20日，美国驻南京总领事兼使馆参赞裴克给该国驻北平公使詹森发送机密公函一份，汇报了他在南京参与及见闻的一些外交活动，包括与苏联、日本驻华使领官员以及中方高层人士的会晤与交谈等，披露了一些历史情景，有助于了解中日关系发展在某个时段的一些细节。

关键词：裴克；詹森；宋子文；汪精卫；西蒙；陶德曼；舒尔曼；巴可夫；波戈莫洛夫；奥沙宁；英格拉姆

南京使馆办公处

外交第L–39号

1933年10月20日

机密

主题：中日关系

北平

尊敬的美国公使尼尔森·特鲁斯勒·詹森先生：

很高兴收到您1933年10月17日的来信，告知我您与苏联大使馆参赞巴可夫（Berkoff）以及苏联大使波戈莫洛夫（Bogomoloff）以往的联络情况，为我提供信息和可能的参考。

今天早上，针对我最近给您信中提及的门尼（Mennie）的来访，我本来想询问是否可以回访，但发现他刚去北平。不过，大使馆[①]的中国秘书奥沙宁（Ochanine）在这儿，我就去同他聊天。在他约见我之后，我对波戈莫洛夫进行了同样的非正式访问。在两种情况下，我都使用了无职务名片[②]。

奥沙宁的英语水平有限，尽管基本正确。他非常和蔼可亲，我们闲聊了许多。如您所知，波戈莫洛夫先生英语说得很好，他温和、友善的样子和睿智的外表看起来像一位大学教授。他问了我一些中日关系等方面的问题，并称赞性地说道，他确信我知道这些事情的所有内情。我诚恳地谢绝了这一夸奖，说我所回答的只是关注最近中国时局的每个人都知道的事实罢了。他显然对南京政府可能会与日本达成和解的现行政策很感兴趣。他问我在这方面近期是否会有政策上的改变，我认为有。由于不可抗因素，我与波戈莫洛夫的交谈无法超过十五分钟，因此没有机会反过来向他提出任何问题，但以后我会这样做，相信他一样会给我经过深思熟虑的答复。英格拉姆（Ingram）告诉我，他最近与波戈莫洛夫进行了一次会谈，后者发表了一些有趣的言论。

顺便一提，英格拉姆上周六（10月14日）在上海与宋子文进行了会谈，他说子文似乎对事态感到非常沮丧。其中，子文说，他回国后发现，政府内部与日本进行直接谈判的舆论演变，比他预想的要快出许多。

子文告诉英格拉姆，日本已经提出了中日经济和军事结盟的明确计划。子文察觉到这显然意味着日本能自由地向中国派遣军队，并且企图控制中国的经济命脉。

日本提出的交换条件包括一些没什么价值的条款，例如一或两处租界的返还。也有些令人震惊的条款，例如承认中国对“满洲国”拥有主权，以及

①指苏联大使馆，译者注。

②原文为plain card，译者注。

返还热河。他没有特别提及取消治外法权。我猜想子文或许仍旧认为任何与日本的亲密都是致命的，但他却无法阻止这一趋势的发展。不过，英格拉姆提到，子文承认某些方面中日达成临时协定的必要性。他给英格拉姆留下了这样的印象，他不认为日本政府在有意地遵循固定的计划来推进泛亚洲（Pan-Asiatic）运动，而是接连夺取东三省、热河、华北等地区之后才一步一步深思熟虑起来。我告诉英格拉姆我对此感到惊讶，因为它似乎与宋子文在10月3日最后一次与我谈话中所作的陈述角度完全不同。我在10月5日的第L-32号公函中对此次会谈有过报告，当时宋子文有确凿的证据证明日本人正在有计划地进行进一步的扩张，其中的一部分就是使华北从中国分离出去。然而，在对英格拉姆的谈话中，子文可能认为日本已经在构思征服整个亚洲的计划。或许任何人都很难设想日本在有意构思如此庞大的战略计划。

英格拉姆说，波戈莫洛夫曾告诉他，不相信日本正在实施一项既定的征服计划。

在与苏维埃官员的两次非正式面谈期间，我在日本总领事馆参加了午宴，杉村（Sugimura）和德川（Tokugawa）是那儿的贵宾，其余的客人是德国、英国、法国、意大利、美国驻南京公使馆的外交代表。德国公使陶德曼（Trautmann）先生也在场。我没在午宴中听到任何与政治利益相关的谈话。杉村曾是国际联盟的副秘书长，告诉了我们有关英国外交部部长约翰·西蒙爵士（Sir John Simon）的一件趣事。有一次，日本代表团走进约翰·西蒙爵士所在的房间，他热情洋溢地说道："大家联合起来，大家联合起来，那就对了。"他误以为自己是在对一个由日本人和中国人组成的团体讲话。

午后，我陪同我的贵客舒尔曼（Schurman）先生访问汪精卫博士。我没有参与这次对话。除了回应舒尔曼先生1921—1925在华担任公使期间对中国政治进步的观察，汪先生没有提到什么特别有趣的内容。汪先生评论说，因为中日冲突，所以近来没什么大的进展。汪先生顺便对如今的欧洲政治局势进行了讨论，他说，日本和德国退出国际联盟，看起来是被完全不同的动机驱使，但是日本显然比德国更乐意退出。他将德国退出国联，归因于被法国

“排挤”。舒尔曼先生对汪先生关于德国国际处境看法的回复非常有趣，但是很难在这封已经很长的信中赘述。况且，它本身是关于远东问题的内容。

当晚，为表示对舒尔曼先生的敬意，我邀请他共进晚餐，还邀请了行政院院长、行政院政务处长、教育部长、经济委员会秘书长、财政部部长以及财政部海关总署署长。舒尔曼先生并未一一与之交谈，不过今晚的宾客会向他透露在南京真正负责具体事务的官员们的普遍想法。舒尔曼先生是10月18日上午抵达南京的，并将于10月22日上午离开。我会非常享受十年前在北京同我愉快共事的上司的来访。他非常睿智，对时局的评论也非常有趣。

此次舒尔曼先生来访，我没有打算约见宋子文。自10月3日我与他谈话，以及英格拉姆今天下午对我提到他们10月14日的谈话以来，大概没有发生足以改变他对时局总体判断的事情，也没有什么“悬案”需要我同他当面交谈。他很忙，而且现在这个时候他大概正与家人在大自然中度假休憩。我曾邀请子文和宋夫人在10月19日共进晚餐，但被告知他们已经有约在先。去年8月，子文和舒尔曼先生一同乘坐穿过太平洋的轮船。

在我看来，这封信里没有什么值得正式报告的东西，但我还是附上一份，以防你想寄给洪培克[①]（Stanley Hornbeak）。

公使馆参赞

威利斯・R.裴克

敬上

附件：

1.如上所述信函副本

2.一式两份致美国公使馆

①一译项白克，译者注。

本文为2016年度国家社科基金抗日战争专项工程项目“国外有关中国抗日战争史料整理与研究之二：美国使领馆报告中的中国抗战史料”（16KZD018）的阶段性成果。原档藏美国国家档案馆：RG 84, Records of Foreign Service Posts, Consular Posts, Nanking, China.

作者简介：冯冰儿，南京大学中华民国史研究中心硕士研究生；李玉，南京大学中华民国史研究中心教授、博士生导师

美国驻南京总领事裴克等人与唐有壬的两份会谈备忘录

许欣媛、江攀枝译　李玉审校

摘要： 1933年11月13、14日，外交部常务次长唐有壬先后与美国驻南京总领事裴克、美国驻华公使詹森进行了两次会谈。美国驻南京领事馆档案中收藏的两份备忘录，对于认识国民政府高层的对日立场，尤其是亲日派的心理状况有一定价值；同时，也有助于了解美国对中日关系的关注情况。

关键词： 裴克；詹森；唐有壬；“亲日派”；塘沽停战协定；长城沿线海关

一、谈话备忘录

（1933年11月13日）

主题：中日关系

唐有壬先生（外交部常务次长）

裴克先生

在海军部部长陈上将为美国公使举行的午餐会上，裴克先生与外交部常务次长唐有壬进行了几分钟的私下交谈。

就餐时已讲好詹森先生于第二天（即11月14日）下午3时拜访唐先生。而在午餐后的谈话中，唐先生表达了一种礼貌的意愿，那就是去拜访这位美国公使，而不是接受他的拜访。裴克先生说，由于已经做出了安排，所以最好还是不要改变。

裴克先生说，与唐先生的谈话使他受益匪浅，他已经向美国公使汇报了这些谈话。裴克说詹森先生希望与唐先生进行交谈，裴克先生希望唐先生对公使也能同样坦诚。

唐先生说，他很高兴与詹森先生进行会谈，特别是希望解释中国目前的国际立场。唐先生说，简而言之，中国面临着两个难题，它们是不能同时得到令人满意的解决的。一个是共产主义局势，另外一个则是日本问题。如果共产主义军队能够成功地阻断长江上的交通，那么日军只能甘居长江下游。因此，唐先生指出，当务之急是打败共产党。这两个问题根本不能混为一谈。

裴克先生说，他本人认为这一观点是完全合理的。裴克先生说，他会非常坦率地告诉唐先生一些关于他本人和唐先生的报道。唐先生很快插话说，他知道这些报道是什么，报道里说他是亲日派。裴克说，情况确实如此，但正如自己刚才所说，他完全理解唐先生所表达的逻辑，即中国不能同时令人满意地处理所面临的政治问题。

二、谈话备忘录

（1933年11月14日）

主题：中日关系

唐有壬先生（外交部常务次长）

美国公使

裴克先生

詹森先生在裴克先生的陪同下拜会了外交部的唐先生。谈话由后者翻译。

詹森先生询问唐先生是否愿意简要总结一下国民政府目前的内外形势。以下是唐先生谈论中日关系的要点。总的来说，唐先生并没有完全回应詹森先生的提问，而是系统性地一点一点讲述。

在谈到中日冲突时，唐先生回忆说，在《塘沽停战协定》签订（1933年5月31日）之前，政府的大部分军队都在江西“围剿”共产党，华北只有七八万兵力，但如果真正打算抗日，只有很少的四五个师可以动用。在此情况下，与日本开战只会招致日军占领华北，直到长江，日本军队的数量会越来越多。因此，中国不可能与日本作战，停战是不可避免的。

政府处理中日冲突的方式虽然发生了变化，但仍坚定地坚持从一开始就遵循的原则。也就是说，在任何情况下，政府都不会采取任何可以被解释为承认“满洲国”存在或承认满洲已经脱离中国的行动。同时，中国政府愿意与日本就不涉及基本原则的小问题进行谈判。政府将避免在这种小事上采取有争议的态度。

政府坚定不移地坚持的基本原则之一是继续与英国和美国的自由交往，这将决定其对外关系不会局限于日本。政府在这方面做出决断一个原因是，它认为满洲问题是一个世界问题，而不是中日问题；必须由世界决定满洲的命运，而不是中国和日本。

唐先生承认，人们普遍把他看成“亲日派”。他说，无论这一看法对与错，他都与日本海军和陆军当局保持着可以与之对话的关系。他明确地向他们指出，如果日本以军事力量强迫中国将满洲割让给日本，那将一无所获，美国和英国绝不会默认这一行动，苏联政府也不会。满洲的命运对日本来说是危险的，但不是因为中国在不久的将来对日本进行报复。危险在于，英国和美国，尤其是苏联永远不会默认这样的解决方案。

特别是关于这一阶段的议题，唐先生表示希望美国继续保持对满洲宣布的公正政策不变。他说中国必须依靠美国来维护其在满洲的权利，并不意味着中国希望美国与日本开战。他说，他的观点是，如果美国坚持其宣布的政策，日本最终会意识到自己犯下的错误，并自动修改其满洲政策。

在回答唐先生提及的问题时，詹森先生回答说，就他所知，美国政府并没有改变其对满洲问题的立场。

关于黄郛将军和冈村将军最近在北平的谈判，唐先生做了与11月6日在采访中对裴克先生所作的基本相同的声明（见1933年11月7日，第D-566号公函）。他强调的一点是，国民政府在任何情况下都不会在原则问题上向日本让步。

在这方面，唐先生发表了一项声明，但其准确性可能受到质疑。他说，关于“通过”长城的讨论只与他们的军事占领有关，与“海关”无关。（在汉语中，可能存在歧义。新闻报道指出，黄郛和冈村讨论了长城这些关口的海关分站，“据报道，海关当局已经拟定了一份清单，列出了在满洲生产的36类中国货物，进入长城时将免交进口税”。）刚才援引的路透社消息，在一定程度上解释了唐先生的说法。然而，他说，建立拟议中的海关将意味着来自“满洲国”的货物能自由进入中国，而中国货物不能通过长城自由进入“满洲国”，这令国民政府不能容忍。

唐先生注意到，从职业上讲，他不是外交官，因此可能被允许说一些非外交性质的话。令他遗憾的是，中国领导人经常被归类为“亲英和亲美”或

"亲日"。不幸的是，这些党派似乎把注意力放在他们所偏袒国家的利益上，而不是放在中国的利益上。他说，希望越来越多的中国人将他们的精力投入到中国的福祉事业中。毕竟，中国必须利用自己的资源摆脱困境。

詹森先生感谢唐先生清晰而坦率地阐述了当今中国的政治形势。他说，他希望唐先生能抽出时间与国务院远东司的麦克斯韦·汉密尔顿（Maxwell M. Hamilton）先生交谈。汉密尔顿先生将在未来两三个星期内来南京，希望唐先生能以同样坦率的态度与他交谈。唐先生说他很乐意与汉密尔顿先生交谈。

本文为2016年度国家社科基金抗日战争专项工程项目"国外有关中国抗日战争史料整理与研究之二：美国使领馆报告中的中国抗战史料"（16KZD018）的阶段性成果。原档藏美国国家档案馆：RG 84, Records of Foreign Service Posts, Consular Posts, Nanking, China.

作者简介：许欣媛，华中师范大学历史文化学院本科生；江攀枝，南京大学中华民国史研究中心硕士研究生；李玉，南京大学中华民国史研究中心教授、博士生导师

美国驻南京总领事裴克就国联与中国技术合作致国务卿密函

林伯耀、黄河译　李玉审校

摘要： 1933年12月29日，美国驻南京总领事裴克就国际联盟与中国的技术合作开展情况两次秘密致函国务卿，并分别附上美国驻南京副领事博思依次与国民政府全国经济委员会顾问戴雅和鲍谦熙关于这一问题的谈话备忘录，内容涉及技术合作项目的内部情况及各方反应，具有一定的参考价值。

关键词： 布莱恩 · R. 戴雅；博思；蒋介石；宋子文；亚瑟 · 索尔特；克劳森；司丹巴；拉西曼；奥经居；鲍谦熙；张学良；刘恒瑞；全国经济委员会；中央卫生实验处

一、裴克致国务卿函

使馆南京办公处

1933年12月29日

机密

主题：国际联盟与中国的技术合作

华盛顿

尊敬的国务卿先生：

针对我于1933年12月18日奉上的主题为“国际联盟与中国的技术合作”的无编号信件一份，兹附上副领事博思（Buss）与布莱恩·R. 戴雅（Brian·R·Dyer）先生就该问题的谈话备忘录一份。

戴雅先生是美国人，同时也是全国经济委员会（National Economic Council）的成员。因此，他的观点代表了他对全国经济委员会所处现状的分析。

戴雅先生认为，经委会的存在受到下列因素的威胁：第一，蒋介石将军的态度，他使经委会的经济项目服从于他的军事需要；第二，日本的活动；第三，国际联盟顾问之间的分歧。戴雅先生认为拉西曼（Rajchman）博士不能胜任他作为联络官的工作，并可能会被国际联盟的其他官员所取代。

戴雅先生说，如果蒋介石将军被剥夺作为军事独裁者的权力，且拉西曼博士被一个更有能力的行政官员所取代，那么经委会或许可以重新致力于其重建全中国的最初目标。戴雅先生认为，经委会的复兴不会终结日本人的图谋，而只会改变他们的策略方式。他确信日本人决心为自己争取在华政治上和经济上的支配地位。

戴雅先生将于1934年1月20日至4月1日回美国，在此期间，如果国务院希望与他沟通，可以通过纽约市的洛克菲勒基金会（Rockefeller Foundation）联系到他。

使馆参赞

威利斯·R. 裴克

敬上

附件：

1933年12月27日谈话备忘录

一式三份送交国务院

抄送美国驻北平公使馆

抄送美国驻东京大使馆

抄送美国驻日内瓦领事

二、谈话备忘录

主题：全国经济委员会

时间：1933年12月27日

出席：布莱恩・R. 戴雅先生、博思先生

戴雅先生为了让总领事馆了解到全国经济委员会的现状，在他即将回美国前，向博思先生表达了如下观点。戴雅先生是美国人，同时也是经委会的成员。因此，可以认为以下信息代表了他的真实看法，并且是基于他与中国官员的私人接触而形成的。

经委会正面临着困境。至少有三个主要因素在促使其垮台。首先是蒋介石将军的态度。蒋迫使常务委员会扩大，以便囊括孔祥熙和他本人。实际上，蒋介石取代宋子文成为这部剧的“老板”，并亲自导演。他不听劝告，且通过控制财权来实行独裁统治。11月经委会的预算为100万美元。蒋氏仅允许经委会根据自己的需要花掉30万美元（主要是工资），剩下的钱将用在江西的军事用途上。

12月的预算为50万美元。这次蒋介石只允许经委会使用10万美元，剩下的钱用于浙江和江西的军事方面上。蒋氏的权力如此之大，以至于在接下来的几个月里他是否会允许经委会保留财政部的拨款都存在问题。

蒋介石已迫使经委会将其项目限制在解决江西问题上。宋子文和国联顾问的最初设想是整个中国的经济重建。蒋氏否决了任何考虑在其他省份进行重建的计划，并要求“专家们”把精力集中在他直接控制的地区。在蒋介石的命令下，他们起草了关于江西发展的建议书，提议将“税收改革”“土地重新分配”“农业复兴”“公共卫生改善”作为发展计划的要点。蒋氏原则上同意了这些建议，但又在大肆嘲笑“专家们”无法共同执行计划。例如，亚瑟·索尔特（Arthur Salter）先生负责“土地重新分配”计划，而该计划的实施将强迫他执行他素来反对的社会主义原则。克劳森（Clausen）负责组建农村合作社，但“他对中国的农村生活一无所知”。他是一位农学家和农场主，在丹麦和加利福尼亚有相关经验，但对中国或其他地方的合作社组织和运营并不熟悉。

阻碍经委会成功的第二个因素是日本的态度。日本的影响力在突飞猛进，它的大量资金正在设法塞入中国官员的口袋。日本决心要控制中国的经济发展，它选择通过中国官员的“后门”（back-door）操作来破坏国联的计划，而非公开予以反对。这种手段是很有效果的。日本的支持已使蒋介石建立起独裁统治；日本的活动正一步一步破坏经委会的声誉，否定其对中国人的效用。

国联职员们熟知这些事实。在12月27日举行的一次经委会顾问会议上，司丹巴（Stampar）博士起立宣布：“各位先生，你们和我一样清楚，我们处处受到日本人金钱的阻挠。我的处境正在变得令人无法忍受。这必须有所改善，否则我会辞职。”

第三个促使经委会垮台的因素是“专家们”的分歧。拉西曼博士本身难以服众。当奥经居（Okecki）得知拉西曼告诉中国官员“奥经居正在修建‘烂路’”时，他就对拉西曼起了反感。拉西曼和詹尼可（Jaenicke）是死敌，鲍谦熙（Borcic）和玛利（Mari）对拉西曼则比较仁厚宽容。

拉西曼是一个聪明的政治家，但毫无组织能力。他在宋子文面前自荐，且赢得了洛克菲勒基金会对经委会的支持。戴雅说，拉西曼尽了最大的努力来说服基金会副主席冈恩（Gunn）把他的命运与经委会相联系，勉强取得了成功。当拉西曼在追求某些东西时，他有一种自我催眠术，其效力无异于谚语所说的“蛇对鸟”，但当他要把计划付诸实施，或者要组织人们朝着一个共同目标努力时，却没有什么办法。此外，拉西曼已经在日内瓦失势。哈斯（Haas）和查伦（Charron）都讨厌他，他们与国联的新秘书长关系密切，他们中的任何一个人取代拉西曼出任联络官都不足为奇。

最后，拉西曼在中国的职位取决于宋子文的善意。拉西曼当初拒绝与宋子文一同辞职时，他就已经失去了宋氏的信任。拉西曼对蒋介石毫无吸引力，如果有其他力量迫使他辞职，蒋肯定不会支持他。

“专家们”之间缺乏凝聚力。他们的工作没有明确的目标。有些人正在做事，有些人则没有。而当凯普勒（Keppler）和警察顾问（Police Adviser）这两个德国人到来时，国家间的差异开始显现，有些事情可能会发生。但他们是从德国来的政治难民，纳粹政府不批准对他们的任命，并要求中国把他们驱逐回德国。

博思先生询问戴雅先生，他是否认为经委会有利于中国。戴雅先生的回答是肯定的，博思先生问是否有可能克服上述三个因素，使经委会致力于重建全中国。

“这既是可能的，但又不太可能。比如，蒋介石的对手可能会迫使他下野。广东方面对福州遭到轰炸一事感到愤怒。他们在12月27日致蒋氏的电报中质问道：‘日本人正在上海，而你却在福州投下135枚炸弹？’广东方面可能还会与福建及其他反蒋势力联合起来，迫使其下野。此外，张学良正在归国。最新的消息是，他将成为平汉铁路的督办，如你所知道的，这将在很大程度上增加蒋氏的声望。”

“如果查伦能取代拉西曼，经委会的声望将会提高。查伦以前在保加利亚做此类工作，他能以一种值得称道的方式完成拉西曼的工作。”

“至于日本，我认为他们的目标是控制中国的政治和经济。即使经委会得到调整并站稳脚跟，也不会终结日本人的阴谋，充其量只能改变他们的策略方式。我不知道我们的政府对日本人的设想有多大兴趣，但我确实认为，如果他们能牢牢地控制住中国的政治和经济，即便仅在长江流域，美国的利益也必然会受到损害。顺便说一句，正是基于这种考虑，我才把中国同事私下告诉我的上述情况转告于你。我经常看到有关反美主义的证据（而且并不总是由日本人扶植的），我认为我们有必要对1936年或以后可能发生的任何情况保持警惕。”

三、裴克致国务卿函

使馆南京办公处

1933年12月29日

机密

主题：国际联盟与中国的技术合作

华盛顿

尊敬的国务卿先生：

谨于1933年12月29日奉上关于“国际联盟与中国的技术合作”主题的公函，随函附上本馆一名职员与国际联盟指定的两名中国政府顾问专家间的会谈备忘录。

顾问之一的鲍谦熙（Borcic）博士是公共卫生方面的专家，一直致力于建立中央卫生实验处。他来到中国已经有五年的时间，完成了许多值得称许的工作。正是由于他的努力，中央医院得以建立，医学院和兽医学院的建设也在积极规划当中，一些地方政府也踊跃举办各类公共卫生运动。尽管遭遇了不少来自政治上的障碍，但是他的工作仍在推进当中。

第二个顾问布莱恩·克劳森（Briand Clausen）先生，是农村合作方面的专家。由于他来到中国仅有两个月，因此目前还难以预计他的工作所能产生的实际效果。

使馆参赞

威利斯·R. 裴克

敬上

附件：2份，如前所述

一式三份呈报国务院

副本送美国驻北平使馆

副本送美国驻东京大使馆

副本送美国驻日内瓦领事

四、会谈备忘录

主题：国联与中国的技术合作

时间：1933年10月28日

出席人员：鲍谦熙，中央卫生实验处

博思先生

鲍谦熙（Borcic）博士作为国联派遣的首批技术专家中的一员，担任中国政府的顾问。他于1930年5月抵达中国，随即就开展创建中央卫生实验处的工作。他是一名土生土长的南斯拉夫人，曾花费12年的时间致力于在萨格勒布（Zagreb）建设一所卫生机构，就如同他努力为中国政府建立的一样。

他的到来得到了时任国民政府浙江省民政厅厅长朱家骅的热烈欢迎。朱先生对公共卫生问题展现出浓厚的兴趣，并向鲍谦熙开放了省政府所在地杭州所有可以利用的设施。鲍谦熙博士在杭州逗留了大约一年的时间，直到他的支持者朱家骅调离浙江。1931年，他来到南京，在国民政府卫生署工作，直到1931年12月全国经济委员会成立。他向亚瑟·索尔特（Arthur Salter）爵士建议，将中央卫生实验处作为全国经济委员会的一部分，“尽管爵士并不能清楚地了解这两者之间有什么关系”。自此之后，中央卫生实验处就维持了双重地位：既作为国民政府内政部卫生署的一部分，又是全国经济委员会的一个分支机构。

中央卫生实验处类似于美国或欧洲的公共卫生研究机构，负责指导一切有助于公众健康、公共卫生、饮水净化、乡村卫生、公众诊所、鸦片禁止、公立医院、兽医学校、军队医疗的活动。实验处新建一处水泥楼房的办公机构，以适应发展公共卫生事业之需。内有3名外国顾问和大约50名中国助理。据鲍谦熙博士表示，实验处的员工在不断增长，且新职员一直都在接受培训，希望在五年之内，实验处内的中外雇员至少增加到现在的十倍。

中央卫生实验处负责的第一个大型项目是在南京建设中央医院。这个医院有一栋漂亮的现代建筑，主要是由新加坡华侨巨商胡文虎捐资37.5万墨西哥银圆建造的。此外，一所将与医院联合管理的医学院也在规划当中。此前未曾提到的约翰·格兰特（John B. Grant）博士、北平的林（Lim）博士、普拉斯尼茨（Praussnitz）博士以及一名前文未曾提及的美国医学教授将组织委员会，负责制订医学院的教学大纲。

中央卫生实验处深思熟虑的第二个计划是建设一所兽医学校。

第三个计划是选择在某一个省份建立现代公共卫生行政体制。这一构想最初计划在浙江省实施，但是出于政治考虑，不得不终止。蒋介石一直试图让鲍谦熙博士将他的活动放在江西省，但是鲍博士指出，在一个一半被中央政府统治、一半被反政府势力控制的省份，这个计划无法实现。他曾考虑过江苏和浙江两省，但是也担心随便哪一个都会遇到太多的政治干预。江西的官员们向他保证，如果选择江西省，他们将全力配合。但是，“我毕竟是中央政府的雇员，我也不能离政治中心太远”。所以他更偏向安徽省。

现阶段，公共卫生活动在浙江、安徽、江苏、福建、山东和湖北等省内大约20个县中进行着。在江苏泰兴已经创立了一所公立医院；在江苏句容，开展了一系列提高采集重要基础信息的试验；在江宁，成立了一批公立诊所；在其他一些县，组建了一批助产师学校。博思先生曾向鲍博士问起为什么选择这些县，他回答说仅仅是因为他在水灾期间推行公共卫生工作过程中发现了这些地方官员较为开明。他对这些工作的片段性和随机性感到遗憾，因此强烈地希望今后的工作转移到在一个省建设现代公共卫生行政制度方面。

这些计划显示出中央卫生实验处目前的主要工作方向。鲍博士声明他的工作受到1930年中原大战、1931年水灾、1932年日军进犯和迄今仍然持续的长江流域地区共产主义运动的影响。他一直说服自己，他的工作是一项公共福祉，尽管他和他的助手不得不遭遇不少政治阻碍，但必将不断推进。

博思先生也曾问过鲍博士，全国经济委员会的终结是否意味着中央卫生实验处的中止。他回答道，实验处的存在不会遭遇危险，因为它会剥离作为经济委员会分支机构的身份，仅作为中央政府的一个职能机关。

实验处一直以来都在多重关系中小心翼翼地运行，同时力求保持自主特色。内政部对实验处的工作积极性感到满意，并不试图干预其行政。拉吉曼（Rajchman）博士承认，所谓受他和全国经济委员会领导，充其量只是名义上的。

蒋介石至少有两次对实验处提出“希望”。1932年，他任命刘恒瑞整编陆军医疗队。他给了刘恒瑞责任，却没有给予相应的权力。例如，刘恒瑞曾试图解雇两名仅在教会医院受过培训的所谓“军医”。但是蒋介石却不能容忍他的朋友被开除。因而，医疗队的改组最终无法进行。刘恒瑞也意识他的任务是不可能实现的，因此将这项工作委派给他“不幸的”下属——梅博士。

第二次，蒋介石试图“劝说”鲍博士在江西建设公共卫生行政体制。鲍博士认为蒋介石此举，源自他认为省政府控制的卫生行政机构有助于其肃清江西全省之路的考虑。蒋是一个权力极大的组织者。他对委派职务犹豫不决。他喜欢被他的朋友们簇拥着，他不会容忍任何意味着“解雇”他们的改革或重组。

博思先生询问过鲍博士是否会无限期地留在中国。鲍博士回应说，毕竟，他是南斯拉夫政府一名正在休假的公务员。他喜欢在中国工作，他也喜欢他在萨格勒布的工作。“中国的公共卫生是需要几代人努力的任务。我在这里待4年或40年并不重要。种子已经种下。我觉得这个实验处可能最终会是士兵们的兵营或者军官们的聚集地，我也坚信中国公共卫生事业的开端已经建构好了。公共卫生运动是为了普通大众，尽管政治上会有诸多变动，但终将持续。”

本文为2016年度国家社科基金抗日战争专项工程项目“国外有关中国抗日战争史料整理与研究之二：美国使领馆报告中的中国抗战史料”（16KZD018）的阶段性成果。原档藏美国国家档案馆：RG 84, Records of Foreign Service Posts, Consular Posts, Nanking, China.

作者简介：林柏耀，南京大学中华民国史研究中心硕士研究生；黄河，南京大学中华民国史研究中心博士研究生；李玉，南京大学中华民国史研究中心教授、博士生导师

九年磨三剑　一部地方史
——试论南京历史文化作品的周密策划与编纂运作

庄小军

摘要：从1995年至2004年的九年时间里，中共南京市委党史办和市委宣传部精心策划和通力合作，编纂出版了《南京历代风华》（远古~1840）、《南京百年风云》（1840~1949）、《南京当代风采》（1949~2000）三部南京历史大事图文史著，它们都是列入全市精神文明建设奋斗目标的重点工程，而且均为约100万字、3000幅图片的鸿篇巨制，共同组成了南京古代、近代、当代的“历史三部曲”。它们比较完整地勾勒出南京地方史的大致脉络和基本轮廓，并且涵盖了政治、经济、军事、科技、文化、社会等各个方面的重大事件和著名人物，可以称之为百科全书式的地方历史文献和参考工具书，为南京这座历史文化名城增添了精彩华章。

关键词：历史三部曲；策划；编纂

一座城市的历史积淀和文化底蕴，决定着该城市的知名度和美誉度；而集中展示这座城市的历史文化作品，往往又能提升和扩大它的辐射力与影响力。如何充分利用当地丰厚的历史资源，努力挖掘富有文化价值的重大选题，逐步拓展工作领域，是我们当代史学工作者的重要使命。在南京举办世界历史文化名城博览会期间，一大批反映南京深厚历史文化底蕴的作品闪亮登场，体现出浓郁的古都特色和地方风情，得到了海内外嘉宾朋友的欢迎和喜爱。同时，这些作品从不同侧面展现了南京悠久的历史和璀璨的文化，更加凸显出这座著名古都独特的魅力与神韵。这使我们看到历史文化作品的地位及作用，能给人们以强烈的视觉冲击力和艺术吸引力。中共南京市委党史办和市委宣传部自1995年至2004年的九年时间里，连续推出《南京历代风华》（远古~1840）、《南京百年风云》（1840~1949）、《南京当代风采》（1949~2000）三部南京历史大事图文史著，它们都是列入全市精神文明建设奋斗目标的重点工程，而且均为约100万字、3000幅图片的鸿篇巨制，共同组成了南京古代、近代、当代的“历史三部曲”。它们比较完整地勾勒出南京地方史的大致脉络和基本轮廓，并且涵盖了政治、经济、军事、科技、文化、社会等各个方面的重大历史事件和著名人物，可以称之为百科全书式的地方历史文献和参考工具书，为南京这座历史文化名城增添了精彩华章。本文拟从选题创意、调研论证、组织实施等方面，谈谈历史文化作品的策划与编纂。

一、确定并启动重大选题，需要经过反复论证，并有明确的延续思路，逐步形成系列作品

在星光灿烂的历史长河中，如何选准自己需要的坐标；在浩如烟海的文化宝库里，怎样寻觅最有价值的选题，这对一个研究者和出版者来说，是至为重要和十分关键的。笔者通过多年的工作实践，深深感悟到其中的艰辛，在从事出版与研究的过程中，逐步摸索到一些规律。笔者认为从选题的角度，主要应该抓住三个环节：

1.立意求新，挖掘要深，这是选题不断超越的前提

一个有着深厚历史积淀的城市，其文化也是相对比较丰富的。如何从纷繁复杂的史料中，理清历史发展的脉络和轮廓，找出富有文化内涵的素材，选定最具开发潜力的课题，这是件难度比较大的事情，但同时价值也相对比

较高。这就需要在选题上多下功夫，做到人无我有，人有我新；人新我优，人优我精。出版、理论界作品可谓汗牛充栋，要有勇于创新、敢于超越的精神，不但要有超越前人的勇气，而且要有超越自我的意识，同时力争向纵深发展，继续挖掘作品的内涵。这样，选题的立意不断出新，优秀的作品也就不断涌现了。由南京出版社出版的大型地方史著《南京历代风华》（远古~1840），内容涵盖了从50万年前的南京猿人至清朝中叶鸦片战争时期，南京政治、经济、军事、文化、科技、社会等各个领域的重大历史事件和著名人物活动，尤其突出了金陵源远流长而又博大精深的文化内涵，充分展示了南京从古到今绵延不绝的历代风华，从而构成了精彩纷呈而又波澜壮阔的历史长卷，成为反映南京古代地方史的集大成之作。专家学者对此评价很高，社会各界亦予以赞誉，认为这部史著汇集了南京古代史的精华，填补了地方史研究的空白，体现了学术界最新的成果，达到了出版界较高的水准，并以其厚重的历史感、高雅的文学性和鲜明的地方特色，在众多作品中独领风骚，是一部具有开创性的南京地方史的重要历史文献和百科全书式的参考工具书。这就说明了精品力作的社会影响和文化价值，它不仅给出版者开辟了广阔的空间，而且为研究者提供了重要的依据，重大选题的读者需求和社会意义得到充分展现。

2.论证求实，上马要稳，这是项目能否成功的关键

好的选题创意是作品的前提，而如何体现选题的主旨，并加以论证以求逐步完善，这才是成功的关键所在。特别是重大的选题项目，应请专家学者反复论证，并对框架结构精心设计，以确保其真正成为精品工程。策划《南京历代风华》时，南京的古代史是尚待开垦的处女地，虽说南京历史文化积淀十分丰厚，但带有通史性的著作尚未问世，还有待于研究者去开发挖掘。而且，该书毕竟超出党史范畴太多，能否拿下此役确实没有把握。我们在认真思考、反复权衡的基础上，决定克服各种艰难险阻，大力拓展研究领域，认真编撰《南京历代风华》这部史著。《南京历代风华》因工程浩大，在起始阶段便比较慎重，在进行了较充分的前期准备后，首先，约请省市学术界有关学者，就这部史著的构思、内容以及整体框架，进行了认真而详细的讨论。根据南京古代历史的情况，将其划分为史前至秦汉、魏晋南北朝、隋唐宋元、明、清等五大段，并成立了编辑组，确定了分段负责人，拟出了初步的编纂设想；其次，邀请南京博物院、省社科院历史所、市地方志办公室、市文物局、市博物馆等部门的专家进行论证，专家们本着高度负责的精神和严谨求实的态度，从选题创意到框架设计，进行了充分而慎重的论证，提出了很多宝贵的建议。同时，编辑组在专家带领下实地考察了南京重要文物古迹，查阅了上千种、数千万字的浩瀚史籍。在此基础上，编辑组汇集了论证意见，整理出详细的编纂方案，报市领导批准后正式启动。从选题创意到项目上马，其间经过了多次研讨论证，这部史著及其姊妹篇均是如此，从内容结构到有关书名，都是专家学者共同讨论确定的，可以说体现了省市学术界的智慧结晶。

3.创意求精，视野要宽，这是作品形成系列的基础

出版界近年来兴起的系列丛书之风，既延伸了出版者的选题思路，又拓宽了研究者的理论视野，并激发了创作者的灵感空间。同时，系列丛书的社会意义，还在于其对某课题研究的完整性，其涉及面、综合性和影响力，以及产生的规模效应，远非单本图书可比。《南京历代风华》《南京百年风云》《南京当代风采》系列丛书体现了明确的南京地方史的选题思路，具有开创性、前瞻性和延续性。南京市近年来由省市学术界通力合作，陆续推出反映南京历史文化的不少系列作品，如“可爱的南京”丛书、南京旅游文化丛书、六朝文化丛书、南京文化研究丛书、文化南京丛书等，已经具有相当的规模，其数量已达上百种之多，特别是重点书《金陵全书》，现已推出数百种，可以说是蔚为大观。据笔者所知，像南京这样历史积淀如此深厚、文化作品又如此丰富的城市，在全国亦属凤毛麟角，这座具有世界影响的历史文化名城，确实可谓当之无愧。

二、组织和实施重点工程，需要花费较多时间，具备较强的运作能力，方能取得最后成功

1.列入重点目标，分期组织编纂

在南京精彩纷呈的众多文史作品中，笔者着重讲讲历史三部曲的形成过程。因为编纂此类大型史著，绝非短期可以奏效，“冰冻三尺，非一日之寒；树高百丈，非一天长成”。仅有明确的选题思路还不够，尚需将其列入精神文明建设奋斗目标，作为出版规划中的重点选题，并且组织精兵强将奋力拼搏，经过多年努力方能及时推出。中共南京市委党史办和市委宣传部从1995年起，开始合作编纂反映南京近代历史的《南京百年风云》（1840~1949），1998年在南京出版社正式出版；1999年接着编纂展现南京当代历史的《南京当代风采》（1949~2000），2001年由中共党史出版社和江苏人民出版社联合出版；2002年起又全力打造反映南京古代历史的《南京历代风华》（远古~1840），2004年由南京出版社隆重推出。九年时间推出三部鸿篇巨制，真可谓“九年磨三剑，一部地方史”！它们既是一套具有史学价值和文化内涵的大型系列丛书，又是一部充满爱国主义精神和优秀传统的生动历史教材。

2.广泛征集史料，多方运作协调

在组织编纂《南京当代风采》时，编辑组同志们从浩如烟海的大量史籍中，查阅了数千万字的资料，编纂出上百万字的文稿；并从近十万张历史图片中，遴选出一万余张珍贵图片，经扫描处理储存进资料库，为编纂这部图文并茂的大型史著奠定了基础。因新中国成立以来政治运动多，特别“文革”时期情况比较复杂，为确保本书的准确性和权威性，我们将词条返回各单位核稿，并且特地聘请市委、市人大、市政府、市政协和有关部门的领导同志，以及省社科院历史所、南师大历史系的专家、教授，由他们这些经验丰富的领导和专家认真审读，严格把关，特别是史料的反复核实；同时，专门请中央党研室和省委党史办的资深专家亲自审定，并由中共党史出版社和江苏人民出版社资深编辑精编细校，确保了全书的整体质量。编纂《南京历

代风华》这部上百万字、数千幅图片的大型史著时，其史料的征集可谓工程浩大。而丰富的史料和珍贵的图片，乃是文史大厦的支柱和基石，正因为打下了坚实的基础，才支撑起巍峨的宫殿。为征集到这些颇为不易的资料，编辑组同志费尽了心血。他们拓宽史料征集范围，把视野放大到社会各方面，召开了多次摄影家座谈会，联合新闻媒体开展征集活动，并跑遍了省市和区县博物馆、图书馆和档案馆，走访了近百位专家学者，查阅了数千万字的浩瀚典籍，爬罗剔抉，暝写晨抄，全力打造精品力作。为确保全书的整体质量，编辑组聘请了南京文史专家逐段审阅，又专门邀请著名历史学家和考古、文博专家精心审读全书，提出了明确而中肯的修改意见；南京出版社在认真编校的基础上，又聘请资深校对进行全书通校。最后，市有关领导主持召开了有众多专家学者参加的审读定稿会，充分肯定了这部史著的史学价值和文化内涵。由于紧密协调运作以及各方通力合作，全书更具有准确性和权威性，出版以来得到专家学者和社会各界的肯定与赞扬。

3.编排设计新颖，装帧印制精美

优秀的图书应考虑到内容和形式的有机结合与完美统一，这对出版物是至为重要的。特别是有关历史文化的书籍，如何做到既有较深的文史内涵，又有较宽泛的适应面及读者群，这就需要在内容和形式上多动些脑筋，在编排与设计上多出些新意，以求取得较佳的效果。《南京历代风华》《南京百年风云》《南京当代风采》在这方面做出了努力。首先，它们均采取了编年体和纪事本末体相结合的体例，使用了大事记、词条和图片、引文相组合的形式，图文分量相当，相互补充印证，恢复古代史籍“左图右史”的“图书”优点，充分发挥以图诠史的作用。黑白文字与彩色图片穿插排列，形成图文并茂、雅俗共赏的特色，版面生动活泼而又引人入胜，改变了一般史著的沉闷风格，也增加了直观性和可读性。其次，为增加全书的文化内涵，同时起到印证、补白的作用，引用了数百篇诗词曲赋，它们穿插其间，配置精巧，其中诸多脍炙人口、流传千古的名篇佳作，确实为全书增色不少，也显著提高了南京这座历史文化名城的地位。此外，这套大型史著封面设计典雅华丽，内芯装帧构思巧妙，印刷制作工艺精美，整体风格相对统一。而且采用了最先进的手段，使它们达到了出版物的新水准，为南京在名城会上赢得了喝彩，更在海内外嘉宾面前赢得了光彩。

三、运作及推出重要项目，需要提前充分准备，选准最佳的出版时机，宣传放大社会效益

优秀的选题创意和良好的协调运作，可以造就成功的精品力作；而适时推出此类文化产品，则是走向市场、扩大影响的关键。因此，必须加强前瞻性和预见性，提前开始征集史料，抓紧进行组织编纂工作，先期进入出版印刷序列，这就为迎接重要的纪念日，或者举办节庆活动，打下了基础并赢得了先机。然后，充分利用最佳的出版时机，广泛进行宣传造势，运用各种形式多角度、不间断地继续深度宣传，尽可能扩大其覆盖面和影响力，为销售发行创造有利条件。这样，社会效益逐步放大，市场需求日益增加，历史文化作品的功能和作用就会得到充分体现。

1.围绕重大纪念活动，提前启动重点项目

南京是一座历史文化名城，同时又是一座革命文化名城，特别是在中国近代史上具有独特的重要地位。鸦片战争英军长驱直入，中英双方在静海寺议约；太平天国运动席卷全国，天王洪秀全定都南京；辛亥革命推翻封建帝制，孙中山在南京就任大总统；仁人志士前仆后继，革命先烈在雨花台就义；南京保卫战惨遭失败，侵华日军实施南京大屠杀；百万雄师发起渡江战役，解放南京推翻蒋家王朝。中国经历了百年屈辱，直到取得最后胜利，这些近代史上的重大事件，都与南京有着密切联系。中共南京市委党史办和市委宣传部从1995年起，就围绕1997年香港回归这一重大主题，提前启动史料丰富、内容恢宏的南京近代史重点项目《南京百年风云》，集中精兵强将，遍访专家学者，花了三年时间，打造精品力作，在香港回归后不久推出。在连续获得南京市、江苏省“五个一工程”奖后，于1999年建国50周年之际，荣获全国第七届精神文明建设“五个一工程”入选作品奖，为南京赢得了很

高的荣誉。

2.选准最佳出版时机，及时推出重点项目

《南京百年风云》在全国获奖，无疑增强了编纂者的信心，同时也为延续重大选题思路，提供了更为广阔的空间。2001年是建党80周年，如何抓住抓好这一有利契机，继续做大做强重点项目，成为摆在面前的现实课题，同时也是能否再上台阶的关键所在。中共南京市委党史办与市委宣传部共同研究，决定再度合作，联手推出《南京当代风采》，全面反映南京解放以来在共产党的领导下各条战线取得的辉煌成就，真实记录社会主义革命和建设过程中经历的曲折道路，科学总结中国共产党50年来地方政权的执政经验以及失误教训。该书出版后深受欢迎和好评，不少部门和读者认为这是一部南京当代百科全书式的重要地方历史文献，同时又是一部进行爱国主义和革命传统教育的生动教材。作为向建党80周年献礼的重点项目，这部图文并茂、翔实可信的大型当代史著及时出版，受到各级领导及社会各界的广泛关注和普遍好评，并且作为全市各级部门、单位配合中心学习的重要读物，极大地发挥了党史作品资政育人的社会功能。该书亦连续获得南京市和江苏省“五个一工程”奖，被专家誉为南京当代百科全书。

3.运用多种形式造势，全面宣传重点项目

大型工程在启动之初，便可以利用其涉及面广、影响力强等重要特点，广泛进行宣传造势。《南京当代风采》因其内容涵盖全市各个领域，故由中共南京市委宣传部和市委党史办联合召开了全市上百家单位参加的启动会议，新闻单位报道征集图片史料等动态消息，并在媒体上连续刊登、播出“聚焦五十年”征稿启事，还进行了优秀来稿评选活动，引起了各方的广泛关注和积极参与。同时借助在建党80周年出版的有利时机，连续召开首发式、座谈会等活动，达到了较好的宣传效果。《南京历代风华》的出版正值南京解放55周年，又恰逢世界历史文化名城博览会在宁召开，它顺理成章地作为名城会的礼品书，在海内外嘉宾中反响良好，不少与会代表如获至宝、爱不释手。中央和省市新闻媒体及杂志刊物高度关注，连续进行了跟踪报道和深度宣传，有几家报纸做了整版介绍，并刊登了专家学者评介文章。新华书店将其作为南京市第九届读书节的重头戏，放置在“南京—历史文化名城”图书专柜中心，吸引众多读者流连忘返。同时，由于《南京历代风华》的出版，使其与《南京百年风云》《南京当代风采》形成完整系列，编辑组还制作了“历史三部曲”宣传彩页，不仅在该书的出版座谈会上发放，而且给省内外重点高校和市以上图书馆分别寄送，还由南京出版社带到杭州华东图书订货会和桂林全国书市上大力推介，并在网上广泛传播辐射各地，极大地拓展了宣传空间和销售领域。正是由于这种全方位、立体式的宣传造势，加大了销售发行的力度，使得这套大型历史文化系列丛书销势不减，取得了良好的社会效益和经济效益。

南京是座具有世界影响的中国著名古都，又是历史文化名城和革命文化名城，不断挖掘和充分利用其丰富而深厚的历史文化积淀，是我们当代文史工作者的不懈追求和奋斗目标。《南京历代风华》是《南京百年风云》《南京当代风采》的姊妹篇和终结本，它们共同组成了全面反映南京地方史的重要历史文献。历史昭示未来，南京走向世界。纵览名城春秋，通贯金陵古今，中共市委党史办和市委宣传部合作编纂的这三部大型系列史著的出版，为弘扬南京深厚的历史积淀和文化底蕴，延续金陵历史文脉，提升南京这座历史文化名城的地位和影响，做出了自己应有的贡献。笔者从选题策划和编纂运作的角度，结合近年来的工作实践，试图做些理论的思考，并期盼得到方家的指教。也希望文史界的同仁朋友们，在各自的领域里携手并进，共同打造这座辉煌的宫殿，描绘更加绚丽美好的蓝图！

作者简介：庄小军，副研究员，中共南京市委党史办原巡视员

NANJINGXUE

《金陵全书》专栏

经典沉深，载籍浩瀚
——记《金陵全书》编纂出版十周年

卢海鸣

盛世崇文，太平修典。《金陵全书》自2009年启动编纂工作，至2019年已经整整走过十周年的历程。十年来，《金陵全书》数量从无到有，规模从小到大，影响从弱到强，质量精益求精，不仅是南京、江苏乃至我国优秀传统文化挖掘、整理、传承、弘扬和发展的一项重要文化工程，更是我国历代文献典籍化身百千的一个典型实例。

一、编纂缘起

南京是我国著名的四大古都之一，素有“六朝古都”“十朝都会”的美誉。虎踞龙盘的南京城，在近2500年的建城历史中，多次拯救中华文明于危亡之中，承前启后、存亡续绝、传薪播火、绵延不断，孕育了丰富多彩、兼容并蓄的“南京文化”，其中以灿烂的六朝文化、绮丽的南唐文化、磅礴的大明文化和缤纷的民国文化尤为令人瞩目。

然而，由于历史上的兵燹战乱和风雨侵蚀，南京历史上的辉煌成就以物质文化形态留存下来的相对较少，以非物质形态传承下来的更是凤毛麟角，更多的是以记忆遗产的形式保存在图书典籍之中。这就是珍藏着南京这座古都文化乃至中华文脉有机组成部分的宝库——南京文献。

以六朝葛洪《抱朴子》、刘义庆《世说新语》、萧统《昭明文选》、刘勰《文心雕龙》、范晔《后汉书》、沈约《宋书》、陶弘景《肘后备急方》、钟嵘《诗品》、萧子显《南齐书》，唐朝许嵩《建康实录》，南唐李璟、李煜《南唐二主词》，宋朝周应合《景定建康志》和马令、陆游《南唐书》，元朝张铉《至正金陵新志》，明朝礼部《洪武京城图志》、明朝官方《寰宇通衢》、解缙等《永乐大典》、陈沂《金陵古今图考》、胡正言《十竹斋书画谱》，清朝吴敬梓《儒林外史》、孔尚任《桃花扇》、曹雪芹《红楼梦》和陈作霖、陈诒绂父子《金陵琐志九种》，民国王焕镳《首都志》、朱偰《金陵古迹图考》等为代表的南京文献，是世世代代的南京人乃至华夏子孙共同经验、智慧与启示的结晶，也是南京人民、中国人民，乃至世界人民的共同财富。

南京文献绵延不绝，其数量之巨、卷帙之繁、内容之广、版本之多、价值之大，令海内外专家学者为之惊叹。据不完全统计，截至1949年中华人民共和国成立，保存下来不同版本的南京文献近万种，其数量不仅在我国历史文化名城中独领风骚，而且在世界各国古城中也是遥遥领先。

时至今日，流传下来的南京文献典籍分散收藏在全国各地的图书馆、博物馆、档案馆，甚至流散在民间和国外，除了少数文献经过重新出版之外，大多数文献长期束之高阁，鲜有人问津，而广大读者想要查找阅读这些散见的地方文献，十分不便。这些前人留给我们的文化瑰宝没有得到应有的重视，其资治、存史、教化、育人功能没有得到应有的发挥。因此，全面、系统、完整地挖掘、整理、传承、弘扬南京留给全人类的这些不朽作品，显得格外重要。

优秀传统文化是中华民族的根与魂，也是建设当代中华文明大厦的“奠基石”和创新发展的“阶梯石”。优秀传统文化在涵养社会主义核心价值观、建设社会主义文化强国中具有重要作用。优秀传统文化主要是以文献典籍为载体。历朝历代，人们自觉地通过各种方式保存和整理文献和典籍，阐释其文化内涵，并从中汲取智慧和养分。习近平总书记指出：“提高国家文化软实力，要努力展示中华文化独特魅力。……要系统梳理传统文化资源，让收藏在禁宫里的文物、陈列在广阔大地上的遗产、书写在古籍里的文字都活起来。”其中让“书写在古籍里的文字都活起来”，对我们挖掘、整理南京文献具有重要的指导意义。

21世纪以来，中共中央和国务院对文献整理出版工作一直高度重视，专门成立了全国古籍整理出版规划领导小组，领导小组办公室设在国家新闻出版广电总局，负责制定国家古籍整理出版规划，还设立了国家古籍整理出版资助基金。全国各地积极响应，纷纷整理出版代表本地历史文化特色和品位的优秀典籍，古籍文献重新整理出版呈现出方兴未艾的态势。2017年，中共中央办公厅、国务院办公厅印发了《关于实施中华优秀传统文化传承发展工程的意见》，其中第8条“深入阐发文化精髓”中明确指出“加强中华文化典籍整理编纂出版工作”。江苏省也于2017年启动了江苏文脉整理与研究工程。江苏文脉整理与研究工程的成果是《江苏文库》。

在此背景下，对南京历代流传下来的文献典籍进行系统整理出版，不仅可以满足广大读者日益增长的精神文化需求，同时也可以使南京优秀传统文化进一步发扬光大。

二、编纂源流

历史上，南京曾经多次高质量地对传统文化进行过系统整理和出版，其中突出的有四次。

第一次是距今1500年前的梁朝。昭明太子萧统组织编纂了我国历史上最早的诗文总集《昭明文选》，它选录了先秦至南朝梁代八九百年间100多位作者撰写的700余篇各种体裁的文学作品。

第二次是距今600多年前的明朝永乐年间（1403—1424），明成祖朱棣命令解缙、姚广孝等在南京组织整理出版了中国古代最大的百科全书《永乐大典》22937卷，11095册，约3.7亿字，汇集了我国上自先秦、下迄明初的各种典籍资料达七八千种，是中国古代最大的类书。《大不列颠百科全书》称《永乐大典》为“世界有史以来最大的百科全书”。可惜的是，该书大多亡于战火，今仅存800余卷，且散落于世界各地。

第三次是民国年间，南京通志馆卢前馆长组织编印了一套《南京文献》。《南京文献》每月一期，从1947年1月至1949年2月共刊行了26期，收入南京地方文献67种，包括元明清到民国各个时期的著作，其中收录的部分民国文献今天已经成为绝版。

第四次是2006年至今。自2006年开始，南京出版社和南京市地方志办公室等单位合作，编辑出版了“南京稀见文献丛刊”，到2019年12月为止已经出版66册102种。“丛刊”选取六朝至民国年间比较稀见的南京文献进行点校，以满足普通读者的需求，目前仍在不断出版中。

上述整理，或属于首创，内容单薄，《昭明文选》是也；或广征博采，内容庞杂，《永乐大典》是也；或兼收并蓄，内容芜杂，民国《南京文献》是也；或囿于地域，内容狭窄，今日之“南京稀见文献丛刊”是也。尽管如此，这些文献整理仍为当代《金陵全书》的编纂出版提供了有益的借鉴。

三、编纂历程

2009年12月24日，中共南京市委、市政府正式启动南京市重点文化工程《金陵全书》的整理出版工作。在市委宣传部的直接领导下，由南京出版传媒集团·南京出版社与南京市地方志编纂委员会办公室、南京市档案局（馆）、南京图书馆，以及国内外的相关图书馆和档案馆通力合作，将南京历代流传下来的作品分为“方志”“史料”“档案”“文献”四个系列，进行全面、系统、完整的整理并影印出版。首次借助最先进的印刷技术，部分内容采用双色套印和四色彩印，高度还原文献原貌，最大限度地确保了文献的价值。在此前后，我们主要做了以下几项工作。

1.确立标准，摸清家底

《金陵全书》在启动之初就被列为“南京市重点文化产业项目特色品牌”，一开始的目标就是打造“传世精品”，以与南京这座中外闻名的历史文化名城的地位相匹配。为此，我们成立了《金陵全书》编辑出版委员会，聘请了南京大学历史学院资深教授蒋赞初、茅家琦先生，南京博物院原院长梁白泉先生，担任特聘学术顾问，对《金陵全书》的编纂出版工作进行宏观指导。同时，我们还成立了《金陵全书》专家组，聘请南京大学贺云翱、范金民、程章灿、胡阿祥、夏维中教授，南京师范大学江庆柏教授，以及南京图书馆徐忆农研究馆员、南京博物院王明发研究员、南京市地方志办公室杨永泉先生等全国知名专家学者，给予具体指导并承担具体工作。在出版社内部，我们成立了《金陵全书》编纂工作小组，抽调社内学有专长的编辑作为成员，具体负责编纂出版工作。

我们首先组织专家们就《金陵全书》的收录范围进行论证，确定了以下几个标准：

（1）时间上限不限，下限截至1949年中华人民共和国成立，个别图书时间可以适当放宽；

（2）空间以现在的南京行政区为主，兼顾历史上南京的辖区；

（3）内容必须积极向上；

（4）题材不限；

（5）版本尽可能选择最早、最好的善本和孤本。

根据上述标准，江庆柏、程章灿、杨永泉、吴小铁、徐忆农等专家，不辞辛劳，对现存南京地方文献的种类、数量、保存现状以及收藏地点进行深入细致的调研，编制了一份长约300页的《南京古籍目录》以及长达88页的《金陵全书·文献编书目》。

2.守正创新，广泛搜罗

南京的文献典籍不仅数量多，而且内容广，经史子集无所不包。对于流传下来的南京文献，如何合理的分类？采用点校出版还是影印出版？凡此种种，成为《金陵全书》编纂必须要解决的问题。

就目前国内已经整理出版的文献典籍而言，基本上都是沿袭传统的经史子集的套路，主要集中在方志的整理、史料的编纂。守正有余，创新不足。我们经过调研，认为传统的经史子集分类固然有其独特的优势，但是，时代在发展，文献典籍的内涵在扩大，我们既要传承文化，更要发展文化。专家们集思广益，经过反复论证，决定将民国档案纳入《金陵全书》之中，由此在全国范围内开创了民国档案纳入文献典籍整理的先河。最终，确定《金陵全书》分为“方志编”“史料编”“档案编”和“文献编”四大类。

“方志编”，收录南京历代通志、府志、县志、专志；

“史料编”，收录内容以南京为题材的文献典籍；

“档案编”，收录1912—1949年间与南京相关的档案；

“文献编”，收录在南京撰写的，或者南京人撰写的，或者在南京首次刻印的非南京题材的文献典籍。

在四大类中，每一类收录的文献典籍和档案均按时间先后顺序排列。同时，确定采用影印出版的形式，尽可能原大呈现，每一页的正反两面为原书的一个筒子页。

在《金陵全书》编写框架和呈现方式确立后，我们所面临的最大困难就是，相关文献典籍和档案分别收藏在全国各地数十家单位和部门，既有专业的图书馆、档案馆、美术馆，又有高校、科研院所、博物馆、纪念馆和书店。仅南京本地的收藏单位和部门就有10家左右，如南京图书馆、南京市档案馆、南京市城建档案馆、江苏省美术馆、中国科学院南京古生物研究所、南京大学、南京博物院、孙中山纪念馆、南京新华书店杨公井古旧书店等；南京之外的收藏单位和部门就更多了，如中国国家图书馆、上海图书馆、北京大学、复旦大学、清华大学、上海博物馆、宁波天一阁、常熟图书馆、台湾“中央图书馆”和“国立中央研究院”等。

在专家学者们的指导帮助下，在相关部门的大力配合下，《金陵全书》编纂出版工作小组成员按图索骥，“上穷碧落下黄泉”，先后与相关收藏单位联系，得到了积极回应和鼎力支持，使得《金陵全书》的编纂出版工作顺利推进。值得一提的是，一些长期束之高阁的孤本、珍本和内部印刷本，因《金陵全书》的收录，在尘封千百年后得以一露真容。如，《景定建康志》是南京现存最早的官修志书，其编撰体例为后世广泛沿用，《金陵全书》采用南京图书馆馆藏金陵孙忠愍祠仿宋刻本，首次原大影印出版。《康熙江宁府志》（于成龙本），中国国家图书馆藏清康熙二十二年（1683）红格精抄本为海内孤本，《金陵全书》首次原大影印出版。《正德江宁县志》，中国国家图书馆藏明正德十六年（1521）增修本从未出版过，《金陵全书》首次原大影印出版。《南京吏部志》，《金陵全书》采用的是台北“中央图书馆”藏明天启二年（1622）刊本。《南京大理寺志》明嘉靖孤本，仅存卷6、卷7，珍藏在宁波天一阁，也是首次面世。1948年底至1949年初，为配合解放南京、管理南京、建设南京，中共领导下的华东中央局社会部（化名“江南文化研究会”）组织编印的《南京调查资料》22册；第二野战军组织中共南京地下党以“书报简讯社”名义编印的《南京概况（秘密）》（上下册），都是首次通过《金陵全书》得以重见天日……上述版本，因为收入《金陵全书》之中而得以化身百千。这些版本的收录也在无形之中提升了《金陵全书》的品位、价值和内涵。

在编纂《金陵全书》过程中，涉及单位和部门从中央到地方约60个，参与人员达200人。编辑人员对每种文献逐页核对，对内页顺序混乱、缺漏的，经过几个版本的比对，全部补足缺页、漏白，使之成为全世界最完整的版本。收入《金陵全书》中的每一种图书，前面均有一篇业内知名专家学者撰写的“提要”，就作者、时代背景、主要内容、价值、版本源流进行解读，以便读者加深对作品的了解。

3.循序渐进，亮点迭出

《金陵全书》编纂困难之大，超过了我们的预期。从搜集资料、遴选版本、购买版权，到书名卷数的核定、作者籍贯之确认、方志文献史料档案之分类，以及专家提要之撰写，每一步都充满艰辛。经过不懈努力，攻坚克难，上下求索，久久为功。截至2019年12月已出版265册，我们完成了总出版规划册数500册的二分之一以上。具体如下：

2010年8月出版了第1批9册，2010年12月出版了第2批11册，2011年6月出版了第3批30册，2011年9月出版了第4批4册，2012年4月出版了第5批20

册，2012年12月出版了第6批24册，2013年9月出版了第7批22册，2013年12月出版了第8批18册；2014—2019年出版了第9至第14批，共127册。

目前已经出版的《金陵全书》265册，包含甲编方志类、乙编史料类、丙编档案类三大类。三大类形成了十个完整的体系，创造了南京优秀传统文化整理史上的“十个第一”：

一是第一次将南京历代府志系统地搜集整理出版。最早的是南宋周应合编纂的《景定建康志》，最晚的是民国《首都志》，共计9种26册。

二是第一次将南京历代上元、江宁、六合、江浦、溧水、高淳县志系统整理出版。如，明代《万历上元县志》，清代《康熙上元县志》《乾隆上元县志》《道光上元县志》（注：上元县包括今天南京鼓楼区、玄武区、秦淮区、建邺区、栖霞区）；明代《正德江宁县志》《万历江宁县志》，清代《康熙江宁县志》《乾隆江宁县新志》《同治上江两县志》等，共40种56册。

三是第一次将南京历代山水、园林、寺庙等专志分门别类汇集整理出版。如，《栖霞小志·摄山志·栖霞新志》《牛首山志·献花岩志·盋山志·石城山志·南汤山志·覆舟山志》《秦淮志·运渎桥道小志·后湖志·金陵后湖事迹·后湖事迹汇录·玄武湖志》《莫愁湖志·莫愁湖志·添修莫愁湖志·莫愁湖志·浦口汤泉小志》《金陵园墅志·瞻园志·明孝陵志·总理陵园小志》《金陵梵刹志》《折疑梵刹志》等，共37种15册。

四是第一次将六朝史料系统汇集整理出版。包括《建康实录·建康实录校记》《六朝事迹编类·六朝故城图考·南朝寺考》《梁代陵墓考·南朝太学考·六朝陵墓报告·建康兰陵六朝图考》9种4册。

五是第一次将南唐的史料系统汇集整理出版。包括《钓矶立谈·江南别录·江表志·南唐书》《江南野史·南唐书》《江南余载·金陵防守利便·唐余纪传·放生池古迹考》10种3册。

六是第一次将明初建文朝史料系统汇集整理出版。如，《洪武圣政记·渤泥入贡记·东朝记·逊国正气纪·翦胜野闻》《逊国臣传·建文忠节录·建文逊国之际月表·建文帝后纪》等17种6册。

七是第一次将明代职官史料系统汇集整理出版。包括《南京吏部志》《南京刑部志》《南京都察院志》《南枢志》等19种31册。

八是第一次对民国首都南京市政公报进行全面系统的搜集整理出版。《首都市政公报》（398期）全面记录了1927—1949年民国首都南京财政、税收、物价、慈善、教育、卫生、公共交通、市政规划、城市建设、娱乐场所、公园及风景名胜地、社会治安等方面情况。共47册，其中索引2册。将民国档案纳入《金陵全书》堪称前所未有的一个创举。

九是第一次对南京中共地下党史料进行全面系统的搜集整理出版。如，《南京调查资料》（原书22册）、《南京概况》（上、下）共2种，是中国共产党人在1949年4月解放南京前夕，为保护南京而编写的情报资料，对研究民国南京政治、经济、军事、文化和外交，均具有重要参考价值。现汇集成7册出版。

十是第一次将中山陵档案系统汇集整理出版。包括《葬事筹备》、《陵墓及纪念工程》、《陵园管理》（上、下）、《陵墓建筑》、《哀思录》（上、下）、《总理奉安实录》等15册。

2019年，在《金陵全书》编纂出版十周年之际，我们正式启动《金陵全书》的第四大版块——“文献编”的编纂出版工作。“文献编”主要收录的作品虽然主题和内容与南京关联度不大，但是，这些作品或是南京人撰写的，或是在南京撰写的，或是在南京首次刻印的。总之与“南京”这座城市有关，是南京文化密不可分的一个重要组成部分。“文献编”与“方志编”“史料编”“档案编”环环相扣，相互补充，形成一个完整的有机统一体。

《金陵全书》按照现在每年20册的出版速度，500册全部出齐大约还需要8年时间。届时，我们这套皇皇巨著将成为南京建城2500年（公元前472—公元2028）的献礼之作，而以下的一串串数字将永久地刻在南京历史文化的丰碑上。

总册数500册；

总字数3.5亿字；

总页数35万页；

总厚度25米；

总投资额达6000万元；

涉及单位和部门约60个；

参加编纂人员达200人；

编纂时间近20年。

“经典沉深，载籍浩瀚。”（刘勰《文心雕龙》语）《金陵全书》十周年出版历程，堪称南京和江苏当代文化史乃至我国地方传统文献整理史上的里程碑。它博采众长，自成一体，惠及当代，泽被千秋。通过《金陵全书》的编纂出版，我们不仅培养了一批专业作者队伍，锻炼了一批新老编辑，吸引了一批忠实读者，加深了与众多单位和部门的合作，而且为中华优秀传统文化的挖掘、整理、传承、弘扬和发展树立了一个成功的典范。

作者简介：卢海鸣，历史学博士，编审，南京出版传媒集团总经理、党委副书记，南京出版社社长

在《金陵全书》出版十周年编纂工作总结会暨专家座谈会上的讲话

纪增龙

感谢各位专家、各位教授的光临。蒋先生这么大岁数，思路依然很清晰，令人非常感动。《金陵全书》已经出版十周年，它的出版是南京当代文化史上的一个盛举，足以与《四库全书》相比肩。在这里，我代表市委常委、宣传部部长陈勇同志，对《金陵全书》编纂出版十周年表示热烈的祝贺；特别是向所有关心、支持和参与《金陵全书》编纂出版工作的各位领导、专家，表示衷心的感谢。

南京地处江南，虎踞龙盘，除了拥有得天独厚的富饶物产、秀丽风景外，还因其450年的建都史以及多次抢救、延续中华文明的经历，与其他江南城市相比，多了一份庄重、沧桑和厚重，显得卓尔不凡。“江南佳丽地，金陵帝王州。”南京历朝历代保存、延续和发展了中华文明，贡献了璀璨的六朝文化、南唐文化、明文化和民国文化，那些历史风云和人物传奇就保存在南京的历代文献中。据不完全统计，截至1949年中华人民共和国成立，留存下来的不同版本的南京文献达到一万多种，其数量不仅在中国各大城市中领先，在世界各国古城中也是名列前茅。从历史的维度来看，南京早已经意识到南京文献这个巨大宝库的重要性，并进行了几次不同程度的挖掘整理，海鸣同志已经进行了总结。近些年我们也进行了整理的尝试，2006年，南京出版社与市地方志办公室等单位进行合作，选取六朝以来比较稀见的文献点校整理，推出了“南京稀见文献丛刊”，截至2019年已经出版了66册102种。该丛书侧重于史料，进行了标点整理，有利于面向大众普及传播。尽管如此，仍然有大量的珍贵南京文献保存在图书馆、档案馆，束之高阁，还有些流散于民间，甚至国外。有些文献因为年代久远、保存不佳，非常需要抢救。习近平总书记指出，中华优秀传统文化是中华民族的精神命脉，是涵养社会主义核心价值观的重要源泉，也是我们在世界文化激荡中站稳脚跟的坚实根基。在南京飞速发展的今天，宝贵的南京文献亟待系统地保护、整理与传播，既让更多的读者可以方便地查阅、研究南京文化，也可以挽救许多面临失传的南京文献。《金陵全书》顺势而为，承担起了这份新时代的历史使命。

2009年12月24日，市委市政府正式启动大型历史文献集成《金陵全书》的编纂工作，市委宣传部作为总牵头和策划单位，对《金陵全书》的编辑出版工作做了明确的部署，并列为南京市全力打造的重点文化工程。南京出版传媒集团·南京出版社将《金陵全书》纳入出版社的重点出版计划，该书被列为江苏省“十二五”重点图书出版规划项目。截至目前，《金陵全书》已经出版了265册，完成了总出版规划数的二分之一，并计划在2028年完成整体出版计划，向南京城建城2500年献礼。500册的《金陵全书》总厚度将达到25米，相当于8层楼的高度，这些印制精良、古朴典雅、蔚为大观的《金陵全书》，是承载着古都南京历史文化精华的丰碑，是珍藏着历朝历代智慧结晶的宝库，对于传承金陵文脉、弘扬南京历史文化、建设“文学之都”、培养文化研究和出版队伍，有着全方位的推动作用。

为了让《金陵全书》能够代表当代最高学术水平和科技水平，经得起时间的检验，在编纂过程中要继续处理好三个方面的关系。

首先，是继承和创新的关系。在资料收集上力求全面、系统、科学，通过整理出版再现文献原貌，在整理形式和方式上与时俱进，以习近平新时代中国特色社会主义思想为指引，立足前沿，体现创新精神。

其次，是去粗与存精的关系。南京文献是先贤的思想，内容丰富，涉及方方面面，但是与其他传统文化一样，既有精华也有糟粕，在挖掘整理过程中，要采取扬弃的态度，去粗存精，展现最精华的部分。

再次，是局部与整体的关系。南京历史悠久，政区变化频繁，要做好时间和空间的结合，既着眼于当下的南京，又兼顾历史各时期的南京；既着眼于方志，又兼顾史料档案。在出版纸质书的同时，为落实习近平总书记加快融合出版、建立融合产品矩阵、打造融合产品的指示精神，要尽快启动《金陵全书》数字化项目，开发支持全文检索、原汁原味呈现的跨平台数字产品，与影印版、普及版形成三位一体的完整体系，从形态到功能各具特色、相互补充，最大化发挥《金陵全书》的价值，使其不仅是存储知识的平台，更是推广南京文化的窗口、推动知识创新的平台、助推南京经济转型升级的引擎。

文化是一个民族的血脉和灵魂，更是一座城市发展的动力和魅力所在。《金陵全书》这一功在当代、利在千秋的传世文化工程，已经成为当代南京一张重要的城市名片，它让更多的人了解南京深厚的历史文化，为中国乃至世界保存、传承、弘扬了南京文献这一瑰宝，也必将为建设“创新名城、美丽古都”新南京、打造“文学之都”贡献巨大的力量。

最后，祝各位专家、教授和各位同志身体健康，工作愉快，家庭幸福。

作者简介：纪增龙，中共南京市委宣传部常务副部长

传承文化，共襄盛举

蒋赞初

各位领导、各位嘉宾、各位老朋友和新朋友：

大家好！

今天，我以92岁的高龄，能够来到《金陵全书》出版十周年编纂工作总结会的现场与大家相聚，感到特别高兴，并向《金陵全书》出版十周年表示衷心的祝贺！

十年以前，我就有幸与茅家琦先生和梁白泉先生等《金陵全书》的学术顾问，与当时中共南京市委、市政府的主要领导同志一道在市政府礼堂参加了《金陵全书》编纂出版的启动仪式，并作了主要发言。因此，十年来我一直关注着《金陵全书》的进展。南京出版传媒集团（南京出版社）的领导和编辑们，每年都来我家看望，并通报出版的情况，使我感到非常兴奋。

《金陵全书》是南京历史上史无前例的浩大工程，从图书版本选择、逐页核对、补足缺漏，再到请各方面专家撰写内容提要，这个工作非常不容易，也是非常有意义的。到今天已经出版了265册，在南京历史上留下了浓墨重彩的一笔。《金陵全书》的出版，我个人认为有三个重大贡献。

第一是传承文化。《金陵全书》作为市委市政府和市委宣传部的重大文化工程，广泛搜罗、抢救和保护南京乡邦文献，在对南京优秀传统文化挖掘、整理、传承、弘扬上做出了突出的贡献，为“文学之都”建设奠定了坚实的学术基础。《金陵全书》堪称南京文化史上的一个里程碑。

第二是嘉惠学林。我举两个亲身经历的例子：一个是20世纪50年代初，我在南京博物院工作的时候，太平门外环湖路东南侧的桑场内发现了铁刑具，当地人传为明代“天牢”的遗物，院领导让我去现场考察，经初步勘察，确定为一处用明代城砖砌筑的官署遗址，还残存有大量石柱础、砖瓦以及火葬罐。当时南博图书室只有《明实录》《明史》和《洪武京城图志》三种文献，仅《图志》中有简略的方位提示，约为明初刑部与都察院的所在地。后来几经周折，才得到南博顾问胡小石先生的提示，介绍我到南大图书馆找李小缘先生，特准抄录了《南京刑部志》的有关内容。后来以《南京明代刑部及都察院遗址调查记》的小文发表在《文物参考资料》（1958年第8期）上。第二个例子是20世纪60年代初，北京的吴晗先生通过南大郭影秋校长约我撰写《中国历史小丛书》中的《南京史话》。为了写好这本小册子，我也跑遍了南京的各大图书馆，还结合考古工作到上海图书馆和浙江图书馆去查阅了有关南京的方志，花费了大量的时间和精力。现在《金陵全书》的出版，让那些长期束之高阁，很少或很难得见到的善本书或孤本书面世，比如说《南京刑部志》《南京吏部志》等的出版，为当代学人提供了极大的便利。可以说市委市政府和宣传部做了件惠及当代、泽被后世的大好事。

第三是共襄盛举。2028年是南京建城2500年。据我了解，这套书总共500册，将在那一年全部编纂完成并出版。按现在每年20册的进度计算，时间比较紧张，工程量很大，任务很艰巨，希望相关部门继续大力支持。南京出版传媒集团（南京出版社）这十年来做得很好，有目共睹，未来的八年要持之以恒，加倍努力，按时完成500册的出版计划，作为献给南京建城2500年最好的礼物。到那个时候，我已经是100岁，我期望还能来参加献礼的庆典，与市委市政府、市委宣传部、南京出版传媒集团（南京出版社）以及在座的领导和同仁一道，共襄盛举，见证盛世！

谢谢大家！

作者简介：蒋赞初，南京大学人文社会科学荣誉资深教授，中国文博事业杰出人物

《金陵全书》，南京版的“四库”华章

胡阿祥

历经十年的努力，《金陵全书》已经出版了265册。作为自始参与这一浩大工程的一员，我是感慨良多。犹忆2010年10月《金陵全书》首批9册首发时，专家学者、新闻媒体每将600多年前大明中央政府所编、约3.7亿字的《永乐大典》与规划中400册左右、约3.2亿字的《金陵全书》联袂立说，称为古都南京前后辉映的两桩文化盛事。记得当时我略感不安的是，拆散群书而重编之类书如《永乐大典》，与不拆散群书而汇编之丛书如《金陵全书》，毕竟不属同类。及至此刻，当我得知《金陵全书》已经计划扩容到约500册、增加到四个类别时，我很自然地想到了我所拥有的3G电子版的《四库全书》。或许，《金陵全书》与《四库全书》可能更适合作番对比吧，如此也能进一步提升我们对《金陵全书》之非凡价值的认识。

其一，《四库全书》与《金陵全书》都属丛书。丛书，就是将原来单行流传的书籍，汇编为一部大书，再题以概括的总名，以便成套保存。清人张之洞所编《书目答问》指出：“丛书最便学者，为其一部之中可该群籍，搜残存佚，为功尤巨，欲多读古书，非买丛书不可。”丛书收书多者，可达数千种，如堪称中国古代丛书之最的《四库全书》，收书3503种，近10亿字，分为经、史、子、集“四库”。至于《金陵全书》，以南京历代文献总汇为目标，若与《四库全书》进行比附，那么《金陵全书》的“甲编方志类”“乙编史料类”“丙编档案类”以及新增的“丁编文献类”，就是南京的“四库全书”了。传统的经、史、子、集的“四库”与创新的方志、史料、档案、文献的“四库”，可以视为因时因地因用的可贵变通。

其二，《四库全书》多有篡改，《金陵全书》完全原真。众所周知，清廷编纂《四库全书》，乃是借“稽古右文”之名，行“寓禁于征”之实，诸多的经、史、子、集文献，即遭到了或全毁、抽毁，或删改、篡改的厄运，以此，历来对《四库全书》的评价，都称功过参半。单言其过，严谨的学者撰文著书，是轻易不敢征引《四库全书》的，以其失去了历史文献最应讲究的原真面貌；而为补其过，才又有了《四库全书存目丛书》《四库全书存目丛书补编》《四库未收书辑刊》《四库禁毁书丛刊》《续修四库全书》一类大型丛书的问世。至于《金陵全书》，立足于“一项传世工程、一部历史长卷、一套古都谱系、一件文史盛事”的宏大愿景，基本原大全彩影印出版，或有缩印则明晰说明之，间有缺页、漏白则补页、填白并清楚交代之，版本则遴选最优良、最完整者，合册则归纳最相关、最连续者，如此等等，《金陵全书》洵属旧籍原貌、古书真容的原真新妆，可谓深符历史文献汇编整理的“原真”准则，较之《四库全书》的或毁或改，两者的境界不啻天壤之别。这是时代的进步，也是技术的进步。

其三，《四库全书》之书目提要简明，《金陵全书》之书目提要详确。四库馆臣分拟、纪昀总成的《四库全书总目提要》，辨章学术，考镜源流，评说典籍，提示问题，被推为旧时代旧史学书目提要方面集大成性质的名著。而秉承《四库全书》的这一优良传统，《金陵全书》的主事者，既不避繁难，广求人选，又严格把关，字斟句酌，如此形成的书目提要，显示了新时代新史学书目提要的承旧启新。如果说“四库提要”的特点在于简明扼要，则“金陵提要”的特点或在详确广泛。以我相对熟悉的几篇“金陵提要”为例，陆游《南唐书》的“四库提要”在500字上下，《金陵全书》的提要在2200字左右，并且颇具新史学的味道；又《金陵全书》所收四部清人所撰《莫愁湖志》，时代晚于清编《四库全书》，自然不见于“四库提要”，而“金陵提要”分别为1300余字、近900字、900余字、近800字，行文既不相重复，内容亦堪称丰富，诸如莫愁湖成因之考辨、莫愁女传说之梳理、“武宁开国”与“文正中兴”之意义、棹歌雅集之胜事、“金陵第一名胜”之地位，皆属旧史学往往忽视而新史学津津乐道者。要而言之，面貌一新、取义高远的书目提要，可谓《金陵全书》的一大亮点。

其四，《四库全书》抄录了七部，《金陵全书》化身为百千。清朝乾隆时代，《四库全书》抄录了七部，珍藏于文渊、文溯、文源、文津“北四阁”与文宗、文汇、文澜“南三阁”；令人扼腕叹息的是，后来镇江文宗、扬州文汇两部以及杭州文澜大半毁于太平天国之乱，北京圆明园内文源一部毁于英法联军之火，故迄今所存者，仅分在大陆与台湾的三部又小半矣。而在电子文献技术发明与进步之前，如《四库全书》这样的朝廷重宝、浩瀚典籍（每部3万余册、6000余函），其使用范围之窄、社会效果之小，都是可想而知的。至于500册左右、每册约700页的《金陵全书》，其借力于现代影印、制版、印刷、装帧技术，借力于富有责任心的政府与富有义务感的企业，化身百千，走进政府部门、科研机构、高等院校、社会公益之各类图书馆室，又或全部或部分地插架于专家、学者、民众的书架之上，则其使用范围之广、社会效果之大，也是可想而知的。

其五，《四库全书》为全域留痕，《金陵全书》为南京写真。岁月流逝，山河变迁，民族更替，朝代兴衰，既往的时间、空间与人，与现今的、今后的时间、空间与人，既有传承，也有新变，而人是有记忆、有精神的动物，中国人又是尤其具有深刻的历史意识与全面的历史精神的动物。如果说，多有篡改的《四库全书》为“上下五千年，纵横一万里”的历史中国，汇集、保存、展示了或者局部有失清晰的痕迹，那么，完全原真的《金陵全书》就为拥有近2500年城市历史、450余年都城历史的古城故都南京，全面汇集、系统保存、真实展示了它的自然与人文、历史与文化。我们有理由相信，那估计厚度将达到25米的《金陵全书》，会是历史记忆中的南京、精神感触中的南京、山水城林的南京、“日新月异”的南京、“文学之都”的南京以外，不可或缺的、传之久远的“文献南京”，而且这样的“文献南京”，还是特别“写真”的南京。

如此地在《四库全书》的视域中，比较地认识《金陵全书》，则《金陵全书》之社会价值与学术价值，可谓大哉美矣！《金陵全书》将历久传承的写的书、抄的书、刻的书、印的书，凝为一体，将当今社会可读的书、可玩的书、可宝的书、可藏的书，冶之一炉，可谓跨越时空的文献盛宴、文献铸成的古都南京，美哉伟矣！

作者简介：胡阿祥，文学博士，南京大学历史学院教授、博士生导师，六朝博物馆馆长，天水师范学院“飞天学者”讲座教授

南京学的源头活水

程章灿

非常高兴能来参加这个会议，首先要感谢卢海鸣社长的邀请。今天是一个非常好的日子，恰好是《金陵全书》启动十周年，选择这个日子开这样一个庆祝会、推进会，非常适宜。刚才一边听海鸣社长的报告，一边在看文字材料，这篇报告的标题《经典沉深，载籍浩瀚》，很有气势。这两句出自《文心雕龙·事类》。众所周知，《文心雕龙》是评选出的南京二十四部传世名著之一。刘勰这两句话后面，其实还有这样的两句："实群言之奥区，而才思之神皋也。"也就是说，在刘勰的原来语境中，沉深的经典和浩瀚的载籍，是所有学术的源头，也是一切文章的基础。由此可见，刘勰非常强调文献典籍的重要性。因此，"经典沉深，载籍浩瀚"，虽然只有八个字，却是言简意赅，蕴含丰富的。

这篇报告也借用两句四言句子，"盛世崇文，太平修典"，同样言简意赅。"盛世崇文"，只有盛世才有崇文的文化氛围，也只有盛世才能提供崇文的物质条件，这一点很容易理解，大家应该都赞同。我觉得最妙的是"太平修典"。为什么呢，因为南京出版社是在太平门，具体地说，是在太平门街53号。其他出版社说"太平修典"，可能只是一句熟语套话，最多算用了一个古代的典故，是"古典"；而当南京出版社说"太平修典"的时候，那就多了一重"今典"，或者说，是将古典和今典融合在了一起。好书不厌百回读，好的句子也值得细细品味。这是我读这篇报告小小的一点发现，也是一点阅读的感想，愿意与大家分享。

2009年12月24日《金陵全书》出版工程启动的时候，我正好在台湾“中央大学”客座，没能荣幸参加那次的启动大会，有点遗憾。不过，这个工程已经进行了十周年，进展顺利。在这个过程中，我有机会参与了一些事，包括帮助寻找确定一些底本的版本，撰写若干篇提要，总算尽了绵薄之力。我自己比较高兴的是，为《金陵全书》补齐了《金陵世纪》一书的缺页。《金陵世纪》是明代人陈沂所撰，是一部重要的南京文献，“南京稀见文献丛刊”已经收录，《金陵全书》也要收录此书。但是，以前我们看到的此书的各种版本，各图书馆、博物馆所收藏的，包括明代隆庆年间的本子，都差了第一页。原来这第一页是个明朝人写的序，现在少了第一页，这篇总共两页的序言缺了一页，就变得不完整了。后来我去查找书目，发现日本内阁文库藏有一个明本《金陵世纪》，好像是完整的。我的一个学生当时刚好在日本访学，就请他帮我查了一下，果然第一页完好无缺。记得那天国内是国庆节假期，而日本不放假，所以很快就把这页拍回来了。于是，《金陵全书》中所收的《金陵世纪》就成了完璧，从前的遗憾也得到了弥补。这是值得高兴的一件事。

十年辛苦不寻常。我亲眼见证了《金陵全书》“十年磨一剑”，向我们呈现了如此可观的成果。会议主办者将已出版的书，摆成一只“辟邪”的模样，很有文化象征意义。这是一个了不起的文化工程。在南京的历史上，曾经有过四次大规模的文献整理，其中第三次是卢前主持的《南京文献》。和《南京文献》相比，《金陵全书》收书更多，规模更大，规划更为宏伟。如果说70多年前卢前主持的那套《南京文献》，可以看作是一座粗具规模的“文献南京”，那么，《金陵全书》就是一座名副其实的“文献南京”。文献南京的蕴意，比文学南京甚至文化南京的蕴意更加深厚。无论研究文学南京，还是研究文化南京，都离不开文献南京，从这个意义上可以说，《金陵全书》是南京学的源头活水，对于南京学的开展具有非常重要的奠基意义。由研究南京进而研究江苏，再进而研究中国，由南京学进而到江苏学乃至中国学，《金陵全书》都是不可或缺的奠基性的文献工程，意义不可低估。

作为一套大型的文献编纂丛书，《金陵全书》从体系建构和体例设计上看，也很有创意。它不是按照传统的经、史、子、集这么排列的。现在很多地方都在编纂地方文献丛书，都要面对体系建构和体例设计的问题。最简单的就是援引《四库全书》的前例，将文献分成经、史、子、集四部，这样编纂起来比较方便，也最省事。但是，这样做，不利于突显各地的文献特色，也难免缺少一些创意。《金陵全书》的体系建构，是有创意的，全书分为四编：方志编、史料编、档案编、文献编。前三编，特别是档案编，尤其有特色，很多是首次公布的档案，史料价值很高。地方文献丛书的编纂者，在体例设计方面，要结合本地历史与文献情况进行考虑，比较容易注意到古代的方志、史料之类的文献，而对一些重要而又稀见的近现代档案，则有可能注意不够。对于学界来说，很多档案正是他们急切需要而不易寻觅的。《金陵全书》不仅汇集了比较常见常用的南京方志、史料，而且发掘整理了很多不为人知的、重要的近现代南京档案，为学界提供新材料，为南京学的开展提供资料，可谓功德无量。做文献汇集编纂的工作，很容易厚古而薄今，《金陵全书》做到了厚古，同时又不薄今，与时俱进，为地方文献整理做了一个好的表率。

对《金陵全书》下一步的工作，我提两点建议。

第一点，在继续开展文献调查整理、保质保量地完成后续的编纂出版工作之外，应该注意的一点是，在文献发掘和收集方面，要进一步开阔眼界，眼光不要局限于国内，要重视海外汉籍和域外汉籍的调查、整理与收录。我所说的海外汉籍与域外汉籍，是两个不同的概念。所谓海外汉籍，就是由中国人编纂、刊刻，但是后来流传到海外的典籍，这些典籍有的流传到日本、韩国等东亚各国，有的流传到美国、欧洲等国家和地区。比如，我刚才提到的《金陵世纪》隆庆年间的本子，是在国内编辑刊印的，后来就流到了日本，现在被日本的内阁文库收藏着。《金陵全书》下一步调查文献时，特别是调查有关“文献编”的文献时，要将海外汉籍资源纳入调查视野，对重要的、必要的海外汉籍，要设法引进出版，使南京学文献在《金陵全书》中实现“汉籍合璧”。所谓域外汉籍，是指中国人所撰写的典籍，传到日本、韩国、越南等地，外国学者在这些书上加了一些批注、整理，并且在当地印刷出版。这些书在中国国内大都没有流传。老话说，“礼失而求诸野”，像这一类域外汉籍，国内没有，如果它的内容与南京学相关，也应该纳入文献访求搜集的工作范围之内。

第二点，《金陵全书》是南京学的源头活水。作为“源头活水”，就应该细水长流，流成一条河，“问渠那得清如许，为有源头活水来”。《金陵全书》所收都是原始文献，都是一手史料，以之为中心，可以进一步开发，形成一个出版的“产业链”，以上游活水为基础拓展，形成一批有特色的衍生出版品。南京出版社已经有一套“南京稀见文献丛刊”，经过标点、加上导读，以简体出版，面向一般读者，产生了很大影响。下一步，“南京稀见文献丛刊”可以与《金陵全书》形成良好互动。《金陵全书》采取先进技术影印，开本大、字也大，“字大宜老”，很好。但开本一大，重量就增加了，字号一大，页码就增多了，价格也上去了，这就不利于市场，也不利于一般读者阅读与收藏。我建议从《金陵全书》中挑一些读者最急切需要的书，做进一步整理，第一步可以先做个点校整理本，第二步再做深度整理。比如说《建康实录》和《景定建康志》，都属于南京学的要籍，既要有影印本，也要有标点本，还需要有校注本，一个也不能少，不同读者各取所需。《金陵全书》中有很多好书，以《金陵全书》为核心，南京出版社就可以做一个系统的、立体的、分层次的文献开发，围绕这些书的整理者和研究者，又可以聚集一支南京学的人才队伍，共同致力于南京学的繁荣发展。我觉得，这不仅对南京出版社的发展具有实际的意义，对推进南京学的开展也具有积极的意义。

我就先讲这些，抛砖引玉，谢谢大家！

作者简介：程章灿，文学博士，南京大学文学院教授、博士生导师，南京大学图书馆馆长

虎踞龙盘城，应有皇皇巨制

江庆柏

中国作为一个历史悠久的文明古国，有多个城市有幸成为历代的古都，并造就了几多辉煌。南京就是这样的古都，而南京的突出之处在于今天她还是能够延续历史辉煌的城市之一。这里有经济、政治、交通等原因，但很重要的一点是有文化的传承。

文化传承，离不开文献的生产、文献的传播。

文献的生产，简单地说，就是人们著书立说。重要的著作，会产生重要的社会影响力。南京正是产生众多具有重要社会影响力的著作的城市。由南京人或居住于此的作家编纂、撰写的大批著作，代表了南京文化的成就。据《江苏艺文志》（增订本）的统计，南京籍作者包括部分外地流寓并定居南京的作者有2567人，各类著作8392种。其中有不少重要作者。2015年，南京评选出24部传世名著，包括“由南京贡献给世界的作品”和“将南京展现给世界的作品”。这是南京文化实力的体现，也是南京文化自信的基础。2019年，南京被列入“文学之都”。文学之都，本质上应该是一座文化之都。

南京的著作从作者的书斋走向广泛的社会，离不开出版。南京，是我国古代最重要的出版城市之一。其中明代南京的戏曲小说出版、胡正言十竹斋，清代李渔芥子园，都是出版界的代表，具有重要的影响。近代江苏又出现了江楚编译官书局、金陵书局、金陵刻经处等重要的出版机构。

文献的生产、文献的传播，使南京城成为一座文化发展繁荣、文脉传承有序、文化影响突出的城市。

诸葛亮之后，历代都以“龙盘虎踞”作为南京城的形象标志。唐朝王勃《王子安集》卷6《江宁吴少府宅饯宴序》：“遗墟旧壤，数万里之皇城；虎踞龙盘，三百年之帝国。”宋朝郭祥正《青山集》卷13《即席和酬金陵狄倅伯通》云：“虎踞龙盘古名郡。”明朝林廷棉《登雨花台》诗云：“金陵形胜自天开，虎踞龙蟠地脉来。”清朝路鹤征《哨遍》词写道：“虎踞龙蟠，锦绣江山。”这种反反复复的渲染，使得南京城“虎踞龙盘”的地域形象深入南京人的心底，提升着南京人的自信力，并使南京文化呈现出气象宏阔的特点。

气象宏阔的南京文化需要相应的文献承载。南京出版社自觉承担了这一重任。《金陵全书》是南京文献的首次系统编纂整理，也是当代南京自行组织编纂的最大规模的出版工程。皇皇巨制《金陵全书》恢宏大气，与虎踞龙盘的南京形象交相辉映。

传播创造价值。《金陵全书》展现南京文化底蕴，展示南京文化魅力，将使更多的人认识南京文化，认同南京文献、南京文化，并推动南京文献、南京文化走向全国，走向世界。

作者简介：江庆柏，南京师范大学文学院教授、博士生导师

《金陵全书》出版十周年编纂工作总结会暨专家座谈会会议纪要

杨传兵

会议时间：2019年12月24日（周二）下午2:30—5:30

会议地点：汉府饭店紫金厅

参会人员：

一、出席领导和专家

纪增龙　中共南京市委宣传部常务副部长

蒋赞初　南京大学人文社会科学荣誉资深教授，中国文博事业杰出人物

曹志君　南京市博物总馆馆长、研究馆员

焦　翔　金陵图书馆党总支书记

赵　清　南京大学历史学院党委书记、教授

张　军　南京市档案馆一级调研员

柳云飞　南京市地方志编纂委员会办公室副主任

许国庆　中山陵园管理局原副局长

全　勤　南京图书馆副馆长、研究馆员

胡阿祥　南京大学历史学院教授、博导，六朝博物馆馆长

王卫星　江苏省社会科学院历史所原所长、研究员

程章灿　南京大学文学院教授、博导，南京大学图书馆馆长

范金民　南京大学历史学院教授、博导

夏维中　南京大学历史学院教授、博导
江庆柏　南京师范大学文学院教授、博导
王志高　南京师范大学社会发展学院教授、博导
向媛华　雨花英烈研究院院长
薛　冰　南京市作协副主席
徐忆农　南京图书馆研究部主任、研究馆员
赵德兴　南京市社科院原所长、研究员
夏　蓓　南京市档案馆研究馆员
吴　阗　南京市博物总馆副馆长、南京市博物馆馆长
杨永泉　南京市地方志办公室专家
高安宁　秦淮区地方志办公室原主任
关卫东　凤凰网江苏总编辑

二、南京出版传媒集团领导及南京出版社领导

项晓宁　集团董事长、党委书记、总编辑
卢海鸣　集团总经理、党委副书记，南京出版社社长
顾金钟　集团党委副书记、董事
顾晓明　集团副总经理、党委委员
茹　洋　集团副总经理、党委委员
邓　骏　集团总会计师、党委委员
陈朝晖　集团纪委书记、党委委员
樊立文　南京出版社执行总编辑
孙维桢　南京出版社副社长
孙伟实　南京出版社副社长（副总经理）
余　力　南京出版社社委、对外合作部主任、审读室主任
朱天乐　南京出版社社委、重大选题编辑部主任

上半场 《金陵全书》出版十周年编纂工作总结会

主持人：集团董事长、党委书记、总编辑项晓宁

1.项晓宁同志致开幕辞，介绍与会的领导和专家。

2.樊立文同志宣读广陵书社、广州大典研究中心贺信。

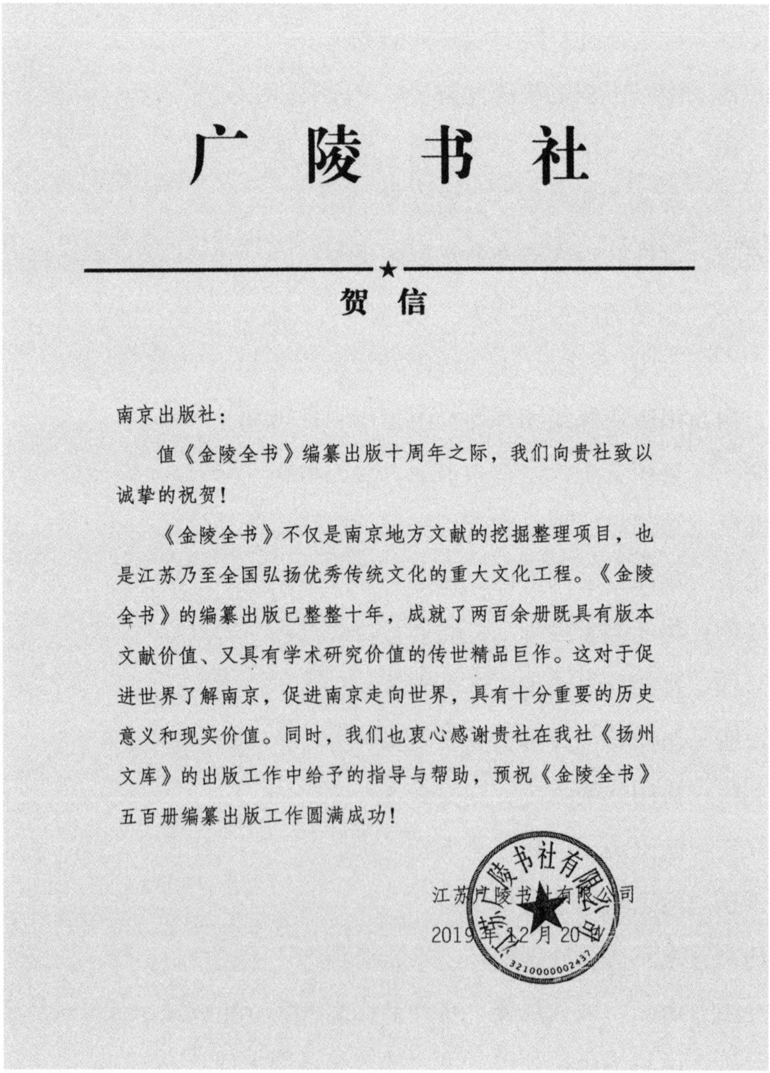

广 陵 书 社

贺 信

南京出版社：

值《金陵全书》编纂出版十周年之际，我们向贵社致以诚挚的祝贺！

《金陵全书》不仅是南京地方文献的挖掘整理项目，也是江苏乃至全国弘扬优秀传统文化的重大文化工程。《金陵全书》的编纂出版已整整十年，成就了两百余册既具有版本文献价值、又具有学术研究价值的传世精品巨作。这对于促进世界了解南京，促进南京走向世界，具有十分重要的历史意义和现实价值。同时，我们也衷心感谢贵社在我社《扬州文库》的出版工作中给予的指导与帮助，预祝《金陵全书》五百册编纂出版工作圆满成功！

江苏广陵书社有限公司

2019年12月20日

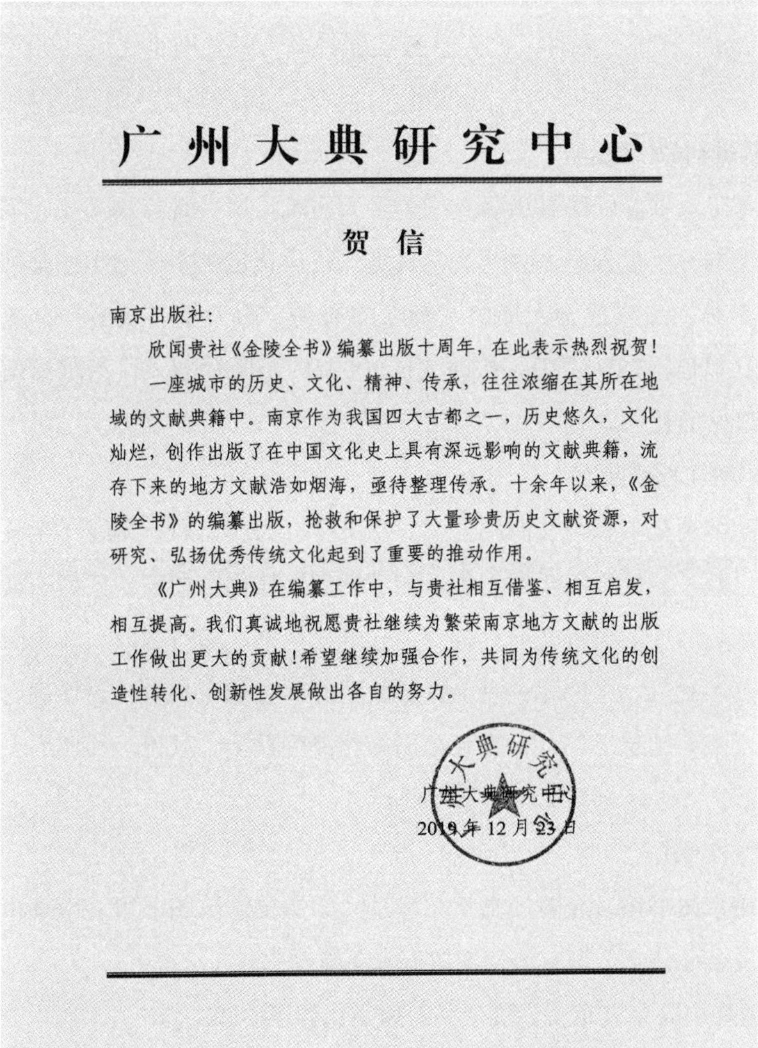

广州大典研究中心

贺信

南京出版社：

欣闻贵社《金陵全书》编纂出版十周年，在此表示热烈祝贺！

一座城市的历史、文化、精神、传承，往往浓缩在其所在地域的文献典籍中。南京作为我国四大古都之一，历史悠久，文化灿烂，创作出版了在中国文化史上具有深远影响的文献典籍，流存下来的地方文献浩如烟海，亟待整理传承。十余年以来，《金陵全书》的编纂出版，抢救和保护了大量珍贵历史文献资源，对研究、弘扬优秀传统文化起到了重要的推动作用。

《广州大典》在编纂工作中，与贵社相互借鉴、相互启发，相互提高。我们真诚地祝愿贵社继续为繁荣南京地方文献的出版工作做出更大的贡献！希望继续加强合作，共同为传统文化的创造性转化、创新性发展做出各自的努力。

广州大典研究中心

2019年12月23日

3.卢海鸣同志介绍《金陵全书》出版情况

回顾了《金陵全书》数量从无到有、规模从小到大、影响从弱到强、质量精益求精的十年历程，并从丛书编纂出版的源起、历程、成绩和展望四个方面进行了介绍。按照现在每年20册的出版速度，距500册全部出齐大约还需要8年时间。届时，这套皇皇巨著将成为献给南京建城2500年的一份厚礼。

4.蒋赞初教授发言

《金陵全书》的编纂出版有三个重大贡献。第一是传承文化，堪称南京文化史上的一个里程碑，为“文学之都”建设奠定了坚实的学术基础。第二是嘉惠学林，为当代学人提供了极大的便利。第三是共襄盛举，未来的八年要持之以恒，加倍努力，按时完成500册的出版计划，作为献给南京建城2500年最好的礼物。

5.胡阿祥教授发言

将《金陵全书》与《四库全书》从五个方面相比较，阐述《金陵全书》的价值。其一，《金陵全书》创新的“四编”体例，相较“四库”而言是因时、因地、因用的可贵变通。其二，《四库全书》多有篡改，《金陵全书》完全原真。其三，《四库全书》提要简明，《金陵全书》提要详确。其四，《四库全书》抄录七部，《金陵全书》化身为百千。其五，《四库全书》为全域留痕，《金陵全书》为南京写真。

6.赠书仪式

向南京图书馆、金陵图书馆、南京大学历史学院图书馆、南京市地方志编纂委员会办公室、南京市档案馆五家单位赠书。

7.项晓宁同志宣布《金陵全书》数字化程序上线。

8.纪增龙同志讲话

为了让《金陵全书》更经得起时间的检验，要处理好三个关系。第一是继承和创新的关系，在资料收集上力求全面、系统、科学，在整理形式和方式上与时俱进。第二是去粗与存精的关系，南京文献内容丰富，在挖掘整理过程中要采取扬弃的态度，展现最精华的部分。第三是局部与整体的关系，既着眼于当下的南京，又兼顾历史时期的南京；在出版纸质书的同时，尽快启动数字化项目，与影印版、普及版形成三位一体的完整体系，最大化发挥《金陵全书》的价值。

下半场　《金陵全书》出版十周年专家座谈会

主持人：集团总经理、党委副书记，南京出版社社长卢海鸣

1.程章灿教授发言

回顾了十年中参与《金陵全书》编纂研讨、提要撰写和文献底本找寻的经历，指出《金陵全书》是南京文化的源头活水，这套书的体系建设、体例设计非常有创意。对于《金陵全书》下一步的出版工作，建议要留意海外汉籍和域外汉籍这两个领域，并希望南京出版社以《金陵全书》为核心，开展系统的、立体的、分层次的文献开发工作。

2.全勤研究馆员发言

十年来，南京图书馆与南京出版社共同见证了相互之间的成长。南京图书馆从图书馆的角度给《金陵全书》提供了支撑，在书目、版本、提要、文件扫描等《金陵全书》编纂工作的诸多环节都大量参与，提供了九十余种底本；《金陵全书》出版的成果又作为文献集成被南图再次收藏，给后人留下文化遗产。

3.薛冰同志发言

建议增设“文学编”的相关内容，可以包含在新启动的“文献编”之中，但要有所突出，表现“文学之都”，展示文学成就；进行《金陵全书》索引和检索系统的开发，以便更好地发挥作用；对已经出版的影印本逐步开展点校工作，同时指导年轻人，做好人才培养的传承工作。

4.关卫东同志发言

《金陵全书》十年寒窗，久久为功，功德无量。以《江浦埤乘》为例说明古籍对现代规划研究的指导意义。为了让《金陵全书》得到更好地开发和利用，让文化传承到下一代，建议推出点校版、通俗版、精华版。建议推进电子化，更贴近普通大众的阅读能力，用各种方式进行科普解读，激发年轻人的兴趣。

5.夏蓓研究馆员发言

追溯了将“档案编”纳入《金陵全书》的过程，强调这是传承与创新的结合，是抢救的工程，起到了示范和引领的效果。建议“档案编”进一步细化，例如对南京大屠杀的全面档案进行梳理，增加南京民族工商业档案等内容；同时《金陵全书》为学术研究提供了大量资料，可以进行资料研究的发掘，组织研究成果的出版。

6.徐忆农研究馆员发言

现在到了开设“文献编”的时机，要研究南京对中华文明的贡献，利用工具书对已有的作者作品进行分类排序。对古籍版本选择，要体现出专业水准。《金陵全书》数字版所收书目的范围可以更大更全，而影印版需要精选，在规模已有规划的前提下，建议留一些空间用以收录在南京刻印的“南京版”文献。建议选取精华点校传世。

7.曹志君研究馆员发言

《金陵全书》十年出版过程难能可贵，建议将收录范围扩大到金石和碑刻领域，这部分珍贵的文物资料对研究南京的历史文化有很高的补充价值。

8.范金民教授发言

对《金陵全书》的“全”要展开充分论证，做到科学严密，建议在可能的情况下，对比较重要的典籍进行收录，做出重点划分。提要是非常重要的，在有新发现的情况下要重视提要的修订和增补，邀请专家进行内容的审核把关。建议后续出版点校本，尤其是首次公开出版的稀有珍贵的文献，点校本之外缩小影印也很有价值。

9.夏维中教授发言

《金陵全书》坚持十年，持之以恒，说明有担当、有责任、有理想；这么大规模的系统工程组织推动，说明组织者、合作方有能力有眼光；南京是历史文化名城，《金陵全书》唤起我们对古籍的记忆，通过古籍更加了解历史；《金陵全书》对南京历史文化、中国史和江南史的研究提供了重要的推动作用，学术效应将持续显现。

10.柳云飞同志发言

《金陵全书》的出版功在当代，利在千秋，不仅是集大成之作，还可以为后世带来很好的效应，文献兴邦，在文化与文明的传承上体现出了重要的价值。接下来会继续加深与南京出版社在《金陵全书》开发利用方面的合作，包括南京学研究的拓展、传播，以此共同推进南京的文化传承。

11.王志高教授发言

赞同曹志君馆长的提议，建议《金陵全书》应适当增加金石、碑刻的内容，散布在南京民间的碑刻、墓志数量较大，可以调查、整理，虽然此项工作难度极大，但意义很大，非常重要。建议将南京历史上一些重要的图卷、图册，比如《康熙南巡图》、太平天国的图，包括韩国国立图书馆收藏的明故宫的图，集中整理出版。

12.江庆柏教授发言

《金陵全书》是当代南京自行组织编纂的最大规模的出版工程，恢宏大气，与虎踞龙盘的南京形象交相辉映。传播创造价值，《金陵全书》将使更多的人认识南京文化，推动南京文献、南京文化走向全国，走向世界。“全”不是指数量上的全，而是展示精华，是宏观上的。要注重《金陵全书》目录的整理，将提要全文整理另出单册。

13.王卫星研究员发言

《金陵全书》是传世的，文献和档案的边界是模糊的，不能机械地根据馆藏场所来判断，如果不能根据内容兼容并蓄，则会少了很多历史真相。建议“档案编”内容继续充实，补充收录市政建设方面的档案、厂企档案，要组织论证沦陷期间档案和民间收藏的文献是否可以收录。还要考虑500册出版结束后的后续规划。

14.杨永泉同志发言

南京历来有多元文化兼容并存的优良传统，是文学之都，更是文献之都，要考虑之前遗漏的有价值的文献以何种方式补充收录入《金陵全书》。此外，建议将历史上南京人自己写南京的书组织出版，反映南京对全国的贡献。

15.高安宁同志发言

要重视《金陵全书》的宣传推广，一方面可以开展编纂方法的专题讲座，借此扩大影响；同时将其中的精彩内容和当代南京的特色文化结合起来，推出新的研究成果。

作者简介：杨传兵，南京出版社《金陵全书》编辑部副主任

本书为2016年度教育部人文社会科学重点研究基地重大项目『高考制度改革研究』（16JJD880029）之成果

台湾地区大学入学考试制度研究

杨李娜／著

高考改革研究丛书

刘海峰／主编

华中师范大学出版社

国家出版基金项目
NATIONAL PUBLICATION FOUNDATION

新出图证（鄂）字10号

图书在版编目（CIP）数据

台湾地区大学入学考试制度研究/杨李娜著. —武汉：华中师范大学出版社，2016.12

（高考改革研究丛书/刘海峰主编）

ISBN 978-7-5622-7626-5

Ⅰ.①台…　Ⅱ.①杨…　Ⅲ.①高等学校—入学考试—考试制度—研究—台湾　Ⅳ.①G642.474

中国版本图书馆CIP数据核字（2016）第315305号

台湾地区大学入学考试制度研究

© 杨李娜　著

责任编辑：程继松　　**责任校对**：罗　艺

编辑室：学术出版中心　　**电话**：027－67867792

出版发行：华中师范大学出版社　　**社址**：湖北省武汉市洪山区珞喻路152号

电话：027－67863426/3280（发行部）　027－67861321（邮购）

传真：027－67863291　　**邮编**：430079

网址：http://press.ccnu.edu.cn　　**电子信箱**：press@mail.ccnu.edu.cn

印刷：湖北新华印务有限公司　　**督印**：王兴平

封面设计：甘　英　　**封面制作**：胡　灿

开本：710mm×1000mm　1/16　　**印张**：26.5

版次：2016年12月第1版　　**印次**：2016年12月第1次印刷

字数：448千字　　**定价**：66.00元

欢迎上网查询、购书

总　　序

高考是我国各类考试中最重要、影响最大的考试。高考改革不仅关系到国家创新人才的培养、学生的健康成长，而且关系到社会公平的维护、高等教育资源的分配，还涉及宏大的社会利益再分配问题，关系到维护我国改革发展稳定的大局，是一项“牵一发而动全身”的社会系统工程，具有综合性、系统性。高考改革事关教育全局，不仅已成为重大的民生议题，而且是教育领域中最复杂、最敏感的问题，受到民众和国家教育主管部门的高度关注。

2010 年 7 月正式颁布的《国家教育中长期改革和发展规划纲要(2010—2020 年)》列有关于招生考试的专门一章，即第十二章“考试招生制度改革”。在中国历次教育改革文件中，这是第一次将招生考试单独列出一章，足见此问题在现阶段的重要性。2012 年 7 月，国家教育考试指导委员会在北京成立，研究制定考试改革方案，指导考试改革试点。国家专门成立一个国家级决策咨询机构来指导高考改革实践，说明考试招生改革意义非常重大。2013 年 11 月，十八届三中全会通过了《中共中央关于全面深化改革若干重大问题的决定》，其中教育方面最主要的就是考试招生改革的内容。2014 年 9 月公布的《国务院关于深化考试招生制度改革的实施意见》，是恢复高考以来最全面、最系统的改革文件。以往也有各种各样的高考改革政策出台，但多数都是单项的或者某一个侧面的改革，而这次改革涉及考试招生的方方面面，是一个顶层设计的系统改革，标志着高考改革进入一个新阶段。

由于高考是一个至为复杂的大规模选拔性考试，是一项“横看成岭侧成峰，远近高低各不同”的制度，从某一特定的角度去观察，站在某一种特定的立场去评说，可能所见都是事实，所言也都有一定道理，但也可能会出现盲人摸象、各说各话的情况。因此，在评价高考时，重要的是全面和客观。

而要理性地、全面地评价高考，提出切实可行的改进意见，就应该对高考进行全面深入的研究。

中国是考试制度的发源地，不仅是一个考试古国，而且是一个考试大国。有些西方国家的大学入学考试只是一种测量手段，只是在小范围内引起关注，只是一个部分人关心的话题。然而，受传统和现实的制约，中国人却将高考变成了文化，变成了经济，变成了政治，变成了盛大的仪式，变成了一种备受关注的社会活动，变成了一种惯例式的全民动员。在有五千年悠久文化传统和千余年科举考试影响的中国，在一个幅员辽阔、人口众多、地域和城乡文化教育水平差异很大的中国，在民众高度重视甚至是过度重视教育的中国，高考既与世界各国的大学入学考试有相同的规律，也有不少独有的现象和问题。

长期以来，高考作为一项影响重大、关注度甚高的重要制度，总体而言是“三多三少”，即新闻报道多，理论研究相对较少；一般议论多，深入分析相对较少；零星探讨多，系统研究相对较少。近年来，情况有了一些改观，特别是2012年前后讨论异地高考政策问题，2014年《国务院关于深化考试招生制度改革的实施意见》出台以后，出现了研究高考改革的热潮，许多相关论文见诸报刊。但是，对于整个高考制度还缺少系统的研究，尤其缺少真正有分量的高考改革研究著作。

高考改革是一个谁都能说得上两句的话题，但又是一个专业性很强的问题。要谈谈自己关于高考改革的观点，发表一两篇文章不难，而要深入阐述自己的观点，发表不重复的系列论文或出版专著却很难。为了将高考研究推向深入，并为现实高考提供决策参考和理论依据，在深入研究的基础上，特组织一套“高考改革研究丛书”。

作为中国高考研究的重镇，厦门大学考试研究中心一直将高考改革作为重点研究方向之一，推出了一系列研究论文和专著，研究成果为全国性的和部分省市的高考改革提供重要的理论支持。本丛书是中国第一套较全面、深入研究高考改革的丛书，对高考从理论、制度、政策、法治、内容、形式，到招生考试的区域公平、民族政策、效度和评价等各方面进行全面的研究，同时对美国、英国、法国、俄罗斯、加拿大、澳大利亚、日本和我国台湾地区的高校招生考试制度等进行了探讨；既有对高考制度的理论剖析，又有对高考改革的一些热点问题的专题论述；是从理论到实践、从宏观到微观、从国内到域外，对高考制度及其改革进行的全面而深入的研究。

“高考改革研究丛书”是对高考的基础性、系统性研究。2015年，该丛书获得国家出版基金资助，出版社与丛书主编将原来已出版的十多本著作加以修订，并扩充至22本，使之成为一个更全面、成气候的书系。本丛书基本上由我自己的著作和历年指导通过答辩的高考研究博士论文、博士后出站报告为基础构成。在我历年指导的众多博士论文或博士后出站报告中，以高考研究为选题的占大多数。要想真正为高考改革提供参考，我们的研究应力求建立在对招生考试历史与现实充分了解的基础之上。为了使这些论文的写作不至于陷入空谈，我总是要求博士生和博士后多了解高考实际。多年来，以高考为选题的博士生和博士后一般都要到部分省市教育招生考试院等考试机构实习，真正深入招生考试第一线，多与考试管理工作者接触交流，这样他们才不会太书生气，所写论文才能脚踏实地。凡是研究别国高校招生考试制度的博士生和博士后，都通晓所在国的语言文字，并尽可能到研究对象国去搜集资料和实地调研，多位博士生和博士后都在研究对象国留学多年或做访问研究一年以上。

丛书中每本著作各有专攻，希望都能切中肯綮，真正做到既有学术价值，也有现实意义；对高考改革的顶层设计，对高考改革的顺利推行，进而对维护教育公平和社会稳定起到一定的作用。恢复高考40周年即将到来，相信本丛书的出版能够为高考改革提供理论支撑，为完善中国的考试招生制度贡献绵薄之力，作为一名上世纪的77级大学生，我深感欣慰。

刘海峰

2016年10月6日

目　　录

第一章　绪　　论

台湾位于祖国的东南海域，是中国最大的岛屿省份，与祖国大陆隔海相望。两岸人民同根同源，秉承中华民族的文化传统。台湾省自古以来作为中国的一部分，其教育制度，尤其是高等教育体系主要源自祖国大陆。但由于台湾在 1949 年以后与祖国大陆相互隔离，其教育制度自然有一些不同之处。大学教育作为教育制度的重要组成部分，在台湾这几十年的发展中呈现出一些独特的风貌，像本书研究的大学入学考试制度就是如此。

本章主要说明本书的研究意义与目的，研究的主要内容、范围及所使用的方法。由于台湾有些词汇的用法与祖国大陆不同，因此特别在名词界定一节中，提出几个重要的名词加以释义。最后对本论题进行文献与研究回顾。

第一节　研究的意义、目的

台湾地区与大陆隔海相望，两岸在文化、语言、文字、教育制度等方面有许多相同之处，研究台湾地区教育制度的发展演变具有重要的现实意义，本节阐述本书的研究意义与目的。

一、研究意义

大学入学考试是中学教育与大学教育之间的桥梁，是大学教育的起点，历来是教育界研讨的热点问题，也是教育改革的关节点。大学入学考试制度的改革也是台湾教育改革的热点。台湾从 1954 年开始实行统一的联合招生考试制度（在台湾简称大学联考），已经历了 60 多年的历史，中间一直没有中断过。因此，台湾的大学联考积累了丰富的经验和教训，认真研究台湾地区大学入学考试制度，对于促进大陆高考改革的深化具有借鉴作用和较强的现实意义。

大学入学考试制度改革不仅仅是考试制度的改革，而且是一个广泛而深刻的社会问题。它是高等教育与社会各界联系最为紧密的方面之一。因此，大学入学考试制度的改革牵涉面极广而且影响重大，很有必要作全面、深入的研究，为中学教学改革和高等教育的改革提供可资参考的理论依据。

台湾与祖国大陆虽然长期阻隔，但都于20世纪50年代初殊途同归地走上了大学联考或高考（即全国普通高等学校统一考试）的道路。两岸虽然政治体制不同，经济发展水平也有相当大的差异，但是，从历史发展、文化渊源和语言、文字、传统等各方面来看，一脉相承的中华民族传统文化，在文化、教育方面最明显地表现出类似的地方，有些积极作用和消极影响还有惊人的相似之处。所以，研究台湾地区大学入学考试制度对大陆高考的改革提供借鉴经验，不仅是可行的，而且是必要的。

本书研究的意义如下：

（1）通过回顾、介绍、分析、讨论和展望台湾地区大学入学考试制度，找出可供大陆高考改革参考的经验，以进一步深化大陆高考改革。

（2）通过研究，进一步在理论上探讨考试改革的问题，对于丰富考试学具有重要的理论意义。

（3）通过分析、比较台湾地区大学入学考试制度和大陆的高考制度，总结经验和教训，引以为戒，对于深化大陆高考改革具有借鉴作用。

（4）本研究以台湾地区大学入学考试制度为题，将加深对于大学入学考试制度的科学化认识，某种程度上提高考试研究的深度和水平，拓展考试研究领域。

二、研究目的

根据上述研究意义，本书欲达到如下具体的研究目的：

（1）了解台湾地区大学入学考试制度的发展演变历史。

（2）了解台湾地区“大学多元入学方案”及“大学多元入学新方案”的具体内容、相关配套措施及运作方式。

（3）从实证分析的角度，选取多元入学方案中的“推荐甄选”作为个案进行剖析，以进一步了解多元入学途径及其利弊。

（4）从理论上多角度分析台湾地区大学入学考试制度的发展历程、影响因素、特点、未来趋势。

（5）从具体描述和理论分析中，提出对祖国大陆高考改革的启示和借鉴。

（6）根据全文的研究结果，提出海峡两岸大学入学考试制度改革的建议。

第二节 研究的内容、范围与方法

本课题主要研究台湾地区大学入学考试制度的发展演变及改革历程，并从理论角度分析对大陆高考改革的借鉴意义。研究方法以文献资料法为主，辅之以其他方法。

一、研究的内容、范围

本研究的主题是研究台湾地区大学入学考试制度。重点围绕大学入学考试和招生两个问题，即考什么？怎么考？怎样招生？本书主要从纵横两个方面研究台湾地区大学入学考试制度。前一部分以时间发展历程为本由纵向回顾、介绍、分析、讨论台湾地区大学入学考试制度。后一部分从横向的多角度理论分析入手，分析台湾地区大学入学考试的发展背景、历程、特点、影响因素等，并提出对大陆高考改革的启示。在时间跨度上，主要研究从1954年开始至2001年实施的大学联招，以及2002年以来实施的大学多元入学新方案。为穷本溯源，扼要介绍民国时期的大学入学考试情况。

本研究的基本思路：首先，追踪台湾地区大学入学考试制度的根源，回顾国民党迁台之前中国的考试历史，尤其是民国时期的联招、单招制度，对国民党迁台之后台湾地区大学入学考试制度的影响。其次，详细介绍、分析台湾地区大学联招的发展演变。围绕考试科目、内容、时间、方式的变化和招生方式及招生机构的变迁等方面展现联招的发展历程。再次，从台湾地区大学入学考试制度改革的角度，探讨为什么要改革大学联招？为什么要实行多元入学？多元入学与大学联招孰优孰劣？通过比较联招的发展、特点和实施多元入学方案的前后变化，试图得出探索性的答案。最后，也是本书的落脚点，在理论上探讨以上结果。一方面，从高等教育的改革与发展的理论及其规律等方面进行宏观探讨；另一方面，从与考试紧密相关的心理学、教育与社会文化的关系、教育机会均等理论以及考试的理论与发展规律层面上，分析、总结台湾地区大学入学考试制度的发展规律与特点，进而对大陆高考制度的改革提出建设性的意见。

通过分析台湾地区大学入学考试制度并与大陆的高考进行比较，试图得出以下结论：台湾地区大学入学考试制度的改革，为大陆高考改革提供了丰富的经验，它是考试园地的一块“试验田”。台湾地区大学入学考试制度是一个受到多方面影响的选拔高级人才的制度，不能简单地从一个方面来考虑影响其发展的因素，它往往受到文化背景、传统习惯、社会习俗、社会政治、经济的发展状况的影响。从研究台湾地区大学入学考试制度入手，在理论上分析台湾地区大学入学考试制度的利弊，发现一些与大陆高考共同的问题。为了适应社会的多元化发展和高等学校选拔人才的需要，进一步改革大学入学考试制度，深化素质教育。大学入学考试的改革有三个转变：从单一的统一考试向多阶段的考试转变；从单一方式的招生向多元化、自主化的招生转变；从单一的评价学生的考试成绩向多元化评价学生的方式转变。所以，今后高考的改革，走考试、招生和评价的多元化发展的道路，应是适应发展需要的必然选择。

二、研究方法

根据本书的研究目的、内容，采用的研究方法主要有以下几种：

（一）文献资料法

由于笔者是在大陆研究台湾地区大学入学考试制度，因时间、经费的限制，不能亲赴台湾实地考察、了解。所以，文献资料法是本研究采用的主要方法。有两个方面的文献，一是大陆学者的研究资料；二是台湾学者的研究资料。

文献包括以下几类：(1) 相关著作：主要是介绍、概述台湾教育的著作，其中有关于大学入学考试制度的探讨；(2) 期刊论文、报纸专栏、评论、简介等；(3) 硕士学位论文、博士学位论文；(4) 台湾教育事务主管部门制定的有关教育法规、章程、招生简章等；(5) 台湾地区大学入学考试中心编辑出版的《选才》通讯及大学入学考试宣传手册，大学入学考试中心出版的调查研究报告、研究资料、专家撰写的论文；(6) 台湾召开的教育会议论文集及海峡两岸的会议交流论文集；(7) 台湾官方网站的网络资料。利用互联网，从网络上查阅台湾教育事务主管部门网站与台湾地区大学入学考试中心网站的信息、资料。

从这些文献中，笔者试图探寻台湾地区大学入学考试制度的发展、演变及改革历程，进一步全面认识、分析其特点、影响因素、发展历程等，以期对大陆高考制度的改革提供可资借鉴的经验。

（二）历史分析法

任何一个考试项目、事件、过程，如果把它放到考试历史发展的长河中去考察，往往会发现规律性的东西，历史往往出现惊人的相似之处。从中华民族的历史演变和科举制度的漫长发展史中，分析台湾地区大学入学考试制度发展、改革的历程，尤其是民国时期的大学入学考试制度的形成原因、背景、特点等，发现其相同之处，这对进一步了解台湾和大陆的大学入学考试制度具有一定的参考价值。

（三）比较分析法

从宏观上，通过比较台湾和大陆大学入学考试的发展演变、背景、特点、影响因素等方面的异同，总结考试发展的规律，以期为解决目前高考改革中的实际问题，寻找最佳的理论结合点。从微观上，对台湾地区大学入学考试制度进行比较，如招生方式上的“联招旧制”与“联招新制”的比较；联招与多元入学方案的比较；1992 年提出的“大学多元入学方案建议书”与 2002 年实施的“大学多元入学新方案”的比较；“推荐甄选”与申请入学的比较等。在考试科目上，比较“新制联考”、“旧制联考”与多元入学方案的考试科目、考试内容的异同，并分析其特色。

（四）统计法

尽量汇集台湾历年的大学入学情况（如入学人数、录取率、升学率等）、考试成绩的统计等第一手资料，进一步从量化的角度探讨台湾地区大学入学考试制度。

第三节 名词界定

本书主要研究台湾地区大学入学考试制度，台湾虽与我们同根同源，语言文字相同，但是有些名词的内涵已经发生变化，与大陆的不尽相同，有必要对主要的关键名词进行释义、界定。

1. 大学

台湾的所谓“大学法”对于台湾的高等教育来说具有母法的作用，依据 1994 年 1 月 5 日修订的有关规定，“大学，以研究学术、培养人才、提升文化、服务社会、促进国家发展为宗旨”①。大学包括独立学院，分所谓“国

① 李泽彧、史秋衡：《港澳台高等教育法规与政策研究》，厦门大学出版社，2000 年，第 125～126 页。

立”、省（市）立、县（市）立大学。大学分设学系（在台湾，有时将学系称为系科，本书也沿用这两种说法），也可单独设研究所，大学在学系及研究所之上设学院。最早的“大学法”（1948 年 1 月 20 日公布）规定，凡具备三个学院以上者，称为大学；不合此条件者，为独立学院。因此，本研究所谓的大学主要指公立、私立的大学、独立学院。

2. 入学考试制度

本书把研究重点限定在入学考试制度，而不是入学制度上，是从考试发展和考试理论的角度来研究大学入学制度，主要指大学考试与招生取才的整个运作方式和过程。包括考试方式、考试科目、考试内容、考试时间、招生入学的途径、招生的组织机构及运作、录取标准和分发方式等内容。

3. 多元入学

多元入学是改变现行高中和大学联合招生制度，学生以多元方式进入高中和大学的入学制度①。台湾多元入学方案最早在 1992 年由“大学入学考试中心”推出的“大学多元入学方案建议书”中提出，遵循考招分离的理念，目前台湾多元入学方案有四种：第一种为“大学多元入学新方案”；第二种为初中“升高中职、五专的多元入学方案”；第三种为“四技、二专（即四年制技术学院、二年制专科学校）的多元入学方案”；第四种为“二技（即二年制技术学院）多元入学方案”。多元入学的特色在于由常设考试机构办理考试，各学校招生自主，期望招收到符合学校发展特色的学生。具体而言，大学多元入学包括推荐甄选、申请入学、“考试分发入学”等途径。高级中学、高职的多元入学途径有：免试入学、特色招生入学（分为考试分发入学及甄选入学两种方式）等。本书主要探讨大学多元入学。

4. 联考与联招

台湾的大学联考举世闻名，联考指台湾各大学院校统一的联合考试，侧重点在考；联招指联合招生制度，侧重点在招生，但在台湾大多将考试也包括在联招中。有时行文或谈话中将联考、联招混为一谈，指的是大学入学考试制度，主要原因是台湾过去考试和招生没有分开，统一由“大学联合招生委员会”办理。本书一般采用联招，有时也用联考。

---

① 郑秋霞：《从教育改革谈台湾地区大学入学制度之变革（1994—迄今）》，台湾南华大学公共行政与政策研究所硕士学位论文，2002 年 1 月 3 日，第 15～17 页。

5. 推荐甄选

推荐甄选入学方式是大学招生入学的新途径。它旨在让大学招收合适的学生并给予适当的教育，是指由高中推荐委员会推荐，大学甄选委员会甄选的入学方式。具体来说考生先参加由大学入学考试中心举办的学科能力测验，通过各大学的筛选，再参加各大学举办的指定项目甄试。招生对象为应届高中（职）毕业生；具有特殊才能与性向的学生；学科成绩特优的学生；大学学院或学系依其特色需要选取的学生①。

6. 大学入学考试中心

台湾的大学入学考试中心（CEEC，简称“大考中心”）于 1989 年 7 月 1 日正式成立，1993 年 3 月改组为“财团法人大学入学考试中心基金会”，是“基金会”业务执行单位，以从事研究与改进大学入学制度和命题技术为宗旨②。由于经费、人员与研究计划均由台湾教育事务主管部门控制，大学入学考试中心接受委托进行各项有关考试的研究与设计工作，是一个专门负责考试的常设性机构。

7. 大学招生策进会

由于“大学联招会”是一个每年组成的临时委员会，为改革大学招生事宜，1997 年 4 月 25 日由各大学（含独立学院、部分科技大学、军事学校）联合组成“大学招生策进会”（简称“招策会”）。“招策会”的任务：①以策进大学招生事务为目标，制定招生策略。②协调各校年度招生事宜。③其他招生相关事项。从其组织结构看，大学入学考试中心专门办理考试，受“招策会”委托负责联招考务工作，“招策会”主持每年的招生工作，并协调招生事宜③。这样就明晰了考招分离的关系，台湾教育事务主管部门下放权力，大学自主招生、决策，形成多元入学格局。

此外，还有一些局部性但很重要的语词将在后面有关章节内进行界说。

---

① 参见郑秋霞：《从教育改革谈台湾地区大学入学制度之变革（1994—迄今）》，台湾南华大学公共行政与政策研究所硕士学位论文，2002 年 1 月 3 日，第 111～113 页。

② 大学入学考试中心宣传手册，载《大学入学考试中心大事记》（1988 年 12 月至 1999 年 6 月），财团法人大学入学考试中心基金会出版。

③ 参见丘爱铃的有关台湾地区“大学联招政策变迁之研究（1954—1997）”，台湾师范大学教育研究所博士学位论文，1998 年 6 月，未出版，第 239～241 页；郑秋霞：《从教育改革谈台湾地区大学入学制度之变革（1994—迄今）》，台湾南华大学公共行政与政策研究所硕士学位论文，2002 年 1 月 3 日，第 18 页。

由于台湾是中国领土不可分割的一部分，有些著作与论文中所说的政治名词在本书的行文中如果无法避免，则一般都加注引号。本书所引台湾文献中的年代，如为 1949 年 10 月 1 日以后的，笔者均改为通用的公元年号，特此说明。

第四节　文献与研究回顾

由于研究所需的台湾原始文献不足，同时无法直接去台湾实地考察，搜寻和查阅现有的大陆的资料就很重要。有关文献资料的占有不够丰富、翔实，对最新动态和变化了解的渠道可能不够畅通，加上实际情况难以深入了解，因此研究的深度可能不如人意。这些不足之处需要在查阅直接和间接文献时加以克服。诚如潘懋元先生 1991 年 6 月在厦门大学召开的“台湾高等教育研讨会”上的开幕式所言：(对于台湾高教)“在现有条件下，要作比较全面、准确的研究，不仅要占有较多的实际资料，而且要充分了解台湾学者的研究成果，把台湾高教基本情况与台湾学者的研究成果作比较，把台湾学者的研究成果与我们的思路作比较，只有这样，才能开拓思路，有所鉴别，研究成果才能比较深入。”① 同样，这也适用于对台湾地区大学入学考试制度的比较研究。

对台湾教育问题的研究文献，主要有两个方面，一是大陆学者的，二是台湾学者的。下面分别论述：

一、大陆学者有关台湾地区大学入学考试制度的研究

大陆学者有关这方面的系统研究比较少，主要是一些介绍性的、概况描述性的文章。专题研究论文有刘海峰教授的《变革中的台湾大学联考制度》、《传统文化与台湾大学联考的改革》。前者详细介绍、分析了从 1954 年至 1993 年台湾地区大学联考制度的发展演变情况，以及 20 世纪 90 年代提出的多元入学制度改革的特色；后者从传统文化的角度，分析、总结了台湾大学联考的发展过程和改革状况。史策的《还是坚持大学入学统一考试好》，

---

① 参见潘懋元在 1991 年 6 月于厦门大学召开的“台湾高等教育研讨会”上的开幕式讲话稿，转引自李泽彧、武毅英：《战后台湾高等教育与经济发展》，厦门大学出版社，1996 年，第 154 页。

则利用最新的台湾多元入学的改革资料，分析台湾大学多元入学建议书的特点，提出对大陆高考改革的启示和建议。吴丽卿的《我国台湾省大学联考制度述评》、《我国台湾省大学联考再述评》，全面阐述了台湾20世纪80年代以前的大学联考制度的发展演变状况。刘有鹏的《台湾“大学多元入学新方案”及其借鉴》，详细介绍、分析了2002年实行的“大学多元入学新方案”，总结了三个特点：考招分离；招生自主；入学多元。另外，笔者自2002年以来发表若干关于台湾地区大学多元入学制度改革的论文，代表性的有：《台湾大学入学考试制度改革探析》、《台湾的大学多元入学考试》、《浅析台湾的大学多元入学方案》、《台湾大学多元入学考试制度的若干特点》、《台湾的大学入学考试制度的创立与实施》、《台湾的大学推荐甄选入学制度评价》、《台湾的大学多元入学考试制度的变革及其启示》、《台湾的大学入学考试中“学科能力测验”述评》、《中国传统文化对台湾大学入学考试改革的影响》。从台湾地区大学入学考试的发展历程，多元入学的内容、特色等方面，论述台湾地区大学入学考试制度的改革。

我国大陆学者有关台湾高等教育及教育、文化研究的著作中，也散见了一些有关介绍大学联考制度的资料。代表性的有曲士培的《台湾高等教育》；庄明水、谢作栩的《台湾教育简史》；于永、郑旦华的《台湾省教育概况》；周鹤鸣的《香港、台湾地区和南朝鲜、新加坡高等教育研究》；李泽彧、武毅英的《战后台湾高等教育与经济发展》；黄新宪的《传统文化影响下的台湾教育》；刘海峰的《福建教育史》；李海绩、郑新蓉的《台湾教育概览》；潘慧斌、张冠增的《台湾地区高等教育纵览》等等。

有关高考制度的研究文献中，也涉及台湾地区大学入学考试制度。如陆震编著的《中外学校教育考试制度探讨》，有专章介绍台湾地区大学入学考试制度。

二、我国台湾学者对台湾地区大学入学考试制度的研究

我国台湾学者对大学入学考试制度的有关研究，成果颇丰。简述如下：

（一）专著

1983年由台湾“比较教育学会”主编、台湾五南图书出版公司出版的《世界各国大学入学制度改革动向》一书中收录了16篇专门研究大学入学考试制度的论文；1977年由台湾“比较教育学会”主编、台湾幼狮文化事业公司出版的《世界高等教育改革动向》中有4篇研究各国大学入学考试制度

的论文。1996年由 Max A. Eckstein & Harold J. Noah 等著，台湾大学入学考试中心组织翻译、台湾心理出版社有限公司出版的《迈向大学之路——各国的考试政策与实务》一书是较新的比较和研究各国大学入学考试制度的专著。

2000年3月由台湾财团法人大学入学考试中心基金会出版的论文集《十年辛苦不寻常——大学入学考试中心十周年纪念文集》，收录了对台湾地区大学入学考试中心创立发展历史的回顾，反映多元时代、推案（推荐甄选方案）时代、考招分离的论文，以及台湾大学入学考试中心同仁赴美国、日本、英国及大陆考察交流考试经验的论文若干篇。这是一本全面了解、系统阐述台湾大学入学考试改革历程的文集，具有很高的参考价值。

可查阅到的相关著作如台湾商务印书馆印行的汪知亭的《台湾教育史料新编》，张春兴主编的《当代高等教育问题》，张希哲的《高等教育的理想与实际》，李达编的《台湾教育问题》（一、二、三），宗亮东的《辅导与教育论文集》，曹亮吉的《考试知多少》，吕俊甫的《教育与社会》等。这些著作中有一些关于台湾地区大学入学考试制度的相关资料及研究报告。

（二）期刊论文、报纸文章

主要期刊有台湾大学入学考试中心编辑出版的《选才》，每月15日出版，介绍最新大学入学考试动态及相关的研究成果。台湾文景书局销售、陈石安先生发行的《教育资料文摘》，每年都有介绍联考改革、招生、录取、考试的资料以及专门的研究论文、调查报告等，是我们了解台湾地区大学入学制度变革的重要资料。相关期刊还有：台湾省教育学会编的《台湾教育》、台湾教育辅导月刊社编辑的《台湾教育辅导月刊》、台湾“教育会”会讯《师说》等，也有专门研究台湾地区大学入学考试制度的论文。厦门大学台湾研究中心资料室收藏多年的《联合报》、《中国时报》等台湾主要大报，是了解台湾教育改革情况的最有利和最直接的信息源。有的大报每天有专栏“文教报”，专门报道最新的教育改革信息。

（三）学位论文：包括硕士学位论文和博士学位论文两种

台湾师范大学教育研究所丘爱铃的博士学位论文有关台湾“大学联招政策变迁之研究（1954—1997）”（1998年6月），作者以联招政策的变迁为切入点，分为创立时期、规划时期、新制时期、多元时期四个发展阶段，围绕政治、经济社会背景、招生方式、招生机构、考试方式与科目、升学优待措施、招生名额等方面来论述台湾地区大学入学考试制度发展与变革的历程，该文内容全面，资料翔实，分析透彻，是两岸研究大学入学考试制度的基本参考资料。另外，还有台湾暨南国际大学比较教育学系张康龄的博士学位论文《以组织权责的观点比较中美两国大学入学政策之变迁》。

目前笔者搜集到的台湾地区研究大学入学考试制度的硕士学位论文有台湾南华大学公共行政与政策研究所郑秋霞的《从教育改革谈台湾地区大学入学制度之变革（1994—迄今）》（2002 年 1 月），该文全面、详细、系统地介绍了台湾地区大学入学制度改革的过程、特色和产生的问题及分析探讨。台湾东吴大学经济学系陈昌媛的《大学科系与高级中学对大学甄试入学之态度评估与研究》（1999 年 6 月），该文从实证调查分析入手，“了解实行推荐甄选究竟对原来的大学入学生态产生了何种变数”。对高中资料的分析发现，“一般高中生均希望利用推荐甄选进入更理想的大学科系就读”①。对大学系科的研究显示，大学系科仍以联招为主要招生方式。大学系科规模越大，越有可能参与甄试。台东师范学院教育研究所陈林晓梅的硕士学位论文《大学“甄选入学”制度之研究（1993—2000）》（2000 年 6 月），该文采用比较研究、历史研究、深度访谈等研究方法，分析台湾大学推荐甄选与申请入学两种主要的甄选入学方式的形成原因、实施情形、特色与影响，是研究台湾地区大学甄选入学制度的较好参考资料。

台湾高雄师范大学教育学系马向青有关台湾“高级中等学校入学制度之研究”的硕士学位论文，全面、详细、系统地回顾了台湾高级中等学校入学的沿革、改革及未来展望。采用问卷调查和半结构式访谈法进行实证分析，得出 13 项研究结论。其中可资大学入学考试借鉴的结论有：(1) 台湾高级中等学校入学竞争激烈的原因是，无法凭借改革入学制度消解社会人才选拔机制和奖赏制度的不公。(2) 联招制度符合技术层次上的公平，但缺乏理念层次上公平的反思。(3)“多元入学方案”的最大争议在于，各界对于推荐甄选是否采用学生在校成绩作为加重计分，以及各校如何使用甄选考试的方式和内容，多有质疑。(4)“多元入学方案”还是受到大多数中等学校教师的支持，但要不断改进。(5)“多元入学方案”是台湾高级中等学校较为合宜且可行的入学制度。最后作者建议：(1) 目前初中教育上的种种弊病，除

① 陈昌媛：《大学科系与高级中学对大学甄试入学之态度评估与研究》，东吴大学经济学系硕士学位论文，1999 年 6 月，第 57 页。

了改革高级中等学校入学制度外，还要有其他相关的配套措施才能有效解决。(2) 应继续实施多元入学方案，同时不断地检讨和改进。(3) 应逐年提高“申请暨甄选入学”名额，淡化学生争相进入“明星高中”(即重点中学)的现象，缓和激烈的升学竞争；逐年降低“登记分发入学”名额，以减少高中、高职阶层化的弊病。(4) 为适应入学制度改革，教育工作者要发挥应有的专业精神和职业道德，不断地自我改进和提高。

从台湾“博硕士论文资讯网”① 检索结果显示，到 2004 学年度为止，不限检索栏目，以“大学入学考试”为关键词检索，有 164 篇论文；检索“大学入学制度”，有 43 篇；检索“大学多元入学”，有 54 篇；检索“大学联考”，有 84 篇；检索“考试”，有 1 946 篇；检索“招生”，有 529 篇；检索“大学联考”，有 53 篇。可见，台湾关于大学入学考试的专业研究很多，内容涉及考试、招生的各个方面，还表现为不同大学的不同研究所、系科进行的多角度研究特征。与大学入学考试制度研究有关的硕士学位论文，代表性的有：刘应义的《大学联招同分增额录取模式的研究》，王文中的《大学联招考生填选志愿型态之研究》，郑素卿的《师范大学学生入学志愿与教师素质的关系》，苏亮的《新制联招利用电子计算机处理可行性的研究》及郭灿卿的《大学联招新分发模式小样本之模拟》，林全义的《台湾地区高级中学入学方式之研究》，苏德祥的《高中多元入学决策过程之研究》，曹春隆的《专科学生升学与选择校系态度之研究》及林静珊的《大学甄试生选校决策因素之探讨》，李宏隆的《大学申请入学之模糊多准则决策模式》，周正一的《大学联考英文科翻译试题之探究（1979—1994)》，李怡铮的《题目反应理论在大学联考计分上的应用：部分计分模型与等级反应模型》，李承统的《技专校院入学制度改革之研究》，李佳玲的《大学入学考试中心学科能力测验与高中在校成绩关系之研究》，陈韵如的《台湾与法国高等教育制度之比较分析研究——以学校结构及入学制度为例》，周华琪的《台湾与日本大学入学制度之比较研究》、黄韵如的《台海两岸大学入学考试国文科作文试题之比较研究》及周文菁的《台湾地区大学升学压力及其相关因素研究》，张瑞麟的《考生对大学甄选入学制度之认知与因应策略之研究》，余秋芬的《高中学科能力测验成绩与大学入学后学科学习绩效之相关性研究——以中

① 参阅台湾“博硕士论文资讯网”网站：http://etds.ncl.edu.tw/theabs/index.jsp。

国文化大学为例》，蔡姗珮的《政策资讯系统架构之初探——以大学多元入学方案为例》，张秀英的《大学入学考试成绩与在校成绩关系之研究》，蔡宜芳的《公立大学校院入学机会之调查研究——新旧制度入学学生的比较》，等等，这些论文从不同的角度研究台湾大学入学考试制度的发展变化，为笔者今后进一步研究台湾地区大学入学考试制度提供了宝贵的资料。

（四）专题调查报告和研究论文

台湾大学入学考试中心成立以后，对台湾地区的大学入学考试制度进行检讨，通过三年的研究，于1992年提出了“大学多元入学方案建议书”。从1989年开始，台湾大学入学考试中心与各大学及中学的教育研究专家、学者一起，深入研究台湾及海内外的大学入学考试制度，大学入学考试中心出版了一批有关的调查及研究报告①。这些调查报告及研究论文主要包括：(1）有关大学入学考试制度的研究。代表性的有台湾的《大学入学制度之研究》、《推荐入学方式之研究》、《推荐甄选入学方式之研究报告（二）推荐方法与甄选办法之研拟》，以及《推荐甄选追踪调查研究》系列研究报告、《预修甄试入学之研究》、《改良式联招架构规划工作计划研究报告》、台湾的《大学入学加计高中在学成绩方案计划报告》、《简化考科大一不分系招生办法之研究报告》系列研究、《大学入学考试残障考生考试办法初探研究报告》等，这些研究报告对本书的写作与研究有最直接的帮助。(2）信息、辅导类。如《兴趣量表编制之研究》、《认识学科能力测验》系列出版物、《推荐甄选学科能力测验试题及解析》系列、《大学指引》、《各国大学入学制度介绍——国家篇》、《各国大学入学制度介绍——学校篇》、《学系探索量表》、《北斗星——选择大学校系电脑辅导系统》以及自1992年以来大学联招试题解读。(3）命题类。主要包括分析、研究大学联考各科试题、编制大学多元入学中的基础科目的考试试题、编制与规划指定科目考试试题、分析学科能力测验各科试题。除此之外，还有关于《推荐甄选入学面试类型与其评量方式研究报告》、《小论文适用性初探研究报告》、《大学入学考试参考题库建立之研究报告》等有关考试命题的专题研究报告。(4）其他类。主要是大学入学考试中心自成立以来召开的历届研讨会会议实录、赴国外及大陆地区考察

① 参阅台湾的大学入学考试中心网站：http://www.ceec.edu.tw/Research/ResearchList.htm。

工作报告等，这些是研究大学入学考试制度的第一手资料。

（五）网络资料

信息时代的网络资料是必不可少的。台湾教育事务主管部门（http://www.edu.tw）及台湾大学入学考试中心（http://www.ceec.edu.tw）的网站提供了最新的招生考试信息，是本书主要的网络参考资料。还有“哈学网大学多元入学保固站”（http://w3.mingdao.edu.tw/ceec/）、大学招生委员会联合会（http://www.jbcrc.edu.tw）、大学甄选入学汇办中心（http://www.caac.ccu.edu.tw/）、大学考试入学分发委员会（http://www.uac.edu.tw/）、大学术科考试委员会（http://www.cape.edu.tw/）、台湾教育事务主管部门高教司（http://www.edu.tw/EDU_WEB/Web/HIGH/index.php）等网站设有专门的招生考试资讯栏目，也是非常重要的网络资源。其他的资料主要来自国际互联网络的搜索。

第二章　台湾地区大学入学考试制度的发展历程

从历史发展的角度分析某一事物、问题或者现象，可以看出其发展演变的脉络和规律等特征。研究台湾地区大学入学考试制度也不例外。本章从历史回顾的角度分析台湾地区大学入学考试制度的发展、演变，主要包括以下几方面：第一，简介台湾的教育制度，为进一步了解台湾地区大学入学考试制度的发展、变革奠定基础；第二，回溯到民国时期，探讨民国时期大学联考的发展对台湾地区入学考试制度改革的影响；第三，详细介绍台湾地区大学联考制度的建立过程；第四，阐述台湾地区大学联招制度的发展、革新；第五，分析台湾地区大学联招的演变，大学“联招新制”的建立与评价；第六，作为承上启下的环节，简介台湾地区大学入学考试中心的成立以及“大学多元入学方案”的提出，为下一章深入分析台湾地区大学入学考试制度的改革作好铺垫。

第一节　台湾地区教育制度概述

了解台湾教育制度的概况，有助于研究台湾地区大学入学考试制度。本节主要简介台湾的学制和行政体制。

于永、郑旦华在编著的《台湾省教育现况》① 中，将台湾的教育分为学前教育、学校教育和社会教育。学前教育由幼稚园（即幼儿园）实施。从小学一直到大学、研究所为学校教育，其中包括：(1) 9 年义务教育，即所谓“国民教育”，其前 6 年为小学，后 3 年为初级中学，一律免试入学，不交纳学费。(2) 高中或高级职业学校，招收初中毕业生，学制 3 年。(3) 高等教育，

① 于永、郑旦华：《台湾省教育现况》，华艺出版社，1988 年，第 1～4 页。

包括专科学校、独立学院、大学及院校研究所。大学修学年限一般为4年，但有根据学系实际情况的不同延长1年至2年的。社会教育指学校教育以外的一切教育措施。在社会教育范畴内，单独为成人设置的教育机构称成人教育。

王本尊、李法容、徐位发在编著的《台湾教育概观》① 中，将台湾教育分为8类，包括学前教育、“国民教育”、高级中学教育、职业技术教育、高等教育、师范教育、特殊教育、补习教育。各级教育学校包括幼稚园、小学、初级中学、高级中学、高级职业学校、专科学校、大学与独立学院、研究所，另有特殊学校及补习学校。依此学制，各级教育的修业年限为：幼稚园2年、小学6年、初级中学3年、高级中等学校（高中与高职）3年；专科学校分五年制（招收初中毕业生，即五专）、三年制（招收高中毕业生，即三专）、二年制（招收高级职业学校毕业生，即二专）；大学院校除师范院校及医学系外，一般为4年，研究所硕士班2～4年，博士班2～6年；大专院校夜间部比日间部同系修业年限增加1年，特殊学校与补习学校分别比照同等的正规学校修业年限。

曲士培编著的《今日台湾教育》② 将台湾教育分为9类：学前教育、义务教育、高级中等教育、高等教育、技术职业教育、师范教育、补习教育、特殊教育、侨民教育。各级教育学校及修业年限为：①学前教育：幼稚园4～6岁（2年）；②义务教育：小学6～12岁（6年）、初级中学12～15岁（3年）；③高级中等教育：高级中学15～18岁（3年），招收初级中学毕业生；④高等教育：大学及独立学院4年，视学系的实际需要延长1年至2年，研究所2年至4年；⑤技术职业教育：职业学校招收初级中学毕业生，修业年限2年至4年，专科学校修业年限为二年制（招收职业学校毕业生）、三年制（招收职业学校及高级中学毕业生）、五年制（招收初级中学毕业生），技术学院授予学士学位，招收工业专科学校毕业生，修业2年；或招收工业职业学校及其有关职业学校毕业生，修业4年；⑥师范教育：师范专科学校，招收初级中学毕业生，修业5年；师范大学、师范学院及教育学院招收高级中等学校毕业生，修业4年，实习1年；⑦补习教育：主要指进修补习学校，已受9年义务教育者，须接受进修补习教育。分为高级进修补

---

① 王本尊、李法容、徐位发：《台湾教育概观》，暨南大学出版社，1990年，第1～19页。

② 曲士培：《今日台湾教育》，山西教育出版社，1999年，第1～4页。

习学校、专科进修补习学校和空中大学（包括选修生、全修生及自修生）三类；⑧特殊教育：特殊学校专设的分为启明（收盲生）、启聪（收聋生）、启智（收智能不足学生）、仁爱（收肢体残障学生）四类；⑨侨民教育：华侨实验中学及侨生大学先修班。

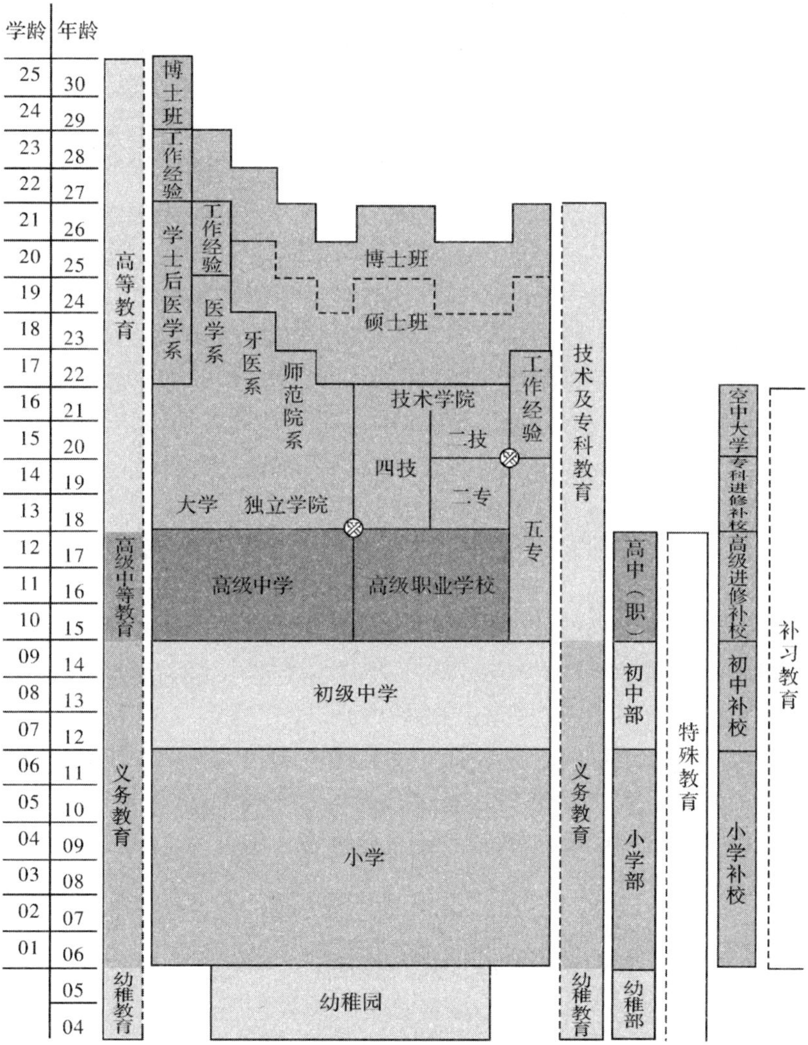

图 2-1　台湾现行学制图

资料来源：台湾教育事务主管部门网站：http://www.edu.tw。

台湾教育事务主管部门统计处2002年8月29日公布的最新教育学制为幼稚教育、义务教育（小学6年、初中3年）、高级中等教育（3年，包括高中、高职）、高等教育（分为大学教育4～7年、硕士班1～4年、博士班2～7年①，参见图2-1，台湾现行学制图）。完成了义务教育之后，开始划分为“专业学术教育”和“技术职业教育”两种不同途径的教育系统。“专业学术教育”包括高中、大学、研究所；“技术职业教育”包括高职、五专、二专、技术学院、科技大学。“专业学术教育”系统着重于学术知识的培育与人才的养成，提供青年学子选择性的升学教育。招收对象为初级中学毕业生，经过申请入学、推荐甄选或入学考试等方式进入高中，一般修业3年。高中毕业后，除经过大学入学考试进入大学外，还可经由数学即自然科学、语文及艺能科的甄选，辅导就读大学相关学系，以及参加大学推荐甄选就读大学。大学的修业年限一般为4年，少数学系须增加1～3年。大学毕业之后，再经过考试或甄试进入研究所，接受研究生教育。“技术职业教育”系统为初级中学毕业后经过甄选或考试，进入各类高级职业学校（修业3年）或各类五年制专科学校（修业5年），毕业后可从事各类技术性职业，也可以继续升学。高级职业学校毕业生经过推荐甄选或入学考试，可进入二年制专科学校（修业2年），后进入技术学院、科技大学（修业4年）。二年制或五年制专科学校毕业后，也可以经过考试进入技术学院或科技大学（修业2年），取得学士学位。以上是两种正规的教育系统，除此之外，针对社会大众还设有进修补习学校、空中大学，提供更广泛的进修机会。针对天资优异学生或身心障碍学生设有特殊教育，提供各类学生适性发展的机会。本书赞同、采用台湾教育事务主管部门的教育分类。

台湾的教育行政系统，自台湾行政当局到县市政府，共分三级，即台湾行政当局的教育事务主管部门、省市政府的教育厅局及各县市政府的教育局。教育事务主管部门负责制定台湾教育政策，掌管台湾当局所立的学校、社教机构及私立大专院校，隶属台湾地区行政管理机构。省市政府的教育厅局，秉承台湾行政当局教育政策，依据地方自治精神，掌管省市教育行政、省市立各级学校、省市立社教机构及省直辖区内的私立高级中等学校及直辖市区内的私立中等以下各级学校。各县市政府教育局，分别掌管各县市教育

① 参见台湾教育事务主管部门统计处网站：http://fair.edu.tw/statistics/multi/current-c.htm。

行政、县市立的各级学校、县市立社教机构及私立初中、小学与幼儿园。

需要特别说明的是关于台湾省教育厅的历史沿革。“光复”初期，台湾省行政长官公署下设教育处，为掌管全省教育行政及学术文化最高机关，设置四个科、五个室、四个委员会。1947 年 5 月，台湾省行政长官公署改制为台湾省政府，教育处也随之改制为台湾省政府教育厅，1949 年国民政府迁台，教育事务剧增，行政组织及人员编制扩充，至 1955 年增至六个科、四个室、八个委员会。至 1992 年，教育厅组织扩编为六个科、九个室（秘书、总务、军训、会计、统计、人事、督学、研考、政风）、三个小组（训育、信息、法规）、两个委员会（“国语”推行、台湾民众体育）及台湾民众教育巡回导团。1999 年 7 月，台湾省政府功能业务与组织调整，教育厅改隶为台湾教育事务主管部门的中部办公室，办公地点在台中县，负责督导台湾省及金门、马祖地区 340 所公、私立高中、高职及特殊教育学校的业务。下设十一个科，一科至六科为业务单位，秘书、总务、会计、人事、政风科为幕僚单位①。

第二节　民国时期的大学入学考试制度简况

研究台湾近现代教育制度往往要追溯至 1949 年 10 月 1 日以前的民国时期的教育，尤其在大学入学考试制度方面，台湾地区大学联考制度的建立与发展改革，很大程度上受到民国时期的大学招考制度的影响。可见，民国时期的大学招考制度对台湾地区大学入学考试制度改革具有一定的作用②。本节主要从民国时期所实行的统一招考的考试方式、内容和科目与招生方式及招生机构的变化，说明它对迁台后的台湾国民政府所施行的大学联招的影响。

抗战初期实施的国立大学统一招生，是台湾地区大学联招入学考试制度的先声，是在抗战救亡图存的困难情势下的必然选择。教育部为适应抗日战争时期的需要，决定施行统一招考以统筹大学设施，统一新生入学标准，提高大学生入学程度。1937 年国民政府教育部在中央、浙江、武汉三所大学

---

① 台湾教育事务主管部门中部办公室网站：http://www.tpde.edu.tw/view_history.htm。

② 杨李娜：《民国时期的大学招考制度及其影响》，《漳州师范学院学报》（哲学社会科学版）2005 年第 4 期，第 118～123 页。

试办“联合招考”的基础上，1938 年实行国立各院校统一招生，1940 年又扩大到公立各院校统一招生①。高耀明在《民国时期高校招生制度述略》中将民国时期的招生分为三个阶段，即高校单独自由招生阶段（1911—1932）；计划与统一招生阶段（1933—1940）；招生形式多元化阶段（1941—1949）②。

一、考试方式——统一考试为主

（一）统一考试

民国时期的统一招考，其考试形式为统一考试。考试分笔试和口试。1938 年规定，投考师范学院者于笔试后加口试，其他院系于录取入学前由各系分别举行口试。在命题范围上统一规定，国民政府教育部在《二十七（1938）年度国立各院校统一招生命题及评分标准的规定》中，首先提出：“命题之范围及程度，须以高中课程标准为限，命题之内容，应以经部审定之通用教科书为依据”，“各科试题数目，应以一般考生能于规定时数内完卷者为准”，“各科命题，不宜空泛或偏重记忆，除国文、英文外，较难者与较易者约各占 25%，难易适中者约占 50%”③。各科评定分数，采用百分制。1938 年初施行时，试题由各考区聘请委员命题，虽有教育部颁布命题标准，但各考区的题目不同，评卷更难一致，1939 年改由教育部统一命题。1938 年由于各区试题不同，难易不一，评分的宽严标准难以把握，所以采用标准分计算成绩，使各校之间的分数具有可比性和可操作性。1940 年命题评分标准又有改善，根据有关规定，命题委员除拟定试题外，还要拟一份试题答案并附评分标准，就各题的可能情形拟定答出某一部分给若干分，各部分分数总和为一题分数，各题分数总和为一科分数，一科总分以

① 参见薛成龙：《近代中国高校招生考试研究》，厦门大学高等教育科学研究所硕士学位论文，1999 年 5 月；谢青、汤德用：《中国考试制度史》，黄山书社，1995 年，第 564～565 页。

② 参阅高耀明：《民国时期高校招生制度述略》，《高等师范教育研究》1997 年第 4 期，第 69～74 页。

③ 杨学为、朱仇美、张海鹏：《中国考试制度史资料选编》，黄山书社，1992 年，第 674～675 页。

100 为准①。

（二）联合考试

民国时期的联合考试主要有两种：一种是分区联合考试，一种是高中毕业会考与专科以上学校入学考试联合举行（简称联合考试）。

1. 分区联合考试

1942 年由于抗日战争战事紧张，各地交通困难，教育部为顾全学校及考生便利起见，由部划分考区，指定区内各院校联合考试和招生。举行联合招生的各区，组织联合招生委员会，以召集学校校长为召集人。联合招生委员会负责招生考试的命题、考试安排和阅卷事项，学校按照成绩自行录取新生②。并规定："凡不在本区之各院校，得征求他区之同意，委托他区代为招生，受委托之各区可于本区考试后举行试验，不必与本区考试同时举行。如委托学校较多时，得分两次举行试验（至多以两次为限），以增加考生应考之机会，委托他区代招学生，其命题、阅卷及揭晓等事宜，应由校区间自行商定。"③ 另外，"举行联合招生之各院校，除考试外，并得兼采成绩审查办法，但以优良高中成绩优秀之毕业生为限，经甄审合格者，得通知其来校参加复试，复试成绩较次者，由校取为试读生，或授以补习课程"④。以后各年在分区上虽有增减，但是分区联合招生考试的形式一直沿用下来。直到抗战胜利以后，基本上还是用这种"联考"形式。

2. 高中毕业会考与专科以上学校入学考试联合举行的"联合考试"

这是 1943 年教育部以举办夏令营的形式，将江西、贵州、甘肃三省高中毕业会考与专科以上学校的入学考试联合举办，简称"联合考试"。在教育部设联合考试委员会，负责规划及指导，各省设委员会，负责命题、拟定标准答案、阅卷及有关考务⑤。参加考试情况参见表 2-1。

---

① 参见谢青、汤德用：《中国考试制度史》，黄山书社，1995 年，第 569 页。

② 参阅高耀明：《民国时期高校招生制度述略》，《高等师范教育研究》1997 年第 4 期，第 69～74 页。

③ 参见王焕琛：有关台湾地区"大学入学制度历史之一页——统一招生与分区联合招生"，转引自台湾地区比较教育学会：《世界各国大学入学制度之改革动向》，五南图书出版公司，1983 年，第 25～28 页。

④ 参见谢青、汤德用：《中国考试制度史》，黄山书社，1995 年，第569 页。

⑤ 参见谢青、汤德用：《中国考试制度史》，黄山书社，1995 年，第 578～579 页。

表 2-1　1943 年江西、贵州、甘肃三省联合考试参加学生及录取专科以上学校学生人数表

省份	参加联合考试学生人数			录取升学人数
	会考升学组	升学组	共计	
江西	1 500	191	1 691	585
贵州	650	1 026	1 676	812
甘肃	340	128	468	380

资料来源：参见王焕琛关于台湾“大学入学制度历史之一页——统一招生与分区联合招生”的文章，转引自台湾比较教育学会：《世界各国大学入学制度之改革动向》，五南图书出版公司，1983 年，第 30 页。

高中生的毕业成绩标准按照《修正中学学生毕业会考规程》的规定办理，升学录取与否以联合考试成绩为凭，录取标准由联合考试委员会制定。

1944 年，教育部停止了“联合考试”。1947 年，教育部又变更颁布“联合考试”办法，但实际上没有进行。“联合考试”这种模式适应于高等教育规模较大的国家，而民国时期的高等教育仍为精英教育，所以最后没有再实行下去。

二、考试科目与内容

统一招考的另一种表现形式是考试科目与内容的统一规定。从命题及评分标准上看是统一规定、统一命题、统一阅卷、统一评分标准。参见表 2-2。

表 2-2　1938—1949 学年度大学入学考试科目演变表

学年度	共同考科	分组考科
1938—1939	公民 国文 英文 本国史地	文法商组：数学丙（代数、平面几何、三角）、外国史地与物理、化学、生物三科中任选一科 理工组：数学甲（高等代数、平面几何、解析几何、三角）、物理、化学 医农组：数学乙（高等代数、平面几何、三角）、生物（投考地理系者，以外国史地代替生物）、物理与化学两科中任选一门
1940	公民 国文 英文（或德文） 生物	文法商组：数学（高等代数、平面几何、三角）、中外历史、中外地理及理化 理工组：数学（高等代数、平面几何、三角）、物理、化学、中外史地 医农组：数学（高等代数、平面几何、三角）、物理、化学、中外史地

续表

学年度	共同考科	分组考科
1941—1942	公民 国文 英文	文法商组：中外历史地理、理化、生物、数学（高等代数、平面几何、三角） 理工组：史地、数学（高等代数、解析几何、三角）、物理、化学、生物 医农组：史地、数学（高等代数、平面几何、三角）、物理、化学、生物、体育
1943	公民 国文 英文（法文或德文） 生物	甲组（文理两院之各学系）：数学（高等代数、解析几何、三角）、物理、化学 乙组（法、商、师范、工、农各院之各学系）：数学（高等代数、平面几何、三角）、中外史地、物理、化学
1944	国文 英文（法文或德文） 公民　史地 理化　生物	甲组：数学（高等代数、解析几何、三角） 乙组：数学（高等代数、平面几何、三角）
1945—1949	国文 英文 公民	甲组（理工师范学院、理组及统计系）：物理、化学、史地、数学（高等代数、解析几何、三角） 乙组（文法商师范学院、文组及地理学系）：数学（高等代数、平面几何、三角）、中外历史、中外地理、理化 丙组（医、农学院及博物生物等系）：数学（高等代数、平面几何、三角）、史地、理化、生物

资料来源：①杨学为、朱仇美、张海鹏：《中国考试制度史资料选编》，黄山书社，1992 年，第 742～758 页。②参见薛成龙：《近代中国高校招生考试研究》，厦门大学高等教育科学研究所硕士学位论文，1999 年 5 月，第 42～48 页。③参见丘爱铃的有关台湾地区“大学联招政策变迁之研究（1954—1997）”，台湾师范大学教育研究所博士学位论文，1998 年 6 月，未出版，第 25 页。笔者根据以上资料内容重新整理而得。

从考试科目的演变可以看出，所有考生的考试科目完全相同，涵盖了中学所学的公民、国文、英文、数学、历史、地理、物理、化学、生物等课程，在分组考试科目上有试题难易之分。

从考试内容上看，1938 年对试题类型要求，国文科作文一篇，文言语体互译各一篇，英文科作文一篇，英译汉、汉译英各一篇，考德文者仿此；

物理、化学、生物科中须有一题实验题，考试实验的程序。各科试题要求不宜宽泛或偏重记忆①。

各科评分要求，由阅卷委员会分题评阅，采用百分制。国文科试题，作文占50%，语体互译各占25%；英文科作文占50%，英译汉、汉译英各占25%；其余各科按试题数目平均计算，较难较易及难易适中各题一律平均计算。术科成绩体育科按规定种类分别记录成绩，造册送部，不另计分数；艺术科加试科目，素描及国画占70%，绘画理论占30%。

三、招生方式——统一招生和分区联合招生

民国时期重要的招生方式有两类：统一招生和分区联合招生。统一招生包括统一录取标准与统一分发。1937年以前各大学院校均自行招收新生。1938年国民政府为了适应战时特殊环境，节省时间和费用，并方便学生参加考试，消除独立招考新生带来的各自为政现象，决定国立各院校新生由教育部统一招考。

（一）统一录取标准

在《二十七（1938）年度国立各院校统一招生办法大纲》中规定："录取学生：尽先依各该生第一志愿学校分发，如第一志愿学校额满时，依其第二志愿，余类推，如所有志愿学校均额满时，由部指派学校。"

（二）统一分发

根据《二十七（1938）年度国立各院校统一招考录取新生分发办法》，新生分发据此统一办理：①录取新生的分发依其志愿以成绩为次序。考生成绩相同者以国文、英文（或德文）、算学三科成绩定分发次序。②录取新生如所填志愿中其加试科目不及格时，分发时该加试科目不及格的志愿作无效处理，以下所填其他志愿依次向上递推（例如某生以某校农艺系为第二志愿但加试生物学不及格，所填第二志愿即作为无效。该生所填第三、第四志愿依次递推为第二、第三志愿）。③分发时如所有志愿学校院系均分发额满，分发到与该生志愿性质相近的学校院系。免试升学学生的分发在录取新生分

① 参见王焕琛关于台湾"大学入学制度历史之一页——统一招生与分区联合招生"的文章，转引自台湾比较教育学会：《世界各国大学入学制度之改革动向》，五南图书出版公司，1983年，第17～18页。

发后办理，如国立院校满额时要分发省立或已立案的私立各院校。④分发决定公布后不得请求改分发。

1939 年至 1940 年，根据实际情况，参酌 1938 年的经验继续办理统一招考，有一些改进之处。到 1940 年共计有 41 所学校、96 所学院、347 个系参加统一招考。过去的志愿填写依规定以学院及学系为单位，分发即以此为依据。1940 年起，考生志愿均分学校和学院，而不分学系。

统一录取与分发措施，在统一招考的实践中不断改进、完善。这些改革过程及其经验为以后台湾地区大学联考制度的建立和完善提供了宝贵的资料。

（三）分区联合招生

1937 年，抗日战争爆发，教育部为减轻学生赴各地高校奔波考试的辛苦，指定北京大学、清华大学、中央大学、武汉大学、浙江大学五所国立大学试办联合招生，后北京的高校因战事影响，乃由中央、武汉、浙江三校先举办联合招生。

1942 年，教育部为方便高校和考生，由部划分考区，指定区内各公立院校联合招生，推出分区联合招生的措施。全国共分成 10 个考区：重庆区、成都区、昆明区、贵阳区、西北区、粤桂区、浙赣区、福建区、湖南区、湖北区。1945 年又分为重庆、成都、兰州、城固、贵阳、昆明、辰谿区。举办联合招生的各区，组织联合招生委员会，由教育部规定有关考试、命题、阅卷事宜，各区自行办理。为便于各院校招收其他考区的新生，还出台了“委托招生”办法。

一直到 1949 年，高校招生基本上形成了单独招生、联合招生、委托招生、成绩审查和保送免试五种招生形式，由各校采一种或兼采各种执行招生。本书只就联招和统招两种对以后海峡两岸大学入学考试产生重要影响的形式，详细加以介绍。

四、关于招生机构的特征

民国时期的招生机构与目前中国大陆专门设立的中央、省、市及高校招生办公室有许多不同。

（一）教育部统一招生委员会

统一招生的行政组织为中央、省级二级制。在中央方面，1938 年，教育部设立统一招生委员会，以各司司长及高等教育司主管科长一人为当然委员，教育部聘大学校长及教授若干人为委员，由部长指定一人为主席。统一招生委员会规划并执行统一招生各项事宜。主要任务如下：①制定招生简章。②规定命题阅卷及取录标准。③制定及颁发试题。④复核考试成绩。⑤决定及分配取录学生。⑥研究招生改进事宜。⑦教育部交给的有关招生事宜。统一招生委员会下设文书、成绩、分发三组。在省市方面，为便于考生应考，各地设立了招考分处。1938 年，在全国设立 12 个招生区。1939 年为 15 个招生区及 13 个分处，1940 年增加为 16 个招生区及 18 个分处。各招生处组织招生委员会，成员由教育部派当地及附近院校校长和教务长组成，并指定一人为主席。

1938 年至 1939 年统一招生委员会均为临时性机构，后因招考院校增加，1940 年统一招生委员会改为常设性机构。下设四个组，分别为总务组，负责庶务及会计事务；审核组；分发组；研究组，负责有关考生成绩及其他资料比较研究，探讨考试方法改进等事务。统一招生停止后，1942 年教育部撤销统一招生委员会。

（二）大学联合招生委员会

民国时期，依据 1929 年 8 月 14 日颁布的《大学规程》第十四条规定：“入学试验由校务会议组织招生委员会，于每学年开始以前举行之，各大学因事实上之便利，得组织联合招生委员会。”[①] 因此，1942 年撤销统一招生委员会后，公立大学分区联招与私立大学自行联招就依上述规定组织联合招生委员会办理招生考试事务。

1942 年公立大学分区联合招生，由教育部指定一校为分区召集学校，组织联合招生委员会。委员会组成由各区自行确定，主要职责是依据教育部招生办法的规定（包括招生名额、入学试验科目、命题范围、成绩计算标准等），统筹规划办理当年的大学联合入学考试的报名、命题、阅卷、录取等事宜。

（三）教育部高中会考升学联合考试指导委员会

1943 年，为规划指导赣、黔、甘三省举行的“联合考试”，教育部曾设

① 杨学为、朱仇美、张海鹏：《中国考试制度史资料选编》，黄山书社，1992 年，第 656 页。

立高中会考升学联合考试指导委员会，由教育部派秘书、参事、督学、各司司长、统计室主任、高等教育司和中等教育司主管科科长各 1 人，聘任大学校长或中学校长 4 人至 8 人组成，指定次长兼任主任委员。各省设立“会考升学联合考试委员会”，由教育部聘请该省主席为主任委员，教育厅长及该省境内的专科以上学校校长与夏令营主任为当然委员，另聘中学校长及专家 3～5 人为委员，下设命题及阅卷委员会，成员聘请专科以上学校教授或专家组成①。

五、民国时期的大学入学考试制度的影响

1938 年 1 月至 1944 年 12 月的七年间，陈立夫先生担任教育部部长职务。他聘任北京大学教育系主任吴俊升为高等教育司司长，确定以救国为目的的教育政策，并认为高教措施在有限范围以内，加以规范乃是合理而且必须的。陈立夫先生在《战时教育行政回忆》一书中讲到：“为了齐一大学生入学水准以及解除高中毕业生各处奔波参加各大学入学考试的困难，我决定实行在后方十九省市分区举行大学入学统一考试办法。原来在国联教育调查团②的建议中，本有大学入学考试统一举行一项。当时没有实行，在战时因为交通困难，我感觉更有实行统一考试的必要，便于二十七（1938）年度起开始实行。”

1949 年国民党迁台以后，执政者仍为民国时期的决策阶层——中国国民党，在高等教育行政上，仍旧依据过去在大陆时期累积的经验来规划和办

---

① 杨学为、朱仇美、张海鹏：《中国考试制度史资料选编》，黄山书社，1992 年，第 754～755 页。

② 1931 年 12 月国联教育考察团（League of Nations Education Mission to China）来华，向中国政府提出《中国教育之改进》报告书。对当时的大学招生提出具体建议：“教育部应举行一大学入学总考试，此种考试，最好能聚投考一切国立大学之学生于一处而行之，若认为无法实施，亦应由教育部决定分大学为数组而行之。该项考试，由教育部长特派之大学教师及教育部代表组织一委员会主持之。该委员会应确定录取标准，使具有受大学教育资格之学生，方能考入大学。投考学生应叙明其所愿入之大学，考取之学生，则按照各校设施之方便及其在考试中之名次，分配于各大学。”转引自丘爱铃的有关台湾地区“大学联招政策变迁之研究（1954—1997）”，台湾师范大学教育研究所博士学位论文，1998 年 6 月，未出版，第 13 页。

理，大学联招的建立和实施就是一例。关于此事，陈立夫先生在《战时教育行政回忆》中写道："我在战时为临时及久远着想而创立的若干制度，经过了二三十年，现在还继续在台湾施行。例如，大学联合考试制度……等等，都是经过时间的考验，而证明其确能适应需要而能继续存在的。"这段话清楚地表明台湾的大学联招考试制度就是承袭了他在抗战时期所实施的公立大学统一招生。具体参见以下章节。

民国时期所实行的统一招考与分区联合招考的大学入学考试制度，对当时统筹高等教育的规划，发展高等教育，提高生源质量起了积极作用。它促进了高中与大学教育的衔接，在一定程度上实现了区域公平。但是也暴露了一些入学考试制度上的问题，如高度统一的集权化管理、规划；在招生、报名、命题、考试科目、阅卷等环节上统一规定。这种高度集中统一的招生制度，在一定意义上限制了高校自主权的发挥。这在中华人民共和国建国初期所实行的普通高校统一招生考试与迁台后国民党在台湾所施行的大学联招考试制度中都有所表现和反映。而两岸所施行的统招措施，都曾以"胚芽"状态存在于民国时期①。因此，对民国时期入学制度的考察、分析，可以提高了解现今台湾及大陆大学入学考试制度的自觉性，进一步掌握其发展中的成败得失，促进未来两岸大学入学考试制度的改革。

第三节　台湾地区大学入学考试制度的创立

丘爱铃在其博士论文中将创立时期的台湾大学联招政策的演变划分在1954年至1971年，笔者赞同她的观点。台湾地区1949年至1953年各大学院校单独招生，1954年开始实施公立大学联招，后来私立大学、专科学校及军校加入联招，以后军校、专科学校相继退出联招，到1972年，大学与专科学校终于分开招考，联招成了"大学联合招生"，各级各类院校招生各行其是。本节主要分析台湾光复初期的入学考试制度与大学联考制度的创立和实施，大专联考制度的考试方式、内容、科目；招生录取方式；招生机构的建立。

---

① 高耀明：《民国时期高校招生制度述略》，《高等师范教育研究》1997年第4期，第69～74页。

一、光复初期台湾的高等教育与大学入学考试制度的创立

1945 年台湾光复，设立在重庆的国民政府下令设立“台湾省行政长官公署”，任命陈仪为台湾省行政长官。1949 年国民党退居台湾。从 1945 年台湾省光复至 1955 年这十年，可称为台湾教育的除旧布新时期或初步发展时期。一方面，台湾剔除了日据时代日本式的教育制度；另一方面，重建了中国式的教育体制，推行国民党党化教育。国民党为在台湾站稳脚跟，在政治上，加强国民党的中央集权统治；在经济上，总结经验，积极发展经济，以农养工，以工促农，农业占较大比重，工业方面则以技术简单、资本较少的劳动密集型产业为主；在教育上大力发展各级教育，重视加强对学生教育思想的控制。国民党“检讨大陆失败，总是归因于学校的控制不够，归因于学潮和思想的混乱，因此学校教育的统制与一元化更见强固”①。

台湾光复后，教育制度依据原国民政府在大陆制定、颁布的基本政策而建立。1950 年 6 月 15 日颁布的所谓《戡乱建国教育实施纲领》，其宗旨就是加强三民主义教育，广泛吸收、延揽专门人才为国民党效力，该文件对台湾教育发展影响甚大。

在高等教育方面，基本上以国民政府在旧中国大陆颁布的一些法规为依据。主要法规有 1948 年 1 月颁布的“大学法”，规定大学以研究高深学术、养成专门人才为宗旨。

日据时代，台湾省的高等教育院校的学制错综复杂，与中国大陆学制相差很大。光复之初，台湾省教育当局为适应过渡时期的需要，依据当时的教育部的规定，并参照台湾省的特殊情况，拟定了台湾省大专学校暂行学制。1948 年暑期，全省的大专院校所施行的学制，完全与大陆相同，也就是现行学制。

大学入学考试制度的发展、演变是与高等教育的发展演变息息相关的。台湾高等教育在日据时代只有 5 所大专院校。台湾光复后，为适应经济恢复与发展的需要，陆续建立起一批公立、私立大专院校。到 1955 年已有大专院校 15 所、系科 136 个。具体情况参见表 2-3。

① 王本尊、李法容、徐位发：《台湾教育概观》，暨南大学出版社，1990 年，第 87～88 页。

表 2-3　台湾光复后 1945 年至 1955 年大专院校情况统计

年度	日据最繁荣时期（1944）	1945	1946	1947	1948	1949	1950	1951	1952	1953	1954	1955
校数	5	4	4	4	5	5	7	8	8	9	14	15
系科	—	41	59	65	62	66	64	70	71	84	99	136
学生数	2174	2 022	2 983	3 176	4 112	5 906	6 665	8 209	10 037	11 943	13 670	17 997

资料来源：汪知亭：《台湾教育史料新编》，台湾商务印书馆股份有限公司，1978 年，第 235～236 页。

从表中可以看出，1950 年至 1955 年，台湾高校增加 1 倍多，大专学生增加了 1.7 倍。由此可见，国民党相当重视发展高等教育。

在大学入学考试制度上的改进，台湾经历了单独招考、各校自行决定的招生方式到联合招考的发展历程。1946 年至 1953 年为各校自行招生阶段。这几年高校数量较少，如 1950 年只有 9 所，所以一直遵循民国时期的各校分别招收新生的规定。同时对于台湾的如阿美人、泰雅人、拔湾人、不隆人等少数民族，放宽录取条件①。

1951 年台湾教育事务主管部门颁布专科以上学校招生办法 12 条，重点内容包括：①招生方式，由各校自行决定。②笔试科目减少，招生分为甲、乙、丙三组。甲组为理工学院及师范学院理科组，乙组为文法商学院及师范学院文科组，丙组为农学院及师范学院博物系及理学院的动物系、植物系。并规定师范学院新生应举行口试，其他各校认为有必要也可以举行口试。③专科以上学校各系招收新生的名额，由各学校根据师资与设备情况拟定，然后报台湾教育事务主管部门备案。④招收同等学力的学生，录取名额不得超过新生总额的 10％。1951 年、1952 年和 1953 年的招生工作大体按照上述 12 条的精神办理，没有太大的变化。其中 1952 年对于招收同等学力的学生占录取名额的比例，由 1951 年的 10％提高到 15％，对现役军人报考者，

① 郑旦华、于超美：《台湾教育四十年》，湖南教育出版社，1992 年，第 147～160 页。

除了需验证学历证明外，还要交验准予退伍的证明文件①。

表 2-4　1949 年至 1955 年台湾省专科以上学校招生变迁表

年度	招生方式	考试科目	录取条件
1949	公、私立学校应采取下列方式之一种或数种招生：单独招生，联合招生，委托招生，成绩审核	1. 文法商组：国文、英文、数学（高等代数、平面几何、三角）、公民、中外历史、中外地理、理化 2. 理工组：国文、英文、数学（高等代数、解析几何、三角）、公民、物理、化学、史地 3. 医农组：国文、英文、数学（高等代数、平面几何、三角）、公民、史地、理化、生物	1. 招收新生名额，不得超过各校本年暑期毕生总人数 2. 录取新生应重质不重量，录取标准酌情提高 3. 各校保留 20% 新生名额，以备台湾教育事务主管部门保送学生 4. 各校不得增设系科招生 5. 有特殊情况者，其新生名额另外以上级命令决定
1950	同 1949 年	同上	1. 对台湾省阿美人、泰雅人、拔湾人、不隆人等少数民族，由于文化与语言的特殊性，酌情放宽录取 2. 扩大招生。省立各校院一年级新生招收名额每班以 40 名为原则，2～4 年级应设法招收转学生；未达到以上招生名额规定的校院，应立即补足招生名额；委托国防医学院于秋季招生 140 名
1951	由各校自行决定，未经明定	甲组：国文、英文、数学（高等代数、解析几何、三角）、物理、化学 乙组：国文、英文、数学（高等代数、平面几何、三角）、中外历史、中外地理 丙组：国文、英文、数学（高等代数、平面几何、三角）、化学、生物 师范院校应举行口试，其他各校认为必要时可举行口试	1. 招生名额由各校院参酌师资设备情形拟定，报台湾教育事务主管部门备案 2. 招收同等学力学生，录取名额不得超过新生名额 10% 3. 各校院每一系科录取新生名额以 40 名为最低标准

① 参阅郑旦华、于超美：《台湾教育四十年》，湖南教育出版社，1992 年，第 147～160 页。

续表

年度	招生方式	考试科目	录取条件
1952	同1951年	志愿报考医学院者，笔试科目改为甲组，与理工组同，其他同上年	专科以上学校，不得招收专科学校毕业生为新生，并不得招收大学或独立学院毕业生为新生或转学生
1953	同1951年	甲、乙、丙组均加三民主义一科	各校认真审核转学生入学或转学证件，如有伪造，勒令退学，不得再申请恢复学籍
1954	台湾教育事务主管部门令台湾大学、台湾省立师范学院、台湾省立农学院、台湾省立工学院举行联合招生。其他院校仍为单独招生	甲、乙、丙组均加三民主义一科	1. 优待大陆来台高中毕业生，不受名额限制 2. 修满高中二年级失学一年以上同等学力考生，其比例名额放宽为录取新生总额20% 3. 专科以上学校可依据过去考生成绩，选定优良省立中学保送本年高中毕业学业、操行、体育成绩优秀学生免试入学。免试入学学生总名额，至少不得超过拟招新生总额3%，并要报台湾教育事务主管部门备案
1955	指定台湾大学、政治大学、台湾省立师范学院（后改为台湾省立师范大学）、台湾省立农学院、台湾省立工学院举办联合招生，其他公、私立专科以上学校自行单独招生	农学院农业化学系笔试科目改列甲组内，其他同上	1. 学业、操行成绩优良的省立中学保送的高中毕业生，可免试入学，其总名额至多不能超过拟招新生总额10%，要求台湾当局所立大学报台湾教育事务主管部门备案。省私立专科以上学校，应先报省教育厅核准再转台湾教育事务主管部门备案 2. 对海外侨生、港澳高中毕业生来台升学特别定出升学办法，多以优待、照顾条件录取

资料来源：参见台湾教育事务主管部门教育年鉴编纂委员会编纂的“第三次教育年鉴”之“第七编 高等教育 第一章 概述”，正中书局，1957年，第495～501页。笔者根据以上资料内容重新整理而得。

从1949年至1955年台湾省专科以上学校招生考试变迁情况统计（参见表2-4）可以看出，从1954年开始，由于台湾省境内高中毕业生人数众多，考生重复参加各校招生考试，学生在人力、物力和精神上消耗过大，台湾教育事务主管部门命令台湾大学、台湾省立师范学院、台湾省立农学院、台湾省立工学院举行联合招生，四院校于是组织联合招生委员会，分台北、台中、台南三区举行考试，教育事务主管部门则派督学分区监试，台南、台中的试卷运至台北市集中评阅。录取学生，由联合招生委员会分发四院校，再由各校分配院系。因此，1954年四院校联合招生考试成为台湾的大学联考招生制度的肇始。

二、台湾大专联招的实施（1954年至1971年）

1954年，台湾教育事务主管部门指定台湾大学等四所院校联合招生，其他公、私立专科以上学校自行单独招生。1955年政治大学加入联招。1956年，举办会考升学联合考试，制定《1956年高级中学毕业生会考暨专科以上学校入学联合试验办法》（以下简称“联合试验”）。规定不仅高中毕业生会考与专科以上学校新生入学试验联合举行，而且公、私立专科以上学校及军事学校均联合举行。举办“联合试验”的目的是提高中学素质，改进教学，便利高级中等学校毕业生升学，并简化专科以上学校（包括军事学校）新生入学试验，使高中毕业生及其他符合专科以上学校入学资格而自愿升学者能依其志愿与试验成绩，升入专科以上学校深造①。

“联合试验”分为“毕业生会考”与“专科以上学校入学试验”两种。毕业生会考由台湾省教育厅主办，入学试验由各专科以上学校联合办理。1956年暑期的高级中学毕业生一律参加“毕业会考”，其中愿意升学者，应再参加“专科以上学校入学试验”。

会考科目有三民主义、国文、本国史地三科，各学校会考成绩分别计算，作为考核和改进中学教育的依据。“专科以上学校入学试验”共同科目为三民主义、国文、本国史地、英语四科，其中前三科与会考科目相同，以会考成绩为成绩，分组科目为数学、外国史地、物理、化学、生物等，依照

---

① 参见台湾教育事务主管部门教育年鉴编纂委员会编纂的“第三次教育年鉴”之“第七编 高等教育 第一章 概述”，正中书局，1957年，第501～502页。

学生所报校院（即大陆所通称的院校）的区别，分甲、乙、丙三组举行①。

丘爱铃称这项入学考试改革方案是“台湾教育史上空前的创举”。当年台湾省高级中学毕业会考，参加学校 82 所，报考学生 7 014 名。举办会考是为了测查各校办学的优劣和各科教学情况的好坏，并且也达到了目的。翌年，因会考加重考生负担，考务工作繁复，计算成绩难求公平和可比性，取消了高中毕业会考。

从 1957 年至 1971 年期间，大学暨独立学院的联合招生考试从未间断。1957 年有 28 所文武大专学校（具体指公、私立大专学校 16 所，军事学校 12 所）参加联招，1958 年有 18 所大专学校参加，其后每年都有学校陆续加入，最多时为 1968 年至 1971 年，曾有 31 所大专院校加入联招。其间，1958 年各军事学校退出联招并开始独自办理招生，1962 年专科学校曾单独试办联招。

1958 年 10 月 16 日台湾教育事务主管部门负责人梅贻琦先生召集 19 所大专院校校长讨论大专联考存废问题及是否分组问题，大体结论有二：①自由联合；②分科考试②。这就是梅贻琦提出的“自由联合招生”办法，即不必所有学校都联合，有的可以联合，也可以各自不联合。自由联招办法提出后，台湾大学、省立师范大学均决定单独招生，后来由于其他各校坚持认为统一联招优于自由联招，一再联名请台湾大学参加联招。在各大院校进行研究的基础上，认为统一联招具有困难最少，便利较多，可以足额录取学生，使考生和家长明了在报纸上宣导的招生问题等优点。以上学校联招继续实行，而自由联合招生未实施。

1962 年，鉴于专科学校与大学的目标不同，教学内容迥异；专科学校所招收的学生素质较差；专科学校的行政地位在当时不被重视，职低言轻；统一命题无法适合双方的需求等问题，本年度专科学校退出大专联招，大学与专科学校分别办理招生。大学联招有 13 校参加，专科学校联招有 13 校参加，三所省立师专（台北、台中、台南师专）自办联招。详细情况参见表 2-5。

---

① 参见台湾教育事务主管部门教育年鉴编纂委员会编纂的“第三次教育年鉴”之“第七编 高等教育 第一章 概述”，正中书局，1957 年，第 502 页。

② 黄延复：《梅贻琦教育思想研究》，辽宁教育出版社，1994 年，第 341 页。

表 2-5　1962 学年度大学联招、专科学校联招、师专联招统计表

类别	报考人数	录取人数	录取率（%）
大学联招	32 492	8 160	25.1
专科学校联招	13 251	3 247	24.5
师专联招	6 114	880	14.4
合计	51 875	12 287	23.7

资料来源：参见丘爱铃有关台湾地区“大学联招政策变迁之研究（1954—1997）”，台湾师范大学教育研究所博士学位论文，1998 年 6 月，未出版，第 57 页。

1963 年，经讨论、研究发现，大学和专科学校分别联招，不但增加考务负担，而且由于大多数考生要参加两次考试，不胜负荷，重复录取者甚多，大专入学总人数却减少了。这主要是因为一般民众及考生认为专科不如大学，当大学和专科学校联招考试的学生来源相同时，发生严重的重榜、缺额情况。专科录取的学生 70%以上都是大学联考的落榜生，专科学校难以达到招收高素质学生的目的。可见，大学与专科学校分开联招，是费时、费力、费钱之举。所以 1963 年又恢复了大学与专科学校合办联招。台湾在 1972 年以前，常将大学联招称为“大专联招”，就是因为从 1954 年到 1971 年，大学和专科学校的联合招生基本是在一起合办的①。

三、大专联招的考试方式、考试科目及内容

创立时期的大专联招的考试方式是以统一考试为主，统一报名资格与条件。其他的入学考试方式，有体育成绩优秀者免试入学、会考等形式。

（一）报名资格

依据 1948 年 1 月公布的“大学法”第 26 条规定：“大学入学资格，应曾在公立或已立案之私立高级中学或同等学校毕业，经入学试验及格者。”符合此条件的高级中学毕业生均可报考大专联考。1957 年台湾“大专联招会”对高职毕业生报考大专联招规定，只能报考与原修习学科性质

① 参见吴家怡：《回首联招四十年》，《选才》（台湾）1990 年第 1 期，第 70～77 页；周进兴：《大学联招的演变》（二），《选才》（台湾大学入学考试中心通讯）总第 78 期。

相近的院系[①]。关于高职毕业生的报考资格问题，1959 年曾作弹性修改："曾在公立或已立案之私立高级职业学校毕业或五年一贯制职业学校毕业者，以投考与原习学科性质相近之科系为原则，惟因志趣不合或体力智力关系不适宜于继续修习原科目者，本年暂准报考其他系科。"直到 1962 年又恢复 1957 年的规定，从 1962 年到 1972 年一直沿用此规定。1973 年的报考资格规定为："各类高级职业学校（包括高级职业补习学校）毕业生报考，取消对报考系科之限制。"这样大学联招考试对高职毕业生全面开放，取消过去的系科限制条件[②]。

（二）分组考试的方式

由于大专学校系科繁多，台湾教育事务主管部门把性质相近的系科合成一组招生，此种"固定分组"的办法，限定考生在同组中竞争。将理、工、医、农、文、教、法、商八类学院，优先分为甲、乙、丙三组，1958 年曾采取不分组，到 1966 年调整为甲、乙、丙、丁四组。具体如下：

1. 分甲、乙、丙三组

1954 年开始联招到 1965 年，除前述 1958 年采取不分组考试外，其余每年的大专联招均分甲、乙、丙三组考试。甲组包括理、工、医等三类学院的系科，另农学院的农业工程及农业化学两个学系、教育学院的工业教育学系、商学院的交通管理和工商管理两个学系也列入甲组参加联招。乙组包括文、法、商、教育学院的系科。丙组包括农学院的系科，另外理学院的动物、植物、生物、博物等学系及教育学院的体育卫生教育和家政学系等也参加丙组联招[③]。

2. 不分组

1958 年，为实施通才教育，延缓高中学生过早分化，保证高级中学各科教学均衡发展；还考虑到当时信息技术不甚发达，中学不容易了解大学的信息，大部分考生也无明显的性向倾向，所以试办不分组招生，考生只选校，不选院系。结果由于仓促改变，学生已经适应过去的规章制度，对新的

---

① 参见台湾教育事务主管部门教育年鉴编纂委员会编纂的"第四次教育年鉴"（上）之"第九编 高等教育 第一章 概述"，正中书局，1976 年，第 731 页。

② 参见台湾教育事务主管部门教育年鉴编纂委员会编纂的"第四次教育年鉴"（上）之"第九编 高等教育 第一章 概述"，正中书局，1976 年，第 731～732 页。

③ 参见台湾教育事务主管部门教育年鉴编纂委员会编纂的"第四次教育年鉴"（上）之"第九编 高等教育 第一章 概述"，正中书局，1976 年，第 733 页。

不分组规定应接不暇，最后无法续办，于次年仍然改回分三组招生①。

3. 分甲、乙、丙、丁四组

1966年，台湾教育事务主管部门召开专科以上学校入学考试座谈会，因为以下原因将原来的三组分为四组：(1) 文学院与法学院、商学院是性质各异的学院，所招收的学生性向有天壤之别，因此，建议将法学院、商学院与文学院分开。(2) 随着招生规模的扩大，考生已近万人，为使各组所录取的考生人数大致相当，尤其是丙组的农学院的系科录取人数较少，详细情况参见表2-6。从1960年到1965年，丙组的录取率均低于甲、乙两组，1962年只有17.7%的录取率，而分为四组以后，甲、乙、丙、丁四组的录取率基本拉平，不相上下。所以将原属于甲组的医学院的系科改分到丙组。

表2-6　1954至1971学年度大专联招各组录取率的变化

学年度	总录取率（%）	甲组	乙组	丙组	丁组
1954	20.2	分校不分系			…
1955	21.3	不详			…
1956	25.0	25.7	23.7	28.0	…
1957	28.3	不详			…
1958	35.1	不分组			…
1959	27.5	30.2	26.0	23.6	…
1960	35.4	40.7	35.3	25.9	…
1961	39.0	45.1	35.5	28.6	…
1962	25.1	30.0	24.8	17.7	…
1963	38.9	41.0	41.2	24.1	…
1964	39.4	46.4	37.9	28.1	…
1965	30.7	44.2	34.7	32.2	…
1966	38.7	40.5	26.7	45.1	44.8
1967	35.9	39.5	38.5	39.1	30.3
1968	36.0	38.3	32.3	36.6	36.1
1969	33.9	38.9	34.0	32.0	32.0
1970	34.9	40.6	30.7	32.6	34.6
1971	35.4	44.4	28.4	35.1	34.6

资料来源：参见丘爱铃有关台湾地区“大学联招政策变迁之研究（1954—1997）”，台湾师范大学教育研究所博士学位论文，1998年6月，未出版，第83页。

① 周进兴：《大学联招的演变》（二），台湾《选才》（台湾大学入学考试中心通讯）总第78期。

台湾教育事务主管部门决定联招分为甲、乙、丙、丁四组，各组所包含的校系（即指校院、系科，下同）如下：

甲组：包括工学院各学系及理学院数学、物理、化学、地质、地理等学系及师范大学相近各学系。

乙组：包括文学院各学系及师范大学相近各学系。

丙组：包括医学院、农学院各学系，理学院动物、植物、生物、心理等学系及师范大学相近各学系。

丁组：包括法学院及商学院各学系。

（三）考试科目及内容

1. 考试科目

大专联招的考试科目一直采用统一考试科目，内容以修订的高级中学课程标准为依据，大专联考的考试科目为高中所学的主要学科。目的是向学生灌输三民主义的思想意识，加强国民党的中央集权统治。

从1954年至1971年，考试科目分为共同考试科目和分组考试科目两种。共同考试科目为三民主义、国文、英文三科。因为三民主义原为台湾执政党国民党“党义”的化身，蒋介石当时“强调三民主义是中国教育的教范和教育政策的依据”，将三民主义列为大专联考的必考科目，实属必然。光复初期，正是台湾大专联招制度创立之时，当时台湾全面推动国语运动，弘扬中华文化，为了加强民族精神教育，将国文科定为必考科目。外文科选定英文科，而不是像民国时期可选德文或法文，这与台湾20世纪六七十年代以来主要依靠美国援助，英语在国际上是强势语言有关①。分组考试科目均为三科，除1956年至1958年外，基本特点是甲、丙组不考史地，乙、丁组不考理化。各组考试科目均为6门，命题以标准教科书为准。具体的考试科目变化参见表2-7。

表2-7　1954至1971学年度大专联考考试科目的演变

年度	共同科目	分组科目
1954	三民主义 国文 英文	甲组：数学（高等代数、解析几何、三角）、物理、化学 乙组：数学（高等代数、平面几何、三角）、中外历史、中外地理 丙组：数学（高等代数、平面几何、三角）、化学、生物

① 参见丘爱铃有关台湾地区“大学联招政策变迁之研究（1954—1997）”，台湾师范大学教育研究所博士学位论文，1998年6月，未出版，第65～66页。

续表

年度	共同科目	分组科目
1955	同上	同上
1956	三民主义 国文 英文 本国史地	甲组：数学（高等代数、解析几何、三角）、物理、化学 乙组：数学（高等代数、平面几何、三角）、外国史地 丙组：数学（高等代数、平面几何、三角）、化学、生物
1957	同上	同上
1958	不分组；考试科目为：三民主义、国文、英文、数学、本国史地、理化	
1959—1965	三民主义 国文 英文 与1954年同	甲组：数学（高等代数、解析几何、三角）、物理、化学 乙组：数学（高等代数、平面几何、三角）、中外历史、中外地理 丙组：数学（高等代数、平面几何、三角）、化学、生物与1954年同
1966—1971	三民主义 国文 英文	甲组：数学（自然科组）、物理、化学 乙组：数学（社会科组）、中外历史、中外地理 丙组：数学（自然科组）、化学、生物 丁组：同乙组

资料来源：①参见台湾教育事务主管部门教育年鉴编纂委员会编纂的“第三次教育年鉴”之“第七编 高等教育 第一章 概述”，正中书局，1957年，第495～502页。②参见台湾教育事务主管部门教育年鉴编纂委员会编纂的“第四次教育年鉴”（上）之“第九编 高等教育 第一章 概述”，正中书局，1976年，第733～734页。③参见台湾教育事务主管部门教育年鉴编纂委员会编纂的“第五次教育年鉴”（上）之“第七编 高等教育 第一章 概述”，正中书局，1985年，第894页。笔者根据以上资料内容重新整理而得。

从1966年分为甲、乙、丙、丁四组后，基本保持考试科目没有变化：

甲组：三民主义、国文、英文、物理、化学、自然组数学。

乙组：三民主义、国文、英文、中外历史、中外地理、社会组数学。

丙组：三民主义、国文、英文、化学、生物、自然组数学。

丁组：三民主义、国文、英文、中外历史、中外地理、社会组数学。

另外，从国文科作文命题的变化可窥见大学联考与台湾当时政治、经济、文化所发生的变革有关。如1954年至1972年，属于政治性和道德修养类的题目占大多数，详细内容参见附录一。

2. 考试内容

在命题方面，“大专联招会”成立时，为达到适当命题的要求，即推定三至四个学校组织命题委员会，并于每届联招举行之前，召开数次会议，商定命题范围、原则、命题人选等事项。具体如下：（1）各科命题范围，以高中各年应届毕业生在校三年所用的教育事务主管部门编标准课本或照教育事务主管部门颁标准所编并经审定的课本为准。（2）为了测验出考生的不同程度，每科试题应由浅入深，难易适当，不宜过难或过易。（3）试题内容以思考、记忆、推理及应用并重为原则，避免冷僻的强记性试题，国文与英文两科要注重测验表达能力。（4）各科考试时间均为 80 分钟。（5）从 1954 年起，试题类型包括论说、问答、解释、填充、演算、翻译等。“联招会”规定各科试题可采用思考性的测验题。（6）命题人员由参加该年联招学校的教授、副教授组成，每科以 2 人至 4 人为限，最少出两份试题，并附有标准答案。如直系亲属参加考试，或在补习班、校任教者，须回避命题或不聘为命题委员①。

由于联考考生之间的竞争激烈，往往一二分之差就可能关系到是否录取，对考生各科试题的评阅就尤为重要。“联招会”下设阅卷委员会主持阅卷工作，决定阅卷计划及原则。该会之下复设阅卷组，负责执行阅卷委员会的计划。“联招会”为求试卷评阅公平、正确及评分标准统一，初时采用各科试卷抽阅，后采取部分试卷由二人评阅，并以浮签弥封办法，使初阅者及复阅者互不知所评分数，由各该科阅卷主持人加以平均，记入卷面。1971 年度起各科试卷全面实施复阅。

阅卷工作集中在台北市分科进行，阅卷委员规定以参加大专联招学校现任讲师以上并担任各科目教学的教师为主。各科阅卷组长由各科命题者担任。阅卷委员每人阅卷数量与阅卷份数，均有最高额的限制②。

为使考生各科成绩的核算、登录等正确无误，“联招会”特设核计组、复查组负责。采用分两组交互作业方式进行，核计甲、丙组者复查乙、丁组；核计乙、丁组者复查甲、丙组。

1954 年至 1955 年，国文、英文、数学三科的分数各以百分计分；三民主义、物理化学、史地、生物各 50 分③。1956 年以后，大专联招各组各考试

① 参见台湾教育事务主管部门教育年鉴编纂委员会编纂的“第四次教育年鉴”（上）之“第九编 高等教育 第一章 概述”，正中书局，1976 年，第 735 页。吴家怡：《回首联招四十年》，台湾《选才》1990 年 6 月第 1 期，第 73 页。

② 参见台湾教育事务主管部门教育年鉴编纂委员会编纂的“第四次教育年鉴”（上）之“第九编 高等教育 第一章 概述”，正中书局，1976 年，第 735～736 页。

③ 吴家怡：《回首联招四十年》，台湾《选才》1990 年 6 月第 1 期，第 73 页。

科目的计分均以 100 分为满分。自 1966 学年度起甲组的数学、乙组的国文两科，在计算分数时加重计算，标准为 25%加重计分，目的在于强调甲组所录取新生的数学程度及乙组所录取新生的国文程度，有利于大学教学，对提高考生今后的学习能力至关重要①。这项办法一直实施到 1983 年才有所变动。

由于大专联招以总分分发，与高中的授课时数难以配合，台湾教育事务主管部门于 1970 年 11 月 24 日曾决定自 1971 年起将各科配分更改如下：三民主义 100 分，国文、英文及数学三科各为 200 分，物理、化学、生物、中外历史及中外地理各为 150 分，因为三民主义蕴涵所谓“建国”精神，只占 100 分，不符“国策”，后又修正为 150 分。后来台湾地区行政管理机构的一纸命令，又恢复为每科均以百分计分，新改革办法仅是昙花一现②。

四、大专联招的招生录取方式

大专联招的招生、录取方式是统一招生、统一录取、统一分发。

1. 统一招生

从 1954 年开始联招，一直到 1971 年，其间只有 1962 年大学与专科学校分开招生，其他年份均为大学与专科学校统一联合招生。

2. 考生填志愿

“联招会”规定考生在考前填志愿，报名时先选定组别，再定校系，按考生志愿顺序填写报考志愿表。报考甲组者，不能报考乙组或丙组、丁组各系科志愿，余类推。考生填报志愿在同组中可以充分自由选择，连续填报某校同组中的全部系科，或以同组中各校的系科掺杂填写，报考志愿学校及系科数目，由考生自行选择决定。考生所报志愿的数目没有限制，曾有学生所填志愿达 100 多个，造成学生进入的科系与其志愿相距甚远的现象。1958 年曾试行选校不选院系的方式，考生于录取入学后，先了解实际情况，第二年再选院系。但学生不重个人兴趣，纷纷涌向热门科系，第二年遂停办③。

3. 统一分发

台湾的大专联招的分发，采用统一分发。即学生依总分高低排序，按志

① 参见台湾教育事务主管部门教育年鉴编纂委员会编纂的“第四次教育年鉴”（上）之“第九编 高等教育 第一章 概述”，正中书局，1976 年，第 734 页。

② 周进兴：《大学联招的演变》（二），台湾《选才》（大学入学考试中心通讯）总第 78 期。

③ 吴家怡：《回首联招四十年》，台湾《选才》1990 年 6 月第 1 期，第 74 页。

愿分发的方式入学。其间也有一些变化。1954 年至 1971 年台湾大专联招的招生录取情况参见第五章的表 1。

1954 年刚开始实行联招时，在高等教育谈话会议上，曾讨论专科以上学校“招生不分系”方案，该方案认为，招生不分系的主旨不仅可调剂各学系人数，使其平均发展，而且优点是加速今后大学实施通才教育，原则可行①。首次大学联招即按此方案实施，考生填写志愿以学校为单位，分系工作由各院校自主决定。后来因为各校受人情困扰造成不便，教育事务主管部门不易督导，于次年停办。

1955 年以后，联招分发工作由“联招会”分发组集中分组分天完成。依据考生六科考试成绩相加后的总分高低及报名志愿表所填写的志愿学校的系科先后为序分发，总分高者先分发，至额满为止。如考生某一志愿学系已由成绩高的考生录取满额时，则录取该生次一个志愿学系，依次类推，如遇总分相同时，则均予录取，此项办法沿用多年。后因同分数考生增加，超额收录过多，使大学教学受到影响。后来规定各组加重主科计分，但还是无法解决总分相同的录取困扰。1970 学年度 3 月“大专联招会议”决定采纳以下建议：“对于同分数的考生，如志愿亦相同时，即采取以国文科未加分前分数的高低，为优先分发的依据。同时在各组报名表‘普通学科总分’栏前，均予添设‘国文科成绩’栏以便登记成绩。”② 因为人们一般认为考生的国文科与其他各科成绩的相关性较高，这项新措施以国文科作为参照指标，不失为一项比较公平的举措，同时对于政府倡导推行中华文化复兴运动，无形中产生了一种激励作用，实施效果极佳。

分发工作是联招中比较繁重的一项，一般将成绩高的考生排在前面，成绩愈高愈先分发。台湾的大学联招分发程序是，核计复查完毕后，分别核计出每一个考生的总成绩，登记在报名表上，然后，依照总成绩的高低顺序排列，把成绩相同的考生报名表放在同一个封袋中，再从总成绩最高的开始分发。创立时期的分发采用人工作业，造成两种不利现象：一是考生虽总分达录取标准，但因未填志愿而落榜；二是考生分发到的是其所填报的志愿却是

① 参见台湾教育事务主管部门教育年鉴编纂委员会编纂的“第三次教育年鉴”，正中书局，1957 年，第 77 页。

② 参见宗亮东：《辅导与教育论文集》，第二篇《大学入学考试之改进》，正中书局，1986 年，第 130 页。

不喜欢的系科①。

4. 奖励成绩优异考生改分发同校

鉴于大专联考以总分录取，无法顾及考生的个别志愿，因而发生不合理现象，如英文很优秀而国文科一般的学生，录取进入中国文学系；或化学特优而数学平平的考生录取进入数学系等。为补救这种某科成绩特优的学生使其进入志愿系科，1964 年，中原理工学院院长谢明山提出给予“奖助联考某科成绩优异考生（成绩在 95 分以上者）得有改分发进入有关系科的机会”的办法。此项建议经 1964 年专科以上学校联合招生委员会第二次讨论，决定采纳试行。具体实施办法如下②：①联考九科中任何一科成绩达 95 分以上的考生，经录取分发后，如没有分发在成绩特优的有关系科，可在同校（院）设有的该学系（科）申请转系。②甲、乙、丙三组不得跨组申请。③如同时申请某系科的人数过多，因设备、场地关系无法容纳时，仅批准总分最高的前几名。

1964 年提出改分发申请的仅 2 人，均系已录取至台湾省立师范大学童子军教育专修科的同学，因地理一科考分为 95 分，申请改分发转入同校地理系。以后一直沿用这种成绩优异改分发办法。在 1972 年以后改为只需 90 分以上即可享有这个机会。

五、大专联招的招生机构

1954 年，台湾四所院校联合招生时，教育事务主管部门指令成立联合招生委员会。1954 年至 1956 年由台湾大学为主办学校。1957 年开始，招生机构改称为“专科以上学校联合招生委员会”（简称“大专联招会”）。“大专联招会”的目标是办理当年度新生入学试验。工作内容包括拟定招生简章、工作进度表、办理新生报名、考试、阅卷、核计、分发及答复询问等考务工作，除阅卷委员由各科主阅人推荐、联招会聘请外，其余各考区及各组工作人员，均由参加联招的大专院校人员担任。“大专联招会”每届在年初成立，

① 参见台湾教育事务主管部门教育年鉴编纂委员会编纂的“第四次教育年鉴”（上）之“第九编 高等教育 第一章 概述”，正中书局，1976 年，第 736 页。

② 参见“1964 学年度大专以上学校联合招生委员会第二次全体委员会议记录”，转引自方炎明有关台湾地区“大学入学考试制度之改革”的文章，台湾比较教育学会：《世界高等教育改革动向》，幼狮文化事业公司，1977 年，第 123～124 页。

于当年 9 月左右放榜完毕及考务工作完成后解散。可以看出，“大专联招会”只是一个在教育事务主管部门控制和督导下组成的一年一度的临时机构，无专职办事人员，联招考务结束即撤销。它只是一个执行教育事务主管部门考试政策的机构，职权仅限于改进考试技术。从教育事务主管部门与“大专联招会”的关系看，教育事务主管部门负责招生决策，“大专联招会”负责执行决策，两者的关系可称为“家父长的权威支配关系”①。

“大专联招会”的组织结构为金字塔式的科层组织。分为四个层级，最上一层为全体委员会，其下为常务委员会，第三层为主任委员、副主任委员、总干事，最基层的组织是各考区下辖的小组和委员会②。“联招会”组织规程中规定，凡参加联招的公私立大专院校的校（院）长均为联招会委员，到 1971 年有 31 所大专院校参加联招，较之 1954 年的 4 所院校，规模日趋扩大。全体委员会在大专联考前召开两次会议，主要讨论组织规程，推选副主任委员、常务委员，推定各考区、各组、各委员会负责学校及招生简章草案等事项。在联考结束后，召开第三次会议，决定大专联考各组录取标准。全体委员会的决定，一定要报教育事务主管部门核准备案之后，方可生效，否则无法实施。大学联招的具体事务，最初是联招会下设各考区，考区下再设各考试事务组。1961 年，另设命题委员会负责命题事务。1966 年，增设阅卷、试卷抽查、经费稽查、术科考试等委员会。1967 年将试卷抽查委员会改为复查委员会，实施试卷全面复查。同年，将分发组一分为二，第一组分发甲、丙组考生；第二组分发乙、丁组考生。1968 年起，所有核计、复查、分发等三组，均一分为四，分别负责甲、乙、丙、丁四组各有关业务，分工更细，考务工作更加完善。

台湾的“大专联招会”的一切招生政策和改革措施，均由教育事务主管部门核准后方可实施。这明显是民国时期统一招考体制下所设立的各层级招生组织机构的演化，其下设的区、组、会等直接取自民国时期的统一招生委员会的名称，实质是高度集权统治的表现。优点是由教育事务主管

① 参见丘爱铃有关台湾地区“大学联招政策变迁之研究（1954—1997）”，台湾师范大学教育研究所博士学位论文，1998 年 6 月，未出版，第 62 页。

② 以下内容主要参考台湾教育事务主管部门教育年鉴编纂委员会编纂的“第四次教育年鉴”（上）之“第九编 高等教育 第一章 概述”，正中书局，1976 年，第 730～731 页。

部门统一领导、统一指挥、统一调配，便于各校采取统一措施，使考试事务的组织和管理井然有序。缺点表现为“大专联招会”是一个临时性机构，每年由参与联招的大专院校轮流主办，不易形成良好的经验传承，往往主办学校只管自己任期内的考试事务，较少考虑前后的改革变化。因此，造成以下结果：第一，仅凭主观和常识性判断改进考试技术，没有形成一定的科学研究成果；第二，“联招会”的任务分工方式，形成各校院各自为政，自成体系，各校之间难以横向沟通信息的局面，特别是参加联招院校增加后，更加无法应对突发事件；第三，“联招会”既要考虑教育事务主管部门的招生决策，又要考虑考生、教师、家长、中学、大学的意愿，面临两难选择，常常会考虑不周。

台湾的招生机构与我国大陆及世界其他各国均不相同，各大学没有专门的招生处或招生办公室负责招生事务。从民国时期国民党执掌的教育部所实行的统一招考开始，就没有这种组织机构。国民党退台之后，仍沿用民国时期的教育制度，在所谓“大学法”中也一直没有各院校设立招生机构的规定。综上所述，可以说台湾的大学联考制度的建立源于民国时期的大学招考制度①。

第四节　台湾地区大学联招的发展

从 1972 年起，台湾地区的大学联招得到很大发展，丘爱铃在其博士论文中，将 1972 年至 1983 年这一时期的发展称为规划时期。笔者把这个时期定为发展期，由于在创立时期一些没有形成规范的考试办法，在这一时期进行改革和发展，形成一种规范化的大学入学考试制度。

这个时期比较重大的发展变化是，1972 年开始大学校院联招与专科学校联招彻底分开，这是以 1972 年为分界线的原因之一，大学联招又揭开新的一页。

这个时期，台湾在政治上不再有美国、日本的支持，从联合国中退出。美国、日本先后于 1972 年与中国建交，使长期依赖美国的国民党陷入危机。经济上处于从农业社会向工业社会转变的转型时期，文化上要求本土化与自

① 杨李娜：《民国时期的大学招考制度及其影响》，《漳州师范学院学报》（哲学社会科学版）2005 年第 4 期，第 118～123 页。

由化的热潮风起云涌，台湾的政治、经济、文化受到巨大震荡，这一切促使时任台湾地区行政管理机构负责人的蒋经国实施革新保台的政策。与此同时，台湾的大学联招也进行了革新。本节主要介绍台湾大学联招的革新措施与理念、考试与招生分发方面的变化和招生机构的发展。

一、改革大学联招的措施和理念

到 1972 年，台湾地区的大学联招已经实行了十几年，积累了一些考试、招生方面的经验，从 20 世纪 70 年代起，为适应台湾社会政治、经济、文化发展的需要，在大学联招方面提出了许多改革措施和理念。

（一）大学与专科学校分开招生

台湾曾在 1962 年举办过大学与专科学校分开招生，后来因为以下原因而停办：①高中应届毕业生必须提前毕业；②专科学校联考发榜太晚，延误开学时间；③影响各军事学校招生；④已考入大学或独立学院，但不满意其所录取的校系，又报考专科学校，造成重复录取，出现若干院校招生名额不足的现象①。笔者认为，这与当时台湾专科学校和大学及独立学院的规模过小有关，据统计资料可以看出，1962 年有公私立专科学校 15 所，大学和独立学院 18 所，学生所能选择的范围过小、数量过少。到了 1972 年，台湾的专科学校数已达 76 所，大学和独立学院亦增至 23 所（参见第三章表 2）。专科学校已具有很大规模，政府也根据经济、社会发展的需要，提倡大力培养技术型人才，专科教育迅猛发展。因此，大专联招的分开，也是高等教育发展的必然选择。

在台湾，大学与专科学校究竟应联合招生，还是分开招生，一直多有争论，仁者见仁，智者见智，看法不一。1972 年“大学暨独立学院联合招生委员会”工作报告中指出大专联招分开招生的理由有：①大学校院与专科学校联合招生，把不同教育性质的学校硬性合并在一起招生，在命题方面有顾此失彼的缺陷。②考生每年仅有一次考试机会，对于不能正常发挥的考生，较欠公允。③大部分考生，未能就读于真正志愿的学校。1972 学年度大专分别联招结束后，“联招会”的统计结果显示，“专科学校所录取的考生，绝

---

① 参见方炎明有关台湾地区“大学入学考试制度之改革”的文章，台湾比较教育学会《世界高等教育改革动向》，幼狮文化事业公司，1977 年，第 123～124 页。

大多数并非大学联招录取名额以后的延伸，此已足证分开招生确较合理”①。

（二）推行高中学生能力评量（即评价）与辅导工作

台湾师范大学教务长宗亮东教授的主要贡献在于研究并长期推行高中评价与辅导方案，以及研究大学联招新制。他在台湾首倡“辅导学”，长期任辅导学会会长。1974 年 11 月，宗亮东在“大学入学考试之改进”的专题研究报告中，说明大学联招的缺点之一，在于学生盲目选填志愿，选校不选系，不重个人的兴趣，入学后再转系或休学重考，即使勉强读下去，也是学非所愿而更加痛苦。宗亮东认为，为适应台湾地区建设需要，为高等教育培养合格的学术人才与专业人员提供充分的准备，必须加强高级中学教育的正常发展。一方面，平时学校应有计划地运用客观的评价方法，鉴定学生各种能力与特质，使学生获得完整的经验与系统的知识；另一方面，为加强教学活动与学业辅导，学校依据学生的能力性向，采取合理的升学与就业辅导措施，协助学生选择适当的发展方向。因此，高中加强教育辅导工作，对于改进大学入学考试实为治本之途②。

台湾教育事务主管部门于 1973 年 8 月公布《高级中学学生评量与辅导工作实施要点》，明确评价与辅导工作的目标主要为“运用客观评量方法，鉴定学生各种能力与特质，进而明智地选择升学与就业方向，以利于大学及专科学校新生入学考试之实施”。实施评价与辅导方案，具有重要意义：一是端正高级中学的教育方向，二是规划未来大学入学考试的根本改进办法③。

在 1973 年 8 月教育事务主管部门确定的“高级中学学生能力评量与辅导办法实施计划”中，指出实施该办法的目的共有四项：①依照高级中学教育目标的规定，促进高级中学各学科教学正常化，使学生获得完整的经验与系统的知识。②运用客观的评价方法，鉴定学生各种能力，促进教学活动与学业辅导。③依据学生各种能力与性向，采取合理的辅导办法，协助学生选

① 参见方炎明有关台湾地区“大学入学考试制度之改革”的文章，台湾比较教育学会：《世界高等教育改革动向》，幼狮文化事业公司，1977 年，第 123～124 页。

② 宗亮东：《辅导与教育论文集》，第二篇《大学入学考试之改进》，正中书局，1986 年，第 626 页。

③ 宗亮东：《辅导与教育论文集》，第二篇《大学入学考试之改进》，正中书局，1986 年，第 626 页。

择适当的发展方向。④实施学生升学辅导，与大学新生入学考试改进方法相配合，使合格升学的高中毕业生能顺利进入大专院校①。

在辅导工作方面，各校自高二第一学期起，依据智力测验、性向测验、兴趣测验的结果，分自然学科组与社会学科组，分别修习有关的教学科目。各校依据各种测验的分析和长期辅导，对适宜升学的学生实施完整的教育辅导，开展各种合理的学习活动，使学生能充分发展其潜能。对不适宜升学的学生，辅导学生转入其他性质适宜的学校，或开设职业课程，协助学生修习各种职业选修科目，以培养一技之长，发展特殊性向。各试办辅导的学校还将学生的资料告知学生家长，促使家长能客观而正确地了解子女的资质与性向、兴趣及才能，敦促家长同意子女的选择，改变社会的价值观念。

宗亮东在报告中总结道："高中实施辅导，是改进大学入学考试的先决条件。今日大多数学生拼命向大学挤，以及家长'望子成龙'以子弟必须就读大学——而且是热门的大学，热门的科系——方显得荣耀，这些都是导因于学生对于自己欠缺自我了解，以及父母受社会价值观念的束缚而逼迫子女所造成的现象，必须透过学校的辅导工作，使学生充分了解自己，不致盲目地升学，不合理地选校选科系，也要使学生家长经由辅导工作的配合，能客观而正确地认识其子女，不再逼迫子女升学。"② 到 1976 年 8 月，台湾全省各高级中学都已实施高级中学升学与就业辅导工作。

1978 年 8 月，宗亮东在教育事务主管部门召开的台湾地区"高中评量与辅导工作检讨会"上，发表《试办学校工作评鉴之分析》的报告。指出试办高中辅导五年来，辅导的理念逐渐受到上级行政部门领导及各级学校的重视，但还有不尽理想之处。由于高级中学师生仍以升学为主要目标，上级虽有良好的辅导愿望，却难在高中全面实现。尤其是高中将成就测验当成模拟考试，生活辅导与就业辅导流于形式，高中辅导工作的可行性与成效大打折扣。

（三）提出改革大学联招的理念

借鉴台湾以外的大学入学考试经验，转变考试改革观念，建立健全大学

---

① 参阅林清江从"教育社会学"的角度研究台湾地区"社会与教育关系"的文章，五南图书出版公司，1981 年，第 274～275 页。

② 宗亮东：《辅导与教育论文集》，第二篇《大学入学考试之改进》，正中书局，1986 年，第 628～629 页。

联招的各项制度，是台湾地区大学入学考试改革的特色。在这一时期提出的两项建议，都对以后的大学联招改革产生重要影响。

1. 大学联招跨组报考、分发的设想①

1975 年 3 月，台湾留美博士曾俊山以教育测验与统计理论为基础，提出一个理想的大专联招制度应达到的目标：合乎台湾的政治与教育政策；未来社会的经济发展；教育原理；心理测量理论与实际；联考的公平、客观和正确三原则等。他向台湾地区教育事务主管部门提出三项具体改革办法：

（1）分组与考试科目方面：提出避免高中为应付大专联考而分文理组教学，忽略通才教育，大专联考不应设甲、乙、丙、丁四组由学生选考。改革办法是让考生报考任何一组，或同时报考两组甚至四组，充分发挥学生兴趣，增加分发的机会。

（2）志愿与分发方面：按照第一项，考生可跨组报考，参加不同系科的分发。方法是将每个考生各学科的原始分数换算成该学科在该系科的分发分数，然后合计该生所考各系科所需的所有学科的分发分数，为该生报考该系科的总分发分数。其好处是大专院校达到选择最适宜的学生，考生可以进入合乎兴趣和适合其才能的系科。

（3）命题方面：提高试题的内容效度和预测效度，增加考试科目的题目量，难度范围扩大，有易有难，以测验各学科整个的学习过程，如记忆、理解、思考、推理、判断与应用的能力。

1982 年 2 月台湾的有关大报刊登了曾俊山所提“大学联招改革方案的背景与前瞻”一文，引起教育界的热烈讨论。这一构想在当时虽未实现，但在 1984 年的“新制联招”中采纳了其“选科考试、越组报名与分发”的构想（详细内容见本章第五节）。

2. 关于两阶段入学考试的建议

1980 年 5 月，台湾师范大学教授郭为藩、黄坚厚提出《大学入学测验制度考察报告》②，详细介绍了美、日两国大学入学制度和测验机构，提出了两阶段入学考试制度的设想：第一阶段考试，每年在寒、暑假期间各办一

---

① 参阅丘爱铃有关台湾地区“大学联招政策变迁之研究（1954—1997）”的文章，台湾师范大学教育研究所博士学位论文，1998 年 6 月，未出版，第 109～111 页。

② 参见郭为藩、黄坚厚：《大学入学测验制度考察报告》，台湾比较教育学会：《教育发展与国家建设》，幼狮文化事业公司，1980 年，第 341～371 页。

次“学力鉴定考试”，类似日本、韩国的第一试联考，凡修完高三上学期课程，皆可应试，考试科目以国文、英语、社会科学（中外史地、三民主义）、自然科学（物理、化学、生物）为主，考试成绩作为参加各大学自办入学考试的条件。这样，每个学生在中学毕业时，至少有两次应试机会。第二阶段考试，由各大学校院自办，可以性质相近的院校联合招生；或者规模较大的大学单独招生；或者采用申请审查方式（依据第一阶段考试成绩申请）。所有学校考试日期统一，等第一阶段考试放榜后再举行。考试科目与考试方式由学校自定，采用申论题、口试或术科考试。这项分两阶段考试的设想，经过多年的研拟、修改，终于在2002年的“大学多元入学新方案”中得以实施，虽然当时提出的只是一个两阶段入学考试的雏形，但在改革台湾大学入学考试制度的理念上起了重要的作用。

二、考试与招生分发的发展变化

1972年至1983年，大学联考的考试方式依然是统一考试，从1972年起，分为大学暨独立学院联合招生考试和专科学校联合招生考试并分别举行。这个期间在考试内容、考试技术、招生分发方面进行了很多变革。

（一）命题采用测验题（即客观题）

1954年起，试题类型包括论说、问答、解释、填充、演算、翻译等。1972年为配合电子计算机阅卷，增加阅卷的公平性，数学科、英文科试题试行全面采用测验题。从1973年开始，除国文科作文外，大学联招考试科目全面改为测验题，用电脑阅卷。1974年为适应数学试题的需要，数学科采用复选题，以后各科试题也都出现复选题。但是这种题型的计分方法引起了争议，如部分答对却无法得到分数，是否公平。后来改革为多重选择题，每一选目分别计分。1976年，三民主义试题增加30%的论述题。1981年起，数学科开始增加非选择题，之后增设论述题，非选择题也渐渐增加①。诚如“第五次教育年鉴”中所总结：“各科命题方式截止1983学年度为止，除三民主义申论题、国文作文、英文作文及翻译、数学非选择题、物理非选择题、化学非选择题、生物非选择题等部分外，其余均采用测验题考试。”②

---

① 吴家怡：《回首联招四十年》，台湾《选才》1990年6月第1期，第74页。

② 台湾教育事务主管部门教育年鉴编纂委员会编纂的“第五次教育年鉴”（上）之“第七编 高等教育 第一章 概述”，正中书局，1985年，第896～897页。

（二）考试科目的演变与规定主科高低标准

从 1983 学年度起，报考医学院各系组者，加考物理科，考试科目变为七科。

从 1975 学年度起，为了防止进入各系科就读的学生较重要的科目成绩不佳，部分系科开始规定高低主科及格标准。高标准指同组内该主科成绩前 50%考生的平均分数；低标准指同组内应考学生该主科成绩的平均分数。录取分发时，凡订有主科的系科，考生主科必须达到及格标准，否则不予分发。“大专联招会”规定各学系主科标准最多不超过两门，且各学院相同学系规定相同的主科。1975 年使用主科高低标准者，有 20 所院校，185 个学系。1976 年增加至 23 所院校，214 个学系①。各学系规定的主科标准，有一门，也有两门，也有高标准与低标准之分。

规定主科高低标准，在分发时，考生六科总分虽达录取标准，也有可能因其主科分数未达标准而未获录取，1975 学年度，中兴大学植物学系即未能录满核定名额，这是大学联招以来首次发生的现象。

规定主科高低标准以后，对于考生填写志愿以及实际录取的系科，产生相当影响。考生除了要慎重填写志愿以外，考生的分发志愿顺序有些被提前，有些被移后，也有些在无主科限制时，原可录取，但因未能达到主科标准而落榜，也有相反的情形者。过去学生填写志愿，由考生自己全权决定，大学无法过问；而实行主科标准后，大学有权决定选择能力、性向比较接近该系科的学生。

（三）采用电子计算机处理考试与分发工作

为解决大学联考应考人数众多，尽快、公平而客观地办理入学考试，“大学联招会”于 1972 学年度在甲组数学、英文两科阅卷评分及甲组考生的分发上，试用电子计算机操作。为推进此项尝试性工作，“大学联招会”在此之前同时采取两项措施，以辅助电脑阅卷工作的顺利进行：①命题为标准化试题；②考生预作填卡练习。当年试用后，证明利用机器操作，比人工作业省时而精确。

---

① 参见方炎明有关台湾地区“大学入学考试制度之改革”的文章，台湾比较教育学会：《世界高等教育改革动向》，幼狮文化事业公司，1977 年，第 123～124 页。

1973 年，“大学联招会”正式采用电子计算机操作，为提高可靠性，在阅卷上，特别采取“多元检查”、“特别检验”、“双档核对”等措施，再加上使用统计抽样方法以人工复阅，达到一定的信度，此后，无论成绩登录、核计、分发、放榜等，均由电子计算机处理①。

从 1980 学年度起规定报考甲、乙、丙、丁四组的志愿，考生最多只能选填各组全部可填报志愿总数的 1/2，减轻了分发工作的负担。以电子计算机处理分发工作，学生的分数可计算至小数点后的两位。因此，同分者极少发生，总分相同并且国文科分又相同者更无一见。故在分发时，除主科未达录取标准而不能足额录取外，分发人数与台湾地区教育事务主管部门核定的录取人数完全符合。

（四）简化查分程序

在 1971 年以前，考生如对自己的成绩有疑问，可向“联招会”考务组申请查询成绩，考生查询成绩的范围以核对试卷、复阅试卷、成绩登记及计算有无错误为主。每年考生查询函件超过 1 万件以上，考务组通常只处理纠正对考生录取有利的错误。从 1972 学年度起，改革这种查分制度，对经核查后考生成绩减少的情况，也将依规定处理，申请查分考生的人数随之减少。据统计，在手工操作阶段，从考务组收到考生查询函件起，到通知考生查分处理结果，要经历 20 个程序②。采用电子计算机操作以后，有关查询的函件，经调出原始资料逐一查核，反复校对，凡有错误即予更正，并将资料输入电子计算机，只需 9 个步骤即可完成。如经查结果发现错误，而必须更改分发者，考务组即通知分发委员会准予考生改分发或补分发。可见，由电脑处理分发作业，方便、快捷、准确无误。

（五）建立高级中学题库，为大学联考命题提供参考

大学入学考试的试题以测验题为主，要求所考题数必须很多。但增多题数非一日之功，需平时搜集各种资料。理想的命题，需靠平时的日常积累、准备，不能仅依赖临时性的措施。换言之，应筹设题库，由考试技术委员会

---

① 参见方炎明有关台湾地区“大学入学考试制度之改革”的文章，台湾比较教育学会：《世界高等教育改革动向》，幼狮文化事业公司，1977 年，第 123～124 页。

② 详细情形参阅方炎明有关台湾地区“大学入学考试制度之改革”的文章，台湾比较教育学会：《世界高等教育改革动向》，幼狮文化事业公司，1977 年，第 128～131 页。

聘请专人长期就高中课程与教材拟定试题，详细的审查与分析试题，按学科的性质分类编组成套，供大学入学考试命题参考①。于是教育事务主管部门提出由公私立高中教师共同提供 11 个科目的题库，“建立高级中学题库计划”，获 84 万元新台币的财政支持。1976 年开始，历时两年完成。非常遗憾的是，这项耗资巨大，动用人力众多的工程，并未达成为大学联考命题提供参考的政策目标。宗亮东在《大学入学考试之改进》的报告中，分析其原因主要有三：第一，命题时间短，教师在教学工作之余，用短短的四个月时间完成命题，造成采用参考书、测验卷命题，命题雷同者多，严重影响试题质量。从第一期题库中原来的命题数量删除了 58％就可得到证明；第二，1975 年、1976 年建立题库，之后高中教科书进行了修订，这样有些题库内容就不适用于已修订的教材；第三，高中教师均留有题库底稿，题库散置于各高级中学间，作为各校成就测验的参考，保密性不强，无法成为鉴定学生真正学习成就的客观依据。

三、招生机构的发展

从 1972 年至 1983 年是台湾的大学联招的发展时期，这一时期在各方面改革了创立时期的做法，设立大学入学考试常设机构就是一例。

过去大学没有常设招生机构，因而滋生许多问题：主办学校每年在联招时都要从头做起，遇到问题或偶发事件，不知道如何处理，有时处理问题时已错过时机，有时只好采取一种权宜之计，实在不行就交给下一届“联招会”解决，每年的主办学校很少考虑是否处理不周等后果。

大学入学考试制度的各个方面，如考试、招生、分发、录取等环节本身就是一种经验的积累，每个环节都含有许多宝贵的经验。例如，1966 年将核计工作改为“入闱”方式办理，这样可避免“闱外”未放榜之前考生大致知道自己的考试成绩，甚至连录取与否，也可大致猜中的问题；试卷卷边加印一条颜色的问题，每一条颜色代表一个科目，以便计算试卷份数，但国文科卷边为白色，没有加边，计算时不易识别，至 1971 学年度联招时，才加上颜色；电子计算机的操作程序问题；如何支付借用台湾大学场地租金及工资问题，等等，下一届主办学校必须先请教前一届主办学校才能弄清楚。因

① 宗亮东：《大学入学考试之改进》，《辅导与教育论文集》，正中书局，1986 年，第 651～653 页。

此，几年来，教育各界都在建议教育事务主管部门成立一个常设招生机构，使累积的经验顺利地一届一届传承。1976 年 2 月，经台湾地区行政管理机构核定，教育事务主管部门大学入学考试委员会（简称“大考会”）正式成立①。这样，教育事务主管部门直接参与大学入学考试工作，显示这项工作的制度化发展及其研究改进的可能性。

从“大学入学考试委员会设置办法”观之（参见附录二），该委员会主要分为“试务”及“研究”两个委员会，前者完全承担了往年“大学联招会”所办理的业务；后者的任务为研究大学入学考试政策的改进并提出建议。“大考会”具有三项特征：一是具有常设机构性质；二是教育行政单位与大学共同策划并推动大学入学考试的改进工作；三是研究与执行并重，既有长期改进政策的研究又有短期技术的改进。“大考会”组织目标完备，避免了决策者个人主观意志可能造成的偏见，比过去的“联招会”是一大进步。

以 1977 学年度“大学入学考试试务委员会”为例，依据“大考会”的设置办法，代替往年“大学暨独立学院联合招生委员会”，主办大学入学考试事务的是“试务委员会”，原设主任委员改称召集人，至于组织系统，仍沿用旧制，未作变更。实际的考务工作由各校负责，并无专任人员，仅“高教司”调用一人负责行政事务。从设置办法及组织系统图（参见附录二）中可以看出，“大考会”的委员会由政府或大学的行政人员兼任，教育事务主管部门负责人担任“大考会”主任委员，“大考会”控制了大学联招的决策权。行政人员平时工作繁多，无暇对大学联考问题作连续性的研究，无助于整个入学考试制度的改进、推动、创新和突破。再加上无固定的人员及经费，工作成效很低，无法彰显实质功能和发挥研究考试的作用。

第五节　台湾地区大学联招的演变

进入 20 世纪 80 年代以后，国民党政权的长期集权、专制统治在台湾社会文化、经济的发展变化中动摇，其表现是 1987 年 7 月，蒋经国宣布废除

① 参阅方炎明有关台湾地区“大学入学考试制度之改革”的文章，台湾比较教育学会：《世界高等教育改革动向》，幼狮文化事业公司，1977 年，第 128～131 页。

在台湾实施达 38 年之久的“紧急戒严令”，取消“非常状态”下的相关法规，适度放宽对言论、结社、集会、罢工、罢课、游行、请愿等基本民权的限制。解除戒严使专制统治有所放松，缓和了社会矛盾。1987 年开放台湾民众赴大陆探亲，使两岸关系有所松动，加强了两岸交流。1986 年民进党成立，对国民党的一党专制产生巨大冲击，并在一定程度上形成了台湾政治多元化和多党政治的格局。在经济上台湾当局实行“自由化与国际化”的经济政策，减少干预，扩大开放，确立新的市场规范，台湾经济更大程度地参与国际经济体系。台湾经济自由化、政治民主化政策具有一定的扩散作用，渗透在教育领域，促成大学教育民主化，要求教育改革的呼声日益激烈，教育方面的热门话题有私立学校发展政策、教科书与课程标准政策、大学招生数管制政策、学费政策等。20 世纪 80 年代在台湾风起云涌的社会改革思潮中，几乎所有属于权力和经济弱势的中下阶层群体，都曾参与不同诉求的社会运动，抗议国民党的专制统治，既有对诸多新兴社会问题的密切关注，又有对现政府措施及做法的不满。如雨后春笋般陆续成立的民间教育改革团体，对台湾教育体制大力进行批判，大大推动了教育自由化、人本主义教育思潮的发展。

大学入学考试制度呈现出显著的变革，以不同以往的风貌出现。特别是 1984 年实施的“联招新制”、1989 年成立的“大学入学考试中心”、1992 年提出的“大学多元入学方案”，酝酿着大学联招改革的契机。台湾研究者一般将 1984 年以后的大学入学考试招生阶段称为新制时期，本书亦沿用此名称，丘爱铃将 1984 年至 1992 年划分为新制时期，笔者认为，新制时期应从 1984 年至 1993 年，因为从 1994 年开始实施多元入学方案中的推荐甄选，1994 年至今为多元时期。本节重点分析大学“联招新制”的诞生、具体内容，并对“联招新制”进行评价，简介大学入学考试中心的建立作为过渡，提出“大学多元入学方案”的简要内容，为下一章的深入分析埋下伏笔。

一、联招新制的诞生

到 1984 年，大学联招已经实施了 30 年，其间虽有大大小小的考试技术方面的改进，但并未触及联考制度本身。这 30 年间，联招的优缺点均表露无遗，从比较客观的角度分析，其优点如下：统筹台湾高等教育的发展，均衡各校发展质量；考试严正公平，认真办理；减少考生负担，便利考生专心准备；联合办理招考事务使各大学节省人力、物力，解脱人情关说的困扰，各校行政业务照常进行，不受影响[①]。

但是，不可否认，随着台湾社会、经济、政治、文化教育的发展变化，联招制度也暴露出许多缺点，综合各方面意见如下：①限制各大学发展特色。统一考试、统一招生，使各校无法依据其发展与特色，选拔合适的学生，统一规范约束了各校无法发挥招考自主权。②约束考生选校选系。如前所述，考生只能在某一组内选填志愿，不得跨组，为求录取，必得多填志愿，而录取第一志愿的仅是少数考生，很多人所进校系并非所愿，影响学生在大学的学习兴趣与发展。③影响高中教育功能。高中教育是奠定研究高深学术及学习专门知识与能力的基础，并为培养国家优秀人才的教育。但受大学联招的影响，高中升学竞争激烈，造成“联招考什么，高中就教什么，学生就学什么”的现象，严重影响高中教学正常化。④联招考务手续繁琐。因考生人数逐年增加，考务工作繁重，规定繁多，承担学校均感责任重大，压力更大。

早在 1981 年 6 月 17 日，台湾地区行政管理机构负责人孙运璇在巡视教育事务主管部门业务时指示：“大学招生考试，各方面甚多批评和建议，历年虽有改进，但应作彻底之检讨改进。”[②] 同年 7 月 17 日，台湾某研究会教育组学人，曾经建议政府改进大学联合招生的办法：①大学院校各学系，为了发挥特色与潜能，可以依不同的需要，采取较复杂的“加重计分制”。②选科考试、越组报名、跨组分发，以符合考生的志愿。③高级中学的课程，都列入考试范围。④分两阶段办理联考。

当时的教育事务主管部门负责人朱汇森，在教育事务主管部门大学入学考试委员会内设“专案小组”，聘请了宗亮东、梅可望、夏汉民、林清江、黄建斌等人为委员，由宗亮东任召集人。“专案小组”在 1981 年 10 月 12 日成立，研究大学联招的改进办法。经过深入的研讨、分析，针对大学联招的优缺点，参照调查问卷中各校系所提供的资料，制定了几项改进大学联招的

① 《大学联招新制的诞生》，宗亮东：《辅导与教育论文集》，正中书局，1986 年，第 706～710 页。

② 参见张文峰：《大学联招的检讨与改进——兼谈大学入学考试新制（第三方案）之实施》，《台湾教育辅导月刊》（台湾教育辅导月刊社发行）1983 年第 9～10 期，第 33 卷，第 10～11 页。

基本原则：①发挥大学教育的功能。大学入学考试的目标应依据各院校的教育发展规划，密切配合建设所需人才培养政策。各校招生计划、增设系科、设置考试科目和招生业务，应考虑各院校的特色，使大学能招收到合适的学生进入大学深造。②考生依据能力、兴趣入学。高中教育的主要功能应为学生升学准备，但并非所有高中毕业生都适合升大学，高中应加强辅导学生使其发挥潜能。③兼顾考试的理论与实务。大学入学考试的实施不仅须有教育学、心理学、社会学等方面的理论依据，还要有多年积累的考试实务方面的经验与资料，并重视对理论与实际经验的研究。④符合教育机会均等理想。要求以客观公正的方式，招收各种不同能力、专长的考生升入大学。⑤促进高中教学正常化。一方面做好高中辅导工作，依据学生的能力、性向，采取合理的升学辅导，协助学生选择适当的发展方向；另一方面改进联考科目与命题办法，使高中教学不再受联考的影响。⑥采取有效的行政措施，各大学要广为宣传改进后的大学联招方案，使各高中及社会人士充分了解，早做准备。

根据改进大学联招的六个基本原则，大学入学考试委员会专案小组设计了三个改进方案：

第一方案：依学院不同分为九组招生，考生就其中一组或两组选填志愿、统一分发（这个方案由于不易制定合理的考试科目与加重计分办法，未被采纳）。

第二方案：各校自行单独招生（这个方案，不但加重学校考务工作，而且学生选校困难，同时也会减少录取机会，可能造成某一阶段学校招生不足的现象，因此未被采用）。

第三方案：兼顾各大学的要求和各考生的志愿，考生先考试，后填志愿，再统一分发。

1983 年 2 月，教育事务主管部门负责人朱汇森主持召开讨论三个改进方案的会议，与会者认为三个改进方案中的第一、二个方案，各有缺点，未被采纳，而以第三个方案（先考试，后填志愿，再统一分发）较为适当可行，后提请“大学入学考试委员会”会议通过后，由教育事务主管部门报经行政管理机构核定，再由教育事务主管部门于 1983 年 8 月 9 日公布，于 1984 年开始实施这个具有突破性的大学入学考试新制度，此即“联招新制”，新制大学联招一直实行至今。

二、联招新制的具体内容

（一）“联招新制”的功能

大学入学考试新制的主要功能，兼顾了各大学院校的要求和考生的志愿；考生先考试，后填志愿，再统一分发。考生可以跨组报名，自由选填志愿和考试科目，有更多的选择机会。就学校而言，由于校方提出“加重计分”和“主科高、低标准”的要求，可招到适合大学教育目标要求的优秀考生。“联招新制”除保持以往联招的优点并避免联招的诸多缺点外，还兼有单独录取招生的部分优点。同时，对已有联招业务的操作成规略加变更，减少了实施中的困难。因此，采用第三个方案改进大学联招是可行的办法。

（二）分类

“联招新制”是依照台湾的大学各学系性质的不同，将其分为文、法、商、理甲、理乙、工甲、工乙、农甲、农乙、医等 10 类。考生可从中任选一类到一类以上。由于考生先了解大学各学系的要求，知道自己的考试成绩后才填学系志愿，所以一般选填志愿符合个人能力与志趣，而且不会太多。

工甲与工乙、农甲与农乙、理甲与理乙的分类，是将工学院、农学院、理学院的系科分开编组，使考生不会都挤在一个组内竞争，同时增加考生选填志愿的机会。例如，自然科学类学群中的化学系（包括化学组、应用化学组）、应用化学系、地质学系、地球科学系、物理系、物理系应用物理组、电子物理系、原子科学系、大气科学系、海洋科学系等分在理甲类（第二类组）；而自然科学类学群中的生物系、动物系（包括动物生物组、渔业生物组）、植物系、生命科学系、生物工程学系等分在理乙类（第三类组）。

在实际的分类中，会出现两个相同的系科，分在两个不同的类组中，如环境工程学系在成功大学属工甲，在中兴大学则属工乙①。这主要是因为：①以系科所隶属的学院归类。如辅仁大学食品科学组，属于理学院，因此归并理乙类，而中兴大学及东海大学的食品科学系属于农学院，所以归并农乙类。②以系科教学目标的不同归类。如前述的中兴大学环境工程系是工程与科学并重，所以归并工乙；成功大学则以工程为主，所以归并工甲；交通大

① 台湾师范大学附中辅导委员会编：《大学联考新方案问题解答汇编》，原载台湾《中国时报》副刊，1983 年，转引自台湾《教育资料文摘》1984 年 2 月号，总第 73 期。

学资讯科学系因偏重软件发展，所以归并理甲类；静宜学院资讯科学系因偏重于商业用途，故归并商类。③以系科发展方向的不同归类。如台湾大学园艺系、兽医系、农业经济系等系科重视物理基础学习，农学院中的这些系科属于农乙（加考物理），而中兴大学与文化大学农学院的这些系科因发展方向与台湾大学不同，故归农甲（不考物理）。

（三）选科考试、跨组考试与跨组选系

1. 考试科目与命题

"联招新制"仍采取统一考试的形式，按照上述10类学系的考试科目如下表2-8。

表2-8　"联招新制"的考试科目一览表

类别	考试科目	
	共同考试科目	各类组加考科目
文	三民主义、国文、英文	社会组数学、中外历史、中外地理
法	三民主义、国文、英文	社会组数学、中外历史、中外地理
商	三民主义、国文、英文	社会组数学、中外历史、中外地理
理甲	三民主义、国文、英文	自然组数学、物理、化学
理乙	三民主义、国文、英文	自然组数学、生物、化学、物理
工甲	三民主义、国文、英文	自然组数学、物理、化学
工乙	三民主义、国文、英文	自然组数学、生物、化学、物理
农甲	三民主义、国文、英文	自然组数学、生物、化学
农乙	三民主义、国文、英文	自然组数学、生物、化学、物理
医	三民主义、国文、英文	自然组数学、生物、化学、物理

资料来源：张文峰：《大学联招的检讨与改进——兼谈大学入学考试新制（第三方案）之实施》，《台湾教育辅导月刊》（台湾教育辅导月刊社发行）1983年第9～10期，第33卷，第3页。

大学入学考试试务委员会为了考务的方便，将10类中依考试科目的异同，划分为四大考试科目类组，各类组的共同考试科目为：三民主义、英文、国文。分组考试科目如下：

第一类组包括文、法、商，加考社会组数学、中外历史、中外地理。

第二类组包括理甲、工甲，加考自然组数学、物理、化学。

第三类组包括理乙、工乙、农乙、医，加考自然组数学、生物、物理、化学。

第四类组包括农甲，加考自然组数学、生物、化学。

在命题方面，“联招新制”仍遵循以往命题原则，往年的社会组数学与自然组数学是在同一天同一时间考试，有些试题相同。“联招新制”则是在不同时间举行考试，为避免不公或引起争议，试题是完全不同的。从1981年起，非选择题、申论题渐渐增加。以1988年为例，非选择题所占的比率如下表2-9。

表2-9　1988年大学联考非选择题所占比率

数学（社会组）	数学（自然组）	化学	物理	英文	生物	地理	历史	三民主义	国文
80%	75%	34%	50%	50%	40%	24%	30%	40%	30%

资料来源：吴家怡：《回首联招四十年》，台湾《选才》1990年6月第1期，第73～74页。

大学入学考试一方面力求公平、迅速、客观，另一方面除了要测出分析、记忆、思考能力之外，还应重视学生的整理、说明、归纳能力，从大学联考命题的演变来看，在统一的一次考试和统一命题的原则下，这两项要求相互制衡。

2. 选科考试

“新制联考”与“旧制联考”的考试科目不同之处在于过去是分组考试，现在是让考生选科考试。除共同考三民主义、英文、国文三科外，考生可从中外历史、中外地理、物理、化学、生物、社会组数学、自然组数学等7科中自由选考，各组考试科目为6科至7科，跨组考生考试科目最多可达9科至10科。

从表2-10中可以看出，旧制与新制的相同之点是社会组数学考生不考理化、生物，自然组考生不考史地。

表2-10　新旧制大学联招考试科目的比较

分类	共同考科	分组考科
旧制大学联招	三民主义 国文 英文	甲组：物理、化学、自然组数学 乙组：中外历史、中外地理、社会组数学 丙组：化学、生物、自然组数学 丁组：中外历史、中外地理、社会组数学
新制大学联招	同上	第一类组：中外历史、中外地理、社会组数学 第二类组：物理、化学、自然组数学 第三类组：物理、化学、生物、自然组数学 第四类组：化学、生物、自然组数学

资料来源：张文峰：《大学联招的检讨与改进——兼谈大学入学考试新制（第三方案）之实施》，《台湾教育辅导月刊》（台湾教育辅导月刊社发行）1983年第9～10期，第33卷，第3页。

3. 跨组考试、跨组选系

“新制联考”采取“跨组”报名选填志愿的设计，增加考生自由选择报考和分发的机会，也符合教育机会均等原则。从前面的论述中可知，“联招新制”的科技类组为第二、三、四类组，人文社会类组由过去的乙、丁二组合并为第一类组。考生在报考时不必填写志愿，只选择考试科目。“大学入学考试试务委员会”于考完后通知考生各科成绩，并提供上年度录取成绩参考资料及本年度成绩分布资料。

跨组考试及跨组选系为大学联招新制的主要特色，一般而言，它可分为两类，一为跨小组，一为跨大组。所谓跨小组，如考生从文类跨考到法类或商类即是，此种跨组由于文、法、商等三类的考试科目相同，故不必另外再加考其他科目；所谓跨大组，如考生从相同考试科目类别的文、法、商类跨考到不同考试科目类别的理甲及工甲类，或理乙、工乙、农乙及医类，甚至农甲类。由于跨大组考试，需要参加加考科目，因而考生可以任意选择自己想填的志愿。

考生在跨大组参加联招时，若在接到成绩单后自认为某些科目的成绩不理想，则可以放弃这些科目成绩，而以成绩较好的科目选填志愿。这些成绩不好的科目，指非共同基本科目而言。值得注意的是，跨大组考试一定要有某类别的应考科目。因为没有完整的类别，是不可能选填任何类组系科的。例如，仅采用三民主义、国文、英文、历史、自然组数学及生物六科成绩，不能构成任何类组的考试科目条件，故无法选填任何类组的系科。

在理论上说，这个方式弹性大，更加自由、灵活，更有利于发挥各个学系的特色，选考自己需要的科目（0～10 科），学生在能力可及的范围内，报考不同的组别，各系科可以选到理想的学生。但在实际操作中，各校系的考试科目并没有太大变化，多数学生感到参加六门课程的考试已经很吃力，所以参加跨组考试学生很少，仍以四类组的考试科目选择为主。1984 年度跨组报名人数仅 1 727人，占总报名人数的 1.8%。其后一直下降，直到 1991 年才有回升，1992 年上升至 8 272 人，但仅占总报名人数的 6.9%。详情见下表 2-11。

表 2-11　1984 至 1992 学年度大学联招跨组报名人数统计

学年度	总报名人数	跨组报名人数	
		人数	百分比
1984	98 236	1 727	1.8
1985	102 004	421	0.4

续表

学年度	总报名人数	跨组报名人数	
		人数	百分比
1986	110 384	558	0.5
1987	108 656	487	0.5
1988	112 327	617	0.6
1989	117 845	689	0.6
1990	120 247	812	0.7
1991	122 287	2 747	2.3
1992	119 950	8 272	6.9

资料来源：《各学年度试务委员会工作报告》，参见丘爱铃有关台湾地区“大学联招政策变迁之研究（1954—1997）”，台湾师范大学教育研究所博士学位论文，1998年6月，未出版，第166页。

可以看出，新制联招增加了考生选校选系的机会。只要考生考试科目相同，经过公平竞争，成绩优异者自然可以进入更理想、更符合自己志愿的系科就读。

（四）成绩处理与统一跨组分发

1. 加重计分

加重计分的目的在于甄选基础学科能力较优秀者入学，以便于大学因材施教，充分发挥大学教育的功能。

1966年开始，大专联招采取“固定主科加重计分”，即甲组加重数学科25%，乙组加重国文科25%，这种方法没有考虑到各学系不同的性质，还是不能充分选拔人才。如乙组英文系加重国文不如加重英文成绩更为合适。实施“联招新制”后，各大学院系可自行决定加重科目及加重的比率，规定最高以三科为限，加重计分后满分以125分或150分计算。这样在录取分发过程中，选拔出主科表现优秀的考生入学。

据丘爱铃的统计，1984年定有加重计分科目的学系占47%，1985年上升至71%，1986年为74%，1987年为72%。就各类组而言，第一类组最重视加重计分科目，有90%以上学系选择。就加重计分科目数而言，大多数学系选择两科加重计分。

2. 高低标准

“联招新制”继续实行高低标准办法，规定采取高低标准科目数不超过半数，即最高可定三科的主科标准。1984 年至 1987 年约有 40%多的系科定有主科高低标准。

那么有了高低标准，为什么还要加重计分呢？因为高低标准是参加联招的各大学院系为招收到适合该系性质的学生所制定的某科成绩标准。加重计分是各学系为招收该学系最需要的学生而设计的。两项成绩处理方式并重，可以在总分接近，且符合最低标准的基本要求下，招收各学系最需要的学生。如数学系在考生一切条件都很接近时（总分相近也达高低标准时），优先录取的是数学科成绩较高的考生（数学为其加重计分时），因此在主科加重计分规定下，数学系才能真正招收到数学最优的学生。

3. 统一跨组分发

“联招新制”是统一跨组分发，采用电脑处理考生志愿就读学系的分发工作。跨组分发符合考试公平原则，避免了过去组内分发时，考生在某组落榜无法调剂其他组更适合的学系。跨组分发程序如下①：①计算各类各科的高低标准、各类总分分布情形及各总分所居的百分位。由于各系加重计分的科目及比重不同，故高低标准的计算是以各科未加重计分时的成绩计算。②计算各考生在各类中的名次，连同成绩单通知考生，这些成绩与名次也是未加重计分时的成绩。③公布本年度及前一年的各项统计资料，包括未加重计分前各系科的各科高低标准、总分及百分位、前一年各学系各科的高低标准和加重计分的比重及加重计分后的最低录取总分等，作为考生填写志愿的参考。④所有达到各学系各科高低标准者皆可填写志愿申请卡，没有规定高低标准的系科，所有考生均可申请。原则上不限制考生的报考志愿数目，在其所报考的类组内，可自由填写任何学系。⑤电脑一次分发完毕。分发时首先根据考生所填志愿各系科考试科目的计分比重，求取各系科总分，有多少志愿即有多少总分。然后将所有考生的各系科总分按高低排列，成绩高者优先录取，如果同一考生在两个以上学系均达录取标准，则以志愿的先后取舍。如果几个考生的成绩及志愿皆相同，以国文成绩高者优先。国文成绩又相同者，一律录取。

例如，表 2-12 是甲生、乙生的成绩：

① 以下参见宗亮东：《辅导与教育论文集》，第二篇《大学入学考试之改进》，正中书局，1986 年，第 749～750 页。

表 2-12　甲、乙考生各科成绩举例

学生	三民主义	国文	英文	数学	物理	化学
甲生	82	84	75	64	70	78
乙生	70	72	62	85	85	69

资料来源：引自台湾师范大学附中辅导委员会：《大学联考新方案问题解答汇编》，原载台湾《中国时报》副刊，1983 年，转引自台湾《教育资料文摘》1984 年 2 月号，总第 73 期。

若二者在前两个志愿均遭淘汰，现在进行第三志愿台湾清华大学电机系的分发。比较得分，甲生原始总分为 453 分，乙生原始总分为 443 分，台湾清华大学电机系规定数学、物理各加重计分 50%，加重计分之后，甲生总分为 520 分，乙生总分为 528 分，假设该系录取标准为 527 分，则乙生录取，甲生淘汰。这种现象就是在分发时原始总分低、主科原始分数高而分发至较佳志愿的例子，这样使大学能招收到理想的、优秀的学生。

4. 考试后填报志愿

过去“联招旧制”是先填报志愿后考试，“联招新制”是先考试后填报志愿。“先填后考”与“先考后填”二者最大的差异在于考生填写志愿时，是否基于对自我实力有较正确的衡量。旧制的先填志愿后考试的方式，考生无法在考试之前确切了解自己的实力如何，所填写的志愿大多依照前一年联考各系科排名顺序而定，填报志愿很盲目，考试成绩成为决定考生选择的关键。

“联招新制”的考生先考试，收到成绩单后再填志愿，其实已具有“考招分离”的理念，但还不是真正的“考招分离”。考生可以获悉自己各科最低标准、各科目所有考生成绩分布情形，以及原始总分与各科成绩在各类别中所居的百分位数等详细状况，适当地衡量自己的能力，考虑各学系的最低标准与加重计分的要求，妥善地选择志愿。

三、对联招新制的评价

从 1984 年开始实施的大学“联招新制”是台湾大学联招制度的一次重大改革和突破。综上所述，大学“联招新制”具有如下特色①：

---

①　参阅成功大学统计学系杨明宗主持的《大学联招新制实施成效之研究》（一），台湾《教育资料文摘》1986 年第 12 期总第 107 号，第 34～36 页。

1. 确立“考招分离”的联招架构

“联招新制”是先考试，后填志愿，再统一分发。这种先考试、后招生，“考招分离”的方式，只改变了大学入学考试的架构，不会影响考生心理和引起家长的顾虑，对于考生有益无损。参见表 2-13 可以看出旧制联招与新制联招架构的不同。

表 2-13 旧制大学联招与新制联招的架构比较

旧制大学联招架构	大学“联招新制”架构	
统一考试，统一分发	先统一考试	再统一分发
1. 考前填志愿 2. 分组报名 3. 分组考试 4. 加重计分 5. 高低标准 6. 组内分发	1. 跨组报名 2. 选科考试	1. 加重计分 2. 高低标准 3. 填志愿 4. 跨组分发

资料来源：参见丘爱铃有关台湾地区“大学联招政策变迁之研究（1954—1997）”，台湾师范大学教育研究所博士学位论文，1998 年 6 月，未出版，第 165 页。

2. 增加考生选择的机会

“联招新制”更为重视考生的意愿，考生有两个选择机会，一是在考试之前，考生可以自由选择考试科目，即跨组报考，以增加选择志愿的机会；二是在考试之后，考生知道自己的成绩及其在团体中所占位置，再参照各大学招生的要求选填志愿，能够合乎考生的志趣和理想。

3. 考生所填志愿符合实际

考生在知己知彼的情况下，选择填报符合自己实际的志愿，而不是盲目多报志愿，不会发生数万人填写同一志愿的现象。

4. 符合大学招生的要求

大学院系在招生之前，提出加重计分和主科高低标准的要求，凡达到学校所要求招生条件的考生，才有资格选填该校的志愿，这样各大学可以招收到合适的学生。

5. 具备单独招生的部分优点

大学可以依据其特殊的性质和需要，选择所需要的学生，一定意义上说具备了单独招生的部分优点。

6. 减轻大学联招的工作负担

每系科至少指定一科采用高低标准，有资格参加分发者大为减少，减轻分发工作的负荷。

自实施“联招新制”以来，受到学者和社会大众的普遍关注，发表许多评论文章，大多支持采用新制大学入学考试制度。大学“联招新制”纵然有诸多优点和显著特色，毕竟是一个理想的方案，在具体的实施过程中未能全部实现，许多方面并未如理想中规划的那么“理想”。

当时在台湾，“联招新制”引起社会各界人士的反映不一，尤以高中的校长、教师与学生的反映最为直接与激烈。当时任台湾省教育厅厅长的林清江先生认为：“大学入学考试方式改革的成败，受大学之支持、行政措施之配合、计划之周详、家长之观念、考生之认识及高中之参与等因素的影响，其中后两种因素影响至大。如果考生及高级中学对于此一方案之主要精神及目的，深入了解，并建立适当的价值观念，必可使此一改进的措施事半功倍。”①

下面就两项实证研究来说明“联招新制”的成效。一项是《高中学生对新制大学联招方式反应之研究》，由台湾高雄市立左营高级中学的蔡金庸、邹浮安、张秋铭完成②。另一项是由成功大学统计学系的杨明宗主持的《大学联招新制实施成效之研究》③。前一项研究以高中生为对象，发现约有70％的高中学生对大学联招新制表示满意。建议继续加强宣传新制大学联招方式，在具体的考试科目、加重计分、主科高低标准等环节上作统一规定，简化混淆和复杂现象。后一项研究以大学生为对象，发现大学生认为“联招新制”的框架确立为考招分离，具备单独招生的部分优点，确实具有成效，而在增加考生选择的机会、考生填报志愿较为符合实际、减轻大学联招工作负担等方面未发生多大效果。如增加选填志愿的机会，须以加考部分科目为前提；学生入学后转系有增无减，采取加重计分学系的学生的学习成效不佳；对联招考务来说多了一道交志愿卡的手续，等等。从这些方面来看，“联招新制”仍有不完善之处。

---

① 林清江：《大学入学考试改进的分析》，台湾《教育资料文摘》1983年第10期，总第69号，第30～33页。

② 详细内容可参见蔡金庸、邹浮安、张秋铭：《高中学生对新制大学联招方式反应之研究》，台湾《教育资料文摘》1985年第5期，总第88号，第118～169页。

③ 详细内容可参见杨明宗主持的《大学联招新制实施成效之研究》，台湾《教育资料文摘》1986年第12期，1987年第1期、2期、3期、4期、5期连载，总第107～112号。

可以看出，虽然“专案小组”研究设计的目标有部分过于理想化，有些是高不可及的想法，不易完全达成。但最起码“联招新制”对整个大学联招制度作了适度的调整，奠定了未来对大学入学考试制度再改进的基础。因此，“联招新制”奠定了台湾地区大学入学考试制度改进的基础。

四、入学考试专职机构——大学入学考试中心

1. 缘起

至20世纪80年代末期，台湾的大学入学联招实行了30多年，每年的招生考试都是重大的任务，却一直没有常设性机构和专任人员负责，所以无法累积考务经验，无法对入学考试制度及命题改进作长期规划。1988年12月20日，当时的台湾地区教育事务主管部门负责人毛高文深感联招制度的弊端，公开表示打倒大学“联考怪物”，召集各大学校（院）长举行大学入学考试委员会会议，决定成立大学入学考试中心，并通过大学入学考试中心设置原则，推选台湾大学校长孙震为召集人。1989年7月1日，大学入学考试中心正式成立。教育事务主管部门受大学入学考试中心指导委员会常务委员会推荐聘请台湾考试管理机构考试委员、著名农业专家李崇道教授为大学入学考试中心首任主任。

2. 成立经过①

早在1974年宗亮东先生在“中山学术文化讲座”的专题报告中，就提出设立常设机构，定名为“大学入学考试设计委员会”，专门办理大学入学考试各项事宜，但一直没有成立②。蒋彦士任台湾地区教育事务主管部门负责人时，在教育事务主管部门成立了“大学入学考试试务委员会”，但是没有专职人员和编制，仍然由各大学轮流主办。到毛高文任负责人时，积极主张改革大学入学考试制度，其改革思路是成立一个专职机构，从事全面性的考试研究，提出良好的改革方案，取代大学联招。为此，教育事务主管部门在1987年9月成立“大学入学考试研究改进小组”，由教育事务主管部门负责人之一林清江、政治大学教授欧阳勋任小组召集人，其任务是深入研究大

① 参考任拓书：《十年辛苦不寻常——大学入学考试中心十周年纪念文集》，财团法人大学入学考试中心基金会出版，2000年，第1～83页。

② 宗亮东口述，洪素贞整理：《翻开一页联考沧桑史》，台湾《教育资料文摘》1989年第3期，总第134号，第147～151页。

学联招有关制度及命题问题，再提出改进建议或替代方案。1988 年 3 月“研究改进小组”在多方研究国内外入学制度近况后，提出三项建议：(1) 成立命题及考试的专职机构，负责大学入学考试，该专职机构受教育事务主管部门领导与监督。(2) 参照美、英、法、日各国的情况，具体分析专职机构的功能、利弊得失，确定机构如何组成。(3) 提出下列三种大学入学考试方案：①会考加上由各大学、学院自行办理入学考试。②将会考与大学入学考试结合为一。③以专职机构考试代替目前的大学联考。

1988 年 12 月召开成立大学入学考试中心筹备会议，1989 年 2 月，正式成立台湾大学入学考试中心。初建时期，大学入学考试中心以研究改进大学入学考试制度与方法为主，在适当的时候协助各校办理招生事宜。

3. 大学入学考试中心的进一步发展

大学入学考试中心成立初期，系由教育事务主管部门协助各大学、学院联合成立，不属于教育事务主管部门或某大学的附属单位，也不属民间机构。在草创时期，没有专门的办公地点，先后搬了五次“家”，现在的办公地址是台北市台湾大学生命科学馆的一、二层楼①。1989 年至 1991 年，大学入学考试中心在艰苦的办公条件下，完成 50 多个入学制度及命题的研究报告，并于 1991 年 5 月向教育事务主管部门提出“大学多元入学方案改革建议书”，1993 年开始在各大学与高中推动“推荐甄选入学方案”。在经费上，由教育事务主管部门以专案委托方式，按年给予经费补助。在人员编制上，由各大学、学院调用，有任期限制，这种状况不利于专职机构的长远发展。在这种情况下，鉴于过去“大考会”有名无实的教训，教育事务主管部门于 1990 年向台湾地区行政管理机构积极争取成立财团法人基金会，一方面，可以避免政府长期负担大学入学考试中心固定开支，另一方面，大学入学考试中心可以少受行政机关的约束而灵活运作。1992 年 1 月 20 日，在大学入学考试中心第四次指导委员会上，通过了“财团法人大学入学考试中心基金会捐助及组织章程”，1992 年 6 月教育事务主管部门报台湾地区行政管理机构，并获得指示：“该基金会成立后的特种基金来源，原则由教育部编列预算一次拨付。日后并可研究自大

① 参见《门》，台湾《选才》（大学入学考试中心通讯）2001 年 1 月 15 日总第 77 期，封二。

学联招报名费中提拨部分作为基金。"[①] 在台湾地区行政管理机构同意下，由教育事务主管部门和各大学联合捐资筹措新台币 1 000 万元成立"财团法人大学入学考试中心基金会"，并于 1993 年 3 月改组为"财团法人大学入学考试中心基金会"，正式登记为文教财团法人，大学入学考试中心转型为民间文教机构。

4. 大学入学考试中心的任务

按照台湾"大学入学考试中心设置办法"第二条规定，本机构定名为"大学入学考试中心"。第三条规定其"以研究改进大学入学方法与技术及办理大学入学考试为宗旨"。主要任务有：(1) 研究台湾地区大学入学制度的改革及大学入学考试命题与测验技术的改进。(2) 接受委托办理各项有关的入学考试业务。(3) 提供参考题库及相关测验技术服务。(4) 为学生提供辅导与相关教育服务。(5) 进行前述各项有关的研究活动。(6) 办理大学入学的其他有关事项。

大学入学考试中心自 1990 年 6 月 15 日出版了《选才》杂志创刊号，至 1994 年 7 月 5 日，共出版 18 期，其中第 13 期～18 期为 6 期《推荐甄选专辑》。1994 年 9 月 10 日，大学入学考试中心出版报版通讯型月刊，版式为两张 A3 纸型，四个版面的单张刊物，取名《大学入学考试中心通讯——选才》，简称《选才通讯》。完全以赠阅的方式，主动寄送高中三年级各班同学及大学院系，每月 10 日出刊，直至 2000 年 12 月。2001 年 1 月 15 日，改为 A4 纸型，16 页～20 页的期刊，改名为《选才》(大学入学考试中心通讯)，每月 15 日出刊，一直延续至 2005 年 12 月 15 日。改为期刊出版后的《选才》，赠阅数量及索阅单位大增，甚至大陆台商学校、大陆考试中心与部分大学都有《选才》的身影[②]。2006 年 1 月开始，每月 15 日准时出刊《选才》电子报，以网络版杂志的形式，免费提供给广大考生。《选才》电子报以大学入学考试中心工作与研究报道为主，专门刊载重要的考试招生讯息和招生

---

① 1992 年 6 月 25 日台湾地区教育事务主管部门向行政管理机构负责人简报"财团法人大学入学考试中心基金会捐助及组织章程"会议记录，参见丘爱铃有关台湾地区"大学联招政策变迁之研究 (1954—1997)"的文章，台湾师范大学教育研究所博士学位论文，1998 年 6 月，未出版，第 176 页。

② 参见台湾的大学入学考试中心网站：http://www.ceec.edu.tw/CeecMag/us.html。

辅导资讯，发挥其连接高中、大学的桥梁功能。

5. 大学入学考试中心的组织架构①

大学入学考试中心设“指导委员会”。受指导委员会的指导与监督，设研究发展委员会、命题研究委员会、入学考试委员会、研究发展处、资讯管理处、考试业务处、教育服务处、综合业务处、会计等部门。目前的组织架构是董事会下设主任、副主任，同时保留原有的三个委员会，增设顾问若干名，改组原来的六个处为目前的第一处至第三处、会计等四个部门，分别负责不同的业务②。

中心设主任一人，综理中心业务，由指导委员会推荐，报请教育事务主管部门负责人聘任。第一任主任为李崇道教授，目前为简茂发教授。副主任二人，襄理主任处理业务，由主任提名经指导委员会通过后聘请。中心设置执行秘书一人，综合协调执行有关业务。中心设置顾问若干人，由主任聘任。

另外，大学入学考试中心的三个委员会，研究发展委员会和命题研究委员会是咨询、审议、建议机构，聘请专家学者为委员。入学考试委员会聘请各大学校院教务长为委员。以上三个委员会均订有组织规则。

五、大学多元入学方案——台湾地区大学入学制度改革建议书

大学入学考试中心历经三年的研究，1992 年 5 月 3 日提出台湾地区“大学入学制度改革建议书——大学多元入学方案”，建议大学联招向多元化入学方式转变，大学与考生双向选择，大学招生实现“适才适所”的目的。“建议书”提出的多元入学对策包括“改良式联招”、“推荐甄选”、“预修甄试”三个入学方案及“命题的改进”、“高中成绩的采纳”等配合措施。由于本书在第三章中专门介绍台湾地区大学多元入学方案，在此就不详述其内容，详细情况见下文。

---

① 以下参阅台湾财团法人大学入学考试中心基金会大学入学考试中心宣传手册，1999 年 10 月 30 日出版；大学入学考试中心网站 http://www.ceec.edu.tw 有关大考中心的简介。

② 参见台湾财团法人大学入学考试中心网站：http://www.ceec.edu.tw/CeecIntro/CeecStructure.htm。

总之，本章从民国时期开始追溯大学联招的渊源，接着阐述了 1954 年台湾创立大学联招制度，20 世纪 60 年代至 70 年代进行大学联招的改革，80 年代以来实施联招新制，90 年代提出多元入学方案。从不同时期的变化，分析台湾地区大学入学考试的发展历程，主要从考试与招生的视角入手，揭示大学入学考试的演变，为进一步探讨台湾地区大学多元入学制度改革奠定基础。

第三章　台湾地区大学多元入学考试制度改革

从 1994 年起，台湾在大学联考中开始实行多元入学，以试办大学推荐甄选为标志，进入多元化的大学入学考试时代。从 1994 年至今为台湾地区大学入学考试的多元时期。2002 年正式实施“大学多元入学新方案”成为大学入学考试划时代的里程碑。本章主要介绍实施多元入学制度改革的背景；1992 年“大学多元入学方案”的提出与实施；2002 年“大学多元入学新方案”的内容与实施；2003 年以来大学多元入学方案的改革，最后对多元入学方案进行评价。

第一节　台湾地区推行大学多元入学方案的背景分析①

台湾地区大学联考制度实行了四十多年，在这几十年中，虽然进行了一些技术方面的革新，但是仍然存在很多问题，因此，社会各界要求改革大学入学考试制度的呼声很高。本节主要分析台湾地区大学入学考试制度改革的背景，首先分析台湾教育改革的背景，然后从高等教育的快速发展、变化，大学招生自主意识的觉醒等方面看改革大学入学考试制度的必要性，再从近几年台湾地区大学联考改革措施所提供的改革契机，探讨改革大学入学考试制度的可行性，最后检讨大学联考的弊端，提出大学入学考试制度必须改革。

---

① 参阅杨李娜：《浅析台湾的大学多元入学方案》，《台湾研究集刊》2005 年第 2 期，第 75～82 页。

一、教育改革促进大学联考制度的进一步变革

在台湾，所有与教育相关问题的讨论中，几乎都与升学竞争有关，有人视大学联考为一切教育问题之源，有人认为联考是“必要之恶”，也有人称联考为台湾仅存的社会正义。不可否认，教育改革不能不触及考试问题，几乎所有的教育改革者对大学入学考试都有一套看法①。这里主要从 20 世纪 90 年代以来台湾教育改革的动因，重大教育改革的内容和目标等方面，探讨其对大学入学考试制度改革的影响。

（一）为什么要教育改革

台湾学者张芳全强调，为适应社会变迁，改革教育体制的需要，满足受教育主体的要求及配合未来开放社会的需求，应当是改革教育的主要答案。

1. 台湾社会在政治环境、经济发展、社会环境、文化环境及教育方面发生急遽变化

（1）在政治环境方面，1987 年解除戒严令，台湾社会政治朝向民主化与法治化快速发展，民众的政治参与意识显著扩大，发达的资讯业使媒体信息广泛传播。但是在落实新的法治观念，打破传统的权威体制等方面，仍然遇到不少瓶颈问题。

（2）在经济发展方面，台湾经济已转变为自由化与国际化，经济发展迅速，对外贸易持续增长，已成为亚洲经济发达地区。民众收入大幅增加，消费形态转变，产业结构转型。但在调整人力资源结构，适应产业转型和提高经济竞争力等方面有待突破。

（3）在社会环境方面，个人生活水平大幅提高，民众社会参与意识增强，越来越具有自主性和选择性，两性平等观念日益普及。但是也存在人际疏离、社会秩序混乱、资本集中、收入差距悬殊、犯罪行为增多等社会高度都市化与工业化带来的失调问题。

（4）在文化环境方面，政府积极推动各项文化建设，普遍设立各种文化机构，保存传统艺术，提倡休闲生活，目的是进一步提升民众的生活与文化素质。但是仍然存在物质生活水平远远超过精神生活素质的失衡情况。

（5）在教育方面，在台湾社会迈向现代化的过程中，教育承担着极为重

① 胡家祥：《入学制度》，引自台湾比较教育学会《教育改革的展望》，师大书苑有限公司，1995 年，第 101 页。

要的任务，包括人才培育、引导价值观念、提升社会竞争力、社会风气的转移及文化的传承等。因此，教育成为适应台湾社会发展的改革重点①。

2. 改革教育体制的需要

教育面临着内外环境的压力，需要作调整、适应或改变。教育改革是为求教育事业的继续发展，从调整教育体制的需要，可以了解为什么要教育改革②。台湾在教育体制方面存在许多问题，具体如下：

(1) 教育目标需要调整。教育目标引导教育发展的方向。台湾的教育目标存在明显缺失，无法发挥教育目标的引导作用。如教育目标模糊，重叠性高，缺乏层次性，没有前瞻性。制定教育目标的过程不具有代表性，不能符合学生主体的需求。

(2) 教育功能需要调整。学校教育具有社会化、选择和安置的功能。但是随着社会的发展，学校丧失了社会化的功能。如学校内发生的学生攻击性行为，吸烟、打架、闹事、酗酒、偷窃、两性教育问题甚至发生杀死教师事件等，在校园文化、师生伦理关系、同辈同伴关系方面发生了急剧变化，对形成学生的社会化产生重大影响。重视智育，大学入学考试是“一试定江山”，产生考试引导教学现象，导致学校无法发挥其选择功能。升学主义盛行，严重干扰中学正常化教学，学校无法进行因材施教，学生不能如愿进入适合兴趣的大学就读，学校的安置功能逐渐丧失。

(3) 教育资源分配需要调整。台湾也存在教育层次的差异、学校地域的差别、公立与私立学校经费补助的悬殊等教育资源分配不均的现象。

(4) 教育制度需要调整。在教育行政制度方面，台湾地区的教育行政机关组织形态是合议制或首长制，教育事务主管部门职权要么过于集中，要么过于模糊不确定，管辖范围太宽泛，行政当局与地方教育行政权限责任不清。在学校制度方面，20 世纪 90 年代教育改革之前，台湾一直沿用“六三三”学制，形成一种整齐划一的学校教育制度，课程内容僵化，束缚学生的思维发展，甚至窄化了学生的升学途径。

因此，以上教育领域存在的诸多问题，无形中成为台湾教育改革的内在

① 参阅张明辉：《新世纪教育改革的挑战与展望》，网址：http://web.ed.ntnu.edu.tw/～minfei/artical (eduadmin)-6.html。

② 参阅张芳全：《教育问题与教育改革——理论与实际》，商鼎文化出版社，1997 年。

动力和可能因素。

3. 迎接新世纪的挑战，适应未来开放社会的需要

台湾社会经历战后几十年的发展，正从传统农业社会转变为现代工商社会。20 世纪 90 年代中期以来的社会政治、经济、文化受到现代化、工业化及科技化的冲击，正面临结构性的调整和重建。面对未来世界的竞争，台湾在人才培育方面需要努力培养出具有整体规划与执行能力的人才。未来开放社会要求这些人才拥有创造力、团队合作能力及整合能力；能了解并尊重世界不同文化、语言并具有现代科技知识。这些都对台湾地区教育发展提出挑战，引出了进一步提升教育品质和发展教育的新问题，也要求各级学校教育从内容、方法、手段、重点上加以彻底改变，采取有效措施解决问题，迎接新世纪的来临。由此可见，教育改革在提升台湾地区人力素质、增进台湾整体竞争力的过程中，是一项重要的手段，也是制胜的关键因素。

4. 20 世纪八九十年代以来，教育改革成为世界各国的共同趋势

20 世纪 80 年代以来，世界各先进国家为应付急速变迁的政治、经济及社会环境，十分重视科技发展与人才培育。进入 21 世纪，教育应扮演何种角色及发挥何种功能，成为各国教育改革的重要课题。综合来讲，世界各国这一时期的教育改革重点与策略，可归纳为追求“卓越”、“效率”和“公平”等三个重要的教育理念。台湾地区深受世界各国教育改革潮流的影响，尤其是对西方的教育，往往吸收快、接纳多，教育改革紧随其后。

在 20 世纪 90 年代，随着社会的急速变化，借鉴世界各国教育改革的成功经验，在教育发展上有所突破，建立多元、开放的社会，成为台湾地区教育改革的必经之路。

(二) 教育改革的目标和内容

1994 年至 1995 年是台湾的“教育改革年”。从 1994 年起，台湾不断进行教育改革，并在民众中引起不小的反响。

1994 年 4 月 10 日，由台湾大学黄武雄教授发起，来自台湾 200 多个民间团体 2 万多人共同参与的“4・10 教育改造全民大结合运动”（简称“410 教改”）是台湾民间教育改革史上人数规模最大的一次社会运动。该运动针对台湾地区教育问题提出四大诉求：①落实小班小校。②广设高中大学。③推动教育现代化。④制定教育基本法。要求政府对教育进行结构性的根本变革，通过“资源与权力的再分配”进行教育的重建。

台湾地区教育事务主管部门于 1994 年 6 月下旬召开第七次教育会议，

在会前办理53场次的台湾各地分区座谈会，广泛征集教育建议，以利于推动教育改革。这次会议的召开，宣告了台湾地区对教育改革推进的决心，会后提出了《迈向二十一世纪的教育远景》报告书。这次教育会议对行政决策者的教育改革理念有相当深远的影响①。

其后，教育事务主管部门效仿“日本临时教育改革审议会”的做法，建议成立跨部会的“教育改革审议委员会”（简称“教改会”），以利于教育改革问题的彻底解决。“教改会”召开座谈会，听取各界对教育改革的意见，并在1996年12月2日向台湾地区行政管理机构提出了《教育改革总谘议报告书》，此报告书的提出，对日后推进教育改革工作具有重要的作用。

台湾地区行政管理机构属下的“教改会”在《教育改革总谘议报告书》中，对教育改革的目标提出五点基本诉求②：①教育松绑。②带好每位学生。③畅通升学途径。升学问题是台湾教育问题的根源之一，也是台湾教育改革的重点之一。具体的建议有下列3项：朝综合高中发展，建立以综合高中为主体的高级中等教育制度；发展各具特色的高等教育学府，包括综合型大学、研究型大学、科技大学、开放大学、技术学院、社区学院等；推动多元入学制度，采取基础科目考试和其他项目表的评价。④提升教育品质。⑤建立终身学习社会。

同时，为了培养出新时代的健全公民，适应未来世界的发展变化，“教改会”认为，台湾教育改革应遵循下列五大方向③：人本化、民主化、多元化、科技化、国际化。

为落实“教改会”所提建议，台湾地区行政管理机构成立了“教育改革推动小组”，1998年5月14日通过了教育事务主管部门提出的12项“教育改革行动方案”，推动了台湾教育的改革。其目标在于结合全台湾地区资源和全民力量；通过对学前教育问题的省思，前瞻新世纪发展趋势，建构现代化教育体制；期望通过多元化的制度、人本化的环境、科技化的设施、生活

① 吴清基：《迎接新世纪的教育改革》，网址：http://www.tvc.ntnu.edu.tw/other/1.htm。

② 吴清基：《迎接新世纪的教育改革》，网址：http://www.tvc.ntnu.edu.tw/other/1.htm。

③ 《当前教育改革的五大方向》，《教改通讯》（台湾“教改会”专刊）1995年第4期，第6页。

化的课程和专业化的师资，提升学校教育水准；连接正规教育、非正规教育与非正式教育，形成全民终身学习的社会。表 3-1 是 12 项教育改革行动方案的内容。

表 3-1　台湾“教改会”审议、提出的 12 项教改行动方案

项　目	内　容
1. 健全义务教育	厘清台湾行政当局与地方权责；降低初中、小学每班学生数至 35 人、提升小班教学效果；研订九年一贯制课程纲要；办理补救教学
2. 普及幼稚教育	提高五岁幼儿入园率达 80%以上；健全幼稚教育发展，修正相关法规；强化幼教师资水准与专业知能；充实幼教课程、活动与设备；提高幼教行政功能、监督与辅导绩效
3. 健全师资培育与教师进修制度	加强多元师资培育制度，充实师资来源；健全师资培育机构组织与功能；落实教育实习制度与功能、健全教师终身进修制度
4. 促进技职教育多元化与精致化	建立技职教育一贯体系及弹性学制；扩大办理综合高中；提升技职教育品质；落实职业证照制度等
5. 追求高等教育卓越发展	修订大学法；研议设置高等教育审议委员会；加强提升大学水准之配套措施，发展各具特色之高等学府；办理私立大学校院奖、补助；办理技专校院整体发展奖、补助
6. 推动终身教育及资讯网络教育	健全终身教育法制；培养民众终身学习理念；统整终身教育体系；各级各类学校配合从事终身教育改革；建立回流教育制度增加终身学习机会；健全终身教育师资，改进课程、教材、教法；强化社教机构功能；加强资讯网络教育
7. 推展家庭教育	确立家庭教育法制；宣导家庭教育理念，建立家庭教育完整体系；提升家庭教育人员知能；研发优良家庭教育课程教材教法
8. 加强身心障碍学生教育	建立特殊教育学生多元安置设施；强化特殊教育专业辅导功能；加强发现身心障碍儿童措施：加强提供身心障碍儿童就学的特教辅助支援
9. 强化少数民族学生教育	加强台湾地区少数民族教育体系；改进少数民族教育师资任用与进修；建立少数民族学生生活与教育辅导体系；强化少数民族教育课程与教学；提升少数民族学生教育设施水准；推展少数民族社会教育与亲职教育

续表

项　目	内　容
10. 畅通升学管道	扩充大学就学机会，建立大学多元弹性入学制度；实施高职免试多元入学方案；实施高中多元入学方案；适度增加招生容量，推动五专、二技与四技、二专多元入学方案
11. 建立学生辅导新体制	建立教训辅整合的辅导新体制；结合社会义工与退休教师推动训辅工作；强化初中、小学中辍生辅导、建立训辅工作咨询服务网络
12. 充实教育经费与加强教育研究	研订教育经费比例；筹设教育研究院

资料来源：黄政杰：《台湾教育改革的政策方向》，网址：http://www.epa.ncnu.edu.tw/epforum/vol3no1/5-2.htm。

教育改革的目的是提供理想的教育环境，让学生进行有效、快乐的学习，进而愿意主动学习。教学正常化是教育改革的重要动力，而实行大学多元入学方式是教育改革的重要项目之一。

二、台湾高等教育发展所致

无论中外，高等教育在经济与社会的发展过程中，都扮演着相当重要的角色，它不仅是培育建设所需的各类高级专业及领导人才的主要途径，更是衡量经济与社会发展水平的重要指标。20 世纪 90 年代以来，台湾高等教育的发展，无论是量的扩充还是质的改善，都有显著进步，不仅为台湾社会、经济发展提供所需的充沛人力资源，也为台湾学术文化的创新奠定了良好基础。

高等教育的发展与改革对大学入学考试制度提出了许多不同要求。大学入学考试具有选拔功能，在选拔人才进入高级学府深造方面表现尤为明显。以下分几个方面略述台湾高等教育的发展对大学入学考试制度改革的影响。

（一）台湾高等教育的快速发展

国民党迁台之后，台湾高等教育的类型基本上包含大学和专科学校两大类，奠定了台湾高等教育发展的基础。随后在人口增加、经济发展以及人民渴望接受更多教育的需求下，台湾高等教育系统日益扩张并分化，造成专科学校膨胀过速，教育品质下降，台湾地区行政管理机构决定对大专校院采取“重质不重量”的政策，暂缓建立私立学校。1973 年至 1985 年的十余年间，大学只增加 5 所，而专科学校只增加 1 所，80 年代开始注重研究所的发展。

大学与专科学校从1986年的105所，增至1999年的141所，并且出现了新形态的高等教育机构——空中大学（1986年成立）、科技大学①。1994年开始，教育事务主管部门又大力推动专科学校和技术学院升格，台湾高等教育面临巨大转变。其主要原因是1987年解除戒严与党禁，台湾民众的自由民主意识逐渐增强，一党专制格局被打破，同时台湾的经济实力也持续增强，人民收入大幅增加，生活素质明显提升，人民的自主观念日益深化，对大众事务的参与日益广泛。因此为满足整体社会的需求，确实有必要增设大专院校，一方面适应自由化的趋势，另一方面可以满足人民接受更高教育的意愿。

台湾地区大学数量快速增加，从1987学年度的39校，增加到1997学年度的78校，增加了1倍。详细发展概况参见表3-2。从公私立学校数量来看，私立大学校数占全部大学校数六成以上，显示民间兴学与民间资源积极参与高等教育，未来大学招生竞争将更加激烈②。

表3-2　台湾历年大学、独立学院与专科学校校数统计　　（单位：所）

学年度	专科学校	独立学院	大学	学年度	专科学校	独立学院	大学
1950	3	3	1	1983	77	6	16
1951	4	3	1	1984	77	6	16
1952	4	3	1	1985	77	12	16
1953	5	3	1	1986	77	12	16
1954	7	5	2	1987	68	23	16
1955	5	6	4	1988	70	23	16
1956	6	5	6	1989	75	20	21
1957	6	5	6	1990	75	25	21
1958	7	7	7	1991	73	29	21
1959	8	7	7	1992	74	29	21
1960	12	8	7	1993	74	30	21
1961	14	8	8	1994	72	35	23
1962	15	9	9	1995	74	36	24

① 详细可参阅詹盛如：《台湾高等教育类型与功能之探讨》，台湾《教育研究资讯》2002年第12期，第121～122页。

② 参见杨国赐：《大学教育发展的问题、策略与展望》，厦门大学高等教育科学研究所《两岸大学教育学术研讨会论文集》，厦门大学出版社，1998年，第36～37页。

续表

学年度	专科学校	独立学院	大学	学年度	专科学校	独立学院	大学
1963	15	10	10	1996	70	43	24
1964	20	11	10	1997	61	40	38
1965	35	11	10	1998	53	45	39
1966	48	11	10	1999	36	61	44
1967	57	13	9	2000	23	74	53
1968	63	14	8	2001	19	78	57
1969	69	13	9	2002	15	78	61
1970	70	13	9	2003	16	75	67
1971	73	14	9	2004	14	70	75
1972	76	14	9	2005	17	56	89
1973	76	14	9	2006	16	53	94
1974	76	15	9	2007	15	49	100
1975	76	16	9	2008	15	45	102
1976	76	16	9	2009	15	44	105
1977	76	17	9	2010	15	36	112
1978	75	17	9	2011	15	32	116
1979	75	15	11	2012	14	28	120
1980	77	11	16	2013	14	25	122
1981	77	11	16	2014	14	21	124
1982	77	6	16	2015	13	19	126

资料来源：根据台湾教育事务主管部门统计处“重要教育统计资讯”统计而得。网址：http://depart.moe.edu.tw/ED4500/cp.aspx?n=002F646AFF7F5492&s=1EA96E4785E6838F#。

（二）高等教育的普及化

从20世纪80年代开始，面对世界高等教育普及化的趋势，民众接受高等教育意愿的提升，高等教育面临重大转变。高等教育的普及程度可以从受高等教育人口占总人口的千分比来看，1988年台湾地区接受高等教育的学生占总人口的千分比为23.0‰①，到1998年达到36.5‰，部分先进国家依

① 参见林宜玄有关台湾地区“教育发展概况及其问题之探讨”的文章，《理论与政策》（台湾）1991年第3期第5卷。

序为：加拿大 60‰（1995 年）、澳大利亚 55.5‰（1996 年）、新西兰 45.1‰（1996 年）、美国 38.1‰（1995 年）、法国 36.0‰（1995 年）、日本 31.3‰（1996 年）、英国 31.4‰（1995 年）、德国 26.3‰（1995 年）①。从比较中发现，台湾地区高等教育人口的千分比与法国相近，整体而言，仍有持续成长的空间。高等教育的普及化应使升学竞争的状况有所削弱，但在台湾现实的情况是文凭主义盛行，目前的人事、加薪、升迁制度等，几乎都以学历作为主要依据，权利利益所在使所有人竞相升大学，以取得更高学历为目的。这也是升学压力持续不减的原因之一，并非高等教育不发达。

（三）大学招生自主意识觉醒

1994 年所谓新“大学法”公布以前，大学教育旨在研究高深学术以及养成专门人才②，精英教育的色彩浓厚，公立大学校长由教育事务主管部门负责人聘任，私立大学校长由董事会报请教育事务主管部门核准后聘任。此外，公立大学经费大部分由政府补助。台湾当局教育行政机关控制大学的教育目的和行政权、人事权以及财政权，这样，大学成为教育行政科层组织体制的延伸，“大学联招会”成为执行上级行政意志、塑造青年学生共同文化价值的考试事务性组织，因而大学缺乏招生的自主意识③。

所谓新“大学法”，明确规定大学以研究学术、培育人才、提升文化、服务社会、促进台湾地区发展为宗旨，大学教育即从精英教育走向大众化教育，加上大学校长由过去的聘任制改为遴选制，台湾当局直属大学实施校务基金制度，使得教育事务主管部门逐渐减低对各大学行政、教务、人事、经费的干预。在招生方面，所谓新“大学法”取消了大学入学须经入学考试的

① 王俊权：《从大学联考到多元入学》，台湾《台湾教育》2002 年第 4 期，总第 592 号，第 15～16 页。

② 1948 年 1 月 12 日公布的所谓“大学法”规定“以研究高深学术养成专门人才为宗旨”。1982 年 7 月 30 日公布的所谓“大学法”规定同前一样。1994 年 1 月 5 日公布的所谓“大学法”规定“大学以研究学术、培养人才、提升文化、服务社会”，促进台湾地区发展为宗旨，“大学应受学术自由之保障，并在法律规定范围内，享有自治权”。转引自《战后台湾高等教育法规建设历程探析》，李泽彧、史秋衡著：《港澳台高等教育法规与政策研究》，厦门大学出版社，2000 年，第 118～130 页。

③ 丘爱铃：《台湾大学多元入学制度改革之分析》，台湾“中华发展基金管理委员会”主办《海峡两岸高等教育发展与改革研讨会》会议手册，2000 年 3 月 13 日～14 日。

规定，改为经大学公开招生的程序并经录取者即可入学（第22条）。其施行细则第十八条规定教育事务主管部门对大学招生的法定权力，缩小为核定招生办法和招生名额。各大学依法取得招生自主决策权，显现了大学招生自主的意识。

（四）职业技术教育的快速、多元化发展，倡导终身学习的教育理念，促使大学入学考试制度的改革

近年来由于产业结构改变，原来台湾高职终结教育的设计已不能满足产业发展的需要，加上学生升学意愿高，以致高职与专科毕业学生纷纷挤向普通大学，使得一般大学竞争更为激烈。加之人们长期受传统文化士大夫思想价值观的影响，迷信热门系科、“明星学校”，在实际中还涉及普通教育、职业教育、终身教育整体发展规划的问题。再者，由于信息、知识、科技的发展一日千里，民众对于再次接受教育的需求日烈，大力发展继续教育、终身教育被提到重要的议事日程。

为推动职业技术教育体系，畅通职业技术教育升学途径，采取了多元化发展职业技术教育的措施：辅导绩优专科学校改制技术学院并附设专科部；鼓励大学增设二年制技术院系课程；技术学院改名科技大学，增加学生入学机会。教育事务主管部门为迎合现代化社会台湾民众在职进修的需要，在普通教育体系、职业技术教育体系之外，开通第三条升学途径——终身教育体系。目前，台湾终身教育体系渐渐成型，包含空中大学、专科进修学校、大学进修学士班（原大学夜间部转型）、二年制技术学系在职班、研究所在职生及在职班、大学推广教育学分、转学生等，不仅保障了已离开学校者得以继续接受正规教育，也缓和了学生立即升学的竞争压力。这些对满足民众的升学需求和继续教育有一定的作用，也促使大学入学考试制度的进一步改革。

三、台湾教育事务主管部门决策者力主改革大学入学考试制度

随着台湾教育改革的深入，高等教育发展的多元化，大众高等教育时代的来临，台湾在教育政策上首先对大学入学考试制度提出改革，其倡导的理念是公平，宣传的口号是打开新的“试”窗，畅通升学途径。这是大学联考改革的契机。教育事务主管部门决策者力主改革大学入学考试制度，并在任

内身体力行积极倡导，大学入学考试中心所提出的“多元入学方案”中的几种多元化入学途径，主张学习先进教育经验，这对于促进大学入学考试制度的改革有积极、正确的引导作用。

（一）教育事务主管部门对大学入学考试制度改革的政策

早在1991年，毛高文先生任教育事务主管部门负责人时就第一次公开表示要打倒“大学联考怪物”（Entrance Examination “Monster”）。他在接受《光华杂志》专访时表示一元化的大学联考，导致中学一元化的教学和学习方式，并且严厉批判用同一把尺来衡量所有考生，并不符合教育的公平性①。在其任内主张大学试办推荐甄选入学方案。

1995年，教育事务主管部门在所谓“教育白皮书”中，提出“纾解升学压力”与“教育自由化”两大教育改革目标，并提出大学入学录取率提高到55%的目标。在报告书的“迈向二十一世纪的教育远景展望”部分，首先提出的两条都是有关大学入学考试制度的，一是升学竞争趋于缓和，陆续建立弹性学制；二是城乡差距逐渐缩小，教育机会更为均等②。这种远景展望为教育改革提出了目标和希望。

1997年，吴京先生任教育事务主管部门负责人时为落实大学多元入学的途径，提前推出申请入学方式。1998年林清江任教育事务主管部门负责人期间提出“开辟弹性多元入学管道”的政策目标，说明台湾传统的学校入学方式以考试为主，途径单一而有限，统一考试入学虽有其公平性与客观性，却无法适应学生多元化的特性与需求。提出借鉴先进国家经验，建立适合有工作经验成人的入学途径，为其提供更弹性多元的第二次学习机会。在此期间推动试办了“大学先修制度”。

（二）“教改会”对大学入学考试改革的政策性建议

在“教改会”的《第一期谘议报告书》中首先就谈到大学入学制度改革的问题。在《教育改革总谘议报告书》中，专列第三章第三节为“打开新的‘试’窗，畅通升学管道”，专门讨论了大学入学考试问题，

---

① 丘爱铃：《台湾大学多元入学制度改革之分析》，台湾“中华发展基金管理委员会”主办《海峡两岸高等教育发展与改革研讨会》会议手册，2000年3月13日～14日，第85页。

② 台湾教育事务主管部门：《迈向二十一世纪的教育远景展望》，台湾《教育资料文摘》1995年第5期，总第208号，第193～208页。

主要内容有：

1. 对大学入学制度改革的理念

首先是教育松绑。“教改会”认为政府有关单位对各种教育措施的不当干预，是妨碍教育现代化最大最广最深的因素，故教育改革首先应松开政府和政治对教育不必要的捆绑。“松绑”一词从20世纪90年代后期以来直至目前，在台湾都很流行，其英文意思为deregulation，是指自由化或解除管制之意，旨在创造公平竞争的环境，扩大市场参与者的权利。松绑既要针对教育系统外部对教育的约束，例如政党意识灌输、经济建设目标、文化沙文主义及军事训练需求等，又要在教育系统内部主张教育资源、结构、内容和行政的松绑，推动松绑的同时应强调自律和负责①。

其次“教改会”认为松绑的社会观念，包括对联招公平性的再思考。《教育改革总谘议报告书》中指出：“联招制度最为人所称道的是公平，但公平的观念有两个层次，一是理念的，一是技术的。而现在一般人所关心的所谓公平问题系属技术层次。而理念层次的公平，指的是学生能够升学到适当的学校（或学系）——即所谓适才适所。”按照大学入学考试中心副主任曹亮吉的解释，理念层次的公平应该是：“适才”指的是基本能力强的或有某种程度的基本能力且有特殊才能与兴趣者；“适所”是学校（或学系）与学生双方都有发言权。大学和学生两者之间在考试与招生方面都有相互选择的权利。过去大学联考的设计中，“适才”指的是考试得高分者，“适所”则以学生的选择为准，学校（或学系）无发言权，谈不上“适所”，如学生入学后过度的转系、转学或重考现象就是最好的注解②。《总谘议报告书》以对“公平”的诠释，说明对入学考试改革的理念。

2.“教改会”有关大学入学考试制度的建议

首先“教改会”的《总谘议报告书》对入学制度设计原则提出了五个参考要点。①扩大招生名额并非就是最好或唯一解决升学竞争的方法。②多元考查和评价学生的各种表现。③招生办法应采取多元设计。④入学制度的设计应考虑公平性（包括理念和技术层次的）。这是入学制度改革成功的必要条件，过去大学联招中最重要的价值是维持了所谓技术层次的公平。⑤入学

① 引自台湾1995年“教改会”《第一期谘议报告书》。

② 参见曹亮吉：《入学制度》（“教改会”第七次委员会议引言），载于网站：http://www.sinica.edu.tw/info/edu-reform/farea8/j06/05.html。

制度的设计应促进教育理念的实现。这是入学制度好坏的检验因素，改革入学制度就是为了实现教育理念。

其次，“教改会”没有提出新的大学入学方案，而是赞同大学入学考试中心于1992年所提出的“大学多元入学方案”，并建议近期目标是加速推动该方案在3至4年内试办完成，作为大学入学考试根本性变革的基础；远期目标是高等教育入学改为采取申请入学制度。另外，为落实终身教育理念，应积极推动“预修甄试”的招生途径。

总之，“教改会”的政策建议是强调多元的大学入学考试制度为主要的改革方向，肯定了大学入学考试中心的贡献和功能。

（三）大学入学考试中心多年研究的成果揭示出大学联考的改革是实施“大学多元入学方案”

大学入学考试中心的重要任务就是对大学入学制度与命题的研发。从成立至1999年每年都与各界专家学者、教师进行研究、分析、预试、座谈与讨论计划，累计撰写、出版有关命题与制度研究报告、试题解析等已达200多册。单单对大学联考制度及多元入学途径的研究报告就多达49种之多，其中研究大学联考的专题报告有19种，其他30种多是研究大学多元入学和推荐甄选入学方式的。大学入学考试中心研发的学科能力测验，其特色是命题专业化，试题风格生活化，自1994年用于大学入学测验至今，得到高中、大学和社会各界的普遍肯定。

大学入学考试中心多年潜心研究的最具代表性的成果是1992年提出的“大学多元入学方案”和1999年提出的“大学多元入学新方案”，并于2002年全面实施。

大学入学考试中心的理念就是改革大学联招入学制度，实行“考招分立”、多元入学的大学入学考试制度。

（四）教育事务主管部门有关畅通升学途径、缓解升学压力的相关改进措施和初步成果

1997年6月18日教育事务主管部门在呈给中国国民党中央常委会的专题报告中提出全面建构三条升学通道的施政构想（参见附录三的图1）：第一条通道是普通教育大道，学生从初中、高中升大学（含研究所），培养兼具个人素养和基础专业学能的人才。第二条通道是技职（职业技术）教育升学大道，学生从初中、高职（五专）升二专、技术学院、科技大学（含研究

所)，培养高素质实用专业技术人才。第三条通道是终身教育大道，提供在职人士进修学位或非学位的回流教育（即继续教育），满足全民教育的需求。除畅通三条升学通道外，期望通过配套的制度改革，在三条通道间架构起可以互通的立交桥，满足学生生涯转换的需求，缓解原来集中于普通教育的升学压力。同时，保障职业技术教育的发展，达到适性选拔人才的目标。从附录三的图 2 及本节的表 3 可以看出：①1996 年初中毕业生升高中、高职的升学率达 90.70%，升学机会率高达 106.00%。②近年大学新生及联考录取名额逐年增加，但联考报名人数并未显著增加，其中重考生（非应届）报名人数更逐年递减，从 1991 学年度的 56 000 人降到 1999 学年度的 36 000 人，大学录取率则从 1991 学年度的不到四成提高到 1997 学年度的六成，原因是教育事务主管部门要求各校酌情增加招生名额，补足实际缺额。③近年高中提供应届毕业生约近 8 万人，自 1997 学年度起，大学招收新生名额已达 8 万人，早已超过高中升学要求，实际情况是每年约有 4 至 5 万重考生重整旗鼓，卷土重来，造成所谓的“假性需求”。在教育事务主管部门大力推广、畅通继续教育和职业技术教育两条升学途径后，估计重考生人数将再逐年减少。从表 3-3 中可以看出，1998 学年度重考生降至 4 万人以下，就与推广继续教育和专科学校大量改制为技术校院有关。一般大学多设有二年制技术学系，也有助于加强与技术专科校院的横向沟通。联考基本可恢复常态竞争。台湾高等教育在 21 世纪的发展趋势是私立大学持续增加，18 岁大学适龄人口逐年减少，面临的是生源不足的问题。因此，为适应终身教育与职业技术教育的发展，大学改革招生策略，招收不同身份和年龄的学生入学，“大学多元入学方案”为最佳选择。

表 3-3　1991—1999 学年度大学联考人数统计表　（单位：人）

学年度	大学一年级新生人数	大学联考录取名额	联考报考人数	录取率(%)	报名人数		录取人数	
					高中应届	非应届	高中应届	非应届
1991	48 451	49 024	122 287	40.0	65 555	56 732	30 732	18 292
1992	51 110	52 494	119 950	43.7	65 033	54 917	33 939	18 555
1993	53 650	55 328	126 126	43.8	74 276	51 850	38 529	16 799
1994	56 199	55 343	124 786	44.3	77 943	46 843	39 359	15 984
1995	58 100	55 604	125 490	44.3	77 508	47 982	37 477	18 127
1996	64 879	61 381	124 654	49.2	76 637	48 017	40 299	21 082
1997	80 424	74 346	123 545	60.1	79 051	44 494	50 697	23 649

续表

学年度	大学一年级新生人数	大学联考录取名额	联考报考人数	录取率(%)	报名人数		录取人数	
					高中应届	非应届	高中应届	非应届
1998	80 882	71 826	118 827	60.4	78 847	39 980	51 589	20 237
1999	83 718	72 471	121 122	59.83	84 272	36 850	53 948	188 523

注：大学一年级新生人数含第二部，但不含进修部（原夜间部）及专科学校；1996学年度以前含四技（四年制技术学院），以后不含四技。

资料来源：①财团法人大学入学考试中心：《大学联合招生委员会工作报告》(1991年—1999年)；②教育事务主管部门统计处：有关台湾地区“大专院校概况统计”(1991年—1999年)，转引自王俊权《从大学联考到多元入学》，载台湾《台湾教育》2000年第4期，总第592号。

(五) 从各国以及地区大学入学制度的比较中发现对改革大学联招有益的成功经验，也是变革单一的联招为多元的大学入学制度的重要方面

各国以及地区的大学入学制度由于社会背景不同，教育理念有差异，自然各有千秋。国外大学招生时所参考的资料包括：统一考试成绩、高中成绩、个人资料及大学自办的考试成绩。从对这些资料受重视的程度，可以看出各国之间、地区之间的不同。各大学决定使用这些资料的相对重要性是大学自主权的表现，招生的自主权也是表现高等教育理念的一个指标。表3-4为一些国家和地区大学入学考查评价方式的概况。

表3-4　部分国家和地区大学入学考查评价方式比较表

国别、地区	统一考试	中学成绩	个人资料	大学自行考量
英国	·	··	·	···
美国	··	···	··	···
日本	··	·	·	···
韩国	··	··		·
德国	·	···	·	
法国	···	··		·
中国大陆地区	···		·	·
台湾地区	···			·

注：·表示参酌或有一点，··表示检定或有一些，···表示采计或很多。

资料来源：大学入学考试中心：《大学多元入学方案的内容与实施建议》，台湾《选才》1992年第4期，第38～52页。

从表中可以看出美国最多元化，大学招生最自主；英国、日本次之。反之，韩国、德国、法国在统一考试及高中成绩方面下的功夫最深，但大学招生几乎没有自主权。我国台湾及大陆的招生，基本上是用单一的统一考试、联合招生的方法，其中只有较少的大学自主考查评价。

只有了解并借鉴其他各国在大学入学考试制度方面的具体经验及变革情况，才能知道我们在大学入学考试制度上应怎样改革，取其长处，避其缺点。这些国家的大学入学制度显现出一些共同点：①较少以单一的方法处理所有的招生事宜。②大部分国家都有常设的全国性考试机构，以保证试题以及高中教育的基本品质。③大部分国家都注重高中学生的生涯辅导。④招生方式较自主的国家如英国、美国、日本，大学都有招生单位，专门负责招生，发挥招生自主性。⑤许多国家会照顾弱势的学生，如美国有许多“大学科目能力检定考试”，成年人可根据此成绩申请入学；日本对再学成年人设有弹性入学办法，为弱视学生准备字体放大的试卷；德国在分发时会照顾弱势的考生等。

另外，可供台湾地区大学联考改革参考的各国比较突出的做法有：①美国的入学考试时间短，以容易评分的试题为主；英国则反之，时间长，以论述题为主。②韩国曾实行“三修减点”制，对重考两次学生加以扣分，以抑制升学竞争；而德国则考虑学生等待入学的年数，年数愈多者愈有利。③大部分国家只“参酌”或“检定”高中成绩，顶多各大学自定如何加重计分；但韩国有全国统一的加重计分办法①。

四、大学联考制度的弊端

从1954年建立大学联考制度以来到20世纪八九十年代，联招的优缺点

① 台湾地区大学多元入学方案中研究各国成绩采纳的情况，提出采纳成绩的方式主要有三种：1. 检定（pass/fail）：考生的成绩须达到大学或考试机构规定的一定标准。设定及格标准，及格者才能取得进一步应考或分发的资格。有两种标准，其一为全体一致的标准，要求考生通过各种最低检定级分或总级分达某一标准。其二为校系自定的标准，适用于报考该系志愿的学生。2. 采计（to count）：考生须通过参加考试取得成绩，再按大学的要求采用不同的加重计分。具体方法是将各考试科目的成绩，依加权规定计算总分，并以高低决定是否录取。3. 参酌（to take into account）：在必要时参考考生的测验成绩。依成绩分发时，发生与最低标准同分而又超额的情况，要根据某项资料的评比以决定录取与否，称为参酌该项资料。参阅曹亮吉等主持的《改良式联招架构规划工作计划研究报告》，大学入学考试中心出版，1996年8月30日，第52～53页。

越来越明显，台湾各界也对大学联考制度进行检讨。

(一) 20世纪60年代对大专联考的检讨①

台湾地区大学联考制度是一个在教育界、学界以至社会各界常常被讨论的问题，每年的大学联考都会有一些技术上的改革，但这些改革没有从根本上触及大学联考制度。因此，关于大学联考的讨论年年讲，却好像永远得不出结论。在早期，制度本身没有固定的形态，改革后才发现当初对问题的考虑欠周密，或顾此失彼，补救的这个缺点又正好造成另一个更大的缺点。有些问题依然没有解决，对大学联考制度的讨论就年复一年地持续下来。

翻看台湾20世纪60年代的各大报纸，关于大专联考利弊、优劣的讨论以及废除联考还是坚持统一联考的争论从联考制度一开始建立就没有间断过。分析当时主张废除联考的意见，反对联考者认为：联考助长了恶性补习之风，学生由小学至初中、高中以至大学，都为升学竞争而读死书，教育并未达到培养人才、发展学生能力的目的。与此同时，在20世纪60年代，因为教育结构、制度等原因，台湾的升学主义问题凸显，所以将由升学主义产生的问题全部归咎于大专联考制度。大专联考只有一次考试机会，一试定终身，很多考生情绪太紧张，进考场如入"阎王殿"，以致考试成绩一团糟。在分发录取方面，问题最为突出，学生可以填报很多志愿，但是符合学生兴趣的没有几个。统一考试、统一招生、统一分发的联考制度，不允许学生跨组报名和分发，不取常决定于一些偶然的因素，而不是学生的学习能力不行、成绩差造成的。在考试方面，引起质疑较多的是命题中的主观题过多、阅卷评分的公平性、阅卷人员的组成等问题。

而主张联考派认为，大专联考节省了学生的财力和时间，减少了精神上的损耗，如果不联考而各校单独招生，则因竞争而恶性补习更加剧烈，因为考试而自杀的事情更多。大专联考避免了社会上的人情请托、人际关系困扰、送红包、讲面子等单独招考可能出现的问题。赞成联考者也承认联考有一定的缺点，需要变革，但是应渐进地变革，即用几年时间认真研究规划，进一步改进技术上的问题，以求联考制度更为完善。

---

① 以下材料均参阅天一出版社资料室编辑《大专入学考试问题》、《高等教育》两书中所收录的1960年—1965年台湾的《征信新闻》、《新生报》、《公论报》、《大华晚报》、《联合报》、《中华日报》、《民族晚报》等报纸的专栏、社论、专访、专题报道大专联考的资料。该资料集的出版地不详，北京国家图书馆港台阅览室馆藏。

1960年台湾师范大学的杜元战先生指出联考有以下优点：①考生就近参加考试，减少长途跋涉的旅途奔波。②考生应试一次，节省考生报名费及劳力。③通过考试达到一定学习水平的学生，可以录取到高校就读。④联合招生杜绝请托现象。⑤命题、阅卷、核计、分发等考务工作，由各校分别担任，各校联合招生作业方式收到事半功倍之效。⑥联合招生公平客观，决非其他考试形式可代替。

台湾在20世纪60年代对大专联招的检讨和争论，最终认为在没有找到一个可以代替联考制度的更好的选拔人才的好办法之前，对联考制度的缺点作技术上的渐进式变革，在原则上是可行的。回顾20世纪60年代这段历史，可以看出，大专联考从创立开始到实行就遭到废止、废除的质问，虽然如此，仍然没有力量完全取消它。这是因为大学入学考试涉及社会的发展、政治制度、经济的变化、文化教育事业的改革等方方面面的问题，是联考制度发展本身的规律所致，任何人也无法以其主观意志随意废除。

（二）20世纪八九十年代以来对大学联考制度的检讨

进入20世纪70年代末期，对大学联考的改革呼声日益高涨，终于在1984年实行“联招新制”，在制度上对大学联招的改革实现了突破，为20世纪90年代以来提出的大学多元入学改革方案奠定了基础。

大学联招的问题是随着教育的发展、高校规模的扩大、学生人数的扩张等问题而产生的，这些问题随着学校与学生人数的增加而日趋严重，对学生、家长、学校、教师及社会各界人士产生深远影响。在台湾每论及教育问题必然提到大学联考，它已成为牵动教育改革的动力之一。

大学联考在不断改革，20世纪90年代台湾教育界对大学联考又提出了不同的疑问，归纳各方面所总结的大学联招方式的优点包括：①重视国文、英文、数学等共同科目考试，所招收学生具有一定的知识水平。因为国文、英文、数学三科是研究一切学问的基本知识，这些学科并非短时间内的钻研、突击就能学会。②培养学生适度的竞争与求上进的意识，磨炼其善用时间的能力。③大学联考以公平的考试形式，消除特权，避免人情关说，使发愤努力的青年学子通过考试进入大学，因而促进社会流动，有助于社会的进步与安定。④各大学招生省时、省力、省钱。

当然，在赞扬联考优点的同时，又不可避免地要讲到它的缺点：①扭曲高中教育的目标。由于大学入学考试过于重视一次考试的成绩，一试定终身，在此情况下，高中偏重智育，忽略社团活动及德、体、群、美的教育，忽略学生兴趣的培养及志愿的辅导，致使高中教育沦为“升学主义的教学”，沦为“大学联考的准备教育”。教育已不再是为了教育，也不再是为国家发掘人才、培养人才，教育已成为青年学生达成升学愿望的工具。这样的恶果，使学生升大学时形成了普遍的狭隘系科观，进入大学后缺乏远见卓识，乐于从事娱乐休闲方面的社团活动。②考试科目僵化。高中不重视大学联考不考的科目，甚至挪用其教学时间。过早地实施文理分组，违反了高中教育是普通教育的宗旨。③应试教育倾向严重。考试与教学都过分注重标准答案，分分计较，教学偏重片段知识的记忆、解题技巧的传授，忽略资料汇集、理解、综合、分析与创造等能力的培养，偏重书面教育，忽略表达与操作的训练。这些都使学生养成不良的读书态度与习惯，形成狭隘的人生价值观，读书不是为了求知，只是为了应付联考。这是一种严重的应试教育倾向。④限制大学发展特色，过于重视大学间的排行。大学联招的统筹规划、统一考试、统一分发的方式，使各大学难以发挥特色，招收最适合就读、最符合其要求的学生。依据百分制计分及公布各系录取“最低原始总分”，造成大学系科间明显的排行榜，产生“千系一面”、“多校一面”的现象。⑤每年只有一次考试，造成学生很大的压力。⑥没有发挥大学联考的预测与评鉴功能。大学联考有两个最基本的功能：一是评鉴高中过去三年的学业成就，二是预测高中学生进入大学后必须具备的潜在学习能力。但是有关的实证资料显示，大学联考成绩对大学一年级成绩的预测功能非常不理想；但对高中在学成绩的评鉴功能尚佳①。1981 年，林邦杰与徐佩玲曾以台湾师范大学和政治大学 6 个学系 380 名学生为对象，探讨大学学业成就的可预测性，结果发现大学联考成绩与四年的大学学业成绩没有相关性。他们分析大学联考预测功能不佳有两个原因：一为大学学业成绩不大稳定，难以预测；二为联考制度不佳②。⑦没有常设的专职考试机构，不能总结多年来大学联考的经验，在大学入学考试中心成立以前，联考一直由各大学轮流主办，每年轮换学校，各校每年的职责不同，无法规划长远的改革。

台湾学者黄炳煌教授谈到，不断有学者、专家建议改革大学联考制度，

---

① 宗亮东、程法泌主持并撰写研究报告：《大学入学考试成绩与高中、大学在校成绩之相关研究》，宗亮东：《辅导与教育论文集》，正中书局，1986 年。

② 转引自黄政杰主持的《大学入学加计高中在学成绩方案计划报告》，大学入学考试中心出版，1991 年 12 月 5 日。

但为什么还没有改革呢？他认为有两种心态①：一种心态是在没有更好的替代方法出现前决不轻言改变大学入学考试制度；另一种心态是认为联考的公平性不容置疑。但联考既然不能满足一个良好入学制度的要求，就有必要加以改进。

在“教改会”的《教育改革总谘议报告书》中，提出了“入学制度必须有所改革”的建议。报告指出了“现行联招的缺失，一言以蔽之：只顾及技术层次的公平，因循单一标准的做法，因而造成负面的教育效果及招生名额的浪费”。台湾教育事务主管部门、大学入学考试中心、各个大学院校所采取的措施就是响应了“教改会”改革大学入学制度的建议。到 2002 年全面实行“大学多元入学新方案”是对大学联招制度变革的一场“考试的革命”②。

第二节　1992 年大学多元入学方案的提出与实施

如前所述，大学多元入学方案的产生，有其深刻的社会、政治、文化、教育的因素，也有大学联招发展到一定历史阶段所产生的问题而需要变革的必然原因。而台湾教育行政决策者多年来制定大学联考改革的政策，大学入学考试中心积极研发大学入学方案，成为改革大学联考制度的动因。本节首先略述大学多元入学方案构想的形成，再从招生、考试、考试机构等方面分析其内容，最后介绍大学多元入学方案 1994 年以来的实施状况。

一、大学多元入学方案的构想③

（一）良好大学入学制度的规准

到底用什么方式来评判一个大学入学制度是否良好呢？台湾政治大学教育研究所黄炳煌教授在有关台湾地区“大学入学制度之研究”的文章中，经

---

① 黄炳煌：《现行大学联招制度非改不可》，大学入学考试中心：《十年辛苦不寻常》，财团法人大学入学考试中心出版，2000 年 3 月，第 196～198 页。

② 参见杨李娜：《“3＋X”高考改革方案与台湾“大学多元入学新方案”比较研究》，天津教育招生考试院：《考试研究》2002 年第 2 辑，天津人民出版社，2002 年，第 82 页。

③ 参见《大学多元入学方案的构想》，台湾《选才》1991 年第 2 卷，第 4 期，第 32～36 页。

过分析部分国家和地区的大学入学制度之后，提出 14 项评判的规准如下：①各大学校院拥有入学方式的自主权。②入学方式要明白易懂。③能引导高中正常教学。④采用多项资料（例如参照高中成绩或口试成绩等）。⑤避免性别、城乡及文化背景的歧视。⑥让高中教师充分地参与。⑦省时、省力、省钱。⑧公平、公正及公开。⑨不因离校时间的长短而影响其入学的均等机会。⑩让学生有多种入学途径（例如保送与联招并行）。⑪正确反映学生的学习成就。⑫考虑学生的特殊才能和性向。⑬鼓励学生向学的动机。⑭具备可行性。

经过反复调查、研究后，发现不同身份的填答者所选择的结果，认为最主要的五项规准依次为：上述的③、⑧、⑪、⑫、⑬项。而研究小组经过文献探讨、专题报告，再深入讨论的结果认为，各大学校院拥有入学方式的自主权（规准①）也是一个相当重要的改革理念，是突破现行大学入学制度缺失的重要关键环节。现行的联招比较符合规准②、⑤、⑦、⑧、⑪、⑭，其他规准都相去太远。该研究小组拟订的大学联招改革方案及大学入学考试中心所提出的整个大学入学制度的改革方案，都是以尽量符合这些规准而设计的。

（二）改革大学联考的措施——多元入学的构想

研究小组在探讨台湾地区大学入学制度的优缺点时发现，联招的优缺点正好与单独招生的优缺点相反。研究的焦点汇集在大学招生自主权的问题，是单独招生好还是联招好呢？单独招生较符合规准①、⑫、⑬，至于其他的规准是否符合，则视单独招生的规模及相关的措施而定。单独招生的目的在于使各院系能用自己的方式招收一些特殊需要或有特殊才能、潜能的学生，或能从第一志愿考生中选取最优秀的学生。但是，单独招生可能导致学生所选择的校系减少、重复录取、考务负担沉重、公平性受到质疑及影响高中正常教学等缺点，与规准③、⑦、⑧、⑩、⑭等相违背。那么，除了单独招生外，是否还有更好的对策呢？

如何吸收联招与单招的优点，最大限度地降低两者的可能缺点，设计一个较为理想的大学入学制度，成为研究小组思考改革措施的起点。

既要突破单一的方式，又要维持招生公平及省事的好处，通过分析各种改革联招建议案与世界各国各种大学入学制度，研究小组提出了如下改革的思路：①维持联招方式，但在考科、分组、计分及分发各方面进行多元化设计，使其能兼顾大学选才与高中教育。大部分的学生仍然经过联招进入大学。②另辟其他入学途径。其构想是在减少限制的情况下，维持入学考试的公平性，让大学校系发挥更大的招生自主权。少部分的学生通过这个途径进入大学。③随着入学方式的多元化，参考世界各国的做法，各大学必须设置专职招生单位，同时，加强高中学生的生涯辅导，既可使大学选才更为主动，也可使中学生的选择有所依循。④设立一个常设的考试专职机构，长期研究改进大学入学的方法与技术，为教育各界服务。由此，在维持公平的原则下，通过多元的方式，期望改革台湾地区大学入学制度。根据上述的研究提出以下几种改革构想：

1. 改良式联招的构想

大学联招虽然有种种负面影响，但其公平、公正及公开的招考形式，为社会大众广为接受，也是良好大学入学制度的重要规准之一（规准⑧）。“改良式联招”的构想有三大要点：首先，考试科目分为基础科目与指定科目两部分，基础科目能引导高中教学正常化（规准③），指定科目能正确反映学生的学习成就（规准⑪）。大学自主决定考试科目及成绩的处理方式，使大学院系有更大的自主权（规准①）。其次，成绩改成分级式，学生不会分分计较，避免盲目要求标准答案，引导高中教学正常化（规准③），另外，可以参酌其他考科、高中成绩及志愿（规准④）。再者，分发分为两梯次进行，大大增加了各校系的自主权（规准①），避免了完全采用单独招生可能产生的缺失。这种“改良式的联招”兼顾大学选才与高中教学，协调了第一志愿分发与统一分发的矛盾。

2. 推荐甄选的构想

为了招收具有特殊才能和性向的学生（规准⑫），鼓励特殊学生向学的动机（规准⑬），研究小组提出“推荐甄选”的入学途径。其构想是在较少限制之下，各大学院系发挥更大的自主权（规准①），同时，各高中有推荐机会，以助城乡平衡（规准⑤）。较少的限制包括基础科目考试；组成高中推荐、大学甄选两个委员会；“推荐甄选”过程的公开（规准⑧）以及人数的限制等，期望能消除社会疑虑，具有可行性（规准⑭）。“推荐甄选”也可说是一种小规模的单独招生，让各校系招收到特殊需求的学生，或具有特殊才能或潜能的学生。

3. 预修甄试的构想

大学应提供社会青年升学的机会，社会青年与高中生的身份不同，招生考试的科目不宜以高中课程为主。因此，研究小组提出建立“预修甄试”的入学途径。一方面，使高中毕业后失学或想要再升学的青年有进入大学的机会（规准⑨）；另一方面，如果高中学生不选择“改良式联招”进入大学，选择此入学途径，其高中阶段的学习不会受到升学压力的影响（规准③）。

研究小组设想的多元改革策略，使学生有了多种入学的途径（规准⑩），选择部分特殊才能、性向学生的方式，采用了多项资料评价（规准④）。另外，制定了改革的整合原则，把这些对策统合成一个完整可行（规准⑭）的改革方案。在确定方案的前后要积极与各界沟通，常设的机构要提供完备的资料，长期为学生、高中及大学服务。只要多数学生仍然经由联招的方式入学，与现行联招制度中的省时、省力、省钱的规准（规准⑦）符合。如此多管齐下，改革方案可逐渐变得明白易懂（规准②）。

总之，整个改革方案大致符合上述所列出的规准，应该是比现行制度更为理想的方案。

（三）改革对策的整合原则

研究小组在提出以上几种对策的基础上，认为把这些对策整合成一个改革方案的三个基本原则是：渐进、包容与兼顾。

1. 渐进

前面所提到的规准有许多理想的色彩，但是任何改革如无理想为前导则会失去方向。为了兼顾理想与现实，唯一的办法就是预先做长期的规划，采取渐进的方式，从现实出发，逐步推行改革，每一阶段改革都预留进一步改革的空间，逐步达到理想。例如，为了达成单独招生的效果，在研究方案中提出了“推荐甄选”与“第一志愿分发”的办法，建议从少数系科和少数考生着手，再看推行状况，修订执行细则，调整规模。

任何一种对策，在采纳与不采纳的两极之间，任何一种入学方式，在保留与废止的两极之间，经过深思熟虑后，都会发现很充足的连续空间，只要设计得当，理想是可以逐步实现的。

2. 包容

既然大学入学制度的改革目标是多重的，所以改革要采取多种途径，互相弹性配合。如为承续现状，研究小组提出改良式联招，兼采联招与单招的优点以适合大部分的学生；提出推荐甄选以适合少部分的学生；此外又提出预修甄试的办法以适合社会青年升学，包容三个途径，尽量符合众多的规准。

大学招生自主权并不意味着各校以自办考试、单独招生为最终目的，它的内涵指大学自行决定考试与招生的办法。大学在不断的实践中，找出比较适合学校需要与特色的考试和招生方式，在渐进与包容的原则下，找到发挥招生自主的最好办法。例如按照研究小组提出的三种入学途径，某些大学在实施推荐甄选取得一些经验之后，可以采取少部分学生通过推荐甄选入学，而大部分学生仍通过大学联合招考的方式入学。招生自主权使大学有很大的发挥空间，大学应认真考虑怎样发挥自主权。

3. 兼顾

一个制度的改变，并不能完全保证它的成功。大学入学制度牵涉到学生、家长、老师、高中、大学、社会大众、测验、教育理想、教育制度、现实等各个方面，所以改革的实施要有充分的准备，兼顾到各个环节的配合。具体的做法有：推动改革的各大学及大学入学考试中心，要与学生、家长、老师及社会大众沟通新制度，征求他们的意见；加强高中生的生涯辅导；在命题方面多下功夫；重视测验理论与实务；兼顾理想与现实；变革教育措施。

二、大学多元入学方案的主要内容

虽然大学多元入学方案提出以后没有全部按照规划实行，只是实施了其中的一部分，但其改革的理念、内容、特点对此后大学入学考试制度的改革有重要的引导和奠基作用，所以在此作为一个专题详细论述。

“大学多元入学方案”主要包括三种入学方案：改良式联招、推荐甄选、预修甄试，另有命题的改进、高中成绩的采纳等两项配合措施。

（一）多元化的招生入学途径

大学多元入学方案共设计了三种入学途径，适合不同学习程度的学生与不同层次的社会青年选择。

1. 改良式联招

改良式联招是根据政治大学教育研究所黄炳煌教授主持的有关台湾地区“大学入学制度之研究”的研究成果“大学联考改革方案”修正后提出的，其雏形为“大学入学考试分两阶段实施草案纲要”，主旨为“两阶段考试”。为使改革方案兼具可行性和前瞻性，针对新制大学联招的缺失加以改良而成，因此名曰“改良式联招”。改革思路为先分两部分考试，即基础科目考试和指定科目考试，渐进到两阶段考试，最后达成学力鉴定考试和申请入学的目标。

改良式联招的招生对象是一般高级中等学校毕业生。

改良式联招的预期目标[①]：①每位进大学的学生要具备大学所要求的语

① 参见大学入学考试中心：《大学多元入学方案的内容与实施建议》，台湾《选才》1992 年第 4 期，第 38～52 页。

文、数学、社会与自然学科的基本学力。②指定科目考试各科考生将适度减少，有利于采用层次较高的考试方式。③大学发挥其自主选才的功能，有助于发展其特色。④基础科目考试（与指定科目考试分开）在长期实施后可能转成一年多试的方式，增加考生应考的机会。⑤基础科目考试将来可能实施以能力分级或分成能力级等不同的几个阶段测验。⑥成绩以级分计算，学生一般不会分分计较，可以避免过分竞争的心态或养成应试的不良读书态度与习惯。⑦高中重视升学辅导，考生更加了解自己的兴趣与性向，选填较合适的志愿。⑧若按第一志愿分发效果良好，改良式联招未来的发展趋势是：考生以基础科目考试及指定科目考试的成绩等资料，向各校院申请的入学制度。⑨培养学生“事前审慎选择，事后自行负责”的态度。⑩基础科目考试成绩可供其他机构参考，如空中大学、专科或军事院校招生或学生就业等。

2. 推荐甄选

该方案是由台湾师范大学萧次融教授主持的《推荐入学方式之研究》的研究成果提出的，主要参考日本大学的推荐甄选制度，以及台湾曾实施的保送制度及现行的“资优保送制度”。推荐甄选指高级中学依据大学各系科选才的条件推荐应届毕业生，经大学自主甄选入学。

推荐甄选的招生对象为：具有特殊才能与性向的学生；学科成绩特优的学生；大学学院或系科根据其特色所需要选取的学生。

推荐甄选有以下特色：第一，高中成立推荐委员会，审查学生是否符合大学某校系推荐条件，向各大学推荐学生参加甄选。第二，符合推荐条件的高级中等学校学生，参加专职机构举办的基础科目考试（学力测验）。第三，由于各校各院系的需求不相同，决定参加推荐甄选的大学，要成立甄选委员会，各校在招生简章中，明确公布推荐甄选办法。

推荐甄选的预期目标①：①缓和学生争相挤进“明星高中”的现象，有助于城乡平衡，淡化以联招最低录取原始总分为序的各大学院系排行榜。②促进高中的所有活动均衡发展，有利于各中学发展其特色。③各大学自主权扩大，各校系按照发展特色吸引学生，达到自行采用最合适的招生方式招收最适当学生的目的。④学生入学后所学专业与志愿相符，学习意愿高，成就感强，提高学生对学校的向心力。

---

① 参见大学入学考试中心：《大学多元入学方案的内容与实施建议》，台湾《选才》1992 年第 4 期，第 38～52 页。

3. 预修甄试

预修甄试入学方案系由政治大学司徒达贤教授主持的《预修甄试入学之研究》提出的，主要是基于终身教育理念，为重考生和失学青年开辟的另一个升学途径。

预修甄试招收对象的报考资格为高级中等学校毕业后一年并达到基本科目考试的某一“检定”等级后，可报名参加预修甄试。预修甄试的预期目标①：①失学青年不因离校时间长短而影响其进入大学的机会。②促进台湾中等教育多元化发展，中学教学更活泼。③当该入学途径的名额所占比例达到某一标准后，将有利于实现高中教育目标，减少升学压力。④考试科目对考生更有实用价值。即使未能考上，对其人生与事业也有用处。⑤高中生选择此途径入学，则其高中（甚至初中）阶段的学习不会受到升学的影响。⑥招生名额所占的相对比例，由各大学视入学学生的各项表现（含学业成绩、思考力、创造力、活动力等）而逐渐调整。⑦如试行成功，可考虑由社会科学类组推广至人文科学或自然科学类组。

(二) 多元化的评价方式和命题形式

1. 高中成绩的采纳

采纳高中成绩是大学多元入学方案中提出的多元化评价方式之一。高中成绩包括一般学科成绩、艺能表现、操行表现。高中成绩的采纳分为检定(pass/fail)、参酌（to take into account）与采计（to count）三种方式，比单纯加计（加重计分）的评价方式更有弹性②。此方法是配合大学评价高中

---

① 参见大学入学考试中心：《大学多元入学方案的内容与实施建议》，台湾《选才》1992 年第 4 期，第 38～52 页。

② 本方案建议订立《高级中等学校学生成绩考查要点》，各高级中等学校根据此要点自定考查办法。方案提出的考查要点如下：（一）高中成绩包括：一般学科成绩，艺能表现，操行表现。（二）高中成绩以各校的各年级为常模。（三）一般学科（包括国文、英文、数学等）各科成绩采用级分制（例如分为 10 级），各级所占人数比例及各级的相应分数另定。按各科授课时数所得各科成绩的加权平均，经转成级分，即为一般学科成绩。（四）艺能表现旨在考查体育、美术、音乐、工艺等各种能力；操行表现旨在考查德育、群育等方面综合的表现。（五）艺能表现与操行表现都分为优、甲、乙、丙四级，其人数比例各为 3%，7%，80%～90%及 0%～10%。（六）学生的艺能或操行表现若列入优、甲或丙三级之一则其成绩单上应举证说明该学生何以列入此级。引自《大学多元入学方案》。

学习成效的需要，有助于高中教师提高教学质量；积极应对大学入学考试，有助于高中教育正常化。

2. 命题的改进

命题品质是否优良，命题过程是否严谨，关系到大学入学考试制度的甄选功能和公平、客观。为了有助于高中的正常教学和大学的选才，提高命题质量是大学入学考试中心积极研究的课题。命题研究主要在于长期积累经验，命题过程系统化。命题具有稳定性、鉴别力和预测力。在“大学多元入学方案”中对命题的改进建议有：建立各学科内容分析架构，加强试题分析；建立题库电脑化原型及预试工作流程，使试题研究科学化；建立完善的命题制度；考试命题最关键的是编辑命题参考手册，编制参考试卷，建立参考题库等。

（三）方案的整合

所谓“大学多元入学方案”就是以上内容的整合，其形成是历经无数次座谈，广征意见，收集资料，确立理念，拟订构想，拓展研究，反复论辩，再经整合而达成的共识。该方案的一个重要特色，即是融合了台湾现行大学入学制度与各国大学入学制度的经验。例如，在整合方案中，以“联招”为主体的设计，即考虑了台湾的实际情况和社会舆论。改良式联招中自然与社会科的设计，是参考了美国大学测验社（ACT）的测验方式；成绩分级的设计受到美国式带状成绩、英国式等级成绩与大陆分段分发方式的启发；第一志愿分发则参考了英国分发的方法。推荐甄选的设计，主要采纳了台湾和日本及美国相关的经验；预修甄试的设计，则有英国会考制、美国教育测验服务社（ETS）的 Advanced Placement（AP）与 College-Level Examination Program（CLEP）等测验的影子；高中成绩的采纳则参考了韩国的办法。

除上面叙述的三个大学入学途径外，20 世纪 90 年代初期台湾还有一种“转学”途径，以上四种方式即成为未来可机动调整并行的途径。方案中所设想的改良式联招仍是一般学生升入大学的途径；有特殊才能性向的学生可选择推荐甄选入学；中学毕业一年以上学生可选择预修甄试入学，另有一部分选择“转学”途径入学。另外，如“资优保送甄试”及其他保送可在“推荐甄选”实施趋于成熟后，一并纳入推荐甄选途径中办理，特种生入学途径也宜分别纳入上述四种入学途径中。

那么，三个新的入学途径与考试科目之间的关系、各种入学途径的关系如附录四的图 1、图 2 所示。从图中可以看出，三个新的入学途径中都设计了基础科目考试供“采计”、“参酌”或“检定”之用，然后视入学途径与各校系要求的不同而有其他的评价方式。

三、大学多元入学方案中的考试方式、考试科目与内容

“大学多元入学方案”中的考试方式、考试科目与内容，主要特点是统一考试，多元化、两阶段考试。

（一）考试方式

大学多元入学方案提出的考试方式是统一考试，由各大学联合委托一个专职机构办理。考试分为两部分，均在 7 月初先后举行。

（二）考试科目与内容

考试科目分为基础科目与指定科目两部分①。基础科目测验学生的基本学力，全体报名者均须参加。考试科目有国文、英文、数学*、社会*（包括三民主义、公民、历史、地理）、自然*（包括物理、化学、生物、地球科学）（注：带*号的科目分为：①基础的；②范围较广或难度较高的两种程度）。指定科目测验各学院或学系所要求的特定或特殊能力，各院系自定 0 至 2 科，例如国文、英文、地球科学、英语听力、性向测验、艺能科目、其他外文等。命题方式为统一命题。

参加改良式联招入学途径的考生要参加两部分科目的全部考试，而参加推荐甄选的考生只参加第一部分基础科目的考试，然后参加各校系的甄试。预修甄试入学途径的考生在参加基础科目考试经“检定”及格后，再参加应考科目的考试，其应考科目为大学一年级所修习的基础科目，如社会组（法学院、商学院、管理学院、传播学院等）考经济学、心理学、社会学及法学概论等各个学院大一的共同必修科。

（三）评价方式与成绩使用

1. 改良式联招的评价方式

这种入学方式的阅卷是统一阅卷、计分。各科分为 15 级计分。基础科

① 以下内容引自《大学多元入学方案的内容与实施建议》及《大学多元入学方案》，台湾《教育资料文摘》1992 年 8 月号，总第 175 期，第 133～192 页；1992 年9 月号，总第 176 期，第 158～192 页。

目考试的成绩由各学院或学系依下列五种方式决定采纳，或“采计”（各科可加权），或“参酌”，或“检定”。参见表 3-5。

表 3-5　基础科目考试成绩采纳的方式

种类	采计	参酌	检定
一			国文、英文、数学、自然、社会
二	国文、英文、数学	自然、社会	
三	国文、英文、数学、自然	社会	
四	国文、英文、数学、社会	自然	
五	国文、英文、数学、自然、社会		

采用上表第一种方式者，称为乙方式；采用第二、三、四、五种方式者，称为甲方式。基础科目成绩占入学总成绩的比重由各校自定，但不得低于 50%（实际比重应考虑指定科目的数目）。在分发时采用甲方式者，可“采计”高中成绩。有下列两种方式，可采用其中任一种：

方式一：只“采计”一般学科成绩，若艺能或（及）操行表现列为丙级者，其一般学科成绩只采计 90%或 80%。入学分发时遇到同分状况，再参酌艺能及操行表现。

方式二：把一般学科成绩、艺能表现及操行表现三种合计成高中成绩，三者所占的比例如下：一般学科成绩占高中成绩的 80%，艺能及操行表现各占高中成绩的 10%，优、甲、乙、丙各级分别得 10%、8%、6%及 4%。

这样大学入学成绩包括：高中成绩，占 a%；大学入学考试采计成绩（指改良式联招分发办法甲方式中基础科目与所有指定科目的成绩级分加权和），占（100－a)%。这一成绩在甲方式的分发中再重新使用。建议 a 的取值范围为 5～10。a 的值以后视社会接纳的情况由各大学自行决定。若高中成绩的比值超过 10%（即 a>10)，把“一般学科成绩”调整为“一般学科相对成绩”。

2. 推荐甄选的评价方式

在推荐甄选中，考生基础科目的成绩可采取“参酌”或“检定”或“采计”等方式处理。各校的甄选成绩所占比例依各校系的不同而有不同的规定。另外，学院或学系自行决定以采计或参酌或检定等方式采纳考生的高中成绩。详细参见第四章的有关内容。

3. 预修甄试的评价方式

在预修甄试的入学途径中，基础科目考试成绩只作“检定”用，即考生是否及格通过考试。大一基本科目甄试成绩的计算是否采用分级制，有待研究。司徒达贤教授在预修甄试方案说明中认为，采用“检定”方式作为参加预修甄试的学生成绩处理办法，目的在于确保考生对高中科目已有一定程度的掌握与了解。以是否及格为标准，确定考生的资格，不强调其竞争性。关于基础科目的测定水平与学生学习效果评定的要求，由教育主管机关依实际情况决定。对英文、数学等有特别要求的学系，可以提高测定的标准，原则上应有80%以上的高中毕业生通过。基础科目考试若能分年、分次实施，对减轻中学生课业负担更有帮助。为了求公平，确保参加大学入学考试考生的水准，对于基础科目考试实施以前毕业的高中毕业生，应补考参加此一测定考试。另外，由于基础科目考试的目的是检查考生是否已经完成完整的高中教育，建议通过基础科目考试后，其成绩终身有效①。

四、招生与分发方式

1. 招生方式

以三种不同的、多元化的入学方式招收学生，即改良式联招、推荐甄选、预修甄试。考生可以根据个人的实力、成绩、兴趣、性向、能力、实际状况等选择不同的入学途径。

2. 填写志愿的方式

在改良式联招中，考生依招生简章填写志愿（学院或学系），不限数目与类别。在推荐甄选入学途径中，规定每一个学生只能参加一个学院或学系的甄选，一所高中对同一所大学的同一学系的推荐人数有适当的限制，初办时，以“一校一系一人”为原则，但“艺能科”可酌情加以调整。预修甄试入学途径规定有学籍的大学一年级学生不得报考，招收学生的名额由各大学校院自行决定，至少含相当于夜间部的30%的名额，将来根据试办成效再作调整。

3. 统一分发

改良式联招的分发采取统一分发，并分为两个梯次：第一梯次的第一志愿分发让各校系有机会从第一志愿考生中选取最适合的学生，获得单独招生

① 司徒达贤主持：《预修甄试入学之研究报告》，大学入学考试中心出版，1992年，第9页。

要达到的效果；第二梯次的统一分发可以避免各校独立招生的各种缺失。具体如下：

第一梯次：第一志愿分发。

第二梯次：统一分发。由专职机构依照各校系指定计分方式及考生的志愿顺序（包括第一志愿），统一分发。分发方式采取甲、乙两种：①甲方式采用表 5 中第二、三、四、五种方式。②乙方式采用表 5 中的“检定”方式。

推荐甄选的分发是在大学联招报名之前完成，各校公布录取名单。

预修甄试在 8 月份考试，分发也在此之后。采取统一分发，联合招生，以维护入学的公平、公正、公开，简化入学考试考务工作程序。

4. 招生机构的设想

设立常设的专职招生机构，是历年来大学联招改革都要探讨的问题，“大学多元入学方案”也不例外。提出大学应设置专职招生单位，主要是针对“方案”中提出的多元化的招生办法，发挥大学招生自主的作用，大学内必须成立专职的招生单位（例如在教务处内增设招生组）。

五、大学多元入学方案的实施程序

“大学多元入学方案”在出台时，制定了详细、周密的规划，采取渐进改革的实施步骤，虽然在具体的实行和改革过程中并未全盘采用，只是成为规划中的目标，但是，它对于今后的改革及了解此一时期的研究进程，加强大学入学考试改革的研究，是有所助益的。下面是多元入学方案实施程序的时间表：

①大学校院长于 1992 年 6 月向教育事务主管部门提出该“方案”。②教育事务主管部门与各大学校院共同成立一个财团法人，作为规划执行该“方案”的专职机构。③教育事务主管部门经仔细评估后，于 1992 年底前公布“大学多元入学方案”。④教育事务主管部门于 1993 年 7 月公布新的“高级中等学校学生成绩考查要点”。⑤1994 年 2 月起举办推荐甄选的基础科目考试（学力测验），并于 5 月公布首批在大学联招外参加此一途径入学的新生名单。1996 年推荐甄选可采纳高中成绩。⑥若首次推荐甄选试办成功，则逐年扩大。⑦1994 年 6 月以前毕业的高级中等学校毕业生可报名参加 1994 年7 月的基础科目考试，通过某一“检定”级分的考生，可以报名参加 1995 年 8 月的“大一基本科目考试”，以预修甄试途径进入大学就读。将来

这一途径如果成效很好，可能扩大办理。⑧当推荐甄选的基础科目考试（或者学力测验），主要包括国文、英文、数学、自然、社会五科，趋于成熟，再加上各大学委托办理的“指定科目考试”后，新的大学联招（包括入学考试及联合分发）就可以交由专职机构接办。⑨1997 年开始实施改良式联招。“第一志愿分发”及其中的本校考试可视情况在适当时机进行，也可适时采取“参酌”甚至采纳高中成绩。

六、大学多元入学方案的实施情况

按照大学入学考试中心提出的“大学多元入学方案”设计的实施程序，1994 年先行试办了推荐甄选入学方式，第二年就正式办理推荐甄选入学，以后一直延续下来。由于在第四章《台湾的大学多元入学个案研究——推荐甄选》中将专门详细介绍、分析、检讨推荐甄选的利弊得失，这里不再赘述。大学入学考试中心计划的其他两条新的入学途径由于种种原因未能如期实施，下面分别详细阐述。

（一）改良式联招

1992 年提出的“大学多元入学方案”中改良式联招是各大学采用和大多数学生参加的主要的入学途径。为此，大学入学考试中心于 1995 年 6 月开始对改良式联招作更详细的细部规划，并提出可行性的架构。1995 年 10 月提出“改良式联招架构（十月版）”（草案），经过问卷调查、专题讨论，在大学、高中巡回座谈后，又于 1996 年 2 月提出“改良式联招架构（二月版）”。其内容如下：

1. 考试方式和内容

改良式联招的入学考试分为两个阶段，第一阶段为基础科目考试，各入学途径所共用，所有考生都要参加。与原来大学多元入学方案中不同的是，提出“学科能力测验”代替基础科目考试，增加“语文表达能力测验”。第二阶段为指定科目考试，考生依大学志愿学系（或学科类组）的指定，选择考试科目。两个阶段各有不同的功能，前者为初步筛选考生，后者为录取学生。参见表 3-6、表 3-7。指定科目考试（包括学科及术科考试）中的学科笔试部分，以高中课程标准的选修科及相关必修科为范围。术科考试部分仍维持联招的考试科目及形式，美术、音乐、体育、舞蹈等各设一个指定考科，可因校系需求调整考科。参见表 3-8。

表 3-6 改良式联招考试科目设计

	考试科目	考试机构	测验目的	功能
第一阶段考试（基础科目考试）	学科能力测验（国文、英文、数学、社会、自然五种）、语文表达能力测验	大学入学考试中心	评价考生是否具备大学入学应有的基本能力	初步筛选
第二阶段考试（指定科目考试）	指定科目学科 指定科目术科	大学入学考试中心	测验学院或学系所要求的特定或特殊能力	录取

资料来源：曹亮吉主持：《改良式联招架构规划工作计划研究报告》，大学入学考试中心出版物（编号 A27），1996 年 8 月 30 日，第 38 页。

表 3-7 基础科目考试一览表

测验对象	全体报名参加改良式联招、推荐甄选、预修甄试的学生	
考试科目	学科能力测验（国文、英文、数学、社会、自然）	语文表达能力测验
题型	电脑可读题型	非选择题（如情境作文、缩写、扩写、摘要等多种题型）
测验范围	高中必修科目（随课程标准的修改而修改）	
考试时间	100 分钟	100 分钟

资料来源：曹亮吉主持：《改良式联招架构规划工作计划研究报告》，大学入学考试中心出版物（编号 A27），1996 年 8 月 30 日，第 38 页。

表 3-8 指定科目考试一览表

测验对象	考生就其志愿报考校系所定考科选考
考试科目	可同时大规模进行的集体考试科目由专职机构统一命题并举办考务
题型	凡可以同时集体施测的题型均可，如选择题、填充题、简答题、申论题、计算证明题、作图题等
测验范围	以选科目及其相关必修科目的课程标准为主
考试时间	于每年 6 月举行

资料来源：曹亮吉主持：《改良式联招架构规划工作计划研究报告》，大学入学考试中心出版物（编号 A27），1996 年 8 月 30 日，第 43 页。

2. 招生分发方式

(1) 改良式联招，根据考生所填志愿顺序，以下列方式进行联合分发：①设有指定科目的校系，按所定成绩“采计”方式，就考生加权总分的高低依序择优录取。②无指定科目的校系，或指定科目加权总分同分超额时，按校系就学科能力测验总级分、学科能力测验各单科级分、志愿序等项所定的“参酌”顺序，择优录取至额满为止。

(2) 如同一所大学的某些学系，其所定考试科目与成绩的“检定”、“采计”、“参酌”等标准均相同时，视为同一类组，作为一个分发单位①。

那么，1996 年公布的“二月版”的改良式联招与当时实施的大学联招究竟有何不同呢？参见表 3-9。

表 3-9　1996 年修改后的改良式联招与当时大学联招的不同

项目	当时联招	改良式联招	说明
考试方式	一次考试 ·依组别统一规定考试科目 ·每年 7 月举行	两阶段考试 ·第一阶段为基础科目考试：一年多试。实施初期暂定为两次，于每年暑假、寒假举行 ·第二阶段为指定科目考试，一年一试，于每年 6 月举行	·两阶段考试在命题方式及成绩采纳方式上有所不同 ·基础科目考试可作为初步“检定”标准 ·基础科目一年多试，提供多次评价的机会，学生可依个别情况选择适当的考试时间
考试科目	分四类组 ·每位考生依类组考 6 科或 7 科 ·理科组考物理、化学、生物（可选择） ·文科组考历史、地理 ·国文、英文、三民主义为各组共同考试科目 ·数学两类组题目不同	不分类组 一、学科能力测验 ·国文、英文、数学、社会、自然五个考试科目，每位考生均考 ·均为电脑可读题型 ·语文表达能力测验单独施考 二、指定科目考试 ·每系以 0～2 科（至多不超过 3 科）为原则 ·由校系自定 ·由专职机构统一命题 ·考生依照志愿的校系选择考试科目	·基础科目考试，所有考生均应具备文理的基础学力，有助于高中教学正常化 ·学科能力测验电脑可读题型有助于阅卷的精确与时效 ·语文表达能力单独施行考试，学系可依其所需订立“检定”标准 ·未来考试科目视校系的需求与高中开课情形调整考试科目（办理初期与现行联考考试科目相同） ·指定科目考试以 0～2 科为原则，不会增加学生负担 ·大学院系依所需能力选定指定科目 ·考生可自由选考应试科目，依大学院系所定标准作为选考科目与选填志愿的参考

① 引自曹亮吉主持的《改良式联招架构规划工作计划研究报告》，大学入学考试中心出版物（编号 A27），1996 年 8 月 30 日，第 35～37 页。

续表

项目	当时联招	改良式联招	说明
成绩采纳与分发	·所有成绩均“采计” ·每科皆采百分制 ·各科得加权 ·依各科加权总分分发 ·同分参酌国文成绩	·学科能力测验采15级分，成绩采纳方式以“检定”为主 ·指定科目考试采取原始分数计分（不一定为百分） ·两阶段“检定”+“采计”的科目数不得少于3科 ·分发依“检定”基础科目，“采计”指定科目（可加权）及“同分参酌”的原则 ·“同分参酌”项目（七项）的顺序由学系自定 ·学系可不设指定科目考试，以“参酌”项目分发	·学科能力测验采级分制，测定考生的基础学力 ·招收到学科能力测验达到学系要求的考生 ·“检定”+“采计”科目数超过3科，方足以选才 ·校系可依所定的“参酌”方式由同分考生中挑选较合适者 ·若学系特别重视基础能力，也可以只用学科能力测验选才

资料来源：曹亮吉主持：《改良式联招架构规划工作计划研究报告》，大学入学考试中心出版物（编号A27），1996年8月30日，第58页。

当时大学入学考试中心制定了改良式联招的预定实施日程：1996年仍维持现行的大学联考，但是三民主义配分减为50分，选填志愿也将缩减为至多33个；1997年和1998年仍维持现行大学联招，不过考试科目权数种类将扩大为0、1、1.5、2。到1998年9月，即开始办理改良式联招第一次学科能力测验（正好适用于1996年入学的高中生），1999年2月办理第二次学科能力测验，1999年6月办理指定科目考试。此后，改良式联招将完全取代现行的大学联招。但是在1996年5月16日的台湾各大学校院校长会议上讨论于1999年实施大学改良式联招议题时，遭到大会的一致反对，留待大学入学考试中心就细节问题重新研究出更完善的方案后再作讨论。大学校长们对改良式联招的质疑有基础架构、细节技术以及高中配合措施等问题。他们提出，改良式联招名为两阶段考试与成绩处理，只“采计”第二阶段考试成绩，无疑是另外一种“一试定终身”。两阶段考试把高中制度打散为两个阶段，考生反而有“两次压力，延长焦虑”，不利于高中教学的正常化。改良式联招将高中三年的基础课浓缩在两年内教完，其实施前提应是重新调整高中课程，否则仓促实施将使第一、第二届考生成为牺牲品。这样的改良式联招可能使高中教育更加具有“考试取向”，“增加高中生负担”；而“是否能适才适所”是改良式联招无法立即推动的主因。大学入学考试中心设想的高中选修制度的落实，增加排课的空间及弹性等都无法在改良式联招实行前做到。另外，改良式联招也要求妥善解决学生的辅导问题。

真正面临考试制度的重大变革时，所遭受的阻力来自高中、大学内部以及社会大众。上面所谈是大学的反应。高中所担心的问题是“考生若通过学科能力测验，恐怕无心上课”。高中教师认为学科能力测验安排的考试时间与高中课程的安排及正常教学有冲突，学生若在高三学年的 9 月份考试中通过学科能力测验，则全力准备大学系科的指定科目考试，不管学校的课程设置，教师如何教学，如何调整课程；学生若没有通过 9 月份的学科能力测验，则全力准备来年 2 月份的学科能力测验，忽略正常课程，教师如何与学生在教学上沟通。因此，对改良式联招“一年两试、两阶段考试”是否能导正当时高中教育目标，达到“高中教学正常、大学理想选才”的目标心存疑问。由于遭到高中、大学诸多质疑，所以，在 1999 年实施改良式联招的计划成为泡影。从 1996 年由大学入学考试中心重新研究、拟订，改良式联招后来一直未再推行。但后来在 1999 年大学入学考试中心提出的“大学多元入学新方案”中的“考试分发入学制”，显然是改良式联招的缩影。

（二）预修甄试

在“大学多元入学方案”中设计的预修甄试的入学途径，希望以不同于大学联招的考试科目照顾非高中应届毕业生。对这个途径的设计还有争议，如如何安置所谓的“高四生”；如何提供进修的途径；是否造成过分发展补习教育；学生是否会恶补大学基础科目；是否能达成中学教学的正常化；中学所学不是考试的内容，中学生是否会无所事事玩六年；在选读预修科目时，会增加学生负担，是否将对家境清寒的子弟造成不公平；如何解决大学基础科目考试的题库建设问题①等等。这些问题牵涉到高中、大学、社会以及整个教育体制的方方面面，需要统筹安排和统一规划，所以迄今没有

---

① 参阅司徒达贤主持的《预修甄试入学之研究报告》，大学入学考试中心出版，1992 年，第 21～27 页。

实施。

然而它与 1998 年教育事务主管部门推行的“大学先修制度”的部分规定颇为雷同。所谓“先修制”就是凡参加大学联考成绩达到最低缴卡标准，均可向开办预修科的学校申请修读。“先修生”入学后不具备正式学籍，采取登记方式办理，至少应修读大学必修课程三门，若第二年通过学校所办的公开入学考试，可以成为有正式学籍的大一学生。“先修生”考试科目以修习的课程为范围，为避免“一试定终身”，“先修生”修课的平时成绩也作为录取与否的一项参考依据。各校名额为外加，不会挤占大学联考的名额。“大学先修制度”于 2002 学年度正式停止招生。

另一项重大变革是 1994 年新修订的所谓“大学法”中删除了“夜间部”的规定，于是促成各大学“夜间部”的转型。从 1997 年开始，有一些转型为“正规部”(正规学制教育即大学第二部)，参加大学联招；另一些转型为进修推广教育，并授予学位，简称为“大学进修学士班”。从 2000 学年度起各校开始自行办理单招。“大学进修学士班”招收的学生属年龄在 22 岁(含) 以上的社会人士。其目的是大学校院为了应对大学教育多元化的发展，充分利用现有教育资源在夜间时段或周六、周日上课，为社会在职青年提供进修大学课程的机会。2002 年有 6 所大学采用了大学入学考试中心的学科能力测验成绩，有 1 所大学采用了大学入学考试中心的指定科目考试成绩。这样，“大学多元入学方案”中的预修甄试入学途径以另一种面貌——“大学进修学士班”呈现出来。当然，这已经不是原汁原味的预修甄试①。

(三) 申请入学

台湾教育事务主管部门 1997 年出人意料地开始提倡“大学申请入学”的入学途径。1998 年的“大学申请入学”共核定了 21 所大学参加，有 612 个试办招生名额。“大学申请制”也是“大学多元入学方案”中试行的入学方式。“方案”中指出：“更理想的入学考试应是学力鉴定考试。任一学科都按其内容的深浅分成若干级，每一级都有一考试，都采鉴定制，及格了才能参加高一级的考试。各级的考试一年可以有好几次，学生不论年级，随

① 参见台湾《选才》(大学入学考试中心通讯) 2002 年第 4 期有关内容及台湾教育事务主管部门网站，网址：http://www.edu.tw；刘源俊：《台湾大学入学制度的改革》，厦门大学高等教育科学研究所编：《两岸大学教育学术研讨会论文集》，厦门大学出版社，1998 年，第 517～525 页。

时都能参加考试。最后，学生向各大学申请入学，而大学以学生各科所达到的级等作为招生的重要参考依据。"① 因此，"大学申请制"的先决条件是：第一，有一个完善的测验机构，每年办理数次"学力鉴定考试"，学生则凭成绩及中学表现向各大学申请。第二，各大学设有健全的招生专职单位，制定相应的规章制度处理"申请入学"中的问题。当时台湾这两个条件都不存在，因此，"申请入学"只是"插曲"，谈不上制度②。至于在 2002 年实施"大学多元入学新方案"中所实行的"申请入学"，在以后的章节中再详细叙述。

从以上大学多元入学方案的实施情况来看，除推荐甄选途径经改革后于 1994 年实行，其他的入学途径均因各种原因和问题未能如期与全盘实施。尤其是花费精力与时间最多的改良式联招，基本没有按原来的计划实行。当时其他的入学途径的改革都不同程度地继承、延续了"大学多元入学方案"的精神和理念，有些部分地实施了"大学多元入学方案"提出的构想。笔者认为，1992 年的"大学多元入学方案"的内容丰富，观念新颖，论证充分，研究扎实，可操作性强，方法科学。当时的方案是理想的，在操作上有操之过急、考虑实际情况不周之嫌。其宝贵的经验，不仅对于研究和改革台湾地区大学入学考试制度具有参考价值，而且对大陆高考的进一步深化、改革，也具有借鉴的意义。

第三节　台湾地区大学多元入学方案的变革——2002 年大学多元入学新方案

1992 年提出的大学多元入学方案，在 1994 年率先推出推荐甄选入学途径后，又陆续推出"申请入学"、"大学先修"等入学途径。大学多元入学的理念深刻地影响着台湾地区大学入学考试制度的改革。

本节从 1999 年大学入学考试中心提出的"大学多元入学新方案"（以下

① 引自《大学多元入学方案》，台湾《教育资料文摘》1992 年 9 月号，总第 176 期，第 172 页。

② 参阅刘源俊：《台湾大学入学制度的改革》，厦门大学高等教育科学研究所编：《两岸大学教育学术研讨会论文集》，厦门大学出版社，1998 年，第 517～525 页。

简称“新方案”）的缘起、内容、主要架构，考试方式、内容、科目以及招生方式、招生机构等几个方面来深入分析“新方案”对台湾地区大学多元入学制度的变革，同时与“大学多元入学方案”（以下简称“原方案”）进行比较，通过比较，进一步了解“新方案”与“原方案”的不同之处。

一、大学多元入学新方案的缘起

自从1992年5月大学入学考试中心正式向台湾教育事务主管部门提出“大学多元入学方案”，建议改革大学联合招生制度，采取多元入学方式；“教改会”也呼吁采取“两阶段考试入学”。1997年“大学招生策进会”成立后，又积极讨论规划具体可行办法。如前所述的对改良式联招的讨论，大学校院否决了实施改良式联招。“招策会”委托大学入学考试中心邀请高中校长代表就改良式联招广泛提出意见作为修改参考，再组成“研讨考招分离具体方案小组”，本着“考招分离”精神规划新的入学方案，由“规划专案小组”负责提出具体方案，与各大学座谈取得共识，此即“大学多元入学新方案”。1999年6月21日“大学招生策进会”举行1998学年度临时全体会议，经与会专家、学者热烈讨论并修正部分文字后，正式表决通过“大学多元入学新方案”，并决定自2002学年度开始实施。“招策会”随即报教育事务主管部门并对外公布，教育事务主管部门函复原则同意。

此一方案的“新”字，应是对1992年大学入学考试中心提出的有关“大学入学制度改革建议书——大学多元入学方案”而言。这个“新方案”与大学入学考试中心的“原方案”有一些不同之处。“新方案”秉承“大学多元入学方案”中“多元入学”、“两阶段考试”、“考招分离”等理念，吸取了其中优秀的经实践检验可行的成分，提出不同以往的新理念。所以，称其为“大学多元入学新方案”。

二、大学多元入学新方案的目标与特色

“新方案”的目标在于“考招分离”、多元入学及招生自主。考试由大学入学考试中心及术科考试委员会专职机构办理。试题不仅具有评价功能，更兼顾高中教学。招生由各大学自主决定，单独招生或联合招生，各大学院系依据其特色确定招生入学条件，招收适合本校系特色与需要的学生。考生既可以通过申请入学，也可以通过推荐甄选入学，还可以通过“考试分发制”的“甲、乙、丙三案”等改良后的联考方式入学，增加了考生选择的机会。

“新方案”的特色有如下几点①：

1. 多元入学

过去的联考只有一元的入学途径，反映单一的价值观，现今的“新方案”注重多元入学，有两大类五项入学途径，考生可以衡量自己的能力和需求，自行选择入学途径，增加更多的入学选择机会。

2. 发展多元智慧（即智力）

大学联考只重智育，过分强调一元价值，而“新方案”借鉴“多元智力”的理念，希望由多元入学方案促使高中教学正常化，发展学生多元性向，强调的是多元选择，大学自行选择多元招生方式，高中学生主动选择入学方式，不仅能发展学生多元智力，而且能促使大学发展多元特色，符合多元社会的需求。

3. 打破明星校系迷思

迷思即 myth 的音译，“神话”的意思。联考时代考生选填志愿，常依据一般惯用的校系排行榜，学生往往忽略了个人的性向、兴趣，致使有些校系因招收不到适合的学生而影响系科的发展。“新方案”中有多元入学机会，甄选入学比例增加，打破了联考所形成的大学排行榜，使有特色的校系崭露头角。

4. 建立学校的特色

高中可以推荐优秀、有特长的学生通过考试进入大学；不分类组的考试，使高中教学走向正常化，发展高中教育特点。大学招生自主，自定招生条件，可招收到适合需要的学生进入大学就读，这将有助于学校发展各自的特色。

5. 培养全人教育

教育的目标应是培养专才与通才，人文与科技相互渗透，才能适应未来社会的变化。但是，联考的分类组考试，学生提早分流，“自然组”的学生不读历史、地理，“社会组”的学生不读理化。“新方案”中除“丙案”外，所有的考生都必须参加各科的基本学力测验，这样的举措有助于通识教育的发展，培养专才与通才。

三、大学多元入学新方案的内容架构

（一）主要内容

“新方案”将台湾 20 世纪 90 年代后期所实行的大学入学途径推荐甄选、

① 徐明珠：《站在大学入学考试变革的转折点上》，台湾《政策论坛》2001 年第 7 期，第 157 页。

申请入学以及大学联招概分为两大类。第一类为“考试分发入学制”，第二类为“甄选入学制”。“考试分发入学制”由校系自行选择统一考试形式的学科能力测验、指定科目考试及其成绩处理方式，并以联合分发的方式录取学生。在“考试分发入学制”中，大学院、系有“甲、乙、丙”三种使用考试成绩方式，但每一校系只能从中选择采用一种方案，“甲案”指校系若“采计”学科能力测验作为“校系检定”，指定考试科目可采 0 至 3 科。“乙案”指校系采用学科能力测验作为“一般检定”，指定考试科目一定要有 3 科。“丙案”指校系只采纳指定科目考试成绩，其考科数是 5 科或 6 科①。“甄选入学制”包括申请入学和推荐甄选两个入学途径，操作方式为考生先参加学科能力测验，再依规定由各校系甄审（即甄选考试）。根据大学入学考试中心的统计，2002 年大学、系科采行“甄选入学制”招生人数约占总招生人数的 25%，其中推荐甄选占 12%，申请入学占 13%；“考试分发入学制”招生人数占总招生人数的 75%。2002 学年大学采用“甲案”的校系占 20%，采用“乙案”的校系占 28%，采用“丙案”的校系占 52%②。以传统联考为主的考试分发入学制仍然占据主要地位。

（二）大学多元入学新方案架构（参见附录五图 1 的架构图）

“大学多元入学新方案”与台湾现行的大学入学途径比较。参见表 3-10。

表 3-10　大学多元入学新方案与现行的大学入学制度比较表

现行大学入学制度	新方案
资优生保送甄试：分为音乐、美术、舞蹈、戏剧、国文、英文、数学、自然、运动等项目及特殊教育类学生甄试，由教育事务主管部门中等教育司、高教司及特殊教育小组主管	“资优生保送甄试”；继续办理运动绩优甄审甄试；继续办理身心障碍生升大学甄试；继续办理高二学生提早升学鉴定考试；不再办理高中学科与“艺能”资赋优异保送甄试升学，名额纳入“新方案”各入学途径中。由教育事务主管部门体育司、中等教育司及特殊教育小组主管

① 摘自台湾大学入学考试中心：《你就是明日的大学之星——大学多元入学新方案（3 版）》，大学入学考试中心出版，2002 年 2 月。

② 摘自台湾大学入学考试中心：《你就是明日的大学之星——大学多元入学新方案问与答》，大学入学考试中心出版，2002 年 2 月。

续表

<table>
<tr><th>现行大学入学制度</th><th colspan="2">新方案</th></tr>
<tr><td>推荐甄选</td><td colspan="2" rowspan="2">“甄选入学制”：为推荐甄选与申请入学两者的合并，各校系若限制考生报考资格，就等于实施推荐甄选制，如未限制考生报考资格，则等于申请入学。“甄选”方式除了资格审查外，须先参加大学入学考试中心主办的学科能力测验，之后再参加各校系所办的甄选考试</td></tr>
<tr><td>申请入学</td></tr>
<tr><td rowspan="3">大学联合招生</td><td rowspan="3">考试分发入学制</td><td>“甲案”：第一阶段参加学科能力测验，且成绩做“参酌”用，即成绩高低，影响能否录取；第二阶段参加各大学院系从指定考试科目中择取的 0 至 3 科的考试</td></tr>
<tr><td>“乙案”：第一阶段参加学科能力测验，但成绩仅做“检定”用，即只要通过即可，成绩高低不影响能否录取；第二阶段与“甲案”相同，但须考 2～3 科</td></tr>
<tr><td>“丙案”：此案与现行大学联招相同，只参加指定科目考试，考试科目分为四类组</td></tr>
</table>

资料见大学入学考试中心：《行动世代年历手册》，台湾大学入学考试中心制作，2002 年，第 45 页；郑秋霞：《从教育改革谈台湾地区大学入学制度之变革（1994—迄今）》，台湾南华大学公共行政与政策研究所硕士学位论文，2002 年 1 月 3 日，第 133 页。

大学多元入学新方案与 1992 年提出的大学多元入学方案的比较，参见表 3-11。

从比较表中可知，除预修甄试没有完全在“新方案”中体现外，其他两个入学途径在“新方案”中都有体现，推荐甄选比过去更加完善，而改良式联招以“考试分发入学制”的“甲、乙案”形式重新出现。“新方案”继承了“原方案”的多元入学、“考招分离”、两阶段考试、重视大学招生考试自主权等精神，在“原方案”的基础上，经几年实践累积，重新整合、优化了“原方案”。尤其在考试科目的设计、成绩处理及采纳方式等方面，考虑了高中与大学的具体情况，坚持了“原方案”所倡导的渐进、包容、兼顾三原则，在“原方案”中没有明确的问题，如考试专职机构的设立、运作、招生的事宜，“考招”如何分开，在“新方案”中都有具体的规定和交代。

表 3-11　大学多元入学新方案与 1992 年的大学多元入学方案比较表

名称 项目	原方案			新方案				
招生途径	改良式联招	推荐甄选	预修甄试	甄选入学制		考试分发入学制		
				申请入学	推荐甄选	甲案	乙案	丙案
考试方式	统一考试、两阶段 ①基础科目考试 ②指定科目考试	两阶段 ①基础科目考试 ②各校自行办理甄选	统一考试、两阶段 ①基础科目考试 ②大学一年级修习的若干基本科目	两阶段 ①学科能力测验（统一考试） ②各校资料审查	两阶段 ①学科能力测验（统一考试） ②各校自办指定项目甄试	两阶段统一考试 ①学科能力测验 ②指定科目 0 至 3 科	两阶段统一考试 ①学科能力测验 ②指定科目 2 至 3 科	统一考试，分为四个类组，考试科目为 5～6 科
考试科目	基础科目包括国文、英文、数学、社会、自然指定科目各院系自定 1 至 2 科	校系自办甄试	社会科学类组考科包括心理学、经济学、社会学、法学绪论等大一基本科目	学科能力测验科目包括国文、英文、数学、社会、自然、各校自定的审查项目	学科能力测验同左。甄试项目包括面试、口试、学科笔试、小论文、术科笔试、心理测验、英语听力测验等	学科能力测验同左。指定科目包括国文、英文、数学、历史、地理、物理、化学、生物、三民主义、术科等	学科能力测验同左。指定科目同左	指定科目包括国文、英文、数学、历史、地理、物理、化学、生物、三民主义、术科等
成绩处理	采计、检定、参酌；采纳高中成绩	同左	检定基础科目成绩	采计 检定 参酌	倍率筛选； 采计 检定 参酌	学科能力测验检定，同分参酌；指定科目考试加重计分	学科能力测验作为检定的依据；指定科目考试加重计分	加重计分

续表

<table>
<tr><td rowspan="3">名称
项目</td><td colspan="3" rowspan="1">原方案</td><td colspan="5">新方案</td></tr>
<tr><td rowspan="2">改良式联招</td><td rowspan="2">推荐甄选</td><td rowspan="2">预修甄试</td><td colspan="2">甄选入学制</td><td colspan="3">考试分发入学制</td></tr>
<tr><td>申请入学</td><td>推荐甄选</td><td>甲案</td><td>乙案</td><td>丙案</td></tr>
<tr><td rowspan="2">招生分发</td><td rowspan="2">两梯次分发
①第一志愿分发
②统一分发</td><td rowspan="2">校系自行办理</td><td rowspan="2">大学自行决定招生</td><td rowspan="2">各大学、学系自办</td><td rowspan="2">各大学、学系自办</td><td colspan="3">统一分发</td></tr>
<tr><td colspan="2">依志愿序，从高到低录取，同分参酌学科能力测验及志愿序</td><td>依志愿序，从高到低录取，同分参酌指定考试科目成绩</td></tr>
<tr><td>大学招生对象</td><td>一般高级中等学校毕业生</td><td>具有特殊才能与性向的学生；学科成绩特优的学生；大学学院或学系根据其特色所需要选取的学生</td><td>非应届高级中等学校毕业生</td><td>不限应届高中（职）毕业生或同等学力者</td><td>同“原方案”</td><td colspan="3">高中（职）毕业生、同等学力、自学进修“学力鉴定考试”及格者</td></tr>
</table>

资料来源：①台湾大学入学考试中心网站：www.ceec.edu.tw。②大学入学考试中心：《行动世代年历手册》，台湾大学入学考试中心制作，2002 年，第 45～72 页。③大学入学考试中心：《你就是明日的大学之星——大学多元入学新方案(3 版)》，大学入学考试中心出版，2002 年 2 月。笔者根据以上资料重新整理统计而得。

（三）“考试分发入学制”的特点

“考试分发入学制”采用统一考试，考生要参加学科能力测验及指定科目考试，并以联合分发的方式录取学生。它是凭借考试筛选学生，并依据考试阶段、考试科目、成绩采计及分发方式的不同，区分为“甲、乙、丙三案”，由各大学校系选择一种施行。“甲、乙两案”是两阶段考试方式，考生需分别报考学科能力测验与指定科目考试，“丙案”与现行联招类似，考生无须参加学科能力测验，直接报考指定科目考试。三案均以指定科目考试成绩作为分发依据。三案举行同时的统一考试，统一分发。各大学的自主权是选考试科目，高中学生的自主权是选科目考试。与联招的“套餐式”（即规定四个类组，不同的考试科目）点选不同，“新方案”的指定科目考试是“自助餐式”的单点，喜欢什么科目，优势科目在哪里，就选择什么科目，学生和大学可自由、自主地选择，强调大学与考生之间的双向互动。

（四）“甄选入学制”说明

“新方案”的第二类为“甄选入学制”，又分为推荐甄选与申请入学，这两个入学途径的操作方式与内容和 1994 年推出的推荐甄选与 1998 年推出的申请入学大致相同，都是采取两阶段考试办法。有些校系从推荐甄选或申请入学中选择一种途径招生，有些校系两种方式都选。

2002 学年度的推荐甄选或申请入学，在第一阶段都采用学科能力测验；第二阶段由各校系办理甄试或审查作业，甄审包括指定项目甄试、甄选、审查、口试与笔试等。下面分别说明：

1. 申请入学

申请入学是考生依据大学各校系所定的条件，自行向各大学提出申请，在通过第一阶段学科能力测验和第二阶段大学自办的甄审后，进入大学。申请对象不限应届高中（职）毕业生或同等学力者，申请人数不限，且考生可同时申请多所校系。招生名额由各校系自主决定。甄选方式由各大学院系自主决定。“初选”为基本资料审查，包括学科成绩（高一、高二）、社团参与、竞赛成果、学生干部、特殊才艺表现、“德、群、体”三育成绩。其他“资料审查”包括自传、推荐函、读书计划、作品、学科能力测验成绩等。“复选”有以下几项：①所有校系皆有面试项目。②笔试：部分校系实施，包含小论文、学科测验或其他能力测验。③加考术科：部分校系实施，如素描、自由创作。④性向测验：部分校系实施。最后校系依据其所定加权计分方式，计算总成绩，再依招生名额择优录取。录取者（除非书面声明放弃）不得再参加“考试分发入学”。

2. 推荐甄选

由大学院系自定推荐条件与甄选办法，高中推荐应届毕业生参加学科能力测验，通过筛选后再参加第二阶段各大学院系指定项目甄试，通过录取后即取得入学资格。

甄选对象是招收对校系具有明显兴趣、能力或符合校系需要的高中应届毕业生，名额由校系自定，考生只能选择一个校系参加。规定高中对每一校系推荐合格学生 2 名（毕业班每校 15 班以上可推荐 3 名）。被推荐的学生参加学科能力测验后，大学入学考试中心依据考生测验所得原级分进行筛选，通过筛选考生即取得第二阶段甄试资格（有一科以上得 0 级分者不得参加筛选）。

推荐甄选入学途径中的“指定项目甄试”主要是评价校系所要求的性向或能力，考试项目由校系自定，约 0 至 4 项。甄试项目有：面试、小论文、学科笔试、资料审查、术科测验、英文听力测验、即席演讲、心理测验、实验等。最后各校系依自定的学科能力测验和各指定项目甄试成绩的占分比例计算总成绩，再依据招生名额择优录取。录取者（除非书面声明放弃）不得再参加“考试分发入学”。表 3-12 是推荐甄选与申请入学的比较。

表 3-12　推荐甄选与申请入学比较表

项　目	推荐甄选	申请入学
决策单位	由“招策会”制定共同招生办法	各大学依“大学办理申请入学审核作业要点”办理
对象	高中及职校普通科、综合高中、高中进修学校普通科、高职艺术类科应届毕业生	一般大学入学资格
推荐或申请	高中推荐	考生自行申请
报名校系数	每位高中生仅能报考一所校系，一所高中对一所校系推荐 2 至 3 人	各大学自定
简章	“招策会”委托大学入学考试中心统一汇编	各大学自行编制
报名	“招策会”委托大学入学考试中心接受中学集体报名	学生个别向大学报名
学科能力测验使用	倍率筛选、检定、采计或参酌	检定、采计、参酌
第二阶段	各校系自办指定项目甄试	各校系自办甄审
放榜	各校放榜	各校放榜
放弃录取资格	未放弃录取资格者，不得报名当年度大学“考试分发入学”招生及四技二专联招	未放弃录取资格者，不得报名当年度大学“考试分发入学”招生
名额留用	未足额录取的名额可纳入当年度大学“考试分发入学”	未足额录取的名额可纳入当年度大学“考试分发入学”
转系	非经大学教务会议同意，否则不得转系	依各大学规定

资料来源：大学入学考试中心：《你就是明日的大学之星——大学多元入学新方案（3 版）》，大学入学考试中心出版，2002 年 2 月，第 2 页。

其相同之处表现在：采用学生高中在校多元资料；采取两阶段考试评价；大学自主决定考试成绩的使用及甄试办法。

(五)“甄选入学制”与“考试分发入学制”比较

从以上的介绍和分析中可以看出，“甄选入学制”与“考试分发入学制”有所不同。“甄选入学制”对于大学而言，各校系有较大的自主权，选择学生的弹性较大，通过面试，便于了解考生各方面如才艺、谈吐、举止、仪态、临场反应等表现，大学校系可以选择希望招收的学生。这种入学途径适合特殊学系选择学生，也适合某些学系选择通才学生。对于高中而言，学生录取后有较长时间进行大学生涯规划，同时有利于平衡城乡高中之间的差距，有些一般的高中经推荐特殊才能的学生，也有上大学的比率，改变了过去考大学的几率集中在“明星高中”的局面。“考试分发入学制”适合大学校系选择基础学科较优的学生，以备进入大学研究高深学术。各校系自行决定考试科目，有利于拔擢专门人才。“考试分发入学制”最大的好处在于以考试的客观公平，排除各种人为因素造成的主观与不公平。

两种入学途径的共同点在于：尊重大学招生自主权；有助于达成五育均衡发展。评价考查学生不同的能力，考虑学生的不同性向，激励学生的向学动机，舒缓过度的升学竞争压力。这两种入学途径也符合公平、公开的考试原则。

四、大学多元入学新方案的考试方式、考试科目与内容

延续“原方案”的多元入学精神，“新方案”采取“两阶段考试”，考试形式为统一考试，统一命题。考试方式有学科能力测验与指定科目考试。

(一) 学科能力测验[①]

1. 学科能力测验的内容

(1) 学科能力测验的目的[②]。测验高中学生应具备的基本学科能力：考

---

① 参阅杨李娜：《台湾的大学入学考试中学科能力测验述评》，《理工高教研究》2003年第2期。

② 大学入学考试中心：《学科能力测验内容简介》，台湾《选才》（大学入学考试中心通讯）总第49期。

查学生是否具有接受大学教育所应具备的基本知识和能力，可以用来初步筛选考生。对考生能力的要求是，考评考生记忆、理解、分析、综合、观察、推理、阅读、文字表达、资料判读以及解决问题等能力。

（2）学科能力测验的考试方式。采取统一考试，以显现考试公开、公正、公平的原则。考生以笔试作答，由大学入学考试中心统一命题。

（3）学科能力测验的考试科目与内容。考试科目有国文、英文、数学、社会（包括历史、地理、三民主义、世界文化、现代社会）、自然（包括基础物理、基础化学、基础生物、基础地球科学、物质科学、生命科学）五科。各科考试以台湾现行高中课程标准中高一、高二的必修部分为主要内容。1994 年至 2001 年的考试范围，以台湾教育事务主管部门 1983 年公布的课程标准为主要参考依据。2002 年开始以台湾教育事务主管部门 1995 年公布的课程标准为主要依据。学科能力测验包括了高中所学的主要课程，可以较为全面地考查学生掌握基础知识的状况和基本的学习能力。除此之外，使学生不偏废文科或理科的课程，促进高中教学正常化。

（4）试题类型。学科能力测验的试题类型以可以电脑阅卷的选择题（包括单选、多选）为主，只有国文科和英文科有部分非选择题，需要人工阅卷。成绩以 15 级分计算。

（5）考试时间。在实行初期，每科考试时间为 100 分钟，五科考试共需一天半。2002 年除国文科为 120 分钟外，其余四科均为 100 分钟，五科考试需两天。1994 年至 2001 年均为每年考试一次，时间在寒假，大约一月底或者二月初。2002 年至 2003 年一年考两次，第一次同前，第二次在四月份为补考。学科能力测验的补考只限于已报考当年学科能力测验，而成绩未达“考试分发入学”招生“一般检定”标准的考生参加。

2. 学科能力测验的命题方向

（1）学科能力测验的命题人员。大学入学考试中心委请学科专家和测验专家（包括高中教师）长期进行试题的研究与开发，研究各考试科目的测验目标、命题原则、命题参考手册以及新题型等内容，期望改进命题技术及建立命题理论。在研究过程中，通过预试、深度访谈、问卷调查、座谈会及研讨会等方式，广泛采纳各方意见，以收集思广益之效。在实际考试命题时，先由命题顾问组和命题专家，依据各科在研究期间所拟定的命题、组卷等相关原则，让预试考生回答试卷，再汇集顾问组和预试考生的意见，加以汇整、修订，完成正式的试卷。

（2）明确的命题范围。2002 年各科测验的课程范围如表 3-13。

表 3-13　学科能力测验各考试科目测验的课程范围

考试科目	课　程
国文	高一国文、高二国文
英文	高一英文、高二英文
数学	高一数学、高二数学
社会	高一历史、地理、三民主义 高二世界文化（历史篇）、世界文化（地理篇）、现代社会
自然	高一基础物理、基础化学、基础生物、基础地球科学 高二物质科学（物理篇）、物质科学（化学篇）、物质科学（地球科学篇）、生命科学

资料来源：吴国良：《2002 学年度学科能力测验》，台湾《选才》（大学入学考试中心通讯）总第 80 期，第 6 页。

（3）命题特色。经过命题研究和命题经验的累积，学科能力测验的命题具有以下特色：①学习结合生活的设计①。学科能力测验的命题是以考生为主体而设计的，命题内容与生活应用结合；重视呈现考生的生活经验以及舒缓应考情绪，在题干设计上融入实际生活情境与生活语汇，以考查考生将所学知识转化应用的能力，重视考生的感受。②重视知识的贯通。为避免考生死记片段琐细的知识，学科能力测验注重考查考生对重要概念与基本知识的融会贯通，在命题设计上尝试采用“题组”的方式来评价由点而面的知识内涵。③提供充分的作答信息。当今正处于信息时代，学科能力测验重视考生判读资料的能力，尽量提供充分的作答信息，以评价考生理解、分析资料的能力。④试题内容跨学科。学科能力测验重视学科知识内涵的整合，命题内容结合两学科以上的知识，以考查考生解答综合问题的能力。⑤试题本身富有教育性。学科能力测验的设计理念是初步筛选，重视考生的学习经验，命题设计采取引导说明，或归纳整理平时所学概念等方式，以鼓励考生从不同的角度思考问题。

在 2002 年，由于采用“高级中学新课程标准”，台湾教育事务主管部门又放开了教科书的出版，高中课本有多种版本。在此情况下，实行“一纲多

① 吴国良：《2002 学年度学科能力测验》，台湾《选才》（大学入学考试中心通讯）总第 80 期。

本”的命题理念，原则上以课程标准所列的主要概念为准，依据各考试科目的测验目标设计试题。同时，提供充分的试题咨询信息，作为考生作答的依据。考生只要读懂一种版本的教材就可以应考，减少考试焦虑。

另外，为了符合高中课程标准，学科能力测验自然考科与社会考科两科试题均分为两部分。第一部分试题以高一必修课程为重要范围，考生须全部作答，第二部分试题偏重高二课程，考生可以全答，但只要答对一定的题数，该部分即为满分。两部分的占分比例，大约参考课程标准的节数比而定。具体如下：

社会科为适应高二课程“3 选 2”的规定，设计第二部分试题，计分设计原则为：考生答对题数达一定比例，该部分就为满分。该比例以 2/3 为参考基准。自然科为适应高二课程“4 选 1”的规定，设计第二部分试题，计分设计原则为：考生答对题数达一定比例，该部分就为满分。但该比例不能为 1/4，应为 1/2 以上，其理由如下：考题全为选择题，光猜答就能答对 1/4题数。命题原则以各科都能培养的科学方法（如图表解读、因果推理等，与各科具体内容相关性极低）为主体。经测试，所谓“社会组”的考生平均可答对五成以上，“自然组”略高，远比分科选考要好。综合“课程 4 选 1”、“猜答 1/4”、“命题以科学方法为主”这三个因素，答对题数应远超过 1/2，该部分方为满分才合理①。

（二）指定科目考试

指定科目考试实施初期与现行联招考试科目相同，但内容与命题因实施新课程标准而有所调整。考试科目有国文、英文、数学甲、数学乙、历史、地理、物理、化学、生物 9 门，各科考试时间均为 80 分钟。成绩采用百分制。考试时间在每年 7 月份，高三下学期结束后。各科考试均采取统一考试，由大学入学考试中心统一命题并办理考务。

指定科目考试的“术科部分”包括“音乐、国乐、体育、舞蹈、美术、国剧、戏剧”7 组，考试方式和分数计算与过去的大学联招相似。

指定科目考试用来检测考生是否具备校系要求的能力，各校可依其特色及需要，从上述考试科目中指定某些考试科目，以学生成绩选才；考生以个

① 参见大学入学考试中心：《2002 学年大学多元入学方案——种子教师手册》（再版），台湾哈学网——多元入学保固站，网址：http://www.mingdao.edu.tw/ceec/index.html。

人兴趣及能力，就其志愿校系所指定的考试科目选择应考，也就是“校系指定，考生选考”的双向选择。

1. 测验目标

指定科目考试是为大学选才的需要而设计的。根据1995年公布的“高级中学课程标准总纲”，为了达到大学选才的命题需要并兼顾高中教学，指定科目考试的测验目标可归纳为下列四项：①测验考生对重要学科知识的了解。②测验考生资料阅读、资料判断、推理、分析等能力。③测验考生的表达能力。④测验考生应用学科知识的能力。

2. 考试科目测验范围

指定科目考试以台湾教育事务主管部门于1995年10月颁布的《高级中学课程标准》为依据，各科测验范围包括必修与选修课程。2002年指定科目考试各科测验范围如表3-14。

表3-14　指定科目考试各科测验范围

考试科目	课　程
国文	高一国文、高二国文、高三国文
英文	高一英文、高二英文、高三英文
数学甲	高一数学、高二数学、高三数学（甲）
数学乙	高一数学、高二数学、高三数学（乙）
历史	高一历史、高二世界文化（历史篇）、高三选修科目历史
地理	高一地理、高二世界文化（地理篇）、高三选修科目地理
物理	高一基础物理、高二物质科学（物理篇）、高三选修科目物理
化学	高一基础化学、高二物质科学（化学篇）、高三选修科目化学
生物	高一基础生物、高二生命科学、高三选修科目生物

注：数学甲与数学乙是考科的名称，而数学（甲）与数学（乙）是课程的名称。由于学生在数学（甲）、数学（乙）中必须择一选修，所以指定科目考试数学考科分设数学甲、数学乙两科。

资料来源：大学入学考试中心：《认识学科能力测验——前言》，台湾哈学网——多元入学保固站，网址：http://www.mingdao.edu.tw/ceec/index.html。

3. 题型

指定科目考试的题型包括选择题与非选择题，两者的比重，将依各科需要组卷。其中设计资料性、整合性的试题，或采改错、论述、计算、作图等不同的作答方式。各科成绩满分均为100分。非选择题无倒扣分，选择题各题未作答者不倒扣，答错者倒扣。

4. “一纲多本”的命题方式

台湾的高中教材开放编辑，各科有多个版本，因此采取“一纲多本”的命题方式。在此情况下，以往的“一纲一本”的命题方式有所调整。各考科的命题，以“课程标准”所列的主要概念为原则，并依据各考科的测验目标设计试题。

为配合学校的教学，在命题的设计上，各门试题将提供充分的信息，作为考生答题的依据。考生需具备该科基本的知识与能力，才能了解所提供的信息。为避免因用词或使用的符号不同而造成争议，试题中所用到的资料，若非通用的专有名词，将在试卷中加以适当的说明或注解。

(三) 成绩处理

无论是学科能力测验还是指定科目考试，校系依招生需求定出成绩处理方式。一般的成绩采纳方式主要有“采计、检定、参酌”。“采计”与过去联招的加权计分类似，在此不再赘述。主要介绍“检定”和“参酌”两种方式。具体内容参考附录五图 2。

1. 检定

它是设定的考试科目的及格标准，达到一定及格标准者才取得进一步应考或分发的资格。分为“一般检定”和“校系检定”。

(1) 一般检定：它是由“招策会”对全体考生规定的最低的统一“门槛”，为全体一致的标准，适用于每一位考生，目的在考查学生是否具有进入大学学习所需的基本学科能力。

学科能力测验的“一般检定”标准是指考生成绩达到各科的某个级分标准或总成绩达到某个总级分标准，考生的成绩只要符合任何一种就通过“一般检定”。在“考试分发入学”招生途径中适用于“甲、乙两案”，例如有一年可能是总级分 12 级分或各科 3 级分，只要其中一种达到标准就算通过当年“一般检定”。指定科目考试的“一般检定”，则相当于过去联招最低缴卡（志愿卡）标准，适用于“丙案”。术科各组在分发时，设有术科“一般检定”（与过去联招相似），“甲、乙、丙案”均设术科“一般检定”。

所有“一般检定”标准每年由“大学联合分发委员会”确定并公布。2002 学年度“联合分发委员会”公布学科能力测验的“一般检定标准”，考生达到总级分 35 级分或国文 7 级分、英文 4 级分、数学 2 级分、社会 8 级分、自然6级分者，通过“一般检定标准”①。

(2) 校系检定：检定标准由校系自行规定而得名。目的在考查学生是否具有进入某校系学习所需的基本学科能力。

学科能力测验的“校系检定”是选择“甲案”的各校系自定的测定考试科目与标准，科目数不限，但与指定考科数之和不少于3。检定标准共有顶标（该科成绩在全体考生成绩中排名前25%的总平均）、前标（该科成绩在全体考生成绩中排名前50%的总平均）、均标（该科全体考生成绩的总平均）、后标（该科成绩在全体考生成绩中排名后50%的总平均）及底标（该科成绩在全体考生成绩中排名后25%的总平均）五种，供校系采用。表3-15是2002学年度学科能力测验成绩“校系检定”的标准。

表3-15 2002学年度学科能力测验成绩“校系检定”标准

标准 考科	顶标	前标	均标	后标	底标
国文	13	12	10	8	7
英文	13	11	8	6	4
数学	11	9	7	4	2
社会	14	13	12	10	8
自然	12	11	9	7	6

资料来源：大学入学考试中心：《2002学年大学多元入学方案——种子教师手册》(再版)，载台湾哈学网——多元入学保固站，网址：http://www.mingdao.edu.tw/ceec/index.html。

至于“丙案”则用指定科目考试成绩筛选学生。指定科目考试各科标准计算方式如下：高标为该科前50%考生成绩的平均，均标为该科全体考生成绩的平均，低标为该科后50%考生成绩的平均。以上三项标准依据各科全体到考考生成绩计算，且均取整数（小数只舍不入）。表3-16是2002学年度指定科目考试的学科成绩标准。

① 参见大学入学考试中心：《2002学年大学多元入学方案——种子教师手册》(再版)，台湾哈学网——多元入学保固站，网址：http://www.mingdao.edu.tw/ceec/index.html。

表 3-16　2002 学年度指定科目考试学科成绩标准一览表

科目	高标	均标	低标
国文	52	43	33
英文	55	36	18
数学甲	62	45	27
数学乙	65	46	26
化学	55	35	16
物理	30	17	5
生物	58	42	26
历史	61	47	33
地理	66	53	40

资料来源：http://www.ceec.edu.tw/AppointExam/AppointExamStat/91ApExamStat/5.htm（台湾财团法人大学入学考试中心网站）。

2. 参酌

“参酌”是指成绩相同而录取学生人数超额时，根据某项资料的评比，以决定录取与否。分为“同分参酌”与“分发参酌”。同分参酌是指定科目考试成绩加权总分后同分，而且超过该系科招生名额时，“甲案”依据各校系就学科能力测验各单科成绩、总级分、志愿顺序等项目所定的参酌顺序，择优分发至额满为止。“乙、丙案”由各校系在指定科目考试中确定“参酌”顺序。分发参酌是“甲案”中未设指定科目（0 考科）的校系，如果通过“校系检定”的学生人数超过该校系招生名额时，直接依同分参酌方式进入参酌程序①（另参见附录五图 2）。如“甲案”中的“参酌”是在指定科目考试加权总分同分超额时，才根据考生的学科能力测验考试科目或志愿顺序来评比，但这样的机会并不多，考生没有必要为此分分计较而拚命求取高分。“丙案”的“参酌”项目，限由校系的指定考试科目中决定“参酌”的 3 科及其“参酌”先后顺序。

（四）学科能力测验与指定科目考试比较

就内容而言，学科能力测验在于测验考生的基本知识；指定科目考试则是测验学生掌握学科较高一级的知识。就测验的形式而言，学科能力测验除

① 摘自大学入学考试中心：《你就是明日的大学之星——大学多元入学新方案（3 版）》，大学入学考试中心出版，2002 年 2 月，第 7～8 页。

国文与英文考科有非选择题外，其他考科均为电脑可读的客观题型，而指定科目考试则各科均包含选择题与非选择题。就考试科目而言，学科能力测验是评价考生的基本学科能力，参加测验的考生必须各科都考；指定科目考试是用来检测考生是否具备校系所要求的专精能力，考生要在10科（含术科）中选考。若以难易程度来区分，指定科目考试试题难度较高，而学科能力测验试题则较容易。

表 3-17　学科能力测验与指定科目考试比较表

	学科能力测验	指定科目考试
考试目的	1. 评价考生是否具有读大学一般所应具备的学科基本能力 2. 初步筛选考生	1. 评价考生是否具备校系所要求的专业学科或术科知识与能力 2. 作为各系科选取学生的依据
考试单位	大学入学考试中心	1. 学科：大学入学考试中心 2. 术科：术科考试委员会
考试科目	国文、英文、数学、自然、社会五科	1. 承继现行联考设立考试科目：国文、英文、数学甲、数学乙、历史、地理、物理、化学、生物九学科及术科 2. 考生依志愿报考的校系选择考科
命题与计分	命题原则为“一纲多本”，依据高中课程标准 1. 命题较简单，主要考记忆、理解、分析、综合、观察、推理、阅读、文字表达、资料判读以及解决问题等能力 2. 每科考100分钟 3. 各科成绩采用15级分制	命题原则为“一纲多本”，依据高中课程标准 1. 命题较难，主要考查学生资料整理、判断、推理、分析、表达、创造等能力，以及比学科能力测验更高层次的思考能力 2. 各科成绩采用百分制
考试时间	1. 每年举办两次考试：于2月和4月举行 2. 4月属补考性质，规定2月份没有通过的人报考	每年7月
考试方式	统一考试，以笔试为主	统一考试，以笔试为主

资料来源：参阅大学入学考试中心：《你就是明日的大学之星——大学多元入学新方案（3版）》，大学入学考试中心出版，2002年2月；郑秋霞：《从教育改革谈台湾地区大学入学制度之变革（1994—迄今）》，台湾南华大学公共行政与政策研究所硕士学位论文，2002年1月3日，第145页。

两者都采用统一考试、统一命题，由专职考试机构大学入学考试中心统一办理考试事务。在多元入学途径中是紧密联系的两种考试形式，大学院系依据其特色采用两者或两者必居其一，用于选拔人才。

(五)“甲、乙、丙三案”与考试的关系

在分析了学科能力测验和指定科目考试之后，“考试分发入学制”中的“甲、乙、丙三案”与考试的关系如表 3-18 所示。各大学采用的考试分发入学方案不同，因此所选择的考试科目也不一样，每种方案的成绩处理方式也不同，可参见附录五图 2。

表 3-18 “考试分发入学制”中的“甲、乙、丙三案”比较表

方案	甲案	乙案	丙案
考试次数	二阶段考试	二阶段考试	一阶段考试
学科能力测验	1. 考试科目：国文、英文、数学、社会、自然 5 科，每科必考 2. 学科能力测验成绩：可以作“一般检定”标准，相当于大学联考的最低缴卡分数；可以作“校系检定”标准，考生须通过“一般检定”标准及“校系检定”标准后，才可进入第二阶段的指定科目考试；可以作为“同分参酌”依据	1. 考试科目：国文、英文、数学、社会、自然 5 科，每科必考 2. 学科能力测验成绩：仅作为“一般检定”标准，相当于大学联考的最低缴卡分数	类似目前的大学联考，不需参加学科能力测验
指定科目考试	1. 考试科目：国文、英文、数学甲、数学乙、历史、地理、物理、化学、生物 2. 由上列 9 科中任选 0～3 科作为指定考试科目 3. 考试科目须加重计分：25%、50%、75%及 100% 4. 设定“校系检定”标准	1. 考试科目：国文、英文、数学甲、数学乙、历史、地理、物理、化学、生物 2. 由上列 9 科中任选 2～3 科作为指定考试科目 3. 考试科目须加重计分：25%、50%、75%及 100% 4. 设定“校系检定”标准	考试科目比照现行大学联考 1. 分四个类组 2. 考试科目（3 科要加重计分） 3. 考试科目须选 3 科为主科“检定”标准

续表

方案	甲案	乙案	丙案
考试次数	二阶段考试	二阶段考试	一阶段考试
特色	1. 有学科能力测验作“校系检定”要求，使学业要求维持校系一定水准 2. 考生可以针对部分专业科目准备，减轻负担 3. 选拔具有相当通识能力，具备校系要求特定的专业学科知识与能力的学生	1. 以学科能力测验淘汰最不适当的学生 2. 强调不同学科的专门表现，重视学术潜力 3. 可选到较偏于某些学术潜力的学生，且有最起码的通识能力	1. 各校系以指定科目考试维持一定的水准 2. 可选到同时对较多学科具备较多专业知识与能力的学生
备注	加重计分：属于较温和做法，让某一学科较强的学生，即使其他学科成绩较差，也有可能进入其较强学科的学系就读		

资料来源：参阅台湾教育事务主管部门网站，网址：www.edu.tw；大学入学考试中心网站，网址：www.ceec.edu.tw有关内容；郑秋霞：《从教育改革谈台湾地区大学入学制度之变革（1994—迄今）》，台湾南华大学公共行政与政策研究所硕士学位论文，2002年1月3日，第149页。

（六）考试机构

“新方案”中明确规定了考试与招生权责的分立，考试由大学入学考试中心专门机构办理，包括学科能力测验、指定科目考试、术科考试等。学科能力测验简章、指定科目考试简章、推荐甄选招生简章由大学入学考试中心发售，受“大学招生策进会”的委托代为办理推荐甄选招生简章。“考试分发入学”招生简章由大学联合分发委员会发售，申请入学招生简章因各校情况不同，由各大学自行发售。

2002年，大学入学考试中心依然成为专门的考试机构，全面负责学科能力测验、指定科目考试的考试报名、命题研究、试题分析等工作。在2003年术科考试专门委员会对2003年的术科考试采取统一办理，进一步彰显大学入学考试中心的职能。

到目前为止，大考中心完成的重要工作有：提出“大学入学制度改革建议书”；办理大学推荐甄选入学方案；开办学科能力测验和指定科目考试；承办大学联合招生委员会“试务总会”业务；研发“语文表达能力测验”和“英文写作能力测验”；改革试务作业；协助高中学生发展生涯规划与选择大学校系；出版考试相关书籍；交流入学制度与试务经验①。

五、“新方案”的志愿选填与招生、分发方式

（一）学生志愿选填

由于推荐甄选是由高中推荐、大学甄选，学生只能选择最适合个人兴趣的校系参加推荐甄选。申请入学学生只要符合大学所规定的申请条件，可申请多所学校。

考生志愿选填主要是在“考试分发入学制”中，其方式与过去联招大致相同，学生可选填志愿总计为 80 个，三个方案是统一分发，各校系志愿各自独立，填写志愿顺序不必分“甲、乙、丙案”，也不必分四类组，将所有志愿顺序填在同一张志愿卡上即可，采取“甲、乙、丙案”的校系以指定科目考试成绩进行分发。由于“考招分离”，2002 年考试与分发的报名和办理单位是不同的。“考试分发入学招生联合分发委员会”由“中央大学”负责。学生于 2002 年 5 月 15 日至 7 月 29 日向“联合分发委员会”购买登记表和志愿卡，7 月 26 日至 7 月 29 日在各考区的大学办理登记考试入学招生，同时缴志愿卡。

（二）招生、分发方式

1. “甄选入学制”的招生

“甄选入学制”的招生由“大学招生策进会”制定共同招生办法，依此规定，各大学自行招生、分发。推荐甄选由“大学招生策进会”委托大学入学考试中心接受中学集体报名。推荐甄选招生中规定的高中在校成绩在 2002 年修改为：“在校成绩系指学生高一、高二各学期成绩的平均。”“学业成绩采学生位于推荐时所属班级分数排名之前百分比或全校分数排名之前百

① 参见大学入学考试中心网站：http://www.ceec.edu.tw/CeecIntro/CeecProfile.html。

分比，由各推荐学校择一方式全校统一办理。”① 申请入学是学生个别向大学报名，招生简章由各大学自行编制。另外，过去的学科与“艺能资优保送甄试”升学途径，不再继续办理，其名额纳入“新方案”的各入学途径中。教育事务主管部门继续办理运动成绩优异甄审途径、“身心障碍生升大学甄试”、“高二学生提早升学鉴定考试”。

“大学招生策进会”规定各入学途径之间不得重复录取。经推荐甄选、保送甄试入学录取者而未申请放弃录取资格者，均不得报名“考试分发入学”招生。凡经发现重复录取者，一律取消录取资格。同时，在报名推荐时规定，各高中对同一学生仅能就推荐甄选、运动绩优甄审、技专校院（即技术学院、专科学校）推荐甄选、高职保送甄试等方案中选择一项参加甄试；凡重复参加甄试者，一经发现取消推荐甄选录取资格。

2. “考试分发入学制”的招生、分发方式

2002 年“考试分发入学”报名的条件与资格：采取“考招分离”方式办理招生，凡公私立高级中等学校毕业生或具同等学力者，以考生参加大学入学考试中心 2002 学年度学科能力测验、大学入学考试中心 2002 学年度指定科目考试、术科考试委员会举办的术科考试的成绩，依据招生简章的规定，经报名登记、选填志愿的程序，并由 2002 年度“联合分发委员会”统一办理分发录取，进入大学就读②。

“考试分发入学”的分发是由“联合分发委员会”负责，统一分发。分发时不分“甲、乙、丙案”，也不分类组，依学生的志愿顺序和考试成绩，以“检定、采计、参酌”的顺序进行分发，与过去联招跨组学生的统一分发相似。具体依照下列方式进行联合分发③：①设有指定科目的校系，按所定指定科目成绩“采计”方式、考生加权总分的高低依顺序择优分发。②“甲案”定有未设指定考试科目及以指定考试科目考试成绩分发同分时，“参酌”学科能力测验成绩的规定，分为同分参酌和分发参酌。③“乙案”指定科目成绩分发同分时，如何决定录取优先顺序，由各校系指定科目各科成绩决定

① 参阅大学入学考试中心：《你就是明日的大学之星——大学多元入学新方案问与答》，大学入学考试中心出版，2002 年 2 月，第 2 页。

② 参见大学入学考试中心网站，网址：http://www.ceec.edu.tw。

③ 引自《大学多元入学新方案》，台湾《选才》（大学入学考试中心通讯）1999 年 8 月号总第 60 期。

“参酌”的方式（参见附录五图2）。若同一所大学的某些学系，其所定考试科目及成绩的“检定、采计、参酌”等标准均相同时，可视为同一类组，作为分发单位。“丙案”因只有指定科目考试，各校合组联合分发时，根据自主特色与需要决定组别归属，在各科目的权重规定方面更具弹性，落实“考招分离”的理想。

各大学所选择的招生途径是不同的，2002学年度选择“丙案”的大学校系有681个，选择“乙案”的有364个，选择“甲案”的有259个，52%以上的校系选择“丙案”。学生选择志愿和选择考试科目的内容与数目都不一样，有多种选择方式。

表3-19及表3-20所列的是2002学年“考试分发入学”招生采用“校系检定”标准校系数及检定科目统计，从中可以看出，采用学科能力测验作为“检定”标准的校系数和科目数是不同的，各大学校系选择学科能力测验的均标和后标的占大多数；选择检定学科能力测验五科的居多（56），其次是选择国文、英文、数学三科（43），还有选择国文、英文（31），英文、数学、自然（31），国文、英文、社会（26）。这对于考生选填志愿，选择考试科目很有帮助。

表3-19　2002学年“考试分发入学”招生采用学科能力测验作为“校系检定”的校系统计表

校、系数 / 标准	国文	英文	数学	社会	自然
顶标	5	7	1	1	2
前标	22	28	18	9	11
均标	90	112	80	37	46
后标	51	66	61	33	50
底标	10	13	13	10	8
检定总数	178	226	173	90	117

资料来源：大学入学考试中心：《2002学年大学多元入学方案——种子教师手册》（再版），台湾哈学网——多元入学保固站，网址：http://www.mingdao.edu.tw/ceec/index.html。

表 3-20　2002 学年"考试分发入学"招生选择学科能力测验"校系检定"科目数及学系数一览表

检定科目	系数	检定科目	系数
零	5	国文、自然	1
国文	4	国文、社会	1
数学	7	国文、数学、自然	3
英文	8	国文、英文	31
社会	1	国文、英文、自然	1
自然	2	国文、英文、社会	26
数学、自然	8	国文、英文、社会、自然	1
数学、社会、自然	1	国文、英文、数学	43
英文、自然	4	国文、英文、数学、自然	8
英文、社会、自然	1	国文、英文、数学、社会	3
英文、数学	13	国文、英文、数学、社会、自然	56
英文、数学、自然	31	总计	259

资料来源：大学入学考试中心：《2002 学年大学多元入学方案——种子教师手册》(再版)，台湾哈学网——多元入学保固站，网址：http://www.mingdao.edu.tw/ceec/index.html。

3. 高中学生的准备

高中生如果参加学科能力测验，原则上就可参加推荐甄选与申请入学，也能在"考试分发入学制"中，增加选填校系的机会。没有报考学科能力测验的学生，在 7 月专心参加指定科目考试 5 科或 6 科（或加考术科），但填志愿时，只能选填没有要求学科能力测验成绩的校系。

高中生第二个重要的选择是指定科目考试要考几科，这是"新方案"与过去大学联招最大的不同。前面已指出，过去联招是"套餐式"点选，考试科目已经分好类组，"新方案"则是"自助餐式"的单点。考生先了解各校系要求的考试科目，再衡量个人的兴趣与能力选择考试科目。考生选考指定科目考试，考试科目愈多，可选填的校系数也就愈多，相对负担就愈重（就像过去联招的大跨组）；考试科目愈少，可选填的校系数也就相对减少，学生有较多的时间准备学有专长的考科。学生的选择增多了，考试科目的准备减少了许多，考生可以文理组的 5 科或 6 科作为考查评价自己的起点，再衡量自己的能力，考虑是否只加强胜任的考科，甚至考虑放弃不太胜任的考科。

除此之外，加强高中升学辅导也至关重要。从高一起就使学生探索个人的兴趣与能力，指导学生修习相关课程。由于校系对考科要求不同，在选填志愿过程中需要花费更多时间确认，不必盲目追求校系排行榜；高中应强化课程的安排，以适应学生不同需求。

为了让考生了解大学多元入学途径及各大学、系科的情况，大学入学考试中心专门开发了“大学校系查询系统——漫步在大学”，该系统挂载在大学入学考试中心网站上为考生提供查询服务，2002 年 7 月约有 25 万人次查询该系统，创历史新高。该系统为高中学生及时了解各大学院系情况，清楚地认识校系提供了良好的服务。大学入学考试中心开发的另一个系统是“北斗星 2002”，它是一个协助高中生选择校系的辅导系统，考生可以利用它作深度的选择校系探索。它以光盘的形式发送至台湾各高中。其中详细内容包括“认识校系（学系特色、教学目标、必修课程等）、探索兴趣、探索能力”等类目，学生可从不同角度点选，选择适合自己的校系。

六、招生机构——由大学招生策进会到大学招生委员会联合会①

台湾的招生决策机构在“大学招生策进会”之前是“大学联招会”，在其后是“大学招生委员会联合会”。因此，先介绍“大学联招会”的情况，再叙述“大学招生策进会”的成立，最后详细分析“大学招生委员会联合会”的职能。

（一）大学联合招生委员会

台湾的招生决策机构不同于祖国大陆，大陆所实行的是国家、地方政府及高校三级招生管理模式。1984 年台湾实施大学“联招新制”以后，“大学入学考试委员会”临时编组而成立的“试务委员会”，在传承考务工作经验和应变能力不足等方面亟待改善，虽然 1993 年采取了对身心障碍考生应考的协助措施，深获台湾各界好评，并于 1994 年正式制定了“大学联合招生考试重度残障考生考试办法”。但 1993 年发生了遗失 98 份试卷案后，台湾

① 参阅杨李娜：《台湾的大学入学招生机构演变》，《湖北招生考试》（理论版）2006 年 4 月号下半月，第 49～52 页。

行政管理机构于 1993 年废止了大学入学考试委员会，取而代之的是“大学联合招生委员会”。它是在 1994 学年度各大学依据所谓“大学法施行细则”第 18 条规定“各大学招生，应组织招生委员会办理招生作业，并得视其需要办理联合招生”而共同成立的，是在教育事务主管部门权力下放后，显示各大学招生自主权的产物。

大学联合招生委员会成立后即与大学入学考试中心合作，与各大学建立新的合作关系。同时使权力下放后的大学联合招生委员会在本质上不同于以往依据经验法则运作的“试务委员会”。

1. 组织目标

大学联合招生委员会与大学入学考试中心的组织目标是不同的。参见表 3-21。

表 3-21　大学联合招生委员会与大学入学考试中心基金会组织目标的比较

机构名称	组织目标	依据
大学联合招生委员会	1. 核定本学年度联合招生工作计划及预、决算 2. 分配本学年度联合招生工作 3. 监督本学年度联合招生工作计划的执行	组织办法第三条
大学入学考试中心基金会	1. 研究台湾的大学入学制度改革与大学入学考试命题与测验技术的改进 2. 接受委托办理各项有关的入学考试业务 3. 提供题库及相关测验技术服务 4. 提供学生辅导与相关教育服务 5. 办理前述各项有关的研究活动 6. 办理大学入学的其他有关事项	捐助章程第二条

资料来源：参见丘爱铃有关台湾地区“大学联招政策变迁之研究（1954—1997）”，台湾师范大学教育研究所博士学位论文，1998 年 6 月，未出版，第 231 页。

从表中可见，与以往大考会试务委员会不同的是大学联合招生委员会可自行“核定”、“分配”、“监督”当年度联合招生工作计划，不必凡事呈请教育事务主管部门核准后才可实施，大学联合招生委员会获得更多的自主权。大学入学考试中心主要承办“试务总会”的重责大任，接受大学联合招生委员会的委托，办理各项有关的入学考试业务，两者建立起工作合作关系。

2. 组织结构与运作

大学联合招生委员会每年由各大学联合组成，由主办学校校长担任主任委员，设“常务委员会”，其下分设“试务总会”、“术科考试委员会”、“经费稽核委员会”、“分发委员会”、“核计复查委员会”、“阅卷委员会”、“命题委员会”、“电子计算机作业委员会”，另再设 20 个考区。

与大学联合招生委员会有关的是大学入学考试中心。大学入学考试中心基金会属于民间文教团体，分别设立董事长、监察人及大学入学考试中心。董事会由教育事务主管部门政务次长 1 人，公私立大学校院长互推 18 人共 19 人组成，董事互选 7 人为常务董事，并由常务董事互选 1 人为董事长，综理会务并对外代表基金会。另由公私立大学校院长互推 5 人为监察人，负责监察有关业务及财务事宜，监察人互推 1 人为常务监察人。大学入学考试中心是基金会的执行单位。

可以看出，大学联合招生委员会的结构特征是采用“任务分工，临时组织”的科层组织，主要是由大学行政人员或教职员兼职担任考务工作。大学入学考试中心的特征是“专职人员、专业分工”，长期进行研究、考试、测验、辅导等工作。这两个机构在组织结构上有互补性，使大学招生在理论与实务上相互结合，能够累积丰富的考务经验。由于在最高决策层均由大学校院长为主体组成，决策成员有重复性，又有教育事务主管部门政务次长担任董事，在考务上分工协作较为便利。大学入学考试中心在 1994 年受教育事务主管部门委托办理了推荐甄选入学方案，与各大学广泛合作，累积了办理大型考试的考务经验，为进一步加强与大学联合招生委员会的合作奠定了稳固的基础。

1996 年大学入学考试中心承接了大学联招会试务总会的任务，顺利组织了大型考试。大学入学考试中心在大学入学考试中起了重要作用，先后参与决策，大学入学考试中心主任即担任大学联合招生委员会的委员，提出一系列考试技术的改进意见。如从 1997 学年度起不公布大学联招各校、系最低原始录取总分，放宽加重计分比例，尊重大学招生自主权，引导大学入学考试的改革向更为科学、合理化的方向发展。

（二）大学招生策进会

大学招生策进会的成立主要因一系列的大学与教育事务主管部门之间有关招生、考试等联招问题的争议引起。首先是关于三民主义学科废考的争议。三民主义学科作为官定意识形态被列入大学联招考科中，在台湾政治民主化的过程中，屡遭学者专家的批评①。2000 年大学联招废考三民主义考

① 参见郭乃日：《若增新科，将由联招会决定》，台湾《联合晚报》1994 年 12 月 24 日。

试科目。2002年实行“大学多元入学新方案”，三民主义融入学科能力测验的社会考科中。

其次是由前一节所述的“改良式联招”入学方案的实施日程所引发的争议。1994年，大学入学考试中心在受教育事务主管部门委托试办大学推荐甄选方案获大学、高中及社会大众支持后，又受教育事务主管部门经费补助继续研究“改良式联招推动及工作计划”，大学入学考试中心陆续召开7场大学巡回座谈会，13场高中座谈会，修正“改良式联招”若干细节设计。在台湾行政管理机构教改会和教育事务主管部门支持下，1995年11月召开公私立大学校院长会议，决议“改良式联招，原则上预定自1999学年度开始办理”①。而在1996年5月召开的大学校院长会议，在基金会董事长与少数校长的反对声中，决议1999学年度暂不实施“改良式联招”，请大学入学考试中心继续研究。同年6月教育事务主管部门负责人吴京上台，公开表示反对两阶段“改良式联招”，认为实施该方案对高中教学产生影响，使“改良式联招”的实施日程无限期搁置。这一决议，出尔反尔，使社会大众对大学校长会议的理性决策产生疑问，是为教育事务主管部门的决策所服膺还是有自己的自主权，促使大学招生自主意识的进一步觉醒。

再次是大学联招选填志愿方式的争议。1996年至1997年教育事务主管部门负责人吴京提出一系列的选填志愿构想：由“选系不选校”、“选系为主、选校为辅”到“选系也选校”，最后提出“棋盘式”选填志愿办法，这些构想在大学校院长会议中遭到大学校长的反对，认为招生是大学的事情，选填志愿方式的改革并不是教改最急迫要做的事情，提示教育事务主管部门应“松绑”，不要干扰大学内部的自主权。大学联合招生委员会于1997年已废除原始总分排行榜与放宽加权幅度，有助于以选系为主。可见，这并非是只选校不选系的问题。

从上述事件的争议中可以看出，教育事务主管部门欲主导大学招生，依据有关规定，教育事务主管部门对大学招生事宜负有监督责任。大学依法行使招生自主权，象征大学招生决策权力由行政当局到大学的转移。这些重大的招生决策事件，主要是通过教育事务主管部门召开的公私立大学校院长会议的方式解决，各大学校长感到自主权受到侵犯，因而萌生联合成立招生机

① 参阅丘爱铃有关台湾地区“大学联招政策变迁之研究（1954—1997）”，台湾师范大学教育研究所博士学位论文，1998年6月，未出版，第237～238页。

构，以自主决定各大学有关招生事项。1995 年春，东吴大学校长刘源俊提出“大学招生联合会”的概念，认为各大学应该组成这么一个机构来协调各大学入学途径。经过一番酝酿，为免“招联会”与过去的“联招会”混淆，将其更名为“大学招生策进会”①。

1. 组织目标

1997 年 4 月 23 日，大学招生策进会在台湾大学召开成立大会，推选陈维昭校长担任召集人，刘源俊校长担任副召集人，通过大学招生策进会组织规程，确定大学招生策进会是一个“以参与大学为委员，各大学校长为代表的组织”。主要任务包括：①商定招生策略。②协调各校年度招生事宜。③其他招生相关事项。自此，大学招生的决策产生了结构性的变革。首先，年度大学联合招生委员会有了归宿；其次，除了各招生办法依法应由教育事务主管部门核定外，大学招生的政策应在大学招生策进会中形成；再次，“财团法人大学入学考试中心”逐渐发展成健全的测验机构，在“招考分立”的原则下，与大学联合招生委员会相辅相成②。

2. 组织结构

大学招生策进会的组织结构为全体会议下设置常务委员 15 人（任期 3 年），组成常务委员会，为闭会期间的决策机构，常务委员互推选出召集人、副召集人各一人，召集人召集并主持全体会议（每年 10 月及 3 月召开）与常务委员会会议，并对外代表该会。大学招生策进会下设“年度联合招生委员会”及其他各种委员会。

从组织结构上看，教育事务主管部门权力下放后，大学校长成为最高的招生决策者，大学联合招生委员会成为其下执行考务的单位。

（三）大学招生委员会联合会③

刘源俊提出成立“大学招生委员会联合会”（简称“招联会”，而不是

---

① 参见刘源俊：《对大学招生策进会的期望》，台湾《选才》（大学入学考试中心通讯）总第 39 期。

② 引自刘源俊：《对大学招生策进会的期望》，台湾《选才》（大学入学考试中心通讯）总第 39 期。

③ 参阅台湾教育事务主管部门高教司发文，《2003 学年度大学多元入学各项变革、执行概况及考试招生时程说明》，转引自网站：http://www.edu.tw/university/importance/911116-1.htm。

“联招会”）的初衷是，认为它是基于各大学招生委员会组成的一个招生联合会，各大学校长是各大学招生委员会的主任委员，大学校长们集会讨论招生事务，就是“大学招生委员会联合会”。大学招生委员会联合会负责大学的招生事务及协调各大学与大学入学考试中心的关系。大学入学考试中心无权办理联合招生试务工作，它受大学招生委员会联合会的委托，才能办理大学入学考试。大学招生委员会联合会的权责也可以决定不委托大学入学考试中心办理联招而自办，甚至决定有的学校可独立招生。因此，在“大学多元入学新方案”的设计理念下，大学招生委员会联合会的成立是绝对必要的，大学入学考试中心负责规划方案、办理考试、推广、服务；招生方式的决策权应属于大学招生委员会联合会，这样就明确界定了大学招生委员会联合会的角色定位和权责范围。大学招生委员会联合会的成立，为多元入学时代的来临奠定了基础。

在“2002 年教育改革之检讨与改进会议”上，与会代表就大学招生事项提出建议，“促使大学招生策进会正名为大学招生委员会联合会，使于法有据，并聘请专职人员，以便发挥协助各校招生之功能”①。这样，在各界呼吁下，大学招生策进会更名为“大学招生委员会联合会”，于 2002 年 5 月正式成立。大学招生委员会联合会以大学为会员，各大学校长为代表，其任务与大学招生策进会相同。大学招生委员会联合会下设各类委员会，办理每学年度招生事宜。例如 2003 学年度，该会下设有“2003 学年度联合分发委员会”，办理“考试分发入学”；“2003 学年度申请入学汇办中心”，办理申请入学；委托大学入学考试中心办理推荐甄选入学。

在 2002 年 1 月 16 日台湾教育事务主管部门对大学、教育事务主管部门、大学入学考试中心的权责作了详细分配②，指出大学招生决策机制为：“现行大学招生系以各大学所组之大学招生委员会联合会（原大学招生策进会）为最高决策单位，各大学循大学多元入学新方案办理招生，并以各大学

① 引自《2001 年教育改革之检讨与改进会议》——“畅通升学管道”子题分项报告书草案之议题：“A. 整备教育环境”，转引自台湾教育事务主管部门网站：http://www.edu.tw。

② 参阅台湾教育事务主管部门高教司发文，《2003 学年度大学多元入学各项变革、执行概况及考试招生时程说明》，转引自网站：http://www.edu.tw/university/importance/911116-1.htm。

捐助成立之财团法人大学入学考试中心基金会所办各项考试为主要录取标准”，教育事务主管部门“则秉主管教育行政机关权责，监督指导各校招生事宜”。同时，进一步说明了大学的招生权责为：“各大学办理招生事宜，除参与大学招生委员会联合会所办理之考试分发入学招生及大学推荐甄选入学招生外，各校亦可组成招生委员会，依其招生需求及发展特色，自定选才标准，办理申请入学招生。”教育事务主管部门的权责是：为落实大学招生自主，教育事务主管部门除依有关规定核定各大学招生办法及名额外，原则上不直接涉入大学各项招生工作，例如招生委员会组成、招生简章编制、考试命题、印制试卷、制卷、阅卷、弥封、监试、核计成绩、放榜及报到等事宜。同时亦视实际状况向大学招生委员会联合会提出建议事项，希由大学招生委员会联合会拟定招生策略，协助教育事务主管部门监督各大学校院秉公平、公开原则办理招生。这样，明确了教育事务主管部门、大学、大学入学考试中心在招生考试中的权责。大学招生委员会联合会已从 2002 年 5 月开始承办 2003 学年度的大学多元入学考试、招生的有关事项。台湾大学招生机构的演变，纷繁复杂，最终依据有关的规定，各大学成功捍卫招生自主权，开始进入大学自主招生的时代。

七、2002 年“新方案”的实施情况

2002 年如期实施了“大学多元入学新方案”，根据台湾教育事务主管部门公布的资料，2002 年的实际招生名额具体分配情况如下（见表 3-22）。

表 3-22　2002 学年度大学多元入学招生名额一览表　（单位：人）

招生途径	名额分配：人数及占比（%）
考试分发入学	72 624（73%）
采甲案	11 664（12%）
采乙案	21 959（22%）
采丙案	39 001（39%）
申请入学	12 302（12%）
大学推荐甄选	9 847（10%）
其他	5 642（5%）
合计	100 415（100%）

资料来源：台湾教育事务主管部门网站 http://www.edu.tw 及大学入学考试中心网站 http://www.ceec.edu.tw。

第四节　大学多元入学方案评析

台湾地区“大学多元入学方案”的推出与实施，是台湾地区大学入学考试制度改革的革命性变化。它对台湾地区大学选才、高中举才、社会用才及人们的传统价值观产生很大冲击。本节专门从总体上评价“大学多元入学方案”的优点与缺点，然后分析在实施前台湾地区高中、大学对“新方案”的困惑，再分析2002年实施后带来的问题与台湾地区一些民意调查数据，介绍2003年和2004年以来台湾教育行政部门对大学多元入学方案的改革，最后总结台湾的大学多元入学制度的特点。

一、对大学多元入学方案的整体评析

综上所述，从1992年推出大学多元入学方案，1994年开始试办其中的推荐甄选入学，“多元入学”的观念日渐渗透到台湾地区大学入学考试制度的改革中。

（一）大学多元入学方案的优点

1. 招生方式从一元到多元，呈现多元化

大学多元入学，显著的特征表现在入学方式的多元。有推荐、申请入学、运动成绩资优保送入学、“考试分发入学”等多种途径，大学可从这些途径中选择最适合其特色和需要的方式。多元还表现在考试的多元性上，评价学生表现的资料呈现多元，不仅有学生的在校成绩、具体表现，还有师长推荐函、读书计划、自传、社团参与、生涯规划、健康检查等资料。

2. 采取“两阶段考试”，增加考试次数

采用“两阶段考试”给考生和大学更多的自由竞争与选择机会。考试的测验工具多样化，有能力型的测量工具如学科能力测验、语言表达能力测验、特殊才能评价或竞赛成果等；也有参考型的测验工具如兴趣量表、学系探索量表、性向测验、性格量表、生活适应量表、心理成熟测验、学生价值观量表①。

① 参阅郑秋霞：《从教育改革谈台湾地区大学入学制度之变革（1994—迄今）》，南华大学公共行政与政策研究所硕士学位论文，2002年1月3日，第151～152页。

3. 扩大了大学招生自主权

采取多元入学，树立“考招分立”的招生考试目标，考试由专职机构办理，招生由大学组成“联合分发委员会”负责招生事务。过去的大学联招与联考由“大学入学考试委员会”“一手包办”。大学入学制度执行的是既联考又联招，一般这两个词也没有区分，讲到考试时用联考，讲到招生时用联招，无法分清时，用得就较为模糊。1989 年大学入学考试中心成立，1994 年试办推荐甄选，它是统考（考生参加统一的学科能力测验）而各校分招。其他如德国是不联考而联招（联合分发），祖国大陆是统考而分招（各省市分别统一招生）。实施多元入学后，呈现的是“考招分立”，考试由大学入学考试中心负责，包括报名、命题、命题研究、成绩计算、考试简章的汇编等。招生由大学招生策进会下设的大学联合分发委员会负责考生志愿填报、登记分发、考生资格审查、录取等。考试与招生的事务由分开的两个机构负责。这样，大学招什么样的学生，怎么招，对考生成绩的使用与处理，学生分数的权重，采用哪种方式招生等，都由各大学校院自主决定。经过这几年的改革，大学招生委员会联合会的职能及作用进一步明确和加强，将朝向专门机构发展，成为一个像大学入学考试中心那样的民间文教机构，促进招生考试问题的研究和改革。

4. 促使大学招生机构（办公室）的成立

大学的育才任务是从选才开始的，选才的招生工作主要在大学，大学的宣传及招生简章的制作，对学生的宣传与沟通等工作任务相当繁重。因此，各大学校院要妥善办理招生事务，有必要成立招生处或招生办公室。台湾地区各大学招生，一般由学校招生委员会委托教务处，或以临时任务编组方式办理招生业务。实行大学多元入学、“考招分立”后，一些大学校院相继成立了招生专职（如“招生组”、“招生试务组”）单位，以负责庞杂的大学多元入学招生考试事务。据台湾郑秋霞的调查，有 18 所校院成立了“招生组”，他们的成功做法会带动其他院校也成立专门的招生机构，真正落实“考招分立”。实施“大学多元入学方案”，大学有了更多更大的自主权，为了各校更好地选才，招收到适合其发展特色和需要的人才，成立专职招生单位迫在眉睫。

5. 高中学生有更多的选择机会

不仅考试机会增多，招生入学的途径也呈现多元化。高中的性质逐渐转型为普通高中、综合高中、职业学校并行。高中的课程在“新方案”实行时已由学年制改为学分制，教材由统一编审改为自由开放，“一纲多本”，学生选课具有弹性，以适应不同的入学途径的要求。高中的升学辅导渐趋复杂，从高一起，甚至是从初中起就要辅导学生探索个人兴趣，进行生涯规划，指导学生学习，选择适合的入学途径和志愿。

（二）大学多元入学方案的不足之处

总的来说，多元入学方案的不足之处在于操作上有些复杂，不易掌握。多元的入学途径虽是针对不同的学生，但是每一途径有不同的考试，不同的招生单位。在理论上比较可行，但在具体实践中，由于高中的课程、升学辅导、教材与社会的价值观念、大学的招生自主意识等都不同程度地影响着人们对“新方案”的认识，由实际操作中所带来的问题，对人们接受和熟悉“新方案”造成了一些困惑。总之，操作层面上的问题较多。

实行大学多元入学后，大学如何选择、确定招生途径、考试后的考务处理等项工作，由大学根据各自校院的情况而定。这些事务不是单凭主观经验就能做好，需要进行科学的研究、调查分析，才能选择适合各自学校的入学途径。实际情况是多数大学还没有专门的招生办公室，既然大学有依法招生的自主权，成立负责招生事务的招生办公室应是顺理成章的事情。这个问题不明确，连带产生的是“甄选入学制”中的推荐甄选和申请入学的招生问题，各大学没有专门机构负责，制定招生考试的规章，汇编、宣传、发售简章等都会受到影响，这是多元入学的一大不足。

从台湾大学入学考试中心的分析可知，大学多元入学将给各高中带来极大冲击，部分学生认为多元入学让“一刀毙命”的“一试定终身”，变成了日日小考，月月大考的“凌迟处死”，原来该革除的联考弊病，非但未根治反而更甚以前。这些可从以下几个方面来说明：

1. 考试带来的影响

考试次数增多，学生需通过多次考试才可取得参加多元入学招生途径的资格。考试内容改变，难度与深度不易掌握，影响考生的考试准备。高中如何面对“一纲多本”的命题构想，学校与教师如何选取教材，满足不同学生的需求。由于学生选课趋于多样化，而选修同一科目的学生，该科目对其重要性有极大差异，故对统筹复习课程的要求自然不同，使学校课程时数的安排与教师课程内容的安排也受到影响。

2. “甄选入学”的影响

“甄选入学”一方面增加了学生入学选择的机会，但另一方面又使学生的选择承受过多的负荷。如在高一、高二作生涯探索，要考虑到不同校系甄选的具体条件与学业成绩的要求，高三必须从诸多适合个人兴趣、性向，符合报考条件的校系中，选择参加推荐甄选，或者选择多个不相冲突的校系进行申请入学，学生每增加一个机会，就给自己带来许多整理资料与准备考试的负担，还得预备失败所带来的冲击。学生在学业与升学压力的双重煎熬下，还有多少心力去充分掌握招生相关信息，了解考试与招生制度，认识自己与大学、系科呢？如此看来，参加多元入学，学生的负担比大学联考多得多。这是高中生与家长普遍认为的多元入学不足之处。在多元入学面前学生会多元选择，大多数学生不会错过甄选入学的机会，大量学生参加甄选，学校老师及行政工作人员工作量遽增，比如在接到学科能力测验成绩通知，到推荐甄选缴“备审资料”前与申请入学报名缴材料的短暂期限内，高中老师需为大量学生写推荐函，行政人员要为学生制作各大学院系需要的数量繁多、格式不一的各种证明文件。

3. “考试分发入学”的影响

“新方案”中的“考试分发入学制”在考试科目上，比起大学联招向考生提供更多的选择机会，理论上讲，学生有权利依个人的兴趣、性向与学科能力，决定自己参加指定科目考试的科目数。但从调查资料看，大学院系在决定“考试分发入学”方案时，或者无法判断两种考试筛选学生的效果，或者无法摆脱传统联考总分取才的想法，或者从校系声望的评估方面考虑，仍有半数校系选择了与现行联招相近的“丙案”。这样对考生选择有声望的校系产生影响，考生不得不接受选择所有方案，徒增考试负担，同时面临放弃部分选择权以减轻考试负担的痛苦抉择。

可以看出，“大学多元入学方案”对大学的招生与高中的考试、选课、生涯辅导、高中教师负担多重角色等都有影响，这也是其不足之处，需要多方面的配合改革，才能逐步解决。

二、大学多元入学新方案实施前的困惑

在 1999 年推出“大学多元入学新方案”至 2002 年实施前这段时间，台湾各界对大学多元入学的实施进行过广泛的讨论、争议，总的方向认为改革联考制度是对的，具体怎样改，在实际操作中会遇到一些问题，常常形成各界尤其是学生、家长、教师的困惑。人们主要的困惑在于，多元入学到底是多元的入学途径，还是“多钱”的入学途径；减轻压力还是增加压力；多元

入学真的就比大学联招公平，或者多元入学公平还是大学联考公平；多元入学好还是大学联考好等等。也有对多元入学进行抨击的。但主流趋势认为毕竟是改革了过去传统的大学联考，向前进一步，总比后退好。

2000 年 10 月由台北市立师范学院就教育事务主管部门提出的《教育改革行动方案》进行问卷调查、研究①，调查统计显示，受试者对教育事务主管部门提出的指标性计划的态度均采正向支持。在教育事务主管部门预计实施的“畅通升学管道”的政策中，受试者把“建立学生学业成就资料库及多元智慧表现资料库”的重要性列为第一位；把“成立初中生基本学力测验研发单位”的重要性列为第二位；把“高中（含）以上学校实施多元入学方案”的重要性列为第三位；把“实施一年多试与考招分离，并建立电脑题库及改进试务技术”的重要性列为第四位；把“扩大大学就学机会”的重要性列为第五位。可以看出，民众对于大学多元入学还是持比较支持的态度。这项调查虽然不具有普遍性，但却具有典型性，对于我们了解台湾地区“大学多元入学方案”的影响有一定的帮助。

以下从几个方面分析大学多元入学所产生的困惑：

（一）大学多元入学是否符合公平正义

大学多元入学所倡导的推荐、申请、“考试分发”等多元入学途径，在理论架构上说是通过考试多元取才，但许多人仍质疑推荐甄选、申请入学只要通过学科能力测验，再参加面试，不需要参加指定科目考试，很可能产生靠人情的游说、走后门、开假证明的现象，对经济弱势或毫无资源背景者显然不公平，对有钱有势有特权者仿佛开了一扇后门。因此，大学多元入学比起联考制度，其公平、公开性让人怀疑。

然而联考真的比多元入学方案公平？在一般人的观念中，联考最公平，与兵役制度号称台湾最公平的两大制度，果真如此吗？比如在一个运动会上，仅设立百米短跑一项竞赛项目，参加运动会的选手们不顾自己体能及专长都练习百米跑，社会中充斥着百米短跑健将，只有长于短跑的选手才能脱颖而出，而其他选手则付之阙如，这就合理吗？联考表面上公平，事实上极不合理，学校教育的目标是德、智、体、群、美五育均衡发展，但联考仅考

① 以下资料来源于台湾台北市立师范学院完成的对教育事务主管部门“推动教育改革意见调查研究”的研究报告，第 62～64 页，台湾教育资料馆编印，2000 年 10 月。

智育，智育考试的内容只重视中学所学十余科中的 5 至 6 科，加上长期实行联考，考题越来越艰涩，这难道就公平吗？以不是人人专长科目的测验结果作为入学的依据，与运动会中仅有百米竞赛的做法并无不同。再加上联考“一试定终身”，考生平添许多压力。大学联考制度下的考试引导教学，迷失了教育的本质，窄化了学习的内容，于是学生被训练成“考试的机器”、“解题的技术工”。这已经形成联考事实上的不合理，需要改革。

多元入学方案建构的理论来自“多元智力”及“把每个学生带上来”，目标是教学正常化、学生学习多元化及缓解升学压力。每位学生均为独一无二，其智力是多元的，学校应建立多元学习环境，提供学生多元学习的机会，因此，学生应以不同的专长、特点，参加多元入学考试招生，进入高等院校学习深造，进一步发展其专长智力，从而成为多元社会中所需的多元人才。如同运动会中有多元的竞赛，每位选手可参加拿手的竞赛，人人皆有夺标的机会。

“大学多元入学方案”所衍生的问题，其根源在于社会未能建立多元的价值观，“学术至上，文凭第一”的观念未改，学校的学习仍为单一的学习，学生无从获得多元成就，入学仅依据基本学习测验成绩，多元入学仅是两种考试多种途径入学，考生仍背负沉重的升学压力。原台湾教育事务主管部门负责人杨朝祥认为，多元智力强调因材施教，学生适合个性发展，让学生各自拥有一片天空，才是立足点的真平等。在教育资源缺乏的时代，追求考试公正、公平对待每位学生的目标，联考应运而生，当入学已能人人如愿之际，适性（适应学生个性、能力）发展的重要性已经超越了公平性。因此，适性发展才能求得真正平等。

在深受中国传统文化影响的台湾社会，单一的社会价值观念，如“学而优则仕”、“考上好大学，就有好工作；没有好工作，就没有好收入；没有好收入，就没有好人生”等观念，充斥着教育的各个方面，在人们头脑中根深蒂固①。多元入学所依据的是建立社会多元价值观念，没有这个牢固的基础，就会产生如人情关说、走后门、作假等现象。但是大学多元入学走出改革大学入学考试制度的这一步，应是明智之举。只是在操作上还需再调整、磨合、修改。

---

① 参见杨李娜：《台湾大学入学考试制度改革探析》，《教育发展研究》2002 年第 6 期，第49 页。

（二）大学多元入学是否有助于各大学建立特色

大学招生的多元化，大学自主权的增强，面临着是否多元化就有助于各大学建立特色及私立大学能否走出传统联招排行榜的阴影等问题。在台湾，由于公、私立大学在师资、设备、教学环境等方面存在差异，尤其是学费，私立学校为公立学校的两三倍。虽然入学多元化，但还是难以强求学生放弃公立学校的科系，选择私立学校的学系。这样学生的选择依据是排行榜而不是学校的特色学系。私立大学要想招收更多优秀学生，非得在师资、设备、教学环境、学生奖助学金等方面增加有利条件才行。但是，在短时间内无法改变学校的这些条件时，以学校的特色发展和特色学系吸引人才是当务之急。

（三）大学多元入学是否使高中教学正常化并有效缓解学生升学压力

无论是一元还是多元途径，毋庸讳言，大学入学方式会对高中教学产生直接的影响，过去大学联考“一试定终身”造成高中过度应付考试，升学考试的科目成为主科，其余科目成为副科，重视智育的教学往往偏重知识灌输，学生虽然考试成绩名列前茅，却不能学以致用，这种竞争的入学方式不利于学生全面发展。

大学多元入学途径之一的推荐甄选，一方面由高中的推荐，引导教学正常化；另一方面由大学甄选，开发学生多样化的能力。但在实务上却发现两大弊端：一是推荐甄选在 4 月份放榜，录取生确定可以念大学，学生上课意愿低并影响其他还在准备考试的同学；二是部分高中有“推荐不实”的情形，包括学科成绩、社团活动、班级干部、竞赛资料等造假，这种现象随着推荐甄选名额大幅增加，有日益严重的趋势。申请入学也可能步推荐甄选后尘。这两大弊端将会影响高中教学正常化①。

多元入学的目标是通过多元入学途径，缓解学生的升学压力，但是家长为了孩子能够“挤进”理想的大学还是会设法竞争，“补习班”的生意更加兴隆，你要多元、多才、多艺，我就办各种“多元”的“补习班”。甚至家长为了培养孩子的多元智力，从小就让孩子进各类“才艺班”，在孩子原有

---

① 参阅丘爱铃：《台湾大学多元入学制度改革之分析》，“中华发展基金管理委员会”主办、台湾师范大学教育研究中心承办的“海峡两岸高等教育发展与改革研讨会”会议手册——《两岸青年学者论谈》，2000 年 3 月 13 日。

的课业外，增加过多的负担，学生如何能解脱升学主义的束缚。

另外，“考试分发入学制”中的“甲、乙、丙三案”是否会引起高中为此三案而“分案教学”，影响高三下半学期正常化教学。这也是高中教学中遇到的实际问题。

（四）大学多元入学是否为“多钱入学”

大学联考虽是“一试定江山”，目标清楚明确，但考生的心态既不清楚又很彷徨，只好有名就报，推荐甄选要报，申请入学多报几所校院，再参加“考试分发”，先考了再说，这样报名费加上考试期间的交通及食宿费用就相当可观，比起大学联考只缴一次报名费，又是在学区附近考试，花费要多得多。因此大学多元入学被说成“多钱入学”，对家境贫寒的子弟显然不公。

多元入学之所以被视为“多钱入学”，是中国人的“望子成龙，望女成凤”的心态作祟，在多元的入学情形下，家长与学生当然要把握进入大学的每一个机会，基于多报考一项多一次录取机会的心理，没有考虑多报的一项是否符合学生的能力、性向与兴趣。因此，多报一项考试多缴一次报名费，再加上其他花销，费用自然可观，对家境富裕者无伤大雅，对中等以上收入家庭是一笔不小的开支，对贫困家庭而言，自然失去了多元竞争与升学的机会。教育机会均等在这“多元”的负担下，岂能公平？因此，认为多元入学是“多钱入学”者的困惑在于，机会太多，想要占有所有的机会，再取一个最佳的，那么所花费的金钱当然不赀。这与大学多元入学的理念是相背离的，多元入学的理念是“用适当的方法，选择适合的学生，进入适切的校系，达成适性的发展”。即学生要考虑自己的兴趣、性向、能力，选择适合的系科报考，大学也可从中选拔合适的人才，发展学生的个性才能。所以，大学多元入学的实施在实际操作中还应进一步研究，让学生多了解自己，让家长多了解孩子，加强宣传、引导和升学辅导，使多元入学更有利于学生的自由选择和对机会的把握。

（五）大学多元入学是否就取消了考试

大学多元入学的途径有多种，推荐甄选、申请入学、“考试分发入学”等，“考试分发入学”占了七成五，大学入学还是以统一考试为主。这与人们误认为的大学多元入学的实施就是废除了联考或者取消了考试并不是一回事。多元入学方案有两个入学考试“门槛”，一是学科能力测验，二是指定科目考试。这两种考试均为统一考试，与过去不同，由大学入学考试中心负责考试事务。可见，多元入学并没有取消考试，而是考试呈现多元化。在

“考试分发入学制”中设置“丙案”与过去联考相同，以四类组考试，是为了使多元入学有一个过渡缓冲的过程，不然一下子没有了联考，考生可能会觉得实施多元入学太唐突。多元入学的“丙案”在以后会逐渐减少比例，或者也实行“两阶段考试”。

（六）大学多元入学是否更加复杂

多元入学方案立意虽佳，但是在操作上难以一步到位，学生一时弄不清楚，有时如雾里看花，越看越糊涂。因而分散学生学习的心思和精力，需要花很多时间研究多元入学制度。这对参加 2002 年多元入学的学生不公平，如何消除学生的疑惑，实施多元入学时应认真加以改进。

（七）升学辅导是加强高中与大学联系的桥梁

实行多元入学，对高中教学、课程安排、升学辅导等均提出严峻挑战，升学辅导的工作包括：如何让学生了解各校招生情况，为学生提供信息和生涯辅导，指导学生选考科和填志愿，选择合适的入学途径等。在高中加强升学辅导工作，可以避免学生对多元入学制度的困惑，起到联系学生与大学的桥梁作用。

三、大学多元入学新方案实施之后带来的问题

从 2002 学年度开始，台湾正式实施“大学多元入学新方案”。从实施情况看，大学多元入学引起强烈反响，甚至出现一个奇特的现象，有些人士认为 2002 年大学多元入学出现许多“疑难杂症”，主张由于大学多元入学制度缺点不少，不如恢复过去的联招制度，比较符合公平竞争的精神，学生与家长也不致乱成一团。这与几年前大家极力批评联招制度的缺失，希望尽早改革联招，直至废除的观点大相径庭。2002 年实行多元入学，联招制度成为历史一页，又有人对其怀念不已，想走回联招的老路，那么，多年的教育改革岂不付之东流？经过 2002 年 6、7、8 三个月的检讨、座谈与研究，教育事务主管部门举行了“大学多元入学检讨会”，于 2002 年 8 月 21 日教育事务主管部门提出了高中（职）、技专院校（技术学院和专科学校）及大学多元入学改进方案并予以公布，认为 2003 年仍实行大学多元入学，只对其中的一些技术层面问题进行改革。下面分几个方面阐述以上问题：

（一）2002 年 3 月“奥赛”丑闻引发对推荐甄选及申请入学途径的质疑

2002 年 3 月 18 日，北京的《中国青年报》在头版头条以《取消统一高

考　保送出现舞弊——台湾奥赛主考官索贿被揭露》为题，报道了台湾台北市“明星高中”——建国中学一名陈姓家长指控奥林匹克竞赛主考官台湾师范大学生物系教授曾哲明和建国中学高中生物老师汤炳垣，以可以协助学生获得生物科奥林匹克竞赛优异成绩为由，向学生家长借款及索贿 40 余万元新台币，并强迫家长支付其在酒店嫖妓的费用。这一丑闻的揭露，使民众对大学多元入学及国际性竞赛的公正、公平性产生疑问，暴露出台湾地区大学多元入学的弊端。

这一事件涉及身为奥林匹克竞赛主考官的曾哲明授权下属篡改了陈姓学生的奥林匹克初赛成绩，使其名次成为入选所谓参加国际比赛选手选拔的复试最低标准的第 200 名，后陈姓同学的家长觉得这个名次不如原先预期的好，陈姓同学也无法应付考试，退出了竞赛。这期间曾、汤两位均接受了家长的行贿，而家长后来觉得自己花了钱却得不到回报，最终“咬”出了这一丑闻。可见，家长望子成龙心切的心理。其实家长的做法是行贿，而曾、汤两位是受贿。这一事件又牵涉出陈姓同学参加科学展览作品的真实性问题，一时间闹得沸沸扬扬。

把这一事件与大学多元入学联系，主要是由于奥林匹克竞赛成绩、学生科学展览作品（即“科展”）等可以作为申请入学和推荐甄选时加分的优待（台湾教育事务主管部门规定凡参加国际奥林匹克各项竞赛获金牌、银牌者可保送大学任一学系就读，多数学生会选择台湾大学医学系为第一志愿；获铜牌者保送大学数学、物理、工程、资讯相关学系就读；获选入台湾地区代表队者，可保送各大学本科系就读）。因此，奥林匹克竞赛成绩是台湾高中生保送上大学的重要指标。

另外，此事件引发了学界、民众及大学、中学对奥林匹克竞赛与保送、“科展”与保送以及大学多元入学的推荐甄选、申请入学的争论和质疑。在这些争论中，有下列几种观点：第一种观点认为奥林匹克竞赛、“科展”得奖与升学不宜挂钩，以免诱因太大，造成学生对竞赛结果看得太重，甚至设法作假。教育事务主管部门应全面检讨保送入学的存废问题。第二种观点以亲民党立法委员李庆安为代表，主张“多元入学不公，应废止”，她认为多元入学案已经出现许多问题，增加学生的花费，设计又复杂，可能出现不公平之处，教育事务主管部门应深入检讨改进。第三种观点认为“多元入学，勿因弊案否定”。以台湾师范大学教育学院、心理测验中心的吴武典为代表，他曾对奥林匹克竞赛学生进行追踪研究，认为大多数学生进入大学后仍表现优异，此一制度对培育科学人才与畅通升学途径有积极意义。吴武典认为尽管多元入学备受批评，但政策不宜朝令夕改，应在策略与配套措施上多下功夫，对奥林匹克竞赛保送甄试制度不宜一竿子打翻一船人，甚至主张全面废除①。第四种观点认为将奥林匹克竞赛与升学脱钩是“锯箭疗伤法”，对教育改革所推动的“资赋优异学生教育”是很大的打击。以原教育事务主管部门政务次长、中国国民党文化传播委员会主委吴清基为代表，他认为奥林匹克竞赛生物科弊案只是个人行为，台湾师范大学承办奥林匹克竞赛只是负责一般事务工作，评选委员会都是由各大学的教授组成，他们都是专业、公正的，而学生也都是有真才实学的，不能因为一两个人的行为而否定现在的作风。第五种观点直接指向推荐甄选入学制②。当时正值推荐甄选第二阶段的大学校院甄试，2002 年除台湾大学、义守大学等 6 所大学未参加推荐甄选外，其他大学均提供 10%至 30%不等的招生名额参加推荐甄选。义守大学校长傅胜利指出该校不愿办理推荐甄选的理由，是高中生推荐资料、证明文件造假比率高达七成以上，使大学在审查时难以区别真伪。他特别指出造假资料主要是学生所附的推荐信函、各种社团杰出成就表现，甚至是各种奖状、学生在校成绩等。比如按常理各高中的第一名应该只有一人，但某高中所推荐甄选的学生，竟然每一个人都是“第一名”。他建议教育事务主管部门应检讨多元入学在阶段性实施过程中发生的问题，特别是证件造假、多元入学还是“多钱入学”等争议问题，否则还是联考最好，既省时、省力又公平。还有一种观点与第三、第四种观点类似，认为教育事务主管部门有意将奥林匹克、“科展”竞赛与升学脱钩，为了 1%的公平性，却牺牲很多天赋优异的人才，值得吗？这种观点认为，任何考试制度很难做到百分之百的绝对公平、公正，即使施行长达 48 年的大学联考，年年改进防弊措施，也仍然发生集体电子舞弊事件。奥林匹克竞赛长期由某些单位主办，纵使有监督机制，随着时间的推移也可能渐趋松散。“奥林匹克竞赛丑闻”的暴露只是冰山一角。多元入学的立意是好的，不容抹杀，在政策层面上是正确的，应在策略与配套措施上下功夫，加强管理规范与防弊机制，并由上而下建立公

① 他在 1998 年、1999 年分别对台湾参与国际数学及物理、化学奥林匹克竞赛学生追踪研究，发现 55%参与数学奥林匹克竞赛的学生进入大学后仍主修数学，71%的物理与 76%的化学奥林匹克参赛学生，进入大学后仍然主修物理或化学，且继续表现优异。

② 参见台湾《自由时报》，2002 年 3 月 16 日。

开、透明的遴选机制，确立严密的伦理规范，同时必须建立畅通的检举通道，如此才能防患于未然。最后是台湾教育事务主管部门的观点，他们认为将全面检讨大学多元入学公平性问题，尤其是检讨多元入学采用学生校外表现的制度，但不会因此否定多元入学，更不会再走回大学联考的老路上去。时任教育事务主管部门负责人的黄荣村表示，教育事务主管部门会逐步推动“科展”与升学脱钩，奥林匹克竞赛保送制度将纳入有关规定，授权大学自主决定是否采用保送制度，各校自负审慎选才的责任。

3月份发生的“奥林匹克竞赛丑闻”事件，引发人们思考一系列问题，尤其是大学多元入学与大学联考孰优孰劣，是废除多元入学还是走回大学联考，争论激烈。从中可以看出，在受中国传统文化影响的台湾，重人情、讲面子、拉关系、搞特权，单一的社会价值观，的确会使一个较好的制度滋生弊病。

（二）2002年5月民意调查，引发争论——继续大学多元入学还是恢复大学联考

由于“大学多元入学方案”是国民党执政时期提出的，面对民众及社会各界对大学多元入学方案的质疑，早在2002年4月4日，台湾地区立法机构中国国民党党团就公布了针对多元入学方案的一份民意调查①，该份民意调查是在4月1日～3日，对台闽地区20岁以上民众进行随机抽样电话访问，有效访问1 067位，以95%信心水准估计，最大误差正负3%以内。调查显示，74%的受访民众认为大学联考的公平性比多元入学更值得信赖；76.75%的民众支持恢复联考。50.43%的受访民众赞成大学多元入学政策，40.77%表示不赞成；并有55.95%的民众认为甄选制度不公平，82.38%的受访者认为社会升学主义、文凭主义现象严重，81.45%的民众认为在多元入学制度下考试和课业的压力反而变大。该调查认为：不能走回头路恢复大学联考，但教育事务主管部门应该重视民意的反映，确实检讨多元入学产生的问题。在随后的整个五月份，台湾地区国民党民意代表极力批评多元入学方案有诸多弊端，如“多钱入学”、不同的升学途径变成“多元压力”、造假风气鼎盛、拔苗助长等，同时督促教育事务主管部门多元入学已“变调”，如果行政当局不能提出改进方案，消除推荐甄选及申请入学弊端，将顺应民

① 参见《民调近八成支持恢复联考》、《民调七成家长赞成恢复联考》等文章，载于2002年4月～5月的台湾多家报刊媒体。

意要求行政当局恢复联考①。

教育事务主管部门的反应是多元入学新制刚刚上路一定有缺失，教育事务主管部门将针对多元入学公平性的疑虑问题进行改善，并于 8 月底提出高中、大学多元入学方案的改善配套措施。走回头路不是最妥善的方式，教育事务主管部门绝对不可能恢复联考。

台湾的 TVBS 民意调查中心于 2002 年 5 月 14 日至 17 日以台湾地区家中有初中及高中职学生的家长或是在学的初中、高中职学生为调查主体，调查有效样本 1 241 份，其中家长 559 位，学生 682 位，抽样方法采用电话号码后四码随机抽取，以人员电话访问方式进行，抽样误差为正负 2.8 个百分点②。调查结果显示，有高达 69%的初中、高中生家长表示不清楚目前实施的多元入学方案，只有 31%的家长表示了解多元入学方案，相对于家长对多元入学的了解，初中、高中生对多元入学方案表示了解的有 44%，但仍有过半数的初中、高中生对多元入学方案并不清楚，他们只能无奈地接受此制度。可以看出，无论是学生还是家长均有超过半数以上不清楚多元入学方案，这可能是多元入学方案引起争议的原因。在问到过去的联考制度与目前的多元入学方案相比较这个问题时，高达 70%的初中、高中生家长赞成以往的联考制度，仅有不到 20%的家长赞成目前的多元入学方案。初中、高中生对此问题的意见则出现分歧，虽然有 51%的受访学生赞成多元入学，但赞成恢复联考的比例也有 45%，两种意见的差距，显示学生对该采用何种升学方式仍有疑惑。受访者中 59%的家长对多元入学方案的公平性持质疑态度，53%的学生认为多元入学方案是公平的，认为不公平的有 43%，比例也相当高。有关学生面临的升学压力方面，高达 56%的受访家长表示，多元入学方案升学压力大于以往的联考制度，学生也有 69%的受访者认为课业压力大。

在民意调查显示的强有力的数据面前，台湾各界对多元入学方案批评不断，呼吁恢复过去联考制度的声浪渐起。

亲民党民意代表李庆安在 2002 年 5 月 23 日与国民党、民进党、无党籍民意代表共同组成跨党派“教改检讨推动小组”，要求废除多元入学，采取

① 参见《民调近八成支持恢复联考》、《民调七成家长赞成恢复联考》等文章，载于 2002 年 4 月～5 月的台湾多家报刊媒体。

② 参见《民调近八成支持恢复联考》、《民调七成家长赞成恢复联考》等文章，载于 2002 年 4 月～5 月的台湾多家报刊媒体。

“改良式联考”，改善过去“一试定终身”的弊端①。她认为与其推动多元入学方案，不如恢复一元的联考，只要命题活泼化、生活化、应用化即可。所谓“改良式联考”：第一，恢复联考制度；第二，研究提供二次考试机会，按照目前两次初级中学基本学力测验的做法，让学生能择优选用成绩，解决“一试定终身”的压力；第三，加强命题设计，以有创意与活泼的试题引导教学，改善填鸭式教育；第四，保留过去联考以外的保送甄试部分，为具有特殊才华的学生提供升学途径②。但是，此提案遭到民进党籍民意代表曹启鸿的强烈反对，要求教育事务主管部门不宜取消多元入学制度，贸然恢复过去的联考制度，以免造成政策反复无常，徒增家长及学生对政府施政的不满。他指出：“过去实施联考制度时，高达90%的民众反对联考，现在有了多元入学方案取代联考，竟然又要恢复联考，就像是希腊神话里的西西弗斯推石头一样，不断地、不断地重复推石头，如果初中基本学力测验能够测出学生的基本能力，也是一件很好的事情，不必再恢复联考。”③ 他建议教育事务主管部门应针对大学多元入学的各项缺失筹组“专案小组”，积极进行改革，使多元入学制度符合公平、公正及公开的精神。

中国国民党台北市党部于2002年5月25日召开“多元入学存废立院攻防中，且听家长心声”座谈会，会中许多考生家长以考生压力倍增、贫困子弟无法入学等为由，建议废除多元入学，支持联考“复辟”，这种观点认为在台湾社会各界有贡献的人士，都是经过联考洗礼崛起的人才。然而，在反对多元入学的一片挞伐声中，仍有部分考生家长声称，以个人立场赞成多元入学可让子女获得适合其个性才能的发展，提升考生应对进退的生活能力。这种观点代表少数家长支持多元入学的精神与方向④。

教育事务主管部门负责人黄荣村对愈演愈烈的多元入学方案与恢复联考的争论，也对自己坚持多元入学的理念一再改口。他先是表示教育事务主管

①② 参见《多元入学多元争议　立法机构炮声隆》、《民代促废多元入学，跨党催生改良式联招》等文章，载于2002年5月的台湾多家报刊媒体。

③ 参见《民代提案，改良式联考取代》、《多元入学存废座谈：学生盼解压，恢复联考呼声高》、《护航多元入学？教长改口：不惜辞职》等文章，载于2002年5月的台湾多家报刊媒体。

④ 参见《民代提案，改良式联考取代》、《多元入学存废座谈：学生盼解压，恢复联考呼声高》、《护航多元入学？教长改口：不惜辞职》等文章，载于2002年5月的台湾多家报刊媒体。

部门不会走恢复联考的回头路，后来在台湾地区民意代表将“连名签署行为”扩大到全民时，又表示愿意根据民意调查重新考虑恢复联考，后又再度改口表示，假如三个月后95%的民众仍无法接受教育事务主管部门提出的多元入学改革方案，继续主张恢复联考，他将为捍卫多元入学理念而辞职下台，以免外界误解他是走联考回头路。

虽然教育事务主管部门负责人的反应最终是捍卫多元入学的理念，但在“教改界”引起轩然大波，包括人本教育基金会、台北市家长协会、台北市家长会联合会、台湾教师会、台湾教改协会等民间教改团体，要求黄荣村不能因为台湾地区民意代表的“连署行动”及“联考复辟”势力的集结就放弃长期以来所坚持的教改理念。台湾“教师会”力挺“多元入学”，呼吁不要走联考回头路；就算多元入学方案有瑕疵或是太复杂，也应该朝着除弊、简化的方向作修正，何以轻言废除。他们又指出民众对施行几十年的联考非常熟悉，但对才推动没几年的多元入学方案却很陌生；若拿两者进行表决恐怕失真。人本教育基金会发表声明指出“改良式联考”等于“改良式戒严”，要求黄荣村“务必坚守教改理想，持续推动既定教改政策”。黄荣村在接受民间教改团体的建议后，再次强调：“多元入学不是一夕之间形成的，当年的联考‘怪兽’岂可再变成今天的‘宠物’?”① 教育事务主管部门将根据简单、公平、多元的修订原则，在三个月内全面检讨多元入学方案。

（三）2002年8月出台检讨后的大学多元入学改进方案及配套措施

在经过上半年的激烈争辩，台湾各界对改革大学多元入学方案取得了较为一致的看法，基本认为要坚持多元入学、公平公正的招生考试理念，应解决大学多元入学方案在实施一年后所产生的问题。教育事务主管部门的意见是多听取各方面建议，提出合适、恰当的措施。在8月主要参与检讨大学多元方案的各方团体、人员中，教育事务主管部门起引导监督作用。其次是“大学招生委员会联合会”筹组的“大学多元入学方案检讨专案小组”，再次是民间教改团体对改革大学多元入学方案起着积极作用。

---

① 参见《护航多元入学？教长改口：不惜辞职》等文章，载于2002年5月的台湾多家报刊媒体。

自2002年5月起，教育事务主管部门首先广泛征集意见，对外征询家长及民意代表意见，邀请“大学招生委员会联合会”研讨，在各界对于所拟定的改进方案与配套措施均有初步共识的情形下，于8月21日公布“大学多元入学改进方案及配套措施”。其具体内容如下①：

1. 技术层面的重要改进措施

技术层面的改进是为了使招生考务更加简单、公平，减轻学生负担且不影响原先升学规划，在2003学年度实施。

(1) 简化“申请入学”招生流程。①成立“申请入学”统一办理单位，汇编招生简章，并采用统一的标准表格，以通讯或网络方式受理报名和缴费，消解学生在报名方面的困扰。②报名时间定在学科能力测验成绩寄发后，第一阶段报名费依据考生报考校系数而定；第二阶段报名费用依据考生应试项目多寡，规定收费的上下限。第一阶段录取人数以招生名额三倍为原则。③第二阶段复试时间详列在简章中，各校系应审慎评估“推荐函”等书面资料，并经校内招生委员会确认。④各校统一正式录取学生的报到时间，并建立重复录取查核机制。

(2) 统一办理“联合术科考试”。音乐、美术及体育相关学系统一采用“联合术科考试”成绩，供大学推荐甄选入学、申请入学及“考试分发入学”等招生途径使用，不再加考术科。

(3) 建立公平性考试招生机制。①在社会大众没有普遍肯定各校考试招生方式前，现阶段不增加申请入学、大学推荐甄选招生名额。②各校应订立标准操作规程手册，各校院招生委员会应确认相关考试与招生规范。另外，建立招生回避制度，健全处理招生纷争与申诉途径的法规，强化考试违规舞弊防范措施及后续处理规定。③为发挥社会公平正义，对低收入户子女各项报名费用均减半优待。

(4) 加强宣传与辅导工作，促进多元化。①各单位成立对外服务机构，督导高中、职办理“说明会”，媒体宣传最新升学信息。②建立大学与高中、

① 以下主要参阅：1. 台湾教育事务主管部门2002年8月21日新闻稿《关于2003及2004学年以后大学多元入学改进方案及配套措施》，转引自网站：http://www.edu.tw/university/importance/910821-5.htm。2.《多元入学同步配套变革》、《各级多元入学，改进方案公布》、《明年三级多元入学修正案拍板》等文章，载于2002年8月的台湾多家报刊媒体。

家长之间正常对话沟通机制，妥善辅导“申请入学”与大学推荐甄选入学录取或未录取学生。③成立辅导团队，向各大学说明“考试分发入学”的“甲、乙、丙三案”应用方式。

2. 制度层面的改进方向

因为重大招生变革与学生升学规划息息相关，必须经审慎评估与研究，依照惯例至少须提前一年公告周知。这样要到 2004 学年度起才可实施制度层面上的改进。大学招生委员会联合会积极研究改进制度层面的问题。其主要困难与问题为：①“考试分发入学”的“甲、乙、丙三案”招生选择方式合而为一。②大学推荐甄选入学与“申请入学”合并为单一入学途径。③评估学科能力测验考试时间。④鼓励一般大学增加更多参加四技（即四年制技术职业学院）、二专（即二年制专科学校）招生途径的名额，持续扩增高职生进入一般大学的名额。⑤分析“考试分发入学”所设计的学科能力测验与指定科目考试选考科目方式及对学生选填志愿的影响。⑥委托大学招生委员会联合会及大学入学考试中心进行各项专案研究，包括：特种考生升学优待；“甲、乙、丙三案”对大学招生策略与学生升学选择分析；评估实施“大学多元入学方案”后，研究学生家庭背景及城乡差距对入学机会分配的影响；研究统一各项招生途径与考试名称。

教育事务主管部门进一步拟定了未来改进方向：①持续研究简化、公平、多元的“考招分立”入学制度。②简化各项招生方式与途径，使学生、家长及社会清楚易懂。③建立更公平合理的招生制度，研究特种生入学优待方式与名额的保障措施。④研究真正兼顾到学生的能力、性向、兴趣等多元取向的多元入学途径。⑤大学入学考试中心持续研究“一纲多本”的命题构想，并保证命题的公平原则。⑥检讨大学招生委员会联合会、大学入学考试中心及各大学的招生定位与角色，强化彼此的功能。

四、2003 学年和 2004 学年度大学多元入学的各项变革

2003 年和 2004 年是台湾继续实施大学多元入学关键性的两年，对“大学多元入学新方案”进行了一些重要的改进和调整，因为有这两年的坚持多元入学，坚持研究大学入学考试问题，使大学多元入学的改革顺利进行，所以专门加以概述。

2002 年 11 月 16 日台湾教育事务主管部门发布《2003 学年度大学多元

入学各项变革、执行概况及考试招生时程说明》①，《说明》指出，2003 学年度的各项改进措施属技术层面的简化、统筹与防弊，目的在于使考试招生更加简单、公平、多元，有效减轻考生负担并且不影响考生原先的学习准备与升学规划，其较大变革如次：

(一) 2003 学年度大幅简化“申请入学”招生手续

(1) 由中正大学担任统一办理单位，负责汇编招生简章，并采用统一的标准表格统一受理第一阶段报名缴费及学科能力测验成绩筛选。

(2) 采取网络报名方式。

(3) 报名时间：在学科能力测验成绩寄发后，2003 年 2 月 27 日—3 月 6 日。

(4) 第一阶段报名费依报考大学、系科数而定，最多可报考 8 所大学、系科。

(5) 第二阶段复试时间为 2003 年 3 月 28 日—4 月 27 日间的周五、周六举行，并详列在招生简章中。具体变化内容参见表 3-23。

表 3-23 2003 年大学“申请入学”招生的变化与 2002 年的比较表

项目	2002 年	2003 年
办理单位	各校自办	第一阶段由中正大学汇办，第二阶段仍由各校自办
简章编制	多本，各校自行编制	一本，由中正大学统一汇编，各校在后续第一阶段录取通知时另外附上补充说明
简章发售	各校不一，从每年 11 月至隔年 3 月	统一发售，网络公告：2002 年 12 月中旬；正式简章：2003 年 1 月中旬
报名表件	各校不一	统一格式
报名手续	分别向各校报名缴费	统一向中正大学报名缴费
报名方式	多数采通讯报名	网络报名
报名费用	各校不一，第一阶段：300～1 500（新台币）；第二阶段：500～2 200（新台币）	第一阶段：报考 1 个校系为 100（新台币），最多选填 8 个校系；第二阶段：规定上下限范围收费（600～1 500新台币）

① 详细参见台湾教育事务主管部门网站有关内容，网址：http://www.edu.tw/university/importance/911116-1.htm。

续表

项目	2002年	2003年
报名时间	2/3学校于学科能力测验成绩寄发前	于学科能力测验成绩寄发后
第一阶段筛选方式	各校不一，部分仅作学科能力测验筛选，部分学校还包括书面审查	统一以学科能力测验作筛选
第一阶段录取人数	以招生名额三倍为原则，但以同分进入第二阶段复试的情形众多	以招生名额三倍为原则，明确规定同分参酌序，其参酌项目不宜过少
第二阶段书面审查	各校自定，但推荐函等书面资料易流于形式，“备”而不审	要求各校审慎评估书面资料的重要性，原则上不采用参考“推荐函”，如有需要，应先说明理由并经校内招生委员会确认
第二阶段复试时间	各校不一，且无事前告知，从3月中旬至4月下旬	统一于招生简章汇编告知，从2003年3月28日至4月27日期间的周五、周六
重复录取查核机制	无统一规定	应选择一所学校报到（已报到的录取生应向报到学校声明放弃录取资格后，才可再至其他校院报到），违者取消其申请入学录取资格
录取后可否参加其他考试	无统一规定	已办理报到的录取生，应于6月20日前声明放弃录取资格，否则不得参加其他登记分发，违者取消其申请入学录取资格

资料来源：《2003学年度大学多元入学各项变革、执行概况及考试招生时程说明》，参见台湾教育事务主管部门网站，网址：http://www.edu.tw/university/importance/911116-1.htm。

（二）统一采用术科考试供各招生途径使用

（1）使用方式①：各招生途径将统一采用“联合术科考试”成绩，不再加考术科。大学可自主选用音乐、美术考试各项目成绩，考生可自由选考。体育五项测验项目合为一项成绩。考试成绩可供推荐甄选、申请入学与“考

① 参阅台湾教育事务主管部门主办的《2003学年度大学多元入学说明会》，2002年11月12日，第16页，转引自网站：http://www.ceec.edu.tw。

试分发入学”等招生途径使用，即“一试可多用”。

(2) 名额限制：规定音乐、美术及体育相关校系的“甄选入学”招生名额不得超过该系总名额的 60%（预备的竞技、舞蹈、戏剧、国剧、国乐等学系因性质特殊且系数极少，其招生名额可以全部以“甄选入学”或单独招生方式办理）。

(3) 考试时间：提前至 2 月底 3 月初，7 月份指定科目考试不再办理术科。

（三）合理规定考试招生报名费用

(1) 台湾教育事务主管部门要求各校确实精算必要成本并研究调整报名费收支，以减轻学生经济负担。

(2) 为避免因经济因素影响弱势群体升学机会，教育事务主管部门研究确定低收入户子女参加 2003 学年度各项考试招生报名费用均给予减半优待，以保障弱势群体学生就学权益。

(3) 上述方案的适用对象：凡报考大学入学统一考试的考生属于台湾省各县市、台北市、高雄市与福建省金门县、连江县等所界定的低收入户者，在报名时缴台湾省所属行政部门开具的低收入户证明文件（非清寒证明）副本，办理报名费减半手续①。

（四）建立公平性考试招生机制

(1) 在各校考试招生方式未普遍受到肯定前，教育事务主管部门规定 2003 学年度各学系“甄选入学”及其他招生途径的名额，以不超过该学系新生招生总名额的 30%为原则。“考试分发入学”招生名额以不低于各校当年度新生招生总名额的 70%为限。2003 学年度实际招生总名额分配状况与 2002 学年度相比并无显著差异，“考试分发入学”约 76%，“甄选入学”及其他升学途径为 24%。

(2) 各校应编制标准操作规程手册，招生委员会确定相关考试与招生规范。教育事务主管部门编制通用性的考试招生标准操作规程手册，供各校参考。

(3) 各校须明确规定口试与书面审查评分依据及程序。

---

① 参阅台湾教育事务主管部门主办的《2003 学年度大学多元入学说明会》，2002 年11 月 12 日，第 7～8 页，转引自网站：http://www.ceec.edu.tw。

(五) 2004 年的“大学多元入学方案”①

2003 年 3 月 21 日台湾大学招生委员会联合会第二次会员大会修正通过决议，2004 年继续实施“大学多元入学方案”。该方案的宗旨是落实大学入学“考招分离”与多元入学的精神，使招生制度符合公平、多元、简单的原则，达到各校选才的目标。主要改革项目有：

(1) 将 2003 学年度实施的推荐甄选与申请入学两种大学入学方式简化为“甄选入学”，兼顾现行推荐甄选的特殊取才精神与缩短城乡差距的目的以及申请入学的招生弹性。

(2) 将 2003 学年度“考试分发入学”的“甲、乙、丙三案”整合为一案，大学院系可采用学科能力测验作为“检定”标准，并“采计”3～6 科指定科目考试（含术科考试）成绩，指定科目考试成绩的“采计”，由大学校系依 1.00、1.25、1.50、1.75、2.00 加权方式处理，不列高标、均标、低标的检定。取消学科能力测验的第二次补考。详细内容参见表 3-24。

表 3-24　2004 年“大学多元入学方案”说明简表

项目	甄选入学	考试分发入学
决策单位	由“招联会”订立共同招生办法	
招生简章	由“大学甄选入学汇办单位”统一汇编	由“年度联合分发委员会”统一汇编
招生名额	1. 招生名额（含“学校推荐”与“个人申请”两种方式）依“教育部”核定原则办理 2. 办理“甄选入学”的大学，该校的“学校推荐”招生比例不得低于教育事务主管部门订立的标准	招生名额依教育事务主管部门核定原则办理
报考资格	学校推荐：由高中向大学校系推荐符合各校系推荐条件的应届毕业生 个人申请：符合大学入学资格者可申请符合志趣的大学校系	凡公、私立高中（职）毕业生或具同等学力者，均可以其参加该年度指定科目考试或学科能力测验、术科考试等各项考试的成绩，参加“考试分发入学”

① 引自台湾教育事务主管部门网站：http://www.ceec.edu.tw（2003 年 7 月 4 日）。

续表

项目	甄选入学	考试分发入学
报名方式	1. 分为“学校推荐”与“个人申请”两种方式，并列于一张报名表，每位考生对同一大学校系仅限选取一种方式，不得重复报名 2. 由“大学甄选入学汇办单位”统一办理	考生向“年度联合分发委员会”交志愿卡
报名校系数	学校推荐：每位考生限被推荐至一校系，一所高中对一校系推荐二至三人 个人申请：每位考生以申请五校系（含）为限	每位考生选填的志愿不得超过 80 个
考试	学科能力测验：国文、英文、数学、社会、自然五科	考生依大学校系订立的指定考试科目选考指定科目考试
筛选	学科能力测验成绩的“检定”、“倍率筛选”（建议以核定录取名额的三倍为原则）、“采计”或“同分参酌”等标准由大学校系自订	“年度联合分发委员会”依各大学校系所定招生条件，按“先检定，后采计，同分再参酌”的程序分发
各校系甄试	1. 大学校系得自办指定项目甄试 2. 各校“学校推荐”与“个人申请”甄试时间集中在三月底至四月底间周五、周六、周日时间办理	无
放榜	各校放榜：“学校推荐”不列备取名额，“个人申请”可列备取名额	“年度联合分发委员会”统一放榜
限制条件	未放弃录取资格者，不得报名“考试分发入学”招生及四技二专联招	未放弃录取“甄选入学”及保送入学资格者，不得报名“考试分发入学”招生及四技二专联招
重复报到查核	由“大学甄选入学汇办单位”统一办理	无重复报到问题
名额流用	1. “学校推荐”及“个人申请”名额不可相互流用 2. 未足额录取的名额及报到后的缺额应流用至“考试分发入学”	“甄选入学”未足额录取的名额及报到后的缺额应流用至“考试分发入学”

资料来源：台湾教育事务主管部门网站：http://www.ceec.edu.tw（2003 年 7 月 4 日）。

可以看出，考生参加各项考试与可选择的入学途径有：①仅参加学科能力测验的考生，可选择“甄选入学”一种入学途径，由考生个人申请或由高中向大学校系推荐符合各校系推荐条件的应届学生。②仅参加指定科目考试的考生：只可选择“考试分发入学”一种入学途径；仅可选填无需学科能力测验“检定”的大学校系为志愿；考生若志愿报考“采计”术科的大学校系，另外参加术科考试，术科考试的组别可列为指定科目考试的科目。③学科能力测验与指定科目考试两种考试均参加的考生，可选择“甄选入学”或“考试分发入学”二种入学途径；考生若报考“采计”术科的大学校系，另外参加术科考试。

(3) 考试分发入学的录取。①由“年度联合分发委员会”依据各大学校系所定的招生条件，按“先检定，后采计，同分再参酌”的程序分发，即按照大学校系所定的指定科目考试（含术科考试）成绩及选填志愿校系的顺序，择优录取；如其采计的指定科目考试（含术科考试）成绩加权后总分相同，再依大学校系所定的参酌项目（不得采计学科能力测验成绩）及顺序决定录取优先顺序。②如遇同分参酌至最后一项的结果仍相同，致使校系的录取人数超出招生名额时，则超额的同分者一并录取于该大学校系。③采联合分发录取方式，统一发榜。

(4) 考生志愿的选择[①]。考试分发入学制以“指定科目考试”的成绩、联合分发的方式来筛选及录取学生。校系可设学科能力测验学科五标或总级分五标作为“检定”标准，“采计”指定 3 至 6 考科（含术科），作为选才的标准。

从考生的角度来看，参加的考试或选考的考科愈多，可以选填的志愿数愈多，但课业的负担也愈重。下面的表 3-25 及表 3-26 以 2004 学年度考试分发入学简章为例，说明甲、乙两位考生参加的考试、指定科目考试选考的科目，与可以选填志愿之间的关系。

甲考生指定考科选考了国文、英文、数学甲、数学乙 4 科，学科能力测验达标如下：国文前标、英文顶标、数学前标、社会均标、自然均标、总级分前标；考生可利用这些科目的分数填写以下的志愿：台湾大学财务金融学系（采计国文、英文、数学乙）、政治大学统计学系自然组（采计国文、英文、数学甲）、东海大学日本语文学系（采计国文、英文、数学乙）；但无法

① 参见网站：http://epaper.mdhs.tpc.edu.tw/941103/95_university_admission.doc。

填写未通过学科能力测验检定标准的校系（如：台湾清华大学计量财务金融），或采计历史、地理、物理、化学、生物的校系（如：世新大学英语、淡江大学企业管理）。

乙考生指定考科选考了国文、英文、数学乙、历史、地理，但未报考学科能力测验，可利用这些科目的分数填写以下的志愿：东海大学日本语文学系（采计国文、英文、数学乙）、淡江大学企业管理学系（采计国文、英文、数学乙、历史、地理）；无法填写参采学科能力测验检定的校系（如：台湾大学财务金融、世新大学英语），或采计数学甲、物理、化学、生物的校系（如：政治大学统计自然组、台湾清华大学计量财务金融）。

表 3-25　考生参加考试及选考科目

考试 考生	学科能力测验	指定科目考试
甲生	国文前标、英文顶标、数学前标、社会均标、自然均标、总级分前标	选考：国文、英文、数学甲、数学乙
乙生	未报考	选考：国文、英文、数学乙、历史、地理

资料来源：大学多元入学方案说明，http://www.tsshs.tpc.edu.tw/new_tsz/2004_office/fu_do/index/03.files/s3mes_page_l.htm。

表 3-26　考生可否选填志愿的范例

项目 校系	学科能力测验检定项目及标准	指定考科"采计"科目及方法	可填志愿"√"、无法填志愿"×"		备注
			甲生	乙生	
台湾大学财务金融学系	社会（均标） 自然（均标）	国文＊1.00 英文＊1.50 数学乙＊2.00	√	×	乙生：未报考学科能力测验，故无法选填
政治大学统计学系自然组	国文（均标） 英文（均标） 数学（均标） 社会（均标） 自然（均标） 总级分（均标）	国文＊1.00 英文＊1.50 数学甲＊1.50	√	×	乙生：未报考学科能力测验，且指定科目考试未选考数学甲，故无法选填

续表

项目 校系	学科能力测验检定项目及标准	指定考科“采计”科目及方法	可填志愿“√”、无法填志愿“×”		备注
			甲生	乙生	
清华大学计量财务金融学系	国文（均标） 英文（均标） 数学（均标） 自然（前标）	国文 * 1.00 英文 * 1.00 数学甲 * 1.00	×	×	甲生：未通过学科能力测验自然科检定标准（前标），故无法选填 乙生：未报考学科能力测验，且指定科目考试未选考数学甲，故无法选填
世新大学英语学系	总级分（后标）	国文 * 1.50 英文 * 1.50 历史 * 1.00	×	×	甲生：指定科目考试未选考历史，故无法选填 乙生：未报考学科能力测验，故无法选填
东海大学日本语文学系	——	国文 * 2.00 英文 * 2.00 数学乙 * 1.00	√	√	
淡江大学企业管理学系	——	国文 * 1.50 英文 * 1.50 数学乙 * 1.25 历史 * 1.00 地理 * 1.00	×	√	甲生：指定科目考试未选考历史、地理，故无法选填

资料来源：大学多元入学方案说明，http://www.tsshs.tpc.edu.tw/new _tsz/2004 _ office/fu _ do/index/03.files/s3mes_page_l.htm。

五、2005 年以来的大学多元入学改进方案①

自 2005 年以来，台湾地区大学多元入学方案经过之前的不断改进，整体上基本没有大的改动，一直坚持简单、多元、公平的原则，实施大学多元入学。其不同于以往的特点有：

① 参见台湾大学入学考试中心网站、台湾教育事务主管部门网站有关内容，网址：http://www.ceec.edu.tw、http://www.edu.tw.

（一）考试专业化，招生多元化

建立公平考试招生机制，减少对甄选入学的质疑，使过去操作程序繁多的多元入学简单化。2005 年以来先是将学校推荐与个人申请合并为“甄选入学”，由汇办中心统一分发。考试分发入学“采计”3—6 科指定科目考试（含术科考试）成绩。由专门机构负责术科考试，各招生途径均可使用术科考试成绩。后来又进一步调整和修改，目前台湾地区的大学多元入学方案改变了传统联招的入学方式，入学途径有三种：繁星推荐入学、个人申请入学、考试入学。考试专业化体现为考试有大学入学考试中心等常设机构专职办理，对命题持续研究，使试题具有合理评量与筛选功能，兼顾高中教学正常化。

招生多元化一方面体现为大学校系依据特色选择招生途径，制定招生条件，招收志向、兴趣与能力相符的学生；另一方面是学生按照志向、兴趣与能力，选择适合的大学校系就读。进一步落实高中均质、区域均衡及大学的社会责任，避免以智育作为单一升学标准。

（二）多数大学系科采用“全民英检”考试成绩

“全民英语能力分级检定测验”简称“LTTC 全民英检”。“全民英检”系台湾地区教育事务主管部门补助财团法人语言训练测验中心研发办理的全国性英语能力评量。“LTTC 全民英检”自 2000 年开办，首先推出“中级”测验，于 2001 年陆续办理“中高级”及“初级”测验，2002 年增办“高级”测验，2004 年推出“优级”测验。目前初级、中级及中高级每年举办两次，高级每年一次，优级则以项目方式办理。“全民英检”共分五级：初级、中级、中高级、高级、优级。中级能力相当于高中毕业所具备的英语程度。

在大学多元入学途径中，大学逐渐地参考采用了“全民英检”成绩，如 2004 学年度起甄选入学约有 40 所校系参采“全民英检”成绩；依据该中心网站的统计，大专院校采用“全民英检”成绩的有 82 所①。2015 年“全民英检”中级以上通过证书获得台湾地区近 600 个大学校系甄选入学列为审查要项。因此，通过“全民英检”可以说考生又多了一项考试利器。

---

① 参阅财团法人语言测验中心网站：http://www.lttc.ntu.edu.tw/gept.htm (2007-02-02)。

(三) 规范术科考试

“音乐、美术、体育”3项术科考试由大学入学考试中心统一办理，舞蹈、戏剧、国乐、国剧与运动竞技等术科考试，由相关校系自行办理。目标是由术科考试测验学生程度，作为招生依据。科目及考试项目如表3-27。

表3-27　术科考试科目及考试项目

科目	考试项目
音乐	主修、副修、乐理、听写、视唱
美术	素描、彩绘技法、创意表现、水墨书画、美术鉴赏
体育	60米立姿快跑、20秒反复侧步、一分钟屈膝仰卧起坐、立定连续三次跳、1600米跑走

说明：(1) 音乐主、副修可从钢琴、声乐、弦乐、管乐、击乐、理论与作曲、传统乐器七个项目中任选两样应考，副修不能与主修相同。(2) 音乐五项及美术五项考生可自由选考，体育则需全部项目应考。(3) 术科考试报名及测验时间：十二月报名，来年二月考试。(4) 评分方式：美术及音乐五个分项个别计分，体育术科只给一个总分。(5) 成绩检定：依各科全体到考考生成绩计算，各科及各项目分为五种标准，由校系自订通过标准：顶标：该项目（考科）成绩位于第88百分位数之考生分数；前标：该项目（考科）成绩位于第75百分位数之考生分数；均标：该项目（考科）成绩位于第50百分位数之考生分数；后标：该项目（考科）成绩位于第25百分位数之考生分数；底标：该项目（考科）成绩位于第12百分位数之考生分数。(6) 用途：术科考试一试多用，可供个人繁星推荐、个人申请、考试入学及单招使用。

资料来源：2016学年度大学多元入学升学网：http://nsdua.moe.edu.tw/index.php/download.

评分方式：美术及音乐五个分项个别计分，体育术科只给一个总分。

成绩检定：依各科全体到考考生成绩计算，各科及各项目分为五种标准，由校系自行确定通过的标准。顶标：该项目（考科）成绩位于第88百分位数的考生分数。前标：该项目（考科）成绩位于第75百分位数的考生分数。均标：该项目（考科）成绩位于第50百分位数的考生分数。后标：该项目（考科）成绩位于第25百分位数的考生分数。底标：该项目（考科）成绩位于第12百分位数的考生分数。术科考试可以一试多用，供甄选入学、考试分发入学及单招使用。

（四）实施高中英语听力测验

从 2014 年开始，台湾地区大学入学考试中增加了“高中英语听力测验”方式。此系配合普通高级中学课程纲要的内涵，以适切的题型，针对高中学生英语听力进行的一项综合评量。同时，为呼应大学校园国际化趋势，本测验除着重英语于日常生活中的应用与沟通外，也强调课堂学习相关的英语能力，以期能将所学与世界接轨。

测验目标：依据高中课程纲要，评量高中生英语听力学习的成效；落实英语课纲听、说、读、写能力并重的内涵；评量学生日常生活及课堂学习相关英语的听力；提供各大学校院招生选才的参考。测验范围：普通高级中学必修科目《英文》课程纲要一至四学期及选修科目《英语听讲》课程纲要。题型除“对答”为单题、“短文听解”为题组外，“看图辨义”与“简短对话”皆含单题及题组试题。测验内容涵盖生活化、实用性主题，情境包括校园、家庭、公共场所、社交等，并着重日常生活的沟通功能。词汇范围以高中英文常用 4 500 个字词为主。

高中英语听力测验由大学入学考试中心每年分两次办理考试，如 2015 年第一次在 10 月 24 日，第二次在 12 月 12 日。成绩采用等级制，高中英语听力测验成绩纳入大学“繁星推荐入学”、“个人申请入学”与“考试入学”的检定项目，各招生入学途径使用改测验成绩的方式，在招生简章中明确规定。

（五）实施“繁星推荐”入学招生方式①

2007 年开始，台湾为了延续大学多元入学方案的多元、公平、均衡发展的理念，推出“繁星计划”。“繁星计划”的目标在于，实现“高中均质、区域均衡”的理念。为了进一步改善原甄选入学（推荐甄选和申请入学）及考试分发入学途径中“维持公平、正义不足”的缺憾，增加偏乡高中学生进优质大学的机会，以选拔培养台湾各高中的英才，使每一所高中具有潜力的优秀学生，皆有就读优质大学的机会，进而培育未来社会的中坚。同时试图通过实施此招生方案，引导高中学生就近入学，配合推动高中就学社区化，促使城乡教育的均衡发展、高中教育正常化，并激励偏乡学校的学生力争上

---

① 参见杨李娜：《台湾地区大学多元化入学制度改革特点探析》，《教育与考试》2011 年第 6 期，第 20～27 页。

游，改善地方学风。经过几年的实践，“繁星计划”与“学校推荐”整合为“繁星推荐”，并于2011年实施。

从2007年开始在“发展国际一流大学及顶尖研究中心计划（即5年500亿新台币的获选学校）”的12所学校，后来又加入“奖励大学教学卓越计划”的13所学校，共计25所大学实施“繁星计划”。意即以明星大学对一般高中增加入学机会，使高中学生有机会成为“明星”，点亮星星，使学生成为天上的点点繁星。这就是“繁星计划”的由来。

2008—2009学年度大学“繁星计划”执行成果颇受各界肯定，确实“扩大优质大学学生来源数”，符合平衡城乡差距的预期目标，推动高中职社区化，符合本计划“高中均质、区域均衡”的理念。未来大学“繁星计划”仍应考虑下列事宜：加强宣传、引导计划内容；协调各校降低“学测”门槛，以让更多偏乡高中学生有机会进入优质大学；鼓励优质大学开放更多科系及招生名额，以扩大本计划的效益；“繁星计划”将高中在学成绩列为录取的优先条件，今后要建立健全查核各高中成绩的机制，防止产生弊端，建立社会公信，奠定持续实施“繁星计划”的基础。因此，在2010年研究修改的基础上，2011年实施繁星推荐计划。

目前在甄选入学途径中分为“繁星推荐”及“个人申请”两种入学方式，前者由高中向各大学校系推荐（限应届毕业生），后者由考生自行向符合志趣的大学校系提出申请；由“大学甄选入学委员会”及大学校系办理。具体情况如下：

1. 繁星推荐

所有大学均可参加。大学按照学系的性质分学群招生，由高中向大学依学群推荐符合推荐条件的应届毕业学生。大学不办理第二阶段甄试。少数民族招生按照外加名额办理。

大学各学群分类原则如下：

第一类学群：文、法、商、社会科学、教育、管理等学系。

第二类学群：理、工等学系。

第三类学群：医、生命科学、农等学系（医学系除外）。

第四类学群：音乐相关学系。

第五类学群：美术相关学系。

第六类学群：舞蹈相关学系。

第七类学群：体育相关学系。

第八类学群：医学系。

第四类至第七类学群，仅限招收高中的音乐、美术、舞蹈及体育班学生。

高中推荐的条件：被推荐的学生须参加学科能力测验、术科考试、高中英语听力测验，同时，全程就读同一所高中，修满高一、高二各学期的应届毕业生，且高中前四个学期学业成绩总平均全校排名百分比符合大学的规定。学科能力测验成绩任一科不得为零分，校系要求的术科项目不得为零分，且符合大学所定的检定标准。高中对大学每个学群至多推荐 2 名，且 1 名学生仅限被推荐至 1 所大学的 1 个学群。除非声明放弃繁星推荐入学途径，一旦录取不得再参加其他形式的招生入学。

录取办法：以学生高一、高二各学期学业成绩总平均的全校排名百分比作为第一个比序项目，百分比小者优先录取。经第一项比序结果相同者，以各大学自订的添加比序，择优录取。经前项比序后仍相同者，一律录取。分两轮分发，第一轮分发，各大学对同一所高中非艺才班、非体育班的学生，以录取 1 名为限；对同一所高中各艺才班及体育班的学生，其对应的学群也各以录取 1 名为限。大学校系经第一轮分发后仍有缺额者，依该校系的分发比序项目进行第二轮缺额分发，各大学对同一所高中再录取人数不受 1 名限制。医学系第八类学群的招生录取各校进行面试，最多面试人数为 50 人，在第一至第七类放榜后进入医学系的面试。面试内容由各校自订，按照面试成绩决定录取结果。

2. 个人申请

考生须参加学科能力测验及视大学校系规定参加高中英语听力测验，就读术科校系的考生，须参加术科考试。符合大学校系报名资格的学生，每人以申请 6 校系为限。各校系的正备取录取生于规定时间内至“甄选入学委员会”网站登记就读志愿序，甄选委员会按照录取生的志愿序和名次统一分发，每一录取生以分发至 1 校系为限。分发即取得入学资格，未于规定期限内放弃入学资格者，不得参加考试入学招生及其他职业技术学院的登记分发入学招生。

（六）三种考试成绩在两种入学途径中的使用

在两种多元入学途径中，考试成绩的使用有检定、采计、参酌三种方式。

表 3-28　三种考试成绩在两种入学途径中的使用

入学途径	成绩考核方式	学科能力测验	术科考试	指定科目考试
甄选入学	检定	○	○	——
	采计	○	○	——
	参酌	○	○	——
考试分发入学	检定	○	——	——
	采计	——	○	○
	参酌	——	○	○

资料来源：http://epaper.mdhs.tpc.edu.tw/941103/95_university_admission.doc《2006 学年度大学多元入学方案介绍》。

如表 3-28 所示，在“甄选入学制”中，学科能力测验及术科考试成绩可作为“检定”、“采计”、“参酌”之用。在“考试分发入学制”中，术科考试及指定科目考试成绩作为“采计”及“参酌”之用，而学科能力测验仅作为“检定”之用。

（七）四种考试成绩在三种入学途径中的使用

目前为止，台湾地区考生参加各项考试与可选择的多元入学途径的关系如下：

1. 仅参加学科能力测验

（1）可选择“繁星推荐入学”、“个人申请入学”两种入学途径，可由高中向大学校系推荐符合各校系推荐条件的应届学生或考生个人申请。

（2）若校系采纳“高中英语听力测验”成绩作为检定，考生须参加考试并提供成绩。

2. 仅参加指定科目考试

（1）仅可选择“考试入学”一种入学途径。

（2）仅可选填无需学科能力测验的大学校系为志愿。

（3）若校系采纳“高中英语听力测验”成绩作为检定，考生须参加考试并提供成绩。

（4）考生若有意就读采计“术科”的大学校系，另须参加术科考试；术科考试的组别可列为指定科目考试的科目。

3. 学科能力测验及指定科目考试两种考试均参加

（1）可选择“繁星推荐入学”、“个人申请入学”或“考试入学”三种入学途径。

(2) 若校系采纳“高中英语听力测验”成绩作为检定，考生需参加考试并提供成绩。

(3) 考生若有意就读采计“术科”的大学校系，另须参加术科考试；术科考试的组别可列为指定科目考试的科目。

(八) 大学多元入学的实施情况

到目前为止，台湾的大学多元入学实施了 15 年，根据台湾教育事务主管部门公布的资料看，在指定科目考试的报名人数方面、各种入学途径的报名、录取人数方面，取得了一定的成效。2009 年在指定科目考试中增加了“公民与社会”考科，2013 年以来，出现多元入学方式招收的学生首次超过联招考试入学招收的学生。见表 3-29 和表 3-30。

表 3-29 指定科目考试历年报名人数统计表

学年度	集报单位数（个）	集报人数			个报人数			报名人数总计（人）
		小计	高中职	补习班	小计	邮递	网络	
2002	465	105 514	87 666	17 848	7 769	…	…	113 283
2003	501	113 274	94 860	18 414	12 396	9 643	2 753	12 670
2004	511	106 303	87 853	18 450	11 485	7 231	4 254	117 788
2005	530	104 140	89 765	14 375	12 488	4 327	8 161	116 628
2006	518	98 427	88 061	10 366	11 462	3 750	7 712	109 889
2007	526	90 242	82 358	7 884	9 875	2 981	6 894	100 117
2008	532	84 876	79 481	5 395	8 805	2 510	6 295	93 681
2009	531	80 293	76 431	3 862	7 065	2 053	5 012	87 358
2010	539	76 702	72 585	4 117	7 305	1 921	5 384	84 007
2011	525	74 298	69 605	4 693	7 973	1 704	6 269	82 271
2012	535	68 388	63 496	4 892	7 546	1 255	6 291	75 934
2013	527	60 086	56 432	3 654	5 982	…	5 982	66 068
2014	530	56 667	53 565	3 102	5 442	…	5 442	62 109
2015	510	51 709	48 933	2 776	5 528	…	5 528	57 237

资料来源：http://www.ceec.edu.tw/AppointExam/AppointExamStat/ApExamNumber.htm（台湾大学入学考试中心网站）。

表 3-30　历年指定科目考试学科选考人数统计

学年度	国文	英文	数学甲	数学乙	历史	地理	公民与社会	物理	化学	生物
2002	113 133	113 193	54 226	92 105	69 604	68 613	…	49 426	49 473	33 679
2003	125 530	125 608	62 255	111 415	80 384	79 718	…	56 876	57 169	41 312
2004	117 678	117 705	62 588	104 400	71 832	71 098	…	56 668	56 710	40 456
2005	116 487	116 492	62 868	104 740	71 284	70 626	…	57 368	57 564	40 530
2006	109 749	109 770	57 553	99 212	68 522	67 999	…	52 525	52 700	35 460
2007	100 070	100 059	49 788	91 258	63 504	63 060	…	46 092	46 236	30 020
2008	93 610	93 595	46 257	83 901	58 338	58 114	…	42 800	42 911	27 168
2009	87 284	87 270	42 378	75 440	52 845	52 593	46 948	39 876	39 947	26 026
2010	83 933	83 927	40 210	69 919	50 586	50 341	44 814	37 514	37 956	24 680
2011	82 166	82 164	39 694	67 464	49 194	48 934	42 948	37 103	37 585	25 171
2012	75 824	75 839	35 596	62 911	46 495	46 254	40 748	32 842	33 396	22 370
2013	65 937	65 966	30 893	54 417	40 761	40 526	35 345	28 046	28 620	19 643
2014	61 988	62 021	27 754	50 003	38 653	38 336	33 668	25 130	25 735	17 714
2015	56 818	57 114	25 331	45 991	35 474	34 874	31 773	21 994	23 354	16 475

表 3-31　2005 年至 2015 年台湾地区大学校院新生录取人数及录取率

学年度	联招（指定科目考试）录取人数	甄选入学（含其他途径）录取人数	联招（指定科目考试）录取率	多元入学录取率
2005	88 991	23 286	(89.08)	66.89
2006	88 920	26 359	(90.93)	68.59
2007	86 652	31 388	(96.28)	74.20
2008	81 409	32 907	(97.10)	73.18
2009	76 434	34 905	(97.14)	75.48
2010	71 165	41 439	(94.87)	76.31
2011	66 683	46 504	(90.44)	77.37
2012	59 696	53 637	(88.00)	73.33
2013	55 307	58 306	(94.39)	75.73
2014	52 608	60 416	(95.73)	76.78
2015	48 537	64 252	(95.58)	77.23

注：括号内数字＝指定科目考试录取人数÷缴卡登记总人数×100%。录取人数不含外加名额。

资料来源：根据台湾教育事务主管部门统计处“重要教育统计资讯”统计而得。网址：http://depart.moe.edu.tw/ED4500/cp.aspx?n=002F646AFF7F5492&s=1EA96E4785E6838F#

六、台湾地区大学多元入学制度的特点

从以上各方面所述情况来看，实施“大学多元入学新方案”，在台湾各界，尤其是教育界掀起了教育改革的浪潮。台湾有关大学多元入学考试制度的改革具有以下特点：

1. 重视考试研究

从台湾的教育改革中可以发现，台湾教育界注重教育制度的研究，尤其注重科学研究考试理论与实践，注意理论联系实际，不怕失败，勇于面对问题，坚持改革理念，是值得借鉴的。

2. 坚持“考招分立”精神

改进多元入学方案依法行使各方权力，教育事务主管部门行使其评价、监督作用的权力；大学行使招生自主权，自主选择考试科目；大学入学考试中心根据“考招分立”精神，专门负责考试事项，它主要受教育事务主管部门和“大学招生委员会联合会”的委托办理考试业务。改进后的方案各单位的各项权责明晰，均依法行使权力。

3. 遵循渐进、包容、兼顾的改革原则

台湾地区大学多元入学方案的改革一直遵循原“大学多元入学方案”的循序渐进、兼容并包的原则，不盲目冒进。毕竟“大学多元入学方案”是经过多年研究、调查、分析、讨论、座谈之后提出的，不是空穴来风，经得起时间和实践检验。如关于“考试分发入学制”的三案并行还是三案整合，或是三案合并为一等的争论、建议。不贸然行事，在 2003 学年度再实施一年的基础上，与 2002 学年度比较，有两年的经验积累，在 2004 年再行改进，是比较明智的选择。祖国大陆在进行“3＋X”高考科目改革中也存在这个问题，到底是今年这样做可行呢？还是明年那样改好呢？还是原样不变好？同时，台湾近几年实施的“繁星推荐”入学方式，大陆可以学习借鉴，给偏远地区、少数民族地区、教育不发达地区的考生多次选择的机会。特别是目前大陆农村地区人口占全国人口绝大多数的情况下，真正做到高等教育通向农村，实行这种招生方式应该是可行的①。台湾教育界的做法值得参照。

① 参见杨李娜：《台湾地区大学多元化入学制度改革特点探析》，《教育与考试》2011 年第 6 期，第 20～27 页。

第四章　台湾地区大学多元入学个案研究——推荐甄选

选拔人才的方式主要有两种，推荐和考试。台湾地区大学多元入学方案主要以统一考试为主，采取多元化评价方式，多元化招生途径。而以考试与推荐相结合选拔人才的形式，在“大学多元入学方案”中实施的“推荐甄选”入学就是一个最好的明证。为进一步了解和剖析“大学多元入学方案”，本章专门以推荐甄选作为“大学多元入学方案”的个案进行研究，主要论述推荐甄选的由来、实施初期的情况、追踪调查研究及对推荐甄选的评价。

第一节　推荐甄选的由来

台湾与大陆具有相同的历史文化渊源，在考试方面深受古代科举考试制度的影响。中国古代选拔人才的方式主要是考试，科举制度存在长达 1 300 年。在古代就有推荐与考试选拔人才的争议，并且实行过推荐选才的制度，最终由于推荐的人为因素、人情面子、无法客观地评价人才、滋生腐败等原因而废止，因此，推荐甄选由来已久。本节首先回顾古代考试制度中的推荐制，再从日本实行的推荐甄选及台湾地区的保送制度的发展变化等方面说明台湾地区推荐甄选的由来，最后分析推荐甄选的构想与具体内容。

一、中国古代考试制度中的推荐制的历史回顾[①]

在公元 605 年设立进士科正式开始科举考试以前，中国古代选官所用的

① 参阅刘海峰：《科举考试的教育视角》，湖北教育出版社，1996 年，第 267～273 页。

方式是荐举、察举、九品中正制，均以考查推荐举人为主。从605年开始实行以考试取才的科举制。科举制的基本特征就是公开考试、平等竞争、择优录取。即不管考生家世出身或平时学习水平如何，“一切以程文为去留”，在考试成绩面前人人平等，以保证考试的公平性。考试方式的优点是唯才是举、公正客观，不足之处是仅凭考生在考场上的发挥来评价其才学，有可能出现重才轻德现象，因为仅凭考试成绩是无法判断考生的德行与平时表现的。因此，以考试选拔人才的局限正好是推荐的长处。“中国历史上，尽管长期实行科举制，但关于考试与推荐的优劣利弊之争却不断出现，科举制的几次短暂的停废也多与实行荐举制相关。”①

在隋唐科举制设立之初，为了能考查考生平日的德行才能，允许通榜和公荐，保留了荐举的成分，却造成请托成风，干扰正常的录取。到宋代以后，废止了通榜、公荐和纳省卷等做法，全面推行糊名、誊录、锁院制度，保证考试取士的公平性和客观性。至明朝初期，明太祖朱元璋曾认为科举所取人才多是“后生少年，能以所学措诸行事者寡”，即学问文章考试优秀的科第人才在实际行政工作中的表现让人失望②，遂于1373年2月下诏停科举而用察举，要求各地察举贤才要以德行为本，文艺次之。设置的荐举名目有：聪明正直、贤良方正、孝悌力田、儒士、孝廉、秀才、人才、耆民，凡此各类荐举人才“皆礼送京师，不次擢用”③。从此，科举停罢整整10年。采用荐举这种无客观标准衡量人才的办法，造成荐举人员多且滥，每年多达3 700余人，少者也有1 900余人，长此以往，必无官可授。经过几年的荐举实践，朱元璋发现通过倚重德行的荐举而得人才，依然缺乏行政才能，经过这样的反复和比较，他认识到科举选拔人才还是比荐举更有成效，于是在1382年宣布恢复科举，三年一行成为“定制”，从此，实行科举制便成为定型的规范化制度，从而沿用了500余年。

在追求公平考试的过程中，很难兼顾选拔德行之士与取用才能之士两者的矛盾，在照顾一个方面的时候，对另一个方面的长处自然就忽略了。金朝的章宗皇帝清醒地认识到：“德行、才能，非进士科所能尽，可通行保举之制。”即认为为了选拔德才兼备的人才，可在进士科之外另外再行

① 刘海峰：《科举考试的教育视角》，湖北教育出版社，1996年，第268页。

② 刘海峰：《科举考试的教育视角》，湖北教育出版社，1996年，第87页。

③ 刘海峰：《科举考试的教育视角》，湖北教育出版社，1996年，第87页。

保举之制①。科举历史上的几次短暂停废，大多是不满科举制重才能轻德行的人，试图改用乡举里选的推荐办法以取代科举的考试办法。除前面举的明太祖朱元璋外，还有唐代的杨绾、沈既济；宋代的范仲淹、苏颂、司马光、蔡京；清代的舒赫德以及早期改良派冯桂芬、王韬、郑观应等人，他们在提议改革或废止科举时，提出的替代办法不是恢复乡举里选，就是汉代的察举制，有的甚至付诸实施，此外再找不出比科举更好的办法来。结果都未能获得令人满意的效果，要么不能变推荐为现实，要么即使变成现实，实施不久后又不得不改回科举制。

为什么在唐宋以后屡次尝试推荐制终以失败告终？其主要原因在于考试选才具有客观、公正性，而推荐举人无法做到公正、客观。考察宋代的文献发现，在《宋会要辑稿·选举》十二之三十六中记载，公元 1110 年，吴执中揭露蔡京所建立的八行科弊病百出。他说："窃闻迩来诸路以八行贡者，如亲病割股，或对佛燃顶，或刺臂出血写青词以祷，或不茹荤，常诵佛书，以此谓之孝。或尝救其兄之溺，或与其弟同居十余年，以此谓之悌。其女适人，贫不能自给，取而养之于家，为善内亲；又以婿穷窭，收而教之，为善外亲，此则人之常情，仍以一事而分为睦、姻二行。"② 可见这些弄虚作假、装腔作势以猎取"八行"之名者，实在难有客观标准来衡量。著名学者苏轼在《议学校贡举状》中坚决反对以德行设科取士，他认为："若欲设科立名以取之，则是教天下相率而为伪也。上以孝取人，则勇者割股，怯者庐墓。上以廉取人，则弊车、羸马、恶衣、菲食，凡可以中上意，无所不至矣。德行之弊，一至于此乎。"③ 由此可见，以推荐制录取人才，很可能使考生为比别人胜出一筹而矫言饰行，弄虚作假，使人们难以判断真伪。

相对于以德行取士的推荐制而言，科举制以文字考试成绩为客观标准，公平、公正地选拔人才，有章有法，自然优越于推荐制。因此，考试与推荐作为选拔人才的两种主要方式，在古代早已有之，两者孰优孰劣，也多有实行和鉴证。回顾历史是为了进一步认识、了解考试与推荐两者的存在是考试

① 刘海峰：《科举考试的教育视角》，湖北教育出版社，1996 年，第 268 页。

② 转引自刘海峰：《科举考试的教育视角》，湖北教育出版社，1996 年，第 269～270 页。

③ 转引自刘海峰：《科举考试的教育视角》，湖北教育出版社，1996 年，第 269 页。

发展规律中的一对客观矛盾，其存废绝不以某个人的意志为转移，是历史发展的必然结果。从古代考试与推荐存废的争论中，可以了解考试发展的规律，探索当代考试改革之法。在简单地考察了古代的推荐、察举与考试争论之后，再来看看台湾是如何实行推荐甄选的。

二、台湾地区大学入学考试中“推荐甄选”的由来

台湾地区大学推荐甄选，由高中推荐，考生必须先参加并通过由大学入学考试中心举办的学科能力测验筛选，再参加各大学举办的指定项目甄试。通俗地说，它是推荐加考试甄别相互结合的产物。当时提出推荐甄选是要在大学联招考试之外，提供另外一种方式的入学途径，为考生开启另一扇门，使那些在高中有特殊才能、专长的学生有进入大学就读的机会。目标是发展学生的个性特长和大学自主选才。

台湾地区大学推荐甄选方案是由台湾师范大学萧次融教授在其主持的《推荐入学方式之研究》的专题研究报告中提出的，主要参考了日本大学采用的推荐甄选制度、两阶段考试以及台湾曾实施过的保送制度及正在实行的资优生保送制度。下面分两个方面论述。

（一）日本大学入学考试中的推荐入学制度[①]

日本是个重视考试的国家。现行的考试制度，也是过去考试制度演变和改进的结果。

日本把举行学科考试作为选拔考生的考试方式，始于明治十四年（公元1881年），以进入东京大学的入学考试为其肇端，考试科目为：释解、文法、算术、代数、几何、物汉书等科，直至1902年[②]。1927年由于入学考试竞争日趋激烈，各种升学考试弊端百出，为纠正此种弊端，除进行统一的学力考试外，还增加了出身学校（中学）学业成绩考试。1945年的入学考试采取第一次选拔与第二次选拔制度。第一次选拔采取中学校长的“调查书”，按招生名额的两倍名额选拔，第二次选拔实施笔试、身体检查、口试。

① 参阅杨李娜：《日本大学入学考试中的推荐入学制研究》，《湖北招生考试》（理论版）2004年2月号下半月，第52～56页。

② 参见钟清汉：《日本大学入学考试制度之改革》，台湾比较教育学会：《世界高等教育改革动向》，幼狮文化事业公司，1977年，第417～419页。

笔试由日本文部省命题，宗旨是检测学生的素质与能力。从1967年起，文部省重视研究大学入学考试制度，提出“分两个阶段考核考生”的新的大学入学考试方法。1977年日本成立了全国大学入学考试中心。1979年开始，在全国实行这种新的制度，主要是针对国立和公立大学而言。其内容包括，第一阶段为由日本大学入学考试中心主持的全国共同学力第一次考试，目的是考核考生对高中基本学习内容的掌握程度，考试内容为高中所学各科必修课程；第二阶段为由各大学自行主持的第二次考试，主要考查考生对所报考学校和专业的特殊要求应具备的能力，主要采用口试或审查论文等方式。考试内容包括专业学科的基础知识、实际技能以及性向测验等。大学根据考生两次考试成绩，参考考生高中的档案材料，如成绩册、操行评语、健康卡等材料综合考虑，择优录取。1979年以后的大学入学考试制度，虽然得到日本社会各界人士的认可，但也产生了一些问题，较为突出的是强化大学排行榜，学生为了能顺利进入大学，认为与其选择自己所希望进入的学校，不如选择自己所能考上的学校。同时，升学指导也过于偏重学生的成绩作为辅导就学的标准，导致各大学院系的录取成绩高低划分愈加明显，日本人称此为“轮切”现象①。1987年开始改革，其要点首先是减少共同学力第一次考试科目，把过去的五类科七科目改为五类科五科目。其次是增加考生参加测验的机会，在招生中采用“连续方式”。1989年在“连续方式”的基础上，同时应用“分离、分割方式”（一部分大学将招生人数分开，进行两次招生考试）。从1990年起日本全国实行了新的考试方法，即由共同学力第一次考试改为“大学入学中心考试”。其特点是：各大学自主决定利用“大学入学中心考试”的学科、科目及分数，削弱大学间的排名倾向。考生可考一科至六科。除“大学入学中心考试”以外，大学的第二次考试可以自行实施形式多样的考试或选拔，以便从多方面、多角度地综合考查学生的能力和适应性。目前在日本的大学招生考试中，至少有以下几种方式：①“大学入学中心考

① “轮切”现象：轮切是用来形容树木横切面所显现出一圈圈的纹路景象。轮切现象是说考试竞争愈激烈，学生选择学校就如树木的年轮的层次变得愈来愈密，范围愈来愈窄，例如某甲的成绩过去可以选择适合报考的学校有10所，现在可能只有5所；反之，对学校而言，原本按考生的成绩分布，高分者与低分者差20分，现在只差10分。参阅姚霞玲：《日本大学入学制度》，台湾《选才》1990年第3期；姚霞玲撰写：“第二章　日本大学入学制度与大学招生”，台湾大学入学考试中心：《各国大学招生方式简介》（二），1996年。

试”＋个别学力检查。②“大学入学中心考试”＋面试、小论文测验等。③只采用“大学入学中心考试”。④只采用小论文测验、面试等。⑤采用推荐入学等特别选拔方式。另外，个别大学仅凭高中的调查书、健康检查书等材料录取新生①。

日本大学入学考试中的推荐入学制度是依据1967学年度的《大学入学者选拔实施要项》正式订立的一种制度。1968年有庆应大学等13所大学实行，以后实施这个制度的大学逐年增多。2001年参加推荐入学的国立大学有86所284个学部；公立大学有64所114个学部；总计150所国立、公立大学的398个学部采用了推荐入学制度，而2001年实施入学者选拔的国立、公立大学共160所547个学部。

从发展演变来看，采用推荐入学方式的学校，1970年以私立大学为主共11所，而国立、公立大学采用者仅9所，不到一成。但到20世纪90年代，80％的国立大学、60％的公立大学与94％的私立大学相继实施推荐入学制度，因此，该制度之重要性可见一斑。详细情况见表4-1。

表4-1　日本大学实施推荐入学的变动情形

校别 年度	国立大学	公立大学	私立大学
1970	6	3	114
1971	6	4	143
1972	11	5	167
1973	14	5	150
1974	21	5	170
1975	27	5	175
1976	28	3	189
1977	33	3	196
1978	34	3	199
1979	46	6	207
1980	49	9	214
1981	52	10	228
1982	54	12	230

① 张宜年、史亚杰、张德伟：《日本大学招生考试制度的多样化》，《外国教育研究》2002年第6期，第43～46页。

续表

校别 年度	国立大学	公立大学	私立大学
1983	56	13	240
1984	55	13	254
1985	58	16	274
1986	62	16	285
1987	66	17	297
1988	68	17	309
1989	72	18	328
1990	76	23	338
1991	76	25	350

资料来源：姚霞玲：《探梦——记日本推荐入学制度二三事》，载台湾《选才》第2期，第72页。

按照推荐入学制度，高等学校在招生名额中，留出一定数量的名额作为推荐名额，由中学校长推荐。原则上要参加全国的统一考试，但不另外举行学力考试，早期以“调查书”为主要的判定录取标准。收不收推荐学生、收多少，一般是由大学根据自己的情况，以及大学同高中之间的协议来确定。后来，推荐入学逐渐发展为一种有别于一般入学制度的招生途径。其最重大的意义在于：不是仅凭学生的学力测验成绩作为决定学生是否可以进入大学的唯一依据，而是依照各种不同的评价标准（如高中“调查书”、高中校长推荐书、面试、小论文、学科测验等）来选拔出有专长或特殊才能并符合高校需要的学生。

台湾大学入学考试中心的研究员姚霞玲在专程考察了日本的推荐入学制后，认为大致可归为两大形态：一种是高中推荐入学，以私立大学为主，下述的①、②、③类型即是；另一种是在高中推荐后，还须通过大学甄试后才可入学，国立大学多采用此种类型，下述的④、⑤两类属之。现分述如下[①]：①高中直升大学的推荐入学方式。高中在学成绩等资料通过审核后便可准予入学，采此类者多为具有附属高中的大学，如立教高中直升立教大学。②指定高中推荐入学方式，由大学指定特定高中推荐学生，然后对被推

① 参阅姚霞玲：《探梦——记日本推荐入学制度二三事》，台湾《选才》第2期，第72页。

荐学生进行资料甄选及面试，综合评价合格后才准予入学。有名的私立大学多采用这种方式，如庆应大学商学院。③特殊专长推荐入学方式。有些大学规定各系有一定的比例用于招收在运动、音乐等方面有特别专长的学生，可采取推荐入学方式，如亚细亚大学的特殊才能推荐与运动推荐。④无须参加“大学入学中心考试”的推荐甄选方式。学生不需要参加“大学入学中心考试”，而依据该大学的测验及面试等来决定学生录取与否，如筑波大学、近畿大学。⑤须参加“大学入学中心考试”的推荐甄选。学生不但要参加“大学入学中心考试”，同时也要参加该大学自办的第二次考试，如鸣门教育大学。

由上可知，利用中学的成绩、资料，在日本大学推荐入学中有主要作用。其中重要的一项是“调查书”。对“调查书”的填写要求，在日本的《大学入学者选拔实施要项》中有明确规定。现以 1977 年的《大学入学者选拔实施要项》中的规定详述于后。

所谓“调查书”是大学在进行入学者选拔时，要求考生所在中学校长依据《学习指导要录》填写，并须经有关委员会慎重通过后，才向报考大学提交，是反映高中学生学习状况的书面材料。“调查书”强调由考生所在学校填写，不能根据个别人的主观评估，由了解情况的班级导师填写，经有关教师组织的“调查表记载委员会”审议，校长负责签署后方可生效。“调查书”内容包括高中平时成绩、健康状况、品德、行为等重要事项。另外需记录学生报考“学力鉴定考试”科目以外的学科科目，作为参考成绩。主要有 8 项，一是考生的个人情况，如姓名、年龄、住址、何时入学、何时毕业及所在学校等；二是各学科科目的学习记录；三是各科成绩评定平均值；四是学习成绩总评；五是出勤、缺勤记录；六是健康记录；七是课外教育活动记录；八是行为及性格记录。总之，包括学生在德育、智育、体育 3 个方面的表现和情况。

“调查书”中的“学习成绩概评”栏内，以考生在高中就读的同一学年全体学生资料为准，填写学生在学三年的平均成绩。各科目的评定以 A、B、C、D、E 五阶段表示。“成绩阶段人数”栏将所属各阶段人数合计后填入各阶段。对学业成绩及品性特优达 A 级的学生，高中校长可负责推荐，并在“学习成绩概评”栏内填写 A 记号以分别表示，在备注栏内说明理由。另外，高中校长如认为考生报考的大学适合其能力，可适性发展须特别推荐者，在备注栏内说明。如果有非不得已的理由无法取得“调查书”时，则应采取下列办法，并加以“口试”。①高中生因受灾或其他原因而无法取得所在高中“调查书”时，可以毕业证明书、成绩通信簿及其他考生可能提出的书面材料代替。②考生如因灾害无法提出上述书面材料时，由所在高中所属的教育委员会、县市长或高中校长出具证明书。③“大学入学资格检定”等检定考试及格者，则可以该考试成绩证明书代替“调查书”。因此，日本的“调查书”要求的内容和各项标准很严格，如果要作假，那是很难做到的，也说明它能够反映高中生的学习及其他方面的情况。在日本，作为推荐入学资料之一的“调查书”是可以取得大学院校信任的。

日本的推荐入学制度有以下特色①：①重视在学力成绩考试中无法评价的学生的多元能力，为具有特殊才能的学生开辟进入大学的通道。②促使学生在升学填报志愿时重视自己的入学动机、兴趣和能力。③学生的高中在学成绩具有重要的参考作用。一般而言，国立大学要求成绩平均在 4.0 以上（五段法评量），私立大学至少在 3.2 以上。④推荐入学途径多样化，评价学生的方式多元化，可落实多元化标准的价值观。⑤学生的来源打破了地域局限，具有地域性的分散效果，确保学生入学人数。⑥减轻学生入学考试竞争的压力，甄选出更具思考力与创造力的学生。⑦促使高中的教育走向弹性化、多样化及个性化。⑧增强高中教师与校方的评鉴功能，缓和大学入学考试的恶性竞争。⑨中学与大学之间相互负责②。中学向大学提出的推荐人选，一般都是根据大学的基本要求，在校内公开选评而确定的。因此，在中学向大学提供的推荐材料中，往往需要对校内的选评过程作出具体说明。同样，大学对于中学提出的推荐人选的考核、审查结果，也必须及时通知中学，尤其对于未被录取的原因，通常需要加以说明。如果大学认为中学提供的推荐材料存在虚假，可以公开表示拒绝，并在以后不再接受该校的推荐。这样一种相互负责的制约机制，对于保证推荐入学的公正与严肃，具有重要意义。

与上述的优点相比，日本的推荐入学制度仍存在若干问题：①推荐甄选的实施时间太早，影响高中教学；②大学只要求一、二科学力测验的成绩，长此以往可能造成高中教育的偏废；③有些大学准许学生同时报考两所大学，表面上似乎增加了学生的升学机会，实际上有利于校方获取巨额的报名

---

① 参阅姚霞玲：《探梦——记日本推荐入学制度二三事》，台湾《选才》第 3 期，第 72 页。

② 武勤：《日本的推荐入学与面试》，《中国考试》1998 年第 4 期，第 52～53 页。

费收入；④越来越多的大学重视学力测验，使人担心推荐入学成为另一个大学入学考试的战场；⑤高中出于保护学生的立场，是否能公正客观地评价学生，大学对此难以从中区别学生的优劣；⑥高中教师的表达能力与各校之间程度上的差异，是大学评价高中成绩时要考虑的重要因素。

（二）台湾地区保送生制度

台湾地区自 1954 年起由台湾大学开始施行成绩优异保送办法，但到 1967 年，教育事务主管部门鉴于该办法衍生流弊而予以废止。1967 年以前的保送制度，仅限于少数几所台湾行政当局直属的大学与东海大学。办法是由各大学根据过去五年来考进该校的名额定出保送名额，将其分配到指定的少数入学考试绩优的高中，委托高中自行甄选推荐，然后由大学根据学生志愿次序分发就读，很少有淘汰。因此这一办法成为只要高中学校推荐，就几乎可保证学生进入大学的“配额保送”。这样，助长了绩优学生往“明星高中”集中的现象，同时因为高中推荐权力太大，造成保送制度因特权、依靠人际关系走后门等诸多流弊而被取消。之后，教育事务主管部门鉴于特长生的性向及能力的特殊化与培育具有特殊才能学生的需要，设置了对音乐、美术、体育等“艺能科”具有特殊表现学生的保送办法，并于 1982 学年度实施《中学数学及自然学科资赋特优学生辅导升学》[①]。1984 学年度教育事务主管部门正式拟定所谓“特殊教育法”案，将“资优生”（即天赋优异的学生）分成三类[②]：①“一般资优生”，即天才型学生。②学术性向“资优生”，包括国文、英文、数学、物理、自然等学科优异学生。③“特殊资优生”，即“艺能科资优生”。这样，在 20 世纪 90 年代台湾地区各类学生入学保送形式有：“数学与自然学科资赋特优学生”；“体育杰出生、音乐美术资赋优异生”；“职业学校成绩优秀毕业生”；“农科专校成绩优异生”；“海事专校毕业成绩优良生”；“盲聋生”；“偏远地区离岛学生”；“师专成绩优秀毕业生”；“台湾省医护人员养成计划”的医护人员保送生；“派外人员子女”；“国文科、英文科资赋优异学生”保送生等等。

上述各种保送制度只限于少数大学与少数高中参与，其他大多数的大学

---

① 参阅萧次融：《推荐入学方式之研究》，大学入学考试中心出版，1991 年 12 月 5 日，第 10 页。

② 陈林晓梅：《大学“甄选入学”制度之研究（1993—2000）》，台东师范学院教育研究所硕士学位论文，2000 年 6 月，第 44～49 页。

与高中均无缘于这种保送制度。因此，如何使大学（甚至包括技术学院）与各高中（包括各种职校）都能参与推荐甄选入学，以适当的方法甄选合适的学生，使其能在适当的学系得以适性地发展，确实有必要研究。台湾地区保送制度对提出推荐甄选的入学方式有重要的作用。

可以看出，台湾地区推荐甄选的入学途径，受到中国古代科举考试制度中考试与推荐争论的影响，参考了日本实施的推荐入学制和台湾地区保送制度，吸取了考试与推荐的长处，避免了其缺点。

三、推荐甄选的构想

萧次融教授在谈到推荐甄选构想时，认为它是由黄炳煌教授有关台湾地区“大学入学制度之研究”的报告延伸出来的，推荐甄选中的许多理念，主要源自黄炳煌所提出的 14 项招生规准中的第 1、5、8、12、13、14 项①。

在参考了黄炳煌提出的“好的大学入学考试制度”的 14 项规准后，以萧次融教授为主的研究小组认为大学招生自主，招生的方式对高中教育产生良好的影响，才可达到高中推荐（举才），学系甄选（选才），而大学教育（育才）的理想②。因此，强调推荐入学方式的理念是“适性、适才、适所”，如何达成“适性、适才、适所”，传统的联招难以达到此目标，必须有适当的方法才能竟其功。“适性、适才、适所”，即让大学能达到育才的目标，学生能得到适合其个性与才能的发展；而要指导学生得到适性的发展，就要使学生进入最适当的学系。

萧次融在《推荐入学方式之研究》中提出推荐入学方式最原先的想法是采用“最适当的方法”，甄选“最适当的学生”，让其就读于“最适当的校系”，使其能得到“最适性的发展”。后来经过黄炳煌润色成为用“适当的方法”，找“适合的学生”，进“适切的学系”，作“适性的发展”。这“四适”成为代表推荐甄选入学方式的共识与理念。

推荐甄选入学方式是大学、高中、学生三方之间的互动，它为各校提供了重视学校荣誉、追求卓越教育的机会。

---

① 关于 14 项规准的详细内容可参见第三章有关章节。

② 参阅萧次融：《推荐甄选入学方式的回顾》，任拓书：《十年辛苦不寻常——大学入学考试中心十周年纪念文集》，财团法人大学入学考试中心基金会出版，2000 年，第 98～100 页。

经过数次座谈与研讨，并听取各方的评论后，研究小组提出了《推荐甄选方式的初步构想》，然后举办专题座谈会，调查研究，采纳各方意见，修订成《推荐甄选入学方式（草案）》。下面分别加以介绍。

（一）推荐甄选方式的初步构想

1. 推荐甄选的考试内容与科目（见表4-2）

表 4-2　推荐甄选考试科目与考试方式

甄　选	
第一阶段（统一机构办理）	第二阶段（各校院的各学系各自或联合办理）
报名：11月底以前 考试：寒假期间 成绩个别通知：3月5日以前 命题范围：以高中前五个学期的课程为原则 考试科目*： 1. 国文 2. 英文 3. 数学 4. 社会 （包括公民、三民主义、中外史地） 5. 自然 （包括物理、化学、生物、地科） *考生应考科目（1～5科）与各科的加权计分由各校院的各学系自行决定，事先登载在简章中	报名：3月10日以前 考试：春假期间 放榜：4月20日以前 推荐方式：由各校系自行决定 *申请推荐的资格（一人一校一学系） 1. 统一考试成绩* 2. 学业成绩以及操行成绩 3. 学业成绩平均在多少分以上，而某学科特优者 4. 学业成绩平均在多少分以上，而学业以外具有特殊才能，曾有优异表现者。特殊才能包括： ①“艺能科”（音乐、戏剧、美术、体育等） ②演讲、辩论、珠算等 ③各方面表现积极，曾协助朋友、同学、老师 ④曾花时间解决某些问题或创作
阅卷：电脑阅卷 考试时间与计分：国文、英文、数学的考试时间为60分钟，自然与社会各为80分钟 每科均以100分为满分 报名费：报考一科600元（新台币），每加考一科加100元（新台币） 简章（包括报名表）50元（新台币） （10月底以前开始发售）	*甄选方式： 1. 笔试　2. 面试　3. 术科　4. 实验　5. 英语听力　6. 性向测验　7. 审查高中推荐资料 考试科目、内容、方式由各学系自行决定，事先公布在招生简章中 报名费：新台币800元（各校院自定） 简章（包括报名表）50元（新台币） （11月中旬以前开始发售）

注1：第一阶段录取后是否可放弃入学权利，第二学年后是否可申请转系，应在简章中明确规定（各学系自定）。

注2：在第二阶段各校院的各系应成立甄选委员会，其成员包括：（1）校院长（教务长、院长、教授）；（2）系主任；（3）本系教授（若干名）；（4）院内教授（二名以

上)；(5) 在校学生家长代表二名；(6) 在校学生代表二名。以上 (1) ～ (4) 为委员，(5) ～ (6) 为列席者。

资料来源：萧次融：《推荐入学方式之研究》，大学入学考试中心出版，1991 年 12 月 5 日，第 80 页。

可以看出，推荐甄选主要是两阶段考试，评价方式多元化，考试方式多样化，使大学、高中、学生主动参与到考试当中，达到高中、大学、学生的互动发展。

2. 旧保送制度、大学联招与推荐甄选方式的比较

(1) 旧保送制度与推荐甄选方式的比较 (见表 4-3)

表 4-3　推荐甄选入学方式与其他保送制度的比较

入学形式 比较项目	旧保送制度	推荐甄选入学	资优生保送
学生资格	绩优者 (依学业成绩排序)	多元 (由各校各系自定)。例如：特殊才能，特殊表现或特殊需要 (地区或职业)，也包括学业成绩优异者	统一规定 (教育事务主管部门)，以学业成绩为准
推荐	1. 授权高中，各高中几乎完全自主 2. 依成绩限额挑选 3. 资优不分学科 4. 只少数高中参与	1. 各校各系自定条件，委托高中办理 2. 名额多 3. 资优可分学科，但不须推荐相同或相关系科。例如：数学绩优者也可到经济系、电机系等 4. 多数高中可以参与	1. 统一规定 (教育事务主管部门) 2. 名额很有限，依成绩挑选 3. 资优分学科，只能推荐相同或相关学系。例如：数学绩优者只许到数学系 4. 少数高中参与
甄选	1. 各大学不再另外甄试 2. 甚少淘汰 3. 只有少数院校的少数系科参与	1. 各校各系自主甄选 (单独招生) 2. 可以淘汰 3. 各校各系都有机会参与	1. 统一办理 2. 统一分发，如同"小联招" 3. 只有少数的院校参与
特色	1. 重推荐 2. 大学不甄试 3. 高中推荐完全自主	1. 推荐与甄选 2. 均由大学各系自主决定 3. 高中与大学要充分合作	1. 重甄试 2. 统一作业，大学少自主权 3. 小型联招

注："旧保送制度"指 1967 年以前的保送制度。

资料来源：萧次融：《推荐入学方式之研究》，大学入学考试中心出版，1991 年 12 月 5 日，第 20 页。

从比较中可以看出，推荐甄选比保送制度更完善，吸收了两者的长处，使高中推荐和大学甄选更好地结合。

（2）推荐甄选入学途径与大学联招的比较（见表 4-4）

表 4-4　推荐甄选入学方案与大学联招的比较

入学制度	推荐甄选	大学联招
推荐报名	高中推荐	高中报名
报名资格	应届高中及四所艺术类职校毕业生	公私立高级中等学校毕业生或同等学力
名额限制	一校系二至三人	无
推荐条件	具体条件、高中成绩、师长推荐函、其他条件	无
考试名称	学科能力测验	统一考试
考试目的	测查考生基本知识、能力	甄别考生能力高下
命题作业	命题研究方式	五人命题小组
考试时间	二月初	七月初
考试科目	五科	六至十科
考试范围	高中前五学期必修课程	高中三年课程
计分方式	十级分制（现行为十五级分制）	百分制
招生方式	大学甄选	统一分发
甄试名称	指定项目甄试	无
甄试时间	三月初	八月初
考生志愿	单一志愿	多志愿
总成绩	学科能力测验＋指定项目甄试	大学联考成绩
录取生限制	不得参加大学联考，不得转系	无

资料来源：参见丘爱铃有关台湾地区"大学联招政策变迁之研究（1954—1997）"，台湾师范大学教育研究所博士学位论文，1998 年 6 月，未出版，第 219 页。

显然，推荐甄选也不同于大学联招，在推荐、考试命题、考试时间、考试范围、考试方式、评分方式、分发录取、大学自主甄试等方面均有较大不同。作为大学入学考试的重要组成部分，推荐制具有大学联招不可代替的作用，发挥了高中、大学的自主性。

（二）推荐甄选入学方案（草案）的具体内容及特点

1. 方案宗旨

发挥大学招生自主权，照顾特殊才能学生。由于联考的统一考试、统一分发，无法让各大学完全发挥选拔学生的自主权，也无法照顾特殊学系、特殊需要以及具备特殊才能与性向的学生，所以提出推荐甄选入学方案。

2. 方案办法

各大学提供若干招生名额，由高中（职）推荐具有特殊才能和专长的学生，在大学联招入学途径之外，自主甄选学生入学。(1) 参加校系：由各校自行决定。在方案实施初期，为使推荐甄选顺利进行，各校院合理规定参与推荐甄选的院系的数量；若初期进行顺利，再逐渐扩大。(2) 甄选委员会：各校自行成立院或系的甄选委员会，但甄选委员会的组成有最低的统一规定，例如有系外人士参与，以昭信大众。(3) 甄选办法：各校系推荐甄选办法应在报名的 6 个月前公布。(4) 推荐甄选程序：①各高中（职）或教育事务主管部门认可的有关机关，在每年一定日期之前经推荐委员会，向各院系推荐高中（职）学生参加甄选。规定限制各高中（职）向一个院系推荐的名额，且每一个学生只能参加一个院系的推荐甄选，使每一个高中（职）都有推荐的机会。②符合推荐条件的高中（职）生参加专职机构举办的基础科目考试。③通过前项的学生参加各学院、系科的甄试。④各院系对考生的基础科目考试成绩，可采用“参酌”或“检定”或“采计”等方式处理。⑤各院系于五月中旬大学联招报名之前公布录取名单。(5) 限制：经甄选录取的学生不得参加应届大学联招①。

3. 方案特点

推荐甄选方案的理想是高中推荐（举才）、学系甄选（选才）、大学培养（育才）。其特点有以下几方面：(1) 大学可以甄选具备特殊才能或大学特殊需要（如考虑地区或职业）的学生入学。(2) 增大各校院自主权，自行决定采用最合适的招生方式以招收最适当的学生（例如人类学系可以招收生物科优良的高中生），学生入学后因所学与志愿相符，学习意愿高，成就感强，提高

---

① 参见萧次融：《推荐甄选入学方式之研究报告（二）推荐方法与甄选办法之研拟》，大学入学考试中心出版，1992 年 6 月 30 日，第 6～7 页。

学生对学校的向心力，以成为大学校友为荣。(3) 每一学院、系科只要发挥主观能动性，都有机会招收到合适的学生。(4) 甄选部分类似现行各校院研究所的研究生招生方式，但与以往的“绩优保送入学办法”及现行的“资优保送甄试办法”不一样。①推荐的条件多元化，不限于学业成绩，尤其注重学生的特殊才能，例如经济系可甄选数学特别好的学生，大众传播系可甄选语言表达能力特别好的学生（与现行的资优保送不同）。②每一高中、高职的每一班的学生，例如前 5 名，都有机会得到推荐，报名甄选。③经推荐后的学生，各院系可加以甄选淘汰（与以往的保送不同），其方式多元化。(5) 缓和学生争相挤进“明星学校”的现象，逐渐淡化各大学院系排行榜。就高中而言，可促进学校所有活动的正常化，不仅仅以升学率为唯一的追求目标。就大学而言，促进各院系发展特色以吸引学生。例如：某大学的外文系着重培养文学、写作人才；另一所大学的外文系强调培养外交、观光事业等人才。(6) 各大学可以与中学建立密切联系，有利于各中学发展特色。(7) 照顾特殊才能与特殊需要（地区或职业）的学生，“地区”如山地与离岛所需要的教师与公共卫生人员。“职业”如特殊教育、第二外国语文、康复保健、园艺等。

第二节　推荐甄选的实行

台湾教育事务主管部门自 1994 年起试办大学推荐甄选入学途径，报名人数从 1994 学年度的 8 224 人增至 1998 学年度的 51 638 人，通过资格审查人数从 7 404 人增至 51 471 人，录取人数从 1 105 人增至 7 935 人，呈显著的增长趋势。因此，从 1999 学年度起由各大学自办，教育事务主管部门规定各校系的招生人数以不超过该系招收新生总额的 20%为原则。2002 学年度开始实行“大学多元入学新方案”，推荐甄选与申请入学一并称为“甄选入学制”，至此在台湾全面实施推荐甄选入学途径。

由于考生参加推荐甄选大多须通过高中推荐、大学资料审查、学科能力测验和大学院系的指定项目甄试四个阶段才能被大学院系录取，故本节从推荐条件、资格审查、考试筛选——学科能力测验、指定项目甄试、甄选总成绩处理和推荐录取名额等方面来探讨台湾地区大学推荐甄选实施状况①。

---

① 参见廖年淼：《二技推荐甄选入学方式之研究》，台湾《教育研究资讯》2000 年第 1 期，第 55～77 页。

一、推荐条件

（一）推荐条件的规定

推荐条件依据台湾教育事务主管部门从 1994 年起每年发布的“大学试办推荐甄选入学方案实施要点”及 2001 年 9 月大学招生策进会通过的“大学推荐甄选入学共同招生办法”而定。同时，推荐条件公布在各年度的“大学推荐甄选入学招生简章汇编”中。根据简章的规定，推荐条件包括资格条件、备审资料与参考条件。详情见下表 4-5：

表 4-5　大学推荐甄选各项推荐条件一览表

资格条件	含具体条件（如“社团参与”、“竞赛成果”、“学生干部”）、在校成绩（高一、高二两学年平均成绩）与特殊条件（如考生性别、健康情形等）
备审资料	含在校成绩单、推荐函、自传与读书计划等
参考条件	指招生学校希望优先推荐的学生特质，如人格特质、性向、志趣等项目

资料来源：台湾各大学招生委员会与财团法人大学入学考试中心（2002 年）：《2002 学年度大学推荐甄选入学招生简章汇编》，大学入学考试中心出版，第 1～2 页；陈林晓梅：《大学“甄选入学”制度之研究（1993—2000）》，台东师范学院教育研究所硕士学位论文，2000 年 6 月，第 63 页。

（二）对于推荐条件的探讨

推荐甄选的精神是多元化评价考生的学习与能力，要求考生提交社团参与、竞赛成果、学生干部、读书计划、成果作品、心得写作、教师推荐函等多元资料。在推荐条件中要求学生提供这些多元化资料，使大学在选才时判断学生的报考动机与性向，有效地考查智育以外的学习过程和内涵。这对于大学选择合适的人才有着不可忽视的作用。同时，对于高中教育的正常化和弹性化也是功不可没的。但是从推荐甄选“简章汇编”中发现有些大学的许多项目如具体条件、备审资料是空缺，只要求简单的学科能力测验成绩和面试。原因可能是：有些校系希望有较多学生参与，担心定的条条框框太多，学生会望而却步；资料审查工作耗时烦琐；担心部分高中不负责任提供杜撰资料。因此，推荐甄选要求高中推荐的资料应属实、客观，真实地反映学生的情况。

规定推荐条件是让高中明确应推荐何种学生参加大学院系甄试。由于推荐甄选的招生目标是大学根据其特色选拔学生，要求“高中成绩条件”显示大学需要哪些学科成绩特优的学生；要求“具体条件”与“备审资料”，表明大学、系科具体招收哪些具有特殊才能与性向的学生。推荐条件的重要性并不亚于指定项目甄试，各大学院系应重视这项工作。

实行推荐甄选初期，没有固定的形式，主要考虑的是各大学招生自主，较少考虑招生操作上的可行性。后来总结经验，由大学入学考试中心统一汇编各校推荐甄选资料，对各校系确定的条件要求采取固定的格式。这样既规范了推荐条件，又考虑到了高中生的实际情况，使学生的选择更便捷，适合其个性。下面以 2002 学年度为例探讨推荐条件的重要性。

1. 大学放弃“具体条件”的要求，便减少了选拔合适人才的功能①

笔者统计了 2002 学年度台湾各大学医学系的推荐条件，详情见表 4-6。

表 4-6　2002 学年度各大学医学系对“推荐条件”要求一览表

项目 / 校系	具体条件			在校成绩	特别条件	备审资料	参考条件
	社团参与	竞赛成果	学生干部				
成功大学	√	√	√	德行 3.0 级分，总平均 10%（或 80 分），国文 10%（或 80 分），英文 10%（或 80 分）数学 10%（或 80 分），物理 10%（或 80 分），化学 10%（或 80 分），生物 10%（或 80 分），体育 50%（或 70 分）	无	师长推荐函、自传、读书计划	无
阳明大学	√	√	√	德行 3.0 级分，英文 20%，数学 20%，物理 20%，化学 20%，生命科学 20%	无	师长推荐函、自传、社团参与、竞赛成果、学生干部、健康检查表、社会服务（指担任义工或志工）	视觉、辨色力、听力、语言、行动或精神有障碍者，报名时宜慎重考虑

① 详细参阅陈林晓梅：《大学“甄选入学”制度之研究（1993—2000）》，台东师范学院教育研究所硕士学位论文，2000 年 6 月，第 66～69 页。

续表

项目 / 校系	具体条件			在校成绩	特别条件	备审资料	参考条件
	社团参与	竞赛成果	学生干部				
辅仁大学	√	√	√	德行 3.0 级分，总平均 20%，英文 20%，数学 20%，生命科学 20%	无	师长推荐函、自传、读书计划、在校成绩单、健康检查表	同上
高雄医学大学	√	√	√	德行 3.0 级分，总平均 10%（或 80 分），英文 10%（或 80 分），数学 10%（或 80 分），生物 10%（或 80 分），生命科学 10%（或 80 分）	无	师长推荐函、自传、读书计划	同上
中山医学大学	√	无	√	德行 3.0 级分，英文 20%（或 80 分），物理 20%（或 80 分），化学 20%（或 80 分），生物 20%（或 80 分），地球科学 20%（或 80 分），生命科学 20%（或 80 分）	无	师长推荐函、自传、社团参与、学生干部、在校成绩单、健康检查表	同上
慈济大学	√	√	√	德行 3.0 级分，总平均 20%（或 80 分），英文 20%（或 80 分），数学 20%（或 80 分），生命科学 20%（或 80 分）	无	社团参与、竞赛成果、学生干部，另有少数民族证明、清寒证明	同上。申请同学若符合在校成绩规定，以社团参与表现优良者优先推荐

资料来源：台湾各大学招生委员会与财团法人大学入学考试中心（2002 年）：《2002 学年度大学推荐甄选入学招生简章汇编》，大学入学考试中心出版，2001 年，第 43、58、127、170、178、218 页。

在 2002 学年度参加推荐甄选的 6 个医学系中，除一所学校的系科对竞赛成果无规定外，其他医学系对社团参与、竞赛成果、学生干部等条件都要求至少具备一项，这是因为从事医生工作要与人交际，与病人交往，学生在高中时的社团参与活动可以反映出其社会交往的能力。医学系提出的这些要求基本合理，体现了推荐甄选的精神，增加了选拔适性人才的功能。有的大学强调，长期或经常担任义工或志工（志愿者服务工作），在“推荐资料评审”项目得分中至少加重计分 20%，积极引导学生主动关怀社会，服务大众。“德行”均强调 3.0 级分，显示医德的重要性，用意颇佳。

陈林晓梅在访问台湾头城家商高中杨瑞明校长时，杨校长说道：“具体条件的要求正是推荐甄选多元评价的精要设计深深影响高中的教育内涵。导引学生积极参与于教室以外的活动，不再偏执于智育的学习，对活化高中教育，促进学生全面发展，有着很大的助力。可惜愈来愈多的校系或因为放宽条件以争取较多的学生参与，或因资料审查耗时费力，或是因为条件资料真假难辨，都将具体条件的要求从缺，放弃适性选才的筛选依据实在令人遗憾，希望大学校系在合理考量城乡差距后，对具体条件都有基本合理的要求，再用面试检视学生参与的历程，协助高中教育正常发展。”说明合理确定具体条件可以达到适性选才的目的。

2. “在校成绩”要求太严会影响起点的公平

从表 4-6 医学系的分析中可知，对在校成绩的要求，采取“相对成绩”（只有百分比）与“绝对成绩”相互参照的有 4 个系，有 2 个系只要求“相对成绩”。要求“相对成绩”与“绝对成绩”，可以平衡城乡高中的差距，兼顾程度整齐、同质性高的“明星高中”与“数理资优班”的学生，保证学生程度达到一定的水准之上，较为公平合理。如成功大学医学系的成绩要求采以班级为常模的百分比即“相对成绩”，共有 8 项之多，同时还增加了参照绝对分数的条件。因此，采用“绝对成绩”与“相对成绩”百分比参照的设计，不会使各种“资优班”或班级常模较为特殊的学生产生对起点不公的抱怨和遗憾。如高中体育成绩评价严格，几乎要求学生十项全能，一般平均成绩约 70 分～75 分，如果不是体育系或非特别需要体能的校系，不宜订得太高。因为医生的工作比较辛苦、劳累，医学系要求考生的身体条件，但不宜订得过高。

高中“在校成绩”只是用来核定推荐资格，以保证学生具有大学院系要求的一定程度与水准，并不纳入甄选总成绩，也不影响是否录取，所以，不宜要求太苛刻或太严。大学可以在此项要求中体现其特色，甄选具有特殊才能的学生，充分发挥招考自主权。

3. 使用“特别条件”，宜叙述清楚，以减少困扰

由于“特别条件”是资格条件的一项要求，不符合者不得报考，它包含具体条件与在校成绩以外的所有要求，要求应具有可操作性与检测性，明确叙述，避免产生歧义。2002学年度大学推荐甄选规定“特别条件”的校系较少，但所提要求以体育运动学系较为明确。

4. 说明“备审资料”的用途，建立客观公平的机制

在推荐甄选实施初期，以某大学的西班牙语系为例，它没有“具体条件”和“特别条件”的要求，只有“师长推荐函”作为“备审资料”，面试作为参考用，占总成绩的50%，让学生无法准备，高中教师无法推荐。“备审资料”应有详细的要求，使学生、家长、教师知道如何评判学生多元化的兴趣与潜力。否则，学生会有不公平之感，失去了推荐甄选多元化评价考生的精神实质①。

到2002学年度，大学推荐甄选已经举办了9年，积累了丰富的经验，绝大多数大学在简章中要求学生准备详细的“备审资料”，在面试时提交或于甄试一周前寄到报考学系。如中正大学中国文学系规定“备审资料”，供指定项目“推荐资料评审”及“面试”使用，“备审资料”的各项所占比例如下：自传、任课老师推荐函及读书计划30%；已发表的著作或已完成的稿件20%；各类得奖记录暨在校参与社团与公共服务记录20%；高中历年成绩单（含班级百分比对照表或名次）30%。“推荐资料评审”占总成绩比例20%，“面试”占总成绩比例30%②。这些要求十分明确、清楚，公信力强。

“备审资料”可以充分表达学生的学习历程与人格特质。大学院系选择使用师长推荐函、自传、读书计划、社团参与、竞赛成果、学生干部、在校成绩单、健康检查表、成果作品、论文撰写等项目，再配合面试与测试深入了解考生，运用“推荐资料评审”作为成绩要求，是值得肯定的，对大学合理、客观、公平地选择学生有百利而无一害。高中和学生花费心血，全力准备，希望大学院系用心审查、善加运用，鼓励学生五育并进，全方位、多元化地考查学生的发展与学习，有积极作用。但是大学院系也有顾虑，高中是否负责地提供属实的资料。因此，充分发挥审查资料的公信作用，建立客观、公平、公正的约束、监督机制显得非常重要。

---

① 台湾各大学招生委员会与财团法人大学入学考试中心（2002年）：《2002学年度大学推荐甄选入学招生简章汇编》，大学入学考试中心出版，2001年，第190页。

② 台湾各大学招生委员会与财团法人大学入学考试中心（2002年）：《2002学年度大学推荐甄选入学招生简章汇编》，大学入学考试中心出版，2001年，第53页。

二、资格审查

资格审查是指各大学或大学入学考试中心，依据各学系推荐条件的“资格条件”，审查学生推荐资料，未通过的学生不得参加推荐甄选。

对于推荐资格的限制是逐年放宽的。1994—1995 学年度仅限推荐普通高中的学生，1996—1997 学年度增加艺术类高职的学生，1998 学年度增加综合高中的学生，1999—2000 学年度则再增加完全中学试办学校及职业学校附设普通科的学生，此后连高级进修学校（高中补校）的毕业生也可依各大学院系的个别需求而被推荐。2006 学年度规定高级中等学校应届毕业生，由就读学校推荐，包括的范围更广。放宽推荐资格限制符合推荐甄选方案“高中推荐，大学甄选”的设计精神，对各类高中而言，具有公平、公正、公开甄选的功能。

以 2002 学年度大学入学考试中心与各大学所汇编的大学推荐甄选招生简章为例，推荐学校的责任在汇整检查学生的报名资料，以要求的前后顺序将各个学生的报名资料装入资料袋内，在资料袋封面填妥各项资料。推荐学校办妥学生的相关报名手续后将相关资料寄送大学入学考试中心和各甄选大学教务处。大学院系依推荐条件中要求的“资格条件”，按简章规定，认定考生是否符合条件要求，审查学生的推荐报名表及有关证明文件，必要时依据招生简章规定要求推荐学校提供该校社团活动或学生干部的说明。如果上述要求填写处空白，“学校推荐”栏空白，没有交证明文件，没有加盖推荐学校印章，以致无法辨识考生资格时，各大学院系以资格不合要求处理。

各大学审查结果在规定期限内传真给大学入学考试中心，大学入学考试中心再传真或以电子邮件发送给各推荐学校。对资格审查不合格者，推荐学校以传真向各大学提出复审，各大学确定复审结果后，应告知大学入学考试中心。推荐学校办理报名手续后，不得申请退还报名费，资格不合格者，也不退还报名费。不得要求更改报名资料，并一概不予退还。

由此可见，资格审查不仅仅是大学的考务，也有高中推荐委员会的责任和大学入学考试中心的协助，三者之间环环相扣。2003 年以后，由大学招生委员会联合会下设“汇办中心”统一办理推荐甄选的资格审查，代替大学入学考试中心的工作。推荐甄选入学经改革后改为“学校推荐”，“申请入学”成为甄选入学的途径。考生选择“学校推荐”方式入学，“汇办中心”将第一阶段筛选结果通知单寄达推荐学校，由学校转发所属学生。对于个别报名申请入学的考生，“汇办中心”将第一阶段筛选结果通知单寄给考生。对于学校集体报名者，“汇办中心”将筛选结果通知单寄达集体报名学校，由学校转发给学生。这样，大学、高中推荐委员会、“汇办中心”的工作任务紧密相关。

三、统一考试筛选——学科能力测验[①]

凡通过推荐资格审查者，可以报名推荐甄选，并须参加学科能力测验。“学科能力测验是可以用来区分哪些学生具有大学所要的基本学科能力，适合接受大学教育的一种测验。”[②] 它是一种基本学科能力测验，试题难度不高，测验科目包含国文、英文、数学、社会、自然五门。

通过推荐资格审查的学生，参加学科能力测验成绩没有两科（含）以上为零级分者[③]，以各校系所定筛选标准决定考生是否取得参加指定项目甄试的资格。因此，学科能力测验是通过统一考试来筛选学生，是学生参加推荐甄选首先要通过的“关口”，在台湾地区大学入学考试中具有重要地位和作用。

（一）学科能力测验的功能

学科能力测验在大学推荐甄选中的主要功能有以下两项[④]：①评价学生是否具备大学院系所要求的基础学科能力，以符合入学后的学业需要。②按照大学需要的人数，筛选参加大学指定项目甄试的考生。

从高中教育的培养目标来看，作为大学预备教育的高中教育，具有预备功能。高中课程的设置为大学院系提供其所要求的基础学科能力，因此，学科能力测验中包括高中的必修课程。从这几年学科能力测验实施来看，5门考试科目的设计符合此项要求，也符合高中培养目标。

（二）学科能力测验筛选

校系的筛选标准和程序有两种，即“检定筛选”和“倍率筛选”。大学

---

① 参阅杨李娜：《台湾的大学入学考试中“学科能力测验”述评》，《理工高教研究》2003年第2期，第6～9页。

② 台湾大学入学考试中心：《学科能力测验内容简介》，台湾《选才》（大学入学考试中心通讯）总第49期。

③ 这是1997年的标准，2002年的标准为无一考科（含）以上为零级分者，缺考成绩也以零级分计。

④ 财团法人大学入学考试中心：《83—86（1994—1997）学年度大学试办推荐甄选入学招生方案检讨报告》，大学入学考试中心出版，1997年，第3页。

入学考试中心以考生的测验原级分，按照招生简章中大学系科所要求的标准筛选，一般先“检定”，后“倍率”，通过者即取得参加指定项目甄试的资格。具体的筛选程序如下①：

1. 检定筛选

如果大学系科规定学科能力测验检定科目或“检定”方式者，按照其“检定”的科目与标准首先筛选；未达“检定”标准者，不得参加其他项目的“倍率筛选”。“检定”标准有顶标、前标、均远、后标和底标五种。（详情见以下“成绩处理”的内容。）

2. 倍率筛选

倍率即招生名额的倍数。指大学院系预计参加指定甄试的人数与预计招生人数之比。倍率要考虑对不同学科的需要情形、甄试的方法及考务的负荷能力，其筛选是相对的。一般为“检定”通过者，再以大学院系指定的科目及倍率进行筛选。

在招生简章中对“倍率筛选”的规定是指各大学系科以某一学科或某几学科的测验级分（含总级分），由倍率高者筛选至倍率低者，以筛选出几倍于预定招生名额的学生人数（招生名额×最低倍率），参加指定项目甄试；若倍率相同的学科，以其级分之和进行筛选。如招生名额为 5 人，指定倍率为 8，就从指定要求的学科能力测验考试科目中筛选前 40 人，由高到低筛选，最后符合条件者即可参加指定项目甄试。

3. 同级分超额筛选

依据校系所订的最低“倍率筛选”，因考生某级分相同，使筛选出的人数大于院系原来规定的参加指定项目甄试的人数时，该级分的同级分考生以学科能力测验总级分再筛选一次。如总级分仍然相同而致超额时，则其同级分超额的考生一律取得参加指定项目甄试资格。

从试办几年的情况看，以学科能力测验做“检定”（考生通过基本的标准）是不变的方向，而依赖学科能力测验作为筛选参加指定项目甄选人数的工具，则非长远的发展趋势。如 1994 学年度仅有“倍率筛选”，1995 学年度起增加“检定筛选”。以 1996 学年度的统计资料看，约有 1/4 的学系报名

① 台湾各大学招生委员会与财团法人大学入学考试中心（2002 年）：《2002 学年度大学推荐甄选入学招生简章汇编》，大学入学考试中心出版，2001 年，第 2～3 页，第 9～10 页。

人数或甄试人数不足，即有 1/4 的校系不需用“倍率筛选”①。只要大学院系本身用适当的方法甄选，可以不用学科能力测验作为“倍率筛选”。如果大学院系在确定“倍率筛选”时考虑不周，选才时会造成遗珠之憾。

（三）学科能力测验的成绩处理

1. 学科能力测验成绩的计分方式

学科能力测验是作为评价考生的基本能力和初步筛选之用。基于测验误差的事实，以百分又有小数点的万分之一的分数比较是不必要的，台湾大学入学考试中心以带状分数的概念将原始分数转换成等分数区间，即以“级分”来计算考生的成绩。1994 年到 1998 年采用的是以最高分除以 10 为级距的 10 级分制。从 1999 年起，由于考生人数的增加，改为 15 级分。具体方法为：将该科全体考生的前 1%的成绩的平均得分除以 15 作为级距，依次往下得 15、14、13、12……1 级分，零分为 0 级分，缺考以 0 级分计。换句话说，级分制是以 15 级分为满分，计算方式是将考生的原始分数（百分制的）由高到低分成 15 等份，每一等份的级距相同。如果今年前 1%学生的历史成绩平均为 90 分，再除以 15 等份，得级距为 6，因此，90～85 分为 15 级分，84～78 分为 14 级分，依次类推就可换算出每一级距的分数。采用级分制，除避免学生分分计较外，只要分级方法得当，可以达到区分学生是否具备大学教育所需的基础学科能力的目的。

学科能力测验的成绩在大学推荐甄选中用来作为筛选学生的标准之一。每所大学院系都规定自己的推荐甄选成绩处理方式，就“检定筛选”而言，1999—2001 学年度之前分为以下四种筛选标准（以级分计算），由各校自行决定各系针对各考科所采用的标准：(1) 顶标：该科成绩在全体考生成绩中排名前 25%者的总平均。(2) 前标：该科成绩在全体考生成绩中排名前 50%者的总平均。(3) 均标：该科全体考生成绩的总平均。(4) 后标：该科成绩在全体考生成绩中排名后 50%者的平均成绩。在学科能力测验的成绩证明中，考试中心提供各考试科目标准。2002 学年度至今，检定标准分为“顶标”、“前标”、“均标”、“后标”、“底标”五种，均取为整数（小数只舍不入），并以到考考生的成绩按下列方式计算——“顶标”：成绩位于第 88

---

① 陈林晓梅：《大学“甄选入学”制度之研究（1993—2000）》，台东师范学院教育研究所硕士学位论文，2000 年 6 月，第 76 页。

百分位数的考生级分（分数）；“前标”：成绩位于第75百分位数的考生级分（分数）；“均标”：成绩位于第50百分位数的考生级分（分数）；“后标”：成绩位于第25百分位数的考生级分（分数）；“底标”：成绩位于第12百分位数的考生级分（分数）①。

在国文科的考试成绩计算中，呈现两部分成绩，一是选择题加非选择题的总成绩（以级分计），二是非选择题成绩（以级分计）。从表4-7中可以看出，国文科的成绩在历年的各科级分成绩标准中是较高的，其次是英文和社会科，级分较低的是数学科。各科成绩级分的标准是为各大学招生时提供的参考依据，也反映了考生的成绩状况。

表4-7　1995—2007学年度学科能力测验各科成绩标准一览表

年度	科目	国文	英文	数学	社会	自然
1995	全均标	6	5	5	6	5
	后均标	5	4	3	5	4
1996	全均标	7	5	4	6	5
	后均标	6	3	3	5	4
1997	全均标	6	4	3	6	5
	后均标	5	3	2	5	4
1998	全均标	6	5	4	6	5
	后均标	5	4	2	5	4
1999	顶标	13	12	12	12	11
	前标	12	10	10	11	10
	均标	11	8	7	9	8
	后标	9	6	5	7	5
2000	顶标	13	12	12	12	12
	前标	12	11	11	11	10
	均标	11	8	8	9	8
	后标	9	6	5	8	6
2001	顶标	13	12	11	13	12
	前标	12	10	9	11	10
	均标	10	7	6	9	8
	后标	9	5	3	7	6

① 参阅台湾财团法人大学入学中心网站：http://www.ceec.e2du.tw7。

续表

年度	科目	国文	英文	数学	社会	自然
2002	顶标	13	13	11	14	12
	前标	12	11	9	13	11
	均标	10	8	7	12	9
	后标	8	6	4	10	7
	底标	7	4	2	8	6
2003	顶标	13	12	10	13	12
	前标	12	10	8	13	11
	均标	10	7	5	11	9
	后标	8	4	2	9	7
	底标	6	3	1	8	6
2004	顶标	13	12	11	13	13
	前标	12	11	9	12	12
	均标	11	8	6	11	10
	后标	9	5	4	9	8
	底标	8	4	3	8	7
2005	顶标	13	13	11	13	13
	前标	12	11	9	12	12
	均标	10	8	6	11	9
	后标	8	5	4	9	8
	底标	7	4	2	8	6
2006	顶标	13	13	12	13	12
	前标	12	11	10	12	10
	均标	10	8	6	10	8
	后标	8	5	4	8	7
	底标	7	4	3	7	5
2007	顶标	13	13	10	13	13
	前标	13	11	8	12	11
	均标	11	8	6	10	9
	后标	10	5	4	9	7
	底标	8	4	3	7	5

注：级分计分方式 1999 学年由 10 级分改为 15 级分。

资料来源：台湾财团法人大学入学考试中心网站：http://www.ceec.edu.tw/exam/e-index.htm；2003 年以后的数据来源：http://www.ceec.edu.tw/AbilityExam/

AbilityExamStat/95AbExamStat/6各科成绩标准一览表.xls，笔者重新整理所得；2007年的数据来源于网站：http://www.ceec.edu.tw/AbilityExam/AbilityExamStat/96Exam1Sat.xls。

学科能力测验每年的标准级分是不同的，从表中可以看出学科能力测验的试题难度在不断增加。试题难度的增加会日渐模糊学科能力测验的目标。难度的偏高会造成学科能力测验异变为另一次联考，大学院系将学科能力测验的结果当作联考分数使用，作为取才的主要依据。这样就背离了推荐甄选方案的初衷，无法让适合的学生进入合适的校系作适性的发展。一般而言，学科能力测验平均级分合理的难度应在7级分至8级分之间。但从历年各科级分标准来看，较高于这个级分区间，学科能力测验有一年比一年增加难度的趋势，因此，加强降低试题难度的研究势在必行。

2. 学科能力测验成绩统计表

本研究以1994学年度至1998学年度、1999学年度至2002学年度分科学科能力测验成绩级分人数统计表为例说明考生成绩的变化情况①。可以进一步看出1994学年度到2002学年度，学科能力测验各科成绩变化的情况是不同的。有的学科成绩较为稳定，如国文、英文、社会科的成绩，而数学和自然科的成绩较低，有时不稳定。这也显示出在命题方面还要进一步加强研究，保持命题的稳定性，难易度适当。另外，也可看出台湾学生在各科学习上的不同程度。它说明学科能力测验可以达到筛选人才，评价学生所掌握的基本知识和他们所能达到的基本能力状况。

3. 学科能力测验的成绩使用

推荐甄选的目标是大学入学考试与招生工作的分离，即“考招分立”。考试由专业机构办理，招生及录取由各大学决定。这样做的目的是，考试机构凭其专业的判断，研究大学入学必需的学习成就、学科能力测验以及大学可能需要的某些科目（能力）的测验。通过精细的命题，采用大型的统一考试，保证公平，测验出学生具有代表性的成就或能力。大学和高中应将考试机构的测验视为招生的必要资料，但不是唯一的评价资料。专职测验机构为招生服务但不能替学校招生。用什么方法，选什么样的学生等招生策略，必须由大学自定②。所

① 参见台湾财团法人大学入学考试中心网站的统计资料，网址：http://www.ceec.edu.tw/exam/e-index.htm。

② 任拓书：《学科能力测验成绩使用方式》，台湾《选才》（大学入学考试中心通讯）总第55期。

以，学科能力测验是大学招生使用的考试，并不是招生考试，大学入学考试中心只提供考生的成绩，该成绩是考生进入大学的必要且重要的条件，但它本身不能决定考生已经或不能进入大学。从 1999 学年度开始，试行成绩证明办法，学生可以在参加了学科能力测验后，申请成绩证明。其优点，一是“一试多用”，学生只需交一次报名费就可参加一次考试，其成绩可免费供三个招生单位使用；二是保护考生个人资料，考生的考试资料包括基本资料和成绩资料，这些资料都必须得到考生的授权才会寄送给考生指定的单位①。“成绩证明”与“成绩通知单”的内容与用途是不同的。“成绩通知单”仅供考生自我查验成绩用，载有答题状况，不适合直接使用。“成绩证明”专为招生使用单位设计，备有各项基本资料及全体考生的成绩统计资料。

学科能力测验的成绩保存期限为三年，保留在大学入学考试中心的资料库，考试成绩三年内均可申请。

4. 使用学科能力测验成绩的单位

从 1999 学年度开始，大学入学考试中心首度单独办理学科能力测验，提供给各大学入学途径使用。在此之前，学科能力测验主要用于参加大学推荐甄选入学。这样，采用学科能力测验的招生单位由专门的推荐甄选入学，发展到多元化的各类招生途径。

在 1994—1998 学年度期间采用学科能力测验成绩的大学及招生单位有：参加大学推荐甄选入学的各校、艺术学院、“少数民族及离岛乡籍学生保送师范校院甄试”、文化大学、彰化师范大学、台北师范学院三校申请入学招生，共 6 个招生单位，应试考生已逾 17 万人次。另外，还有各校的单招、申请入学、推广教育学士班等②。2002 学年度采用学科能力测验成绩的有大学推荐甄选 55 校 708 系，大学申请入学 56 校，大学进修学士班 7 校，其他大学各类招生 5 校，军警学校招生 4 校，技职校院申请入学招生 35 校，国外大学招生等。

① 台湾大学入学考试中心：《学科能力测验内容简介》，台湾《选才》（大学入学考试中心通讯）总第 49 期。

② 台湾大学入学考试中心：《学科能力测验内容简介》，台湾《选才》（大学入学考试中心通讯）总第 49 期。

5. 历年大学入学考试中心学科能力测验报名人数

表 4-8 学科能力测验历年报名人数统计表

学年度	集体报名单位数	集体报名人数			个人报名人数			合计
		小计	高中职	补习班	小计	邮递	网络	
2016	569	129 290	125 449	3 841	6 293	…	6 293	135 583
2015	572	140 499	136 342	4 157	5 536	…	5 536	146 035
2014	580	142 259	137 769	4 490	5 219	…	5 219	147 478
2013	581	144 308	138 598	5 710	5 722	782	4 940	150 030
2012	577	147 186	140 428	6 758	7 374	1 588	5 786	154 560
2011	565	139 761	134 274	5 487	6 541	1 648	4 893	146 302
2010	565	135 625	131 178	4 447	6 504	2 080	4 424	142 129
2009	562	135 189	131 086	4 103	6 669	2 032	4 637	141 858
2008	566	141 500	135 732	5 768	8 514	2 655	5 859	150 014
2007	571	142 521	133 815	8 706	10 843	3 313	7 530	153 364
2006	564	147 419	135 851	11 568	14 148	5 490	8 658	161 567
2005	563	146 204	130 853	15 351	14 318	8 732	5 586	160 522
2004	546	143 759	124 362	19 397	13 785	10 126	3 659	157 544
2003	553	150 482	131 175	19 307	14 039	12 631	1 408	164 521
2002	517	137 934	118 843	19 091	8 704	…	…	146 638
2001	468	122 143	106 055	16 088	10 025	…	…	132 168
2000	410	103 972	93 589	10 383	7 184	…	…	111 156
1999	383	85 269	79 698	5 571	5 375	…	…	90 644
1998	230	59 806	…	…	…	…	…	59 806
1997	215	47 816	…	…	…	…	…	47 816
1996	210	37 047	…	…	…	…	…	37 047
1995	192	25 538	…	…	…	…	…	25 538
1994	167	8 224	…	…	…	…	…	8 224

从表 4-8 可以看出，通过不同途径报考学科能力测验的考生逐年增加。

（四）学科能力测验的未来发展

1. 增加考试种类

大学入学考试中心为各大学的招生服务，使大学能够招收到合适的人才。在命题方面除了使用方便、快捷的客观选择题之外，又开发了“语文表达能力测验”和“英语写作能力测验”两种测试形式。在多年研究的基础上，与各高中协作，于2000年和2001年举行了大型的预试，积累了丰富的经验。2002年的“学科能力测验”国文科的第二部分非选择试题就采用研究多年的“语文表达能力测验”的题型，题目包括图表判读、文章改写、情境写作（详情参阅附录一）。评分采用等级制。这两种测验的目的都是评价考生的写作和语言表达能力。初次尝试后在台湾各界引起强烈反响。未来大学入学考试中心将在学科能力测验的基础上，进一步开发多种测验，使考试真正达到合理、全面选拔人才的目的。

2. 采取一年多试

大学入学考试中心作为专门的考试机构，其理想目标是使考试常规化，考生根据自己的情况自由选择考试时间和成绩，一年多试是达到这一目的的重要手段。2002年和2003年的学科能力测验就采取一年两试，为考生创造更多的入学和竞争机会。

四、各大学自主考试——指定项目甄试

指定项目甄试是大学推荐甄选设计的重要的选拔具有特殊才能学生的环节。其所设计的多项多元资料，多元化考查考生的标准，目的是贯彻推荐甄选的基本精神，考查学生的特殊性向与能力。首先，各大学将指定项目甄试通知单及其他相关数据寄送通过第一阶段筛选及外加名额筛选的考生。其次，各大学院系审查考生所提供的资料，如在校成绩单、自传、读书计划、成果作品、师长推荐函、健康检查表等。这项内容必须在招生简章中明确规定，所列的各项资料应有不同的评分比重。但是，学生如未备齐院系要求的审查资料，虽仍可参加指定项目甄试，但其甄试成绩将可能受到影响。为了具体了解指定项目甄试的内容，如何操作甄试项目，怎样评价指定项目甄试，这里从以下几个方面阐述。

（一）各大学院系指定项目甄试的种类

大学院系设计各种类型的指定项目甄试，以多元化评价考生，体现学校

的学科特色，贯彻推荐甄选所设计的选拔特殊人才的精神。各大学院系指定的项目种类约有 11 种之多，表 4-9 为 2000—2001 学年度的招生校院指定项目分类统计。

从表 4-9 中可以看出，参加推荐甄选的大学院系选择“面试”与“资料审查”为指定项目甄试者居多，其次为小论文。由于“学科笔试”可以甄选出学科成绩特优的学生，2001 学年度“学科笔试”有显著增多趋势（有 242 个系），也是颇受重视的甄选方式。统计还显示，面试是大学院系最常采用的指定项目甄试方式，每年选择面试作为指定项目甄试之一的校院均超过甄试校系的 90%，且有逐年增加的趋势，2000 学年度高达 93%，与其他甄试项目采用校系多数未达 20% 的比例相比较高出许多。采用“资料审查”的校系也迅速增加，2000 学年度有 195 个系，占甄试校系的 27%，2001 学年度达 244 个系。

表 4-9　2000—2001 学年度大学推荐甄选各校院指定项目甄试类别统计表

类别	学年度	
	2000	2001
面试	669 个系	702 个系
小论文	141 个系	124 个系
听力	24 个系	25 个系
实验	11 个系	10 个系
性向测验	31 个系	28 个系
学系术科	131 个系	16 个系
艺能术科		69 个系
高中学科笔试	141 个系	97 个系
学系学科笔试		145 个系
即席演讲	7 个系	10 个系
资料审查	195 个系	244 个系

注：2000 学年度的术科统计包括学系术科与艺能术科；学科笔试包括高中学科笔试和学系学科笔试。

资料来源：陈林晓梅：《大学“甄选入学”制度之研究（1993—2000）》，台东师范学院教育研究所硕士学位论文，2000 年 6 月，第 78 页，台湾《选才》（大学入学考试中心通讯）总第 79 期，第 14 页。

（二）指定项目甄试成绩处理方式

指定项目甄试成绩处理方式，各“大学招生委员会”依据招生简章规定中所指定项目自行举行甄试，具体如下[①]：(1) 各指定项目甄试的得分（未乘以占甄选总成绩百分比的原得分）应取为整数（小数取第一位四舍五入）。(2)“检定”：校系在指定甄试项目中定有“检定”规定者，未达“检定”标准（得分/满分：指在计算该项成绩的满分中至少要达到的分数）的考生不予录取。

1994学年度首次办理推荐甄选时，因为没有限制学科能力测验“采计”比例，有18个系科百分之百“采计”指定项目甄试成绩，占所有参加甄选校系的8%。1995学年度起限制指定项目至少占甄试总成绩的50%，至多占甄试总成绩的90%，但每年仍有超过一半的校系“采计”学科能力测验成绩超过45%以上。规定项目甄试的占分比例限制，是为实施推荐甄选“高中推荐，大学甄选”的宗旨，学科能力测验并不是专为大学甄选学生设计的，大学院系不应过度依赖学科能力测验的成绩，推荐甄选的设计是让大学院系充分利用招生自主权，合理设置自主指定甄试项目，选择适合自己校系特色和需要的学生。因此，自1995学年度起指定项目甄试就设定“检定标准”，作为各大学院系考查学生素质的工具。同时，为了昭信大众，事先在简章中公布指定项目甄试评分标准，不致引起对甄试公平性的质疑。

（三）指定项目甄试举隅

推荐甄选的基本精神是“用最适当的方法，以选择最适合的学生，使其进入最适切的学系，作最适性的发展”。由于各大学院系的性质、需求不同，因而各自的方法也不同。“最适当的方法”就是各校系依据各自的实际需求，设计出各式各样的推荐条件与甄选方式，显示其特色。

以下所举的指定项目甄试实施案例，有别于传统的施测方式，值得参考[②]。

例如，某校幼儿教育学系——生动活泼的情境演示

招生目标是培养健全的幼儿教育师资，希望有志从事幼教发展工作并对幼儿教育有兴趣者报考。指定项目甄试情境为情境演示、口试两项。

---

① 台湾财团法人大学入学考试中心：《1997学年度大学推荐甄选入学招生简章汇编暨大学入学考试中心学科能力测验简章合订本》，大学入学考试中心出版，1996年，第10～11页。

② 姚霞玲：《从推荐甄选谈推荐条件的订定与甄选方式》，台湾《选才》（大学入学考试中心通讯）总第34期。

1. 情境演示

目的：希望通过实际情境，了解考生的人格特质、参与幼儿活动的态度以及对行为问题的处理方式等。

试场：设计情境为模拟一个幼稚园教室，分为娃娃家、积木区、语文区、工作区、益智区5个学习区。有一班（30人）幼稚园小朋友在教室中自由活动。另有一位工作人员在观察廊做全程录像。

规则：考生依照工作人员指示，每次五人进入试场。进场时自由选区，与幼儿进行互动。时间15分钟，由工作人员控制时间，在13分钟时敲三角铁一声，15分钟时敲两声，并由工作人员个别轻声提醒考生离场，但未中断整个幼儿活动。

评分：评审委员共五位，分别为幼教系教授、小学校长、幼稚园园长、幼稚园教师等。评审委员进场评分，观察每一位考生与幼儿相处的情形。

2. 口试

目的：了解学生的志趣与基本想法。

规则：考生依照工作人员的指示，按抽签号码顺序，逐一进入试场并交“备审资料”。考生入场后，各口试委员轮流提出问题，时间五分钟。

评分：口试委员共五位，包括幼教系教授、幼稚园园长、小学校长等。评分时使用该学系所设计的“口试评量表”，包括口试项目及内容，委员须填写评价意见与分数两栏。评分区间一般为70～90分，低于60分或高于90分者，须特别说明理由。

题目列举：报考幼教系的最大理由为何？对幼儿的了解有多少？若进入本系，想进一步学些什么？好的幼稚园老师应具备哪些基本条件？个人的成长经验，如是否上过幼稚园？有何看法？

从指定项目甄试各项内容来看，如果大学院系公开甄选流程与各项目甄试的大致进行方式，甄试结束后公开甄试的试题（心理测验除外）、评分标准，增加考试透明度，能够达到推荐甄选公平、公正、公开选拔人才的目的，减少城乡差距。台湾师范大学附属中学的胡天爵老师在1995学年度推荐甄选指定项目考试结束后，对参加甄选的该校学生进行调查①，请学生回答下列两个问题：①大学系科是否认真办理指定项目甄试？②大学系科是否

① 引自胡天爵：《推荐甄选人如何产生》，台湾《选才》（大学入学考试中心通讯）总第16、17期，载于网站：http://www.hs.ntnu.edu.tw/center/graduate/paper.htm。

公平办理指定项目甄试？发出问卷 91 份，回收 81 份，回收率 88.08%。其中录取考生 42 份（占 51.85%），未录取考生 39 份（占 48.15%）。考生无任何压力与顾虑填写问卷，结果发现：认为大学系科办理甄试很认真的有 37 位（占 45.7%），还好的有 38 位（占 46.9%），不知道的有 2 位（占 2.5%），不认真的只有 4 位（占 5%）。可见，有 92.6%的学生认为大学认真办理指定项目甄试，甄选的结果令人信赖。对于第二个问题，回答很公平的有 21 位（占 25.9%），还好的有 31 位（占 38.3%），不知道的有 22 位（占 27.2%），不公平的有 7 位（占 8.6%）。每个考生对公平问题的标准不同，因此回答不知道的比例较高。但认为还算公平的有 64.2%，说明指定项目甄试在考务和实际操作上仍然有缺失。

五、甄选总成绩处理

推荐甄选的考试成绩处理办法：包括学科能力测验筛选、指定项目甄试成绩处理方式以及甄选总成绩处理方式。前两项成绩处理前面已经说明，这里主要说明甄选总成绩的处理方式。

（一）甄选总成绩的计算方式

甄选总成绩由学科能力测验成绩与大学各学系指定项目甄试成绩相加。两项分数占总成绩的比例分配，由各校系决定。在每年的大学推荐甄选招生简章中，参加的大学各学系均在成绩处理方式表中，详细标明各学系的各项成绩处理及采纳方式。下面以 2002 学年度为例加以说明。

（1）甄选总成绩包括学科能力测验成绩及各指定项目甄试成绩，按校系规定的占分比例计算。

（2）大学入学考试中心学科能力测验成绩，依校系所订“采计”的科目以原级分计分或加重计分后按其占总成绩比例计算。各科成绩的“采计”方式分为“不采计”、“原级分采计”及“加重计分采计”三类。

（3）大学各指定项目甄试的成绩，依据校系“采计”的各指定项目以原得分（取为整数）按其占总成绩比例计算。

（4）考生甄选总成绩计算方式：依据上述各项成绩计算方式相加之和，即为甄选总成绩。总成绩取整数（若有小数，取其第一位四舍五入）。

例如：某校生活应用科学系有甲生参加甄试，学科能力测验各科成绩：国文科 8 级分、英文科 7 级分、数学科 6 级分、社会科 7 级分、自然科 8 级分；各项指定项目甄试得分：小论文 23 分（满分 30 分），面试 73 分（满分

100分)。则甲生的甄选总成绩

$$=\underset{\text{(学科能力测验成绩)}}{\frac{(8\times1.5+7\times1+6\times1+7\times1+8\times1)}{(10\times1.5+10\times1+10\times1+10\times1+10\times1)}\times40}+\underset{\text{(小论文)}}{\frac{23}{30}\times30}+\underset{\text{(面试)}}{\frac{73}{100}\times30}$$

=29.09+23+21.9=73.99(注:依规定合计过程小数不予去除;但为便于说明仅显示至小数第二位)

小数取第一位四舍五入后,甄选总成绩为74分。

(5)通过指定项目甄试的“检定标准”者,依甄选总成绩的高低排定录取优先顺序。各校依考生的甄选总成绩并参考招生名额,制定录取标准,以决定录取的学生。

(6)甄选总成绩同分时的“参酌”方式:甄选总成绩相同时,按各校系“总成绩同分参酌方式”栏中所列项目的“参酌”顺序,依序比较考生成绩,以决定录取优先顺序。“参酌”项目成绩一律取为整数(若有小数,取其第一位四舍五入)再进行比较;如“参酌”项目含两项以上的成绩时,则其成绩应按各项加计分情形或依占分比例计算后再进行合计。

(二)学科能力测验成绩占总成绩的比例

以2002年大学推荐甄选各学系的学科能力测验占总成绩比例为例,见表4-10。

表4-10　2002学年度大学推荐甄选各学系学科能力测验占总成绩比例一览表

百分比	10	15	20	25	30	35	40	45	50
系组数	14	1	33	14	80	9	167	4	393

资料来源:陈林晓梅:《大学“甄选入学”制度之研究(1993—2000)》,台东师范学院教育研究所硕士学位论文,2000年6月,第86页。

从表10可知,学科能力测验成绩占总成绩40%~50%为多数。说明要求学生具有基本的学习能力和掌握基础知识,学科能力测验成绩占总成绩50%的上限规定是恰当的。

自1995学年度起规定“采计”学科能力测验成绩作为总成绩的上下限分别为10%与50%。虽然有这个上下限,但大多数大学院系仍因袭联考选才的模式,忽略了学科能力测验与联考试题设计的不同。学科能力测验是评价学生就读大学所必需的基础学科能力的工具之一,采用级分制并不是联考的分分计较,将其作为甄选总成绩的主要部分,不符合学科能力测验设计的精神。今后,学科能力测验成绩“采计”上限应再降低,应当鼓励部分校系不“采计”学科能力测验，而使用客观、公平的指定项目甄选特殊才能学生。

（三）指定项目甄试成绩占总成绩的比例

杨瑞明校长在谈到指定项目甄试的重要性时认为：“指定项目甄试正是推荐甄选方案的精要设计，可以考出大学联考无法评估的深层能力，选择与联考不一样的学生，建立校系的特色。所以指定项目甄试应以学习历程的检视（测查）为主，成果表现为辅，侧重素养与潜能的评量。而专业面试要尽量配合高中正常的教学进度，不要让不正常学习或不当恶补的学生占到位置，并且能够切合社会脉动与生活常识，引导学生活泼的读书，陶冶宏观的器识，而不是只死抱着书本，生吞强记一些没用的东西。”① 可见，指定项目甄试在推荐甄选中起着重要的作用。以 2002 学年度为例，台湾师范大学数学系招收 32 名学生，预计甄试人数 96 人，在校成绩要求总平均 50%、国文 50%、英文 50%、数学 20%、物理 30%，学科能力测验采用英文“后标检定”，数学“均标检定”，数学以 3 “倍率筛选”，总级分以 5 “倍率筛选”。成绩“采计”加入国文科成绩 1 倍，英文科成绩 1 倍，数学加重 2 倍计算，自然成绩 1 倍。因为该系的招生目标是“招收对数学有能力有兴趣，并有志于从事数学教育或数学研究工作的学生”，因此把与数学相关学科的成绩纳入考查，配套设计合理。学科能力测验成绩占总成绩的比例为 15%。指定项目甄试成绩有两项“学科笔试”，考试范围为高中数学（一至四册）、选修数学甲及选修几何。“笔试一”占总成绩的 45%，“笔试二”占总成绩的 40%。总成绩“同分参酌”方式顺序是“笔试一”、“笔试二”、数学学科能力测验、学科能力测验成绩。

当然，一般大学院系会按照各系的招生目标，确定适当的成绩比例，安排适中的指定项目甄试要求。但是，也有例外②。如 2002 学年度逢甲大学土木工程学系的招生名额为 25 名，预计甄试人数 75 人，具体条件、特别条件、备审资料、参考条件的要求从缺，在校成绩要求数学 65 分或占 50%、

① 陈林晓梅：《大学“甄选入学”制度之研究（1993—2000）》，台东师范学院教育研究所硕士学位论文，2000 年 6 月，第 87～88 页。

② 以下举例选自台湾各大学招生委员会与财团法人大学入学考试中心（2002 年）编印：《2002 学年度大学推荐甄选入学招生简章汇编》，大学入学考试中心出版，2001 年，第 25 页。

物理 65 分或占 50%，指定项目甄试只有面试一项，“检定”得分 60 分，满分 100 分，占总成绩的 50%。学科能力测验筛选以数学 3“倍率筛选”，“检定”采用英文“后标”、数学“后标”、自然“均标”，成绩“采计”加入国文 1 倍、自然科 1 倍、英文成绩 1.25 倍、数学 1.5 倍。学科能力测验占总成绩比例为 50%。该系的指定项目测试只采面试一项，没有重点与提示，使学生不易准备。该系的要求与大学联考几乎没有什么不同，只要成绩达到就行，没有体现出推荐甄选选拔具有特殊才能学生的特色。

六、推荐名额与录取名额

关于名额问题，在“大学多元入学方案”中建议“应规定各高中可向一学院或学系推荐之名额限制，且每一学生只能参加一学院或学系的推荐甄选，为使甄试作业不致过量，且使每一高中都有机会推荐，而拟办理的学院或学系都会有学生报名”①。

（一）推荐名额

在招生简章中对推荐名额的规定，每年是不同的。最初试办时，即 1994 年规定：“高级中学的应届毕业班数在14 班（含）以下者，仅能对大学的每一个校系推荐 1 名，15 班（含）以上者，得对大学每一个校系推荐 2 名。获得推荐的学生，只得就某一所大学的某一个系为志愿，并由推荐学校向大学入学考试中心统一报名参加学科能力测验。”②

在 1997 学年度的招生简章中规定：①高中推荐学校的应届毕业班级在 14 班（含）以下者，可对招生简章中的每一所大学的每一个学系（组）推荐 2 名学生。②推荐学校的应届毕业班级在 15 班（含）以上者，可对招生简章中的每一所大学的每一个学系（组）推荐 3 名学生。③参加推荐甄选的每一个学生，只能被推荐至一个校系（组）③。目前推荐名额的规定仍然参照以上办法。2002 年至 2003 年各校的推荐甄选名额数详细情况参见表 4-11。

---

① 转引自《大学多元入学方案》，台湾《选才》第 4 期。

② 引自《1994 学年度试办推荐甄选入学大学校院方案实施要点》，台湾教育事务主管部门 1993 年 3 月 3 日文件。

③ 参阅财团法人大学入学考试中心：《1997 学年度大学推荐甄选入学招生简章汇编暨大学入学考试中心学科能力测验简章合订本》，台湾大学入学考试中心出版，1996 年，第 2 页。

表 4-11　2002 学年度与 2003 学年度各大学院系参加推荐甄选名额一览表

校名	2002 学年度名额	2003 学年度名额	校名	2002 学年度名额	2003 学年度名额
台湾师范大学	155	138	台北市立师院	47	47
中兴大学	152	96	屏东师范学院	72	80
成功大学	228	99	新竹师范学院	49	44
东吴大学	368	326	台东师范学院	109	100
政治大学	171	173	台湾体育学院	56	57
高雄医学大学	115	158	元智大学	165	84
中原大学	112	57	中正大学	183	179
东海大学	334	307	大叶大学	452	306
台湾清华大学	107	33	中华大学	130	124
台湾交通大学	51	30	华梵大学	158	145
淡江大学	419	357	铭传大学	378	416
逢甲大学	647	545	世新大学	342	236
“中央大学”	172	67	实践大学	526	508
中国文化大学	583	360	长荣管理学院	274	236
辅仁大学	248	244	暨南国际大学	107	83
台湾海洋大学	79	66	南华大学	22	6
高雄师范大学	81	72	台湾体育学院	61	61
彰化师范大学	124	121	真理大学	373	393
阳明大学	87	58	台北大学	93	45
中山医学院	169	132	嘉义大学	116	24
长庚大学	38	10	高雄大学	85	20
台中师范学院	96	90	慈济大学	15	25
台北师范学院	75	70	台北医学大学	66	71
台南师范学院	46	24	兴国管理学院	135	149
花莲师范学院	90	78	佛光人文社会学院	0	6

注：2002 学年度名额合计 9847 名，2003 学年度名额合计 7156 名。

资料来源：台湾《选才》（大学入学考试中心通讯）总第 98 期。

大学各学系是否参加推荐甄选由各系自定，2001 学年度参加校数为 57 校，756 个系组；2002 学年度参加校数为 55 校，708 个系组；2003 学年度参加校数为 50 校，563 个系组。如 2002 学年度新参加推荐甄选的大学有：兴国管理学院、明道管理学院、台中健康暨管理学院。退出“推荐甄选方案”的有：台湾大学、台湾中山大学、大同大学、义守大学、玄奘人文社会学院①。

（二）录取名额

1994 年规定，各大学确定推荐甄选招生录取名额，由各校自行决定，试办初期不宜太多。原则是可采取名额内或名额外或兼采，只是公费生均为名额内（经由大学联招、资优保送及推荐甄选等方式入学的招生总人数，各校可自行决定各系维持原核定招生人数或增加招生人数，但每班合计不得超过 60 名）②。

推荐甄选的录取名额上限，逐年有异。1994 学年度以不超过该学系新生入学人数的 10%为原则，1995—1997 学年度名额始终为 20%，1998 学年度在教育事务主管部门负责人吴京的建议下，大学各学系增加推荐甄选名额，除艺术类校系与师范校院各学系酌情增加外，一般以不超过该学系新生入学总人数的 40%为原则，1999 学年度开始又回归到 20%。为什么在 1998 年猛增为 40%，后又下降至 20%呢？主要是因为名额放宽得太多太快，造成以下问题：（1）名额为 20%时，就已经有许多大学学系无人报名。（2）名额为 20%时，已经有高中推荐的人数不够，有的高中甚至没有推荐学生。（3）名额为 40%时，报名热门系科的人数更多，冷门系科则没有人报名。在后来的改革中，对于有些特别适合以推荐甄选方式招生的系科，如艺术类学系、师范校院的系科等，放宽以 20%为原则的名额限制③。从表 4-12 和表 4-13 统计的招生名额人数变化可以看出，1999 年招生名额有回落，2003 年也有较大的降低，只有 7 156 人，这可能与大学多元入学方案的调整有关，增加了申请入学的招生名额，由“汇办中心”统一分发，使一部分考生选择了申请入学。2004 年又增至 9 319 人。

（三）甄试人数与招生名额的比例

对高中而言，增加推荐甄选招生名额，将引导学生更多地参与推荐，导

---

① 根据台湾《选才》（大学入学考试中心通讯）总第 85 期，总第 87 期，总第 98 期的统计资料整理而成。

② 引自《1994 学年度试办推荐甄选入学大学校院方案实施要点》，台湾教育事务主管部门 1993 年 3 月 3 日文件。

③ 引自陈林晓梅：《大学“甄选入学”制度之研究（1993—2000）》，台东师范学院教育研究所硕士学位论文，2000 年 6 月，第 125 页。

致恶性升学竞争和高中更严酷的升学压力。高中实际上具有明显性向或兴趣的学生毕竟属于少数。再者，过多的招生名额，不仅增加高中教师推荐的工作量，而且影响高中升学辅导、多元学习等正常的教学活动。对大学而言，一方面增加大学甄选事务，另一方面使推荐甄选隐然变为另一形态的大学联招，学科能力测验将成为模拟考试和大学联考的热身。从推荐甄选的招生目标及招生对象来看，名额不宜过于扩大，大量考生参加指定项目甄试，需要提高筛选“倍率”，不能彰显推荐甄选多元评价考生的精神。过多的人数也造成推荐甄选品质降低，违背了良好的大学入学制度规准中具有可行性的要求。

台湾学者研究了历年大学推荐甄选参加人数与招生名额后发现，参加甄试的人数与招生名额应有适当的比例，才能使报考学生充满希望。研究认为，两者的比例以 1.5 倍到 3 倍为宜。因为良好的选才制度，要先有适量的学生参与，才能发挥甄选的功能，提高指定项目甄试的品质。对学生而言淘汰“倍率”太高，会使更多的学生受到严重打击。

（四）历年参加大学推荐甄选各项统计人数

详细情况可参见表 4-12、4-13 及台湾大学入学考试中心每年公布的各大学推荐甄选入学招生简章汇编。

表 4-12　推荐甄选入学招生历年各项统计人数一览表

学年度 各项目人数	1994	1995	1996	1997	1998	1999	2000		2001		2002	2003
							一般	921专案	一般	921专案		
大学校数	42	47	49	52	53	54	53	43	57	43	55	50
系组数	217	331	461	549	641	684	713	458	756	452	708	563
招生名额	1410	2820	4684	6491	9873	9204	9374	841	9864	1034	9847	7156
报名学校数	167	192	210	215	225	241	264	14	291	13	309	340
报名学生数	8224	22596	32551	41625	51638	54518	63248	1055	71845	1300	75147	70462
通过资格审查学生数	7404	21071	31956	41455	51471	54347	63096	1056	71673	1303	75045	70328
通过学科能力测验筛选人数	4661	7791	11138	15311	19809	17780	19132	999	21559	1054	22793	19027
放弃参加甄试人数	—	264	516	677	1216	1267	1558	30	1582	26	1848	2260

续表

学年度 各项目人数	1994	1995	1996	1997	1998	1999	2000		2001		2002	2003
							一般	921专案	一般	921专案		
参加指定项目甄试人数	…	7 527	10 622	14 634	18 593	16 513	17 574	969	19 977	1 028	20 945	16 767
公告录取人数	1 105	2 274	3 683	5 622	7 935	7 197	7 620	584	8 420	625	8 581	6 826
放弃录取人数	51	56	102	119	171	251	456	19	705	36	1 606	1 328
实际录取人数	1 054	2 218	3 581	5 503	7 764	6 946	7 164	565	7 715	589	6 975	5 498

注：1. 1994 学年度因采取“报名及甄试一次收费”，故未统计放弃参加甄试人数乃实际参加甄试人数。

2. 1994—1996 学年度的录取人数，后因少数校系另报教育事务主管部门增额录取，故与当时发布的统计资料略有出入。

3. 2000 学年度及 2002 学年度 921 专案报名学生数以下的各项资料，系含灾区学校一般推荐生转入合计的结果。

资料来源：台湾财团法人大学入学考试中心网站，网址：http://www.ceec.edu.tw/Recommend/number.htm。

表 4-13　2004 年至 2006 年台湾甄选入学途径统计表

学年度 各项报名、录取人数	2004	2005	2006	2007
参加学校推荐的校系数	948	984	993	1 081
参加个人申请的校系数	931	987	1 076	1 207
实际参加的校系数（同时参加学校推荐及个人申请的校系，以一系计）	1 256	1 285	…	…
学校推荐的一般招生名额数（不包括外加名额）	9 254	9 243	9 583	10 405
学校推荐的离岛外加名额数	65	239	243	239
学校推荐第二阶段预计甄试人数	30 293	31 408	33 103	35 209
学校推荐报名人数	64 888	71 732	80 514	85 485
通过推荐条件资格审查人数	22 677	…	80 265	…
推荐高中（职）	…	362	377	…

续表

学年度 / 各项报名、录取人数	2004	2005	2006	2007
个人申请的一般招生名额数（不包括外加名额）	14 118	15 328	18 422	22 415
个人申请的离岛外加名额数	378	410	484	596
个人申请第二阶段预计甄试人数	50 281	…	65 408	75 559
个人申请报名人数	79 977	…	80 525	…
个人申请报名总校系数	301 423	…	313 751	…

资料来源：大学招生委员会联合会之大学甄选入学委员会网站：http://www.caac.ccu.edu.tw/caac96/index.php。

第三节　推荐甄选追踪研究

从前述的大学推荐甄选的由来及实施看，无论是报名应考还是实际录取人数，均呈现成倍增长的趋势，由此可知，推荐甄选方案对高中与大学甚至社会的影响是既深且广的。作为一种新的大学入学途径，推荐甄选是否真正能让考生通过推荐甄试后进入心目中的志愿学校、系科，大学院系是否真正能经由此入学途径招收到符合学系所需求的学生，推荐甄选所推荐的学生进入大学的成绩表现，推荐甄选方式各个环节的实施效果等，这些都有必要进行追踪调查研究。因此，在推荐甄选实施后，台湾大学入学考试中心随即展开了对推荐甄选的追踪调查。首先在 1994 年出版了第一个研究报告《1994 年度推荐甄选探究》，直至 1999 年连续数年追踪研究，出版了系列的“推荐甄选追踪调查研究”。这些追踪调查研究是从整体上进行的，研究重点为：汇集大学、高中以及学生对推荐甄选的意见；从推荐条件的订立到指定项目甄试，掌握整体实施概况；推荐甄选入学后的在校表现；“推甄生”与“非推甄生”在人格特质、学习态度、人际适应、人生规划与自我认同上是否有差异；推荐甄选对高中教育所产生的影响。

此外，大学入学考试中心还进行了个案分项研究，于 1995 年邀请台湾交通大学、阳明大学、台北师范学院、中原大学，1996 年邀请成功大学、台湾清华大学、屏东师范学院以及逢甲大学等校，这些大学院系从招生目标、推荐条件、甄选方式等方面检测招收到的学生入学后的各种表现是否合乎所需，探求进一步的解决应对之道。1995 年委托世新大学研究开发面试评分软件，期望在面试评分的客观性与公平性上多一项辅助工具①。

本节主要从整体研究方面，选取与大学密切相关的“推荐生在大学成绩表现”和“推荐条件与考生人数关系”两个项目，对台湾学者就推荐甄选所作的追踪调查研究加以综合、归纳。

一、推荐生在大学成绩表现追踪调查

（一）成绩追踪调查的资料准备

1. 资料汇集

大学入学考试中心寄函给参加 1994 学年度至 1998 学年度推荐甄选的大学教务处，请各校提供各学年度参加推荐甄选学系的全体学生在校成绩。此外，部分学系因课程有所差异而分班，视为一系组采取个别分析。

2. 内容分析

为了了解推荐甄选的大学生在校成绩表现，是否因大学院系的性质及其制定的推荐条件与甄选方式有所不同，本项追踪研究进行以下各项分析：

（1）制定的推荐条件与入学后成绩表现的差异性。①依据校系性质的不同，分公立大学、私立大学、师范院校三类，分析“推甄生”（即参加推荐甄选入学的学生，下同）的大学在校成绩是否有差异。②依据校系性质的不同，分文、法、商、理、工、农、医七个学院，分析“推甄生”大学在校成绩是否有差异。③依据校系规定的推荐条件的不同，分析“推甄生”在大学的学业成绩是否有差异。④依据校系规定的指定项目甄试的不同，分析“推甄生”在大学的学业成绩是否有差异。

（2）“推甄生”毕业的高中与入学后成绩表现的差异性。①高中性质的不同，分析“推甄生”大学在校成绩是否有差异。②毕业高中在“日大联招”（即一般各大学联招，区别于大学夜间部的联招）录取率的不同，分析“推甄生”大学在校成绩是否有差异。

3. 成绩处理方式

（1）大学院系“推甄生”在校成绩的处理方式是，先将系上所有 1994

① 参阅萧次融、姚霞玲、林秀红、连正雄著：《推荐甄选追踪研究》，大学入学考试中心出版，1999 年 8 月 31 日，第 2 页。

学年度至1998学年度各学期专业科目成绩的总平均总计后加以平均，以呈现“推甄生”的整体平均来分析其在校成绩的优劣。

(2) 成绩表现分三类：“表现较佳”是指全体的前1/3，“相差不远”是指中间的1/3，“表现较弱”是指全体的后1/3。

(3) 统计分析以SAS软件进行数据处理，并以X^2统计量加以检测。

(二) 具体的统计和调查分析结果

1. “推甄生”在大学的成绩表现

1994学年度入学各学系“推甄生”的专业科目平均，在四年级下学期表现较佳者有23个学系（占21.90%）；相差不远者有66个学系（占62.86%）；表现较弱者有16个学系（占15.24%），与前五学期各学系的成绩相比，从第一年成绩表现较佳，第二年成绩稍为降低，第三年上学期成绩回升后，至三年级下学期又略为滑落，第四年上学期成绩明显好转，到了四年级下学期又较为降低。

1995学年度入学的“推甄生”成绩表现，四年级上学期表现较佳者有42个学系（占23.16%），相差不远者有119个学系（占67.23%），而表现较弱者有17个学系（占9.6%）。与前三年各学系的成绩表现相比，表现较佳者维持在一定的水准，而表现较弱者似乎有逐年降低的趋势。

1996学年度入学的“推甄生”成绩表现，三年级上学期表现较佳者有51个学系（占19.10%），相差不远者有195个学系（占73.03%），而表现较弱者有21个学系（占7.8%）。与前两年相比，成绩表现佳，而表现较弱者有逐年下降的趋势。

1997学年度入学的“推甄生”，二年级上学期成绩表现较佳者有56个学系（占16.97%），相差不远者有251个学系（占76.06%），而表现较弱者有23个学系（占6.97%）。与上一学年度成绩相比，成绩表现尚佳。

1998学年度入学的“推甄生”，一年级上学期成绩表现较佳者有83个学系（占20.39%），相差不远者有285个学系（占70.02%），而表现较弱者有39个学系（占9.58%）。第一学年度的整体成绩表现尚佳①。

就整体而言，“推甄生”个别的专业成绩表现，仍以表现较佳、相差不

① 参阅萧次融、姚霞玲、林秀红、连正雄：《1998学年度推荐甄选追踪调查研究》，大学入学考试中心出版物（编号A34），1999年11月30日，第17页。

远、表现较弱三大类来分，1994 学年度至 1998 学年度“推甄生”在大学成绩表现较佳者所占的比例较高，而表现较弱者所占的比例仍较低。由此可见，参加推荐甄选入学者，其在校成绩表现仍可维持相当稳定的水准。

1994 学年度至 1998 学年度入学的“推甄生”，就各学系“推甄生”在校成绩整体表现而言，在公立大学与师范大学的“推甄生”表现较佳，而在私立大学的“推甄生”表现在前几学期虽略微不理想，但已经有渐渐好转的趋势。在学院类别表现方面，就读文学院、理学院与工学院表现较佳，法学院、商学院与医学院的“推甄生”在校成绩表现有逐渐好转的趋势，农学院的“推甄生”成绩较不理想①。

2. 推荐条件的制定与学生在校成绩的关系

(1) 依推甄条件的制定比较学生在校成绩的差异性。①依招生名额的不同，“推甄生”的表现略有差异，整体而言，从 1994 学年度至 1998 学年度招生名额在 6～10 人校系的“推甄生”成绩表现较好，招生名额在 4 人以下与 5 人者尚好，而招生名额在 11 人以上者成绩表现较弱。②大学院系规定的具体条件中，无论学系有无制定竞赛成果，“推甄生”成绩表现皆较佳。③依德智体群科目数的不同，整体而言，“推甄生”在大学的成绩表现以确定 2 科目表现较佳，确定 3 或 4 科目次之，而确定 0 或 1 科的成绩表现较不稳定。④确定高中成绩（如国文、英文、数学）科目数的不同，“推甄生”在大学成绩表现略为不同。大学院系确定 0 科的“推甄生”表现较理想、稳定，而确定 1 至 3 科者成绩也不错。⑤确定智育成绩在班上前百分比的不同，“推甄生”在大学成绩表现有所差异。校系要求智育成绩前 10%与前 20%的“推甄生”成绩表现较为理想，要求前 30%者尚可，不要求与要求前 50%者表现似乎较不理想。⑥依确定筛选“倍率”的不同，“推甄生”的在校成绩表现略有差异。整体而言，大学院系所定倍率为 4 至 5 倍成绩表现较好，而且相当稳定，另外在订立 0 至 3 倍与 6 倍以上成绩表现尚可，但有好转的趋势。

(2) 依指定项目甄选方式与所占百分比的制定，比较学生在校成绩的差异性。①指定项目甄试中，面试在甄选总成绩中的表现似有差异。1994 学年度至 1998 学年度的“推甄生”以面试占 20%以下者在校成绩表现较佳，

① 参阅萧次融、姚霞玲、林秀红、连正雄：《1998 学年度推荐甄选追踪调查研究》，大学入学考试中心出版物（编号 A34），1999 年 11 月 30 日，第 19、21 页。

而30%以下及30%以上者尚佳。②就学系确定笔试占甄选总成绩的不同，比较“推甄生”在大学成绩的表现。整体而言，未采用笔试的“推甄生”在大学成绩表现较佳，其次为笔试确定在30%以下者表现尚佳，而定在10%以下者表现较弱①。

3. 根据“推甄生”所毕业的高中比较学生在校成绩的差异

（1）公私立高中毕业的“推甄生”在大学成绩表现有相当差异，明显看出公立高中毕业的“推甄生”比私立高中在校成绩表现较佳，但私立高中学生成绩表现也有越来越进步的趋势。如以1994学年度为例，私立高中毕业的“推甄生”，在大三上学期的成绩表现进步不少，大四上学期的成绩也有相当明显的进步，1995与1996学年度“推甄生”毕业于私立高中的成绩表现，在优劣的差距上也比以往有所改善。

（2）毕业高中联招录取率不同的“推甄生”在大学的成绩表现。“推甄生”毕业的高中，依1994学年度至1998学年度各学生在“日大联招”应届毕业生录取率的高低，大致分为前60%以上、20%以上、0%以上及0%四大类，各年度“推甄生”毕业高中在“日大联招”录取率在60%以上者，在大学成绩表现较佳且较稳定，录取率在20%以上者则略好一些，录取率为0%者表现最弱。虽然如此，录取率为0%以上的高中毕业的“推甄生”，在1994学年度至1997学年度的成绩表现仍有各超过1/4以上在系里表现较佳。“推甄生”毕业的高中在“日大联招”录取率在20%以上的人数也相当多，而且在大学的成绩表现的分布，也不比没有参加推荐甄选的学生弱。因此推荐甄选的招生方式，确实可让在“日大联招”较难发挥所长的学生，有一展特色与专长的机会②。

4. “推甄生”在大学的成绩表现与学科能力测验的关系

为了解学科能力测验的成绩与在大学不同校院成绩表现的关系，在研究中将学科能力测验各考科在10～8级分者视为成绩表现较佳，将各考科在

① 以上资料引自萧次融、姚霞玲、林秀红、连正雄：《1998学年度推荐甄选追踪调查研究》，大学入学考试中心出版物（编号A34），1999年11月30日，第19页，第21～22页。

② 以上资料引自萧次融、姚霞玲、林秀红、连正雄：《1998学年度推荐甄选追踪调查研究》，大学入学考试中心出版物（编号A34），1999年11月30日，第19页，第22～24页；萧次融主持的《1997学年度推荐甄选追踪调查研究报告》，大学入学考试中心出版物（编号A33），1999年1月20日，第35页。

7～5级分者视为成绩表现较弱。将“推甄生”的学科能力测验成绩表现与其在大学的成绩表现进行交叉分析，并依不同院别来检测学科能力测验各科成绩，在大学成绩表现的有效性。该研究以1994学年度至1996学年度的推甄学生为例，依其五学期、三学期、一学期的在校成绩表现进行分析，其结果如下：整体而论，学科能力测验对于文学院、医学院、理学院以及工学院的预测效果较为明显，原因可能是测验的学科与该类院系所需具备的专业知识较为接近①。

二、推荐条件与考生人数的关系追踪调查

由于大学入学考试中心从1996学年度开始研究推荐条件与考生人数的关系，本书以1999学年度为例加以说明。分析学系通过审查人数、通过“倍率筛选”人数与学系确定推荐条件的关系，提供实际客观的数据资料，作为校系日后确定推荐条件的参考。

推荐甄选有别于大学联招的特色之一在于高中推荐。各大学院系依学系的性质、特色或需求确定推荐条件，高中再从有意愿进入该校系且符合该校系推荐条件的学生中，推荐出最适合的学生。实际上，推荐甄选实施以来，虽然多数高中认真推荐，大学院系也对高中推荐的学生大致感到满意，但有数据显示，1999学年度参与推荐甄选的高中（职）共有241校，平均每校推荐人数为226人，其中高中推荐人数超过600人的有嘉义高中、屏东高中、斗六高中、左营高中、台南二中、道明中学及台中二中7所学校，可说其在校的应届生几乎倾巢而出。

从参加1999学年度推荐甄选的684学系（组）来看，每校系的平均报名人数为80人，其中报名人数超过300人以上者，有东吴大学法律、社会、经济、心理等学系，铭传大学资讯管理学系，世新大学公共传播学系及淡江大学电机工程学系等7个校系，有15个校系学生报名人数为0，107个校系的报名人数不到10人②。

大学院系确定推荐条件适当与否，直接影响报名人数的多寡，所以大学应确实且严谨地进行“资料审查”，筛选淘汰不适合的学生，促使高中更有

① 以下资料引自萧次融主持的《1997学年度推荐甄选追踪调查研究报告》，大学入学考试中心出版物（编号A33），1999年1月20日，第14～15页。

② 参见台湾《选才》（大学入学考试中心通讯）总第53期。

效地推荐。大学院系确定推荐条件过于严格，以致没有学生可推荐或推荐人数不及招生人数，也相对降低大学院系参加推荐甄选的意义①。1999 年的追踪研究发现：①确定具体推荐条件与通过审查人数的关系。大学院系在确定具体推荐条件中，要求较多的项目是学生要有参与社团的经验，其次是担任过学生干部，要求学生有竞赛成果的学系则较少，确定这样的条件大致和过去的推荐甄选相同。“具体条件”要求与否，并不直接影响通过审查人数多寡。学系应考察“具体条件”的确定，除合乎学系所需外，还要配合其他的推荐条件，才能招收到适合学系的学生。②确定高中在校成绩科目与考生人数的关系。确定高中“德、智、体、群”四育成绩科目的多寡对考生人数的影响，与往年相比已渐不明显。高中成绩科目数要求越多，则通过审查的人数越少。建议确定高中成绩的科目数最多不宜超过 4 科。③确定招生名额与考生人数的关系。由于招生名额的多寡与录取率的高低有关，招生名额较多者确实是吸引考生选择该系的重要诱因之一。系科确定招生名额时应仔细考虑利弊得失。系科确定“倍率筛选”大小宜考虑招生名额的多寡，倘若招生名额少，尚可扩大筛选的“倍率”，倘若招生名额多，则可依据确定的“倍率”控制参加指定项目甄试的人数。校系通常不会将“倍率”定得太高，如此考生才有较高的录取机会，系科也可在有限的时间内，自主评价考生的学力与性向，达到有效筛选。④确定指定项目甄试的种类对通过审查人数的影响。校系要求的指定项目甄试，科目选择 2 科者最多，随着考科数的增加，考生报考学系数明显下降，学系似乎并不认为指定项目多，就能筛选淘汰考生。研究表明指定项目甄试科目数的多寡与通过审查人数的分布均匀，二者之间没有相互影响。

第四节　推荐甄选的评价

推荐甄选作为多元入学途径之一，在台湾地区大学入学考试制度改革中翻开了新的一页。在推荐甄选实施了十几年的今天，回顾其历程，虽然人们对它的看法见仁见智，有褒有贬；但从总体上看，已有多年经验积累，无论是取得的成效，还是存在的问题，推荐甄选对于大学入学考试制度的改革，

---

① 以上资料引自萧次融主持的《1997 学年度推荐甄选追踪调查研究报告》，大学入学考试中心出版物（编号 A33），1999 年 1 月 20 日，第 7～12 页，第 16～17 页。

都有借鉴之处。本节主要分析、评价推荐甄选的成效与问题，作为改革大学入学考试制度的参考①。

一、实施推荐甄选的成效

从上几节关于推荐甄选实施的过程及结果看，推荐甄选取得了很大的成效。参见第二节的表 4-12（历年推荐甄选招生录取人数统计表）和表 4-13。

（一）大学方面

1. 推荐甄选扩大了高中与大学的参与面

推荐甄选的特色之一就是兼顾“高中推荐”与“大学甄选”，由于台湾每一所高中每一班级都有参与推荐的机会，各大学院系都能自订选才标准及甄选方式，使得高中与大学对推荐甄选产生相当大的兴趣。从表 4-12 和表 4-13 中的参加推荐的人数每年递增可见一斑。

就大学而言，参加的校系（组），1994 学年度为 42 校 217 系科（组），1995 学年度为 47 校 331 系科（组），1996 学年度为 49 校 461 系科（组），到 2000 学年度为 53 校 713 系科（组），2001 学年度为 57 校 756 系科（组），2002 学年度为 55 校 708 系科（组）；2004 年至 2007 年参加学校推荐的校系数分别为 948 个、984 个、993 个、1 081 个，基本呈现逐年增加的趋势。从招生名额来看，1994 学年度为 1 410 名，约为参加系组总招生名额的 10%，1995 学年度为 2 820 名，增加了约 20%，1996 学年度为 4 684 名，增加了约 20%。从 1998 学年度以来一直维持在 9 000 多名以上的招生名额。2004 年至 2007 年学校推荐的招生名额数分别是 9 319 人、9 482 人、9 826 人、10 644 人。据台湾报载，2006 学年度台湾入选教育事务主管部门“五年五百亿”顶尖大学中的 10 所，甄选名额比 2005 年有所增加，以台湾清华大学增加最多，招收 638 人，比 2005 年增多了 144 人（包括学校推荐和申请入学的名额）。其他大学 2006 学年度甄选招生人数分别是：台湾大学 923 人，台湾交通大学 406 人，成功大学 25 人，“中央大学” 334 人，台湾中山大学 299 人，中兴大学 320 人，阳明大学 113 人，长庚大学 191 人，元智大学 437 人，政治大学 38 人。可见，为了争取高中的优秀学生进入顶尖大学就

① 参阅杨李娜：《台湾的大学推荐甄选入学制度评价》，《湖北招生考试》（理论版）2004 年 12 月号下半月，第 71～75 页。

读，各大学也增加了甄选招生的名额供考生选择①。

就高中而言，高中推荐学校，1994 学年度为 167 校，1995 学年度增加为 192 校，1996 学年度增加为 210 校，1997 学年度继续增加为 215 校（参加率 99%），2000 学年度为 264 校，2001 学年度为 291 校，2002 学年度增加为 309 校，2003 学年度为 340 校，2005 学年度为 362 校，2006 学年度为 377 校，比较而言，高中（职）参加推荐的校数在不断增多。推荐名额 1994 学年度为 8 224 人，1995 学年度为 22 596 人，1996 学年度为 32 551 人，1997 学年度为 41 625 人，2000 学年度为 63 248 人，2001 学年度为 71 845 人，2002 学年度为 75 147 人，2003 学年度为 70 462 人，2004 年至 2007 年学校推荐报名人数分别为 64 888 人、71 732 人、80 514 人、85 485 人。可见，参加推荐的人数亦呈逐年上升的趋势。2006 学年度达到 8 万人，说明高中和大学对于推荐甄选是积极参与和支持的。

简言之，在实施的十几年中，绝大多数大学参加了或参加过推荐甄选，后来有退出的，也有退出后又参加的，但都参加了推荐甄选。高中几乎都参与了推荐甄选，从表 12 和表 13 可以看出，1994 年至 2002 年大学招生名额增加了 6.98 倍，高中推荐人数增加了 9.14 倍，1994 年至 2007 年参加推荐的校系数增加了 4.98 倍，1994 年至 2007 年推荐名额增加了 7.55 倍。推荐甄选方案已成为大学联招之外最重要的大学入学途径。

2. 大学选才标准多元化与大学院系排行榜的淡化

大学推荐甄选选才标准具体表现在推荐条件、学科能力测验及指定项目甄试三方面：大学联招的考试方式，注重纸笔测验，对一些特殊能力、性向、人格特质、创造力、领导能力、社交能力等，用单一的考试方式无法测得；推荐甄选的推荐和甄试都明显地表现出活泼而有创意，重视各系的特色，有助于大学选才。推荐甄选重视选才标准的多元化，包括多元的评价方式、学生多元资料和多元能力表现、多元的条件等。

据大学入学考试中心分析，从大学院系所定的推荐条件来看，90%以上均要求高中在校成绩，40%要求“具体条件”。从学科能力测验成绩来看，大学院系“采计”三科以上者占 80%以上，另外约有 80%的“采计”比例占总成绩的 40%至 50%。从指定项目甄试来看，80%的大学院系采用 2 至

① 林丽雪：《顶尖大学甄选入学名额增多》，台湾《民生报》2006 年 2 月 23 日，载于网站：http://hotnews.ccedu.tw/view.asp?ID=1200。

3 项甄试项目，每年均有 90％以上大学院系采用面试或口试，其中均有 20％的大学院系仅以面试来甄试考生①。

大学选才多元化使得推荐甄选具有单独招生的优点，各大学依据招生目标及学系需要，招收不同专长、性向的学生，例如各大学的物理学系，因其选才目标与发展方向的不同，故所定的推荐条件不同；自定的甄选项目，不但采取“学科笔试”或“实验”或“资料评审”等项目，而且评分标准不一，“采计”比例也不相同。如此，不但学生来源与招生人数不同，甄试方式与程序不同，录取标准也不一致，呈现多元化选才形式，这种自主发展的结果，使院系各显特色，没有院系排行的问题②。因此，推荐甄选能发展大学院系特色并消解排行榜。

3. 扩充大学院系选择学生的自主性，发展学校特色

大学联考的考生依据联考成绩来选择大学系科，大学院系本身只是被动地接受学生的选择，考生对自己的能力兴趣大都不十分了解，常造成录取的系科与考生志趣不合又不易转系转校的现象。推荐甄选方案由各校系自定标准，自办甄试，不但选拔出适当人才就读，且使各校系能够自我肯定，尊重各校系选才的标准③。大学与高中之间由过去的不了解到创造相互了解的机会，为确定合理的推荐条件与甄选办法，一方面，部分大学院系主动汇集高中有关资料，另一方面，通过高中老师与学生了解高中现况，使高中教师和学生深入了解大学系科的特色，促使高中学生能选择适合自己性向的系科，高中可以推荐合适的学生参加甄试，大学选择合适的学生。在这种双方相互了解的过程中，大学院系既能发挥招生自主权，又能更加清楚如何发展自身的特色。

大学院系自主选择适合的学生，是否会为学习程度较差的学生开了一扇方便之门？这是推荐甄选引起人们置疑的方面。下面以台湾清华大学电机系参加 1996 学年度推荐甄选的 40 名落榜生为例说明，追踪他们在当年“日大

---

① 参见丘爱玲有关台湾地区“大学联招政策变迁之研究（1954—1997）”，台湾师范大学教育研究所博士学位论文，1998 年 6 月，未出版，第 223 页。

② 参见财团法人大学入学考试中心：《1994—1997 学年度大学试办推荐甄选入学招生方案检讨报告》，大学入学考试中心出版，1997 年 4 月，第 8 页。

③ 参见杨贵荣：《剖析 1994 年度大学推荐甄选入学方案》，台湾《教育资料文摘》1995 年 6 月号，总第 197 期，第 27～35 页。

联招”中的表现，发现40名中有39名被录取，且表现相当优异，其中的13名考上了分数超过录取标准的校系。该例显示，即使是推荐甄选的落榜生，其学科能力仍在相当程度以上。另4名落榜生，以优秀的成绩参加“日大联招”考回该系，可见推荐甄选不仅让考生及早探索自己的志愿校系，同时，通过参加推荐甄选应考指定科目的经验，帮助考生更加了解科系。在不受成绩排行的影响下，再度选择该系。再追踪该学年度的20名“推甄生”在大一上学期的成绩表现，有6名在班上的前10%，11名在班上的前20%至50%，说明学生入学后因所学与志愿相符，故学习意愿高①。由此可见，仅以统一的“学科笔试”，可能淘汰了将来在大学有良好表现的学生，而推荐甄选以统一的学科能力测验考试为基础，再配合其他多元化的评价方式，使得那些仅以“学科笔试”可能难以考上的考生，多了一个升学的机会。

（二）高中方面

1. 促进城乡高中教育的均衡发展，实现教育机会均等

在大学推荐甄选招生办法中，学校推荐的甄选入学方式，由高中向大学校系推荐符合各校系推荐条件的应届毕业生，每位学生限被推荐至一所校系，一所高中对一所校系推荐2～3人（14班以下2人，超过14班3人）。按照这个规定，台湾的每所高中都可参加推荐，各高中机会均等。由于推荐甄选订有推荐名额的限制，强调选才标准多元化，不仅仅以学科成绩表现取才，如推荐甄选设计的在校成绩以全班学生的百分比计算，而“明星高中”并无加权计分，可使农村、偏远地区高中的学生通过推荐甄选的入学途径，更易获得进入大学的机会。从录取的资料显示，原联招录取率较低的偏远地区高中学生，也能有较好的表现与录取机会。因此，推荐甄选发挥了鼓励农村高中学生参与竞争的作用，平衡了城乡教育机会的差距，应当肯定其正面效果。

以1994学年度为例，根据大学入学考试中心资料显示，167所推荐高中，录取人数为0人的有22所，1至9人之间的有105所，10至19人之间的有30所，20至29人之间的有8所，30至39人之间的有2所，前10名录取人数较多的高中有许多并非传统的“明星高中”，其录取率在13.9%和

① 参见姚霞玲：《从推荐甄选的追踪浅谈推荐条件的订立与甄选方式》，台湾《选才》（大学入学考试中心通讯）总第53期。

30.9%之间，录取人数在20和28人之间，报名人数则在68和73人之间，有助于城乡高中教育的均衡发展①。

大众一般认为“明星高中”在推荐甄选中的成功率较高，尤其在第二阶段的甄选，因为学生必须亲自到各大学院系应试，如果学生身穿校服的话，身份容易曝光，在面试时城市中学或“明星高中”的学生较有优势，而偏远、农村地区的高中学生却可能因为紧张而在面试上处于劣势，造成不公平。从2000学年度的资料来看，这种想法并不一定正确。

表4-14　2000学年度第二阶段甄选成功率达五成以上的高中学校一览表

校名	报考人数（A）	通过学测筛选人数（B）	B/A	录取人数（C）	第二阶段甄选成功率（C/B）	总成功率（C/A）
文兴高中	120	34	0.28	25	0.74	0.21
达人女中	149	71	0.48	49	0.69	0.33
泉桥高中	111	19	0.17	13	0.68	0.12
北一女中	141	67	0.48	44	0.66	0.31
卓兰实高	117	34	0.29	22	0.65	0.19
科学园区*	106	54	0.51	34	0.63	0.32
北市建中	128	72	0.56	44	0.61	0.34
新兴工商	215	143	0.67	85	0.59	0.40
光仁高中	172	59	0.34	34	0.58	0.20
南山高中	195	59	0.30	34	0.58	0.17
薇阁高中	112	42	0.38	24	0.57	0.21
磐石高中	127	28	0.22	16	0.57	0.13
及人高中	475	98	0.21	54	0.55	0.11
新竹高中	371	158	0.43	85	0.54	0.23
潮州高中	481	125	0.26	67	0.54	0.14
竹围中学	209	46	0.22	25	0.54	0.12
师大附中	310	193	0.62	102	0.53	0.33
埔里高中	120	53	0.44	28	0.53	0.23
台东女中	331	116	0.35	61	0.53	0.18

① 参见丘爱铃有关台湾地区“大学联招政策变迁之研究（1954—1997）”，台湾师范大学教育研究所博士学位论文，1998年6月，未出版，第223～224页。

续表

校名	报考人数（A）	通过学测筛选人数（B）	B/A	录取人数（C）	第二阶段甄选成功率（C/B）	总成功率（C/A）
成德中学	167	30	0.18	16	0.53	0.10
竹林高中	278	86	0.31	46	0.53	0.17
光复高中	218	62	0.28	33	0.53	0.15
圣功女中	107	30	0.28	16	0.53	0.15
高雄女中	290	165	0.57	86	0.52	0.30
中山女中	316	153	0.48	79	0.52	0.25
协同高中	160	75	0.47	38	0.51	0.24
弘文高中	204	80	0.39	41	0.51	0.20
崇光女中	268	65	0.24	33	0.51	0.12
明诚高中	239	57	0.24	29	0.51	0.12
金欧女中	363	84	0.32	43	0.51	0.12
昆山高中	193	32	0.17	16	0.50	0.08

注：* 指科学园区实验高中。

资料来源：李佳玲、萧次融：《推甄数据谈 2000 学年度大学推荐甄选入学》，台湾《选才》（大学入学考试中心通讯）总第 75 期，转引自网站：http://www.ceec.edu.tw/magazine/75-5.htm。

对表 4-14 所列出的第二阶段甄选的成功率达到五成以上的高中，即通过第一阶段学科能力测验筛选人数与第二阶段各校系自行甄选的录取人数作一比较（录取人数/通过学测人数），达 0.5 以上的学校共有 31 所（报名人数少于 100 人的未列入），按其高低排序（见 C/B 栏），可以看出，前三所学校都是私立高中。这 31 所高中也有许多是大众心目中的名校以外的学校，可见高中的适当推荐在整个推荐甄选的过程中非常重要。推荐途径得当，即使不是名校，其成功率还是很高。不可否认的是，在第一阶段以学科能力测验筛选时，名校的学生成功率较大（见 B/A 栏），如北市建中，但是只要能通过第一阶段筛选，在第二阶段的甄试中，不是名校的考生，表现也相当好。其原因可能由于第二阶段的甄试，并不是完全依赖智育的学科笔试，使得不是名校的考生有机会展现其智育以外的能力。“若以体育竞赛做比喻，高中联考好比是‘铁人竞赛’，而大学联考又是比赛类似的‘铁人竞赛’，因此在高中联考表现优异的学生，在大学联考也可能表现良好，但推甄并不是比赛‘铁人竞赛’，因其多元的选才方式，或许是单项比赛，则因评量的项目不同，筛选的依据不同，结果当然也不同。具有特殊才能的学生，或者热心服务的学生，有机会展现其特殊的一面，而得到较高评价。"① 表 14 中的最后一栏是总成功率，其中 C/A 在 0.3 以上而且 C/B 在 0.5 以上的有七所学校，最高的是新兴工商达到 0.4。而所谓的有些名校高中如北一女中（台北市第一女子高中），有些优等生因为一校一系二人或三人的名额限制，没有被高中推荐，或者因其对联考很有把握，而放弃推荐甄选，使得其在表 14 中的排名并不高。总成功率第一名的新兴工商在推荐甄选中的表现的确不错，可以看出其辅导学生选择校系有方，推荐学生得当。该校在报考的 215 名学生中，推荐到私立大学的有 203 名（94.4%），而北一女中推荐学生到公立大学的比较多，在 141 名推荐生中，推荐到公立大学的学生有 125 名（88.6%）。

2. 促进高中教学正常化

从追踪调查研究中可以看出，推荐甄选对高中教育的影响，台湾各界普遍持肯定的看法，并认为它有助于高中教育多元化与活泼化。

（1）重视学生全面发展的教学活动。依推荐甄选的设计，学生在校成绩及活动表现，不但定在推荐条件中，也在大学甄试时"采计"。这些设计对高中教学活动产生显著结果，学生比以往更积极参与社团活动、竞赛及担任班级干部。在学校教学方面初见成效，如加强文理科全面发展的教学、加强口语及文字表达能力训练、充实校内竞赛活动。大学利用"具体条件"和"备审资料"的要求，对学生的学习取向不再只偏重于智育。学生在学习发展过程中，加深自我认知的体会与自我概念的成长，建立正确的价值观，培养宏观的人生意识，促成学生人格的发展，使学校教育多元活泼，学习气氛热烈。指定项目的设计促使高中培养学生踏实和追求真知的学习精神，提高学生的创造思考和解决问题、运用信息与综合分析的能力，引导高中正常教学，强化学生的学习历程。采用多元化的评价方式，提升了高中教育的效能。

（2）重视基础学科知识的学习与教学。由于推荐甄选重视基础科目考试，并规定所有推荐学生均须参加学科能力测验，使学生在高中不偏科。学

① 引自李佳玲、萧次融：《推甄数据谈 2000 学年度大学推荐甄选入学》，台湾《选才》（大学入学考试中心通讯）总第 75 期，转引自网站：http://www.ceec.edu.tw/magazine/75-5.htm。

科能力测验的考科设计，淡化了联考制度所衍生的文理偏废现象，落实了高中通识教育功能，提高了学生基础知识学习的能力。学科能力测验的考题强调综合、分析、整理与判断能力，引导学生重视生活知识与社会动态，对高中教学和高中生的学习产生了积极深远的影响。

3. 高中重视学生职业辅导，引导学生做好生涯规划

由于推荐校系为单一志愿，各高中在促使学生及早做生涯规划、认识大学院系、探索个人志向、选择有兴趣的合适的志愿方面，做了大量的升学辅导工作，取得显著成果。同时，绝大多数的高中使用“兴趣量表”等评价工具，协助学生进行生涯的探索与规划。

重视高中生涯辅导，体现了推荐甄选精神。推荐甄选是向具有特殊才能和性向的学生适当地选择大学院系提供机会，而学生了解自己的兴趣与性向，认识大学院系，都必须通过长期持续的升学与生涯辅导。因此，高中在加强学生生涯辅导方面，设立辅导室，有专职教师担任学生的生涯辅导课程，汇集大学招生的相关信息，对学生进行心理测验，协助学生认识自我，了解学生的性向，使有特殊才能的学生在选择大学院系时不会盲目填报志愿。

（三）学科能力测验日益受到重视

学科能力测验的基本功能，在于评价学生基本能力和对基础知识的掌握程度，其主要目的在“检定”与“筛选”。1997 学年度增加学科能力测验有两种（含）以上零级分者不得参加“筛选”，1998 学年度再修正为有一科为零级分者就不得参加“筛选”，使推荐学生必须参加学科能力测验全部科目的考试。就高中而言，学科能力测验受到重视是因推荐甄选规定所有推荐学生均须参加此项测验，具有强制作用。

就大学而言，一方面，共同的学科能力测验维持了考试的公平性；另一方面，客观评价学生的基本学力，为各大学院系提供了可比性的参照系。据统计，在试办的几年里，每年均有 80%以上的大学院系“采计”三科或三科以上的学科能力测验成绩。近 40%的校系完全“采计”五科学科能力测验成绩。由此可见，大学非常重视学科能力测验。从使用学科能力测验成绩的单位可以看出，学科能力测验具有筛选考生掌握基本知识的作用，日益受到其他多元入学途径的广泛注目。

就大学入学考试中心而言，学科能力测验不仅代表大学入学考试中心多年来在试题研究和命题研究上的成果，也奠定了它在社会大众心目中专业教育测验机构的地位。学科能力测验不仅要导正“联招文化”下高中文理偏废的“畸形教育”，更重要的是表明大学入学考试试题朝学科化的标准成就测验方向发展。

（四）大学入学考试中心重视研究、宣传、协调、咨询与服务、信息技术开发等工作，使推荐甄选受到社会大众肯定

任拓书先生在大学入学考试中心办理推荐甄选的四年回顾中总结，推荐甄选试办以来受到社会各界普遍肯定，主要基于以下几个重要因素[①]：①社会大众（包括官、民）已对单一的联招方式，产生求变的期待。②方案的设计研究过程中，曾广泛地邀请大学、高中的校长与老师参与，已融会了热心教改和曾提出各种方案的学者、专家的思想结晶。③大学入学考试中心学科能力测验的设计兼顾了理想与现实。④自1989年开始进行长期的命题研究。⑤广泛开展与高中、大学的沟通说明，积极推广生涯辅导及其工具。⑥主管机关、大学、高中、大学入学考试中心的互动与合作，大家认同了大学入学考试中心的客观、中立、桥梁地位。可见大学入学考试中心在推荐甄选方案的研究、开发、实施方面做了大量工作。下面择其主要方面分述如下：

1. 命题研究

考前制订命题研究计划，针对各类试题进行预试，历年都有预试试题及参考试题。在网上公布参考试题，供考生复习考试时参考。每一年学科能力测验结束后，大学入学考试中心进行试题分析、各科级分分布统计、学生对试题的反映等研究、检讨。指定项目甄试时，大学入学考试中心派专人去几所学校观察、了解甄试进行实况，访谈考生与主考者。

2. 沟通与教育服务

落实推荐甄选，不仅要有全面、相应的设计，也要充分了解方案、委员会的成立运作、确定实施推荐与甄选方式、制定切合实际的各项条件、发挥生涯辅导功能、试务措施的配合等，这些都缺一不可。因此需要大学入学考试中心提供各种形式的教育服务，沟通各方意见，汇整建议，作为调整设计及修正时的参考。推荐甄选试办前至实施过程中（1992年至1996年），大学入学考试中心办理的多种类型的沟通服务约166场[②]。除此之外，还制作

---

① 引自任拓书：《推荐甄选试办四年回顾》，台湾《选才》（大学入学考试中心通讯）总第41期。

② 参见财团法人大学入学考试中心：《1994—1997学年度大学试办推荐甄选入学招生方案检讨报告》，大学入学考试中心出版，1997年4月，第4～6页。

"推荐甄选方案"简介、小册子、书签、海报、录影带、幻灯片及作业参考手册等供高中、大学和各界人士使用；编制《大学指引》系列、系科导航、指定项目案例参考及"兴趣量表"等教育信息，以帮助学生认识大学院系与自我。

3. 信息技术开发

自1994学年度试办推荐甄选，大学入学考试中心即采用新式光学阅读设备，并自办与考务相关的信息技术操作，开发各种信息软件，协助高中推荐及大学甄选。详情如下①：

（1）考务信息技术。①在1994学年度的学科能力测验中首次采用新式光学阅读系统。②考务信息系统：1994学年度开发考务信息系统软件处理报名、成绩计算、"倍率筛选"等相关考试工作；1997学年度增设电脑网路报名及传输系统。③人工阅卷管理系统：1997学年度开发人工阅卷电脑管理系统，协助人工阅卷管卷、进度控制、阅卷质量监控、阅卷费核计等相关操作。④自动语音查询/传真回复系统：1997学年度设计24小时自动语音查询/传真回复系统，提供学科能力测验及大学入学考试中心相关信息的即时回复。

（2）对高中及大学提供的信息技术服务。①1995学年度开发推荐甄选简章查询软件，便利高中老师和同学查询简章所列各校系的规定。②1995学年度开发"高中推荐作业软件"，协助高中处理在校成绩及推荐条件的查验等推荐报名操作。③1996学年度开发甄选总成绩处理软件，协助大学处理指定项目甄试成绩、甄选总成绩及录取名单等考务相关操作。

自从开发了新的软件处理推荐相关事务，至今在推荐甄选的报名、考试、成绩查询、试题及答案的公布、简章等均已上网，在网上可以完成推荐甄选的考务工作。

总之，大学入学考试中心办理的教育服务工作，从制度层面的沟通说明，执行层面的软件操作设计、经验交流与工具辅助，以及个别化的咨询辅导，均作了很大努力。其主要目的在于，一方面希望通过"了解需要——提供及引介资讯——汇集及反映问题——回馈修正"的工作模式②，逐步调整

---

① 参见财团法人大学入学考试中心：《1994—1997学年度大学试办推荐甄选入学招生方案检讨报告》，大学入学考试中心出版，1997年4月，第5～6页。

② 参见财团法人大学入学考试中心：《1994—1997学年度大学试办推荐甄选入学招生方案检讨报告》，大学入学考试中心出版，1997年4月，第6页。

方案设计，以切合实际的教育改革状况；另一方面，引发各教育主体的内在改革，落实推荐甄选方案的理想。

二、推荐甄选实施以来所产生的问题

推荐甄选入学方案虽然具有许多优点，实施后取得了一些成效，但是也遇到若干问题，下面从大学、高中、大学入学考试中心、学科能力测验等几个方面加以说明：

（一）大学方面

大学方面的问题主要在于甄选。从推荐甄选方案的设计理念看，大学如果能从最初的招生简章中确定的“推荐条件与甄选办法”办理指定项目甄试，直到决定录取标准时均坚持按简章规定的一贯标准选才，能够选拔出合适的学生。

首先，从 1994 学年度至 1997 学年度的报名资料来看，报名人数未达招生名额的校系每年均超过 10%，不足 10 人者约占 20%，未达预计筛选人数者占 40%以上；而从 1994—1996 学年度的录取资料来看，实际录取人数未达预计招生名额的大学院系比例各为 47%、39%及 35%，除去因报名人数不足或甄试人数不足的因素后，尚有 31%、20%及 10%①。

以 2000 学年度的推荐甄选为例，其中有 125 个系科提供了 1 326 人的招生名额，而报名人数却比招生名额还少，甚至有 21 个系科提供了总计 132 人的招生名额，却没有人报考②。由此可见，大学确定适合的推荐条件，了解高中的具体情况，对于大学招生来说是很重要的。上述问题出现的原因有：①部分大学院系所定推荐条件背离高中学生的现实和实际情况，大学对高中的现况不了解。在推荐甄选的原始设计中，高中在校成绩只用于推荐条件的制定，限制成绩是为了要求被推荐的学生具有一定的水准；但实施以来，仍有少数校系所定的智育成绩要求过于严苛，产生不公平的推荐标准，也有的偏重智育取向，忽略了“德育、体育、群育”成绩以及学生的具

---

① 参见财团法人大学入学考试中心：《1994—1997 学年度大学试办推荐甄选入学招生方案检讨报告》，大学入学考试中心出版，1997 年 4 月，第 8 页。

② 参见李佳玲、萧次融：《推甄数据谈 2000 学年度大学推荐甄选入学》，台湾《选才》（大学入学考试中心通讯）总第 75 期，转引自网站：http://www.ceec.edu.tw/magazine/75-5.htm。

体表现、“备审资料”等学生的多元化资料和多元能力，造成高中对大学甄试公平性的怀疑。②每年都有新增的校系，在1994年至1997年之间每年有近100个新增的校系，新增的校系在确定招生、甄选条件以及甄试等方面，没有经验累积，造成经验不足。③台湾的大学中没有设立招生办公室这样的专职招生机构。一般在教务处下设招生组，没有固定人员与编制，各校系承办人员更迭频繁，不能延续招生工作经验。④各校系没有周全考虑选才目标与甄选办法。⑤未充分斟酌校系是否适合用推荐甄选方式来招收合适的学生。

其次，部分大学指定项目甄试引发大众质疑其公信力。大学指定项目甄试成绩是推荐甄选“适才适性适所”设计的精要之处。但因为少数大学院系招生目标不明确，致使甄审设计不够周延，甚至有些与简章规定不符。有的指定项目甄试成绩占总成绩的比例过高，一般在50%至90%，录取与否起关键作用。每年均有90%以上的校系采用面试或口试，采用其他评价方式的相对较少。不能客观设计面试评价，面试过程主观性强，或缺乏实施面试的实际经验，或对高中不了解等等，使学生与家长对大学推荐甄选的公信力产生怀疑。

一般而言，学生家长及社会大众质疑大学指定项目甄试的缺点是：甄试设计不够周延，过程不够严谨，简章规定的办法与实际甄试有差异，特权关说，门户偏见，面试时间太短（或者只凭面试成绩选才），评分不公，“黑箱”操作，未认真审查资料，偏袒考生，泄题等。当然，大部分的学系会秉持公平、公正、客观的原则选拔人才，在甄试中认真做好推荐甄选工作，有少数校系存在上面所说的不公平现象与问题，今后应加强建立健全法规和社会监督机制，杜绝其不良现象发生。

最后，部分大学由各学系“甄选委员会”全权负责招生，从实施的效果及各大学办理推荐甄选招生考务的组织体系来看，容易发生考试事务纷扰，比较好的做法是由各“大学招生委员会”或教务处统一规划与监督，依据招生简章统一办理考务，减少纠纷，从而增加指定项目测试的公信力。

（二）高中方面

1. 部分高中将推荐甄选变成“全民运动”

推荐甄选的本意是让具备特殊才能与性向的学生，依据个性发展和兴趣选择大学，大学通过学生多元的资料以多元评价方式选择适合的学生。但实施以来，仍有部分高中将推荐甄选视为升学竞争的“利器”，要求学生全体参加，甚至将推荐甄选当作大学联考的模拟考试。更有甚者将推荐甄选作为学习后进学生的升学出路，主动为其做选择大学、系科的安排，以提高学校的升学率，完全违背了推荐甄选的精神，因此大学对高中产生信任“危机”①。

2. 高中教育人员不负责任推荐，违背教育良心，提供不实的书面资料

部分高中在制作成绩单时重新编班，没有依据课程标准授课的科目也提供成绩，更有甚者，为了达到大学院系要求的“在校成绩”百分比标准，某些老师刻意把全班同一科目成绩给予相同的分数，使全班成绩都能在要求的百分比之内。此外，部分高中为了达到大学院系要求的“社团参与”、“学生干部”等具体资格条件，虚设许多有名无实的社团，假造学生参与社团的资料；还有的老师在班级大幅扩大干部名额，一个班竟然有 16 个班长、“学艺股长”（即文艺委员），违反了教育诚实原则②。这种提供造假资料，显示高中报名浮滥的现象，对其他诚实报名、认真推荐的高中，是另一种不公平，也影响了大学对高中推荐资料的信任程度。有些大学不设这些项目的推荐要求，可能就是出于这方面的考虑。

3. 录取生成为高中“边缘人”，落榜生受二次创伤

由于推荐甄选在 3 月即放榜，录取的学生仍为在校高中生，在已具有“准大学生”资格的情况下，录取生成为高中“边缘人”，高中如果对他们没有适当的安排，他们对高三下学期的功课失去兴趣，不肯用功，白白浪费了大好时光，造成大一课程衔接不上或学习断层的状况。2004 学年度以来已经调整至 5 月至 6 月初放榜，学生在校学习时间延长，不会影响大学的学习。

表 4-15　1994 至 1997 学年度推荐甄选录取人数与落榜人数统计表

学年度	报名人数	录取人数	落榜人数
1994	8 224	1 104（13.4%）	7 120（86.6%）
1995	22 596	2 274（10.1%）	20 322（89.9%）
1996	32 551	3 683（11.5%）	28 868（88.7%）
1997	41 625	5 622（13.2%）	36 003（86.5%）

资料来源：大学入学考试中心，转引自丘爱铃有关台湾地区“大学联招政策变迁之研究（1954—1997）”，台湾师范大学教育研究所博士学位论文，1998 年 6 月，未出版，第 227 页。

---

① 参见陈林晓梅：《大学“甄选入学”制度之研究（1993—2000）》，台东师范学院教育研究所硕士学位论文，2000 年 6 月，第 94 页。

② 参阅张志清、江昭青：《大学推荐甄选实施六年　一路走来猜疑不断》，台湾《中国时报》1999 年 4 月 2 日。

从表4-15可看出，扩大推荐甄选招生名额，高中报名人数暴增，录取率维持在13%左右。而对于推荐甄选方案中的86%以上的落榜生而言，有的在学科能力测验筛选时即被淘汰，有的是参加指定项目甄试落榜，这些落榜生提早接受失败的打击，有的可能在大学联招中再次名落孙山，遭受二次失败创伤。因此，高中在推荐时，应慎重考虑推荐那些确实具有特殊才能，或某学科特优的学生，在升学辅导中指导学生选择适合其能力和兴趣的科系参加推荐甄选。

（三）大学入学考试中心方面

大学入学考试中心主要负责考试命题、推荐甄选的考务工作、教育服务及推荐甄选成效追踪研究等事项。在命题研究方面，从1994学年度至1997学年度学科能力测验的成绩资料看，国文科、社会科及自然科，无论从平均级分还是从全均标、后均标看，均相当稳定且试题难度较低，较为理想，但英文科与数学科有试题难度提高的现象，今后大学入学考试中心在试题的分析研究方面应当各科接近，保持稳定性①。

在考务方面，作为高中与大学之间的中介性服务单位，大学入学考试中心应推广各种可行的操作程序，提供有效的评价反馈系统，加强高中和大学之间的沟通，促使高中的推荐与生涯辅导和大学院系的特色相适应，减少高中推荐的盲目性；为有效指导大学确定合适的指定项目甄试方式，提供详细的参考资料和信息技术。

推荐甄选作为具有单独招生性质的入学方式，追踪研究各项资料未必适合从各大学整体的角度研究。大学入学考试中心虽然做了几年的大学成绩追踪调查研究（见第三节），但仍不能令人满意。如果部分大学院系依据自身已进行的追踪研究模式，自行建立各校系评价追踪系统，与大学入学考试中心的整体角度研究互为补充，就能够收到较满意的效果。大学入学考试中心应加大力度研究追踪评估系统。

（四）学科能力测验方面

学科能力测验方面的主要问题是，报名参加推荐甄选的人数逐年攀升，使学科能力测验“沦为”台湾升学模拟考试。

---

① 参见财团法人大学入学考试中心：《1994—1997学年度大学试办推荐甄选入学招生方案检讨报告》，大学入学考试中心出版，1997年4月，第9页。

首先，有些高中以升学为唯一目标，社会大众也常以高中升学率作为评断学校优劣的指标。在此情况下，部分高中采取鼓励全体学生参加的策略，先占推荐甄选名额，再视考生校内考试成绩进步情形，决定是参加推荐甄选还是放弃，或另外参加大学联招，这样违反了推荐甄选依据学生特殊才能、性向选才的原则。学科能力测验只是考试手段，考查学生对高中知识的掌握程度及运用知识的能力，并不是推荐甄选招生的唯一条件。

其次，从 1994 学年度至 2003 学年度参加推荐甄选的学科能力测验的报名人数与放弃人数逐年增加的数据中，也可以看出高中在未完全了解推荐甄选精神的情况下，采取了鼓励学生先参加再放弃的上榜策略。资料显示，有越来越多的高中生把学科能力测验当成大学联招前的模拟考试，这样对符合推荐甄选入学条件的考生不公平，使认真规划甄试办法的大学院系徒劳无功①。

此外，还有其他一些问题，如“推荐学校”是否纳入职校及补校，非应届毕业生可否参加推荐；可否“先考学科能力测验后推荐”或者“先考指定甄试再考学科能力测验”；是否需要调整招生名额的比例；是否废除各高中推荐名额的限制或开放学生自我推荐；推荐甄选与“资优甄试”是否可重复报名或重复参加甄试；大学院系是否可设“备取生”或增额录取；有关推荐报名费用及指定项目甄试费（含审查作业）的经费来源；设置有效的申诉途径；如何进一步采纳高中成绩等等。这些问题，现在看来，有些已经部分解决或在考虑，如申诉途径、规定与限制推荐甄选费用、推荐甄选与资优保送甄试的合并、放宽参加推荐学校的限制等。

三、对大学推荐甄选入学途径的评价及未来展望

从以上的优点与缺点的分析来看，推荐甄选在试办几年以后，于 1999 年正式由各大学自办，其成果大致符合原来方案的预期，受到高中、大学和社会大众的肯定，一直继续实施至今。

实施推荐甄选总体上是秉持渐进、包容、兼顾的原则，为台湾地区大学多元入学改革积累了丰富的经验和可供研究的材料。推荐甄选现在已成为大学多元入学制度中重要的入学途径之一，在 2004 学年度与申请入学合并为

① 参阅萧次融主持的《推荐甄选追踪调查研究》，大学入学考试中心出版物（编号 A26），1995 年 9 月 1 日，第 86 页。

“甄选入学”途径，后来以学校推荐和个人申请两种互为补充的招考方式，使不同程度、能力、层次的学生，根据需要选择适合的方式。甄选入学成为探讨大学统一入学考试与多元化评价方式结合、大学统一招考与自主招生的理想模式。在台湾，对推荐甄选的正面评价是主流，也较为客观，对在实施过程中出现的问题能及时加以修正、改革和根除。每年的推荐甄选结束后，大学甄选入学委员会委托“汇办中心”，向各大学、高中征求对甄选入学的意见和建议，并及时公布调查结果，督促有关各方认真解决问题，尽量在下一学年度避免前一学年度的问题。从推荐甄选实施的历程来看，它经历了一个从问题丛生，滋生弊端，到改革完善，进一步规范化的过程。笔者认为，作为多元化入学考试制度改革的重要形式之一，实施推荐甄选本身为大学入学统一考试提供了进一步改革与研究的范例，究竟是单独招生、单独考试好，还是联招（统招）、统一考试好，究竟是单一化的入学形式好，还是多元化的入学形式好，从本书大学联招与推荐甄选的比较及详细介绍、分析中可以看出，以基础知识考试为主，多元化的评价考生的模式，为越来越多的国家和地区的大学入学考试所接受和实施，如美国、日本。单一的招考形式总会出现考虑不周，顾此失彼，从而导致出现各种问题。多元化的形式可以照顾到参与大学入学考试和招生的各个方面，较能显示改革的成效。

从大学招生的观点看，推荐甄选所强调的选才，可分两部分评价：第一部分以学科能力测验为共同评价的标准，据此筛选与淘汰学生；第二部分以各大学院系的甄选考试作为选才的依据，它体现的是统一考试与多样化的考生资料、学习过程表现及多元化的甄选方式相结合。

因此，对推荐甄选的评价应是客观的、正面的观点占主流。作为研究者，笔者认为，推荐甄选的构想和实施至少在以下几个方面值得提倡，应继续办下去。①两阶段考试，分层次选拔，给考生选择适性发展的机会。②多元化手段评价学生的能力，使学生有机会表现其多元化的能力，并通过提供多元化的资料参加多元的评价。推荐甄选注重的是评价学生的学习过程，而不只是学习结果。③坚持统一考试，重视考查学生基础知识、基本能力。④为进一步改革大学入学考试提供可资借鉴、参考的材料和经验。⑤高中、大学、大学入学考试中心、教育行政部门积极配合，同心协力，联合研究攻关，值得提倡。⑥提出高中生生涯辅导问题。实施推荐甄选使这个问题更为迫切，高中学生如何选择志愿和院系就读，如何做好生涯规划，学校怎样辅导学生选择校系，这个问题在大陆的高考中也同样存在，应提到议事日程上研究解决。⑦大学招生自主权扩大，大学如何根据本校特色与发展，规划招生目标、策略，如何利用多元化评价手段评价多元化发展的学生，是目前和今后大学应重点面对和研究的课题。

台湾的推荐甄选具有以下显著特点，值得大陆高考自主招生考试借鉴。①采取多元化考生资料。②实行多元化的考查方式。③统一考试与各大学院系的自主考查有机结合。④规范化的招生考试管理机制，保障推荐甄选工作有序进行。由于学生的选择空间很大，为了减少学生报考四处奔波的麻烦，由统一的“甄选入学汇办中心”负责报名、各大学院系指定项目甄试后的统一分发工作，大学入学考试中心负责考试，在招生简章中明确规定招生的方式、方法；学科能力测验要采纳的科目；第二阶段甄选考试的方式；学生需要提交的材料；成绩计算的权重等。考试与招生呈现制度化、规范化的流程，增加考试与招生的透明度。⑤考试内容与科目的改革紧密结合高中课程的改革，反映高中课程改革的具体情况。

目前，先进国家的招生虽各有千秋，也大略以上面两部分考试与甄选作为基本机制。台湾有过去大学联招的经验，还有现在实施的大学多元入学模式，将来可逐步实现大学招生的理想目标。①学科能力测验将包含更多的内容，如语文表达能力测验、英语写作能力测验等，所有的考生必须参加这些基础科目考试。②考生可自行选择参加多元化入学途径，如推荐甄选、申请入学、单独招生、联招，各大学院系自行决定采取哪种入学途径，如何使用考生的学科能力测验成绩。大学也可实施两阶段考试，第一阶段为学科能力测验，第二阶段以考生多元化资料，多方位考查学生的能力、性向。③没有考上的考生凭学科能力测验成绩及高中在校成绩、表现等资料参加各校招生余额的联合分发①。④未来台湾地区大学入学考试可逐渐达到申请入学制的理想目标。首先，主办学科能力测验的大学入学考试中心在成为专门的测验机构以后，大学入学考试中心举办各种考试、测验，大学从中选择适合自己校系的考试手段和考试成绩即可。其次，在大学多元入学中，对申请入学的方式大加鼓励，逐年提高招生名额。从表 4-13 可以看出，从 2004 年以来，明确个人申请作为甄选入学的方式之一，没有在校生的条件限制，申请名额逐年增加。2003 年至 2007 年个人申请招生名额数（包括外加名额）分别为

---

① 以上参见财团法人大学入学考试中心：《1994—1997 学年度大学试办推荐甄选入学招生方案检讨报告》，大学入学考试中心出版，1997 年 4 月，第 10 页。

14 496 人、15 738 人、18 906 人、23 011 人。实施大学多元入学以后，各大学在招生方面积累了丰富的经验，在招生上可以自主决定。而随着高中课程的改革，实施学分制，将来采纳高中成绩也有一定的考核标准和实施要点，这些都为实现申请入学制提供了条件。2011 年开始实施的“繁星推荐”入学方式，含甄选入学和申请入学两种形式。2013 年以来通过甄选入学方式录取的学生数已超过联招的考试入学方式招生的人数（详细参见第三章表 3-31)。目前甄选入学和申请入学已经成为台湾地区大学多元入学的主要形式之一。同时，第二阶段各校院的指定项目甄试已经取消，按招生简章的规定使用成绩和考试形式录取新生。

第五章　台湾地区大学入学考试制度之分析

台湾地区大学入学考试制度的发展改革历程，在前面几章已作了详细的叙述和分析。那么，为什么要进行多元化改革？它的理论依据是什么？本章试图从高等教育发展与改革的理论、心理学的多元智力理论、教育与文化的关系理论、教育机会均等理论、考试理论等多视角来分析台湾地区大学入学考试制度的发展、改革及其特点与影响因素。

第一节　选拔人才——高等教育发展与改革的理论

大学入学考试制度作为高等教育与中等教育的中间环节，在两者之间起着关键性作用。它对高等教育的发展与改革，对人才培育、培养目标、人才结构乃至于教育方法、教学内容、课程体系等都产生一定的影响。归根结底是因为通过大学入学考试所选拔的人才是高等教育发展的前提和条件。没有人才，高等教育就失去了根基和源泉；没有人才，高等教育将不能发展，因此，高等教育的发展是靠培养优秀合格的人才来完成的。人才培养是高等教育的基本职能，是实现大学专门教育，研究高深学问，为社会服务的根本。所以，选拔人才成为高等教育发展与改革的首要条件。从教育功能与教育规律的关系以及高等学校的主要社会职能来看，遵循教育规律，按照教育规律发展高等教育，同时，遵循教育的基本功能和教育规律的关系，对于高等学校选拔优秀人才起着非同小可的作用并具有一定的重要意义。本节主要从教育的基本规律与教育的基本功能的角度分析台湾地区大学入学考试制度的发展与变革。

一、大学入学考试是高等学校培养专门人才的基础

教育是人类社会特有的培养人的活动。作为人与社会中介的教育，它的基本功能在于根据社会的需要，促进人的发展，通过培养人来促进社会的发展。因此，促进人的发展与促进社会的发展，是教育的两个不可分割的基本功能。

高等教育的特定任务是为国家培养高级专门人才，并通过输送德才兼备的人才，为国家建设和社会发展起促进与推动作用。高等教育的这个任务由它的专门机构——高等学校来实现。高等学校是知识密集、多种学科的学者和专家集中的地方，又有较完备的图书资料、仪器设备，以及较多较快的科学信息。这些特点和条件决定了高等学校必须具备三种基本社会职能，即培养高级专门人才、发展科学、开展社会服务。这三个方面是互相联系、互相渗透的，其基本职能和中心环节是培养人才。高等学校的改革与发展必须以培养高级专门人才为中心，处理好三者的关系。

高等教育随着社会的发展而发展，高等教育的发展必须与社会发展相适应，促进社会的发展。高等教育通过培养高级专门人才对社会起作用，社会通过对人才的需求和提供人才培养的资源投入，以促进高等教育的发展。社会发展水平制约着人才培养的数量、质量和规格，而高等教育则以所培养的人才来促进社会的发展。从长远观点看，人才是社会发展的首要条件，这就决定了高等教育在社会发展中的重要地位。从教育的外部关系规律来看，教育与社会的经济、政治、文化、科学存在着本质的关系，高等教育必须遵循教育的外部关系规律，处理好高等教育与这些方面的关系，适应社会需要，促进社会发展。

大学入学考试制度是高等学校教育制度的重要组成部分。它是人才选拔的开始，也是人才培养的基础。完善的大学入学考试制度，能保证为国家选拔优秀青年进入高等学校进行培养，又能对普通教育质量的提高起促进作用。高等学校的基本职能是培养专门人才，培养人才的前提是选拔人才，因此，人才的来源是人才培养的根本。选拔人才要靠完善的大学入学考试制度来完成，这是高等学校的重要任务之一。

教育的基本功能是促进人的发展与社会的发展，通过培养人的教育活动来对社会的发展起作用。培养人的活动一般是由它的专门机构——学校来实现的。在台湾，一般将大学及独立学院的教育活动称为大学教育，大学入学

考试制度也是源于此。本书的重点就是研究台湾地区大学入学考试制度的发展与改革，以下所称的高等教育主要是指大学教育而言。大学教育培养人才的前提是选拔人才，人才是社会发展的首要条件，选择合适的人才进行培养、教育，学习高深学术知识、专业知识，进一步为社会发展服务，这是大学的主要任务之一。选拔人才是实现教育功能的前提之一，是教育基本规律在大学教育中的体现。

台湾最新颁布的所谓"大学法"第一条规定，大学以研究高深学术，培育人才，提升文化，服务社会，促进台湾地区发展为宗旨。可以看出，培育人才是大学教育的重要宗旨之一，是大学的培养目标。人才的选拔依据大学入学考试制度的具体实施来完成，大学入学考试制度是大学教育制度的重要组成部分。

从 1954 年至 2001 年，台湾地区大学入学考试制度一直以统一的联考联招为主，有相当长的历史。在 2002 年全面实施了"大学多元入学新方案"，并继续完善和实行大学多元入学制度。台湾地区大学联考与大学多元入学的优点和缺点，在前面几章中已经作了详细的叙述，从教育的基本规律来看，台湾地区大学入学考试制度的改革是从促进人的全面发展出发，以人为本，在适应社会发展需要的基础上进行的。

首先，20 世纪 50 年代台湾社会经济的发展，需要大批的高级人才、受过专门教育的高级知识分子来建设台湾，因此，通过方便、实用的统一联考联招制度，选拔了大批优秀人才进入大学深造，这些人才为台湾社会经济的发展作出了一定的贡献。当六七十年代台湾经济起飞后，高等教育进入快速发展阶段，社会经济转型，需要大量的技术型、职业型人才，台湾大力发展了专科教育，由于专科教育与大学教育的培养目标截然不同，所以，多种类型和学科的专科教育的发展，促使大专与大学入学考试由过去的统一联合招生考试而分开招考，因为两者的培养目标是截然不同的。1972 年大学入学考试与专科学校入学考试分开联考联招延续至今。80 年代以后，随着台湾社会经济的稳步发展，政治上解除戒严，教育上民主化思潮风起云涌，社会开始走上多元化发展道路。大学入学考试制度也适时进行了技术、考试、招生上的改革，1984 年实行了大学"联招新制"；90 年代以后则走上了对大学联招的全面改革之路，1992 年推出"大学多元入学方案建议书"，在海峡两岸大学入学考试制度的改革上引起巨大反响和积极响应。教育如何促进人的全面发展，如何选拔合适的人才进入大学深造，日益引起人们的重视。大学入学考试制度作为选拔人才的开始阶段，在高等学校的人才培养中发挥了举足轻重的作用。

其次，大学入学考试制度的考试和招生工作，直接影响着普通教育，尤其是高中教育。在台湾升学主义非常盛行，20 世纪五六十年代刚开始实行联招时，就存在升学主义的问题。升学是高中教育的主要任务之一，但不是唯一任务。大学入学考试的考试科目、内容直接影响高中的教学和学生的学习，以至于台湾形成与祖国大陆相同的考试与教学反常的现象，即“考什么，学什么，考什么，教什么；不考不学，不考不教”、“考试领导教学”，这些现象严重影响了高中教育培养全面发展的学生的宗旨，高中教育中的偏科、分科教育等也与大学入学考试制度中的考试科目的设置紧密相关。因此，改革大学入学考试，引导高中教学正常化，合理设置考试科目，适当调整考试内容，是为了促进学生的全面发展的需要，也是大学培养人才的需要。大学多元入学考试制度的改革分两阶段考试，第一阶段的学科能力测验全面考查学生对高中基本知识的掌握程度，第二阶段的指定科目考试或指定项目甄试，让考生选择合适的大学所定的科目来考试，减轻了学生的负担，使学生得到适性的发展，在改革方向上有助于引导高中的正常教学。高中教育教学的正常化，有助于培养全面发展的人才，是遵循教育基本规律的较好方式。

最后，大学入学考试制度有助于大学选拔合格人才，改革大学入学制度有助于大学发挥各自的特色和优势，以多元化的标准选拔人才。台湾地区多元入学考试中的推荐甄选，由各大学院系自办第二阶段的指定项目甄试，大学院系根据各自的标准和要求，设立不同的甄试项目，这是有利于合格地选拔适合学系发展人才的方式。而指定科目考试是由各大学院系选择并指定考试科目，让考生根据性向、兴趣、志愿选择科目参加考试，由大学联考的“套餐式”(分科分组)，改变为大学多元入学的“自助餐式”。给考生和大学更多的双向选择机会，大学可以从招生考试中选拔合适的人才，学生通过选科考试，了解个人的志趣，选择适合的大学院系。台湾地区大学入学考试制度的改革适应了高等教育的发展需要，在考试科目、内容上更加倾向于多元化、多样化、弹性化、生活化，是为了适应社会对人才全面、多元发展的需要。

二、高等教育发展的多样化，决定着大学入学考试制度要按照不同类型、不同层次的高等学校选拔合适的人才

教育的社会功能，一般来说，包括经济、政治、文化等功能。教育与经

济、政治、文化的关系，属于教育的外部关系；教育促进人的发展的功能，包括智力与体力、思想与道德，以及审美情趣等，也就是德、智、体、美诸因素的关系，这是教育的内部关系。内部关系规律制约着教育促进人的自身发展的功能，外部关系规律制约着教育的社会功能。两者都是教育最一般的规律，为任何教育活动所必须遵循的基本规律。为了更好地协调教育的两种基本功能，必须掌握教育的两条基本规律。在一定意义上讲，教育的两条基本规律是教育基本功能的理论基础，教育功能的发挥体现了教育的两条基本规律①。

由于社会是人所组成的群体，人是社会的主体。人的发展既决定于社会的发展，又决定着社会的发展，社会是通过发展了的人的活动去推动社会的进步，人的发展需要教育来培养，社会的发展也必须通过教育所培养的人去实现。教育为促进社会的发展，就必须满足人的自身发展的需要，提高人的个体与群体的素质；教育为促进人的发展，就必须满足社会发展的需要，使社会能提供人的发展所需要的物质和精神的教育资源。教育应当把满足社会生产、生活的需要和满足人自身多种多样发展的要求统一起来，因为社会发展的需要和人的发展的要求应当是统一的。正是人的发展与社会发展的一致性，决定了教育促进人的发展与促进社会发展两个基本功能在本质上是统一的。人的发展与社会发展互为目的、互为条件，教育的价值是促进人的发展与促进社会发展的价值的统一。所以，教育必须协调这两种基本功能，才能充分实现教育的价值。高等教育发展到一定的阶段之后，出现了各种不同类型的学校。人们接受高等教育的需要在日益高涨，且对教育的要求也是不同的，这在一定程度上也促使高等教育的多样化发展，这是教育发展的规律。

高等教育的类型是多样的，台湾现行的高等教育体制可以分为：高等教育体系（包括综合大学与专科学校）、技术教育体系（包括科技大学和科技学院）、师范教育体系（包括师范大学和师范学院）以及远程教育体系（台湾称为空中教育）、军警教育体系（包括警察大学和军事类大学）②。各种类型的大学（学院）的人才培养目标和对人才的要求标准是不同的，这是由教

① 参阅杨李娜：《教育功能的理论基础探析》，《现代教育科学·高教研究》2003年第1期，第14～16页。

② 引自潘慧斌、张冠增：《台湾地区高等教育纵览》，学林出版社，2002年，第20页。

育发展的内外部关系规律决定的。当社会经济高度发达时，像台湾是发达的市场经济，在不同时期经济发展对人才的需求是不同的，高等教育的发展亦与此紧密联系。在高等教育发展的初期，它是比较单一化的，随着经济、政治、文化等方面的发展变化，人们对教育的需求在不断地增长，高等教育出现了多种多样的发展趋势，特别是20世纪八九十年代以来，高等教育大众化趋势的来临，使得高等教育多样化的发展成为现实。台湾高等教育的发展一直以来就呈现出多样性的特征，其专科教育的发展、私立高等教育的发展、职业技术教育的发展以及近年来的继续教育的发展，都是较具特色和优势的。在大学入学考试方面，由于台湾的职业技术教育体系发展完善，有一套自成体系的入学考试制度，适合于职业技术型院校。专科学校联招，在2002年实行了多元入学方案，适应了专科教育的发展需要。与这些类型的高等教育的多元化和多样化发展相适应，大学院校的招生考试也在改革，多元化的入学途径是其改革特色，主要呈现为“改良后的联招”、推荐甄选、申请入学等入学途径。多元化的入学途径可提供考生多样化的选择。这种分类型、分层次、分阶段的考试，适应了高等教育的多样化发展趋势，为社会培养了不同类型、不同层次的适合需要的合格人才。

三、遵循教育发展的基本规律，扩大大学招生自主权

潘懋元先生在多年从事教育实践和研究教育理论的基础上，总结教育活动的发展规律，提出了教育的基本规律。他认为，教育作为一种社会活动，在诸多的规律中，有两条是最基本的，一条是关于教育与社会发展关系的规律，称为教育的外部关系规律，即教育是适应社会发展的需要而产生的，又对社会的发展起推动作用。高等教育因其所培养的是经济和社会各部门的高级人才，因而它同社会的经济、政治、文化的发展具有更为直接与密切的联系，也对社会的发展起着更为重要的直接作用。另一条是教育与人的发展关系的规律，称为教育的内部关系规律。教育的基本任务是培养一代又一代的新人，促进人类自身的发展，推动社会的进步。在这个培养人的复杂过程中，存在诸多因素，这些因素之间具有必然联系与关系。在不同层次、不同方面对教育效果起作用①。

① 参见潘懋元：《新编高等教育学》，北京师范大学出版社，1996年，第12～13页。

教育外部规律制约着教育内部规律的作用，教育的外部规律只能通过内部规律来实现。教育是通过培养人来对社会的发展起作用的。培养人的教育活动，既要遵循教育自身的内部规律，又要受社会的经济、政治、文化所制约。另一方面，社会发展所需要的人才，只能遵循教育自身的规律来培养，不能以经济的规律、政治的规律代替教育自身的规律来培养人才。教育的发展与改革，既要遵循教育外部关系规律，又必须遵循教育内部关系规律。教育的内外部关系规律，体现在高等教育与社会发展和人的发展的关系上。

高等学校的入学考试要有利于大学在培养人才方面主动适应经济和社会发展，就必须使大学具有招生自主权。因为只有落实了招生自主权，大学才具有主动适应市场需求的能力，才能增强和发挥其办学的积极性、主动性。

从理论上来讲，高等学校选拔人才进入大学就读，是高等学校自己的事，应该由学校自己做主挑选新生。在法律上，台湾的所谓“大学法”中规定：“大学应受学术自由之保障，并在法律规定范围内，享有自治权。”“‘大学法’施行细则”第 18 条规定，各大学招生，应组织招生委员会办理招生作业，并得视其需要办理联合招生。前项招生办法，由学校拟定，报请教育事务主管部门核定。各大学各系、所、组经教育事务主管部门核定之招生名额，应于招生简章中明定。从所谓“大学法”的规定中可看出，在法律上大学招生享有自主权。在前面介绍的台湾“大学招生策进会”和“大学招生委员会联合会”，是台湾各大学之间自发地组织起来的一个招生决策的协调机构，它是台湾各大学招生自主意识觉醒后发展起来的组织。在社会、经济发展需要和科学技术进步的前提下，台湾各大学不断调整各自的培养、招生目标，招生自主意识增强，大学招生策进会和大学招生委员会联合委员会起了很大的作用。过去大学联考联招，考招在一起进行，考试和招生不分，造成大学不能发挥自主权，多校一面，没有大学的特色。实施大学多元入学后，大学招生事务由各大学自主决定，考试委托大学入学考试中心专门组织，并提供考生成绩，承办考务工作等；大学的招生名额各校根据规定在简章中公布，教育事务主管部门在宏观上核定招生名额。在教育行政上由官方集权转向大学自主，赋予大学法律规定范围内的自治权。在大学入学方式的改进等方面，大学直接担负了更大的社会责任。其表现为：推荐甄选入学方式及申请入学方式的选择和使用，由各大学院系自定；第二阶段考试甄选项目各大学院系根据需要和招生目标自定；指定科目考试各校系自定考几科，考哪几科；对学科能力测验成绩的应用，各校自定；2002 年选择“考试分发入学制”中的“甲、乙、丙三案”，各校系自定，任选一案。大学多元入学对大学招生的自主权赋予了很大的自由度和更多的责任。“考招分立”，也成为大学多元入学改革的方向和特色。可以看出，以上的改革与发展变化，符合高等教育发展规律。

大学的招生自主权，不仅仅是确定、设置考试科目，更为重要的是大学院系希望招收什么样的学生，考哪些科目可以选择合适的人才。大学在招生上，不能只考虑招生名额、招生计划的完成与否，更多的要考虑怎样招收“适才适性适所”的学生进入学校学习、发展和培养。大学为了达到招收适性发展学生的目的，应加大宣传力度，在办学目标、办学特色上下功夫，在招生上进一步明确自己的办学目标、办学特色，改革教学方法、课程内容，调整培养目标，积极主动地了解、研究高中新课程的改革。大学的自主权不仅仅是招生，大学还要考虑与招生息息相关的问题，如社会经济的发展需要，科技变革，信息技术对现代社会的影响，社会产业结构的调整等对人才的需求产生的变化；如何设置科目选拔学生；如何招收到合适的学生；大学也要了解高中的教学、课程情况等。大学要面向社会、面向大众、面向广大的中学生，走出“象牙塔”，走向社会，这些是与大学基本职能不可分割的。扩大招生自主权，就是要大学研究自己，研究学校，研究社会，研究它所面对的高中生，而不单纯只是围绕大学自己的事情。

总之，台湾地区大学入学考试制度的改革遵循了教育的规律，使教育的发展和考试的改革适应社会、政治、经济发展的需要。社会多元化、政治上解除戒严、经济稳步发展，要求人才的规格也是多元化、全面发展。针对大学选拔人才的大学入学考试制度，对大学而言，具有了选择科目设置和招生的自主权；对高中而言，注重学生的能力培养和素质的提高，逐步消除文理分科、文理偏废的现象，按照教育规律培养学生；对学生而言，突出学生的个性特征，注重学生兴趣、性向的发展，学生根据自己的学习基础选择考试科目，根据自己的能力、性向，选择适合自己情况的大学院系，大学多元入学增加了学生在这方面的选择机会。大学入学考试制度的改革适应社会经济发展的需要，增加考试机会，改变“一试定终身”的局面，打破僵化的大学联考联招模式，引入适当的升学竞争机制，使大学和学生之间能够双向选择，学生得到适性的发展，大学选拔到合适的人才。从教育促进人和促进社会发展相统一的原理来看，这样的改革是符合教育发展规律的。其根本目的是以人为本，促进学生个性的全面发展，使学生和大学达到双向良性的互动循环。

第二节　多元选才——心理学的多元智力理论

20世纪80年代以来，美国著名心理学家加德纳提出的多元智力理论，在美国的教育教学改革中产生了广泛的积极影响，目前已经成为美国及许多西方国家教育教学改革的重要指导思想。在台湾，1998年以来亦有多所中小学实施多元智力理论的多元化教学评价，教育理论界也多提倡对学生的评价要多元化。在台湾地区大学入学考试制度改革中，也借鉴了多元智力理论的最新研究成果和有益的思想内容，全面改革入学考试，提出“大学多元入学方案”，并于2002年全面实施“大学多元入学新方案”。本节主要探讨多元智力理论的基本内容，多元智力理论与多元教育评价以及台湾如何借鉴多元智力理论研究、改革大学多元入学考试制度，从个人心理发展的角度探讨多元化的学生评价观。

一、多元智力理论的基本内容

能力、智力是目前在心理学界和教育理论界探讨较多的问题，要给它们下一个大家都认可的定义，在目前还无法做到。在大陆通常说“能力”的较多，说“智力”的较少，在心理学著作中，一般认为能力是符合于相应活动的要求的个性心理特征，是成功地完成这种活动的条件①。

那么，如何理解智力与能力的概念？林崇德先生提出了对能力、智力的看法②：能力中有智力，智力中有能力。智力和能力的总称叫智能。概括是智力和能力的首要特点。在中小学教学中所说的能力，主要是指智力。智力应由思维、感知（观察）、记忆、想象、言语和操作技能组成，其中操作技能既作为能力的组成因素，又是智力的基本成分。也有的心理学家将智力称为智能、智慧等，笔者赞同称为智力这种观点。

加德纳是美国哈佛大学的心理学教授，于1983年提出多元智力理论

① 详细可参阅林崇德：《学习与发展——中小学生心理能力发展与培养》，北京教育出版社，1992年，第134～135页；林崇德、辛涛：《智力的培养》，浙江人民出版社，1996年，第1章的有关内容。

② 参见林崇德、辛涛：《智力的培养》，浙江人民出版社，1996年，第8～9页。

(也称多重智力理论)，台湾译作“多元智慧”理论。加德纳尝试在学龄前儿童、中小学生的教育中应用多元智力理论，开展课程体系、教育评价和教学方法的改革实验，对国内外的学校教育改革和人才选拔提出新的挑战。

加德纳通过多学科的研究，提出了一个新的智力定义。他认为不同社会和文化环境下的人们对智力的理解不尽相同，对智力表现形式的要求也不一样。智力既是解决实际问题的能力，又是生产与创造出社会需要的产品的能力。加德纳提出了关于智力及其性质和结构的新理念——多元智力理论。即智力本质是多元——不是一种能力而是一组能力，其基本结构也是多元的——各种能力不是以整合的形式存在而是以相对独立的形式存在[①]。加德纳提出了八种智力：①言语——语言智力；②音乐——节奏智力；③逻辑——数理智力；④视觉——空间智力；⑤身体——动觉智力；⑥自知——自省智力；⑦交往——交流智力；⑧自然观察智力。

多元智力理论的主要含义有以下几个方面[②]：(1) 每一个体的智力都具有自己的特点和独特的表现形式。在加德纳的多元智力理论看来，作为个体，每个人都同时拥有相对独立的八种智力，而这八种智力在每个人身上以不同方式、不同程度的组合使得每个人的智力各具特点。同时，即便是同一种智力，也有着不同的表现形式。加德纳的多元智力理论为我们提供了看待聪明问题的全新视角：我们不能说多元智力结构中的八种智力哪一种重要、哪一种不重要，我们只能说八种智力在个体的智力结构中都占有重要的位置，处于同等重要的地位，它们在每一个个体身上都各具特点并有着自己独特的表现形式。我们的教育应多方面、多角度，以多种方式去发现人、培养人。(2) 智力强调的是个体解决实际问题的能力和生产及创造出社会需要的有效产品的能力。加德纳认为，智力不是上天赐予少数幸运者的一种特殊脑内物质，而是每个人在不同方面、不同程度地拥有的一系列解决现实生活中的实际问题，特别是难题的能力和发现新知识或创造出有效产品的能力。智力应该强调两个方面的能力：一方面是解决实际问题的能力，另一方面是生产及创造出社会需要的有效产品的能力。考试、升学与学生的言语——语言

① 参见霍力岩：《加德纳的多元智力理论及其主要依据探析》，《比较教育研究》2000 年第 3 期，第 38～43 页。

② 参阅霍力岩：《多元智力理论及其对我们的启示》，《教育研究》2000 年第 9 期，第 71～76 页。

智力和逻辑——数理智力密切相关，而与解决实际问题的能力和创造有效产品的能力则几乎没有相关性。加德纳指出，传统的智力测验也许对学生的在校学习成绩能够进行较好的评估和预测，但对评估和预测学生学校以外的表现和发挥其作用则微乎其微。在当今信息社会中，强调人的全面发展和个性的表现，重视解决实际问题能力和创造有效产品能力的多元智力理论正应和了这种趋势。多元智力理论不仅重视多种智力的表现，而且将创造能力提到了应有的高度。(3) 个体智力的发展方向和程度受到环境和教育的影响与制约。尽管各种环境和教育条件下的人们都存在着八种智力，但在不同的环境和教育条件下，人们智力的发展方向和程度有着明显的区别。就智力的发展方向而言，在现代工业社会的环境下，以书面语言能力和逻辑运算能力的相对发达为智力发展的共同特征，如今的信息社会以知识爆炸和产品不断更新为主要特征，这种环境下要求我们以人的多种能力的全面发展和个性的充分展示为智力发展的共同特征。就智力的发展程度而言，无论是哪种智力，其最大限度的发展都有赖于环境和教育的影响，特别是教育的影响。在大陆和台湾学校教育中，重视学生书面语言能力和逻辑运算能力的发展，是通过有目的、有计划和有组织的学校教育来实现的。(4) 多元智力理论重视多维地看待智力问题的方法，它在本质上提出了一种多维度地分析智力问题的方法。

1996 年，斯腾伯格提出“成功智力”理论，赋予智力以新的含义。他认为，成功意味着个体在现实生活中达成自己的目标。成功智力就是用以达成人生中主要目标的智力，它能导致个体以目标为导向并采取相应的行动，是对现实生活真正起到举足轻重影响的智力①。成功智力与传统智商测验中所测量和体现的学业上的智力有本质的区别，他认为，像 SAT（学业评估测验)、ACT（美国大学测验)、GRE（研究生入学考试）等所测量的只是内涵宽广、结构复杂的智力的极小的一部分，也是非常不重要的一部分，它只能对学生在学业上的成绩和分数作部分预测，与现实生活中的成败较少有联系。

斯腾伯格认为，成功智力包括分析性智力、创造性智力和实践性智力三个方面。这三个方面彼此联系，构成一个有机的整体。他认为：“成功智力

① 参见 R. J. 斯腾伯格著：《成功智力》，吴国宏，钱文译，华东师范大学出版社，1999 年，译者的话，第 11～12 页。

只有在分析、创造和实践能力三方面协调、平衡时才最为有效。知道什么时候以何种方式来运用成功智力的三个方面，要比仅仅是具有这三个方面的素质来得更为紧要。具有成功智力的人不仅具备这些能力，而且还会思考在什么时候，以何种方式来有效地使用这些能力。”① 传统智商及学业测验所测的只是成功智力中的一部分，学业智力和实践性智力的发展所遵循的规律是不同的。成功智力不是偶然获得的，需要通过学校开设具有开发学生分析技能、创造性和实践性智力的课程，而加以培养和发展。“因为这种智力在学校生活结束之后的现实生活中，在我们的工作和个人生活中最具价值，也具有最丰厚的回报。”② 增长智力的目的是实现个体所具有的智力潜能。由此看来，强调学生参加实践活动，积极培养学生的创新精神和实践能力不仅具有理论依据，而且具有时代意义。

由上可知，多元智力理论不仅可以拓宽我们对智力、能力理论认识的视野，而且对于理解智力概念、更新智力观念、开发学生的智力与潜能、评价学生的智力以及促进多元才能的发展、选拔与评价优秀人才、指导教育改革等都具有一定的作用。

二、多元智力理论与多元教育评价的关系

多元智力理论虽然没有在心理学界产生很大影响，却在教育界特别是实际的教育教学改革中引起强烈反响，很快成为当今美国和西方国家教育教学改革的理论基础之一，并得到世界各国教育界的积极实践。虽然有的学者提出加德纳的多元智力理论是“一个逻辑上不严密的理论”，是“将这些分类标准不同的智能（智力）相提并论，构成的只是一个智能的大拼盘”③，但是却在近十几年来受到教育界的热烈欢迎，这是一个值得深思的问题。

（一）多元智力理论是对单一性的教育评价制度的突围

过去对教育评价的理解，尤其是评价学生的标准主要是“智力就是语

---

① 引自 R. J. 斯腾伯格著：《成功智力》，吴国宏，钱文译，华东师范大学出版社，1999 年，第 116～117 页。

② 引自 R. J. 斯腾伯格著：《成功智力》，吴国宏，钱文译，华东师范大学出版社，1999 年，第 268 页。

③ 引自张玲：《加德纳多元智能理论对教育的意义到底何在?》，《华东师范大学学报》（教育科学版）2003 年第 1 期，第 44～52 页。

言、数学能力”，是一种简单化的理解，造成了严重的危害，即仅以考试成绩来评价学生的学习成果，以语文、数学的单一能力发展评价学生。加德纳的多元智力理论虽然不严密，但对于人们冲破单一性的一元思维模式，从广阔的多元化发展角度思考评价学生能力的发展具有重要意义，因而它仍然流行并得到积极响应①。根据加德纳的多元智力理论，每个学生都有自己的优势智力领域，有自己的学习类型和方法，学校里不存在“差生”，全体学生都是各有智力特点、学习类型和发展方向的可造就人才。因此，人的能力是多元的，不是单一的，学生智力的发展是多方面的，教师应树立积极的多元化评价学生能力的观念。

近年来，国外特别是英美等国在对学生学习评价上进行了大规模的改革。在对学生的评价上，正逐步突破传统的学业成绩测验，注重学生在教育中、在课堂教学中的完整而真实的表现，即“表现评定”②。

多元智力理论非常重视对评价的研究，加德纳认为，如果没有科学系统的评价，多元智力理论就不可能真正受到重视。加德纳指出美国教育上的主要弊病是习惯于以传统的、不加思考的评价方法考核学生的学习。例如在美国盛行的标准化考试就是让学生掌握各种信息，然后回到或应用于非情景化的场合，这只能测出学生智力的一小部分。因此，过于注重考试及其成绩，不利于学生多元智力的发展，尤其不利于开发学生创造性思维。他认为评价的目的是帮助学生获得有关个体智力发展的信息，提出学生继续学习的方法性建议。评价应该是学生学习的自然环境中的一部分，而不应是一学期学习时间的剩余部分外加的内容。不应仅仅以通过考试和测验来评价学生，而应以直接观察学生实际活动、运作中的智力作为评价手段。即他们认为评价不应该是孤立的，不仅仅是一个结果的呈现，而应该反映学生学习的过程，描述学生不同学习阶段的成长状况。多元智力理论认为，如果仅仅给学生一个分数，不管它是百分制还是等级制，都难以全面地反映学生的学习状况。所以他们认为对学生的评价应该是多维度的，从各种角度对学生进行评价。

在多元智力理论与大学入学考试制度的关系中，重要的方面是对人才的

---

① 参见张玲：《加德纳多元智能理论对教育的意义到底何在?》，《华东师范大学学报》（教育科学版）2003 年第 1 期，第 44～52 页。

② 参见约翰逊著：《学生表现评定手册：场地设计和前景指南》，李雁冰译，华东师范大学出版社，2000 年，“中译本序”第 4 页。

评价态度。即怎样评价学生的素质发展，怎样处理学生素质的培养与升学考试之间的关系，评价中的定性与定量的关系、过程与结果的关系等。多元智力理论的核心是人的能力，因而在考试选才上也要注重从学生多元能力表现出发，树立多元化评价学生的观念。

（二）多元智力理论揭示了人的能力是多元的

如何评价人的能力？从多元智力理论中发现，可以用多元化的方式评价学生，因为除了加德纳提出人的八种智力，研究发现可能还有其他方面的智力，除了语文、数学这些我们过去在智力测验和学业考试中强调的之外，尚有指向人的社会认知发展的人际关系智力和自我认识智力，强调实践性、操作性的身体运动智力等。智力不仅表现在问题解决中，也表现在产品的创造上，如对艺术产品的创造，这些往往表现在学生的特殊才能、性向，对某一科的特殊兴趣上。因此在考试制度中应该引进多元智力理论的精华部分，作为多元化评价学生的突破口。

加德纳提出建立以“个人为本”的评价观，包括四个方面：标准参照评价、基准、自比和真实性评价。他认为真实性评价最重要。真实性评价要把学生的观察记录、成果展示、录音、录像、图片、涂鸦或图表、个别谈话记录、月历表现记录等都放进学生的个人档案中去，用这样的档案来评价学生。他提出两种真实性评价：一是实作评价：即按照学生作品或表现来评价；二是卷宗（档案袋）评价：它可捕捉学生一个学年的情况，能鼓励学生自由探索熟悉问题的新的解决方案，鉴别出每个学生的智力强项和弱项，揭示出学生成长的轨迹和进步的方式。这种评价克服了传统评价“快照式”测验的弊端。在升学至上的传统教育中，学科考试的分数和升学率是评价教育质量的主要指标，而以“言语—语言能力”和“逻辑—数理能力”为核心的学科考试过分强调死记硬背的书本知识，缺乏对学生理解能力、应用能力和创造能力的客观评价，难以真实准确地反映学生解决问题的能力和生产及创造出各种初步精神产品和物质产品的能力。根据加德纳的多元理论，我们应该摈弃以标准的智力测验和学生学科成绩考核为重点的评价观，树立多种多样的评价观，教育评价应该通过多种渠道、采取多种形式、在多种不同的实际生活和学习情景下进行，确实考查学生解决实际问题的能力和创造出初步的精神产品及物质产品的能力。教师应该从多方面观察、评价和分析学生的优点与弱点，并把这种通过从多方面观察、评价和分析学生的优点与弱点得来的资料作为服务于学生的出发点，以此为依据选择和设计适宜的教学内容与教学方法，使评价确实成为促进每一个学生充分发展的有效手段。

（三）重视学生知识的学习与能力的培养

加德纳认为学校对学生智力研究的质量指标是：为理解而教育。教育的最大目的在于使学生得到最大程度的理解，既让学生掌握知识，又要培养学生运用知识、分析知识和消化、理解知识的能力。现实教学中是无论学生考分多高，但缺乏对有用材料与概念的真正理解。一般学校评价学生掌握知识与理解的标志是完成作业，或按一定的方式回答了多项选择题或按特定的方式解决了问题，却忽视了学生是否真的理解了知识这个问题。在通过考试与真正理解之间存在很大的距离，反映在大学入学考试上即如何考查学生的知识与能力以及素质。按照加德纳的多元智力理论，“真正的理解”“强调的是要在变化了的情景中解决实际问题，通过认知获得个人意义，也就是举一反三”①。即学生学习掌握了知识以后，可以学会利用知识分析问题、解决问题，教育要培养学生的分析、综合能力，考试更要评价学生的能力、素质，这与现代认知心理学的观点是一致的。

现代认知心理学关于认知领域的三类知识，即陈述性知识、程序性知识与策略性知识的提出，对我们进一步认识教育中学生知识掌握与能力评价的问题有重要启示。虽然陈述性知识和程序性知识的核心成分都是概念和规则，但是两者本质的不同在于程序性知识是将概念和规则由陈述性知识转化为支配人的行为的程序②。实际上程序性知识已经不再是传统意义上的知识，而相当于技能与智慧能力。在知识的运用阶段，知识一分为三。如果解决的是很简单的“是什么”的问题，仅仅依靠线索提取记忆的陈述性知识就已经足够，如果解决的是复杂的“怎么办”“为什么”等问题，就需要两种知识：一种是对外办事的程序性知识，即根据外界提供的条件，作出合乎规则的反应；另一种是对对外办事的整个过程进行内部监控与反省，这种知识称为策略性知识。实际上前一种程序性知识即智慧技能，后一种程序性知识即元认知能力。加德纳强调在变化的情景中应用原有知识解决问题，

① 张玲：《加德纳多元智能理论对教育的意义到底何在?》，《华东师范大学学报》（教育科学版）2003年第1期，第50页。

② 参阅邵瑞珍：《教育心理学》，上海教育出版社，1997年，第57～120页。

实际上是强调智慧技能与元认知能力，抓住了智力发展的“质”的灵魂①。

加德纳注重智力发展的品质与内涵，对我们在教学和考试评价中如何正确评价学生的多元能力，而不是只评价一两种能力或评价全部的能力是有提醒作用的，尤其是在大学入学考试中重视对学生特殊能力、性向的评价，发挥学生潜能，提高中学教育教学的水平，达到大学院系自主选才招生有重要意义。

（四）应试教育与素质教育

过去我们一说到考试就想到应试教育，应试教育与素质教育成为对立的东西，应试教育到底哪里不好，往往讲不清，似乎应试教育就是只讲考试，那么就是考试不好，素质教育与其对立，就不要考试了。其实并不是考试不好，而是以前的考试只侧重考查学生的语言和数学方面的知识与能力，学校教育和大学入学考试也只重视这两方面的考查，似乎这两方面代表了学习的全部。学校教育是单一的智力评价观，反映在考试上强调对语言和数学的测试，偏重某一学科教育，淡化其他学科教育，在考试上表现为应试教育，即“考什么，教什么，学什么”。根据多元智力理论，人的能力是多元的，评价学生的能力、素质，应兼顾学生在口头表达、动手、创新、人际交往、自我认知等智力发展方面的表现。应试教育忽视了这些多元化的能力，只注重人的某一部分智力的发展，这是人们对应试教育提出批评的主要方面。素质教育提倡发展学生多方面的素质，与多元智力理论强调学生多元能力是接近的。因此，多元智力理论为培养学生全面发展的个性，对学生实施素质教育的培养活动，提供了有力的理论基础②。

三、借鉴多元智力理论，研究大学入学考试制度的改革

大学入学考试制度的改革，关键在于改变过去单一的以考试成绩评价学生的观念和做法，在探索改革的过程中，借鉴多元智力理论和成功智力理论中的最新成果，采用多元化评价手段，多元化评价学生的能力，注重评价学

① 参见张玲：《加德纳多元智能理论对教育的意义到底何在?》，《华东师范大学学报》（教育科学版）2003 年第 1 期，第 50 页。

② 吴志宏：《多元智能：理论、方法与实践》，上海世纪出版集团，上海教育出版社，2003 年，第 8～10 页。

生的学习过程，利用学生多元的能力表现资料，如多元智力报告单、“档案袋评价”等，并将这些与统一的基础知识考核相结合。这种评价方式已经成为21世纪各国改革大学入学考试制度的主流和趋势。多元智力理论对我们研究改革大学入学考试制度具有如下启示：

（一）树立多元化的人才观

多元智力理论提出人的能力是多元的，人具有多种能力，每个人的能力也是不同的。这些与传统单一智力理论有很大的不同。单一的智力理论注重的是学生考试成绩好坏、是否取得高分等，而多元智力理论不仅注重学生基本学业成绩的考查，而且重视学生在学习过程中的表现，学生在基本学业成绩考试之外的多元能力的表现。传统的单一的人才观是有局限性的，我们在研究大学入学考试制度的改革中应该树立多元化的人才观。

（二）建立多维度的大学入学考试评价制度

首先，考试是对人的知识、能力进行测量的一种社会活动。因为考试是根据其结果对人的能力予以评价或甄选以达到主考者规定的目的，是一种特殊的测量工具、一种测试手段。大学入学考试是选拔适合进入大学学习、深造的优秀人才，因此，要建立和完善大学入学考试评价制度，科学地评价大学入学考试的标准、组织、实施、操作、命题、阅卷、评分等各个环节，即对大学入学考试制度本身的评价。其次，利用考试的结果对考生进行科学、客观、全面、公正、公平的评价。包括对考生个体的评价和对考生群体的评价，对个体的评价是要从多元化的角度评价考生的学习成绩和能力；群体评价主要是针对大学和中学而言，应该建立多元化的评价标准，使大学重视学生的实际知识水平，重视新生质量的评价；中学不能只关注升学率问题，而要从大学入学考试中了解各校的考试情况，进行科学的分析和评价，有针对性地开展教学活动，不断提高教育教学质量。再次，从多元智力理论来看，大学入学考试的考试科目设置、考试内容及考试方法的选择，应该重视成功智力理论中的实践性智力和创造性智力，改变过去仅仅以学业性智力为中心的评价制度。如大陆高考和台湾地区大学联考往往注重对学生的语言智力和数学逻辑智力的评价，但对于具有同等重要性的其他智力，如音乐智力、空间知觉智力、身体动觉智力、人际交往智力、自我认识智力和认识自然智力等方面的潜能与才能，没有给予普遍的重视，只局限于对少数报考特殊专业和院校的考生（如音乐、体育、美术）进行简要的加试评估。因此，在对学生的评价方面，既要从学校教育的培养目标出发，使学生得到全面的发展，又要从多元智力理论的多维度出发，才能做到客观、全面和科学地评价人才与选拔人才。最后，要科学研究大学入学考试制度，充分利用现有资源，科学使用评价手段，开展评价技术的研究，这样大学入学考试所得出的评价结论才是科学全面的。

（三）建立多元化的大学招生录取机制

大学入学考试制度在本质上就是选拔人才，而选拔人才可以不拘一格。这是考试发展的客观规律所致，也是社会发展的客观要求。因此，必须建立多元化的大学招生录取机制。根据多元智力理论，首先要完善其中的某种招生录取制度作为主体制度，在此基础上探索多种特殊的招生录取方法作为主体制度的补充，形成多元化的大学入学考试制度。根据各国的教育实践经验和大学入学考试制度的改革措施，以统一的基础知识考试为主，辅之以其他多元化的评价手段，建立多元化的招生录取机制是可行的。像台湾地区大学多元入学考试制度，以统一的学科能力测验和指定科目考试为基础，辅之以推荐甄选、申请入学、大学进修学士班等多种招生入学途径，增加了学生和大学的选择机会。

（四）采用多种评价手段，在高中建立多样化的考生个人资料评价体系

考试在一定意义上既考查知识的掌握程度，又考核学生某方面的能力水平。考试是常用的教育测量和人才评价的手段，但这种评价手段所能提供的资料信息也是有限的。从加德纳的多元智力理论来分析，它往往只局限于对语言智力、数学逻辑智力的测量评价，而对于学生其他方面的智力在大学入学考试中未能加以有效的测评。再从斯腾伯格的成功智力理论来看，书面考试所能测评的内容无非是关于学科知识以及学业性智力，而对于其他方面的智力品质，如实践性智力和创造性智力，显得不足。所以，借鉴国外大学入学考试的有益经验，以多元智力理论为依据，采用多种评价手段建立多样化的考生个人资料，进一步完善大学入学考试制度是必要的。例如，采用“才能成就清单”、“档案袋评价”、“学生创新精神与实践能力评价表”、“学生非智力因素的综合评价”等。高中应在评价方面建立学生个人的多元化评价资料，较全面又简要地描述和评价学生的多方面发展，提供给大学招生录取时

作为参考资料①。台湾推荐甄选中的指定项目甄试和申请入学的审查资料等考试评价方式值得借鉴、学习和研究。

四、多元智力理论与台湾地区大学多元入学制度改革②

多元智力理论提出以后，在台湾教育界产生广泛而深刻的影响，尤其是在中学的教育教学改革中，从1998年开始，进行了一些多元智力理论的实践与试验。这对改变过去单一化的依靠考试分数评价学生提出了严峻的挑战，对改革台湾过去大一统的大学联考联招制度产生了极大的冲击。

（一）台湾教学评价方面的问题

由于升学竞争影响教学的正常化，在台湾中小学教育中，尤其是在教学评价方面产生许多问题，主要有③：①偏重智育或学科知识的评价，考查记忆性知识多，忽略推理思考和过程技能。②评价偏重学习结果，而忽略学习过程的了解。③考试次数太多，考试如上战场。学生虽身经百战，谋取胜之道，但未必是常胜将军，无信心，没把握克敌制胜。在个人方面，课业负担重，心理压力大，害怕考试，造成“考试焦虑症候群”；在人际关系方面，学生之间因恶性竞争而对立，存有敌意，猜忌怀疑，彼此疏远，不能相互尊重与合作。④常用纸笔式测验，以市面上普遍印行的测验卷为评价工具，千篇一律。学生与教师习以为常，觉得厌恶，又无法拒绝，有强其所难之感。⑤无法充分了解考试分数的意义及其所隐藏的信息，没有发挥评价的诊断功能。人人竞逐高分，考试沦为竞赛的工具，学生成为考试的机器，所受的失败挫折居多，考试负面效应层出不穷，如作弊、逃学等。⑥考试领导教学，教学未能正常化。⑦不适当的比较，滋生许多流弊。⑧升学取向，恶性补习，戕害儿童及青少年身心健康。因此，必须进行教学评价的改革，实行多元化的教学评价手段是必然选择。

---

① 黄光扬：《多元智力理论与中国高校招考制度改革》，《湖北招生考试》（理论版）2002年4月号下半月，第16页。

② 参阅杨李娜：《台湾的大学多元入学考试》，《复旦教育论坛》2004年第5期，第70～72页。

③ 以下引自简茂发：《多元化评量之理念与方法》，网址：http://www.bctest.ntnu.edu.tw/betweenus2-1.htm。

（二）多元智力理论在台湾的实验效果[①]

台湾在 1998 年至 2000 年间以实施“初中、小学补救教学示范学校实施计划——多元智能（智力）项目研究”共三期课题为主，针对台湾地区 7 至 9 所中、小学（包括一所幼儿园）进行大规模的多元智能（智力）实施计划，从各示范学校教师的成长团体与行动研究做起，在普通班与资源班中进行教学改革，开发师生多元智能，甚至针对特殊需要的学生进行补救教学。参与该项目的教师有 100 多人，有数十个班级进行融入多元智力理念的教学实验。

通过实验多元化的教学理念，在总结讨论中，参加实验的师生认为在评价方式方面，好的教学活动就能提供良好的评价途径，通过学生的成长档案、学生学习档案、学习回馈单、检核表、真实评价，越接近真实的评价越是好评价。在台湾的实验，得到参加教师的大力支持，这些参加的教师虽然有繁重的正常教学活动，要花更多的时间在课程设计上，与学生的互动更加频繁，但他们仍然乐此不疲，理由是：“志愿参加＋个人心智成长＋学生及家长的正面反馈”，从参与研究的教师们本身的教育理念上看，他们的确是以多元化的智力理论进行教学的，他们的教学活动不再一成不变，学习历程不再是填鸭、被动，而是由师生共同参与和创作，以活动方式进行学习，学习内容不再只限于课本，而是与学习者生活经验相结合，并且让学生能在深入学习课程后，实际应用知识去解决问题。考试成绩也不再是唯一评价学习的标准，主要通过每个学生的学习成长档案、小组工作成果、学生互评及教师观察等多元评价方式，更具体、真实地反映出个人的学习成效及需要改进之处。在实验学校的实验班级里，师生关系很好，学生有较多学习成功的经验，学生比较快乐，喜欢上学，乐于助人。

（三）台湾在学生学习评价方面的实践措施

由于教学与辅导的范围非常广泛，除了知识技能，还包括学生的品行、人际关系、学习态度、兴趣、方法和习惯等方面，所以必须采用不同的考查方法，以配合学科性质和教材内容进行多种方式的评价。首先，成绩评价是多方面的。对于学生的评价应扩大到教育的全部，而不只限于知识、能力的

① 周祝瑛、张稚美：《多元智能理论在台湾中小学之实验》，《全球教育展望》2001 年第 12 期，第 23～30 页。

考查。其次，成绩评价必须采用多种方式。因为成绩评价的范围非常广泛，所以应该采取不同的考查方法，以配合教材的性质与内容，进行多种方式的评价。评价时采用的方法越多，汇集的资料越齐全，就会使结果客观正确，符合成绩考查的要求。

台湾学者还提出，为了实施因材施教，贯彻有教无类的教育理念，应该有效地把因材施教与“因材评价”相结合，进行多元化的评价。在学生指导方面采取自我比较的方式，解释分析各方面整合评价的结果。采用自我比较的方式，即以学生本人的学习潜能及实际的学习表现相互参照作合理的解释分析。通常有三种方式：第一，基于学生个人的潜能来解释其在学科成绩上的相对意义，可以看出学生努力的程度；第二，把学生个人过去和现在历次考试评价所得的成绩前后加以比较，可以看出进步或退步的情形；第三，把学生个人在许多不同学科所得的成绩画成侧面剖面图，从中可以清楚地看出各科分数的高低，了解学生在各学科领域学习成果的相对优劣，也显示整个学习结果在各方面的长处和短处，作为进一步学习辅导的依据。总之，应该注重“因材评价”，采用自我比较的方式。

台湾师范大学科学教育中心与美国马里兰州教育厅合作进行了学习评价的改进计划——MSPAP (Maryland School Performance Assessment Program)。MSPAP 就是一种超脱选择题纸笔式测验的评价方式，采用先举行一个活动，让学生参与、观察，然后询问他一些相关的问题，让学生有所表现，再根据其表现来评分，这项研究受到称许和肯定。同时，台湾教育事务主管部门于 1998 年 8 月 26 日修正公布的“初中学生成绩考查办法”规定：学校对初中学生成绩的考查，应视学生身心发展与个别差异，以奖励与辅导为原则，并依各学科与活动性质，选择下列 15 项评价方式①：①纸笔测验：由教师依据教学目标、教材内容所编制的测验考查学生。②口试：考查学生的口头问答结果。③表演：考查学生的表演活动。④实作：考查学生的实际操作及解决问题等行为表现。⑤作业：考查学生各种习作。⑥设计制作：考查学生的创造过程与实际表现。⑦报告：就学生阅读、观察、实验、调查等所得结果的书面或口头报告考查。⑧资料汇集整理：考查学生对资料的汇集、整理、分析及应用等能力。⑨鉴赏：考

① 引自简茂发：《多元化评量之理念与方法》，网址：http://www.bctest.ntnu.edu.tw/betweenus2-1.htm。

查学生对资料或活动中的鉴赏领悟能力。⑩晤谈：就学生与教师晤谈过程，了解考查学生反应情形。⑪自我评价：学生就自己学习情形、成果及行为表现，作自我评价与比较。⑫同伴互评：学生之间就行为或作品相互评价。⑬校外学习：考查学生的校外参观、访问等学习活动。⑭实践：考查学生的日常行为表现。⑮其他。

例如，自然科学课程强调科学概念、科学方法和科学态度的教学，故考查学生的学习结果时，必须兼顾这三方面的评价，不可有所偏废。科学概念的评价可采用口头提问、纸笔测验或情境测验等方式进行；科学方法注重过程技能（process skills）的训练，此方面的评价宜以实际操作方式实施；科学态度方面的评价技术，难以达到客观鉴定的要求，必须同时应用行为观察法、评定量表、自陈量表、项目测查、个别面谈等方式，设法汇集多方面的资料，以便比较分析与综合判断。这些评价从各级学校教育着手，为大学多元化评价考生提供依据，有效地推动了大学入学考试制度的改革。

（四）台湾地区大学入学考试制度改革与多元智力理论①

从台湾地区大学入学考试制度的发展与改革历程中我们可以看出，台湾地区大学入学考试制度的改革是与多元智力理论紧密联系的。多元智力理论所倡导的个人的多元能力；利用学生个人的多元资料，在学生的学习、发展过程中予以评价，以及多元化的评价手段和方式等，促使我们在教育观念、人才培养观念、选拔人才方式、考试方式与内容、自主招生方面思考如何去改革。台湾地区大学多元入学制度的改革，就是借鉴多元智力理论的最好例证。

1. 树立多元的人才培养观念，建立大学入学多元化的人才评价制度

台湾地区与大陆相同，受到传统单一的智力理论的影响，在评价人才时使用一元的人才观。如“这般好那般好，不如功课学得好”，人们普遍认为能读书会考试的就是好学生，能考高分上大学的就是优秀人才。当然，我们不能否认在学校学习成绩优秀的固然可为未来的事业奠定良好的基础，但并不是所有考高分的个体都能在未来的事业中取得骄人的成就，有些学习成绩

① 参阅杨李娜：《台湾大学多元考试制度的若干特点》，《教育评论》2005 年第 1 期，第 77～79 页。

平平的学生走上社会后就能在事业与生活上取得较大的成功。因此，应该树立多元的智力观和多元的人才观①。台湾在学校教育中，已经尝试多元化评价，不仅在日常的教育教学中如此，而且在各级入学考试中表现得较为显著。台湾早在2000年以前就在研究实施多元化入学的理念，曾经作过大量的实证性研究。在2000年高中、高职入学考试率先实行了多元化的入学考试制度，随后对技术职业教育体系和专科学校教育体系也作了较大改进，逐步实施了多元入学的方式。2002年在大学实行多元入学考试制度，可以说在台湾已经逐步建立起了各级学校教育多元化评价人才的制度雏形。当然，多元的入学制度有其缺点，这也是在发展和改革中不可避免的，对此要用辩证的思维方式看待。

2. 多元化的考生能力

台湾除了从理论上探讨考生能力的多元性，也在学校教育中实行，如前述多元智力学校的实验和教育事务主管部门多元化考查学生成绩的办法，就是在实际教育和教学实践中发掘考生多方面的能力。在考试上的改革主要采取两阶段的考试及多种考试方式来甄别人才，在招生方面，设立改良后的大学联考的形式、推荐甄选、申请入学等多种途径，使学生可以发挥多元智力的特征，选择最适合自己的入学方式。多元化地针对学生的多元智力，比起传统大学联考的单一方式，在评价学生智力方面是一大进步，它冲破了过去单一考试的局限性，树立了多元的智力观和人才观。

3. 多元化的考生资料

在台湾地区多元入学考试中，考生的资料不再只是一项单一的联考的考试成绩单，而且是包括了学生多元化的资料。如学生在高中的在校成绩、班级中的表现、学生是否担任过班级干部或学校干部、参加社团活动的情况，以及参加竞赛、科学作品展览的情况等，这些资料在不同的招生方式中，有不同的作用。在推荐甄选和申请入学中，可以作为招生入学的参考，并且这些多元资料对学生表现自己的多元智力有很大帮助。这些措施打破了过去大学联考联招单一的评价方式，从多元智力理论的研究来看，符合学生的个性心理与智力、能力发展。

---

① 参阅黄光扬：《多元智力理论与中国高校招考制度改革》，《湖北招生考试》（理论版）2002年4月号下半月，第15页。

4. 多元化的评价手段

在台湾地区多元入学制度中，评价考生的学习、掌握知识及能力等各方面的效果，不再是单一的学习成绩或分数，而是有多种途径和方式，这也促使高中的教学走向正常化，学生不再偏科，而是文理兼顾。尤其表现在考试上，第一阶段的学科能力测验，目标是面向全体学生，重视基础知识；第二阶段的指定科目考试，学生有很多选择机会，大学可以从学生不同学科的学习发展来多元评价其是否适合大学的专业学习。同时，还有甄选入学的指定项目甄试，设立了多种不同的评价考生能力的方式。显而易见，台湾在大学入学考试上实行的是统一的考试为主，多元化评价手段为辅的招考模式。应该说，台湾地区大学多元入学考试制度在探索采用多元化手段评价学生上，做了有益的尝试，其中不乏在考试方面值得借鉴之处。

5. 多元化的招生方式

台湾地区大学多元入学制度中，重要的方面是招生方式上的多元。大学招生方式不再局限于过去的大学联考一种方式为主，而是多种形式并存。有注重学生特殊才能表现、高中和大学学系共同参与招生的推荐甄选；有大学完全发挥自主权的学生个人申请入学，大学在规定的范围内，招收需要的合适的学生；有针对社会青年的大学进修学士班；有对某些方面有专门特长的学生的保送生制度；有延续了大学联考精神，又不同于大学联考的“考试分发入学制”，学生可以根据特点、兴趣、性向等，选择适合自己的入学方式。当然，在大学联招时期，这些招生方式也有，但不像现在，在多元智力理论的指导下，更加明确多元的方向、方式和方法。

6. 注重评价学生实践动手的能力和培养创新精神

根据多元智力理论和成功智力理论，学生在学习过程中积极动手、实践各种学过的知识，在实际生活和情境中有效运用所学知识，对于培养学生的创新精神，发挥个人潜力，发展个性、兴趣有重要作用。多元评价学生能力的一个重要方面是评价学生的动手实践能力，运用知识进行产品再创造的能力。这与大学入学考试中要求学生充分展现自己实力和能力的各种具体条件、特别条件、竞赛成果等是相符的。在台湾地区大学多元入学考试制度中的推荐甄选和申请入学等招生环节，除了有统一的基础知识考试之外，还有学生的平时学习情况的资料，如在校成绩、参加学校的社团活动、担任班级干部、参加各种竞赛和科技作品展览等活动，以及高中教师的推荐函、学生发表的作品等多种评价学生学习过程的指标。这种统一的考试和多元化评价学生的手段相结合的方式，在理论上是合理的，在实践中还需要进一步地完善和推广。台湾地区大学多元入学考试制度的改革，借鉴了多元智力理论的精华，重视评价学生的运用能力、实践能力，有利于发挥学生的创造性，培养学生的创新精神。

从以上诸方面可以看出，台湾地区大学多元入学制度与心理学和教育学中所研究的多元智力理论有密切的关系，主要借鉴了加德纳的多元智力理论和斯腾伯格的成功智力理论中的多元能力与多元评价的精华，设计多元入学途径，采用学生的多元资料，多元评价学生能力。

第三节 教育与文化——台湾地区的升学主义与社会价值观探讨

在第一节所叙述的教育发展的外部关系规律中，可以看出，由于教育与文化的关系密切，两者之间相互制约、相互作用、相互影响。反映在考试上，表现为社会的价值观、社会文化对教育考试的影响。从台湾的具体情况看，主要是升学主义及其对台湾社会价值观的影响，进而影响到学校教育与考试的观念。

一、教育与文化的关系

任何一个社会，就其社会大系统的构成要素来说，可以划分为三个层次：经济层面、政治层面和文化层面。经济、政治、文化的三维统一体构成人类社会的整体结构。任何一个社会现象都在这三者的矛盾运动中发生与发展，教育作为人类社会特有的社会活动，亦不例外。就教育与社会的各领域而言，文化大概是与其结合最为密切的。教育生于文化，长于文化。文化是一种亘古绵久的社会现象，它与教育相伴而生，相随而长，在漫长的历史长河中，互为前提，互相砥砺。

广义的文化是指人类在社会实践过程中所创造的物质财富和精神财富的总和①。从教育的内部关系规律来看，教育与文化的复杂关系是一种双重关系与双重作用。所谓双重关系指的是教育与文化的关系，既是外部关系，又是内部关系。教育与经济、政治、文化都是社会这个大系统中的子系统，从

① 参阅潘懋元：《文化传统与高等教育》，《中国高等教育》（北京）1989 年第 2 期。

这个角度看，教育与文化之间的关系是两个社会子系统之间的关系；但文化又是以知识的形态作为教育的内部因素，从这个角度看，它与教育者、受教育者组成教育系统的内部关系。所谓双重作用，指的是一方面教育受社会文化的制约并促进文化的发展；另一方面，一定社会的经济、政治对教育的制约和教育对经济、政治的作用一般要通过文化的折射，文化成为教育与经济、政治等关系的中介。如果研究教育问题时，忽视文化的折射、中介作用，以为有怎样的经济发展水平就必然有怎样的教育发展水平，或者有什么政治制度就必然有什么教育管理体制，就会失之简单化。不但许多复杂的教育现象难以解释，而且容易产生生搬硬套不同文化背景国家教育模式的问题①。

狭义的文化就是人类所创造的精神成果。许嘉璐先生将文化分为三个层级。①表层文化（又称为物质文化）：这是人类最易感知的文化，就是围绕衣食住行所体现的去取好恶。②中层文化（又称为制度文化）：包括风俗、礼仪、制度、法律、宗教、艺术等。这一层的特点是借助物质来体现底层的文化。③底层文化（又称为哲学文化）：指人的个体和群体的伦理观、人生观、世界观、审美观。也有人说包括价值观，其实它是伦理观、人生观、审美观的综合。文化的三个层级之间的关系表现为：表层和中层反映着底层的内涵，底层内涵渗透于表层和中层，如绘画、诗歌、音乐等中层文化就体现着底层的内涵。表层和中层的变化渗透并影响着底层，底层引导并制约着表层和中层的变化。表层和中层相互影响最为直接，它们相互牵动和制约。简化而言，表层、中层和底层是彼此交互的。从理论上讲，文化的三层应该是完整的一体，但是在人类历史上从未有过完整的情况，这就是文化的复杂之处。文化本身就是一个开放的体系，层级之间要容纳不同的东西，但如果各个层级之间出现断裂的话，就会造成社会的断裂。一个社会文化的断裂与否，主要是看中层和底层的关系。表层文化就像地球上的山河，底层文化就像大地母亲。山河的形状可以改变，但山河之性无法改变。底层就是本性，最为稳定；表层、中层要向下渗透，久则撼基，其中中层尤其关键。如果中层文化和底层文化相抵触，这个断裂就将形成社会的危机，今天我们所看到的很多现象就属于这一类②。

---

① 参阅潘懋元：《全面深入地认识教育的文化功能》，《教育研究》1996 年 11 月。

② 许嘉璐：《当前文化问题的症结在哪里》，《新华文摘》2006 年第 15 期，第 107～110 页。

在教育中，我们所说的文化，更多的是与狭义的文化相联系的。价值观和价值体系在整个文化中处于核心位置，不同的价值观、价值体系决定了不同民族的文化和文化体系。人所创造的价值，包括功能和真善美等，具体体现在人类活动的精神领域，并和人的精神力量——理智、意志、情感等联系。所以，从人类文化的核心——价值观和价值体系上来讲，教育也是与文化密切相连的①。探讨教育与文化的关系，对大学入学考试制度的改革发展有一定的影响和作用。

在有关文化与教育关系的理论中，我们一般总是从传统文化或文化的传统形式入手，以传统文化的形成、发展、变化来看待教育与文化的紧密联系。台湾与大陆同属中华民族文化区域，有着共同的文化源流。中华民族优秀的传统文化是中华民族的精神财富，在历史上已植根于中华民族之中，是联结海峡两岸的根基②。长期以来，传统文化对台湾的政治、宗教、艺术、民众心理、信仰、风俗习惯乃至价值观和道德观都产生了显而易见的影响，其中对教育的渗透和作用最为直接。

二、台湾地区大学入学考试制度中传统文化的影响

台湾地区大学入学考试制度作为基础教育和高等教育的衔接点，历来是社会各界关注的焦点。从台湾地区大学联考的发展演变和大学多元入学制度的推行过程中，可以看出台湾地区大学入学考试制度的改革受到中国传统文化的深刻影响，这种影响又促使大学入学制度的进一步改革，以适应社会对人才选拔的需要③。传统文化对台湾地区大学入学制度的影响既有积极方面的，也有消极方面的，改革的目的在于消除消极方面的不良影响，发扬它对大学入学制度的积极作用。

台湾地区与大陆的政治制度迥异，经济发展程度也不一致，但两者的大学入学方式却最为相同，其中主要是文化因素在起作用。如前所述，台湾和

---

① 参阅郑金洲：《教育文化学》，人民教育出版社，2000 年，第 7 页。

② 娄杰：《儒学与海峡两岸的文化根基》，《台湾研究》1997 年第 1 期，第 78～84 页。

③ 以下参阅刘海峰：《变革中的台湾大学联考制度》，《中国高校招生》1993 年第 1～3 期；刘海峰：《传统文化与台湾大学联考的改革》，黄新宪主编：《传统文化影响下的台湾教育》，福建教育出版社，1993 年，第 245～267 页。

大陆拥有共同的文化传统，在国民党迁台以前，所接受的几乎是相同的文化，追溯文化的渊源，还要从中国的古代文化说起。与大学入学考试制度紧密相连的科举考试制度，在明清时期，台湾也实行，从那时起，考试升官、读书至上的观念就扎根于人们的头脑中。

（一）重视教育读书至上的传统

中国历史上历来有重视教育、希望读书出人头地的传统。从积极方面看，这一传统促使人们尊重知识、积极向学；从消极方面看，则养成了“万般皆下品，唯有读书高”的观念，加重了升学主义的盛行。传统社会这种读书做官的思想，对台湾社会影响很大。在台湾“学而优则仕”的观念仍然根深蒂固，若想成为行政官员，学历和参加文官考试是基本条件，因而许多人觉得读书越来越有前途，纷纷挤向大学入学考试这道窄门。与“学而优则仕”有关的是中国古代重学轻术的传统，较为注重学理的阐发而忽视应用技术的训练，在过去，技术职业教育地位未得到普遍提高的情况下，学生往往不那么热衷于高职学校和专科学校，转学之风很盛，到最近几年，大力发展技术职业教育，打通升学途径，情况才有所好转。但进入大学的考试仍然最为激烈，这除了追求更高学历的因素以外，恐怕也和潜意识中的重学轻术的传统观念有关。

（二）大学入学国文科考试突出传统文化和文言文的考核①

台湾地区国文科考试大多采用客观性的标准化试题（选择题、填充题、是非题），同时考命题作文。台湾地区大学联考的国文科试题包括文意测验、阅读测验、词语测验、常识测验、原文摘要、文言翻译、命题作文等七部分，分属单一选择题、多重选择题和非选择题三种题型。历年来台湾地区大学联考的国文科试题尤其突出文言文的考核，文言文在试题中所占的分数约一半以上。试题的许多内容取自传统的文化典籍，如台湾1989学年度大学联考国文科试题第一部分的11道题目，分别选自《劝学》、《与陈伯之书》、《贵公》、《岳阳楼记》、《孟子》、《烛之武退秦师》、《杜甫诗》、《苏轼词》、《白居易诗》、《论语·微子篇》、《石壕吏》。试题的第二部分则突出考查学生对文史常识融会贯通的能力。台湾历届大学联考的作文命题，思想内容偏重

① 参阅杨李娜：《中国传统文化对台湾大学入学考试改革的影响》，《宁波大学学报》（教育科学版）2004年第2期，第38～41页。

于传统的伦理道德观点，一些题目引自“四书”等儒家经典，带有浓厚的儒家思想文化色彩（详情参见附录一）。在1994年试行大学推荐甄选的学科能力测验的国文科试题中，命题虽然朝向活泼化，命题内容生活化、文学化，不再拘泥于课本，但在内容上仍然以传统文化为主。

（三）文凭崇拜与考试迷信

台湾教育中的升学主义盛行和学历社会有关。在学历社会中，文凭代表着一个人所受的专业训练水平，是衡量一个人知识才干的客观标准。有的学生受到文凭崇拜心理的驱使，而不管自己的实际水平是否适合走大学联考之路，有的甚至再三参加联考。与这些不屈不挠的考生反复参加考试有关的是其中有些人希望时来运转，走向考试迷信。为了金榜题名，台湾考生的考试迷信十分盛行，每年七月将近，与考试相关的考神也进入“业务”旺季，尤其是各城隍爷旗下廿四司的“考功司”，神像一派书生的儒雅模样，手握书卷，座前贴满了准考证影印本。而且考试迷信的花样越来越多，庙方为满足不同考生的需求，在神龛上悬起“主考官”的红匾，为考生服务。考试迷信十分生动地反映出传统文化对台湾地区大学入学考试的消极影响。

（四）考试社会的公平竞争观念

台湾地区大学联考制度的产生既受到中国自古以来大一统思想的影响，又受到中国古代科举考试的传统观念——追求公平竞争的推动。中国古代独特的社会结构是家族宗法制，家长统治、任人唯亲、帮派活动、裙带关系等皆为家族宗法制的派生物，其糟粕部分影响到现代台湾社会的便是人际关系错综复杂、特权关说盛行①。林语堂先生曾说过：“人情、面子和命运是支配中国人社会生活的三位女神。”台湾虽然是发达的市场经济，但是这“三位女神”对台湾民众的社会行为、从业意识、教育文化、人际交往等仍然产生着深远的影响②。在台湾，大学入学考试是各类考试中竞争激烈、影响面最广的考试制度。大学入学考试存在的首要条件是其公平性，只有通过公平的考试才能公正地选拔出人才，这也是社会大众的共识，因为统一考试，可

① 参见刘海峰：《传统文化与台湾大学联考的改革》，黄新宪《传统文化影响下的台湾教育》，福建教育出版社，1993年，第254页。

② 参见黄光国：《人情、面子：中国人的权利游戏》，张文达、高质慧《台湾学者论中国文化》，黑龙江教育出版社，1989年，第294～295页。

以排除人情关说的干扰，考生在分数面前人人平等，考试的公平性使得人们最赞成大学统一入学考试这种形式。虽然它具有不少的消极方面，有一些缺点，但在台湾，和大陆一样，长期受到传统文化的熏陶和影响，注重人际关系、讲人情、讲面子、重特权，在这种情况下，为达到公平起见，统一考试、统一命题、有标准答案的联考是最佳的方式。因此，在“大学多元入学方案”中，公平、公正、公开的原则也是“大学招生委员会联合会”和“大学入学考试中心”共同秉持的基本理念。多元入学制度改革的研究者及有关人士也考虑到传统文化对台湾地区大学联考的影响，所以，在研究大学多元入学考试制度时考虑到要秉持以下的理念：台湾地区大学入学制度的形成有其特殊的历史与社会背景，它是中国传统考试制度与当代西方发达国家某些考试制度结合的产物，其发展与改革必然受到这两个方面的制约。在改革中对这两个方面的因素都要加以考量，如借鉴外国的制度，必须经过消化才能采纳；改革必须兼顾理想与现实，要渐进地经过长期规划后逐步进行；有包容性的多元改革方案优于单一的改革方案；考试应辅助教育，而非教育适应考试等①。

总之，从中国传统文化和中国考试发展史来看，凭才取人，以考试选拔人才的方式，是与中华古老文化的特点和需要相符的。台湾和大陆虽然是两种不同的经济制度，但均以统一的考试来选拔人才，而且殊途同归，相互之间有可供借鉴的经验和做法。台湾近年来的大学入学考试制度改革中坚持以统一考试为主，实施多元化的招生方式和多样化的考试相结合，改革的宗旨是坚持考试的客观、公平、公正的观念，这是中国古代科举文化的影响在现代考试中的鲜明反映。台湾虽然是市场经济发达，但是在选拔人才方面的问题及考试的观念、考试的改革等方面，往往受到中国传统文化的影响。

三、传统文化对台湾教育的负面影响——台湾的升学主义探源

“升学主义”一词在台湾已成为一个专有名词，它是指校园里的一种病态。如果社会上大多数学生为“升学”而升学，而不顾及自己或当事人的性

① 周进兴：《大学联招的演变》，任拓书：《十年辛苦不寻常——大学入学考试中心十周年纪念文集》，财团法人大学入学考试中心基金会出版，2000 年，第 173 页。

向才能、人格特质、兴趣、经济能力，以及将来对社会与个人可能发挥的作用，那么就可称这种现象为“升学主义”①。在升学主义影响下，人们不再追究所以要升学的根本原因，而升学就成为绝对目的②。这种现象在台湾社会普遍存在，学生和家长将升学作为读书学习的最高宗旨，学校和教师也将获得较高的升学率树为最高追求目标。升学主义在台湾社会的滋生、发展和蔓延，不仅给台湾教育笼罩了一层浓重的阴影，同时诱发和导致了一系列的社会问题，它的出现有着深刻的文化因素和社会背景，其表现形式与后果也是多样和严重的。

（一）升学主义是台湾的社会问题

台湾社会学学者叶启政先生认为，一个社会现象是否可称为社会问题，必须从情境、价值、规范与利益立场、人物以及行动等四方面的条件来作判断。要解决社会问题，也必须就这四个方面的条件去考虑，才能找到可行的途径③。

从20世纪60年代起台湾就处在升学主义的阴影之下，当时刚刚实施大学联考，升学主义与大学联考被不可避免地联系在一起。我们说升学主义是台湾的社会问题，主要指以下方面：首先，在升学主义阴影的笼罩下，全面发展德、智、体、群、美五育的教育流于形式，教育偏离了正常的规范和标准，不符合教育的理想。其次，就范围广泛和严重程度来看，升学主义的教育所带来的不良影响早已为社会中有识之士公认。再次，台湾的教育走上升学主义的路子，不是少数人兴风作浪引起的，而有文化和社会结构变迁交互作用影响等深层原因。概略地说，升学主义所以猖獗，是与“万般皆下品，唯有读书高”的传统价值观念、现代工业社会所强调和重视知识、一般人生活的普遍改善、“望子成龙、望女成凤”的共同期望等因素有关的。这些因素普遍存在于社会，深植在人们的心目中，并不是个人或少数人所能负责的，是全体社会成员推动下的结果。最后，对于升学主义的问题，有不少学

① 参见杨国枢、叶启政：《升学主义下的教育问题》，杨国枢、叶启政主编：《台湾的社会问题》（新编1984年版），巨流图书公司，1984年，第360页。

② 参阅官凤华：《台湾校园文化》，山西教育出版社，1999年，第34～50页。

③ 详细参见杨国枢、叶启政：《升学主义下的教育问题》，杨国枢、叶启政主编：《台湾的社会问题》（新编1984年版），巨流图书公司，1984年。

者和关心此事的人士提出过解决和改善的办法。这样，我们可以说升学主义这个教育问题的确是个社会问题。那么，在探讨其成因时，应该认识到它是在种种社会及文化因素的推动下，多数社会成员所表现出来的行为结果。因此，不能由某一团体、阶级、组织或个人来承担责任，在谋求解决途径时，必须尽可能地关照到各方面的有关人物、事项及全体社会大众。

（二）升学主义现象及其后果

在台湾长大的人，大多都有与升学接触的切身经验，大家均认为升学主义是一只“看不见的手”。从以下现象可以说明它确实是存在的。

从历年大学联考报考人数的消长情形来看（详情参见表 5-1、表 5-2 及第三章第四节表 3-29、表 3-30 和表 3-31），从最初的 1954 年 10 544 人报考，到 1997 年的 123 545 人报考，再到 2005 年达到 167 849 人，接近 17 万人报考，报考人数的增幅是显而易见的。从 1985 年开始到近几年，一直是 10 万人以上报考。以 1967 年为例，当年报考大学的人数有 55 854 人，占当年普通高中毕业生的 150.4%，若包含职业高中毕业生在内，则占 90.4%。到 1981 年人数高达 97 964 人，占当年普通高中毕业生的 184.6%，若包含职业高中毕业生在内，则占 61.8%。而 20 世纪 90 年代以后，台湾高中毕业生的就学机会率一直很高，几乎在 100% 左右。2005 年的报名人数达 167 849 人，占当年普通高中毕业生（132 673 人）的 126.52%，若加上职业高中毕业生（230 023 人）在内，则占 72.97%。如果再加上 1994 年以来参加推荐甄选的人数，比率会更高（详情参见表 5-3 和表 5-4）。可以看出，升学主义的热潮在台湾一直没有减低①。

表 5-1　台湾地区 1954—2001 学年度大学联招报名和录取人数统计表

学年度	报名人数	录取人数	录取率
1954	10 544	2 135	20.2
1955	10 986	2 344	21.3
1956	15 888	4 694	29.6
1957	18 601	5 262	28.3
1958	17 789	6 242	35.1
1959	23 683	6 509	27.5

① 引自杨国枢、叶启政：《升学主义下的教育问题》，杨国枢、叶启政主编：《台湾的社会问题》（新编 1984 年版），巨流图书公司，1984 年，第 361 页。

续表

学年度	报名人数	录取人数	录取率
1960	26 564	9 400	35.4
1961	29 959	11 682	39.0
1962	32 492	8 160	25.1
1963	33 449	13 014	38.9
1964	36 596	14 407	39.4
1965	43 456	13 346	30.7
1966	49 141	18 995	38.7
1967	55 854	20 029	35.9
1968	58 775	21 145	36.0
1969	68 930	23 360	33.9
1970	74 437	25 954	34.9
1971	78 879	27 935	35.4
1972	83 971	22 649	27.0
1973	98 073	24 235	24.7
1974	93 205	25 010	26.8
1975	97 856	25 742	26.3
1976	94 807	26 166	27.6
1977	91 907	26 603	28.9
1978	94 850	26 799	28.3
1979	94 696	27 687	29.2
1980	97 183	28 416	29.2
1981	97 964	29 243	29.9
1982	95 907	29 945	31.2
1983	96 421	30 803	31.9
1984	98 236	31 503	32.1
1985	102 004	32 596	32.0
1986	110 384	33 848	30.7
1987	108 656	35 651	32.8
1988	112 327	37 929	33.8
1989	117 845	40 380	34.3
1990	120 247	44 836	37.3
1991	122 287	49 024	40.1
1992	119 950	52 494	43.8
1993	126 126	55 328	43.9

续表

学年度	报名人数	录取人数	录取率
1994	124 786	55 343	44.4
1995	125 490	55 604	44.3
1996	124 654	61 381	49.2
1997	123 545	74 346	60.2
1998	118 827	71 826	60.5
1999	121 122	72 471	59.8
2000	130 468	75 281	57.7
2001	126 233	77 455	61.4

资料来源：http://www.edu.tw/EDU_WEB/EDU_MGT/STATISTICS/EDU7220001/ebooks/edusta/32-41.XLS（台湾教育事务主管部门统计处网站）；参见丘爱铃有关台湾地区“大学联招政策变迁之研究（1954—1997）”，台湾师范大学教育研究所博士学位论文，1998年6月，未出版，第309页。

表 5-2 1994 年至 2001 年推荐甄选报名录取人数统计

项目 / 学年度	报名人数			录取人数			录取率		
	总计	男	女	总计	男	女	总计	男	女
1994	8 224	4 506	3 718	1 105	616	489	13.44	13.67	13.15
1995	22 596	10 947	11 649	2 274	1 151	1 123	10.06	10.51	9.64
1996	31 956	15 960	15 996	3 683	1 861	1 822	11.53	11.66	11.39
1997	41 455	22 207	19 248	5 503	2 913	2 590	13.27	13.12	13.46
1998	51 638	27 245	24 393	7 764	4 069	3 695	15.04	14.93	15.15
1999	54 518	29 045	25 473	7 196	3 849	3 347	13.20	13.25	13.14
2000	64 303	33 525	30 778	7 729	3 878	3 851	12.02	11.57	12.51
2001	73 145	37 252	35 893	8 304	3 969	4 335	11.35	10.65	12.08

资料来源：http://www.edu.tw/EDU_WEB/EDU_MGT/STATISTICS/EDU7220001/ebooks/edusta/32-41.XLS（台湾教育事务主管部门统计处网站）。

表 5-3 台湾地区历年来初中及高中毕业生就学率

学年度	初中毕业生			高中毕业生		
	平均	男	女	平均	男	女
1950	63.08	70.11	46.26	72.57	…	…
1951	70.60	78.35	52.17	72.27	…	…
1952	70.21	78.01	52.20	47.95	…	…
1953	75.19	81.95	59.30	76.19	…	…

续表

学年度	初中毕业生			高中毕业生		
	平均	男	女	平均	男	女
1954	79.00	85.36	64.68	78.51	…	…
1955	77.62	84.04	63.91	80.80	…	…
1956	86.79	95.22	68.57	76.55	…	…
1957	86.89	94.57	70.27	67.82	…	…
1958	86.63	95.15	69.99	67.26	…	…
1959	93.32	103.93	73.85	68.43	…	…
1960	93.14	103.28	75.20	79.24	…	…
1961	96.35	107.38	78.55	81.49	…	…
1962	93.22	103.64	77.67	76.34	…	…
1963	89.68	97.75	77.58	82.17	…	…
1964	93.56	99.50	84.41	74.96	…	…
1965	95.93	101.56	87.48	69.91	…	…
1966	92.53	97.01	85.99	70.48	…	…
1967	95.08	98.51	90.24	74.13	67.26	85.65
1968	102.35	104.71	98.97	71.19	64.84	81.41
1969	101.33	102.65	99.45	72.46	64.53	85.26
1970	100.84	102.24	98.71	71.92	62.15	87.36
1971	84.86	86.01	83.21	75.17	69.85	83.74
1972	86.71	88.68	84.01	83.43	78.90	90.80
1973	82.63	82.78	82.42	74.85	73.56	76.85
1974	82.22	83.09	81.90	73.41	71.47	76.33
1975	85.46	85.14	85.86	78.76	77.40	80.70
1976	78.37	76.96	80.13	77.05	68.78	88.47
1977	77.78	76.95	78.79	77.20	67.83	89.84
1978	79.31	78.11	80.72	74.26	64.31	87.86
1979	82.66	81.07	84.49	79.57	74.80	85.80
1980	86.01	85.03	87.12	79.90	74.93	86.32
1981	89.86	87.56	90.18	82.15	76.78	88.90
1982	95.42	96.59	94.13	81.01	77.32	85.59
1983	91.69	91.84	91.52	82.33	78.81	86.40
1984	95.21	95.29	95.13	82.15	78.05	86.40
1985	95.66	96.62	94.63	80.32	77.74	83.37

续表

学年度	初中毕业生			高中毕业生		
	平均	男	女	平均	男	女
1986	103.14	101.25	105.15	82.26	79.03	86.06
1987	102.70	101.08	104.40	85.50	83.49	87.77
1988	104.56	103.29	105.88	90.62	83.90	98.24
1989	104.01	104.75	103.25	88.21	85.61	91.00
1990	107.75	108.39	107.10	93.78	96.21	91.17
1991	105.24	106.20	104.26	96.37	109.79	82.06
1992	104.74	105.37	104.09	106.62	115.69	96.71
1993	106.06	107.09	104.98	100.95	107.27	94.33
1994	104.38	104.75	104.00	94.55	92.65	96.67
1995	105.24	106.02	104.42	95.86	95.05	96.76
1996	106.00	107.00	104.95	103.73	103.14	104.36
1997	106.52	107.10	105.90	108.06	108.79	107.28
1998	108.46	109.76	107.09	112.59	112.86	112.30
1999	109.45	110.92	107.91	108.60	110.79	106.40
2000	108.05	109.26	106.77	118.17	118.26	118.07
2001	107.51	108.57	106.39	…	…	…
2002	106.95	108.11	105.71	…	…	…
2003	105.51	104.32	104.94	…	…	…
2004	105.57	106.06	105.03	…	…	…
2005	104.73	105.08	104.35	…	…	…

注：①初中毕业生就学率＝高中高职（含补校，延教班）、五专一年级学生人数÷初中毕业生人数×100。

②高中毕业生就学率＝大学、三专一年级学生人数÷高中毕业生人数×100。高职毕业生升入一般大学者逐年递增，2001 学年以后暂不计算。

资料来源：潘慧斌、张冠增：《台湾地区高等教育纵览》，学林出版社，2002 年，第 6～7 页。

http://www.edu.tw/EDU_WEB/EDU_MGT/STATISTICS/EDU7220001/ebooks/edusta/32-41.XLS（台湾教育事务主管部门统计处网站）。

表 5-4　台湾地区历年高中、高职毕业人数统计

学年度	高中毕业人数	高职毕业人数	学年度	高中毕业人数	高职毕业人数
1950	3 523	2 767	1978	52 642	87 591
1951	6 278	3 622	1979	52 402	93 326
1952	5 939	3 749	1980	53 075	99 356
1953	6 090	4 285	1981	53 411	101 524
1954	6 494	4 909	1982	54 370	111 316
1955	7 502	5 165	1983	55 065	121 627
1956	8 446	6 418	1984	57 624	122 639
1957	11829	7 428	1985	58 558	121 741
1958	13291	9 002	1986	58 580	123 644
1959	14 131	10 768	1987	59 551	130 317
1960	14 706	12 669	1988	63 366	140 393
1961	17 118	13 749	1989	62 812	128 825
1962	17 160	14 433	1990	63 871	128 081
1963	20 685	14 804	1991	61 720	134 917
1964	25 026	16 229	1992	67 765	142 780
1965	28 342	19 156	1993	73 764	152 886
1966	33 551	22 502	1994	74 667	157 580
1967	37 125	24 689	1995	76 783	157 930
1968	41 848	28 276	1996	79 358	162 641
1969	44 313	34 372	1997	84 017	159 237
1970	48 039	44 419	1998	89 575	158 553
1971	49 604	52 045	1999	101 686	152 580
1972	58 641	62 739	2000	105 488	143 376
1973	57 837	63 862	2001	112 596	134 013
1974	56 923	67 510	2002	124 739	114 041
1975	53 608	75 428	2003	119 285	99 107
1976	53 120	84 547	2004	124 962	96 435
1997	57 003	92 549	2005	132 673	97 350

资料来源：笔者根据台湾教育事务主管部门统计处网站 2006 年版《教育统计摘要》有关数据重新统计而得，网址：http://www.edu.tw/EDU_WEB/EDU_MGT/STATISTICS/EDU7220001/ebooks/edusta/edusta.htm? FILEID＝148976&UNITID＝139&CAPTION＝教育统计摘要（1995 年版）之 http://www.edu.tw/EDU_WEB/EDU_MGT/STATISTICS/EDU7220001/ebooks/edusta/p4-31.XLS（各级学校毕业生人数表）。

从初中学生的教育抱负来看，也可以看出升学主义的普遍存在。固然不能因为绝大多数的学生希望升学就断言升学主义的存在，但是当升学期望与实际能力、学习成绩有相当的距离，且升学期望已非根据个人的能力和成就所作的最佳决定，而是在家长、教师或亲戚朋友的压力及社会风气的推动下所形成的，升学主义就相当明显了。杨国枢曾对初中的优秀班和普通班的学生进行调查，发现在升学的愿望上普通班的学生与优秀班的学生几乎同样高。普通班的学生对升学抱有强烈的愿望，不能不说升学主义具有相当的影响力。另外，台湾铭传大学应用统计系对台湾省桃园市 2000 学年度初中三年级学生的调查发现，约有 99.3%的人选择毕业后继续升学，只有极少数的人想就业，显示多数学生认为升学是必要的趋势。然而继续升学的学生中，往往因为家长背景（学历、职业等）而影响学生未来学习的方向。影响学生学习压力的最大来源仍然是传统的个人、家庭及课业等因素①。

就报考大学落第生的重考意愿来看，升学主义的存在更是明显。台湾学者曾对联考落第生的去向作了一般性的调查，发现除了少部分的落第生志愿就业以外，大部分落第生均有意重考。其中不乏“回锅”多年的落第生仍然无视自己的失败，还是以升学为目标，一再地重考。由此说明这些考生没有考虑到自己的实际能力与情况，虽然其升学的精神可嘉，但不值得提倡。

由此可见，升学主义在台湾的校园中普遍存在，因此也导致学校教育现象显现出一些令人忧虑的后果。

1. 考试综合征

升学主义的后果之一，就是考试充满了学生的生活、思想和心灵空间，学生大部分的时间都花在应付考试上，考试成了读书生涯不可逃避的现实，为了面对这种现实，每个人都得全力以赴。应付考试的结果，便是恶性补习的形成及泛滥。在台湾，恶性补习的含义有两个：一是指狠补、拼命补，二是指补习效果不好，“补”得越多，成绩越不理想，从而越要“补”，形成恶性循环②。在台湾，考试和补习已走出校门，步入社会，冲向每个家庭，占据各个社会单位。考试和补习已经形成了一种社会习俗，变成了人们生活中的一部分。就像一个人身体的某一部分一样，少了它，人就会感到不舒服。

---

① 参见陈克琛、陈燕祯：《多元人学方案下国三学生学习压力及焦虑倾向之探讨》，台湾《民意研究季刊》2001 年 12 月总第 216 期，第 1～23 页。

② 参阅官凤华：《台湾校园文化》，山西教育出版社，1999 年，第 36～40 页。

又像人们养成的一种习惯，缺少它，人们心中就若有所失。要想考试成绩好，要想升学，就必须参加补习班。

2. 升学主义下的教育问题

一是教材失当和教材过难。因为大家（包含教师在内）一直以为，灌输过量及过深的教材是达成升学目的的有效手段，他们以为重复性的模拟考试可以培养学生应付升学考试的能力和习惯。在教材过重和教材过难的双重压力下，恶性补习应运而生。二是教法的偏颇。主要表现为：重视书本教材，忽视生活实践教育，窄化了教育的内容；强调记忆及背诵；采用集体教学而非因材施教；过分运用惩罚。三是科目失衡。从个体身心的发展过程来看，正规的教育科目应当包含有关语文能力、机械性操作能力、数学与抽象推理演绎能力等方面的课程。教育主管单位也制定了一套课程标准，但是有些学校为了迎合升学主义的需要，在执行上有了偏差，音乐课变成了英文课，劳作课变成了生物课，美术课变成了数学课，公民课变成了物理课。四是忽视学生辅导工作。主要表现为辅导流于形式，无暇注意学生的诸多问题，而忙于将人力与物力投入升学教学。毋可讳言，大多数学校已经卷入升学主义的洪流，逐渐脱离了正规教育的常轨。

3. 升学主义对个人与社会的影响

台湾学者杨国枢先生列举了如下六个方面的影响①：

（1）缺乏生活适应能力。由于教学集中在与升学科目有关的书本知识的灌输，忽视了对学生待人接物的态度、价值观念、办事能力、分析判断能力、处理休闲生活的能力以及气质的熏陶，充其量只是施以教条口号式的说教。学生因而难以获得应付日常生活问题的能力，特别是学生一离开学校，往往经不起社会的考验。

（2）学生个人的价值与尊严窄化。重视升学的结果，使大家对个人的评价基点日渐窄化。人们往往注重的是学生考试得了第几名，考上了哪所大学，哪一个系，而对学生其他方面的能力、品德、气质、人际关系、心理发展等却置之不理。学生价值观的认知发展受到严重打击。尤其是在学校普遍存在的极富升学主义色彩的能力分班，已经严重地威胁到学生的自我尊严与自我肯定。

（3）埋没个人的性向与禀赋。性向是指一个人各方面的能力或禀赋，所

① 参见杨国枢、叶启政：《升学主义下的教育问题》，杨国枢、叶启政主编：《台湾的社会问题》（新编 1984 年版），巨流图书公司，1984 年，第 371～377 页。

包含的范围甚广。大体而言，主要的性向涉及语文、数学推理、空间判断、机械操作、音乐及体育等方面的能力。在升学主义的驱使下，一个学生优秀与否，主要看他的语文及数学推理两种性向的强弱而定。不少在音乐、体育或操作等方面有特殊能力的学生，为了应付语文与数学等主要能力的测试，勉为其难，其特殊才能反而受到抑制。

(4) 阻碍兴趣与情绪的发展。由于升学压力相当巨大，学生过早地投身于“升学事业”而无暇旁顾，学生变得情绪呆滞，过着刻板而灰暗的生活，几乎没有兴趣选择可言。从心理发展来看，这种生活不利于学生正常情绪的分化和兴趣的培养。在校学生往往首先考虑的是考上大学，而且是要考上少数几个公认为优秀的大学为上策，至于科系是否与兴趣相符，那是其次的或者根本不去考虑的问题。另外，在升学的压力下，学生往往连自己的兴趣何在也不知道，丧失了自我判断及肯定的能力。

(5) 造成选才制度的僵化。考试的科目仅限于少数几门，而且偏重语文能力、数字推理能力及记忆性知识，这种偏颇化的考试不利于公平地选拔人才。另外，单凭一次考试判断学生几年的学习成果及努力程度，可能是不可靠、不公平的，因为有些具有特殊能力的优秀人才，往往在一次性的考试中遭到淘汰。在台湾这样一个传统上重视人情裙带及特权关说的社会中，以考试作为选拔人才的手段，使人们上升的机会平等化，原是一种可行的措施，但因此可能僵化了选才的过程。

(6) 产生学非所用及大材小用的心态。升学主义的教育，无形中鼓励大家追求更高的教育，而不知为何接受更高的教育，更不会冷静地考虑将来是否能找到适当的工作。中国传统的“士大夫”优越的观念，使人们认为接受高等教育就应得到高职位，但在社会职位供过于求的情况下，接受高等教育的学生一般是不愿屈就于较差的职位，于是产生怀才不遇的心态。很多大学毕业生常以过去所形成的教育与职位过时的对应关系，来衡量自己现在所担任的职位，自然形成大材小用的心态，导致挫折和不公平的感觉。

(三) 升学主义产生的原因

升学主义产生的原因，除了大家普遍认为的传统强调读书的观念及考试与取才的制度作祟之外，主要原因来自知识在现代社会中所扮演的角色及现代社会本身的特征。

现代社会中知识已经专业化、系统化与复杂化，作为人才训练与培养机构的学校和使用人才的机构是分开及独立的。现代社会的分工更为复杂、精细，不同于传统社会的简单的学徒制。这种转化，使人们主要依赖文凭与考试资格来选择人才。文凭与考试资格代表一个人所受的专业训练程度，它成为一种制度化的公认的客观标准。

以文凭或考试当作选择人才的标准，是具有人为性的一种方式，一旦这种方式变成了制度，很容易产生拘泥不化的后果。因为只有升学才可能取得更高资格的文凭和参加更高层次的考试，所以加剧了升学的迫切需要，二者很容易产生循环作用而恶化下去，尤其在下列两种情形下，升学主义的气焰更为高涨。其一，从人才供给量与适当职位的需要量的关系来看，当某种人才产生供过于求时，往往以文凭、资格等等条件及形式来限制取才的范围。其二，文凭与考试资格的制度化。文凭与资格本身的实质意义是表示一个人在某方面所具有和掌握的实际知识或技能的程度，但是经过制度化后，文凭与资格丧失了它原来的意义，或改变了原有的功能，脱离了原先所以存在的条件性，而具有了一层新的独立意义。它们变成了获得社会职位的基本条件和代表社会地位本身的依据，并且独立地成为社会力量又反过来限制人。这样导致了原先功能和意义的僵化。

台湾社会一向特别强调读书，社会地位的确定几乎与读书所得的文凭及资格息息相关，在此情况下，教育走上升学主义是有缘由的。在台湾，升学主义已经成为现实社会对传统文化的负面接受①。总而言之，只要将来继续重视读书、经济维持富裕、强调实用专业知识、生存必须经过竞争、教育机会之门越来越高越窄、受教育越多所获得的晋升机会越容易、学位或资格越高越受人尊重，那么升学主义就会继续存在下去②。

传统文化对台湾教育的影响是通过多个层面、多方位实现的。任何现象的背后都具有广泛、深刻的社会原因，升学主义就是如此。

（四）台湾学者对升学主义解决途径的探讨

升学主义的出现，台湾学术界及各种宣传媒体都作过研究和探讨，并分别提出解决的途径或办法。其中提出的主要解决途径有：改革大学入学考试制度，首要的是维持考试的公平性，但是又不能因为重视公平性而妨碍对原

① 参阅任利剑：《传统文化负面对台湾教育的影响》，黄新宪：《传统文化影响下的台湾教育》，福建教育出版社，1993 年，第 349 页。

② 参见杨国枢、叶启政：《升学主义下的教育问题》，杨国枢、叶启政主编：《台湾的社会问题》（新编 1984 年版），巨流图书公司，1984 年，第 371～377 页。

有考试制度流弊的改革，尤其是目前进行的大学推荐甄选和申请入学已经有公平性的疑虑存在。要从多方面加以考虑，在顾及公平性的前提下，进行进一步的改革，不然很有可能使大学多元入学制度的改革又走回联考的老路。广设高中、大学的政策是否是最有效的消除升学主义流弊的方法，需要严加评估，要审慎考虑增加高中、大学以后连带引发的问题。教育资源的分配必须考虑在“卓越、精英、成长”的目标和正义目标之间的两难冲突中取得适当平衡①。另外，还提出了其他解决升学主义的办法，如尽量缩短同级学校之间素质的差距；突破各级职业学校就业及升学的瓶颈，继续畅通升学和就业的途径；加强对高中学生的辅导工作；修订各级学校的课程标准，使之适合于对人才发展和培养的要求。

四、学生的社会价值观与大学入学考试制度的改革

台湾社会与文化的急剧变化给学校及学生带来的重大影响之一是形成多元化的价值观念。台湾学者认为，人类的价值观念是介于理性与情感间的、对某些事物因重视或欣赏而产生的态度。价值观念是在文化环境、社会条件以及人格特性三方面因素的共同影响下形成的，因此价值观念蕴含于文化，作用于社会，依附于人格，表现于行为。社会的价值观念一旦形成，对人们的行为、心理、人格以及社会的文化等都产生一定的影响。了解台湾学生的价值观念，对于理解台湾地区大学入学考试制度的改革具有一定的作用和意义。

1984 年，台湾学者对台湾学生进行的大型抽样调查发现，台湾学生的价值观念有以下五个方面②：①具有传统中华文化的理想。注重和平、安全、自由及平等博爱，但不注重舒适的生活、成熟的爱、多彩多姿的生活、社会赞许及心灵超脱，显示学生对生活的看法是一种入世的人生观，具有理想主义的倾向，与台湾传统文化中大同社会的理想正相符合。②反映现代社会的特色。由于现代社会工业化与都市化，在竞争激烈、注重效率的环境压力下，人际关系渐趋疏远，成就动机则日益强烈。个人的志气与抱负成为现代人追求成功的动力，而聪明与才干却是赢得成功的必要条件。相形之下，

① 参阅《唯智功绩主义与正义主义之冲突：台湾升学主义改革的两难困境与挑战》（摘要），转引自网站：http://www. sinica. edu. tw/as/survey/srda/abstract/e87129. htm。

② 参阅李国霖：《社会蜕变中的台湾学校文化》，福建教育出版社，1995 年，第 65～67 页。

维系社会和谐的人伦就显得不受重视，待人接物的品德也被忽视。台湾青少年重视有志气、有抱负、心胸开阔、真诚、负责、能干、聪明等价值，但不重视整洁、服从、亲爱、礼节等价值，虽然保存了若干传统文化的美德，但也反映了现代社会强调成功而忽视人伦、重视能力而轻视品德的特色。③表现人格发展的特征。一方面是自我意识的日益增强，学生要显示自己的独特和自尊，另一方面是希望摆脱对父母的依赖状态，趋向自立自主，但事实上又不可能完全独立，形成一种矛盾心理及反抗的行为。④价值观念的相关因素相当繁杂。研究发现，个人的性别、年龄与宗教信仰，学校（或机构）的类型、所在地区与年级，父母的职业、教育程度，家庭的经济收入与生活状况，以及青少年的教育抱负与人际关系等因素，都会影响价值观念的形成，从而产生差异现象。⑤价值观念在亲子及师生间的差异并不明显。有关研究发现，台湾地区青少年的价值观念与父母及教师的价值观念比较，在个别价值的重要性方面，确实有时轻时重的现象，但以价值体系来看，却有一致的趋向，这主要是传统文化的影响力量。

台湾金车文教基金会的调查报告显示了台湾新一代的社会价值观。该调查是于 2000 年 4 月下旬对台湾的研究所、大学、中学、小学的学生进行调查，抽出 1417 份有效问卷后做出的。调查指出，在不同年龄层的青少年中，“五子”（指钱财、夫妻、房子、车子与孩子）排序并无明显差异，只有小学生认为钱财（金子）较为重要，到了初中、高中以上阶段，则都把夫妻关系摆在第一位，显示这个阶段的年轻人对男女之间的情感充满期待，也较为重视。尤其是研究生阶段的年轻人，更把孩子摆在第三位，可能是由于人格发展趋近成熟而较向往居家生活。在就业选择方面，高科技产业仍是新一代向往的工作，其次为服务业、商业、教职、公务员与传统的工业、农业。至于人生最重要的事，调查统计指出，健康排第一，其次是快乐，再依序为：财富、长寿与地位（权力）。在休闲兴趣方面，整体排序为听音乐、户外活动、体育、阅读、绘画、舞蹈、戏剧与服务他人等，而这些方面在男女性别之间有差异，女性以听音乐排第一，其次是户外活动、阅读；男生则以体育为首，其次是户外活动、听音乐，且年龄越小越喜欢户外活动，而不喜欢阅读①。

2001 年 5 月，台湾千代文教基金会等机构联合调查“E 世纪台湾家庭

---

① 陶世安：《台湾新一代社会价值观》，《人民日报》2000 年 12 月 7 日第 1 版，载于网站：http://www.people.com.cn/GB/paper40/2128/339915.html。

价值观”，该调查采用随机电话访问的方式，在全省范围内共回收有效问卷2 031份。问卷调查结果显示，在网络时代的背景下，台湾人的思想和价值观正趋向多元化，传统的是非观不像过去那样鲜明，婚姻家庭观念也受到挑战。结果表明，至少有10%到40%的台湾人看待事物的态度不再是二元的“是”与“否”，而是采用多元主义的“视情况而定”。比如，“诚实是最好的对策吗”，调查发现，有62.5%的台湾人持肯定态度，但同时也有28.3%的人表示“不一定”。“人应该言行如一吗”，有75%的人表示同意，而持怀疑态度的人也接近20%。传统的家庭观念被质疑，家庭的影响力在台湾趋于下降，有46%的人相信“没有子女家庭生活同样完整”，超出持否定态度的41.1%，而16岁至25岁的人中持此态度的更高达60%以上。“管教子女应该是父母的责任”的传统观念，也遭到了15%受访者的反对。台湾空中大学教授张铎严认为，今天的年轻人把要不要孩子作为一个选择的权利，而不是必须承担的义务。“他们不像父辈那样‘燃烧自己照亮孩子’，而是充分照顾到自我的权利。”调查还发现，“上网族”和“不常上网的人”最大的差异是，绝大多数上网族在观念和行为上都较开放和实际①。

综观以上，台湾学生价值观念的变化呈现多元化和与过去的价值观激烈碰撞的现象，显示出对大学入学考试制度改革的态度也是多元化的，其中既有传统文化的影响，也有现代社会变迁的影响。因此，在多元入学的招生考试制度下，学生以多元的能力、多元的资料、多元的选择方式等认识多元入学制度，逐渐改变了过去单一化的以升学为唯一目的的价值观。

在任何教育制度中，选拔和评价制度都是比较充分地体现社会文化观念的重要方面，在某种意义上说这些方面也是社会文化观念对教育制度产生直接影响的地方，因此文化的多元化必然带来选拔和评价制度方面的变化与改革，或者带来选拔和评价制度的多元性②。从学生价值观念的特点我们可以看出，社会文化多元性在学生价值观念上的体现并不是等级上的差异，而是各种文化价值类型和方向上的不同。比如传统文化影响的方向是始终存在

---

① 参阅人民网2001年5月25日载新华社《网络时代台湾人价值观激烈碰撞》，http://www.people.com.cn/GB/shizheng/18/20/20010525/474457.html。

② 参阅谢维和：《教育活动的社会学分析：一种教育社会学的研究》，教育科学出版社，2000年，第236～240页。

的，不管是父母还是孩子，都受到这个方面的深刻影响。台湾地区高等教育在 20 世纪 90 年代以后，在教育形式、学校类型等方面呈现多样化发展趋势，适应了人们对各种发展的不同需要。大学入学考试制度一改过去统一的、单一化的考试形式和招生方式，注入了多元化、多样性的元素，应该是适应了人们对教育的不同需求及反映了人们多元化的价值观。

第四节　教育机会均等的理论探讨

台湾地区大学联考及推荐甄选入学途径的设计理念具有教育机会均等的思想。因此，本节从教育机会均等的含义、社会基础与影响因素、台湾学者对教育机会均等与大学入学考试的实证研究、台湾地区大学多元入学考试制度中所采取的教育机会均等措施等方面来探讨台湾地区大学入学考试制度的改革。

一、教育机会均等的含义

根据一般的规定，所谓教育机会均等，指的是每一个社会成员在自然、社会或文化方面的不利条件均可以在教育中得到补偿。社会成员，不论其种族、性别、宗教信仰、经济地位和政治地位等方面有什么不同，都可以享受同等的接受教育的机会。这里的均等是指机会的均等，而不是指接受教育的结果均等。科尔曼在其 1990 年发表的《教育机会均等调查》中所采用的定义值得参考，他认为教育机会均等包括下列五种指标：第一种指标是社区对于学校每一学生的单位经费、建筑设备、图书馆等投入的均等；第二种指标是种族结构的均等。科尔曼原来指的是美国特有的黑白种族，我们可以将其扩大解释为各个不同族群，如不同性别、不同职业、不同社会阶层等；第三种指标是教师士气、教师对学生的期望、学生的学习兴趣等所谓无形特性的均等；第四种指标是对于背景、能力相等的学生所提供的学校教育结果的均等；第五种指标是对于背景、能力均不相等的学生所提供的学校教育结果的均等，这里的能力不同指的是后天造成的差异。这五种指标中第二种属于入学机会均等，第一种及第三种属于教育过程的机会均等，第四种及第五种属于教育结果均等①。另外，较有代表性的是国际“经济合作与发展组织”

① 参阅王家通：《论教育机会的均等与公平——以概念分析为中心》，《教育政策论坛》（台湾）1998 年第 8 期。

(OECD) 提出的教育机会均等至少具有下列三种意义：能力相同的青年，不论其性别、种族、地区或社会阶级如何，皆有均等的机会，接受非强迫性的教育；社会各阶层的成员，对于非强迫性的教育，具有均等的参与比率；社会各阶层的青年，具有均等的机会，以获得学术进修的基础学力①。比较集中地说明目前关于教育机会均等的概念和含义的是瑞典教育家托尔斯顿·胡森的观点，根据他的观点，在社会和教育改革与发展的过程中，教育机会均等的理论和观点大致经历了三个阶段及其变化：第一阶段，第一次世界大战前的起点均等论；第二阶段，20 世纪 50 年代—60 年代的过程均等论；第三阶段，20 世纪 60 年代后期的结果均等论。

台湾学者认为教育机会均等是社会全体追求的理想目标，他们持一种积极肯定的看法，以 OECD 的观点为依据加以申述，论述的重点虽然各异，但较为具有同质的特性。主要观点为：第一，每一个体应享受相同年限的基本义务教育，这种教育是共同性、强迫性的，不因个人家庭背景、性别或地区的差异而有不同。第二，每一个体应享有符合其能力发展的教育，这种教育虽非强迫性，但含有适性发展的意义，亦可称为分化教育或人才教育②。也就是说，教育机会均等包括整个教育历程，并涵盖两项基本概念。从整体而言，教育机会均等是指全体国民都有均等的机会接受最基本的教育；从个体而言，是指人人具有充分的机会接受适合其能力与需要的教育。同时，教育机会均等的达成，也包括消极和积极的两个方向。消极的不依性别、种族、宗教、家庭背景，限制学生入学机会；积极的则在协助各种不利的学生，提供补偿的机会，消除各项阻碍因素，使每个人的潜能都获得充分发挥。台湾这种同质性观点的形成，主要是深受儒家“有教无类”与“因材施教”基本主张的影响，与孙中山先生的平等理论以及台湾在“宪法”中规定确保均等受教育机会的原则有关③。总而言之，教育机会均等是包括整个教育历程的机会均等与公平，这是一种崇高的理想，但在现实社会中是一个永

① 参见杨莹：《教育机会均等——教育社会学的探究》，师大书苑有限公司，1995 年 4 月（第 2 版），第 213 页。

② 参见杨莹：《教育机会均等——教育社会学的探究》，师大书苑有限公司，1995 年 4 月（第 2 版），第 213 页。

③ 参见蔡祈贤有关“平等思想与教育机会均等政策”研究的文章，五南图书出版有限公司，1994 年，第 40～41 页。

恒的难题。究其原因有三，首先，源自先天的不平等必然发生；其次，来自后天不公平的因素，触目可见，任何一项改善措施，需投入大量的人力、物力；最后，教育机会均等化的获得，绝非仅靠教育本身的力量所能达到，还要仰赖其他社会制度的配合。

二、教育机会均等的社会基础与影响因素的分析

（一）教育机会均等的社会基础①

教育机会均等问题的产生和发展并不是偶然的，它们的含义与特点都是与一定的社会基础联系在一起的。理解这些社会基础，对于理解教育机会均等的问题十分重要，正是它们使教育机会均等的问题具有今天这样重要的意义。

第一，社会本身的不平等。教育中的不平等从根本上是一个社会问题，是由于社会的不平等所引起的。同时，由于社会经济的平等与教育机会均等两者之间存在着十分密切的关系，因此，就人民大众来说，对社会平等的要求也越来越高，相应地对教育机会均等的要求也越强烈。

第二，教育与个人社会地位之间的关系越来越密切。在现代社会中，由于教育活动的公共性程度越来越高，教育越来越具有一种普遍和规范的特点与性质，教育机会均等的意义也显得特别突出和重要。从人才选拔的角度看，由于现代社会要求根据每个人的才能选拔各级各类的人才，这种选拔的标准必须是比较客观公正的，教育与其他社会标准相比是一种比较客观公正和具有一定普遍性的标准。因此，能否接受更多更好的教育，教育机会是否均等，无疑成为现代社会公平正义的一个重要方面。从职业获得的角度看，在现代社会，教育以及相应的教育程度，已经成为判断一个人是否有资格从事某种特定范围的职业与获得某种特定份额收入的一项公认的和客观的标准。在现代社会中，一个接受过教育的人或一个接受教育多的人一般要比没有接受过教育的人或接受教育少的人对社会具有更大的贡献和生产能力。显而易见，现代社会中教育机会均等的问题越来越受到人们的关注和重视。

---

① 参阅谢维和：《教育活动的社会学分析：一种教育社会学的研究》，教育科学出版社，2000 年，第 326～328 页。

第三，知识经济的到来。作为一种新经济形态，知识经济将给整个社会带来一系列新的变化，知识在整个社会中的地位越来越高。能否拥有更多的知识，在一定程度上已经成为个人、群体或社会是否具有更强的竞争力的重要标志。所以，教育机会均等的问题显得越来越重要。

（二）教育机会均等的影响因素分析

造成教育机会不均等原因很多，有先天的因素，也有后天的因素。先天的因素如智力潜能、身心特点等，每个人与生俱来即有个别差异。后天因素主要有：家庭背景、教育过程、经济条件、地域发展与社会因素等[①]。从家庭、教育、经济、地区及社会等各项因素探讨与教育机会均等的关系，可以发现这些因素并非单独存在，而是相互关联，彼此影响的。以家庭社会经济地位而言，发生于家庭，显现于社会，影响于学校教育，三者息息相关；再以城乡差异来分析，表面上为地域因素，但其原因可能由于开发先后与经济发展程度不同所致，并由此产生教育资源的分配不均。这些源于后天环境与社会制度的因素，确实造成教育机会不均等，应该及早采取有效措施，消除不利影响，以促进教育机会均等。同时，应该说明的是，这些因素对教育机会均等的影响是不同的，在不同的条件下，它们的影响机制有差异，在各种社会经济体制和社会历史文化环境中研究的结果往往也不相同，我们在分析和研究问题时尤其要注意这些。

三、台湾学者对大学入学机会和教育机会均等的研究

台湾学者对入学机会的探讨，至今较具规模的实证性研究主要有：黄昆辉 1978 年主持的台湾地区大学入学考试报考者与录取者家庭社会经济背景之比较分析；王大修 1983 年以黄昆辉的研究结果为基础对台湾地区大学教育机会均等的再检讨；赖弥荣 1982 年根据资料分析法所作的台湾学生背景的分析与教育机会均等的关系；林生传 1993 年以中等教育阶层化为主题，针对高级中学升学所作的实证研究；1992 年谭光鼎对台湾地区初中升学状况的研究。本书只简介与大学入学考试有关的部分研究。

---

① 详细可参阅蔡祈贤有关“平等思想与教育机会均等政策”研究的著作，五南图书出版有限公司，1994 年，第 42～55 页。

(一) 黄昆辉主持的台湾地区“大学入学考试是否合乎教育机会均等的精神——报考者与录取者家庭社经背景之比较分析(研究结果述要)”研究报告概要①

这份研究报告在台湾地区相关研究中最常被引用。该研究以1975学年度台湾省、台北市、金马地区各高级中等学校（高中、高职、补校）应届毕业生中报考1976学年度大学入学考试者为调查对象，寄发问卷19 544份，收回14 900份，收回率为76.24%，有效问卷14 106份，达72.18%，其中录取者共4 042份，录取率为28.66%，与1976学年度大学入学考试总录取率27.62%很接近。问卷调查内容主要包括：家庭居住地区、家庭人口数、家庭每月收入总数、家庭文化水准、父母亲的教育程度、父母亲的职业，以及家中读书场所、课余准备升学情形、影响选择志愿因素、鼓励考生投考大学人员类别等项目。该研究得出的结论是：台湾地区大学入学考试考生的录取机会，确实稍受父亲教育程度、父亲职业类别、家庭收入、家庭居住地区及家庭大小等构成家庭社会经济背景因素的影响。唯有录取的考生来自父亲教育程度较低，父亲职业属于技术及非技术工人，以及全家收入较低等的家庭者，仍占了相当大的比率，获得相当大的入学机会。可见台湾地区大学入学考试还是比较符合教育机会均等精神的。

(二) 王大修的有关台湾地区“大学教育机会均等的再检讨”②

针对黄昆辉的上述研究，王大修作了另外角度的探讨，认为黄昆辉的研究因概念上的误解导致大胆错误的推论，黄昆辉的研究认为台湾地区大学入学机会，并未受到家庭收入不良的影响，而王大修的研究则认为较高的社会经济地位家庭的学生，较易进入大学。王大修利用Fienberg的统计表标准化的方法，探讨考生的家庭社会经济地位和考生录取与否这样两个变数之间的相对强度和方向，重新统计后的结果显示：父母教育程度和职业，以及家庭社会经济背景影响到子女入学机会的不均等，而且家庭社会经济背景愈高，录取的机会愈大，比如就父亲的教育程度来看，父亲教育程度愈高者，

---

① 详细参见黄昆辉主持的有关台湾地区“大学入学考试是否合乎教育机会均等的精神——报考者与录取者家庭社经背景之比较分析（研究结果述要）”的研究报告，黄昆辉：《教育行政与教育问题》，五南图书出版公司，1980年，第355～405页。

② 参见王大修有关台湾地区“大学教育机会均等的再检讨”的文章，台湾《教育资料文摘》1983年11月号，总第70期，第21～35页。

子女愈有较高机会进入大学，而父亲教育程度愈低者，子女进入大学的机会愈低。另外，王大修认为，教育机会均等的探讨，重点就在于不同阶层的大学入学比例是否因家庭社会经济地位而有所差异，所以若机会均等，则来自不同阶层的录取比例和大学入学的录取率一致，高于或低于此录取率就表示教育机会多寡的分布情形，探讨教育机会均等真正要选取的对象应该是这些考生有多少人被录取的录取比例，而不是已经被录取的考生在各阶层中分配的百分比，后者仅涉及数量的分配，而未能触及机会分配。因此，王大修得出的结论与黄昆辉的完全相反。

笔者认为，黄昆辉的研究样本量大，基本反映了当年报考录取的情况，对考生的家庭社会经济背景的分析很全面、细致，其方法值得借鉴，结论引人思考。王大修以不同的方法和从不同的视角入手，他的重点在于不同阶层的大学入学比例是否因家庭社会经济地位的不同而有差异，与黄昆辉研究的整体视角截然不同，因此，结论相反。

（三）赖弥荣有关“从学生背景之分析探讨台湾大学教育均等”的研究①

该研究主要利用已有的档案及统计资料，加以统计、分析、比较而求得结果。研究主要以教育参与率来看教育机会的均等情形。如家长职业类别分配百分比除以职业类别人口分配百分比，就是职业类别教育参与比率。该研究统计得出的结论是：台湾乡村地区、农工阶层子女及女性的大学教育参与率低于标准教育参与率，也就是说，台湾不同职业阶层、地区及性别成员对大学教育，未能具有相等的参与率或机会。就校别而言，每年大学入学考试录取最多的前十名高中，其毕业生占了45%左右的大学教育机会，而其余170多所高中，包括83所公立高中，其毕业生只分享到55%左右的大学教育机会。就性别而言，男性受大学教育的机会比女性高2倍多。该项研究也为我们探讨教育机会均等提供了一个新视角。

四、台湾地区大学多元入学制度与教育机会均等

谢维和认为教育机会均等的含义与要求在不同层次的教育中是不同的。

① 参见赖弥荣有关“从学生背景之分析探讨台湾大学教育均等”研究的文章，台湾《台湾教育辅导月刊》1982年9月号，总第32卷，第1～10页。

他将教育机会均等的类型划分为义务教育的机会均等和非义务教育的机会均等两类，本书所讨论的台湾地区大学入学考试与非义务教育的机会均等有关。非义务教育指的是除义务教育之外的所有教育活动，非义务教育的机会均等是一种比较特殊的与市场交换有所不同的争取性的平等与公正，它并不完全是一种国家或政府分配的平等和公正，在一定程度上需要个人的努力以及通过这些努力而达到的某种水平或具备的某些能力，由此获得争取接受非义务教育的权利。但是国家有责任，必须提供和保证获得非义务教育的平等权利的外部环境和条件的平等。在大学入学考试制度中表现为，作为大学教育中的教育机会均等，所有适龄学生在争取上大学的外部条件方面必须是同等的，并不会因为学生个人的某些外在条件的原因而失去上大学的机会，如个人的性别、民族、宗教、肤色、经济或政治原因等。这种平等可以依靠国家和政府为某些处于不利地位的人们创造一些外部条件来实现，但它们并不能完全代替个体原生性的条件所起的作用。在这种情况下，完全根据个体的内在能力进行选择，仍然存在不平等的因素，这也是非义务教育中教育机会均等的难题①。

台湾地区在大学入学考试制度的改革中，体现了教育机会均等的思想和精神。大体有以下方面：

（一）关于特种身份考生升学的优待

在台湾，有一些偏远地区和一些特种身份的考生，为照顾到这些考生的特殊情况，在大学入学考试和招生中实行了一些革新措施。一是在边远地区，如马祖、澎湖、少数民族居住地区等专门设立考区。二是特殊情况特殊对待，1999 年“9·21”大地震时，为灾区学生设立“9·21 专案”，以区别于其他地区的考生，在招生考试上特别单独进行。2004 年台湾遭受“敏督利”台风侵袭之后，对没有参加指定科目考试的考生进行了补考。三是制定特种生升学就学办法，如“蒙藏学生在台升学临时办法”、“少数民族学生升学优待及少数民族公费留学办法”、“退伍军人报考专科以上学校优待办法”等，以法规的形式照章执行、办理，对上述特种生有不同程度的加分优待。例如少数民族的加分优待标准为降低录取标准 25%；退伍军人的优待标准

① 参阅谢维和：《教育活动的社会学分析：一种教育社会学的研究》，教育科学出版社，2000 年，第 329～330 页。

为二年以上未满五年者，增加总分 8%、五年者增加总分 20%；派外工作人员子女返台半年内增加总分 25%、返台一年内增加总分 20%、返台二年内增加总分 15%、返台三年内增加总分 10%。实行“大学多元入学新方案”后，这些特种生以外加名额方式招生。台湾少数民族接受高等教育的人数统计见表 5-5，可以看出，从 1998 年开始，各类大专院校的入学人数在不断提高。2003 年以来，台湾地区制定《澎湖金门及马祖地区学生保送办法》，针对外岛地区［包括澎湖、金门（含乌邱乡）和连江境内岛屿］的考生，申请保送名额采取外加方式，不占各级主管教育行政机构原定各校（系、科）招生名额①。四是改革优秀生保送制度。在 2002 学年度对联招办理的“数学、自然、国文、英文、音乐、美术、舞蹈、戏剧”等资赋优异学生保送甄试停办，各校依招生途径规定纳入相应的途径。因为“新方案”中的推荐甄选方式，就是针对才能和学习等方面优异学生而设立的，所以，过去的保送办法相应地纳入推荐甄选途径。依据以上特殊措施，照顾考生的考试权利和特殊情况，体现考试的公平、公正，在政策上对不同群体的入学考试提供照顾，贯彻教育机会均等的精神。

表 5-5　近年来台湾少数民族接受高等教育人数统计

学年度	二年制专科	五年制专科	大学	研究所
1998	1 449	2 808	1 631	18
1999	1 547	3 258	1 939	36
2000	1 992	3 485	2 785	67
2001	2 426	3 392	3 513	125
2002	2 206	3 365	4 908	165
2003	1 814	3 291	6 323	246
2004	1 726	2 982	7 774	319
2005	1 228	2 920	9 027	425

资料来源：http://www.edu.tw/EDU_WEB/EDU_MGT/STATISTICS/EDU 7220001/data/serial/obl.xls? open。

根据教育事务主管部门统计处网站资料——少数民族学生数重新统计而得。

（二）关于对待残疾考生的招生考试办法

在考试方面，从教育机会均等的角度，重视身心障碍考生的考试权利。

① 参见台湾《澎湖金门及马祖地区学生保送高级中等以上学校办法》，http://www.caac.edu.tw/caac96/document/appforml.pdf。

在大学联考和大学推荐甄选方面都有一些特别的规定办法和照顾措施①。

1. 大学联合招生考试方面

(1) 大学学系对残障生的限制。由于大学联考采取先考试，后填志愿，再统一分发的办法，多数大学学系在招生简章的选系说明中均载有残障生“不宜选填”或“选填时宜慎重考虑”的限制，主要是各学系的培养目标、特点和毕业后的工作需要的影响，因此，在招生简章中特别规定。(2) 大学联考残障生应考特别措施。1996 学年度大学联合招生考试“身心障碍考生应考服务办法”，因服务对象排除“使用点字者”，而服务项目仅有“延长考试时间 20 分钟”及“提供影印放大 1.5 倍的试题”两项，故盲生和上肢障碍者无法参与考试。

2. 大学推荐甄选入学招生方面

在学科能力测验中，从 1996 年以来专门制作点字卷和录音试卷供盲生使用，同时，针对盲生的学习特点，删除和修改不适合盲生作答的试题。另外，特别制定“学科能力测验全盲考生试务处理办法”。考试时间为每科考试时间与一般考生时间相同，不再延长，但考生要提早 5 分钟进入试场准备。考试结束后，由考务组聘用点字卷翻译人员将考生的点字答案纸译为一般文字，再转交人工阅卷组及电脑组处理。如 1996 学年度的学科能力测验，首次不计成本，制作点字试卷、凹凸立体图形，1997 学年度、1998 学年度制作报读录音卷，1999 学年度尝试利用电脑作答。2001 年合计有身心障碍考生 56 人，其中视障生 14 人，12 人用点字试卷、凹凸立体图形，2 人用报读服务，1 名肌肉萎缩症考生使用 MD 录音答案卷。

(三) 设立多元入学途径

设立多元入学途径，以照顾不同群体和不同能力的学生，尤其是具有特殊专长和特别才能的考生，可以通过推荐甄选入学途径进入大学；申请入学的途径则考虑到各种类型的大学在招生方面的需求和发挥招生自主权，同时，2004 年以来，个人申请成为不用学校推荐，可以自行凭着考试成绩申请入学的方式；大学进修学士班是早期“预修甄试”入学途径设计中，为了照顾社会青年求学上进的要求，延伸发展的产物，它与学科能力测验考试及

① 参阅万明美主持的《大学入学考试残障考生考试办法初探研究报告》，台湾大学入学考试中心出版物（编号 A28），1996 年 9 月 20 日，第 19～26 页。

指定科目考试结合以后，发挥了大学在继续教育和终身教育方面的职能。在台湾实施时间较长的推荐甄选入学，在一定意义上说，照顾到了非重点高中的学生入学，有的学校因此而实现了大学录取率“零的突破”，当然，这与该入学途径的设计首先考虑到平衡城乡差别的理念有关，在实施多年以后，一定程度上对平衡城乡差异有一定的作用。从 1991 年至 2005 年台湾各县、市大专院校学生人数分布统计可以看出，实行大学多元入学考试制度以后，台湾重视高等教育的全面发展和改革，各县、市高等教育得到均衡发展，各县、市的大专院校学生数量具有较大增加。如 1995 年开始，澎湖县的大专学生在校人数有显著增加；金门马祖地区的大专在校人数从 2003 年开始有显著增长。从 1991 年至 2005 年台湾各县、市大专院校数的分布情况可以看出，台湾教育行政部门根据民众接受高等教育的需要，大力发展高等教育，特别加强发展台中市、台南市、高雄县、屏东市的高等教育，到 2005 年台湾所有县、市均有大学或者学院，保证了高等教育受教育机会的均等，使学生可以就近升入大学。

（四）男女两性入学机会均等的情况

从表 5-6 可以看出，根据 18 岁～21 岁高等教育净在学率与粗在学率的性别统计，女生与男生的在学比率很接近，从 1995 学年度开始一直是女生粗在学率高于或略高于男生，从 1988 学年度开始女生的净在学率高于或略高于男生。说明在台湾两性就读大学的机会是均等的。从表 5-2 关于大学推荐甄选人数的统计可以看出，男女学生的录取率基本接近，有时女生的录取率高于男生。从表 5-7 的高中、高职学生升学率看出，基本上是女生的升学比率略高于男生。

表 5-6　台湾高等教育 18 岁—21 岁净在学率与粗在学率性别统计表

高等教育 18 岁—21 岁净在学率				高等教育 18 岁—21 岁粗在学率			
学年度	平均	男	女	学年度	平均	男	女
1976—1977	9.97	11.15	8.73	1976—1977	15.40	18.82	11.81
1977—1978	10.29	11.39	9.14	1977—1978	15.44	18.65	12.07
1978—1979	10.48	11.40	9.51	1978—1979	15.65	18.57	12.59
1979—1980	10.90	11.76	10.00	1979—1980	15.82	18.37	13.15
1980—1981	11.07	11.86	10.25	1980—1981	16.18	18.46	13.79
1981—1982	11.47	12.15	10.75	1981—1982	16.71	18.81	14.50
1982—1983	11.80	12.33	11.25	1982—1983	17.39	19.41	15.27
1983—1984	12.40	12.84	11.93	1983—1984	18.52	20.40	16.55

续表

高等教育18岁—21岁净在学率				高等教育18岁—21岁粗在学率			
学年度	平均	男	女	学年度	平均	男	女
1984—1985	12.57	12.78	12.34	1984—1985	19.49	21.18	17.72
1985—1986	13.88	14.24	13.49	1985—1986	20.79	22.50	18.99
1986—1987	14.24	14.47	14.00	1986—1987	21.58	23.30	19.77
1987—1988	14.82	14.90	14.74	1987—1988	22.65	24.16	21.06
1988—1989	15.95	15.86	16.04	1988—1989	24.57	25.93	23.14
1989—1990	17.18	16.67	17.72	1989—1990	26.74	27.61	25.82
1990—1991	19.36	18.33	20.44	1990—1991	29.65	30.18	29.09
1991—1992	20.98	20.22	21.78	1991—1992	32.37	32.96	31.75
1992—1993	23.47	23.04	23.92	1992—1993	35.56	36.25	34.83
1993—1994	25.61	24.99	26.26	1993—1994	37.93	38.63	37.19
1994—1995	26.26	24.99	27.60	1994—1995	38.32	38.43	38.21
1995—1996	27.79	25.88	29.78	1995—1996	39.44	38.54	40.39
1996—1997	29.07	26.88	31.37	1996—1997	40.90	39.24	42.64
1997—1998	31.09	28.35	33.97	1997—1998	43.08	40.71	45.58
1998—1999	33.32	30.19	36.61	1998—1999	46.98	44.30	49.79
1999—2000	35.43	32.14	38.90	1999—2000	50.52	48.00	53.17
2000—2001	38.70	35.47	42.11	2000—2001	56.14	53.87	58.54
2001—2002	42.51	38.98	46.23	2001—2002	62.96	60.44	65.62
2002—2003	45.68	42.14	49.41	2002—2003	67.56	64.52	70.78
2003—2004	49.05	45.33	52.99	2003—2004	72.37	68.76	76.18
2004—2005	53.51	49.87	57.37	2004—2005	78.56	75.05	82.28
2005—2006	58.32	54.00	61.06	2005—2006	82.02	79.14	85.08

注：1. 净在学率＝各该级教育相当学龄学生人数÷各该相当学龄人口数×100；2. 粗在学率＝各该级教育学生人数÷各该相当学龄人口数×100（从2004年起修正为：高等教育扣除研究所及进修学校学生数）。

资料来源：http://www.edu.tw/EDU_WEB/EDU_MGT/STATISTICS/EDU7220001/ebooks/edusta/32-41.XLS 台湾教育事务主管部门统计处：《2006年教育统计摘要》之“各级教育学龄人口在学率”。

表5-7　台湾历年各级毕业生升学率统计

人数 学年度	高中毕业生			高职毕业生		
	平均	男	女	平均	男	女
1950	39.76	…	…	…	…	…

续表

学年度 \ 人数	高中毕业生			高职毕业生		
	平均	男	女	平均	男	女
1951	39.60	…	…	…	…	…
1952	26.27	…	…	…	…	…
1953	41.75	…	…	…	…	…
1954	43.01	…	…	…	…	…
1955	44.27	…	…	…	…	…
1956	41.94	…	…	…	…	…
1957	37.16	…	…	…	…	…
1958	36.85	…	…	…	…	…
1959	37.49	…	…	…	…	…
1960	43.41	…	…	…	…	…
1961	44.65	…	…	…	…	…
1962	41.83	…	…	…	…	…
1963	45.02	…	…	…	…	…
1964	41.07	…	…	…	…	…
1965	38.30	…	…	…	…	…
1966	38.62	…	…	…	…	…
1967	40.52	34.19	51.13	…	…	…
1968	38.95	32.96	48.60	…	…	…
1969	39.73	32.80	50.90	…	…	…
1970	41.92	33.88	54.62	…	…	…
1971	43.47	35.29	56.64	…	…	…
1972	42.62	35.20	54.70	…	…	…
1973	37.92	33.57	44.66	…	…	…
1974	39.68	35.00	46.67	…	…	…
1975	39.80	35.31	46.26	…	…	…
1976	42.39	36.99	49.84	…	…	…
1977	43.59	39.13	49.61	…	…	…
1978	40.43	34.43	48.62	…	…	…
1979	43.96	37.53	52.34	…	…	…
1980	44.64	39.92	50.74	…	…	…
1981	45.39	39.56	52.72	…	…	…
1982	46.03	40.80	52.52	…	…	…
1983	46.40	40.01	53.79	…	…	…

续表

学年度 \ 人数	高中毕业生			高职毕业生		
	平均	男	女	平均	男	女
1984	44.36	38.31	51.18	…	…	…
1985	40.19	35.53	45.68	…	…	…
1986	40.98	36.31	46.45	…	…	…
1987	46.26	38.87	54.63	2.83	4.43	1.35
1988	45.53	37.29	54.86	4.57	7.72	2.50
1989	44.40	39.86	49.29	7.00	8.84	5.41
1990	48.58	46.38	50.94	12.92	12.01	13.68
1991	51.94	55.24	48.43	13.68	14.47	13.04
1992	59.15	63.61	54.29	13.71	14.87	12.78
1993	61.32	64.47	58.29	18.03	18.44	17.71
1994	57.38	55.64	59.32	16.22	16.11	16.31
1995	56.58	53.01	60.51	17.84	17.13	18.43
1996	58.88	55.31	62.71	17.71	16.67	18.58
1997	61.95	60.30	63.73	23.32	22.53	23.99
1998	67.43	66.43	68.46	24.74	22.85	26.37
1999	66.64	68.43	64.83	30.49	27.56	33.18
2000	68.74	67.74	69.71	38.43	33.75	42.80
2001	70.73	69.68	71.78	41.82	37.18	46.27
2002	69.01	68.02	70.00	45.73	42.58	48.83
2003	74.85	73.48	76.20	62.65	58.93	66.33
2004	80.05	78.17	81.83	67.17	64.84	69.72
2005	85.15	84.58	85.71	76.07	73.50	79.05

注：高中毕业生升学率＝大学、三专（含专科补校、空大）一年级新生应届毕业者÷高中毕业生人数×100；高职毕业生升学率＝大学、二专、三专（含专科补校、空大）一年级新生应届毕业者÷高职毕业生人数×100。

资料来源：http://www.edu.tw/EDU_WEB/EDU_MGT/STATISTICS/EDU7220001/ebooks/edusta/32-41.XLS 台湾教育事务主管部门统计处：《2006 年教育统计摘要》之"各级毕业生升学率"。

（五）为家境贫寒子弟减免参加入学考试的报名费用

由于 2002 学年度实施大学申请入学招生途径时，没有适当地规定和限制学生最多可以报考几所大学院系，家庭经济条件较好的学生，有的申请了很多校系，每所大学都要交纳一定的报名费，加上交通费、考试费用等，对于家境贫寒的学生来说，经济上难以承担，较少有机会通过申请方式进入大学。因此，从 2003 学年度开始，台湾教育事务主管部门决定减免家境贫寒学生的报名费用，具体办法如下：2003 年申请入学报名费减半。依考生申请校系数而定［以 8 校系（含）为限］，一般考生每申请一校系新台币 100 元。低收入户考生，每申请一校系新台币 50 元。低收入户考生系指台湾省各县、市和台北市、高雄市、福建省金门县与连江县等所界定的低收入户，且经大学入学考试中心登录有案者。未经大学入学考试中心登录有案的低收入户考生，先依一般考生身份缴交报名费，于规定日期前携带县、市政府所开具的低收入户证明文件（非清寒证明）复印件，向"汇办中心"提出报名费减半优待的申请。例如：某甲欲申请 A 大学中国文学系、B 大学哲学系、B 大学历史学系、C 大学历史学系、D 大学哲学系共计五校系，如某甲的身份为一般考生时，则须缴交第一阶段报名费用新台币 500 元；如某甲的身份为大学入学考试中心登录有案的低收入户考生时，则须缴交第一阶段报名费用新台币 250 元。2004 年至今参加甄选入学的考生报名费用全免优待。对于参加学校推荐考生的报名费，一般考生每人新台币 100 元，低收入户考生全免优待。对于个人申请考生的报名费，按照考生申请校系数而定［以 5 校系（含）为限］，一般考生每人可申请一校系新台币 100 元，低收入户考生报名费全免优待①。

报名费用减半或者全免的办法，鼓励贫寒学生通过推荐甄选和申请入学进入大学就读，从某种意义上讲，此举保证了考生入学机会的均等。

第五节　考试理论的探讨

考试历史发展及其规律是我们研究大学入学考试制度的理论指导，考试理论的内容很广泛，笔者在研究台湾地区大学入学考试制度中发现，以下两个方面的问题较为重要，即考试的发展历史及其演变；招生考试机构的设立。本节就从这两个方面来探讨台湾地区大学入学考试的发展规律。

---

① 参阅大学招生委员会联合会之大学甄选入学委员会网站：http://www.caac.ccu.edu.tw/caac96/index.php；http://www.caac.ccu.edu.tw/caac92/data/general.doc。

一、从考试发展历史及其演变来看台湾地区大学入学考试制度的发展与改革

在研究考试制度的发展、演变及其规律时，总要回溯到考试历史的长河中去考察。科举考试是影响中国和世界考试发展最深刻的考试制度，尤其像台湾这样长期受到中华民族传统文化影响的社会，在探讨台湾地区大学入学考试制度时，很有必要回顾科举考试的历史及其影响，以利于进一步总结台湾地区大学入学考试发展的规律。

随着时间的推移，人们对科举的认识逐渐加深，在批判其流弊的同时，科举考试中一些行之有效的方法如编号、密封、监考、回避、锁院、复查等，至今为一些考试所沿用。中国大陆的高考及台湾地区大学联考、大学多元入学考试的作用与影响在某些方面也与科举考试有类似之处。从科举考试的横断面来看，我们也能找出其反映考试发展规律的重要方面，即公平竞争，公正取才，客观地选拔优秀人才①。

（一）从考试的科目演变上看

在实行科举制的初期，唐代设置有许多科目，既有常科，也有“得非常之才”的制科。制科名目总数多达 100 多种。到了宋代，合并为进士科。元代以后直到明清，科举考试只设进士科。到了宋代，制科已不常举行，明清时期更是偶尔为之，在科举取士中已无足轻重。科举制的发展趋势是越到后来越向统一考试演变，科目越来越趋同，内容越来越统一，从选拔专才走向选拔通才。其内部动因是为了追求公平和在公平比较基础上的可操作性。不仅是古代有考试科目的演变，历史往往有惊人的相似之处，在当今的大规模考试中，如台湾地区大学联考，也经历了考试科目的演变。

台湾地区的大学联考，从 20 世纪 50 年代实行以来，也在不断地调整和变化。台湾地区大学联考考试科目分别经历了不分组到分为三组再分为四组的发展变化。1954 年分三个组进行，每组都是考 6 门课程，其中共同考试 4 门：三民主义、国文、英文、数学；分别考试 2 门，甲组为物理、化学；乙组为中外地理、中外历史；丙组为化学、生物，以后也大致沿用这种分组考试。后来实施“联招新制”又分为四个类组，可以跨组考

① 参阅杨李娜：《科举学：一门探讨考试发展规律的专学》，《现代大学教育》2002 年第 3 期，第 59～62 页。

试。1994 年推行的推荐甄选入学方式，学科能力测验的考试科目有：国文、英文、数学、社会、自然，然后各校根据学系的情况另加试考试科目。从 2002 年起，实行“大学多元入学新方案”，根据多元入学的理念，实行不同的考试科目，有学科能力测验和指定科目考试及大学院系自办甄试等几种方式。台湾地区的大学入学考试科目的演变，从最初的单一设置科目，到目前的多元化设置考试科目，是为了适应社会多元化发展的需要和更加公平、客观地选拔人才。

（二）从考试的内容与形式上看

科举的目的是选拔“修齐治平”的治术人才，考试内容强调古典人文知识，儒家经学是科举考试的主要内容之一。当然，科举不仅仅考八股文，还要考试帖诗以及策、论、表、判、诏、诰等当时的各类应用文。“同文馆总教习丁韪良博士就指出，科举考试的题目往往包含刑法、历史、农业、军事和财政等方面的内容。”① 科举考试的内容，从符合统治阶级的意志、适应封建政府官员工作的需要和考试的要求方面来说，的确是合理的。从考试发展规律而言，规定一定的标准，是为了达到统一考试公平地选拔人才的目的。

科举考试的形式采用口试和笔试。口试仅存在于唐代某些时候，笔试题型主要有：帖经、墨义、策问和诗赋等形式，帖经、墨义属于客观题，策问、诗赋属于主观题。例如，台湾地区大学联考和多元入学的考试中，在考试内容和考试形式上都进行了许多改革，特别是客观题这种考试题型，曾经引起许多论者、考生的责问，从考试公平的角度来看，大规模考试要有一个取才的标准，唯有在考试的内容、形式上不断进行改革，使其适应考试目的和社会发展的要求。这种考试的形式从科举考试的发展历程中可以看出，虽然有其弊，但其利仍然是大于弊的。任何事情都只能在众利相权取其重、众害相权取其轻的情况下作抉择。统一考试的确有不足，只有坚持不断地进行考试科目和内容的改革，随着历史的前进而推陈出新，考试才会长久。台湾地区“大学多元入学新方案”在考试中设置的两阶段考试，针对不同的需要和目的对学生进行考查，在题型上探索多样化的形式，在命题内容上注重生活化、活泼化、风格化等特点，使考生比较

---

① 刘海峰：《论科举的高等教育考试性质》，《高等教育研究》1994 年第 2 期，第 86～90 页。

容易接受和理解。台湾的大学入学考试中心每年公布学科能力测验各科的考试说明和指定科目考试的各科考试说明供考生参考，这些做法都是在长期进行统一考试基础上积累的经验所致。另外，多元入学考试在指定项目甄试阶段，设立多元化的考生资料，多元的评价方式，也是适合学校推荐特殊才能学生和个人申请两种多元入学形式的考查手段。多元化考试与多元评价的发展，是适应社会经济、生活等多元化变革而进行的，与教育规律和考试规律的发展特点也是相符的。

（三）从招生方式上看

科举制的一个基本特征是公开考试、平等竞争、择优录取。科举考试主要是“一切以程文为去留”，但是仅凭考试成绩无法判断考生的德行。选拔人才的方式不外乎两种：考试和推荐。考试选才的局限，恰好是推荐的长处。科举史上几次短暂的停废也多与实行推荐制有关。其结果是在停停废废的改革当中，没有一次能够真正获得令人满意的效果。原因是由于以德行取士无法做到公正客观，因而只能以失败告终。考试选才虽无法考察德行，但通过公平竞争脱颖而出的才学之士从总体上说还是学问与品行并重的多。在台湾地区大学联考中，为了弥补联考造成的缺失，1954 年起曾经有保送制度，但到 1968 年因为发生弊案而结束。1994 年，试行“推荐甄选”入学途径，既让大学可以甄选到合适的学生，也维持了考试的公平与公信①，某种程度上它兼顾了考试成绩、考生的多元能力展现和学习资料档案等指标的矛盾，将统一性考试与多元化评价学生的多元评价手段有机结合，是从科举考试发展规律中总结、探讨考试改革的一种有效的、值得借鉴的方式。

（四）从考试管理上看

从考试管理上看，科举考试的报名实行结保制度，一起投考者要互相结保，若有作弊不实之处，查处后所有同保人三年不得赴举。在入闱制度方面，科举实行锁院制，锁院后临时集体商定草拟试题，边刻边印，并指定专人管理试卷，直至考试完毕，评定试卷结束，考官方可回家。科举考试制定了严密的考场作弊防范措施，如对考生的严格搜身，防止挟带，一旦发现，

---

① 李钟元：《大学多元入学新方案之推广》，《台湾教育》（台湾省教育学会编）2000 年第 4 期，第 2～6 页。

取消其资格[①]。对考试作弊尤其是考官与考生串通作弊惩罚尤其严厉，有些科场案的处理甚至达到残酷的程度。从考试的程序和防弊措施看，科举制含有在考试面前人人平等的意味。“锁院以防泄漏考题，搜检以防挟带，号军监考以防偷看；糊名使主司无法知道考卷之主人，誊录使考官无法认识考生字迹；内、外帘官不得往来以防串通作弊，抽签阅卷、磨勘（点评）使评卷更为客观，而复试之制可防止倩代（冒名顶替）。”[②] 所有这些，都反映了科举考试的平等原则。而这些有效的考试管理方式，如闭卷、编号、密封、监考、回避、入闱、复查等办法，还为现代诸多考试所沿用。台湾地区大学联考和多元入学还一直沿用“入闱”、“闱场”等词汇，大学多元入学中的阅卷采取初阅、复阅制度，这明显具有科举考试制度的痕迹。

（五）从整个考试发展历史看

考试从最初的不规范，没有规律，逐渐发展至规范化，具有规律，并且显示出考试的公平、公正、客观、公开的发展趋势，而且越到后来人们对考试的公平、客观的标准要求越严格、规范。研究台湾地区大学入学考试制度的发展历史及其演变，也发现有这个规律，说明客观存在的考试制度不是以个人的意志为转移的，它的存在、发展及改革，是考试发展的规律所致，不能说废除就废除，想怎么改革就怎么改革，改革考试制度的每一个方面，即使是微小的技术改革，也必须考虑到多方面、多种因素的影响和制约。比如台湾地区推荐甄选入学制度，开始试办时，因为没有建立操作方面的规范措施，初办的几年里有一些弊病，在逐渐发展过程中，制定了规范化的推荐程序、成绩处理方式、招生录取的措施等，因而推荐甄选一直延续下来。

考试就像一个缓冲社会压力的“减压阀”，为了缓解社会矛盾和压力，在中国科举史上曾经有过 6 次关于科举存废的争论，并且都发生在封建社会的最高决策层。其中虽然有几年的中断，在旋废旋复的反复过程中，科举仍然重新复活并焕发出新的活力，这鲜明地反映了考试发展规律，同时也说明考试要适应社会、文化发展的规律。它不是由某个封建君主的个人意志所能主宰，而是客观存在的规律，证明考试的公平选才、客观公正的特点，还是

---

① 郑若玲：《科举与自考：从比较到借鉴》，《青岛化工学院学报》（社会科学版）2001 年第 2 期。

② 刘海峰：《科举制是否有值得借鉴之处》，《教育研究与实验》1987 年第 3 期。

具有恒久价值的①。例如台湾地区多元入学中并没有取消考试，而是加强了统一考试，设立了多种统一考试形式，如学科能力测验、指定科目考试、术科统一考试及“全民英检”等，使考试多样化和多元化。

综上所述，科举考试史的发展不断证明，在中国大陆和台湾地区这种重人情、关系与面子的社会文化环境中，只有通过公平的考试竞争才能有效地解脱人情困扰，才能较好地选拔人才。如今，科举虽已停罢，但深含公平精神的考试选拔方式却没有而且也不能够废止。从科举考试发展史中，可以看出考试制度发展的规律，了解考试发展规律，有助于吸取科举考试留下的丰富资源和深刻教训，对于进一步研究和改革大学入学考试制度具有参考价值。

二、建立招生和考试组织机构的问题探讨

考试是由一定的机构来管理和组织实施的，健全而富有活力的考试和招生组织机构，是一个国家和地区推行考试制度的组织保证，也是考试和招生流程实现科学控制的必备条件。提出这些问题专门来讨论，是因为台湾地区在考试和招生组织机构上有它自己独特的地方，台湾地区设立有考试事务主管部门，负责公务员的考试，有一套健全的组织体系。在教育考试上，有1989年成立的大学入学考试中心，目前已转型为民间的文教机构，专门负责大学入学考试及相关工作。而在大学招生日趋多元化的情况下，大学的招生组织机构却不是很健全，有的学校甚至没有专门的招生事务性单位。但是大学入学考试制度实施几十年来，其招生工作也有一些可供借鉴之处。

（一）考试机构的建立及划分

考试活动是一项头绪多、环节多、涉及面广的系统工程。要想有效地进行考试质量管理，必须有健全的考试组织机构。如果没有健全的考试组织机构，即使有科学的考试制度和政策法规，也难以得到圆满的贯彻实施。没有健全的考试组织机构，也不可能有稳定的专业考试队伍，考试设计科学、标准精确、实施规范、结果准确的目标势必难以企及，考试的质量管理也不可能实现。因此，必须注重建立与健全考试组织机构，以适应考试发展的需

---

① 刘海峰：《科举制长期存在原因析论》，《厦门大学学报》（哲学社会科学版）1997年第4期，第1～6页。

要。正是由于考试组织机构在现代社会中的重要作用，人们更加注重考试组织机构的建立与健全。根据现行考试管理的职能范围，健全的考试组织机构应该包括考试决策、考试指挥、考试执行、考试咨询、考试信息处理与反馈、考试科学研究等不同职责功能的机构。

1. 考试机构的划分

由于各国和地区的教育制度与考试制度上的差异，在考试组织机构的设置、职能、运作方式上都有所差别。无论采取何种管理模式，它首先是为该国和地区的考试服务的，是为了保证特定的考试顺利实施而设立的。

大学入学考试是教育评价和人才选拔的主要手段，为使考试公平、有效和科学、客观，世界各国建立了专门承办考试的机构。一个国家的考试组织机构是随着国家管理与社会需要而演变的。不同社会制度和经济水平的国家，有着不同的考试组织机构；在同一历史时期，同种性质的考试，也有着不同的考试组织机构模式。从现阶段不同国家的常设考试组织机构的隶属关系、行使职权的性质等方面看，各国的考试组织机构可分为四种类型：

(1) 国家统属的考试组织机构。从总体上属于国家教育行政管理系统中专司考试事务的职能机构。英国、法国、日本、韩国都有这类机构，根据其各自的职能又可分为决策性机构和执行性机构两种。决策性考试机构以制定考试方针、政策、法规，审定各种考试标准、方案，督导和检查考试制度的贯彻执行为主要职能，并利用考试结果对学校教学质量进行评估，为政府管理提供依据，如英国的“学校考试与评价委员会”。执行性考试机构的主要职能是负责有关各类考试的具体业务工作，不具有制定考试有关政策的职能，如日本的大学入学考试中心只是一个主持全国统一考试的机构，考试的决策权却在文部省。

(2) 地方所属的考试组织机构。主要属于地方教育行政部门或地区内学校、社会团体所辖的考试机构，这类考试机构一般以当地实施各类教育考试为主要业务。从其具有的职能性质看，一般多属于执行性的考试机构，法国、德国都有这类考试机构。

(3) 独立经营的考试组织机构。由民间团体或学校自发兴办，无政府拨款，在考试实施过程中，自行处理有关业务问题，不受政府干预，以其特有的考试质量与声誉维持考试机构的存在和发展。英国和美国的考试机构多为这一类型。

(4) 大学。在同一国家的考试组织机构体系中，往往是各种性质的机构并存着，担负着不同阶段、不同层次、不同方面的考试组织工作，所起的作用也各不相同。有些国家如美国，由于大学具有高度的自主权，独立组织入学考试和招生，其招生委员会或招生办公室也具有与政府考试机构类似的职能，这些学校所属招生机构也可视为国家考试机构体系的组成部分。即使是在高度集中的招生考试体制下，高等学校作为招生单位，不同程度上也在行使着考试组织管理的一些职能，而且随着招生考试制度改革的深化，大学在招生考试管理中的作用变得越来越重要。从这个意义上说，把大学作为考试机构之一加以重视，有助于我们更好地分析招生考试制度改革的趋势①。

各国和地区考试组织的结构是不同的，美国是独立考试机构＋大学独立招生；日本是大学入学考试中心＋大学；法国是教育部＋学区；中国大陆是高度集中统一；中国台湾地区是大学入学考试中心＋大学招生委员会联合会负责统筹招生。中国台湾地区的大学入学考试中心是一个专门的常设考试机构，主要负责大学入学考试方面的具体业务和考试事务工作。在考试事务方面，受大学招生委员会联合会的委托，办理考试的相关试务工作。各大学设立的招生委员会负责各校的自主考试阶段的考试事务，如个人申请的资料审查，学校推荐的指定项目甄试。因此，大学也行使着一些考试组织管理的职能。

2. 考试组织机构的作用

考试组织机构的作用取决于考试机构的性质与目标，对考试组织机构的作用不能一概而论，应根据各类考试组织机构的性质及具体服务目标确定。主要的作用有以下五个方面：一是制定考试方针、政策及法规。二是负责考试设计，这是专业考试机构或执行性考试机构的基本作用之一。三是组织考试实施。四是培训考试队伍，主要是为了保证考试质量的需要，还有延续和发展考试机构的生命力的需要。五是研究考试科学，因为没有科学的考试理论指导，就不可能有成功的考试实践。缺乏理论根基的考试机构，也就不可能有顽强的生命力。考试的科学研究除了进行考试内容、方法、技术问题上的研究外，还要研究考试的规律及系统的科学理论。从我们在前几章对台湾地区大学入学考试中心的发展演变及其职能作用上看，台湾地区大学入学考试中心在考试的理论研究上很有特色，尤其是他们所做的考试方面的实证性

---

① 以上参阅康乃美、蔡炽昌：《中外考试制度比较研究》，华中师范大学出版社，2002年，第196～197页。

研究、大量的调查分析、考试的服务及技术开发等方面值得我们学习和借鉴。

3. 考试组织机构管理的原则

考试组织机构管理的原则主要有以下几个方面：一是适应政治制度和教育制度。任何国家或地区的考试制度都不可能超越既有的政治制度和教育制度而存在。作为考试制度的一部分，考试机构的设置正是维持考试制度适应政治和教育制度的基本保证，考试机构的职能是国家意志的体现。台湾地区大学入学考试中心最初是在台湾教育事务主管部门的支持下而筹备起来的，后来它转型为民间的文教机构，成为“财团法人”后，在运作上的职能更加专业化、职业化、专门化。二是适应高等教育发展的阶段。考试制度和考试机构管理在很大程度上取决于高等教育发展所处的阶段。在高等教育发展水平较低时，规模较小，仍处于精英教育时期，大学入学考试充分体现出竞争性、风险性，往往以统一考试为主体，强调考试的公平、公正，而当高等教育发展到大众化及普及化阶段时，往往需要灵活多样的考试、选拔方式，使不同层次、不同形式的高等教育都能恰当地选择自己的生源。台湾地区大学入学考试制度的改革主要是适应高等教育的不同发展阶段和需要而进行的，从最初的大学与专科联合招生，到大学与专科学校分开招生，至台湾加强发展科学技术时期大力发展技术职业教育，技术职业教育的入学途径随之发展起来，到目前的多样化的高等教育，如今台湾的教育已从过去的精英教育发展为大众化的高等教育，因此，在招生考试上对考试专职机构的建立、发展日益重视。一般而言，在考试机构的设置上，往往是从中央集权到地方分权和高校自主招生。三是适应大学选拔人才。大学选择学生的标准存在差异，如著名大学与一般大学的差异；国立、公立、私立与教会大学、社区学院的差异；学科、专业的差异；奖学金与学费的差异；学术性大学与非学术性大学的差异等。由于不同层次大学的并存，大学需要招收与自身性质、层次、水平相应的学生。因此，有考试专门机构的权威考试，再加上大学的自主招生，应该可以达到这个目的。台湾地区大学入学考试中心的建立，对于台湾地区大学入学考试方面的专业化发展具有重要作用，也可以说是台湾强调考试的统一性和公平性的体现。

（二）招生机构的建立

1. 招生机构建立的必要性

世界上各国的大学几乎都建立有大学招生的专职机构或单位或办公室，

由于各国教育制度的不同，教育行政职能的差别，各国的招生机构的作用和工作范围也各不相同。招生机构的建立对于完成大学每年的招生工作、录取工作非常重要，尤其是随着高等教育的日益普及和扩大，人们接受高等教育的机会和形式越来越多，大学的招生机构就越发显得必不可少。招生机构的建立有利于制订和贯彻执行招生的方针、计划，保证大学所招收的新生的质量和完成招生计划，有利于考生就地报考，有利于节省人力、财力、物力，集中优势力量宣传大学的特色、招生计划、招生目标，吸引优秀人才进入大学学习。招生机构的建立发挥了大学的自主权，建立起了学生、大学、中学之间的有机联系。因此，大学的招生工作是一项涉及各方面的综合性的工作。如美国各大学都设有招生的业务机构，一般有招生办公室和招生委员会。招生办公室具有业务和行政双重性质，其中设有招生专职职员、顾问、教授和学生辅导员等，由教务长领导，归教务副校长分管。美国各大学招生办公室兼有招生、学籍管理、学生分配等工作。美国招生委员会是大学的审议或咨询机构，由教授、招生办公室负责人和学生代表组成，负责研究、确定招生工作方针、新生入学条件和资格、入学手续及个别学生录取决定等工作，它实际是政策制定机关，并监督招生办公室工作情况。英国高等学校的招生决定权主要在学校。1961 年英国成立了全国大学招生委员会，具体协调各大学的招生工作。该机构备有全国各大学资料概览，提供有关各大学招生名额等情况。1981 年正式注册成为一个财团法人，确定为非营利性机构，委员会设有常设机构，管理行政事务，主要任务是为大学招生和准备升大学的学生提供服务，协调各大学的招生工作，保证大学招生工作的顺利进行，可以说是英国主办大学招生的专业机构①。在日本的大学都设有招生机构，由于日本的大学招生是多样化的，各大学在招生方式上有自主权，所以各大学有专门的招生机构，负责招生的宣传、招生广告以及其他工作。中国大陆是统一招生和统一录取的体制，1966 年以前，曾根据招生工作的需要，设立过全国高校招生委员会，统一领导全国的招生工作。各省、自治区、直辖市也建立了招生委员会，地区（市）、县（区）和高校设有招生机构。1977 年恢复高考制度以后，国家未再设立招生委员会，全国招生工作在中央和国务院领导下，由教育部负责，各省、自治区、直辖市则建立招生委员会，地区

① 参阅于钦波、杨晓：《中外大学入学考试制度比较与中国高考制度改革》，四川教育出版社，2000 年，第 210～211 页，第 236～237 页。

(市)、县(区)和高校设有招生机构，在同级政府和上一级招生委员会领导下工作。这样，中国大陆的高校招生机构就分为三级管理的体制，即国家教育部(具体的行政事务由高校学生司主管)；各省、自治区、直辖市；地区(市)、县普通高等学校招生委员会和招生办公室；普通高等学校的招生办公室①。台湾地区的招生机构主要是“大学联合招生委员会”，到后来改为“大学招生策进会”，目前为“大学招生委员会联合会”，各大学基本没有设立专门的招生单位或机构，但各大学设立有招生委员会，指导大学的招生工作。今后台湾地区的大学招生是多元化的趋势，大学的角色应加速调整，转被动为主动，成立专职招生单位，统筹规划大学多样化的招生工作。如目前的大学“考试分发入学制”、推荐甄选、申请入学、资优甄试、转学考试、大学推广教育、研究所的招生等多元化的招生入学方式，招生计划日趋复杂，同时还要与大学的特色、发展理念相契合，因此，建立大学的招生机构是刻不容缓的事情。从上述各种招生考试制度的发展来看，建立招生专职机构也是必须的。台湾的学者在研究台湾的大学入学考试制度时，经常探讨的问题之一就是建立考试和招生的专门机构，以适应高等教育的发展和发挥大学的招生自主权。

2. 招生机构建立的优点和缺点

从组织管理上看，中国大陆的招生机构隶属于国家的上级教育主管部门，属于集权制管理，统一性过强，统得过死，管得过多，某些政策缺乏灵活性，作为招生和培养人才主体的高等学校缺乏足够的自主权，影响了高校主动发挥适应社会需要的能力和活力。当中央领导部门要进行招生体制的改革，给高校一定的招生方面的自主权时，高校不知道怎样行使这个自主权，有时出现一放就乱，一统就死的现象。因此，即使有大学专门的招生机构，在放权时也出现大学招生方面的问题。如何解决？除了学习其他国家的有益经验之外，笔者认为，台湾地区的做法也有可取之处。比如，目前台湾的大学招生委员会联合会是一个协调大学招生工作的机构和组织，它对于各大学的招生方向、特色、目标、招生方式等均起到一定的决策性作用，是大学之间的招生组织，也是台湾地区大学招生自主权得以发挥的重要角色。大陆应该在大学之间建立一个这样的协调性组织，协调各大学招生方面的问题，使

---

① 参见赵亮宏：《普通高等学校招生制度概述》，航空工业出版社，1994 年，第 143～158 页。

大学的招生工作更顺利地进行，满足大学、学生、中学、社会大众的需求。但是，台湾地区大学内部没有专门的招生机构，只有联合的大学招生组织，虽能解决宏观方面的问题，对各大学内部的招生问题往往鞭长莫及，因此是有利有弊。其原因可能与台湾所谓的“大学法”中没有规定设置大学专职的招生机构有关；其次，可能与台湾的教育制度一直沿用的是中华民国时期国民党执政所采用的教育制度有关，民国时期的大学招生只有联合招生委员会，各大学联合组成招生处，统一负责招生工作，招生考试工作结束后即解散，当时各大学也没有设立专门的招生单位。从国外的大学入学制度的发展来看，均有专门的大学招生机构，大学的招生机构专门为大学的招生服务。虽然各国的大学招生机构的职能与作用以及工作范围有所不同，与我国大陆和台湾的工作范围与作用也不一样，但宗旨都是为大学的招生服务，为学生服务。因此，通过研究台湾地区大学入学考试制度的发展和演变，笔者认为台湾地区大学应尽快建立起招生专职单位，负责招生及相关业务。

综观以上，对大学入学考试制度的理论探讨是多方面的，本书只就与大学和高等教育联系较为紧密的方面进行分析，即高等教育的发展规律、心理学的多元智力理论、教育与文化的关系、教育机会均等理论以及考试理论。当然影响大学入学考试制度改革和发展的因素是多方面的，其理论分析也应是多视角的，如社会学的社会分层理论的分析、管理学的组织理论、政治学的社会公平与公正理论、伦理学的正义理论、教育学的教育目标分类学、教育评价学、教育测量学、高中生心理学等，都可以再作深入细致的探讨。

第六章　借鉴与启示

中国大陆在1998年全面改革高考，推行称之为“3＋X”的高考改革方案，到2002年在全国各省、市全面铺开。而一水之隔的台湾地区也在2002年以全新的“大学多元入学新方案”实行大学多元入学考试。两者在考试的改革时间上相近，在改革的内容、方式、手段等方面又有异曲同工之妙。本书认为，台湾地区大学入学考试制度的改革对大陆高考的改革具有重要的借鉴作用与启示意义。

本章重点比较中国大陆“3＋X”方案与台湾地区“大学多元入学新方案”的异同与作用，以及台湾地区大学多元入学制度对大陆高考改革的借鉴意义，然后提出对于大陆高考改革和台湾地区大学入学考试制度改革的建议，最后得出本研究的结论。

第一节　台湾地区大学入学考试制度改革与大陆高考改革的比较

大陆高考的发展可以说是一部跌宕起伏、艰难曲折的考试历史。“高考”是全国普通高等学校统一招生考试的简称，因为高考在各类考试中的影响最大，是接受高等专门教育的“入场券”，在中国大陆可以说是家喻户晓。自1952年建制以来，高考经历了一个在改造中建立、在建立中改革、在改革中发展的过程。高考的发展除了1966年至1976年停止了十年之外，一直在进行。可以说，经过50多年的发展，我国已经初步建立起了具有中国特色的社会主义的高考制度。大陆现行高校招生体制的主要特征是五个统一：统一计划、统一命题、统一考试、统一阅卷、统一录取。这是50多年来逐步形成的，总的来说，是历史的进步。正因为有这五个统一，大陆高考才一直被赞誉为一方净土。它有力地维护了高考的权威性、公开性，体现了选拔人才的公平性与公正性①。

但是，在建立与完善社会主义市场经济体制的历程中，在高等教育大众化的进程中，在高等教育市场逐步发育与高等教育产业逐渐发展的过程中，必须改革现行的高校招生体制。改革并不是对现行招生体制的全盘否定，而是要改革其不适应市场经济的一面。一方面，必须继续完善高校招生考试的五大统一；另一方面，必须逐步进行多元化改革，由权力的高度集中统一转变为相对集中统一，逐步把中央的部分权力下放给地方，逐步把政府教育主管部门的部分权力交给学校，让高等学校有更多的招生自主权。因此，从1998年开始推行“3＋X”的高考改革，使高校在招生和入学考试方面具有一定的自主权。

台湾地区大学入学考试制度与大陆的高考制度有一些相同之处，也有一些不同的地方，从总体上看，相同点主要有坚持统一考试，统一录取，统一分发，维护考试的公平、公正、公开的原则。近几年来两岸在大学入学考试上均进行了改革，在社会上引起强烈反响，大陆的“3＋X”改革在2002年已经全面实施，台湾也在2002年实行“大学多元入学新方案”。本节就大陆高考的“3＋X”改革方案与台湾的“大学多元入学新方案”进行比较，进一步分析两岸考试制度的异同。

一、从两个改革方案的理念与目的上看——自主选才与入学多元

首先简介“3＋X”高考改革方案的主要内容。“3＋X”高考方案是大陆大学入学考试制度改革新的里程碑。按照教育部《关于进一步深化普通高等学校招生改革的意见》的权威解释：“3”指语文、数学、外语三科，为每个考生必考科目，英语逐步增加听力测试，数学不再分文理科；“X”指由高等学校根据本校层次、特点的要求，从物理、化学、生物、政治、历史、地理六个科目或综合科目中自行确定一门或几门考试科目；考生根据自己所报的高等学校志愿，参加高等学校（专业）所确定科目的考试。综合科目是建立在中学文化科目基础上的综合能力测试。根据实际状况，综合科目可分为文科综合、理科综合、文理综合或专科综合。其中，文科综合包括政治、历

① 参阅唐佐明等：《高校招生体制改革研究》，广西师范大学出版社，2000年，第45页。

史、地理 3 科；理科综合包括物理、化学、生物 3 科；文理综合为物理、化学、生物、政治、历史、地理 6 科的综合。综合科目不是理、化、生、政、史、地等科目按一定比例的“拼盘”，而是一种考查学生理解、掌握和运用中学所学知识的能力测试。“3＋X”突出“3＋综合”，“3”也要突出能力，突出应用。“3＋X”主要是指高考科目设置的改革。除此之外，“3＋X”方案将高考内容的改革作为改革的重点和难点。总体上要求更加注重对考生能力和素质的考查；命题范围遵循中学教学大纲，但不拘泥于教学大纲；试题设计增加应用型题目。命题要以知识立意转变为以能力立意，转变传统的封闭的学科观念，在考查能力的同时，注意考查跨学科的综合能力。其他方面的改革包括：高考形式的改革，积极探索一年两次考试的方案；录取方式的改革，重点实施计算机网上录取。网上录取是高校招生手段的革命性变革，既有利于维护公平、公正，又可以节省人力、财力，带动高校招生考试其他方面的改革。

我们先来探讨为什么要改革高考制度。

首先，提出“3＋X”高考改革方案是大陆社会与经济发展的必然要求。随着改革开放的不断深入，对于人才的需求日益个性化、多元化、高层次化。要适应社会和经济发展的需要，学校的学习必须趋向个别化，教学要综合化，强调以人为本，注重人的个性发展已经成为社会对教育的客观要求。过去的大学入学制度是封闭的、定向的，无法适应社会和经济发展的客观需要，必须进行改革。

其次，提出“3＋X”高考方案也是中国大陆教育现代化的重要内容。伴随着中国大陆教育现代化进程的加快，许多新的现代的教育思想、观念，如分类考试、基本考试、基本能力测验、继续教育、回归教育、终身教育、学习化社会等进入教育领域，引起了教育制度、教育体制及教育实践各个方面的变革，高考制度也不例外。巩固和发展基础教育，更多地强调受教育者的学力、终身基础和个性发展，注重受教育者的整体发展和提高，着眼于受教育者基本素质的提高和潜能的开发，已成为一种必然趋势。而高考的单一性、封闭性及过于注重选拔性等特点，不利于整个社会人口素质水平的提高，为了适应教育发展的民主化、大众化、科学化的进程，现有的高考制度必须进行改革。

再次，目前中国大陆的高考制度也存在着许多弊端。除了社会经济不发达、劳动人事制度、社会用人制度、户籍制度、脑体差别等客观原因以外，大陆现有的高考制度已逐渐变成应试教育的指挥棒，窒息了学生和高等学校的个性，无法再适应创新时代的要求。具体而言，“3+2”方案就是三门基础课（语文、数学、外语）必考，文史类再加政治、历史，理工类再加物理、化学。这样高度集中的单一化考试模式，只能测量考生共性的内容却不能兼顾个性内容的测量；规定的考试科目“刚性有余，弹性不足”，使高校和考生都无选择余地，对一些高中过早地文理分科，应对高考科目，造成高中毕业生文化知识结构失衡，起了推波助澜的作用；全国开考科目用一份试卷、一种评分标准，形成考试模式单一、内容单一、水平单一的局面，不能适应不同层次、不同类型的大学和中学的改革发展要求；考试次数单一，一年只有一次考试机会，人为地加重了考生的心理负担等。面对这些缺陷，应当在新一轮改革中趋利除弊，加以完善。另外，上海于1987年推出“3+1”方案，湖南、云南、海南于1990年推出“3+1”四种组合方案（简称“三南”方案），北京等地的高考改革实践也为“3+X”高考改革提供了有益的经验。

教育部《关于进一步深化普通高等学校招生考试制度改革的意见》指出：“3+X”改革方案的目的是使“高校招生考试制度主动适应时代的特点及其对人才素质能力结构的要求，着力引导人才全面素质的提高和创新人才的培养，使高考的作用进一步完善”。从这里可以看出，高考改革强调，高考是为了高等学校选拔优秀人才的一种手段。高考改革要适应社会经济、文化、科技等时代发展的需求，高等院校要研究社会对人才素质能力的要求，高考改革的主要目的是全面提高中华民族的素质，在新世纪培养更多更高素质的创新人才。高考改革方案的作用有利于弘扬教育主体地位，强化教育主体的自主权。“3+X”改革方案将高考的选择权还给了高校和考生，高校可以根据自己的专业需要确定考试科目，有利于保证录取新生的专业素质；考生可以根据自己的兴趣和特长选择科目，有利于学生个性发展。其实，高考改革就是为了高校自主选才，学生可以选择多元方式入学。

台湾行政管理机构的“教改会”在“谘议报告书”中指出：“大学多元入学新方案”的目的是，高等教育机构宜采用多元入学方式，而不同的高等教育机构可以采取不同的入学方式。具体而言，“①扩大招生名额并非就是最好的解决升学竞争的方法。②多元考量学生的各种表现。③招生办法应采多元化设计。④入学制度的设计应顾及公平性的维持与达成。⑤入学制度的设计应协助教育理念的实现”①。台湾地区大学多元入学的目的主要包括大学自主选才；多元化的招生方式；多元评价学生的学习过程和结果。且明确指出，解决大学入学问题和升学竞争问题的方法，扩大招生名额是一种途径，但不是最好的办法。大学入学要维护考试的公平性，与各大学、高中的教育目标相符，应有助于实现教育的培养目标。

“3＋X”高考改革的指导思想是“在改革中要始终坚持有助于高等学校选拔人才、有助于中学实施素质教育、有助于高等学校扩大办学自主权的三项原则”②。在高考改革方案中，重点提出大学自主选才，唤醒大学的招生自主意识。“三个有助于”相互联系，相互制约，不可偏废。我们应该看到，在“三个有助于”中，有两项内容与大学有关。一是明确提出高考的目的是为了大学选拔人才，并且要有助于大学选拔人才。高校根据自己的办学特色，采取面试、笔试、特殊能力测试与考查学生的平时成绩、综合评价等方式，选择不同的生源，是朝着符合时代精神、符合国际潮流的正确方向迈进，也是大陆高考改革的必然趋势。二是关于大学办学自主权的问题。对于高考制度而言，主要指大学的招生自主权，即大学要自主选才。对于高校自主权，在《高等教育法》中详细规定了高校享有的八个方面的办学自主权，即民事权、招生权、学科专业设置权、教学权、科研开发和社会服务权、国际交流合作权、机构设置和人事权、财产管理和使用权。对于招生权的规定是：“高等学校根据社会需求、办学条件和国家核定的办学规模，制定招生方案，自主调节系科招生比例。”这一规定的基本含义即是国家只控制办学规模，高校在办学规模内自主招生，并自主调节系科招生比例。由于人才是大学得以生存和发展的基础，大学发挥招生自主权，是大学发展改革的必要条件，也是大学发挥其他方面自主权的前提。所以，高考改革特别强调有助于高等学校扩大自主权。扩大高校自主权对高校选拔优秀人才、扩大高校办学规模、提高高校整体水平都有着极其重要的意义。

台湾教育事务主管部门近年来大力推行多元入学途径，其基本理念是：

① 引自台湾教育事务主管部门“2001年教育改革之检讨与改进会议”——“畅通升学管道”子题分项报告书草案，转引自网站：http://www.edu.tw（2001年11月29日）。

② 引自教育部考试中心《中国考试》杂志编辑部：《高考内容和形式改革研讨会专辑》，中国人民大学出版社，1999年，第9页。

①充分考虑学生性向、能力与兴趣，建立不同的升学途径，避免以单一的智育作为升学标准，影响高中课程与正常教学。②希望大学院系依办学理念及发展特色自行选才。③已实施的大学入学方式除现行联招制度外，还有推荐甄选入学、各类保送甄试、申请入学、先修生入学等多种途径①。经过 2003 年和 2004 年对“大学多元入学方案”进行全面调整改革后，目前台湾地区大学多元入学制度的主要理念是考试专业化，招生多元化。其含义是大学自主决定考试的科目，选择多种入学途径招收学生入学；大学依据办学理念和学校发展特色，决定招收怎样的学生，如推荐甄选第二阶段的指定项目甄试，显示大学发挥自主选才的作用，大学招生自主化意识越来越强。

在入学考试和招生方面，台湾地区大学发挥其自主设立考试科目的权利，自主选择招生和录取学生的方式值得借鉴。

可以看出，这两个改革方案都是为了改革单一、统一考试的僵化模式，使大学入学考试的主体转变为高等学校，而不仅仅是学生和中学的事情。其主要宗旨是大学应该自主选才，在招生方式上应探讨多元化选才的方式。不同点在于，台湾明确提出大学多元入学，近年来的持续改革也说明大学多元入学是其改革宗旨，并形成了大学多元入学模式。

二、从改革的时间进程上看——循序渐进，坚持改革

“3＋X”高考改革方案，是在 20 世纪 90 年代以来已经试点和实行“3＋1”、“3＋2”高考改革方案的基础上提出的。1989 年，湖南、云南、海南三省尝试“3＋1”高考科目设置方案，1993 年，在全面推行会考制度的基础上，实行“3＋2”高考科目设置方案。1998 年启动新一轮高考改革。教育部自 1999 年 2 月推出高考“3＋X”改革方案以来，广东省率先试行，在广东省招生的大部分高校选择“X”为 1。2000 年又有江苏、浙江、山西、吉林等省按照方案要求进行改革试点，这些省的“X”为文科综合或者理科综合，而广东省的“X”为“综合＋1”。2001 年扩大到 18 个省（自治区、直辖市），2002 年全面实施“3＋X”改革方案已成定局②。台湾的“大

---

① 参见萧咏太：《感性的多元入学方案》，台湾《选才》（大学入学考试中心通讯）总第 82 期。

② 《高考改革：不断探索的历程》，《中国教育报》2000 年 10 月 12 日，http://www.people.com.cn/GB/channel1/12/20001012/268743.html。

学多元入学新方案”是在1992年提出的“大学多元入学方案”与台湾正在实行的各种招生方式加以整合的基础上形成的。1992年的“大学多元入学方案”包括三个入学途径，即推荐甄选、“改良式联招”、“预修甄试”。1994年率先推出推荐甄选，试办几年后获各界好评。后来，1998年又推出申请入学招生途径，由于当时没有专门的招生和考试机构的配合，还不能算是真正意义上的申请入学。在1999年对“改良式联招”进行重新评估，各大学认为“改良式联招”还不能实行，需要再研究和修改，并在对台湾的大学招生制度进行长达一年的研究之后，决定在“招考分立”的前提下，从2002年起实施“大学多元入学新方案”。2003年和2004年又进行了规范化、统一性等方面的重大修改，2005年以来继续实施多元入学，形成大学多元入学模式。两岸大学入学考试制度的改革均遵循了考试的发展规律，按照事物发展的过程，循序渐进，不断改革，坚持改革，使大学入学制度更加完善。

不同点在于，台湾是改革加研究，任何改动都要由事实说话，改革实践与考试机构的研究相结合，台湾对于考试制度的总结研究方面尤其值得我们学习。如在改革方案提出前进行大范围、大规模的座谈会；对高中教师、学生、大学教师、大学生、家长的问卷调查；在每年考试结束后，大学甄选委员会召集高中和大学，对大学多元入学提出各种意见和建议，并在下一年中认真修改；推荐甄选考试的追踪研究等。台湾主要遵循研究与调查相结合，理论联系实际，始终贯彻渐进、包容与兼顾的改革原则。大陆在有些方面的改革显得很仓促，究竟为什么要改革？过去做法的缺点在哪里？优点是什么？在考试理论方面较少总结。

三、从两个改革方案的特点上看——开放性、灵活选择性与多元性

从两个改革方案来看，具有开放性、灵活选择性与多元性的相同特点。“3＋X”高考方案的最大特点是开放性。一方面，中学所修9门功课全部开考，高校可以自主根据学校的水平和专业学科特点选择考试科目；另一方面，考生可以根据个人的兴趣、特长和能力选考相应的科目。“3＋X”的必考科目是语文、数学、外语，选定这三门必考课，是经过充分论证的，符合学科的相关性，符合形象思维、逻辑思维训练的必要性，外语增加听力测试，也符合提高学生综合文化素质和知识运用能力的要求。确定“3”这个考试科目，经历了一个改革过程。1977年，高校招生恢复时，仍沿用“文

革”前的科目设置办法，即文史类专业考政治、语文、数学、历史、地理、外语；理工类专业考政治、语文、数学、物理、化学、生物、外语。1983 年教育部提出试行高中毕业会考的设想，经过多年试验，总结经验，于 1991 年开始用了三年时间在全国全面实行。会考与高考功能分离，会考按照高中课程最基本的要求，以省为单位统一命题，作为一种水平考试，以区别于高考的选拔性质。1987 年，在实行高中毕业会考的基础上，上海市自行命题试行“3＋1”方案，即高中开考高中阶段的全部 9 门文化课，包括语文、数学、外语、政治、历史、地理、化学、物理、生物。“3”指语文、数学、外语，为每个考生必考科目；“1”指高等学校根据本校各专业的要求，从其余的六个科目中自行确定一门考试科目，考生根据自己所报的高等学校志愿，参加报考学校所确定科目的考试。1991 年，国家教委又在湖南、海南与云南三省高考科目组改革试点的基础上，逐步形成了“3＋2”高考科目设置方案，即语文、数学、外语三门基础课必考，文史类加政治、历史；理工类加物理、化学，1995 年在除上海之外的全国其他地方实行。1998 年，教育部在部分省市进行保送生综合能力测试试点，取得了成功，为综合科目的命题积累了经验。

作为选考科目的“X”有很大的灵活性，今后会突破传统的 6 门课程，包括高中所学的全部课程，如音乐、美术、体育等。“X”的选择权在高等学校，新增的选考科目给高校和考生提供了很大的选择自由权。学生选择志愿的机会灵活多样。因为选考科目是按照专业归类，替代了长期以来的文、理科分类，冲破了大文大理的界限。学生填报志愿受选考科目限制，选考什么科目，选考多少科目，决定了学生能报什么专业，报考多少专业。要求学生的必考科目综合分和选考科目单科分都要上线的“双上线”。

“3＋X”方案的科目设置也具有选择性特点，首先，有利于高校选才的自主性，即有利于高校选考科目和扩大高校自主权。这一方案包括中学所学的全部科目，由高校根据自身的办学性质、层次、专业特点、生源情况等确定选考科目，选拔人才，大大加强了高校的自主权和专业选择的针对性。以“3”和“X”分别划录取线或资格线，比以往的综合划线更便于高校对考生基础文化知识和专业特长技能的水平考核。其次，考生选择的自主性有利于促进学生个性的发展。实行“3＋X”，考生将从完全固定的高考科目中解放出来，每个考生都可以根据自己的理想、志愿、兴趣、水平、专业知识、能力基础以及特长、优势去修习课程，发展个性选择“X”，这是对以往固定设置高考科目做法的一种冲击，同时也向开放式设置考试科目方面迈出了一大步。教育必须关心所有学生最充分的发展，而学校的责任是提供能使每个学生达到他可能达到的最高学习水平的条件。“3＋X”便于学生按照自己的特点和优势选择教育，是人选择教育，而不是让教育选择人。这样有利于加强学习自控权，变被动学习为主动学习，使越来越多的学生逐步从“要我学习”转变为“我要学习”，真正实现积极主动、生动活泼的适性发展。

台湾地区“大学多元入学新方案”的特色在于“考招分立”及“多元入学”。具体来讲就是考试专业化，招生多元化。考试由大学入学考试中心及“术科考试专业委员会”等专职机构办理，使试题不仅具有评价功能，更能兼顾高中的教与学。招生由各大学自主进行，各大学院系依其特色制定招生条件，通过单独招生或联合招生，招收“适才适性适所”的学生。考生只需了解各大学院系的招生条件，再衡量自己的兴趣与能力，决定参加何种考试。

台湾地区多元入学方案也具有开放性，首先表现在教材全面开放，实施“一纲多本”的命题，两个阶段的考试，全面考查了高中所学的课程。其次，具有灵活性，如在指定科目考试中，大学根据学科专业特点设定考试科目，学生选考，过去大学联考是固定“套餐式”的单一选择，多元入学则是灵活的“自助餐式”选择考试科目。

在多元性方面，两个方案也具有共性。“3＋X”方案的考试由教育部考试中心负责统考共同科目，“X”由各省高校自主选择，可以自命题，也可以使用考试中心提供的试卷，目前“3＋X”的考试科目是各省自命题；一年两次考试、招生，即春季招生和夏季招生；统一招生与自主招生相结合，某些高校在自愿的基础上，尝试自主招考。台湾的多元入学，招生多元化，考试专业化与多样化，大学多元化评价等，都是很显著的特点。

可以看出，两个方案的相同特点很多，两岸在招生上都给大学更多的自主权，考试由专门机构办理，招考分立。大陆在高考的招生自主权方面的改革，还应加大力度，台湾的大学在招生上非常注重发挥自主权。相对来说，台湾地区多元化入学途径更具特色和优势，大学入学考试中心的专业化考试，为实现考招分立奠定了坚实的基础；大学招生专门机构“大学招联会”，使大学在招生自主上不致盲目和偏颇，有利于大学发挥自主性、开放性的特点。

四、从两个改革方案的考试内容、考试科目上看——统一考试与多元化评价

从台湾地区大学入学考试发展可以看出，台湾的多元化改革，还是没有离开统一考试，其原因前面也作了分析，与受到中国传统文化的影响有关，出现诸如走后门、拉关系、讲人情面子等现象。如果没有考试这种比较公平、客观的评价手段，难以公平、公正地选拔出优秀人才。从两个改革方案的考试科目与内容的改革看，始终没有放弃利用统一考试作为评价人才的一种标准，改革的基本特点是统一考试与多元化评价相结合。

“3＋X”高考改革的核心是让人选择教育，从而有效地增大个体和高等学校的自主权，有利于学生个性的发展，并增强学生的创新意识和创新能力。“3＋X”高考科目改革方案可以有不同的组合模式，如“X”可以从1到N不等，因而在实践中把“3＋X”理解为“3＋1”或“3＋2”也是有道理的，但是仅仅把“3＋X”作以上理解却是错误的，因为“3＋X”组合的目的是打破文理科之间的界限，以有利于学生文理兼报兼考，从而有利于学生综合能力的提高。从改革的要求上看，高考内容的改革是核心，即总体上更加注重能力和素质的考查；命题范围要“遵循教学大纲，但又不拘泥于教学大纲”；加大应用型和能力型题目的分量①。

“3＋X”中的“3”是由国家教育部考试中心统一命题，而“X”则由各省、直辖市、自治区根据高校的要求和选择，在反复调查论证，征求意见的基础上而确定的，如广东省1999年首次实行“3＋X”方案，“X”为物理、化学、政治、地理、历史、生物6科中选考若干门。2000年综合科目进入广东的“X”，实行“3＋综合＋特长科目”的模式，同时对本科和专科院校（专业）的考试科目加以区别，对本科院校（专业）统一规定选择两门以上的考试科目，即至少是“3＋2”；专科院校（专业）则选择一门考试科目，实行“3＋1”。2001年和2002年继续实行“3＋文理综合测试＋1”的模式。除上海市单独招生命题外，其他省、市、区由教育部考试中心统一命题，并根据各个省的具体实验教材使用情况，提供不同的考卷。另外，在考试内容上采用综合科目考试。综合科目考试是近年来探索的新型考试形式，它是建

① 参见东方、岳龙：《追问3＋X》，福建教育出版社，2000年，第71～72页。

立在中学文化科目基础上的综合能力测试，它不是物理、化学、生物、政治、历史、地理等科目按一定比例形成的“拼盘”，而是考查学生理解、掌握、运用中学所学知识的能力。高考设置综合科目有其客观必然性。从消极方面说，是为解决基础教育日益严重的文理偏科与人文精神弱化所作出的选择；从积极方面说，是为适应知识经济时代要求造就复合型、创造型人才所采取的措施。综合科目的实施，除可遏止偏科现象外，也可提高学生的多学科综合应用能力、立体思维水平，形成更为合理的知识智能结构。综合科目设置的功能主要是让学生从多学科综合地、辩证地、动态地认识事物和问题，开阔学生的视野，发展学生的辩证思维，增强学生的科学精神。这也是在大陆现实国情下，通过高考这根“指挥棒”来推动素质教育落实的一个重要途径。对高等学校来说，可以选拔到全面发展的高素质的学生。综合科目考试根据试行的情况来看，也是由各省、高校、考生自主选择，由考试中心统一命题。可见，大陆的高考改革，在考试方面既有统一的考试，语文、数学、外语三门主要基础课为全国统一考试科目；又有多样化的试卷选择，不但有全国卷，还有各省市自主命题卷。学校可以从多元化角度评价学生。

“X”主要是综合能力测试，即文科综合、理科综合和大综合几种类型。文科综合和理科综合测试内容比较强调学科内容的相对完整性，各学科考查内容在试卷中所占的比例，根据高等院校的录取倾向和高中课程、课时安排来确定。命题的指导思想是：在考查学生所学的基础知识和基本理论的同时，注重考查学生分析问题和解决问题的能力；命题以能力立意为主，强调学科知识结构中基本的、核心的、可再生性知识的内容，强调知识之间的内在联系，强调学以致用、理论联系实际，突出对学生学习方法和学习能力的考查。文科综合（即人文社会科学知识的综合能力考试）主要由政治、历史、地理等学科内容构成，理科综合（即自然科学知识的综合能力考试）主要由物理、化学、生物等学科内容构成。大综合测试内容是由若干组现实问题构成，不强调学科以及学科内容的相对完整性，更不主张文理分科，各学科考查内容在试卷中所占的比例，根据试卷所选择的材料、设计的情景以及编制的问题进行确定。命题的指导思想是：注重考查学生综合运用所学知识分析问题和解决问题的能力，以现实生活中的有关理论问题和实际问题立意命题，要求更加真实和全面地反映、模拟现实，要求学生不是对事物的某一局部、某一层面或某一阶段进行描述，而是注重对事物的整体结构、功能和作用的认识，以及对事物变化、发展过程的分析理解。大综合所要求的知识和能力的深度不及文科（或理科）综合，广度却大大超过了文科（或理科）综合。两者在命题本质上是一致的。综合能力测试试卷由选择题和非选择题组成。非选择题可以是填空、简答、论述等题型。考试时间为大综合 120 分钟，文科综合、理科综合各 150 分钟。试卷满分为大综合 150 分，文科、理科综合各 260 分。在分数报告和解释方面既可采取标准分制度，也可采取原始分制度①。这样，大陆高考改革的综合科目考试的模式已呈现多样化的倾向，有保送生的综合能力测试，大综合、文科综合、理科综合等。因此，高考改革的方向是朝着多元化和多样化发展。

台湾“大学多元入学新方案”，设计考试科目由两部分组成来考查学生的表现：第一部分的共同考试为学科能力测验，测验的范围是高一、高二必修的课程，其目的是保证大学生有基本的能力。第二部分为指定科目考试和指定项目甄试，即各校系自行举办的审查甄试、指定项目甄试，或是大学入学考试中心的指定科目考试，考查学生其他的表现（专精的能力，特殊的兴趣与才能，高中的成绩等）。指定科目考试的目标在于检测考生应具备的学科知识，对于资料的阅读、判断等能力，推理、分析等思考能力，表达能力及学科知识的应用能力。台湾与大陆的入学考试均注重基本知识和基本能力。学科能力测验是考查学生基本知识和基本能力的测验。台湾的国文、英文、数学三门考试科目与大陆高考“3＋X”中的语文、英语、数学三门考试科目安排有相同之处，看来以这三门课程作为考查学生基本知识掌握程度的手段，是两岸教育界的共识。因此，坚持以这三门课程为基准的统一考试有必要实行下去，以达到选拔人才的目的。

两岸的相异点在“X”与社会科和自然科的考试上。大陆高考中的“X”与台湾的“学科能力测验”中的自然科和社会科相比，“X”的要求更高一些，特别是综合能力测试的要求，不只是知识的拼盘，而且是加强学科知识之间的联系。台湾地区大学入学考试中学科能力测验是第一阶段的考试，通过了这个统一考试门槛之后，进入第二阶段的指定科目考试，目的在于考查学生各方面的能力。第二阶段是从国文、英文、数学甲、数学乙、历史、地理、物理、化学、生物等九个科目中由学校根据其特色及需要指定选择考哪些科目。笔者认为，台湾的“学科能力测验”中社会科、自然科与指定科目

① 参阅蒋超：《高考综合能力考试手稿》，人民教育出版社，2001 年，第 82～86 页。

考试合在一起，相当于大陆高考的“X”，只不过台湾分为两个阶段，进行两次考试，对考生的要求不同，从而减轻了考生的学习压力。高考是一阶段一次性的统一考试，在综合能力上要求考生具有学科之间知识的综合能力，考生为了应付综合能力测试就要花费很多的精力和时间。另外，在题型上，台湾的社会科、自然科的题型是选择题，包括单一选择题、多重选择题、合科选择题。合科题是由几门课程的内容组合在一起组成一道题，有点类似高考的综合能力测试题型，但是在计分上是不同的。高考中“X”的综合科目的题型分为选择题和非选择题，其分值比例为 50：50。

总之，台湾地区自然科与社会科的考试，全面考查学生高中所学的基本知识，学生不至于偏科，各门知识的学习可以正常而全面地发展。学生只要认真学习了高中课程，都可通过学科能力测验的考核。在考试方面，台湾是量高中生的具体能力而行，不过于注重综合能力的测试。

因此，大陆高考改革中的“X”，也应从高中生的实际出发，从高中课程学习的基本要求出发来确立考试的科目和方向。从台湾的两阶段考试经验中，笔者认为，大陆高考应该整合高中会考与高考科目，分为两阶段考试。第一阶段考查考生的基本知识与能力，第二阶段考查考生是否具备进入大学学习、深造的能力。鼓励一部分通过第一阶段的考生选择升入专科、职业院校或一般学院；既通过第一阶段考试又通过第二阶段考试的学生，可以考查其是否能进入本科、重点大学等。对综合科目的考试不应过于强调学科之间的综合能力；或者仿照台湾省的做法，在某一个地区或某一个省或情况类似的几个省市联合进行这种统一加多元考试的试验。当然，这只是一个假设，其利弊从理论上说较为合理，在操作层面上还要作进一步的调查研究①。总之，两岸在考试方面追求的是统一考试与多元化评价相结合的理想模式。

五、从两个方案的招生方式、录取分发上看——统一化、现代化与多元化

大陆高考在招生录取方式上的发展经历了复杂的演变过程。20 世纪 50 年代，根据当时社会政治和经济建设发展的需要，构成了统一高考建立的重要历史契机，而中国历史上的悠久考试文化的深厚积淀对现代教育考试

① 参见杨李娜：《台湾的大学入学考试中的“学科能力测验”述评》，《理工高教研究》（武汉）2003 年第 2 期。

的建立具有潜在的影响作用。因此，1952 年全国高校统一招生考试制度的建立是一定历史时期社会需要与考试自身发展规律相结合的产物，为当代考试制度的发展和完善奠定了全面而坚实的基础，“将统一高考制度的建立誉为中国现代教育考试的创举，是毫不为过的”①。在以后的 14 年中，高考主要采取三种形式：第一，统一考试，统一录取。统一招生考试制度的建立，实现了教育同国家计划经济的同步发展，保证了工农子弟上大学的比例，方便了考生就近考试，国家也节省了人力、物力。第二，统一考试，集中录取。如 1954 年规定录取实行“按总分由高分到低分，分为若干等级，逐级分配”的办法。1957 年的录取一般不采取计划分配的办法，按考生志愿不能录取满额的学校，再录取时要向考生征求志愿或者采取再次报考的办法来补足缺额。第三，统一考试，分批录取。1958 年教育部规定，改变全国统一招生制度，实行学校单独招生或者联合招生，1959 年又恢复全国统一命题、一次考试、分批录取的办法。这一高考招生体制一直延续到 1965 年。

从 1977 年开始恢复高考制度，主要是恢复了文化考试制度。高考实行德智体全面衡量、择优录取的原则，采取自愿报名，统一考试，地方初选，学校录取，省、市、自治区批准的办法。1985 年中共中央发布关于教育体制改革的决定，给教育改革带来了生机，指明了方向，注入了活力。文件中明确规定：“改革高等学校的招生计划和毕业生分配制度，扩大高等学校办学自主权。”在招生上，实行国家计划（国家计划后来改为国家任务，与委托培养、自费培养构成国家招生计划的三个组成部分）招生（其中包括按一定比例对边远地区及工作环境艰苦行业的定向招生）、用人单位委托招生、招收少数自费生三种招生办法，即招生上的双轨制。这标志着高等学校招生制度进入了一个新的阶段。双轨制中的调节性计划招生具有许多优点，如计划的制订、培养费的收取、录取分数线的划定、毕业生的分配渠道等比计划经济灵活得多。调节性招生计划的进一步扩大，既满足了一些用人单位对培养人才的要求，又满足了部分考生升学的愿望，更重要的是逐步改变了人们“国家包上学、包分配”的观念，促使高等学校根据社会需求调整自己的专业结构。但是又暴露出一些问题，主要表现为：一是两种招生计划之间的录取分数线差距过大，影响教育质量；二是由于两种计划录取分数线的差距，

① 引自刘海峰等：《中国考试发展史》，华中师范大学出版社，2002 年，第 338 页。

导致“分不够、钱来凑”、“花钱买分”的不公平现象，违背了教育的公平原则，客观上给社会造成了一种不正确的价值观导向；三是形成假性调节性计划、指名录取、乱收费等现象，为滋生腐败和不正之风提供了温床。

针对高校招生中存在的问题，1994 年以来，高考进行了两项比较大的制度性改革：一是将多种招生计划形式合并为一种计划形式，即招生计划并轨。1994 年进行试点，1997 年在所有高校全部推行。如果说 1977 年恢复高考是考试史上的一个里程碑的话，那么招生并轨是高考恢复 20 年后的又一个新的里程碑。所谓并轨招生，就是将普通高校实行的国家任务和调节性(委托培养、自费生) 两种并存的招生计划形式，以及在录取新生时采取的两种录取分数线标准（即“双轨”）合并成一种国家任务收费生计划形式，实行计划形式、录取标准、收费标准三统一。“并轨”后录取时，同批次学校执行同一分数线，学生缴费上学，毕业生自主择业。它是高校招生计划形式和录取体制的一项重大改革，是中国大陆高等教育综合性、系统性改革的一个重要组成部分。实行招生计划并轨，克服了以上所说的弊端，使招生制度、招生计划形式、高校专业结构和教育管理与社会主义市场经济的发展相适应，促进了高等教育的快速发展，也促进了高等学校招生和毕业生分配制度的改革和发展①。二是自 1998 年起启动“新一轮”高考改革，主要进行考试科目和内容的改革，扩大高校招生自主权，使高考招生有助于大学选拔人才，有助于大学发挥并扩大办学自主权，进而提高高校的办学水平，促进高等教育的发展。

从招生录取方式上看，大陆的高考主要是统一招生、统一录取，分批进行。录取方式以省（自治区、直辖市）为单位，由省级招生职能机构组织各高校按招生计划，定点分批录取本省（自治区、直辖市）考生的区域录取模式。目前已经实现了全部高校的网上录取。招生的方式也呈现多元化，有艺术、体育类院校的招生，普通高校的招生，保送生的招生和春季招生等。

从招生过程上看，“3＋X”方案中，录取分数线分两个，一个是语文、数学、外语组成的综合分最低录取控制分数线。另一个是“X”的分数线，即选考科目分数线，这一分数线叫资格线。物理类、化学类、政治类、生物类、历史类、地理类原则上每批次只有一条最低录取控制分数线和一条资格

① 参阅马文卿、刘文超：《中国高考走向》，山东人民出版社，2002 年，第 25、27 页。

线。只有综合分达到最低录取控制分数线，选考科目也达到资格线的考生才能入围。对于有加考科目的考生，加考科目与必选考科目无主次之分，只要一门上了线，又填报了相关专业，就有资格参加录取，并规定高校还可以兼招必选考科目以外报考其他科目的考生①。从总的情况来看，因各省的情况不同而存在着一定的差别。一般而言，要求考生的综合分必须上控制线，同时选考科目必须上资格线才能出档。高校在录取时，按照上线生源的综合分从高分到低分，按照考生所报志愿的一定比例投档。高等学校录取填报兼招专业的考生，一般要求兼招科目的成绩不低于已录取考生的选考科目的成绩，对考了选考科目的已出档考生的录取应优先于兼报科目的考生。选考的各科目对考生而言，没有主次、先后之分，只要上线并填报了相应的专业，就有资格参加录取。各省市、大学的招生录取按照教育部统一部署，在统一的时间，各地高校统一录取，体现统一化的特点。

适应信息社会的科技发展需求，探索招生录取方式的现代化。高考实行网上远程录取，这是高校招生手段革命性的变革，也是现代信息技术在招生领域发展的必然结果，可以收到省时、省力、省经费、廉洁、公正、高效率的效果，为高考进一步深化改革创造了极为有利的条件。1996 年，天津、广西率先试验了网上录取，到 2001 年，基本建成全国招生网上录取系统。网上录取首先是招生信息数字化，考生个人信息以数据或图片等形式存入存储介质（如磁盘、光盘），每个考生形成一份电子化的信息档案。招生档案的电子化，即电子档案取代纸介质档案，通过网络流通，流通过程中只显示考生流水号，院校在不知考生姓名和考号的情况下审阅考生的电子档案，确保招生工作的客观、公平、公正。录取工作网络化，在网上提取、传递、调阅档案②。

在招生录取上，台湾也实行统一分发，分为甄选入学统一分发和大学入学考试统一分发。如“考试分发入学制”的招生由“大学招生委员会联合会”负责，各大学分派不同的任务，学生于收到考试成绩单后，根据志愿、兴趣填写志愿登记卡，再由统一分发委员会根据学生志愿统一分发。实施大学多元入学以来，不断开发计算机招生、报名、选填志愿、分发录取网络系

① 参见东方、岳龙：《追问 3＋X》，福建教育出版社，2000 年，第 141～142 页。

② 参见东方、岳龙：《追问 3＋X》，福建教育出版社，2000 年，第 142～143 页。

统，目前报名为网上报名，分发录取、学生登记志愿也在网上操作。

招生方面，台湾与大陆的不同之处还有，台湾推行的是分层次分类型的多元入学，对技术专科院校（四技二专、二技）、高中职、五专均采取配套的多元入学方案，是真正意义上的多元入学。大陆高考在这方面还有待进一步完善，尤其是在专科、高职入学方面的升学途径与普通高校间划一条杠杠，很难体现大学特色和高等教育的多样化。台湾在1972年专科与大学就已分开招生。另外，网上录取作业形式，台湾早在20世纪70年代就已实行，有很多可供借鉴的经验。

总之，大陆与台湾在招生手段上使用的是现代化、信息化的方式进行招生、录取、分发，在招生方式上是多元化的入学途径与统一化的录取分发方式相结合。

六、从办理招生考试的机构上看——考招分立

台湾的考试机构是大学入学考试中心，专门负责大学入学的考试事务工作。其建立伊始，是教育事务主管部门下属的一个事业单位，目前已转型为民间文教机构，为“财团法人大学入学考试中心”。“大学多元入学新方案”就是由当时的“大学招生策进会”和各“大学联合招生委员会”委托大学入学考试中心进行研究、修改后，2002年在台湾全面实施的招生考试方式。大学入学考试中心只负责考试相关的工作，提供考生的成绩，分析每年的考试情况等，至于考生参加考试成绩如何使用，谁来使用，则由各大学和招生部门定。目前大学入学考试中心接受台湾大学招生委员会联合会的委托，承办学科能力测验和指定科目考试，受大学术科考试委员会联合会委托办理术科考试业务。招生工作由大学招生委员会联合会下属的大学甄选入学委员会和大学考试入学分发委员会负责，前者负责通过学校推荐和个人申请两种方式入学的招生工作，后者负责考试分发入学的招生工作，考试与招生由分开的两个不同机构负责。在一定意义上说，具有考招分立的特点。大陆的高考“3＋X”是在教育部的统一规划、部署下，由各方面协作完成的，教育部的考试中心不仅负责高考试卷的命题工作与试题的研究、分析，每年的考试说明的编制等，还有其他有关的教育考试命题及研究，如自考、成人高考、留学考试等。考试中心是教育部下属的一个行政事业单位，也具有研究考试的功能。但是它出台的规定必须经过教育部的批准，它的行政功能较强。这是

它与台湾大学入学考试中心本质的不同之处。在大陆，各大学设立专门的招生办公室，作为招生专职机构，专人负责管理招生业务，从上至下招生工作分三级进行。大陆地域辽阔，各省市的经济、教育发展很不均衡，应借鉴台湾的大学招生委员会联合会的形式，成立大学联合招生组织，协调招生录取中的矛盾和两难问题。

通过比较可以看出，台湾地区“大学多元入学新方案”与大陆的高考“3＋X”改革方案，有共同之处，如重视统一考试，注重考查学生基础知识的掌握程度，强调考试的客观与公平等，但也有许多不同的地方。因此，台湾地区大学多元入学考试制度的改革对我们高考的改革具有一定的参考价值。

第二节　借鉴与启示

台湾地区大学入学考试制度的发展与改革，积累了诸多成功和失败的经验与教训，研究探讨这些经验对于大陆高考改革具有重要的借鉴意义。台湾地区大学入学考试制度的改革具有几个突出特点：多次考试，改变联考“一试定终身”的局面；采取多元化招生方式；以多元方式评价学生；考招分立，加强大学招生自主权，增加学生与大学之间的多向选择①。本节首先提出台湾地区大学入学考试制度对我们的启示，在此基础上展望两岸的大学入学考试制度今后的发展趋势和共同合作的课题。

一、台湾地区大学入学考试制度的改革对大陆高考改革的借鉴与启示

（一）坚持统一考试为主

台湾地区大学入学考试制度的发展历时 50 多年，中间从未中断，考察其发展史可以看出，各个发展阶段都是坚持以统一考试为主的形式，保证大学新生的质量。中国是考试的故乡，一千余年的科举发展史也警示人们，考试是相对来说较为公平、公正的选拔人才手段。台湾在统一考试的基础上，

① 参阅杨李娜：《台湾大学多元考试制度的若干特点》，《教育评论》2005 年第 1 期，第 77～79 页。

实行多元入学的升学途径，应为大陆高考所借鉴。同时，坚持以统一考试为主的招生原则，维护高考的公正形象，今后应是改革高考坚持的原则。近几年，大陆有些论者提出废除高考，甚至说“高考不废，毁人不已”，废除高考可以解决教育中的诸多问题。将教育问题的矛头全部指向高考，这是一种对中国国情、文化没有深入研究的看法。学者周洪宇认为：“就我国目前的情况而言，在没有找到一种比高考更好、更合理、更科学的选才制度之前，废除高考录取制度显然不符合国情。尽管社会各界人士对高考有这样或者那样的批评，但是绝大多数人都不得不承认：高考是目前中国相对最公平的选才制度。它是以考生的分数而不是考生的家庭出身、血统、背景、关系、金钱等等为标准，较好地避免了所谓靠‘关系’、‘路子’、‘后门’等手段带来的种种社会不公，为考生提供了一个依靠自己努力改变命运的平台、依靠自己的勤奋进入主流社会的机会。因此，在可以预见的相当长一段时间内，高考还不能废除，也废除不了！废除高考的主张，只不过是一种简单的情绪发泄，于事无补，没有什么积极意义。”①

台湾地区是经济发达的资本主义社会，但由于受到中国几千年传统文化的影响，与大陆同根同源，讲一样的语言，用一样的文字，在社会关系中也存在着讲人情、重面子、拉关系的现象，所以在台湾对于人才的选拔，首先想到的方式是考试，而且是对于人人都公平的统一考试。近几年探索的多元化招生入学考试模式，还是没有离开统一考试这个重要的评价人才的手段。改革的实践也证明，不能轻言废除考试，台湾的做法我们要引以为鉴。

从两岸改革方案的比较中可以看出，统一考试并不是计划经济的产物，台湾很早就是市场经济，但是从 1954 年以来一直实行的是统一考试。现在我们搞社会主义市场经济，就可以不要统一考试，可以取消高考了，这种看法是片面的。统一考试只是用教育测量学的理论与方法，作为一种手段来测量考生进入高校所必须具备的文化基础知识水平和具有的进一步在高一级学校深造的潜在能力，是一种公正、民主、科学提供智力测试水平的方法，它肯定不会是从属于哪种体制。市场经济要求高校应该成为独立法人，根据自己办学的特色决定招收什么样的学生②。因此，两岸的改革均坚持统一考试

① 周洪宇：《高考改革是个系统工程》，《人民日报》2006-06-08（13）。

② 史策：《还是坚持大学入学统一考试好——关于台湾“大学多元入学方案”的介绍与思考》，《中国考试》1995 年第 3～4 期。

为主，改革的宗旨在于高校选拔人才。台湾地区大学多元入学制度的目的在于“用适当的方法，选择适当的学生，进入适切的校系，达成适性的发展”①。统一考试针对的是参加考试的学生和选拔人才的高等学校，这两者该如何应对，如何发展，高中教学应从改革方案中借鉴有益于教学的方面，而不能一味以考试引导教学。另外，“大学多元入学新方案”采取考试机构统一命题、统一考试时间、统一阅卷，大学则确定考试科目和采用考试科目的成绩，如何采用，采用多少比例，如何进行评价、考核来选拔人才等，这些问题有待深入研究。

（二）重视考查学生的基础知识、基本能力

台湾地区多种统一考试中，考查内容包括高中所开设的全部课程，学科能力测验没有文理科之分，指定科目考试由高校根据专业特点设立考试科目，学生考试的科目越多，可选择的志愿学系越多。台湾“新方案”实行学科能力测验和指定科目考试，甄试项目由学校确定，考生根据所考学校和专业，选择适合自己发挥特长的入学方式和考试科目。基本特点是较为重视学生基础知识的掌握和基本能力的考查。台湾的考试所进行的改革可参见第三章和第四章的叙述与分析。

台湾在考试中坚持考查学生的基础知识与基本能力，从历年的指定科目考试国文科的非选择题的题目类型和内容也可以看出（参见附录一）。大学入学考试要有一个基本的维度，这样才能合理确定考试科目和考试内容。

以大陆高考为例。“3＋X”中的“X”，最终趋向于大综合考试，包括高中所开设的全部课程，学生的全面发展有章可循。新一轮高考改革主要是高考内容的改革，这是高考影响中学素质教育实施的核心因素。高考内容改革的目标是，突出对学生能力和素质的考查。命题的指导思想是，要考查和引导学生，不仅能运用单科内知识来分析解决问题，而且能运用中学所学的多科知识综合分析问题和解决问题。

从高考命题的总要求上看，应该改变以知识立意命题为以能力立意命题，打破传统及封闭的学科观念，在考查学科能力的同时，注意考查跨学科的综合能力。命题时要遵循教学大纲但又不拘泥于教学大纲，提倡对大纲所

① 引自丘爱铃：《台湾大学多元入学制度改革之分析》，台湾中华发展基金管理委员会主办《海峡两岸高等教育发展与改革研讨会》会议手册，2000 年 3 月。

规定的知识的灵活运用和综合运用。同时增加应用型和能力型题目，让考生根据所学的相关学科的基本知识，分析解决现实中的与考生知识和能力水平相当的问题。综合能力测试是高考改革的突破点，对推进素质教育，激发学生生动、活泼、主动地学习，避免死读书、读死书的现象具有十分重要的意义。台湾地区考查学生基础知识和基本能力的改革经验值得重视。

（三）坚持考试的客观、公平、公正的原则

考试作为一种测度、甄别人的身心素质个别差异的人本化社会活动，既是一种价值性活动，又是一种规律性活动。任何考试活动，不仅要追求某种考试价值，而且应遵循一定的考试规律。作为一种价值性活动，它要受到考试活动主体价值需要的制约；作为一种规律性活动，它要受到考试客观规律的制约。不合目的的考试，人们不愿为，也就没有所谓实现考试价值；不合规律的考试，人们不能为，也谈不上实现考试价值。遵循考试规律，按考试规律开展考试活动，是实现考试价值的基本前提。所谓考试规律，简单讲就是考试活动的客观必然性。一般认为，考试具有三大规律，即考试适应社会发展的规律，考试适应人的身心发展的规律，考试自身运行的规律。考试适应社会发展的规律，是指考试是一种社会现象、社会行为、社会活动，考试与社会是局部和整体的关系。考试作为相对独立的社会活动参与社会的整体运行，必须满足（而不是破坏）社会系统整体运行的功能需要。考试适应人的身心发展规律，是指考试活动的对象是人。考试的设计与实施只有针对不同对象身心发展的特点，才能得到应试者的密切配合，使主试与被试两种主体之间的交互活动协调一致，真正用预测的内容去测出应试者被测方面客观存在的质与量，对个体素质或智能方面的差异作出较为准确的判断。考试自身运行的规律，是指考试作为一个相对独立的系统，从确立测试目的、设计实施直至分析处理考试结果，都有其特有的运行规律，是一个多环节的有序流程，步骤分明，程序严密。一般来说，考试的目的、内容、方法、手段等，是根据实际需要及所具备的条件而定的，但考试的程序、步骤却是相对稳定的，不能随意颠倒次序。从事考试活动，必须严格按考试规律来进行①。

① 参见李家林：《考试价值及其实现》，《学术论坛》，载于网站：http://www.baoan.net.cn/upload2/1056469590.doc。

考试规律是考试活动的法则，是考试活动的客观依据。不顾考试与社会的必然联系，考试就成了无外在根据的无规则活动；不顾考试与人的必然联系，考试就成了无内在根据的无针对性活动；不顾考试自身的运行规律，考试就成了无规律可循的紊乱活动。因此，只有按考试规律开展考试活动，才可能发挥考试效能，实现考试价值。

考试是一种客观存在的现象，是考试就要有标准，一般的原则是客观、公平、公正。考试作为公正、公平的工具，为社会客观地选拔人才起了主要作用。但是考试并不是万能的，也具有一定的局限性，在强调考试标准化的同时，像如何平衡考试中客观题与主观题的比例，如何公平、公正地评价主观试题，从而更加公平、公正地体现考试标准等，这些问题一直是考试改革研究的主要内容。台湾地区大学入学考试在考试的公平、公正、客观方面主要体现在以下几点：①制定严格的考试规则，规范考试程序。在招生简章中明确各种考试的评分方式、考试科目、各种资料审查要求、成绩使用方式，使其在招生中有法可依。②强化招生考试制度的公平性建设。从报名到命题、制卷、试卷运输、试卷保管、试卷评阅、组考、监考、招生录取等各个环节，建立一套完整的管理制度与操作规程，防止不公平现象发生。③进行大学入学考试的主观题或非选择题阅卷试验，使考试更为公平、公正。经过多年的实践，目前正在逐步进行主观题的网上阅卷。④学科能力测验所实施的级分制（参见第四章），自然科目与社会科目试题评分的弹性化，还有指定项目甄试的评分方式，推荐甄选总成绩的处理等，值得借鉴。⑤台湾地区联考、多元入学以统一考试、公平竞争著称，各大学的招生规定均坚持公开、透明，目前多公布于招生网站上，任何人均可以通过互联网络查询到。大学入学考试中心的考试命题以公平、公正、客观为原则，以考查学生的能力为主。

高考和台湾地区大学入学考试均是针对高中生的大规模考试，均秉持了考试的公平、公正、合理、可信、客观的原则，实行以来受到社会各界、考生及家长的认可和欢迎。因此，考试的公平、可靠应是两岸大学考试专职机构必须始终坚持的原则。新的改革方案应延续以往高考和联考公平的精神，进一步完善考试，使考试的生命力更加长久，更加公平地选拔优秀人才。考试的公平、公正也是中国考试历史发展的规律，像大陆高考和台湾地区大学联考及目前的多元入学，在考试上更是以公平、公正为最重要的原则。

（四）加强大学招生自主权，重视大学在招生上的多元化选择

大学入学考试制度的改革越来越趋向于多元化，主要原因之一是大学自主意识的觉醒。招生主要是大学的事情，大学应该在招生方面有自己的权利，法律也赋予大学一定的招生自主权及大学怎样使用这个自主权。台湾1994年颁布了所谓“大学法”，进一步明确了大学招生自主的权利。不仅台湾如此，在大陆高校中也存在如何用好自己的自主权这个问题。台湾地区成立的“大学招生委员会联合会”，是大学招生的自治机构，对于协调大学招生具有很大帮助，各大学在这个组织中可以互相谈论招生的问题，确立解决问题的方法。笔者认为，在中国大陆也应该有一个类似的大学招生组织，协调各界及各大学解决大学招生、录取以及研究等方面的问题，充分发挥高校的招生自主权。

另外，台湾过去的大学联考，学生的成绩单上只有一个分数，即学生参加一次性的大学入学考试的成绩分数。大学多元入学，则使大学发挥招生的自主权，在决定招生的形式上，大学有权决定选择何种入学方式。大学可以根据各校的发展特色，选择不同的考试科目和各科不同的成绩处理方式，在近几年的改革中，主要采用的成绩处理方式有：采计、参酌、检定、采纳等。对学科能力测验和指定科目考试两种大型的统一考试形式，大学入学考试中心只提供学生的各科考试成绩和当年的成绩标准，如何使用学生的考试成绩由各大学自行决定，大学选择学生成绩的方式多元化，这也是大学发挥招生自主权的表现。

（五）探索多元化评价学生的招生考试模式

对学生进行多元化的评价，从国内外的教育评价发展趋势来看是必由之路。在前面一章中专门介绍了国外目前在教育评价上更加注重学生学习知识、学习成绩以外的能力、学习过程、学生资料的多元化评价。台湾地区大学多元入学考试制度在探讨学生的多元资料、多元能力、多元学习过程等方面进行了有益的尝试，在推荐甄选的考试入学方面作了多种试验，试行了多种方式、方法的考试和招生，在多元化评价学生方面主要与普通教育的关系较为紧密，但和高等教育也是有关的，招生的自主权主要在大学方面，大学应该研究探讨高中生的心理发展状况，从学生的多元化能力与发展的角度考虑建立多元评价机制，有利于大学选拔合适的人才。所以，多元化评价学生也是大陆高考今后改革的方向和目标，过去我们也认识到这个问题的重要

性，但是现在它是一个要提到议事日程上来的迫切需要研究和实践的问题，台湾在大学入学考试方面的经验可供学习。

（六）加强考试研究，重视考试方案的宣传

台湾在考试研究和宣传方面的具体做法有：首先，在理论方面，发挥理论先行，遵照理论与实践相结合的教育规律，重视对考试制度的研究，注重借鉴国内外的良好经验，改革方案的制定要科学、周到、严密。特别值得提倡的是台湾大学入学考试中心从 1990 年以来所作的有关大学入学考试制度的实证性研究，几乎每一个重大问题的改革都进行了大量的调查、访谈，召开多次座谈会等。每年出版的多本研究报告，一方面，是对当时的研究实践的总结；另一方面，则是为今后的研究提供可资借鉴的资料。现在翻开任何一本研究报告，都可看到当时人们对大学入学考试制度的态度、研究状况等。笔者认为，台湾在这方面的做法是最值得我们学习和借鉴的。其次，台湾重视“新方案”的推行和宣传，不仅有全省分区的对高中说明会，全面宣传“新方案”，而且编制发送“您就是明日大学之星”宣导手册，以解民众疑虑，向考生提供最新信息。将“新方案”的具体内容放置在网络上，使考生及早掌握信息；专门制定“大学多元入学新方案宣导工作计划”方案（内容包括：培育种子教师，以高中教师为对象，透过研习会培训，并建立全省十区联络网）；制作电视媒体广告，简短、密集播出为“新方案”而制作的电视短片和咨询专线及网址；设置咨询专线；提供书面及视听资料，提供多种渠道的“新方案”信息，加强对“新方案”的认识。大学入学考试中心所编辑的《选才》杂志，专门开辟专栏宣传“新方案”，并免费发送给考生，让考生了解“新方案”。高考改革要制定缜密的方案，有长远的规划，把考试制度的研究提到议事日程上来抓。“3＋X”高考改革，除了有书面宣传外，也应有媒体、视听、网络的广泛宣传，正面解释说明，积极导向，促进大陆考试制度的改革。

（七）开辟多元化招生入学途径，适应高等教育的多样化发展

高等教育大众化是客观趋势，它必然带来高等教育结构的多样化、多层次化。一方面，科学技术的发展伴随着生产和社会生活的现代化，必然需要多种多样的人才；另一方面，青年求学的要求和他们自身的能力是多样的，要满足他们多样的要求，高等学校也需要多样化。在大陆就有全日制高等学校、成人高等学校、高等职业教育学校、民办高等学校等；另外还有学术型

和研究型的高等学校；本科与专科的高等学校；正规与非正规的高等学校等等。面对高等教育的多样化的趋势，高考在其改革与发展中越发显得有许多明显的缺陷，如在几十年的考试实践过程中，始终存在各校、各专业在高考中的共同要求与特殊要求难以兼顾的矛盾；考试的卷种单一，如此大国，如此众多不同水平的中学，还有不同层次（本、专科）不同专业的大学，都面对同一张试卷进行一种水平的考试，显得过于单一化。一份考卷考所有的学生、各级各类的学生，这样做是否合理，学术型高等学校的生源与职业型学校的生源标准和要求是否一致，都值得我们思考。另外一个问题是，一份考卷考所有的学生，学生以分数的高低依次进重点大学、普通大学、专科、高职等，最差的进民办大学，往往造成对部分学生的伤害，尤其是就读民办大学的学生。因此，高考除了在内容、形式、方法、技术等方面须进行相应的改革之外，为适应高等教育多样化的要求，各高校应根据自己的情况选择不同的生源，这也是扩大高校办学自主权的体现。在这几年的高考改革中，广西壮族自治区尝试了本科与专科分开考试；高等职业学校的考试和招生权下放到各省、市、自治区自主决定、管理；对保送生制度进一步改革，加强监督；有些大学进行了自主招生的试验；考试的卷种不再是过去单一型的试卷，针对各省的课程改革情况和各高校所选择的“X”形式（大综合、文科综合、理科综合），考试中心提供不同的试卷；艺术、体育院校的单独招生、专业课单考等等。这样看来，大陆的高考也在向多样化的考试和招生趋势发展。只是要达到完全的多元化，还得进一步努力研究和探讨。

台湾地区大学入学考试从 20 世纪 90 年代中期以来，一直在进行多元入学的考试与招生途径的研究和实践，具有一定的基础，比如早在 1972 年大学入学考试与专科学校的入学考试就分开进行，目前职业技术教育的考试和专科入学考试均实行多元化的入学途径。关于职业技术和专科院校入学考试，由“技专校院招生策进总会”负责“四技二专”、“二技”和“五专”的各种入学考试，这些不同类型院校的考试采用多元入学的方式，考招分立，招生由“技专校院招生策进总会”负责，考试委托“技专校院入学测验中心”负责，高中、高职的毕业生可以根据自己的需要，选择不同的方式入学。高考改革迫切需要在分类型、分层次招生和入学考试上入手，建立专门的考试机构，负责考试业务。高考改革较为理想的办法是将全国统一考试与各校的特殊能力测验结合起来，并注重考查学生的平时成绩、特殊表现及参加社会实践活动的情况等，实行大学、大专、职业技术学院、民办院校分开考试和招生，实行多元入学的招生途径，增加学生和高校的双向选择机会。台湾地区多元入学对我们改革高考制度，适应高等教育的多样化发展，调动学生和高等学校的积极性具有重要的借鉴意义。

（八）重视高中学生的生涯辅导和职业指导

现在高等教育的发展呈现多样化的趋势，高等教育的大众化时代已来临，学生选择大学的机会增多了，学生所选的专业比过去更为多元化和复杂，如何使学生的选择既适合学生个人的兴趣、能力、性向的发展，又适合大学培养专门人才的需要，使大学能招收到适才适性的学生，加强高中学生的生涯辅导和职业指导，也是大学入学考试制度发展到目前多元化时期需要面对和必须解决的一个紧迫问题。因为大学入学考试实行多元入学的途径，高中学生如何通过大学入学考试，选择适合的志愿，成为学生最关切的问题之一。大学入学考试制度的改革，势必直接影响高中的教学方式，与此同时，高中必须加强升学辅导措施，以满足学生的需求。高中学生由于处于人生发展的关键时期，其身心均处于发展、成长的阶段，学生如何选择课程、如何认识自己的需要并作出正确的选择，是高中学生成长发展中最重要的课题。因此，高中学生的辅导，特别是与招生考试相关的生涯辅导、职业指导问题显得更加紧迫。这个问题在大陆和台湾都存在，台湾早在 20 世纪六七十年代，就提出了高中学生的辅导问题，在这方面也做了许多尝试性工作，但还没有完全达到预期的目的。台湾目前正在实施大学多元入学的方式，这个问题越发凸显出来。在台湾，高中设立了专门的辅导室，专职的辅导老师负责学生的升学指导、职业选择指导、生涯辅导等，对学生了解大学的招生、考试情况具有一定的帮助。

显而易见，学校的辅导工作，尤其是学生的生涯辅导和职业指导非常重要。台湾在高中学生的生涯辅导方面做了很多工作，主要通过学校辅导室的宣传，咨询大学入学考试招生方面的改革情况，在大学入学考试中心专门设有教育服务处，研究高中学生的教育、辅导、测量等工作，大学入学考试中心开发的“北斗星——选择大学校系电脑辅导系统”、“漫步在大学——网上大学校系查询系统”等现代化的学生生涯辅导软件，帮助学生正确地选择大学和系科。今后高考的改革，应借鉴台湾的经验，在高中学生辅导上多下功夫，进一步促进高中学生的多元化评价，对学生选择大学系科，进入大学专心学习有很大助益。所以，本书特别提出高中学生生涯辅导的问题，作为今后进一步研究的重点课题之一。

总之，研究台湾地区大学入学考试制度，对于改革大陆高考有很大帮助。台湾在改革入学考试制度方面有丰富的经验和一些深刻的教训，我们在改革中应吸收其可行的、正确的、有效的做法，剔除其不好的做法，使高考改革更加完善。

二、对两岸大学入学考试制度进一步改革的建议

通过研究比较海峡两岸的大学入学考试制度的发展演变，根据分析结果，特提出如下建议：

（一）对台湾地区大学入学考试制度的建议

（1）考试方面

继续坚持统一的大规模考试，大学入学考试中心所扮演的角色是加强大学与中学的联系，是一座中介桥梁。大学入学考试中心应加强命题研究，不仅研究改进考试技术，而且研究考试发展历史与考试理论。

（2）招生方面

大学建立招生专门机构（或部门或单位），负责招生工作，促进大学多元化的招生体制的改革。可以参照美国、英国、日本及中国大陆的做法，加强大学招生制度的研究，因为考试与招生是密不可分的两个重要方面。

（3）加强考试与招生的配套措施与监督管理工作，确保考试改革、招生多元化的顺利实施。从前面几章的分析论述中可以发现，台湾地区大学入学考试制度的改革，有时由于没有建立健全的相关配套措施，而使较好的改革方案不能如期实施。今后在提出新的改革方案时，应同时出台有关的监督和管理办法，促进改革工作更加完善。

（4）台湾地区大学入学考试制度的未来发展，应该进一步朝向多元化。具体为加强统一考试制度，规范多元化的招生考试机制，逐步走向以统一考试与多元化评价和招生方式相结合，学生自主申请入学的理想模式。即学生可以参加大学入学考试中心举办的各种类型的统一考试，凭考试成绩向各大学申请，大学可以发挥招生自主权，参照学生学习过程中的多元资料和表现，择优录取学生。这一理想模式的实现有几个条件，台湾已具备或正朝这个方向努力。首先，要有专门的大学入学考试机构，能够提供多种类型的考试，台湾的大学入学考试中心除了进行主要的学科能力测验和指定科目考试两大考试之外，还开发研究了“语文表达能力测验”，目前已经纳入学科能力测验国文科的非选择题的考试中，另外，还有“英语写作能力测验”、“术

科统一考试”高中英语听力测验等大型的考试，积极实行一年两试。其次，在招生自主意识上，大学逐步认识到招生是大学自己的事情，各大学不断努力探讨多元化入学途径，发展大学特色，今后大学在招生方面的各种条件（如各大学设置专门的招生单位，建立健全相关法律法规）成熟以后，可以完全自主招生，学生也能自由选择合适的大学。再次，台湾的各级各类大学有不同的考试招生方式，职业技术类有技术院校多元招生入学方式，专科学校有多元入学招生方式，高中也有多元入学招生方式，高中、大学、职业技术院校和专科学校也在同步进行招生入学的改革，同时其他各方面也实行教育教学改革，如大学课程设置改革、大学专业结构的调整、高中实行学分制与新课程改革等。因此，这种各级各类学校教育多方面相互配套的改革，协调发展，共同探讨可行性的操作方法和措施，实现理想是可行的。最后，台湾是一个重视法治的社会，如果再进一步健全考试的相关法律机制，就有可能逐步实现大学入学考试制度改革的理想模式。

（二）对大陆高考改革的建议

(1) 考试方面：加强教育部考试中心的考试职能，以考试为主，开展多样化的教育服务工作。命题研究方面，考虑将会考与大学的“3＋X”考试整合成为合理的两次考试，或者是两阶段的考试，既考查学生的知识掌握程度与能力水平，又能使大学选拔到合适的人才。两次考试的规模可能比现在更大，但在公信力、公平性、公开化等方面更加取信于民。两次考试的地区间的可比性增大，差异性逐渐减少。应使学生参加的每一次考试都可以具有多种功能，不但能进入大学，还可以用在其他方面。台湾的学科能力测验的使用单位越来越多，说明其的确能考出学生的基本能力水平。针对学生、大学、高中教师、学生家长以及社会大众，考试中心要加强宣传，正确引导，转变民众的社会价值观念，促使建立多元化的选拔人才机制。

(2) 招生方面：发挥学校招生部门的积极性，转化行政事业单位的功能，招生部门不只是在每年招生的时候起作用，还应在平时做好大学的宣传、学校介绍、学生的升学辅导等工作。从行政权力过于集中的事业单位，转化为以招生、服务、教育为主的服务机构。中国大陆很有必要建立类似台湾的“大学招生委员会联合会”这样的组织，共同解决招生方面的问题、协调招生纠纷等，使过于集中的行政权力真正下放给高校本身，逐渐地落实大学的招生自主权。当然，解决这个问题的前提是增强大学的招生自主意识。成立大学招生的协调组织，至少以省为单位，有一个协调性组织。过去省、市的招生部门行政权力过于强大，并没有起到协调招生的作用。再者，大学应积极开展多元化评价学生的研究和实验工作，在招生中尝试以多元化的手段评价学生，多样化录取考生。台湾的推荐甄选、申请入学都是较好的范例。最后，要加强高中学生的升学辅导工作，辅导比心理咨询的范围要广泛得多，“辅导”一词用在正在发展、上升时期的高中生身上最合适，可以消除其心理上的障碍，促使教师和学生互相配合，进一步完善升学与生涯辅导。

(3) 加强考试的法律法规建设，使考试更加规范化，发挥公平、客观、公正的作用，增强招生过程的透明度，减少中间环节，发挥大学招生的自主权，维护考生的合法权益，建议出台《考试法》、《教育考试法》、《大学招生法规》等相关配套的法律文件。

(4) 建议尽快研究、逐步实施分类型、分层次进行统一入学考试，改变目前以一种考试（主要指高考）考查报考各种类型学校的学生。实行大专院校、高职院校、艺术、体育类特殊专业院校等不同类型的学校，各自分开进行招生和考试，教育部统筹安排时间，协调各级各类考试事宜。加强学生升学辅导，引导学生参加适合其能力、兴趣、需要的不同类型学校的招生考试。在高等教育多元化、多样化发展的今天，这是适应时代需要的改革。

(5) 笔者提出一个今后高考改革的构想，供有关方面参考。第一，在考试方面，转变教育部考试中心的职能，变行政事业单位为专门的考试机构，针对不同类型、不同层次的学校，设计不同的考试形式，包括命题、试卷、阅卷、评价、试题分析等，建立考试专门机构的权威性。这样，考试中心每年可以提供专门的考试，学生根据高校指定的考试科目选择参加不同的考试。第二，进一步改革会考和“3＋X”考试，合并会考与“3”中的有关考试科目，实行两阶段考试。第一阶段为一种水平性考试，考查学生掌握基本知识的能力，全面检查学生高中所学的内容，使大部分学生都能通过考试。统一考试科目，使各省之间的成绩具有可比性，可以采取的方式有各省设立“基本学力测验中心”；或在经济、文化、教育发展水平相近、地区相邻的几个省之间联合成立“基本学力测验中心”，考试中心指导各省考试方面的规范化、标准化工作；协助解决命题技术研究、试题开发等考试技术和理论上的问题。这样，可以解决中国地域广阔，人口众多，众口难调的问题。第二阶段主要是为大学招生选拔合适优秀的人才。考试中心提供“3＋X”方案中设计的“X”科目考试试卷，供各校选择，高校根据自己的培养目标、发展特色，选择招收学生必考的科目，发挥高校招生自主权。这样两个阶段的考试，不同类型和不同层次的高校可以只选择第一阶段；或者只选择第二阶段，参照第一阶段；或者两个阶段考试都选择。不同类型不同层次的高校，对于考试成绩的处理方式，可以在国家宏观调控的范围内自主决定。教育部只规定成绩使用的上下限制。第三，在招生方面，大学成为招生的主角，招生是大学的事情，应进一步强化大学招生专门机构的作用，转变过去行政事业单位职能，改变官僚作风，真正做到服务学校，服务考生，服务社会。第四，大学探索多元化招生方式，利用学生的多元化资料评价学生的学习过程和学习能力。其前提是，在统一考试的基础上，筛选出具有基本学习能力、较好地掌握高中所学基础知识的学生。大学综合评价学生的考试成绩与学习过程中的多元智力表现和成果，依据相应的招生规则，甄选学生，择优录取学生。第五，建立大学之间的招生协调组织，改变过去的上下级集中管理方式，发展横向联系，落实大学招生自主权。上级主管部门在政策法律上提供宏观指导，考试中心积极研究，各省的大学之间建立招生专门协调机构，协调本省的招生工作以及与外省、全国的招生纠纷事件，处理由于违规、舞弊造成的不良事件。这个专门组织是大学自愿建立的，受上级主管部门的宏观调控，引导大学发挥招生的自主权，处理招生录取中的相关事宜。第六，加强高中辅导工作，认真研究辅导方法、开发相应的辅导软件，利用信息时代多媒体技术的发展，以电脑网络的形式，科学、有效地指导学生选择志愿，选择人生，选择生活。高中生正处于人生发展的关键时期，如果在中学就重视引导学生具有多元的价值观，树立正确的人生目标，为其以后进入适合的大学或进入社会做好充分的准备，因此，加强辅导工作是必要的。

总之，这个高考改革模式的构想，是以两阶段的统一考试为基础，辅之以学生多元化的学习过程评价，并与多元化的招生方式相结合的考试招生模式。在管理机制上，转变考试中心和各级招生部门，尤其是大学招生机构的职能，进一步改革考试，坚持考试的公平、客观、公正的原则，探索多元化招生方式。考试与招生的多元化目的是使学生达到适合个性的发展，学生适合个性的发展是将来的招考改革追求的重要目标。建立考试中心、大学、高中之间相互合作的关系，在考试科目上，分阶段、分层次考试，使大学、考生之间能够双向选择。在招生方式上，继续进行多元化的招生录取体制的改革，加强高中升学辅导及配套措施建设，规范高校招生制度。

三、今后两岸共商合作的课题领域

除了研究台湾地区大学入学考试制度的改革发展，笔者认为，大陆与台湾今后还有许多共同合作的课题领域。

（1）相互交流有关中考、高中入学考试制度的研究成果，合作研究改进高中入学考试制度。台湾在高中入学考试方面的研究成果很多，每年的“初中基本学力测验”，成为仅次于大学多元入学的大规模统一考试形式，大陆关于中考的改革研究成果也不少，可以合作研究进一步改革高中入学考试制度的课题。

（2）台湾的大学入学、技术职业学院入学、专科学校入学考试是分开进行的，技术职业学院和专科学校实行的是多元化入学方式，大陆也在改革高考模式，探索高职院校、专科学校和民办高校的考试入学方式，两岸可以开发这一课题领域的合作研究。

（3）进一步加强考试技术、命题研究、考务管理工作、网上阅卷、电脑阅卷等课题的合作研究。两岸在这些方面均进行过长期的研究、探索，已经进行过经验交流，今后在操作技术、软件开发、理论研究等方面，可以进一步拓展合作领域。

（4）由于两岸语言相同，文化传统相同，虽然经济发展水平和政治制度不同，但是进一步加强两岸的考试理论研究，从文化、社会、经济、政治等多方面多视角地研究考试制度，两岸有可以共同开发合作研究的课题，如关于社会阶层与流动和考试的关系；文化与考试的关系；教育与考试的关系等等。

（5）高中升学辅导研究，在台湾已进行了卓有成效的技术研究、实际操作工作，积累了成功的经验，过去关于升学辅导的研究交流主要在心理测量领域进行，两岸心理学界已召开过几次重要的学术交流研讨会，有一定的合作基础，今后可以在针对学生的升学辅导、学习动机、兴趣与考试的关系等方面继续合作，共同探讨，相互借鉴。

第三节　结　　论

本研究从纵横两个维度论述了台湾地区大学入学考试制度的发展、演变过程，从多角度的理论出发，分析其发生原因、影响因素、特点及未来发展趋势。综合本研究的各项结果，本节归纳台湾地区大学入学考试制度的重点，得出本研究的结论，供有关的考试和招生决策机构参考。

一、台湾地区大学入学考试制度的发展经历了四个时期，从最初的创立，到发展和“联招新制”的演变，再到多元化时期，四个时期各有自己的特征

第一阶段为创立时期（1954 年至 1971 年），统一的联考联招，由台湾教育事务主管部门统一规划，集中控制考试和招生的权力。大专与大学联招在一起，1962 年曾实施大专与大学联招分开，后因重复录取名额太多，经费及专科教育并不发达等原因又合在一起招生，一直延续到 1971 年。考试内容、科目、方式均延续民国时期的联招模式，深受民国时期教育制度的影响。

第二阶段为发展时期（1972 年至 1983 年），1972 年大专与大学联招正式分开招生，大学继续实施联考联招，并推行“高中学生能力评价与辅导”工作，为日后发展升学辅导奠定了基础。同时还配合经济发展，提供产业结构所需的各类人才。最后，对大学入学考试制度进行了一些技术上的改革。

第三阶段为演变时期（1984 年至 1993 年），1984 年实施大学“联招新制”，先考试，后填志愿，调整考试与招生的考务顺序，大学各系自定加权和高低标准，考生可跨组报名，仍然是统一考试、统一分发的考招模式，并持续至 2001 年。1992 年大学入学考试中心推出的“大学多元入学方案建议书”，为大学入学制度改革奠定基础。

第四阶段为多元化改革时期（1994 年至今），1994 年大学试办推荐甄选入学方案，1998 年实施申请入学，随后实行“大学先修制度”，后来发生变化，停止招生。同时还有以大学联招为主的“考试分发入学制”，大学招生和考试呈现多元化的发展态势。目的是探索多元化考试和招生的途径，使大学招生自主，开展学生多元能力的评价，打破过去大学联考联招“一试定终身”的局面。推荐甄选所提倡的大学、高中、大学入学考试中心三者之间的配合是选拔人才的新尝试；2002 年全面实施的“大学多元入学新方案”，迎来了台湾地区大学入学多元化的时代。经过实施改革，台湾确定了今后继续实行大学多元入学的考试和招生方式。大学入学考试制度呈现考试多元化方式、招生多样化途径、考生多种选择、高中和大学多元化评价学生、大学充分发挥招生自主权的多元化入学制度。

台湾地区大学入学考试制度从单一的统一联招，到大学多元化的招生途径，在招生理念上实现大转变，从过去仅以学业考试成绩为主选才，到目前以学生多元能力发展为标准的大学自主选才；招生决策权从台湾地区行政管理机构、教育事务主管部门逐渐下放到大学，在招生方式上从考招合一，到考招分离，再到考招分立，从统一招生、统一分发、统一考试转化为多元化的考试、招生方式，如高中推荐、学科能力测验、大学指定项目甄试、大学指定科目考试、大学甄选的模式；学生自行申请入学，大学甄选的模式；大学提供多种选考科目，考生多重选择的模式；延续“预修甄试”、“大学先修制度”的“大学进修学士班”模式等，为不同层次、能力、性向的学生提供多元化的考试招生方式。在考试上，从过去联考的一次考试，发展到目前的多次考试，考生具有多次选择的机会。

二、从考试内容、考试科目、考试方式的变化上看，坚持统一考试、统一命题、统一阅卷，在此基础上，改革大学入学考试单一化倾向，探索考试内容的弹性化，考试科目设置的多样化，考试方式的多元化

台湾地区大学入学考试科目与内容的变革不是很大，多元化时期以前基本是统一的考试内容，科目相同，分组考试。共同科目考试主要在于灌输统治者的政治意识，考生被动接受特定知识、社会价值观念和政治信念。统一的考试内容、科目，长期发展的结果必然是内容僵化，科目失去弹性，窄化学生的思想、社会价值观，严重干扰高中的正常教学。“一试定终身”增加学生、家长的负担，台湾教育上的一系列问题，如升学主义、恶补、重考等，都与大学联考制度的考试内容单一、过于统一有关，因为学生必须精读细研固定的教科书，接受单一价值体系的书本知识，才能通过考试。从20世纪90年代中期开始，台湾地区大学入学考试制度进入多元化时期，尤其是推出学科能力测验，使考试内容、考试科目焕然一新。通过推荐甄选入学方式和申请入学的两阶段考查学生，不仅可以了解学生的基础知识和基本能力以及学术发展潜能，而且使考生能够发挥其特长。大学自主选才，高中教学开始走向正常化轨道。

考试方式与考试科目、内容从单一向多样、多元化的变革，使台湾的考试改革迈向新台阶。与此同时，大陆高考也在尝试科目改革，两者遥相呼应。大陆高考改革的重点在考试科目与内容，从20世纪80年代末90年代

初以来，一直在尝试科目改革，如“3＋1”、“3＋2”、“3＋X”、综合能力测试等。大学入学考试制度的改革，其根本是改革考试的内容和考试科目，这也是改革的重点和难点。从台湾地区大学入学考试制度发展历程看，考试是必须的，但是考试科目和内容是可以改变的。随着经济、社会的发展，对人才培养目标需求的不同，随着科学技术的进步，人们对知识需求越来越普遍，适当变化考试内容和科目，改变单一的考试形式为灵活多样的考试，是大学入学考试改革的历史必然选择。在没有找到比考试更好的办法之前，考试作为选拔人才的主要形式之一，是可行的、必须的。但是，考试的具体表现形式如内容、科目、形式等必须改革，以适应社会发展的需要，中国科举考试废止的深刻教训之一就是考试内容僵化，命题趋于偏、难、怪，形式单一，为时代所不容。因此，改革考试内容与考试科目、考试形式，不仅台湾如此，大陆的高考也必须适应发展的需要改变其不适合社会、教育需求的消极部分，发扬其中积极的、有效的成分。

三、从招生方式的发展演变看，从最初的联招创立，“联招新制”的变革，发展到目前的多元化入学

台湾地区大学入学考试制度，反映在入学上，就是招生方式发生很大变化，前后经历了三次转变。第一次转变是建立统一的联招时期，改善过去单独招生的各自为政、重复录取的混乱局面，减轻考生的经济压力，集中精力应考，但是考招不分。第二次转变是“新制大学联招”的建立，先考试、后填志愿分发的招生模式，这种招生模式由于改革过去先填志愿、后考试的模式，仍然维持考招不分的局面，从 1984 年实行，一直延续下来。学生可跨组报考，大学可自定招生标准，在招生上有一些弹性变化。第三次转变是目前的多元化招生入学时期，招生由大学自主，考试由专门机构负责，考招分立。招生方式多元化，多种招生方式并存，如“改良式的联招”、推荐甄选、申请入学等。大学、学生的选择权增多，不仅可双向选择，而且可多向选择。逐步实施学生多元化能力的评价。大学得以发挥招生自主权、行使自主招生的权力，使招生真正成为大学自己的事情。

四、从招生机构上看，大学的自主意识逐渐觉醒，大学在招生中扮演重要角色，发挥主力军作用

台湾的招生机构主要是各大学成立的“联合招生委员会”，其有四次大

的转变。第一次转变是成立“大专联招会”，奉教育事务主管部门命令办理当年的招生考务工作，它是台湾教育行政高度集权体制下的产物，因而产生很多问题，如考务工作权责划分不清，每年在招生时组成，招生考试结束即解散，考试经验不易传承，无法避免技术上的累积错误，具有临时任务编制性质。因为由各大学负责不同的考务工作，组织内部的横向沟通困难，教育事务主管部门的行政干涉过多。第二次转变是教育事务主管部门设置“大学入学考试委员会”，形式上是常设机构，但在实际运作过程中，无专职人员，教育事务主管部门负责人成为大学招生的最高决策者，一年召开一次会议，象征意义多于实质意义。由于大学并无自主权，大学入学考试委会员仍是一个教育行政集权督导、控制下的机构。第三次转变是教育事务主管部门下放给大学联合招生委员会权力，大学联合招生委员会自行核定、监督及分配当年度的联合招生工作计划，委托大学入学考试中心负责办理大学联考的“试务总会”业务，大学入学考试中心再进行研究、命题改革、技术改进，提出招生变革的研究方案。1997 年成立的大学招生策进会，主要是协调大学招生策略，是各大学招生的决策机构，大学招生朝向自主化发展。但是此阶段是多种机构并存，有大学校长会议、大学招生策进会、大学联合招生委员会、大学入学考试中心，彼此之间有重叠性和相似性，在招生问题上自然有矛盾冲突。如“大学多元入学方案”中的“改良式联招”，就是由于当时大学校长会议对此产生疑义而暂缓实施，后来经过改变，已不再是原来设计的形式。其实“改良式联招”若在 1999 年如期实施，目前台湾地区大学入学制度改革会更稳妥一些，有些改革会离目标更近一些，从而有可能最终实现理想模式。第四次转变是明晰大学招生决策机构，2002 年成立大学招生委员会联合会，改变过去多种部门多种职能的局面，大学招生委员会联合会负责招生事务及招生决策，大学入学考试中心负责考试，教育事务主管部门起监督作用，进一步理清各方面重叠复杂的关系。因此，在 2002 年一片“废除多元入学，走回大学联考老路”的呼声中，教育事务主管部门与大学招生委员会联合会在调查研究、认真讨论、分析综合各方意见的基础上作出决定，2003 年继续实施“大学多元入学方案”，改革申请入学的招生收费，使其规范化，2004 年再对多元入学方案实行进一步改革。这种包容、渐进、兼顾的改革思路和原则是值得借鉴的。

从台湾地区大学招生机构的几次大的转变可以看出，多元化并不是混乱化，也不是“多钱”化，更不是没有规范化。大学入学中的招生自主权，不应是一放就乱，一乱就收，在放权的同时，要适当加强建立健全规范机制，发挥教育行政部门的监督机制和宏观调控作用。

五、从台湾地区大学多元入学制度之一——推荐甄选的个案研究和多视角的理论分析发现，以统一考试为基础的多元化评价学生能力的方式是可行的，在具体操作上，要不断加强相关配套机制，如在多样性招生和多元化考试、评价的同时，规范操作过程，适当限制，制定相应的法律法规

研究台湾地区大学推荐甄选入学途径发现，大学较为重视学生的多元能力、特别才艺等方面的表现，高中推荐通过基础知识考试筛选后，大学严格地从多元评价角度考查学生的能力、兴趣、学习动机等，收到了考试与推荐相结合选拔人才的功效。从1994年开始实施大学推荐甄选，先试办，再由教育事务主管部门主管，下放给各大学自主办理，自主决定，其间也经历了许多波折，但却在不断完善、改进的过程中，作为大学入学考试制度的重要形式之一，推荐甄选坚持了十几年。研究推荐甄选入学途径的成功与不足之处，可以为大陆高考改革保送生制度，艺术、体育院校的招生考试制度改革提供宝贵经验。例如，考生参加统一的学科能力测验，经筛选后才有机会进入大学第二阶段的指定项目甄试；规范高中推荐程序，使之标准化，可操作性强，加强约束机制，消除造假等现象；术科考试采取统一的考试，规范各类特殊校院的招生考试程序，制定相应的成绩使用、审查制度；增加大学甄选招生过程的透明度，大学、系科的推荐条件与审查要求、成绩处理方式等，均明确登载在招生简章中，使考生、家长明了，有法可依，有规可循。

从多视角的理论分析发现，台湾改革大学入学考试制度，以适应社会、经济、政治、文化等方面发展的需要，以及学生个人多元化能力发展的需要，遵循了高等教育发展的两条基本规律。台湾地区大学入学考试制度的发展演变过程、改革历程、个案研究等方面证明，台湾地区大学入学考试制度改革符合教育发展规律。从学生的多元智力入手，多元化评价学生的能力表现，台湾在多元化入学考试、多种招生途径方面，进行了长期的实践、探索，取得了初步成果，奠定了今后进一步改革大学入学考试制度的基础。从教育与文化关系探讨台湾的升学主义问题及其根源，可以看出，文化尤其是

传统文化因素对考试的影响，是我们研究考试制度不容忽视的方面。从教育机会均等的理论探讨台湾多元化的考试、招生制度，其考试招生制度对处于不同社会群体的学生有不同的照顾政策，如对残疾考生在考试方面的特别关照；推荐甄选以平衡城乡差异，减小弱势学生与优秀学生、一般高中与“明星高中”之间的差距等。同时，随着招生、考试规模的扩大和高等教育的多样化，建立相应的考试机构和招生专门组织是必要的，台湾在这方面还有待努力。虽然有专门考试机构——大学入学考试中心，但在招生方面各大学没有专门的招生单位，对于今后改进招生工作，强化大学的招生自主权是不利的。因此，建立大学专门招生机构是未来改革招生制度的重中之重。而各大学之间建立的大学招生委员会联合会这个招生决策机构，有待于进一步完善职能，成为一个协调招生事宜的专门性的民间文教招生组织。

六、从考试发展规律上看，无论怎样变革，始终坚持统一考试，坚持考试的客观、公平、公正、公开选拔人才的原则，这也是大规模考试发展的必然规律和必然选择

从中国传统文化和中国考试发展史来看，凭才取人，以考试选拔人才的方式，符合中国社会、经济、文化的发展特点和需要。中国大陆与台湾地区虽然实行的是两种不同的政治制度，但均以统一的考试来选拔人才，相互之间有可供借鉴的经验和做法。

台湾地区大学入学考试制度的改革，不仅没有淡化考试的功能，而且强化了考试的功能，考试这个属于“必需的罪恶”[①]，在当今社会更加不可忽视。大学多元入学，实行两个不同层次阶段的考试，第一阶段为学科能力测验，第二阶段为指定科目考试和指定项目甄试。第一阶段有两次考试机会，可以补考，这些考试除了指定项目甄试以外，均为大规模的统一考试，统一由大学入学考试中心命题、阅卷、评分、发放成绩单，在指定科目考试与指定项目甄试方面，大学可根据学校的培养目标、特色，选择采用不同的考试科目。指定科目考试只是每个考生、每个学校选择和指定的考试科目不同，

① 参见梁实秋：《论考试》，《梁实秋散文（一）》，中国广播电视出版社，1989 年，第 281 页。

还是要进行统一的大规模考试。考试的灵活性比高考的强度大，因此，尽管是推荐甄选、申请入学所要求的入学条件放宽，但以统一的学科能力测验考试成绩作为筛选标准，是其得以存在下来的重要条件之一。考试与推荐，如何结合，孰优孰劣，各国和地区都在探讨。根据心理学的多元智力理论、教育机会均等的理论以及教育评价、教育测量的最新发展，我们知道人的能力是多元的，人生而平等，具有追求相同的受教育的机会。探索以统一考试为基础，以学生多元化评价为辅相结合的考试模式，在国外就实行过，如美国、日本，只是各国的具体教育制度有差别，具体操作不同而已。台湾尝试的是考试与推荐相结合的选才评价方式，其根本原则是坚持考试的公平、公正、客观的特点，遵循考试的发展规律。

七、大学入学考试制度今后的发展，应以统一的基础知识考试为主，辅之以多元化的手段评价学生的多元才能，以多样化的招生方式实现招收适才适性适所的学生，实现学生、大学、高中之间充分的双向选择，满足学生的发展需要、大学的特色需求、高中的教学改革需要

追求理想化的入学考试制度，是高校选拔人才面临的问题之一。台湾与大陆虽然政治制度不同，地理环境条件差异很大，但在语言、文化、文字、文化传统、教育制度等方面，均有很大的相似性。台湾地区入学考试制度，从 1954 年开始大学联招到目前的多元化入学，坚持统一考试是其始终追求的目标。事实证明，考查学生的基础知识的掌握程度、基本能力的发展状况，是用统一考试可以做到的。在深受中国传统文化影响的台湾，一直以来也重视考试，各种类型的考试在台湾多如牛毛，台湾社会可以说是一个考试社会。与之相适应的，是重视研究考试制度，研究中国几千年的考试文化，以及如何以考试选才。多元入学从 1994 年开始试办以来，虽然有一些弊端，但总的方向是好的，目前又进一步加强了考试的重要性，规范了推荐与申请审查的程序、收费标准等。以多元化评价学生的多元才能的招生方式，应是今后发展的方向，是可行的招生录取方式之一。

大学入学考试是大学与高中教育的桥梁，如何搭好这座桥，大学入学考试中心扮演着重要角色。大学入学考试中心虽然不能决定招生考试的政策，

但是其职能主要在研究考试，服务考生，使大学与中学之间互相沟通、了解。大学所定的考试条件、招生录取标准，选定的考试科目，要适应高中的实际发展，要符合高中生的身心发展特点。大学入学考试中心要协调、引导大学与中学之间的相互了解、沟通，充分发挥桥梁作用，引导高中的教学、辅导工作正常化，协调大学所定的考试标准与招生条件，使之具有可行性与可操作性。因此，高中应正常教学、公平公正地推荐，大学入学考试中心专责考试，从而实现大学与高中之间的双向互动，多向选择。大学可以选择考试科目、录取标准、招生方式、考试方式并选择学生；学生可以依兴趣、能力，选择入学方式、志愿、考试科目、考试方式，两者是互动的多向、多元的选择。

台湾地区大学在多元入学考试制度的改革中，积累了丰富的经验。通过实践，台湾社会对大学多元入学考试的改革基本持肯定的态度，要求在坚持统一考试，建立健全相关法律法规的同时，继续进行改革，以进一步完善大学入学考试制度。

附　　录

附录一：台湾历年大学入学考试国文科作文题汇编

1954 年：论各院校联合招生

1955 年：一个影响我最深的人

1956 年：论国文之重要

1957 年：读书的甘苦

1958 年：论大专入学靠科目分组与不分组之利弊

1959 年：学问为济世之本

1960 年：邀请居留海外学者“回国”服务书

1961 年：论“己所勿欲，勿施于人”

1962 年：“先天下之忧而忧，后天下之乐而乐”说

1963 年：孟子云：“生于忧患死于安乐。”试申其义

1964 年：孔子云：“知之者，不如好之者；好之者，不如乐之者。”试申其义

1965 年：反攻前夕告大陆同胞书

1966 年：公共道德的重要

1967 年：迁善改过说

1968 年：论恕道与公德

1969 年：自由与守分

1970 年：论精神生活与物质生活

1971 年：自立自强说

1972 年：现代知识青年如何培养义务感与责任心

1973 年：曾文正公云：“风俗之厚薄，系乎一二人之心之所向。”试申其义

1974 年：荀子云：“吾尝终日而思，不如须臾之所学。”试申其义

1975 年：“言必先信，行必中正说”

1976 年：仁与恕互相为用说

1977 年：一本书的启示

1978 年：人性的光辉

1979 年：忧劳所以兴国，逸豫适足亡身

1980 年：灯塔与烛火

1981 年：生活中的苦涩与甜美

1982 年：从挫折中培养勇气

1983 年：看重自己，关心别人

1984 年：海不辞水，故能成其大；山不辞土石，故能成其高

1985 年：接受和反馈

1986 年：安和乐利社会的省思

1987 年：论同情

1988 年：丰收之前

1989 年：论虚心

1990 年：爱国爱乡爱人爱己

1991 年：根

1992 年：变

1993 年：桥

1994 年：论污染

1995 年：荣与辱

1996 年：自由与自律

1997 年：有两道作文题。一、具体描绘的功夫是写作基本而重要的能力。请写一段三百字左右的文字描绘“街景”，不必成篇。二、某报“公共论坛”版请你发表对“家庭教育”的看法，请以三百字左右的文字写出你的看法。

1998 年：两个题目任选一题作文。一、郑愁予《错误》一诗有云：“那等在季节里的容颜如莲花的开落。”等待的心情也许平静，也许焦躁；等待的滋味也许甜蜜，也许苦涩；等待的过程也许短暂，也许漫长；等待的结果

也许美好，也许幻灭。凡人都有“等待”的经验，请以《等待》为题，写一篇文章，内容至少应包含：等待的对象（人、事，或其他）；等待的过程；等待的心情；等待的结果……二、《散戏》中的“秦香莲”故意赖掉了一段戏，却一点歉疚的神色也没有，惹得秀洁大怒。林文月在《苍蝇与我》中，面对小林一茶的温厚心境，自觉有些羞愧。其实“惭愧”是一种自我反省的反应，有了这种自省的能力，才可能检讨自己的言行，提升自我的境界。你一定也曾有觉得惭愧的时候，请以《惭愧》为题，具体描述你觉得惭愧的事件、原因及心情。

1999 年：一、古人见浮云联想游子，见落叶联想衰老，见桃花联想美丽的新嫁娘。透过贴切精彩的联想，可以呈现更优美动人的情境，因此联系力的培养、发挥，是语文学习的重要课题。下面有三个问题，请任择一作答。(一)“车站”让你联想什么？(二)“夏天的骤雨”让你联想什么？(三)“深夜的犬吠”让你联想什么？注意：联想的对象限举一件，须说明何以产生如此联想；文长约一百字。二、面对人生种种事物，有人采取冷静旁观的态度，有人采取欣赏喝彩的态度，有人采取热烈参与的态度。请写一篇文章阐述自己的态度，文长不限。

2000 年：一、短文写作。说明：根据最近的一份调查显示：如果在“金钱”与“时间”中要作一个选择，世界上有 52%的人会选择“金钱”；但包括印度、菲律宾、泰国、越南等许多亚洲开发中国家的人，却希望拥有更多的“时间”而非“金钱”。如果让你在两者间选择其一，你会选什么？请写一篇二百字左右的短文，说明你的选择与理由。二、作文。说明：人生在世，须有所付出，面临需要帮助的人，我们应该伸出援手。唯有付出，人生才会更加饱满而充实。其实我们的周遭，处处充满了这种高贵的情操，如义消、义交、导护、医院义工以及各种服务和行善的团体，他们都奉献出自己的时间、金钱和温暖的情谊。请以“义工”为主题，自拟题目写出你的看法。

2001 年：人们通常会透过特别的事物来保存某种“记忆”。例如琦君以《一对金手镯》来保存对于昔日挚友的记忆；毕业生会以记住班号、保留制服来维持对母校的记忆；家庭的成员会以珍惜家宝、族谱来维持对家族的记忆；旅居海外的游子会以听家乡歌、吃家乡菜来维持对故乡的记忆；我们平常也会藉着珍藏徽章、车票等物品，或者凭着对一条河流、一次旅行的印象，来维持我们对人生某阶段的记忆。你透过什么事物来保存人生中哪个部分的记忆？请以《一个关于□□的记忆》为题，写一篇文章，文长不限。

2002 年“学科能力测验国文科”作文试题

一、图表判读：下图显示的是传染病 X 从 1996 年到 1999 年在各年度四季之间的发生率。图的横轴是不同年度，纵轴是每十万人发生的个案数（单位：人数/十万人）。请判读本图，归纳、分析它所传达的讯息，并以条列方式陈述（原图略）。注意：1. 请分点列举，力求简明扼要。2. 不必详述具体数字。

二、文章改写：写作时，适度而精确地使用口语与成语，可使文章增色，但若滥用、误用，反不可取。下面是一封情书，除粗陋的口语外，更充斥俗滥与错误的成语。请在不违背其本意的前提下，用真切、自然的文字加以改写。注意：1. 改写时须保留原信的时间、地点、人物、情节。2. 不可使用粗陋的口语，并避免滥用成语。

> 下个礼拜六在校刊编辑会议首度看到你，就被你煞得很惨。你长得称得上是闭月羞花，声音也像莺啼燕转。从此，你在我心中音容宛在，害我卧薪尝胆、形容枯槁。我老妈看不下去，斥责我马齿徒长、尸位素餐，不知奋发图强，难道要等到名落孙山、墓木已拱才甘心吗？我也有自知之明，这封信对你而言只是九牛一毛，你一定弃之如敝屣。但我相信愚公移山的伟大教训，也就是人定胜天，如果你给我机会让我向你表白我自己，你会恍然大悟我是个很善良的人。期待你的只字片语，若收到回音，那一定是我一生中最快乐的一天了！

三、情境写作：台湾已进入高龄化社会，但一般人对老人世界仍缺乏了解，也欠缺了解的兴趣。相对于儿童、青少年，老人似乎愈来愈处于社会的边缘。下面是一位老人的日志，平实记录的背后，颇有心情寄托，例如：30 日的日志中“三十年老屋，不知如何修起”既说屋况，也正是说自己，读者细细推敲，自能体会其中调侃与苍凉的况味。请以“1 月 4 日星期五的日志”为对象，并以老人原本所记二事为基础，铺写成首尾完整的文章，文长不限。注意：1. 不必订题目。2. 先仔细阅读每一则日志，体会老人的心情，了解老人的身体与家庭状况，以便发挥；但不得直接重组、套用各则日志原文。3. 以老人为第一人称，用他自己的口吻与观点加以撰写，务必表现出老人的心境与感怀。

30 Sun.	31 Mon.	1 Tue. 元旦	2 Wed.	3 Thu. 十一月廿日	4 Fri. 小寒	5 Sat.
隔壁修房，今日动工，云：旧历年前可毕。客厅墙壁渗水，三十年老屋，不知如何修起？至书店给孙子、女买礼物。	上午回心脏内科吴医师门诊领药，挂49号。下午看眼科白内障，挂20号。（明天记得带礼物）	中午12:00祥园小馆家聚。（记得带礼物）家聚取消，孙子补习，孙女准备考试。儿独来，坐15分钟，留钱一包、撒尿一泡，走人。	午，与妻两人至面馆小酌庆生。吾言：若得老妻、老友、老狗相伴，身怀“老本”，家旁有老馆，老不足惧！妻与云：无聊！	昨晚得知，老友逝，心肌梗塞……料吾大去之期亦不远矣！	至公园小坐，冬寒乍暖。见幼稚园老师带小朋友游戏。几个外佣推老人出来排排坐，聊天，一景也。	冷锋至，与妻合力搬出电暖炉。儿来电，问好不好？答以好。问血压正常否？答以正常。问三餐服药否？答以服！服！服！

2002年“学科能力测验国文科（补考）”作文试题

一、资料判读：下面的“图表”与“观察记录”，是某位紫檀观察者从2000年一月到六月对台湾西部某地区“昆虫甲”与“昆虫乙”的生态观察资料。其中“昆虫甲”主要生长在水源附近的灌木丛中，“昆虫乙”则没有特定的生长地形。请根据这两项资料，归纳、分析“昆虫甲”及“昆虫乙”的族群变化情形，并以条列方式陈述（原图略）。观察记录：从三月底开始，灌木林发生某种传染病，大片灌木林相继凋萎。注意：1. 务请分点列举，力求简明扼要。2. 不必详述具体数字。

二、书信撰写：下面是有关“喜憨儿”及“喜憨儿烘焙屋”的介绍。现在你所居住的社区即将于五月五日开一家新的“喜憨儿烘焙屋”，请你写一封公开信给社区内的民众，让他们了解“喜憨儿”及“喜憨儿烘焙屋”，并吁请大家能以支持及关怀的态度，欢迎这家店的开幕。注意：1. 可斟酌适度使用所提供的资料。2. 公开信的重点是让社区居民对“喜憨儿”与“喜憨儿烘焙屋”有所了解，从而呼吁大家对此店的开张表示欢迎。3. 书信所用“提称语”（如“尊鉴”）、“结尾敬语”（如“敬请大安”）、“署名”等，一律省略。4. 文长300字左右。

☆永远的小孩："每个人都曾经是小孩，但世上没有人永远是小孩，除了喜憨儿……""喜憨儿"是一群心智障碍的小朋友。在台湾，平均每一天就有一个憨儿诞生，据估计，全台湾约有40万名憨儿。憨儿是父母心中永远的伤痛，他们多数不能照顾自己，不能独立生活，必须仰赖家庭、社会妥善地安排、有系统地规划才能安顿。许多失去照顾的憨儿在社会边缘流浪，上演悲剧，是严重的社会问题。成年后的憨儿需要一份工作，一个家。他们期盼生活在社区中，得到社区民众的关怀与接纳，而不是孤独地被隔离起来。

☆喜憨儿烘焙屋："嗨，我是憨儿的妈妈。当我嘴里吃到憨儿做出的面包时，我觉得这是我一生中吃过最好吃的面包。"在面包师傅的带领下，一群憨儿认真地学习烘焙技术。他们分工合作，做出各式各样具有专业水准的面包，也负责提供亲切的服务。烘焙屋的开设地点均以社区为考量，希望促进憨儿与居民的沟通。由于社会大众对憨儿不了解，曾发生烘焙屋遭泼洒污物与捣毁等事件。

☆现场实况："欢迎光临！"当你走进"喜憨儿烘焙屋"，你会听到开朗而真诚的欢迎光临声此起彼伏地响起。很多人会问："我要如何和憨儿相处？"其实，最基本也最简单的相处之道就是"尊重"。憨儿就像孩子，感受非常敏感、直接，只要你是充满善意的，即使是不认识的陌生人，他们一样可以感觉得到。所以，当你踏入烘焙屋时，不妨大方地说："你好，我是××，你的名字是？"曾经有个憨儿帮客人加水并说了"请慢用"之后，客人没说"谢谢"，这个憨儿就一直站在桌旁等待，不知该怎么办，这举动也让客人不知所措，还好职训老师赶紧来解围。原来，在憨儿的认知里，一定要等到客人说"谢谢"，他再回答"不客气"，这个服务才算完成。

三、命题作文：河流不只是地表上最动人的线条，也与人类的生活、文明有密切的关系，若没有黄河，就没有中国文化；没有恒河，就没有印度文明。请以"河流"为题，写一篇文章，文长不限。提示：可以运用历史、地理、生态、文学方面的知识；也可以从自己的生活经验出发，加以撰写。

2003年"学科能力测验国文科"作文试题

一、阅读下列资料，依框内要求作答：

2001年，OECD（经济合作发展组织）策划了一项"PISA"（国际学生评量计划），测验32国二十六万五千多名十五岁青少年，是否具备未来生活所需的知识与技能，结果排名前三名的是芬兰、加拿大、新西兰。这项被喻为“教育界的全球杯”、具有检验各国教育体制和未来人才竞争力的报告引起各国震撼，排名不理想的国家纷纷检讨“我们的学生很笨吗？我们的国民读得够不够？”再次正视阅读的重要性。

近年来，在高科技时代、e化浪潮中，传统式阅读却重新成为许多国家教育改革的重点。在美国，无论是柯林顿任内的“美国阅读挑战”运动或现任总统布希的“阅读优先”方案，均见国家元首大力提倡。“9·11”恐怖事件发生时，布希总统正在小学为小朋友说故事，情景令人记忆犹新。在英国，布莱尔首相在施政报告中连续重复三次“教育、教育、教育”以表达其迫切性，政府更订定“阅读年”，与媒体、企业、民间组织合作，要打造“一个举国皆是读书人的国度”。在澳洲，小学生的家庭作业包括念一本书，“至少念二十分钟才能停”。芬兰的学生在PISA调查中名列前茅，不但阅读能力最强，而且18%的芬兰中学生每天花一二小时，单纯只为了享受阅读的乐趣而阅读。

台湾虽未参与PISA评量，但据文建会调查：十五岁以上民众从不看书或几个月才看一次的比例达38.7%，半年内不曾买书或杂志者占51.2%，而46%的小朋友休闲活动是玩电脑、看电视。以芬兰为例，其首都市民平均每人每年从国家图书馆借阅16本书，而台北市民则只有2本。学者专家忧心台湾中小学生“看电视、玩电脑，不看书，要看也只看教科书、参考书”。

（一）读完上列资料，回顾自己的读书生涯，此时最深的感想是什么？文长至少200字。

（二）有一所偏远地区的小学，全校师生约有两百人，图书欠缺、设备老旧、经费短绌，且家长对学校的参与度甚低。现在假设你是这所小学的校长，看了上列资料，决心推动全校阅读，请写下你的“阅读推动计划”，文长至少200字。注意：计划内容必须具体。

二、阅读下列资料，依框内要求作答。

A. 香米

“香米”，顾名思义即是煮熟后会散发出香味的米。1977年，农业试验所嘉义分所开始从事香米育种研究，引进国外香米品种与台湾优良水稻进行杂交育种。

B. 益全香米

益全香米颗粒大而饱实，米粒透明度佳，黏度适中、弹性优、口感Q。据实验，其单位面积产量比一般稻作多，育苗时间短，对于稻热病的抵抗力强。益全香米具独特的芋头香，据吃过的人表示，掀开饭锅时，会被那股香芋味感动……

C. 台农 71 号

“台农 71 号”是继“台粳 4 号”及“台农 72 号”之后，在台湾地区育成的第三个粳型香米品种。“台粳 4 号”是 1990 年由花莲区农业改良场命名；“台农 72 号”则是于 1987 年由农试所嘉义分所命名。两种米虽然都有香味，但各有缺点，虽曾推广种植，却成效不佳。

“台农 71 号”是以“台粳 4 号”为父本，取其具有国人喜爱的芋头香味，母本则为外观、品质均佳的“日本绢光米”。农试所自 1992 年起正式将“台粳 4 号”与“绢光米”进行杂交，据参与育种的人员指出，“台农 71 号”不仅是二十几年来农试所自行杂交育种成功的第一个稻种新品种，也是农业界首度跳脱旧框架，以品质而非产量或抗病性为主要育种目的的新品种。专家表示，连栽种方法也不能再循旧有模式，农民必须配合新香米的生长特性作改变。

D. 关于郭益全

姓名	郭益全
籍贯	台南县盐水镇
生卒年	1946 年生，2000 年 9 月 9 日猝逝，享年 55 岁。
死因	家族本有心血管疾病病史，又因工作过劳，引起胸口闷痛却不察，导致心脏病发，送医不治。
学历	美国德州农工大学博士，研究“水稻遗传与育种”。
经历	1992 年起，担任农试所“水稻育种计划”主持人，带领团队投入高品质香米品种改良工作。 2000 年 10 月 25 日，正式通过农委会之审查登记，命名为“台农 71 号”。
工作信念	要种稻，就要种好稻；要吃米，就要吃好米。
赞誉	1. 农试所同仁赞誉他是“接受正统水稻遗传育种训练，在台湾从事相关研究的第一人”。 2. 农委会视“台农 71 号”为革命性稻作品种，为纪念郭益全，特定名为“益全香米”。
其他	1. 郭益全猝逝后，同事接手他未完成的事务，见堆积如山的资料，才体会到他对工作的投入有多深。 2. 郭夫人说：“每天洗米的时候就会想到他，如果他能吃一口香米再走，该有多好!”

E. 加入 WTO

加入“世界贸易组织”（WTO）后，世界各国的米将大举进军台湾，从日本高级米“越光米”、泰国皇家御用米到美国米、澳洲米……对稻农而言无疑是一大打击。

阅毕上列资料，相信你对台湾香米育种历史及“益全香米”灵魂人物已有初步的认识。香米的育种过程让我们看见，即使是最寻常的东西，也藏有无名英雄的心血。 现在假设要立一座“香米碑”，告诉民众香米的故事，请将上列资料融会贯通，并运用文学想象，以“香米碑”为题，铺写一篇纪念郭益全博士并记述台湾香米育种历史的文章，文长不限。注意：无须拘泥于碑文体制。

2003 年“学科能力测验国文科（补考）”作文试题

一、阅读下列资料，依框内要求作答。

生物医学科学研究所研究员潘文涵公布一份针对台湾地区肥胖流行病学研究显示，台湾地区 20 岁以上成人中，三成三以上有过重或肥胖现象。众所皆知，肥胖是一种常被忽略的慢性疾病，也是心脏病、高血压、糖尿病、痛风及若干癌症形成的主要因子，1996 年 WHO 及 FDA 已将肥胖列为慢性疾病。

为了宣导“减重护健康”观念，某校相关科系学生组成“肥胖纠察队”，在校园中四处巡视，凡发现体态壮硕者即蜂拥而上，围住那位同学，于众目睽睽之下质问：“你体重几公斤？”“你知不知道自己太胖了？”“肥胖会导致疾病，你知不知道？”“你要不要减肥？”被质问者往往一脸错愕，甚至有女同学被吓哭了。某次，纠察队员围住一位明显超重的男同学进行逼问，男同学指着不远处的一位胖教授反问：“你们怎么不去问他？”纠察队员答：“我们只针对同学！”男同学闻言，一拳挥向身材瘦小的纠察队员，说：“我也只针对同学！”

一桩立意良善的宣传活动竟导致校园暴力，主要原因在于推动过程中，双方当事人的心态、应对方式都有偏差之处。请你至少找出两个偏差的地方，写下你对此一事件的评论。

二、阅读下列资料，依框内要求作答。

我还记得第一次去越南胡志明市的时候，曾想尽办法要坐到路边墙脚的摊贩上，用怪腔怪调的越南话点东西，希望能吃一碗地道的 Pho（越南面），或喝一杯他们的正统咖啡；在那个充满公园绿地、处处橙瓦黄墙的城市里，我几乎无视于她的贫穷脏乱，衷心感受到她的魅力。为何如此？因为每个旅人，都在寻找另一种可能的生活，寻找一种替代的生活、一种替代的生命，所以当地人看来习以为常的生活方式，在旅人眼里，往往会折射出五光十色的诱人色彩。（改写自詹宏志《如何贩卖台北》）

作者在胡志明市看到、吃到的东西，对当地人来说极其平常，但因为作者用一个“旅行者”的角度去发现、体会她的不同，所以感受到她的魅力。身处台湾，我们可能正因为每天生活在熟悉的家乡，而失去了对所在地生活的敏感度，无法觉察家乡特有的魅力。

请写一篇文章，用一位来自外地旅行者的眼光，重新看待你居住的家乡，发掘它的动人之处，题目自订，文长不限。

2004 年“学科能力测验国文科”作文试题

一、描写与拟想（占 14 分）：图（原图略）中人与蛙的神情、姿态十分有趣，请细细玩味后，（一）各以 50 字左右之文字描写他们的神情、姿态，（二）各以一二句话拟写他们当下内心之所想。注意：神情、姿态之描写与各自内心之所想，二者之间应相关、呼应，不可风马牛不相及。

二、判读（占 14 分）：

近一二年来，“中高龄失业”成为台湾社会“沉重”的现象。所谓中高龄，泛指 45 岁到 65 岁。根据主计处 2003 年 10 月统计，50 岁至 54 岁平均待业期达 35.23 周（8.2 个月），55 岁至 59 岁达 38.68 周（9 个月），年龄愈大愈不容易找到工作，他们的处境也就愈见艰难。

假设，你的邻居陈先生也在这波中高龄失业潮里。

陈先生今年 50 岁，他的太太来自越南，两名子女分别就读小学、幼儿园，一家四口仅靠他的薪水度日。一年前，陈先生任职的工厂迁往大陆，他因此失业了。虽然曾到“就业服务中心”登记，也应征过几个工作，然皆未获回音。陈先生从事过纺织、餐饮、保安，最近更在小区大学上过计算机课，他迫切需要一份工作，但因文笔不佳，寄出的求职信往往石沉大海，因此拜托你帮他写一封求职信。他特别强调，对工作性质、地点都不挑剔，希望待遇是 4 万元。

在写这封求职信之前，你必须仔细衡量上述陈先生的状况，从中选择若干作为诉求重点，以便打动雇主的心。那么你会选择哪些重点呢？请逐项列出，并说明所以选择其作为诉求重点的理由。注意：本题用意，并不在要求写成完整的求职信，作答时，请逐项列出重点并说明理由即可。

三、阅读下列资料，并依要求作答（占 24 分）。

有一个人，人们叫他“大胡子”，以下是关于他的报道。

甲. 意大利籍天主教灵医会会士、澎湖惠民医院院长何义士修士，1924年生于意大利，十二岁加入天主教灵医会，在断绝财富、色欲、谨防意外三项会规外，何义士自己许下第四愿：为一切病患牺牲。1947年，何义士离开意大利，跟随灵医会的会士远渡重洋到中国大陆云南省行医救人。

在云南工作期间，眼见当地政府对麻风病人的漠视，当时年仅二十三岁、心怀公义与悲天悯人的何义士修士，总是难过地掉下眼泪，于是全力投入麻风病患的照护工作，并四处筹募基金，在云南兴建麻风病院和综合医院。讵料，他的作为，被当地政府视为具有政治意图，最后只好黯然离开中国大陆。何义士回到意大利潜心学医，希望学成后回到东方，继续行医。

1953年，何义士随灵医会的弟兄们来到当时十分落后的宜兰县罗东镇、由灵医会创设的罗东圣母医院。他视病如亲，遇有紧急状况，不惜当场挽袖输血给病人，一直到他辞世为止，总计捐给台湾人三万七千五百西西的鲜血。

哪里偏僻，他就去哪里。1958年，他主动向修会申请，前往澎湖济世行医，更募款兴建澎湖惠民医院。1973年，他到台北三重创办诊所，1983年，何义士再度回到澎湖接任惠民医院院长职务。他体恤医护人员辛苦，又不放心病患，总是坚持亲自值夜班，一天二十四小时不限时、地，为病患看诊。不论多晚，只要有病人求诊，他都能在极短的时间内赶走疲惫，改以笑脸面对病人和家属。因为他坚信，医师给病人的信心是最佳良药。

乙. 1999年8月剪报

1. 在澎湖奉献近半世纪的天主教灵医会惠民医院院长何义士，于8月15日傍晚在未为人察觉的情况下，坐在院内客厅的椅子上安详地走了，享年七十五岁。他生前曾获颁三次的医疗贡献奖，也曾获得其祖国意大利颁发的最高荣誉骑士奖章，他的逝世留给各界无限的哀思。

惠民医院修士韩国干表示，何院长走得很安详，脸上还泛着红润的光泽，如同在安睡中，在教会来说，这是天主因何义士为中国病患付出一生而给的荣光。

韩修士回忆指出，15日上午，何义士还主持圣母升天弥撒，神情愉快且精神饱满，中午用餐后，骑着脚踏车外出运动，下午四时许回到院内，一如平常般，热情地与人打招呼。接着独自一人至院内五楼的客厅小憩，至六时许，韩修士依惯例至五楼客厅请他下楼用膳，只见何义士安详地坐卧在椅上，状似熟睡，韩修士轻摇他的肩膀，发现没有反应，立即召请值班医师急救，但已经晚了一步，医师分析是心脏衰竭。

2. 经何义士修士诊治过的病人，对他留着美丽的大胡子有着极深的印象。与他接近的人都知道，他之所以留着大胡子，是因为在他二十三岁离开故乡时，母亲曾对他说："维护神职人员形象最好的方法，就是要像个爱心的老者。"从小受母亲影响甚深的年轻何修士，于是开始蓄留胡须，立志做个有爱心的人，做个具有好形象的神职人员。

3. 何义士最常挂在嘴边的一句话就是："人不能决定自己的容貌、身高，但却可以选择生命的样式。"因此终其一生，他都决定选择在云南或是澎湖这些偏远地区，为病患服务。他自奉甚俭，别的修士不穿的衣服，只要能穿，他都会爱惜地捡拾来穿。他一辈子关心别人，为他人设想，晚年仍时时挂念云南的麻风病患，为了兴建那儿的第二座麻风病院，何义士正在赶写一本有关云南麻风病患的书，准备在圣诞节前出版，以便募款。为此，他常赶稿至凌晨两三点，过世的前一天晚上，他仍在熬夜赶书。

4. 何义士在澎湖的最后一段路程，仅有教友、院内同事及少数曾被何义士救活的病患排在棺木两旁陪着他，走得冷清，不少人忍不住为他叫屈，当场痛哭起来。

现在，让时间重回 1999 年 8 月 14 日晚间——也就是何义士生命的最后一晚：他坐在桌前写稿，忽然觉得身体不适，于是起身走动，回座后深感自己已然年老，过往岁月一幕幕浮现于眼前，他不禁陷入沉思之中……

此时此刻，他会想些什么呢？又会向上天祈求什么呢？阅读上述资料后，你对何义士修士的人格、襟怀与志业当有所认识、了解。在此基础之下，请以其眼为眼、以其心为心，用第一人称"我"写出何义士生命最后一晚的所思所感、所祈所愿。（要求）1. 不必订题目，且文长不限。2. 不得直接重组、套用各则报导原文。

2005 年"学科能力测验国文科"作文试题

一、判读（占 9 分）

穴乌（jackdaw）如果找到了一个将来可以造窝的小洞，它就会凶狠狠地把其他穴鸟一齐赶走，不管来抢地盘的鸟地位多高，它是再也不肯让步的。同时它会用又高又尖的调子，不停地喊出“即刻、即刻、即刻”通知它看中的雌鸟，新房子已经准备好了。穴鸟的这种鸟类呼唤伏窝（孵卵）的仪式在秋天里特别频繁，每逢秋高气爽的天气，这些鸟儿就会出来找窝，同时会对求偶的活动特别感兴趣，“即刻、即刻”之声几乎不绝于耳。到了二月、三月，大白天里“即刻”的声音几乎不曾间断；三月最后几天里，它们的情绪到了最高潮，“即刻”合唱在某个墙壁的凹洼处更是格外响亮。就在这时，从凹洼处响出来的音色变了，换成一种比较深沉而丰富的调子，听起来像是“也卜、也卜、也卜”。愈唱到后来，节拍愈快，再往后，就成了一串急不可辨的连音了。于是兴奋的穴鸟从各个方向一齐都挤到这个小洞的旁边，它们把身上的羽毛抖了开来，分别摆出威吓的架势，一齐加入“也卜”大合唱。

这到底是什么意思呢？我花了好久的时间才找出原因：原来它们这套仪式完全是在对付社会的罪人时才有的表现。穴鸟因为适宜造窝的小洞实在太少，竞争非常剧烈。有时一只非常强壮的鸟为了争地盘，会无情地攻击一只比它弱小得多的同伴，这时“也卜”反应就产生了。受侮的穴鸟又急又愤，它的“即刻”之声逐渐提高加快，最后终于变成“也卜”了。如果它的妻子当时不在场，得了它告急的讯号，就会蓬松了身上的羽毛赶来助战。如果这个挑衅者这时还不逃走，就会引起难以置信的后果，所有听见它们“也卜”的穴鸟都会愤怒地赶到现场，于是原先“一触即发”的战事在一阵愈叫愈响、愈喊愈急的“也卜”声中立刻化为乌有。赶来管闲事的鸟经过这样的一顿发泄之后，就又散开了，留下原来的地主在它重得和平的家里，静静地“即刻、即刻”。

通常出来主持公道的鸟数目都不少，足够使一场争端平息。最古怪的是原来的挑衅者也会参与“也卜”大合唱，旁观的我们如果把人的想法投射在鸟的身上，会以为这只生事的鸟儿，是为了转移大家的注意力才跟着喊“捉贼”的。事实上无论是哪只穴鸟，一听到“也卜”的叫声就会不由自主地加入行列。生事的鸟儿根本就不知道自己是引起哄哄的原因，所以当它“也卜”的时候，它也和别的鸟儿一样，一边转，一边东张西望地找嫌疑犯。虽然旁观的我们会觉得荒唐，但它的每一个动作可都是诚心诚意的。(改写自劳伦兹《所罗门王的指环》)

根据上引文字，判断穴鸟所发出的“即刻”与“也卜”声可能分别代表哪些意义？注意：须将“即刻”与“也卜”声可能代表的种种意义，分项条列叙述，并扼要说明何以如此判读，否则扣分。

二、阐述（占 18 分）

对上文中生事的穴乌也跟着叫“也卜”，你有什么感想或看法？而看到穴乌集体的“也卜”行为，再对照人类在类似情况下的反应，你又有什么感想或看法？请分别加以阐述，文长不限。

三、命题写作（占 27 分）

人生难免“失去”：我们有时沉浸在失去的感伤中；有时因失去才学会珍惜；有时明明已经失去，却毫不自觉；而有时失去其实并非失去……请根据自己的体验，以《失去》为题，写作一篇首尾俱足、结构完整的文章，文长不限。

2006 年“学科能力测验国文科”作文试题

一、语文修正（占 9 分）

语文的使用需要注意场合、对象的分别，不同的场合、不同的对象，都有它不同的语文表达方式。例如上台演讲和平日死党之间说话便大不相同，而写作文章和口语叙述也绝不应该完全没有差别。下面是一篇题为《运气》的中学生作文，即使暂不考虑文字的优美与否，其中除了以下说明文字的范例之外，尚有九处应予修正——或使用了不当的俗语、口语、外来语，或犯了语法上的错误，或是受媒体、网络流行用语误导，或以图案代替文字，请加以挑出，并依序标号（1、2、3……9）改正之。

说明：例如文中“3Q 得 Orz”即为不当用法，3Q 意指“thank you”，Orz 则藉三字母表示“跪拜在地”之状。改正之方式如下：

3Q 得 Orz→感谢得五体投地

今天我们班的运气实在有够衰，开朝会时被学务主任点名，说我们班秩序不良而且教室环境脏乱。我们班导师气到不行，回到班上严辞训斥大家一顿，问我们究竟安什么心？林大同立刻举手发言说，我们一定会好好做反省的动作。卫生股长涨红着脸几乎快：：〉_〈：：了，他拜托大家每天确实打扫，他一定 3Q 得 Orz。王明问班上的星座达人到底我们班为何如此时运不济，接二连三被挨骂受罚。更惨的是，班上的蒸饭箱莫名其妙又坏了，害得全班只好吃冷便当。偶气夕要死，妈妈昨天为我准备的便当，本来粉不错吃滴，却变成难以下咽的冷饭。想不到今天这么倒霉，昨天真不该听信风纪股长的话，到学校理发部去理一颗一百块的头，今天还不是一样诸事不顺！

二、议论评述（占18分）

请阅读下列资料后，分别针对老师甲、家长、吴生的观念、态度，各写一段文字加以论述。

（甲）老师与家长的对话

老师甲：“吴茗士同学是我们班最优秀的学生，天资聪颖，不但有过目不忘的记忆力，数理推论与逻辑能力也出类拔萃，任何科目都得心应手。更可贵的是，他勤勉好学，心无旁骛，像大队接力、拉拉队等都不参加。我想，他将来不是考上医学系，就是法律系，一定可以为校争光！”

家长：“我们做家长的也是很开明的，只要他专心读书、光耀门楣就好，从来不要他浪费时间做家事。老师认为他适合什么类组，我们一定配合，反正医学系、电机系、法律系、财经系都很有前途，一切就都拜托老师了！”

（乙）A同学疑似偷窃事件

A生：“老师，我没有偷东西！吴茗士当值日生也在场，可以为我作证！”

吴生：“我不知道，我在算数学，没有注意到。”

老师乙：“吴茗士，这关系到同学的清白，请再仔细想想，你们两人同在教室，一定有印象的！”

吴生：“我已经说了我在算数学，哪会知道啊！而且，这干我什么事？”

（丙）生物社社长B与吴同学的对话

B生：“你不是不喜欢小动物吗？为什么要加入生物社呢？”

吴生：“我将来如果要申请医学系，高中时代必须有一些实验成果，而且社团经验也纳入计分，参加生物社应该很有利。”

B生：“我们很欢迎你，但是社团成员要轮值照顾社办的小动物喔！”

吴生：“没有搞错吗？我是参加生物社来做实验的，又不是参加宠物社！”

（丁）同学C的描述

“吴同学功课好好，好用功喔！不但下课时间不和我们打屁聊天，而且对课业好专注，只读课本和参考书呢！像我爱看小说，他就笑我无聊又浪费生命。唉，人各有志嘛！我想他将来一定会考上很好的大学吧！”

三、情境写作（占 27 分）

下面是一篇未完成的文章，请以《雨季的故事》为题，设想情境，接续下列文字，铺写成一篇完整的散文，文长不限。

雨季来时，石头上面长了些绿绒似的苔类。雨季一过，苔已干枯了，在一片未干枯苔上正开着小小蓝花白花，有细脚蜘蛛在旁边爬。河水从石罅间漱流……

注意：写作时，为求文章完整呈现，上列引文务请抄录，否则扣分。

2007 年“学科能力测验国文科”作文试题

一、文章分析（占 9 分）

仔细阅读以下文章，分析作者如何藉由想象力，描述搭火车过山洞时所见的景象与感受。文长限 100～150 字。

乡居的少年那么神往于火车，大概因为它雄伟而修长，轩昂的车头一声高啸，一节节的车厢铿铿跟进，那气派真是慑人。至于轮轨相激枕木相应的节奏，初则铿锵而慷慨，继则单调而催眠，也另有一番情韵。过桥时俯瞰深谷，真若下临无地，蹑虚而行，一颗心，也忐忐忑忑吊在半空。黑暗迎面撞来，当头罩下，一点准备也没有，那是过山洞。惊魂未定，两壁的回声轰动不绝，你已经愈陷愈深，冲进山岳的盲肠里去了。光明在山的那一头迎你，先是一片幽昧的微熹，迟疑不决，蓦地天光豁然开朗，黑洞把你吐回给白昼。这一连串的经验，从惊到喜，中间还带着不安和神秘，历时虽短而印象很深。（余光中《记忆像铁轨一样长》）

二、阐释与表述（占 18 分）

阅读以下对话，先依对话内容的象征意涵，阐释“玫瑰”与“日日春”分别抱持哪一种处世态度，再依据自己提出的阐释，就玫瑰与日日春“择一”表述你较认同的态度，并说明原因。文长限 300～350 字。

玫瑰说：“我只有在春天开花！”

日日春说：“我开花的每一天都是春天！”（杏林子《现代寓言》）

三、引导写作（占 27 分）

或许你有过类似的经验：熟悉的小吃店正在改装，即将变成服饰店；路旁的荒地整理之后，成为小区民众休闲的好所在；曾经热闹的村落街道，渐渐人影稀疏，失去了光彩……这些生活空间的改变，背后可能蕴藏许多故事或启示。请你从个人具体的生活经验出发，以《走过》为题，写一篇文章，内容必须包含：生活空间今昔情景的叙写、今昔之变的原因、个人对此改变的感受或看法，文长不限。

2008 年“学科能力测验国文科”作文试题

一、文章解读（占 9 分）

阅读框线内的文章，请简要归纳作者对文化与艺术的观点，并从日常生活中举例，印证作者的观点。文长限 150～200 字。

> 每个人生命中都有丰富的文化因素与美感经验，有来自先天的主体脉络，也有包容、吸纳外来经验的空间与环境。文化、艺术并非特定菁英分子的专利与责任，每个人的文化意涵不因富贵贫贱而有高低多寡之别，体认艺术的社会本质与文化的基础，也与学历、族群、性别没有太大关系，更不需要高深的论点。（邱坤良《非关文化：移动的观点》）

二、应用写作（占 18 分）

阅读下文，试以楚国、齐国或第三国记者的身份，择一立场报导此事件，不必拟新闻标题。文长限 250～300 字。

晏子使楚，以晏子短，楚人为小门于大门之侧而延晏子。晏子不入，曰：“使狗国者，从狗门入；今臣使楚，不当从此门入。”傧者更道，从大门入，见楚王。王曰：“齐无人耶，使子为使？”晏子对曰：“齐之临淄三百闾，张袂成阴，挥汗成雨，比肩继踵而在，何为无人？”王曰：“然则何为使子？”晏子对曰：“齐命使，各有所主，其贤者使使贤主，不肖者使使不肖主。婴最不肖，故宜使楚矣。”

三、引导写作（占 27 分）

虽然时光一去不返，但人们偶尔还是会想象回到过去。

有人想象回到从前去修改原先的决定；有人想象回到事故现场阻止意外事件的发生；有人想象回到古埃及时期，影响当时各国间的局势；有人想象回到战国时代，扭转当时的历史……

请以《如果当时……》为题（删节号处不必再加文字），写一篇文章，从自己的生命历程或人类的历史发展中，选择一个你最想加以改变的过去时空情境，并想象那一个时空情境因为你的重返或加入所产生的改变。文长不限。

2009 年“学科能力测验国文科”作文试题

一、语译（占 9 分）

请将框线内的文言文译为语体文，并注意新式标点的正确使用。

> 宫中府中，俱为一体，陟罚臧否，不宜异同。若有作奸犯科，及为忠善者，宜付有司，论其刑赏，以昭陛下平明之理，不宜偏私，使内外异法也。（诸葛亮《出师表》）

二、意见阐述（占 18 分）

请综合框线内的两个事例，提出你的看法。文长限 250 字—300 字。

> （一）苏丽文在北京奥运跆拳道铜牌争夺赛中，强忍左膝受伤之痛，十一次倒下仍奋战到底，令全场动容。回“国”后，数所大学争取她担任教职。
>
> （二）邱淑容参加法国 18 天超级马拉松赛，途中脚底破皮受伤，仍坚持跑完全程。送医后，因细菌感染引发败血症，右脚截肢，左脚脚趾摘除。

三、引导写作（占 27 分）

人生有如一条长远的旅途，其间有宽广平坦的顺境，也有崎岖坎坷的逆境。你曾经遭遇到什么样的逆境？你如何面对逆境，克服逆境？请以《逆境》为题，写一篇文章，可以记叙、论说或抒情，文长不限。

2010 年“学科能力测验国文科”作文试题

一、文章解读（占 9 分）

阅读框线内王家祥《秋日的声音》中的一段文字，说明：（一）作者对“悲秋”传统有何看法？（二）作者认为万物的心境与四季的转换有何相应之处？（三）“真正的声音”从何而来？答案必须标明（一）（二）（三）分列书写。（一）、（二）、（三）合计文长限 150 字—200 字。

> 其实季节是万物心境的转换；秋日的天空时常没有欲望，看不见一抹云彩，秋高气爽似乎意味着心境的圆满状态。春日的新生喜悦，叨叨絮絮到夏日的丰盈旺盛，满溢狂泻；风雨之后，秋日是一种平和安宁的静心，内心既无欲望也就听不见喧嚣的声音，此时真正的声音便容易出现了；秋天似乎是为了静静等待冬日的死亡肃寂做准备，旷野上行将死亡的植物时常给我们忧郁的印象，所以误以为秋天是忧伤的季节。也许秋天的心境让我们容易看见深层的自己，仿佛这是大地的韵律，存在已久，只是我们习于不再察觉。

二、文章分析（占 18 分）

阅读框线内的文字，说明：（一）欧阳修如何藉管仲的言论提出自己的观点？（二）顾炎武“自己”所强调的观点是什么？（三）三人（管仲、欧阳修、顾炎武）言论所构成的文意脉络，呈现何种论述层次？答案必须标明（一）（二）（三）分列书写。（一）、（二）、（三）合计文长限 250 字—300 字。

《五代史·冯道传》论曰：“‘礼、义、廉、耻，国之四维；四维不张，国乃灭亡。’善乎！管生之能言也！礼、义，治人之大法；廉、耻，立人之大节。盖不廉则无所不取，不耻则无所不为。人而如此，则祸败乱亡，亦无所不至；况为大臣而无所不取，无所不为，则天下其有不乱，国家其有亡者乎？”

然而四者之中，耻尤为要。故夫子之论士曰：“行己有耻。”又曰：“耻之于人大矣！为机变之巧者，无所用焉！”所以然者，人之不廉而至于悖礼犯义，其原皆生于无耻也。故士大夫之无耻，是谓国耻。（顾炎武《廉耻》）

三、引导写作（占27分）

2009年8月，莫拉克台风所带来的惊人雨量，在水土保持不良的山区造成严重灾情，土石流毁坏了桥梁，掩埋了村庄，甚至将山上许多树木，一路冲到了海边，成为漂流木。

请想象自己是一株躺在海边的漂流木，以《漂流木的独白》为题，用第一人称“我”的观点写一篇文章，述说你的遭遇与感想，文长不限。

2011年“学科能力测验国文科”作文试题

一、文章解读（占9分）

阅读框线内朱光潜《对于一棵古松的三种态度》中的一段文字后，回答问题：（一）作者指出木商、植物学家和画家“知觉”同一棵古松有三种不同的反应态度，这三种态度各有优劣吗？以你对本段引文的理解，请加以阐述说明。（二）阅读了作者这一段文字后，依据它的意旨，请你重新给它订个题目，并简要说明你的理由。答案必须标明（一）（二）分列书写。（一）、（二）合计文长限150字—200字（约7行—9行）。

假如你是一位木商，我是一位植物学家，另外一位朋友是画家，三人同时来看这棵古松。我们三人可以说同时都“知觉”到这一棵树，可是三人所“知觉”到的却是三种不同的东西。你脱离不了你木商的心习，于是所知觉到的只是一棵做某事用值几多钱的木料。我也脱离不了我植物学家的心习，于是所知觉到的只是一棵叶为针状、果为球状、四季常青的显花植物。我们的朋友——画家——什么事都不管，只管审美，他所知觉到的只是一棵苍翠、劲拔的古树。我们三人的反应态度也不一致。你心里盘算它是宜于架屋或是制器，思量怎样去买它，砍它，运它。我把它归到某类某科里去，注意它和其它松树的异点，思量它何以活得这样老。我们的朋友却不这样东想西想，只在聚精会神地观赏它的苍翠的颜色，它的盘屈如龙蛇的线纹以及那一股昂然高举、不受屈挠的气概。

由此可知这棵古松并不是一件固定的东西，它的形象随观者的性格和情趣而变化。各人所见到的古松形象都是各人自己性格和情趣的返照。古松的形象一半是天生的，一半也是人为的。极平常的知觉都带有几分创造性；极客观的东西之中都有几分主观的成分。

二、文章分析（占 18 分）

阅读框线内文章后，回答问题：（一）客所以有“而今安在哉”的感叹，是因何而起？（二）“寄蜉蝣于天地，渺沧海之一粟”所提示的人生问题是什么？（三）客云：“知不可乎骤得，托遗响于悲风。”请解释他对于问题（二）要如何解决？答案必须标明（一）（二）（三）分列书写。（一）、（二）、（三）合计文长限 250 字—300 字（约 11 行—14 行）

客曰：“‘月明星稀，乌鹊南飞’，此非曹孟德之诗乎？西望夏口，东望武昌。山川相缪，郁乎苍苍。此非孟德之困于周郎者乎？方其破荆州，下江陵，顺流而东也，舳舻千里，旌旗蔽空，酾酒临江，横槊赋诗，固一世之雄也，而今安在哉？况吾与子渔樵于江渚之上，侣鱼虾而友麋鹿；驾一叶之扁舟，举匏樽以相属；寄蜉蝣于天地，渺沧海之一粟；哀吾生之须臾，羡长江之无穷；挟飞仙以遨游，抱明月而长终；知不可乎骤得，托遗响于悲风。”（苏轼《赤壁赋》）

三、引导写作（占 27 分）

司法院大法官会议做出第六八四号解释，认定大学生如不满学校的处分，有权可提起诉愿和行政诉讼。台湾大学李校长表示，依据“大学法”的规定，学校在法律的范围内有自治权，学生也有很多申诉管道；大法官做出这项解释，可能造成学校和学生之间关系的紧张。学校是教学的地方，学校和学生之间的关系，应如何维持和谐，避免陷于紧张，而影响教学活动，是学校和学生双方面都应关心的问题。对大法官的这项解释和李校长的反应，以你在学校的亲身体验或所见所闻，请以《学校和学生的关系》为题，写一篇完整的文章。文体不拘，文长不限。

2012 年“学科能力测验国文科”作文试题

一、文章解读（占 9 分）

阅读框内文章之后，请解读：为什么作者认为“心教”才是剑桥教育真正的精华？并加以评论。文长约 150—200 字（约 7—9 行）。

剑桥的教育，最有作用的恐怕不在“言教”。其导修制，是在“言教”之外，还有“身教”，这一向被视为剑桥的特色。这点是真，但也不可太过夸张，依我想，剑桥的“心教”也许才是真正的精华。“心教”是每个人对景物的孤寂中的晤对，是每个人对永恒的刹那间的捕捉。剑桥的伟大之子，不论是大诗人或大科学家，对宇宙人生都有那种晤对与捕捉。剑桥的教育似乎特别重视一景一物的营造，在他们看来，教室、实验室固然是教育的场所，但一石之摆置、一花之铺展，也都与“悟道”有关。在根本上，剑桥人相信人的真正成长必须来自自我的心灵的跃越。剑桥的教育，不像西洋油画，画得满满的；反倒像中国的文人画：有有笔之笔，有无笔之笔。真正的趣致，还在那片空白。空白可以咏诗，可以飞墨，可以任想象驰游，当然也可以是一片无意义的白。剑桥不把三年的课程填得满满的，一年三学期，每学期只有九个星期，它是要学生有足够的时间去想，去涵泳，去自我寻觅。（改写自金耀基《剑桥语丝》）

二、文章分析（占 18 分）

阅读框内文章之后，请分析：（一）“渔人甚异之”的“异”和渔人发现桃花源有何关联？（二）陶潜从哪些方面来描写桃花源？（三）从中可看出陶潜向往什么样的理想世界？答案必须标明（一）（二）（三），分列书写。（一）（二）（三）合计文长约 250—300 字（约 11—14 行）。

晋太元中，武陵人，捕鱼为业。缘溪行，忘路之远近。忽逢桃花林，夹岸数百步，中无杂树，芳草鲜美，落英缤纷。渔人甚异之。复前行，欲穷其林。林尽水源，便得一山，山有小口，仿佛若有光。便舍船，从口入。初极狭，才通人。复行数十步，豁然开朗。土地平旷，屋舍俨然，有良田、美池、桑竹之属，阡陌交通，鸡犬相闻。其中往来种作，男女衣着，悉如外人；黄发垂髫，并怡然自乐。（陶潜《桃花源记》）

三、引导写作（占 27 分）

老子说：“胜人者有力，自胜者强。”所谓“自胜者强”，是指真正的强者，不在于赢过别人；而在于战胜自己。现代社会中，许多人喜欢跟别人竞争，却不愿好好面对自己，克服自己的弱点。其实，只有改进自我，才能强化自我、成就自我。请根据亲身感受或所见所闻，以《自胜者强》为题，写一篇文章。论说、记叙、抒情皆可，文长不限。

2013 年“学科能力测验国文科”作文试题

一、文章评论（占 9 分）

阅读框线内文章之后，请以个人想法，评论作者的观点。文长约 100—150 字（约 5—7 行）。

世间没有甚么一个人必读之书。因为我们智能上的趣味像一棵树那样地生长着，或像河水那样地流着。只要有适当的树液，树便会生长起来，只要泉中有新鲜的泉水涌出来，水便会流着。当水流碰到一个花岗石岩时，它便由岩石的旁边绕过去；当水流涌到一片低洼的溪谷时，它便在那边曲曲折折地流着一会儿；当水流涌到一个深山的池塘时，它便恬然停驻在那边；当水流冲下急流时，它便赶快向前涌去。这么一来，虽则它没费甚么气力，也没有一定目标，可是它终究有一天会到达大海。（节录自林语堂《读书的艺术》）

二、文章分析（占 18 分）

阅读框线内苏辙《上枢密韩太尉书》几段文字后，回答问题：（一）综合材料（甲）与材料（乙），说明苏辙提及的“养气方法”有哪些？（二）就材料（乙）苏辙的自述，说明材料（甲）与《上枢密韩太尉书》的写作目的有何关联？答案必须标明（一）（二）分列书写。（一）（二）合计文长限200—250字（约9行—12行）。

材料（甲）：

辙生好为文，思之至深，以为文者气之所形。然文不可以学而能，气可以养而致。孟子曰："我善养吾浩然之气。"今观其文章，宽厚宏博，充乎天地之间，称其气之小大。太史公行天下，周览四海名山大川，与燕、赵间豪俊交游，故其文疏荡，颇有奇气。此二子者，岂尝执笔学为如此之文哉？其气充乎其中而溢乎其貌，动乎其言而见乎其文，而不自知也。

材料（乙）：

且夫人之学也，不志其大，虽多而何为？辙之来也，于山见终南、嵩、华之高，于水见黄河之大且深，于人见欧阳公，而犹以为未见太尉也。故愿得观贤人之光耀，闻一言以自壮，然后可以尽天下之大观而无憾者矣。

辙年少，未能通习吏事。向之来，非有取于斗升之禄，偶然得之，非其所乐。然幸得赐归待选，使得优游数年之间，将归益治其文，且学为政。太尉苟以为可教而辱教之，又幸矣。

三、引导写作（占27分）

曾永义《愉快人间》说："为了'人间愉快'，就要'人间处处开心眼'，就要具备担荷、化解、包容、观赏等四种能力，达成'莲花步步生'的境界。"这是一段充满生命智慧的哲思。"人间愉快"，可以是敞开心胸、放宽眼界的自得；可以是承担责任、化解问题的喜悦；可以是对周遭事物的谅解和包容；可以是观照生活情趣的艺术；也可以是……请根据亲身感受或所见所闻，以《人间愉快》为题，写一篇完整的文章，记叙、抒情、议论皆可，文长不限。

2014年"学科能力测验国文科"作文试题

一、文章解读（占9分：第（一）题6分，第（二）题3分）

阅读框线内文章，回答：（一）古人的"清赏"和今人的"观光"有何不同？（二）文中"人品亦化成商品"的意思为何？

请将答案标明（一）（二）书写，（一）（二）合计文长约100—150字（约5—7行）。

近代之观光游览必广揽游众，乃可赢利。故凡属胜境，惟求通俗化，遂使群客奔波尽兴，实则人看人。傥兼以歌唱舞蹈，愈撩乱，则愈活跃，心神无片刻安顿处，斯为观光之成功。凡属观光，乃求动，不求静。乃求热闹，不求清净。此乃近代人心一大趋向。中国风景皆求清赏，"鸟鸣山更幽"，始觉此山中之深趣。"山中方七日，世上已千年"。傥亦男女杂沓，喧哗拥挤，转眼即过，则七日亦在一瞬间。此始是近代观光客游览客所要求，如此才感快意。古人诗"振衣千仞冈，濯足万里流"，今人则必在万目睽睽下振衣，一振衣而下座，掌声雷动，乃始快意。千仞冈上，何人得见！

海水浴场，亦必人群俱集，乃始成一场面。一人濯足，则何情味可言！故千仞之冈，则必组旅行队。万里之流，则必组游泳团。一人闲居，必感无聊。古以窈窕乃成淑女，今则尽时髦，尽摩登，投入人群中活跃，以供人玩赏为己乐，人品亦化成商品，良可嗟矣。(钱穆《品与味》)

二、文章分析（占18分：第（一）题9分，第（二）题9分）

言语交际过程中，常见运用“谦逊原则”尽量降低姿态，不彰显自己，例如：“小弟不才，能力有限，请多包涵”。但基于某些目的，也可能刻意不采取这项原则。请就下引诸葛亮《出师表》的文字分析：（一）列出并简要说明文中何处运用“谦逊原则”？何处刻意彰显自己，不采取“谦逊原则”？（二）文中运用“谦逊原则”的同时，又刻意不采取“谦逊原则”，目的为何？

请将答案标明（一）（二）书写，（一）（二）合计文长约250—300字(约12—14行)。

臣本布衣，躬耕于南阳，苟全性命于乱世，不求闻达于诸侯。先帝不以臣卑鄙，猥自枉屈，三顾臣于草庐之中，谘臣以当世之事，由是感激，遂许先帝以驱驰。后值倾覆，受任于败军之际，奉命于危难之间，尔来二十有一年矣。先帝知臣谨慎，故临崩寄臣以大事也。受命以来，夙夜忧叹，恐托付不效，以伤先帝之明，故五月渡泸，深入不毛。今南方已定，兵甲已足，当奖率三军，北定中原，庶竭驽钝，攘除奸凶，兴复汉室，还于旧都，此臣所以报先帝而忠陛下之职分也。

三、引导写作（占27分）

阿里巴巴能打开石门，是因为他知道“芝麻开门”的密语；烹饪高手能征服大家的味蕾，是因为他练就一身功夫，抓到美味的诀窍；演员能成功诠释某个角色，必然是因为他对人生的悲欢离合有深刻的领会。对于人生的考验，你是否也有自己的“通关密语”？请以《通关密语》为题，写下你找出“密语”而得以“通关”的过程，以及其中的体会。文长不限。

2015年“学科能力测验国文科”作文试题

一、看图写作（占9分）

如果下图（原图略）中的人物穿越时空来到现代，你认为他正“低头”做什么？请从他的行为设想一个情境，并提出你的感受或看法。文长约100—150字（约5—7行）。

二、文章分析（占18分）

阅读框线内文章后，回答问题。答案请标明（一）、（二）书写，（一）、（二）合计文长约250—300字（约12—14行）。

（一）为何人可以透过书写而不朽？请依据甲段文字，阐释曹丕的看法。

（二）就“书写对写作者个人的价值和意义”这个议题，你认为曹丕、高行健的观点是否相同？请依据甲、乙二段文字，说明你的看法。

> 甲、盖文章，经国之大业，不朽之盛事。年寿有时而尽，荣乐止乎其身，二者必至之常期，未若文章之无穷。是以古之作者，寄身于翰墨，见意于篇籍，不假良史之辞，不托飞驰之势，而声名自传于后。（曹丕《典论·论文》）
>
> 乙、回顾我的写作经历，可以说，文学就其根本乃是人对自身价值的确认，书写其时便已得到肯定。文学首先诞生于作者自我满足的需要，有无社会效应则是作品完成之后的事，再说，这效应如何也不取决于作者的意愿。（高行健《文学的理由》）

三、引导写作（占 27 分）

在传统价值中，总是鼓励人们贡献所能，分享所有。但两人间的爱情承诺不容第三者分享，一向符合世道舆情；有些商家只让会员独享优惠，也有合理目的。此外，有些生活中的趣味本来就不需要、甚至无法与别人分享，例如：一杯啜饮咖啡的时光、一竿临溪垂钓的等待、一路挥汗慢跑的苦练……都可能如王维所说：“兴来每独往，胜事空自知。”

请以《独享》为题，写一篇文章，谈论关于《独享》的经验、体会或反思，论说、记叙、抒情皆可，文长不限。

2016 年“学科能力测验国文科”作文试题

学校将举办一场学习成果展，主题为《改变与转化》，以下第一、第二大题是你应完成的任务：

一、候选素材说明（占 9 分）

宇宙及人世间许多现象呈现出改变和转化的轨迹，如落花化作春泥、咖啡渣成为制衣的原料、老屋再生为新的文化空间，或是改变耕作方式，重新找回土地的生命……请就相关知识或见闻，提出一项事例，并说明所选事例和成果展主题间的关联，以参加甄选。文长约 100—150 字（约 5—7 行）。

二、参展素材分析（占 18 分）

某组选择琦君《髻》为素材，拟透过女子因青丝的改变，而心境有所转化，来诠释展览主题。该组将根据框线内节录的文字，说明：五叔婆、母亲、姨娘的头发曾出现哪些生理上、发式上的变化？其中反映出她们面对人生的哪些心态、感受，以及调适之道？你是该组成员，请协助完成分析。文长约 250—300 字（约 12—14 行）。

> 一到七月七，家家户户的女人都要有一大半天披头散发。比如我的五叔婆吧，她既矮小又干瘪，头发掉了一大半，却用墨炭画出一个四四方方的额角，又把树皮似的头顶全抹黑了。洗过头以后，墨炭全没有了，亮着半个光秃秃的头顶，只剩后脑勺一小撮头发，飘在背上，在厨房里摇来晃去帮我母亲做饭。可是母亲乌油油的柔发却像

一匹缎子似的垂在肩头，微风吹来，一绺绺的短发不时拂着她白嫩的面颊。我心里在想，如果爸爸在家，看见妈妈这一头乌亮的好发，一定会上街买一对亮晶晶的水钻发夹给她。父亲不久回来了，没有买水钻发夹，却带回一位姨娘。……我们全家搬到杭州以后，母亲不必忙厨房，而且许多时候，父亲要她出来招呼客人，她那尖尖的螺丝髻儿实在不像样，所以父亲一定要她改梳一个式样。母亲就请她的朋友张伯母给她梳了个鲍鱼头。在当时，鲍鱼头是老太太梳的，母亲才过三十岁，却要打扮成老太太，姨娘看了只是抿嘴儿笑，父亲就直皱眉头。……她（刘嫂）每天早上十点钟来，给姨娘梳各式各样的头，什么凤凰髻、羽扇髻、同心髻、燕尾髻，常常换样子，衬托着姨娘细洁的肌肤，袅袅婷婷的水蛇腰儿，越发引得父亲笑眯了眼。刘嫂劝母亲说："大太太，你也梳个时髦点的式样嘛。"母亲摇摇头，响也不响。……

我长大出外读书以后，寒暑假回家，偶然给母亲梳头，头发捏在手心，总觉得愈来愈少。想起幼年时，每年七月初七看母亲乌亮的柔发飘在两肩，她脸上快乐的神情，心里不禁一阵阵酸楚。在上海求学时，母亲来信说她患了风湿病，手膀抬不起来，连最简单的螺丝髻儿都盘不成样，只好把稀稀疏疏的几根短发剪去了。不久，姨娘因事来上海。自从父亲去世以后，母亲和姨娘反而成了患难相依的伴侣，母亲早已不恨她了。她穿着灰布棉袍，鬓边戴着一朵白花，颈后垂着的再不是当年多彩多姿的凤凰髻或同心髻，而是一条简简单单的香蕉卷。她脸上脂粉不施，显得十分哀戚。……

来台湾以后，姨娘已成了我唯一的亲人，当年如云的青丝，如今也渐渐落去，只剩了一小把，且已夹有丝丝白发。

三、引导写作（占 27 分）

2015 年 8 月 8 日，苏迪勒台风来袭，台北市龙江路有两个邮筒遭强风吹落的招牌砸歪，因而被戏称为"歪腰邮筒"。由于歪腰邮筒姿势可爱，民众纷纷到该地拍照，使"受灾"邮筒意外产生疗愈功效。此一新闻甚至引起外国媒体注意，美、日皆对台湾人民在天灾及苦闷的生活中所展现出的幽默感印象深刻。稍后，中华邮政更推出特制邮戳（右图，原图略）及"人生嘛，歪腰也无妨"等一系列主题式明信片，颇受欢迎。

请就上述新闻事件，以《我看歪腰邮筒》为题，写一篇完整的文章，陈述你的看法、感想，或评论，内容须切合"歪腰邮筒"所引发的现象或回响，文长不限。

2002 年"指定科目考试国文科"作文试题

一、问答：孟子曾说"古之人，得志，泽加于民；不得志，修身见于世。穷则独善其身，达则兼善天下"(《尽心上》)，标举了知识分子在穷达之际的理想作为，但面临生命的重要转折，每个人的作法会因其性格、际遇与修养而有所不同。所以，无论是忧谗畏讥、忿怼沉江的屈原，或是不为五斗米折腰、守拙归园田的陶潜，或是旷达自适、无处而不自得的苏轼，都为后世立下了不同的典范，而他们的任事态度与生命情怀，也都反映在其作品中。以上三人，你最欣赏哪一位对于出处进退的态度及其作品？为什么？试结合其生命情怀与作品加以说明，文不必分段，以 300 字为度。二、作文：我们身边，有各种不同的“镜子”。有人在时间的流转中，从“它”照见了容颜的改变；有人在人生的戏局中，从“它”观看出真正的自我；但也有人不顾或不能面对“它”。试以《对镜》为题，写一篇文章，文长不限。

2003 年“指定科目考试国文科”作文试题

你猜到了吗？作文的题目就是——《猜》。

“猜”，天天在我们的脑中浮现：

上课中猜想暗恋的人会不会经过门外？下课后猜测哪一队会赢得今年 NBA 的总冠军赛？边走边猜今天好运会不会与我同在？边写边猜所写的是不是阅卷老师喜欢的题材？……

事实上，人类也常常靠着“猜”才有新的发现：

哥伦布猜测地球是圆的而找到新大陆；哥白尼猜想地球绕着太阳转而开启天文学的新途；牛顿也是先猜地球必有一股力量将月球拉住，从而发现物体的质量会影响万有引力的强度。

你一定“猜”过别人的心思、举止，或者一件你很想知道答案的事。请以《猜》为题，把那一次的经验（可包括猜的原因、经过、结果等）写成一篇文章，文长不限。

2004 年“指定科目考试国文科”作文试题

一、改写“国字”与改错（占 6 分）

甲. 请将下文引号内注音所代表的“国字”依序写出：

这家全市“ㄕㄡˇ”屈一指的海鲜餐厅，其受欢迎的程度，从用餐时间民众大排长龙即可见一“ㄅㄢ”。当一道道美食送上餐桌，浓“ㄩˋ”的香气不禁令人“ㄕˊ”指大动。老板说，他每天都亲自挑选最新鲜的食材，并交“ㄉㄞˋ”厨房师傅用心烹调，“ㄅㄧˋ”竟要维持口碑并不是一件容易的事。

乙. 下列短文共有 6 个错别字，请依例题方式，将错别字挑出并予以更正。(例题：集思广义。“义”→“益”。)

“你难道没看见魔王索伦攻势伶俐，前线守军已经吓得不省人事了！你居然还在讲‘人不自私，天诸地灭’的鬼话！”“不然能怎么办?”“我不像你，只会在这儿一愁莫展。我愿意率领敢死队，出奇不意的中途拦截!”“好！姑且让你放手一搏；若有闪失，绝不宽代!”

二、作文（占 27 分）

请以《偶像》为题，写一篇文章，文长不限。

“偶像”可以是“仰慕的对象”，也可以是“学习的典范”等。你可以针对这个文化现象，提出理性的思辨；也可以叙述你模仿、追逐历史人物、身边长辈、各行各业精英或故事中角色的经验；叙议兼具，也未尝不可；但务必建立属于自己的、首尾连贯的脉络。

2004 年指定科目考试试题敏督利台风受灾地区考生补救考试

一、改写“国字”与改错（占 6 分）

甲. 请将下文引号内注音所代表的“国字”依序写出：

酷嗜“ㄔㄨㄛˋ”饮咖啡，是我生活中仅有的享受。如果这项嗜好被“ㄅㄛ”“ㄉㄨㄛˊ”的话，我的日子大概会变得乏善可“ㄔㄣˊ”。在醇香的氛围里，我惯于“ㄔㄣˊ”思，或者冷眼旁观，或者“ㄌㄧㄥˊ”听音乐。喝过咖啡，我的精神为之刷新。（陈芳明《风中音乐》）

乙. 下列短文共有 6 个错别字，请依例题方式，将错别字挑出并予以更正。(例题：集思广义。“义”→“益”。)

我去投入穿流不息的车潮与车阵，变成其中的一员。然后，我就可以看见风景，包括车子所经过的一切脏乱与芜杂、破屋与漏巷、河岸边的垃圾或干涸的河床、那永不完工的挖决或建设、丑怪的雕塑、雍俗的人间寺庙，还有那戴着庞大重量的卡车却开得那么飞快而竟然显得有几分飘曳。（改写自罗兰《人间小景》）

二、作文（占 27 分）

请以《朋友》为题，写一篇文章，文长不限。

“朋友”可以是在现实中交往的今人，也可以是在书籍里神交的古人；可以是你亲切豢养的宠物，也可以是任何山川风物、花鸟虫鱼。你可以叙述结交朋友的经验，也可以论述朋友的意义与价值；叙议兼具，亦无不可。

2005 年“指定科目考试国文科”作文试题

一、简答（9%）

阅读下列文字后作答：

子之武城，闻弦歌之声，夫子莞尔而笑曰：“割鸡焉用牛刀?”子游对曰：“昔者，偃也闻诸夫子曰：‘君子学道则爱人，小人学道则易使也。’”子曰：“二三子！偃之言是也，前言戏之耳。”（《论语·阳货》）

1. 根据上文语境，“君子”、“小人”、“道”三个名词所指的对象、内容为何？(3分)

2. 孔子起初“莞尔而笑”说：“割鸡焉用牛刀”，后来又说：“前言戏之耳。”请扼要说明孔子前后反应不同的原因，以及子游回答的意涵所在。文长以150字为度。(6分)

二、作文（36%）

家，对许多人而言，不只是身体的休憩处，也是心灵的归依所。我们每天乃至于一生，不断地在离家与回家的历程中，构筑出一天以至于一生的故事。一般人离家后总不免有回家的企盼，但也有人视回家为畏途，甚或无家可归。回家对每个人而言，往往存在着不同的意义。试以《回家》为题，写一篇首尾具足、结构完整的文章。叙事、抒情、议论皆无不可，文长不限。

2006年“指定科目考试国文科”作文试题

一、简答（18%）

阅读下列文字后作答：

孟子曰：“君子有三乐，而王天下不与存焉。父母俱存，兄弟无故，一乐也；仰不愧于天，俯不怍于人，二乐也；得天下英才而教育之，三乐也。君子有三乐，而王天下不与存焉。”(《孟子·尽心上》)

1. 孟子为何以“父母俱存，兄弟无故”、“仰不愧于天，俯不怍于人”、“得天下英才而教育之”为“君子三乐”？试分别简述其意涵，文长以150字为度。(占12分)

2. 孟子为何一再强调“王天下”不在“君子三乐”之中？试说明之，文长以100字为度。(占6分)

请注意：(一) 第1题不得直接翻译，否则扣分。(二) 第2题不必重复“君子三乐”的内容。

二、作文（27%）

人总是想飞的。飞，是一种超越，带来心灵的自由；但也有人禁锢自我，扼杀了想飞的念头。你是否想飞？你想飞翔在什么样的国度？飞带给你什么不一样的感觉与改变？试以《想飞》为题，写一篇结构完整的文章。叙事、抒情、议论皆无不可，文长不限。

2007年“指定科目考试国文科”作文试题

一、语译（18分）

请将下列文言文译为语体文，并注意新式标点的正确使用：

是以泰山不让土壤，故能成其大；河海不择细流，故能就其深；王者不却众庶，故能明其德。是以地无四方，民无异国，四时充美，鬼神降福，此五帝三王之所以无敌也。今乃弃黔首以资敌国，却宾客以业诸侯，使天下之士，退而不敢西向，裹足不入秦，此所谓藉寇兵而赍盗粮者也。（李斯《谏逐客书》）

二、作文（27 分）

请以《探索》为题，写一篇首尾俱足、结构完整的文章，文长不限。

[注意] 不得以新诗、歌词或书信的形式书写。

2008 年“指定科目考试国文科”作文试题

一、扩写（18 分）

“扩写”是以原有的材料为基础，掌握该材料的主旨、精神，运用想象力加以渲染。请仔细阅读框线内《史记·项羽本纪》的文字后加以扩写。文长约 300—400 字。

提示：本题非翻译题，请勿将原文译成白话。

范增起，出，召项庄，谓曰：“君王为人不忍。若入，前为寿，寿毕，请以剑舞，因击沛公于坐，杀之。不者，若属皆且为所虏！”庄则入为寿。寿毕，曰：“君王与沛公饮，军中无以为乐，请以剑舞。”项王曰：“诺！”项庄拔剑起舞；项伯亦拔剑起舞，常以身翼蔽沛公；庄不得击。

二、引导写作（27 分）

现代科技进步，文明发展快速，任何知识学问的数量和深度都远远超过古代，分工、分门成了必然的趋势，任何人都无法博通一切，各类“专家”应运而生。

请以《专家》为题，写一篇首尾完整的文章，文长不限。

2009 年“指定科目考试国文科”作文试题

一、简答（9 分）

齐人有冯谖者，贫乏不能自存，使人属孟尝君，愿寄食门下。孟尝君曰：“客何好？”曰：“客无好也。”曰：“客何能？”曰：“客无能也。”孟尝君笑而受之，曰：“诺！”左右以君贱之也，食以草具。居有顷，倚柱弹其剑，歌曰：“长铗归来乎！食无鱼！”左右以告。孟尝君曰：“食之，比门下之客。”居有顷，复弹其铗，歌曰：“长铗归来乎！出无车！”左右皆笑之，以告。孟尝君曰：“为之驾，比门下之车客。”于是乘其车，揭其剑，过其友，曰：“孟尝君客我！”后有顷，复弹其剑铗，歌曰："长铗归来乎！无以为家！"左右皆恶之，以为贪而不知足。孟尝君问："冯公有亲乎？"对曰："有老母。"孟尝君使人给其食用，无使乏。于是冯谖不复歌。（《战国策·齐策》）

上列引文是大家熟悉的冯谖客孟尝君的故事，其中三处画线部分，分别表现了孟尝君、左右之人、冯谖的心态。请阅读全文，仔细推敲，分别说明三者的心态。

（注意：请标号分项说明。）

二、作文（36分）

生活里充满了令人迷惑的人、事、现象……孔子四十而不惑，那真是大智慧、大人格！平凡的我们是不可能的，但也无妨"虽不能至，心向往之"。

请以《惑》为题，写一篇结构完整的文章，议论、叙事、抒情皆可，文长不限。

2010年"指定科目考试国文科"作文试题

一、文章解读（18分）

阅读框线内的文字，并根据你对《楚辞·渔父》和屈原的了解，说明文中如何描述屈原的外貌？这些描述凸显了屈原性格上的何种特征？请以200字—250字加以说明。

> （渔父）睡了一觉，下午的日光还是一样白。
>
> 他一身汗，湿津津的，恍惚梦中看到一个人。
>
> 一个瘦长的男人吧，奇怪得很，削削瘦瘦像一根枯掉的树，脸上露着石块一样的骨骼。眉毛是往上挑的，像一把剑，鬓角的发直往上梳，高高在脑顶绾了一个髻，最有趣的是他一头插满了各种的野花。
>
> 杜若香极了，被夏天的暑气蒸发，四野都是香味。这男子，怎么会在头上簪了一排的杜若呢？
>
> 渔父仔细嗅了一下，还不只是杜若呢！这瘦削的男子，除了头发上插满了各种香花，连衣襟、衣裾都佩着花，有蘼芜，有芷草，有鲜血一样的杜鹃，有桃花，柳枝。渔父在这汨罗江边长大，各种花的气味都熟，桂花很淡，辛荑花是悠长的一种香气，好像秋天的江水……
>
> "你一身都是花，做什么啊？"
>
> 渔父好像问了一句，糊里糊涂又睡着了。
>
> （蒋勋《关于屈原的最后一天》）

二、作文（27分）

生活中总会碰到一些料想不到的事，面对意外之事，该如何处理，处理之后可以让人获得什么样的体悟？请以《应变》为题，写一篇结构完整的文章，议论、叙事、抒情皆可，文长不限。

2011 年“指定科目考试国文科”作文试题

一、文章解读（占 18 分）

阅读框线内文章，回答问题，文长限 200 字—250 字（约 9 行—11 行）。

> 途中是认识人生最方便的地方。车中、船上同人行道可说是人生博览会的三张入场券，可惜许多人把他们当作废纸，空走了一生的路。我们有一句古话：“读万卷书，行万里路。”所谓行万里路自然是指走遍名山大川，通都大邑，但是我觉得换一个解释也可以。一条路你来往走了几万遍，凑成了万里这个数目，只要你真用了你的眼睛，你就可以算懂得人生的人了。俗语说道：“秀才不出门，能知天下事。”我们不幸未得入泮（入泮：就学读书），只好多走些路，来见见世面罢！对于人生有了清澈的观照，世上的荣辱祸福不足以扰乱内心的恬静，我们的心灵因此可以获得永久的自由；所怕的是面壁参禅，目不窥路的人们，他们不肯上路，的确是无法可办。读书是间接地去了解人生，走路是直接地去了解人生，一落言诠，便非真谛，所以我觉得万卷书可以搁开不念，万里路非放步走去不可。

虽然古人说：“读万卷书，行万里路。”梁遇春却主张：“万卷书可以搁开不念，万里路非放步走去不可。”他的理由何在？请你解读他的看法，并加以评论。

二、作文（占 27 分）

吴宝春十五岁开始当面包学徒，经过二十多年各领域、多方面不断地努力学习、尝试、创新，终于在 2010 年，运用台湾本土食材，以“米酿荔香”面包获得“世界面包大师赛”冠军殊荣。他说他以后仍会用“很宽很深”的方法继续研发创作；“很宽”是指学习更多领域，“很深”是指加强基本功。这是吴宝春对宽与深的看法。请你依照自己的体会或见闻，以《宽与深》为题写一篇文章，议论、记叙、抒情皆可，字数不限。

2012 年“指定科目考试国文科”作文试题

一、文章解读（占 18 分）

阅读框内甲、乙两段文章之后，请解释：烛之武为了达到“言资悦怿”的游说目的，如何掌握“时利”、“义贞”这两个重要原则？并分（一）“时利”、（二）“义贞”，依序回答。(一)、(二) 合计文长约 200—250 字（约 9—11 行）。

> 甲、刘勰《文心雕龙·论说》的“说”，并不是指今人所谓“说明文”的“说”，而是指先秦时代纵横家对君主所进行的“游说”。他赞美“烛武行而纾郑”（烛之武出面说服秦伯，解除了郑国的危难）；认为“说”要“言资悦怿”（说的话要让听者欣然接纳），要能随机应变，解决问题，所以必须针对实际情况，分析利弊，讲究方法，切合事宜，掌握“时利”（有利时势）和“义贞”（持理正大）这两个重要原则，才能博取君主的认同，以达到游说的目的。(改写自王更生《文心雕龙读本》)

乙、（烛之武）见秦伯曰："秦、晋围郑，郑既知亡矣。若亡郑而有益于君，敢以烦执事。越国以鄙远，君知其难也。焉用亡郑以陪邻？邻之厚，君之薄也。若舍郑以为东道主，行李之往来，共其乏困，君亦无所害。且君尝为晋君赐矣，许君焦、瑕，朝济而夕设版焉，君之所知也。夫晋何厌之有？既东封郑，又欲肆其西封。若不阙秦，将焉取之？阙秦以利晋，唯君图之。"（《左传·烛之武退秦师》）

二、引导写作（占27分）

《论语》："子贡问曰：'有一言而可以终身行之者乎？'子曰：'其「恕」乎！己所不欲，勿施于人。'"孔子因材施教，指导子贡以"恕"作为终身奉行的一个字。鲁迅则以"早"字来自我惕厉，要求时时早，事事早，知在人先，行在人前。你认为有哪一个字是自己可以终身奉行的呢？请以《我可以终身奉行的一个字》为题，写一篇文章。论说、记叙、抒情皆可。

2013年"指定科目考试国文科"作文试题

一、文章解读（占18分）

阅读框内文字后，请阐释：（一）作者认为什么是青年的天德？（二）作者认为青年如何"继天德以立人德"？（一）（二）合计文长约250—300字（约11—14行）。

青年如嫩芽初发，含苞待放，代表天地之生机，人类之元气。青年自然纯洁，纵有一点灰尘，因其生力推动，终将随风飞去。青年不怕压力，不畏权威，向往的是头上碧茫茫的太虚，要求顶天立地，所以有开拓万古之心胸，推倒一世豪杰之气概；青年自然富有正义感，总行走于堂堂正正的大道。凡此，皆是造物者给与青年的恩惠，并非青年努力而成，是青年之天德而非人德，青年不应在此骄傲，青年的责任在：依自觉的努力，继天德以立人德。

青年朋友们，你可曾在自然纯洁之外，时时拂拭心灵灰尘？你可曾在自然的不怕压力，反抗权威外，真正培植一己之力量，深植根柢于历史文化之土壤？你可曾在自然的正义感之外，细细思维何谓人间社会最高正义，并为实现此一正义而百折不回？除了凭借一己之力，实践抱负，迎向光明之外，你可曾发奋营求师友相勉或尚友古人，以扩大你的胸量，提高你的志气？这些都端赖你自觉地努力，而不能只持青年的天德。（改写自唐君毅《青年与学问·说青年之人生》）

二、作文（占27分）

每个人心中都有着对远方的憧憬，陶渊明为此构筑了桃花源，哥伦布为此勇渡大西洋。你的心中是否也有一个远方在召唤？也许是个神秘的国度，也许是一种向往的生命型态，也或许是一个人生的目标。请以《远方》为题，写一篇文章，论说、记叙、抒情皆可。

2014年"指定科目考试国文科"作文试题

一、文章解读（占18分）

阅读框线内文章，请依序阐释：（一）作者认为世人对自然科学的见解，错误何在？（二）作者认为青年求学时，对科学精神应有何体认？

请将答案标明（一）（二）书写，（一）（二）合计文长约250—300字（约11—14行）。

> 科学有广狭二义，狭义的科学系指自然科学，广义的科学则指一切有系统的学问，包括人文科学与社会科学。二次世界大战以后，自然科学极受世人重视，成为和平目标的唯一寄托。其实，世人认为自然科学只能增进物质文明，是一种谬见，自然科学对精神文明亦有密切关系；根据自然科学制定的法律，更适合人群需要，仁义道德必须仰赖自然科学才有较精确的标准。各种科学对国家社会都具有同等贡献，青年应选择自己性情相近的学科从事研究。
>
> 世人还有另一种谬见，以为学人文、社会科学较易，学自然科学较难。自然科学以实验为基础，条理容易把握；人文、社会科学没有固定研究途径，易受“好恶”、“利害”的主观影响，故较难学习。因而，科学精神的衡度对研究学问便十分重要。所谓“科学精神”即：泯除个人的主观偏见，一切以客观事实为论断根据。青年宜运用“毋意、毋必、毋固、毋我”的科学精神做研究学问的“心习”，确实做到：没有主观臆断、没有绝对化的坚持、没有个人的私心杂念。唯有如此，不管研究任何学科，才能有所成就，才能对国家社会作出重大贡献。（改写自毛子水《毛子水文存·青年和科学》）

二、作文（占27分）

梦，可以是憧憬、心愿，也可以是抱负、理想，只要好好努力，梦境往往也会成真。如能推己及人，甚至还可以进一步帮别人圆梦。根据亲身感受或所见所闻，以《圆一个梦》为题，写一篇文章，论说、记叙、抒情皆可，字数不限。

2015年“指定科目考试国文科”作文试题

一、文章解读（占18分）

阅读框线内节录自鲁迅《孔乙己》的两段文字，回答问题。答案请标明（一）、（二）书写，（一）、（二）合计文长约200—250字（约9—11行）。

（一）对照甲、乙两段文字，说明孔乙己的行为有哪些转变？（请举出两项）

（二）小说人物所说的话，能反映小说人物的性格、文化程度等特质。请依据“孔乙己所说的话”，说明“孔乙己的人物特质”。（请举出两项）

> 甲、孔乙己是站着喝酒而穿长衫的唯一的人。……孔乙己一到店，所有喝酒的人便都看着他笑，有的叫道：“孔乙己，你脸上又添上新伤疤了！”他不回答，对柜里说：“温两碗酒，要一碟茴香豆。”便排出九文大钱。他们又故意的高声嚷道：“你一定又偷了人家的东西了！”孔乙己睁大眼睛说：“你怎么这样凭空污人清白……”“什么清白？我前天亲眼见你偷了何家的书，吊着打。”孔乙己便涨红了脸，额上的青筋条条绽出，争辩道：“窃书不能算偷……窃书！……读书人的事，能算偷么？”接连便是难懂的话，什么“君子固穷”，什么“者乎”之类，引得众人都哄笑起来。

乙、一天的下半天，没有一个顾客，我正合了眼坐着。忽然间听得一个声音："温一碗酒。"这声音虽然极低，却很耳熟。看时又全没有人。站起来向外一望，那孔乙己便在柜台下对了门坎坐着。他脸上黑而且瘦，已经不成样子；穿一件破夹袄，盘着两腿，下面垫一个蒲包，用草绳在肩上挂住；见了我，又说道："温一碗酒。"掌柜也伸出头去，一面说："孔乙己么？你还欠十九个钱呢！"孔乙己很颓唐的仰面答道："这……下回还清罢。这一回是现钱，酒要好。"掌柜仍然同平常一样，笑着对他说："孔乙己，你又偷了东西了！"但他这回却不十分分辩，单说了一句："不要取笑！""取笑？要是不偷，怎么会打断腿？"孔乙己低声说道："跌断，跌，跌……"他的眼色，很像恳求掌柜，不要再提。此时已经聚集了几个人，便和掌柜都笑了。我温了酒，端出去，放在门坎上。他从破衣袋里摸出四文大钱，放在我手里，见他满手是泥，原来他便用这手走来的。不一会，他喝完酒，便又在旁人的说笑声中，坐着用这手慢慢走去了。

二、作文（占 27 分）

曹丕《典论·论文》在评论文章时，强调必须"审己以度人"（先审察、认清自己，然后再去衡量、评价别人）。除了评论文章，我们修己处世、学习求知，亦宜"审己以度人"。请以《审己以度人》为题，写一篇文章，论说、记叙、抒情皆可，文长不限。

注：2002 年实行"大学多元入学新方案"，学科能力测验和指定科目考试中分别设置了国文科目考试，因此，本文特别将 2002 年至今的学科能力测验和指定科目考试国文科的非选择题，包括作文试题列于大学联考作文试题之后，以形成完整的体系。

资料来源：1. 倪文锦著：《语文考试论》，南宁：广西教育出版社，1996 年，第 164～165 页。2.（台湾）必胜考情辅导中心编：《八十五（1996）学年大学联考应考须知》，台北：文渊企业有限公司图书出版部，1995 年。3. 台湾"许弘网站"，网址：http：//www. hsuhung. idv. tw/course/test/study/test-stu. html。
4. http：//www. ceec. edu. tw/AbilityExam/AbilityExamPaper. htm，http：//www. ceec. edu. tw/AppointExam/AppointExamPapre. htm。

附录二：台湾地区教育事务主管部门大学入学考试委员会设置办法

第一条　教育事务主管部门设大学入学考试委员会（以下简称大考会）其任务如下：

一、关于大学入学考试之规划事项。

二、关于大学入学考试政策之研究改进事项。

三、关于其他大学入学考试事项。

第二条　本会置委员 25 人至 35 人，由主管部门负责人就下列人员聘兼之：

一、大学及独立学院院长。

二、教育专家。

三、教育事务主管部门有关人员。

本会委员任期三年，期满得续聘之。

第三条　本会置哲人委员 1 人，由主管部门负责人兼任之，副主任委员 1 人，由主管部门负责人就次长中指定 1 人兼任之。

第四条　本会全体委员会议由主任委员召集，每年举行二次，讨论有关大学入学考试之重大问题，必要时得召开临时会议。

第五条　本会设大学入学考试试务委员会（以下简称试务委员会）及大学入学考试委员会（以下简称研究委员会）。

第六条　试务委员会置委员 5 人，由主任委员就属于大学校院长之委员中聘兼之，任期三年，期满得续聘之。试务委员会由委员互推 1 人为召集人。

第七条　试务委员会任务如下：

一、决定每年大学入学考试工作计划。

二、分配大学入学考试工作，并遴聘工作人员。

三、督导大学入学考试工作之执行。

四、规划及执行各届大学入学考试之承续事宜。

第八条　研究委员会置委员 10 人至 20 人，由主任委员聘兼之，任期三年，期满得续聘之。研究委员会会议主任委员召集之。

第九条　研究委员会之任务为研议大学入学考试政策之改进并提出具体改进建议。

第十条　本办法自发布日施行。

资料来源：参见方炎明有关台湾地区“大学入学考试制度之改革”的文章，载台湾

比较教育学会主编《世界高等教育改革动向》，幼狮文化事业公司，1977 年，第 90～92 页。

台湾 1977 学年度“大学入学考试试务委员会”组织系统一览表

- 委员会
  - 秘书
  - 总干事
    - 台北（一）考区——台湾大学
    - 台北（二）考区——台湾师范大学
    - 台北（三）考区——政治大学
    - 新竹考区——台湾清华大学
    - 台中考区——中兴大学
    - 台南考区——成功大学
    - 高雄考区——高雄师范学院
    - 台东考区——成功大学
    - 花莲考区——海洋大学
    - 印题组——台湾大学
    - 电子计算机作业组——台湾大学（召集人）、台湾交通大学、中兴大学
    - 命题委员会——台湾清华大学（召集人）、台湾大学、台湾师范大学、政治大学、中兴大学
    - 问卷委员会——台湾师范大学（召集人）——阅卷组——师范大学、台湾大学、成功大学、政治大学、中兴大学
    - 核计复查委员会——辅仁大学（召集人）——复查组——辅仁大学、政治大学、中医学院、阳明医学院、淡江文理学院、高雄医学院、中兴大学
    - 分发委员会——东海大学（召集人）
      - 甲组分发组
      - 乙组分发组
      - 丙组分发组
      - 丁组分发组
    - 经费稽核委员会——东吴大学（召集人）、中原理工学院、逢甲工商学院、台湾交通大学、中兴大学、台湾中央大学、台北医学院、台湾中国文化学院、大同工学院、静宜文理学院、教育学院
    - 本科考试委员会——台湾师范大学（召集人）、东海大学、台湾东吴大学、辅仁大学、台湾中国文化学院
  - 副总干事
    - 试务技术委员会——中兴大学（召集人）、台湾大学、台湾师范大学、政治大学、台湾东吴大学、各考区负责学校
    - 试务组、总务组、会计组——中兴大学

资料来源：参见方炎明有关台湾地区“大学入学考试制度之改革”的文章，载台湾比较教育学会主编《世界高等教育改革动向》，幼狮文化事业公司，1977 年，第 93 页。

附录三：

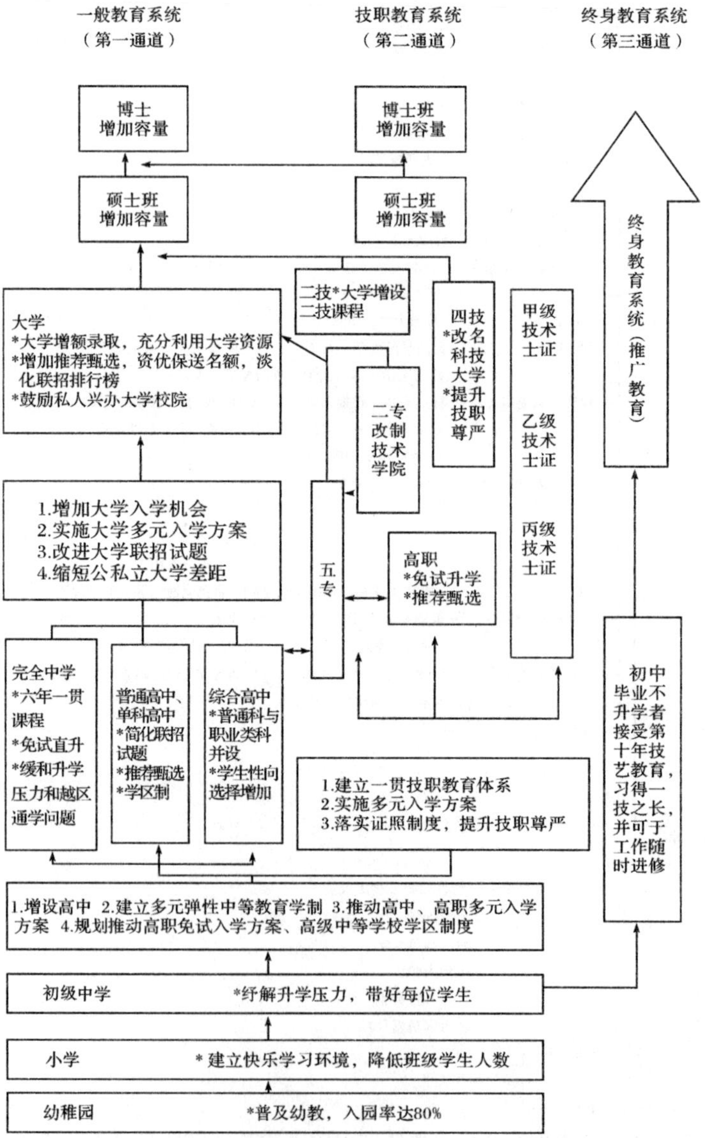

图 1　畅通升学途径、缓解升学压力的三条教育通道图

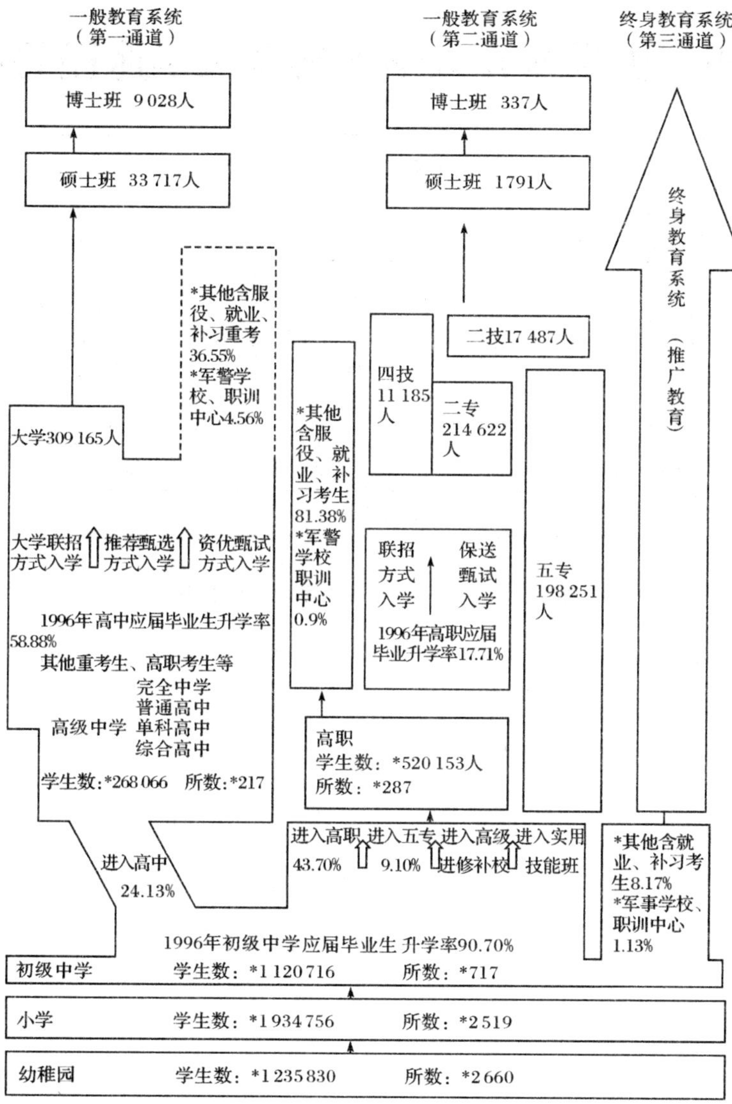

图 2　1996 学年度各级学校学生人数图表暨 1996 年初中、高中、高职毕业生升学途径及升学率

以上两图的资料来源：引自台湾教育事务主管部门 1997 年 6 月 18 日中国国民党中央委员会专题报告“畅通升学管道纾解升学压力”，转引自张芳全《最新教育问题探析》，商鼎文化出版社，1997 年，第 154～155 页。

附录四：大学多元入学方案各入学途径关系图

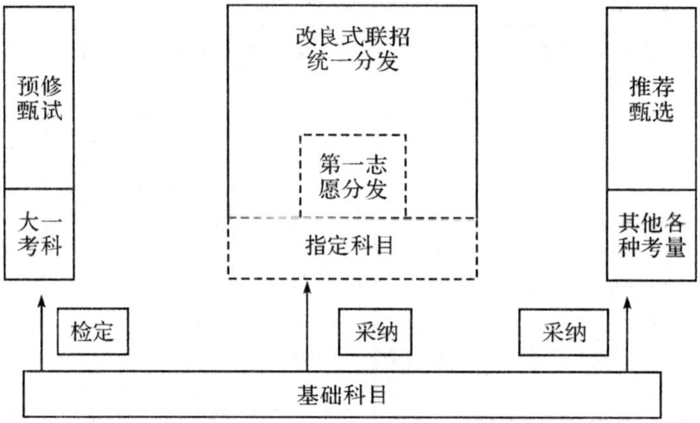

图 1　入学途径与考试科目之间的关系

资料来源：参见台湾地区大学入学考试中心：《大学多元入学方案的内容与实施建议》，载台湾《选才》1992 年第 4 期，第 38～52 页。

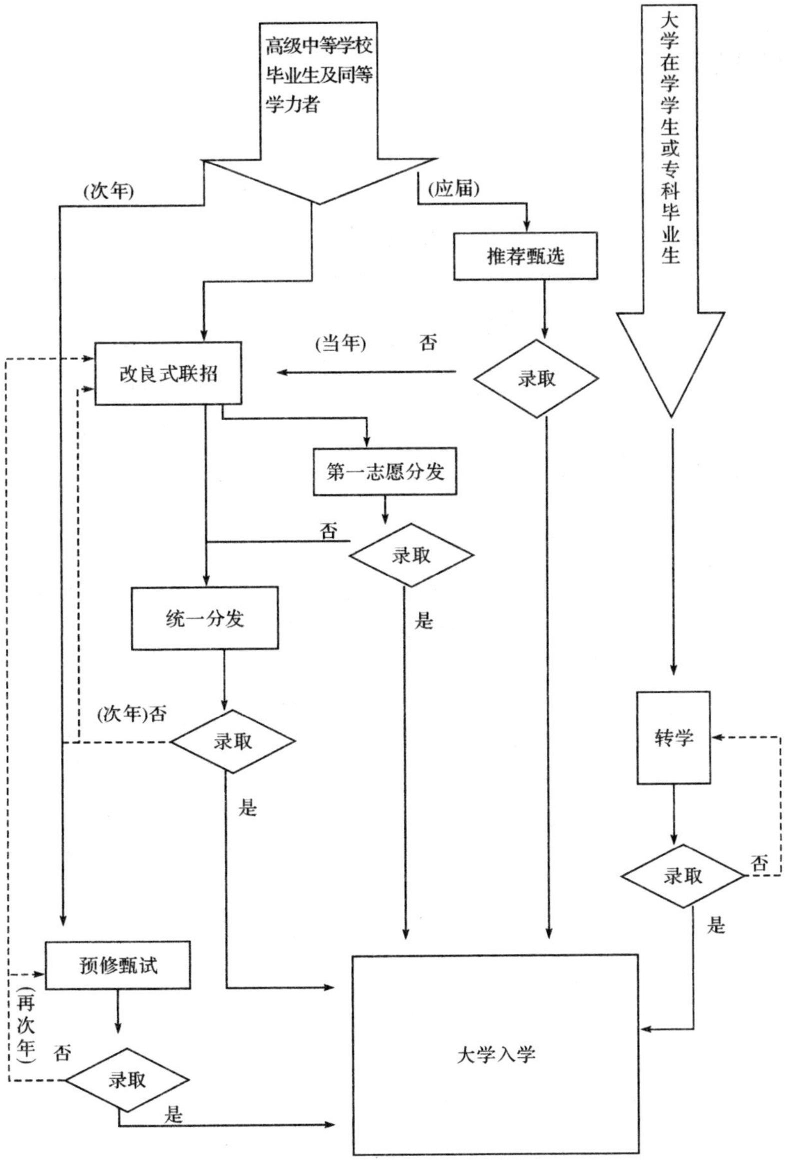

图 2　大学多元入学方案各入学途径的关系示意图

资料来源：参见台湾地区大学入学考试中心：《大学多元入学方案的内容与实施建议》，载台湾《选才》1992 年第 4 期，第 38～52 页。

附录五：

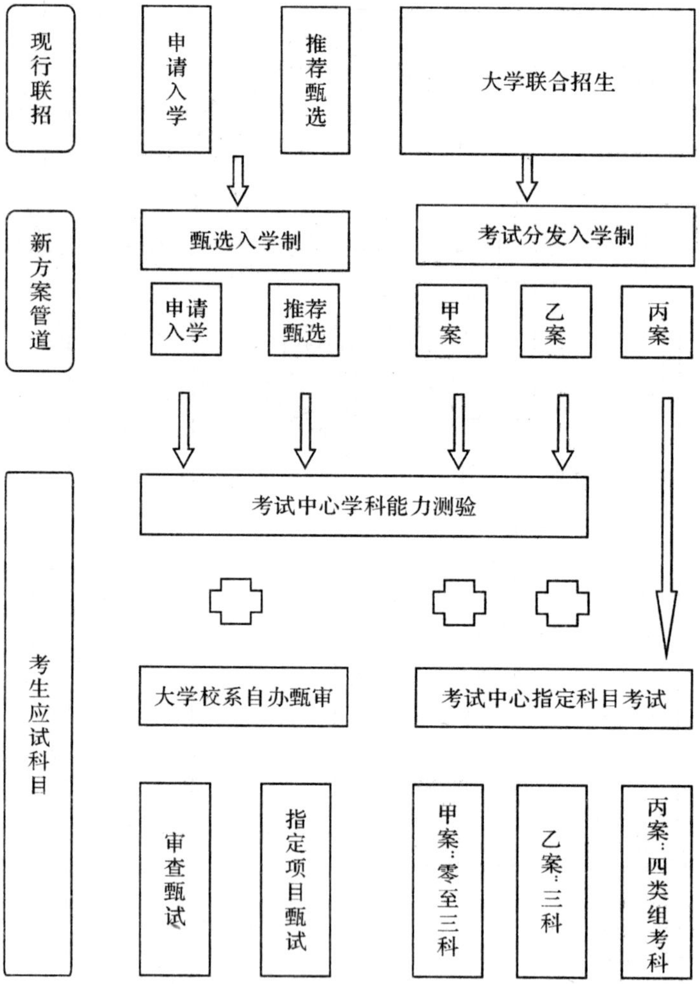

图 1　大学多元入学新方案架构图

资料来源：大学入学考试中心编辑：《行动世代年历手册》，大学入学考试中心制作，2002 年，第 45 页。

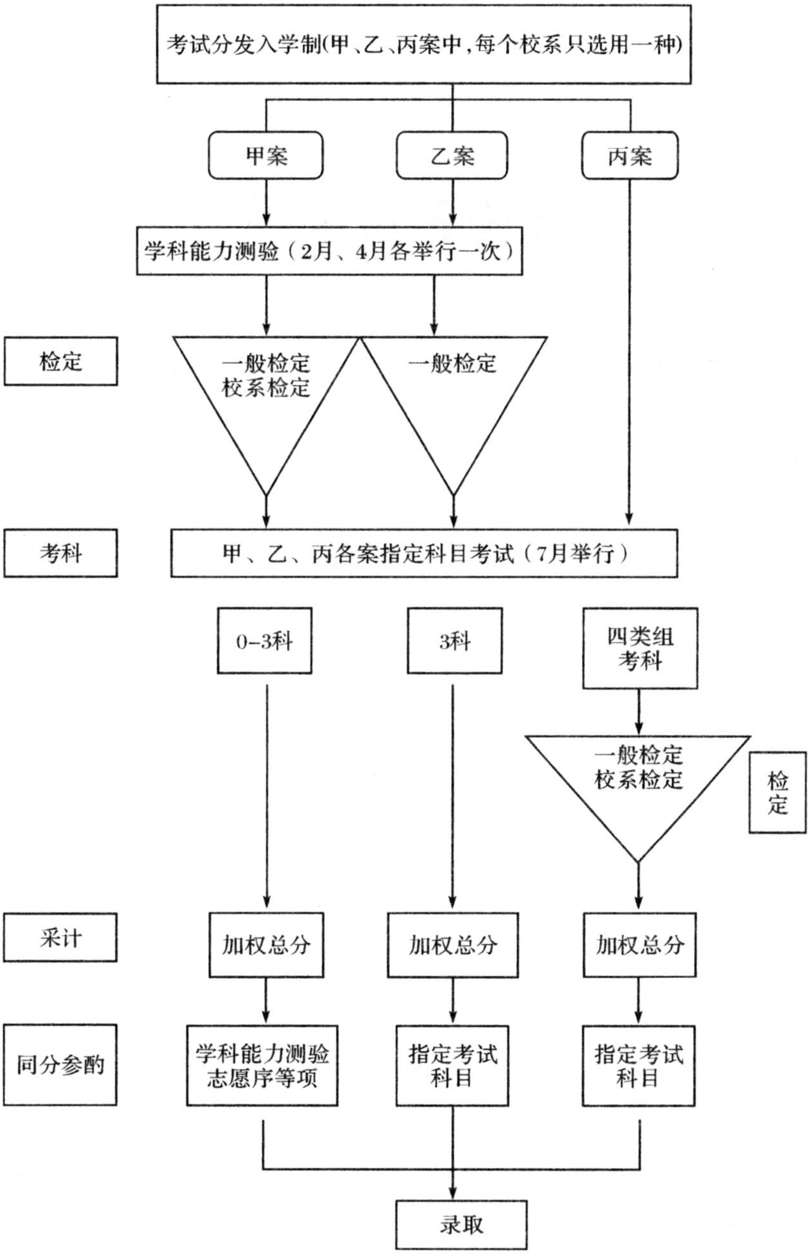

图 2　“大学多元入学新方案”考试分发入学制流程图

主要参考文献

一、著作部分

[1] 潘懋元. 新编高等教育学［M］. 北京：北京师范大学出版社，1996.
[2] 潘懋元，王伟廉. 高等教育学［M］. 福州：福建教育出版社，1995.
[3] 刘海峰. 科举考试的教育视角［M］. 武汉：湖北教育出版社，1996.
[4] 厦门大学高等教育科学研究所. 两岸大学教育学术研讨会论文集［C］. 厦门：厦门大学出版社，1998.
[5] 刘海峰等. 中国考试发展史［M］. 武汉：华中师范大学出版社，2002.
[6] 梁其健，葛为民等. 考试管理的理论与技术［M］. 武汉：华中师范大学出版社，2002.
[7] 廖平胜. 考试学［M］. 武汉：华中师范大学出版社，1988.
[8] ［美］ECKSTEIN M A，NOAH H J，et al. 迈向大学之路——各国的考试政策与实务［M］. 陈坤田，等译. 台北：心理出版社有限公司，1996.
[9] 华东师范大学教育咨询服务中心等. 现代考试基础理论［M］. 天津：天津人民出版社，1992.
[10] 康乃美，蔡其昌等. 中外考试制度比较研究［M］. 武汉：华中师范大学出版社，2002.
[11] 于信凤. 考试学引论［M］. 沈阳：辽宁人民出版社，1987.
[12] 曲士培编著. 今日台湾教育［M］. 太原：山西教育出版社，1999.
[13] 曲士培编著. 台湾高等教育［M］. 长沙：湖南教育出版社，1990.
[14] 潘慧斌，张冠增编著. 台湾地区高等教育纵览［M］. 上海：学林出版社，2002.
[15] 李海绩，郑新蓉. 台湾教育概览［M］. 北京：九州出版社，2003.

[16] 郑旦华，于超美. 台湾教育四十年 [M]. 长沙：湖南教育出版社，1992.
[17] 郑旦华，于超美. 今日台湾教育 [M]. 广州：广东教育出版社，1996.
[18] 于永，郑旦华. 台湾省教育现况 [M]. 北京：华艺出版社，1988.
[29] 叶品樵. 台湾教育面面观 [M]. 福州：福建教育出版社，1993.
[20] 王本尊，李洁容，徐位发编著. 台湾教育概观 [M]. 广州：暨南大学出版社，1990.
[21] 徐有守. 考试权的危机——考铨制度的腐蚀与改进 [M]. 台北：台湾商务印书馆股份有限公司，1999.
[22] 贾非. 各国大学入学考试制度比较研究 [M]. 沈阳：辽宁教育出版社，1990.
[23] 贾非. 考试制度研究 [M]. 成都：四川教育出版社，1995.
[24] 贾非. 考试与教学 [M]. 长春：吉林教育出版社，1994.
[25] 罗伯特·蒙哥马利著，黄鸣译. 考试的新探索 [M]. 南宁：广西人民出版社，1984.
[26] 王震武，林文英. 教育改革的台湾经验——国民教育的政策及行政措施分析 [M]. 台北：业强出版社，1996.
[27] 郭为藩. 教育改革的省思 [M]. 台北：天下文化出版股份有限公司，1995.
[28] 周慧菁主编. 前瞻台湾——新教育 [M]. 台北：天下杂志发行，1994.
[29] 杨位平，施汉云，李仪编. 中国台湾大专院校简介 [M]. 香港：香港汉荣书局出版，1993.
[30] 陈孔立编著. 简明台湾史 [M]. 北京：九州图书出版社，1998.
[31] 李泽彧，武毅英等. 战后台湾高等教育与经济发展 [M]. 厦门：厦门大学出版社，1996.
[32] 谢青，汤德用主编. 中国考试制度史 [M]. 合肥：黄山书社，1995.
[33] 台湾比较教育学会. 世界各国大学入学制度之改革动向 [M]. 台北：五南图书出版公司，1983.
[34] 杨学为，朱仇美，张海鹏. 中国考试制度史资料选编 [M]. 合肥：黄山书社，1992.

[35] 汪知亭. 台湾教育史料新编. 台北：台湾商务印书馆股份有限公司，1978.
[36] 台湾教育年鉴编纂委员会编著. 第三次教育年鉴 [M]. 台北：正中书局，1957.
[37] 黄延复. 梅贻琦教育思想研究 [M]. 沈阳：辽宁教育出版社，1994.
[38] 台湾教育年鉴编纂委员会编著. 第四次教育年鉴 [M]. 台北：正中书局，1976.
[39] 台湾教育年鉴编纂委员会编著. 第五次教育年鉴 [M]. 台北：正中书局，1985.
[40] 台湾比较教育学会. 世界高等教育改革动向 [M]. 台北：幼狮文化事业公司，1977.
[41] 宗亮东. 辅导与教育论文集 [C]. 台北：正中书局，1986.
[42] 台湾教育学会. 教育发展与国家建设 [M]. 台北：幼狮文化事业公司，1980.
[43] 任拓书. 十年辛苦不寻常——大学入学考试中心十周年纪念文集 [C]. 台北：财团法人大学入学考试中心基金会出版，2000.
[44] 财团法人大学入学考试中心基金会. 大学入学考试中心宣传手册 [M]. 1999.
[45] 台湾比较教育学会. 教育改革的展望——教改会教育政策报告书评析 [M]. 台北：师大书苑有限公司，1995.
[46] 张芳全. 教育问题与教育改革——理论与实际 [M]. 台北：商鼎文化出版社，1997.
[47] 李泽彧，史秋衡等. 港澳台高等教育法规与政策研究 [M]. 厦门：厦门大学出版社，2000.
[48] 台湾大学入学考试中心. 你就是明日的大学之星——大学多元入学新方案（3 版）[M]. 台北：大学入学考试中心出版，2002.
[49] 台湾大学入学考试中心. 行动世代年历手册 [M]. 台北：大学入学考试中心制作，2002.
[50] 台湾各大学招生委员会与财团法人大学入学考试中心（2002 年）编印. 2002 学年度大学推荐甄选入学招生简章汇编 [M]. 台北：大学入学考试中心出版，2001.
[51] 财团法人大学入学考试中心编印. 1997 学年度大学推荐甄选入学招生

简章汇编暨大学入学考试中心学科能力测验简章合订本［M］．台北：大学入学考试中心出版，1996.
［52］林崇德，辛涛．智力的培养［M］．杭州：浙江人民出版社，1996.
［53］黄光扬主编．教育测量与评价［M］．上海：华东师范大学出版社，2002.
［54］白学军．智力心理学的研究进展［M］．杭州：浙江人民出版社，1996.
［55］［美］斯腾伯格 R J 著．成功智力［M］．吴国宏，钱文，译．上海：华东师范大学出版社，1999.
［56］［美］斯腾伯格 R J，［美］格里格伦科 E L 著．成功智力教学——提高学生的学习能力与学习成绩［M］．张庆林，赵玉芳，等译．北京：中国轻工业出版社，2002.
［57］［美］H. 加登纳著．智能的结构［M］．兰金仁，译．北京：光明日报出版社，1990.
［58］［美］霍华德·加德纳著．多元智能［M］．沈致隆，译．北京：新华出版社，1999.
［59］［美］Howard Gardner 著．再建多元智慧——21 世纪的发展前景与实际应用［M］．李心莹，译．台北：远流出版事业股份有限公司，2000.
［60］吴志宏主编．多元智能：理论、方法与实践［M］．上海：上海教育出版社，2003.
［61］［美］雷吉尔著．落实多元智慧教学评量［M］．郭俊贤，陈淑惠，译．台北：远流出版事业股份有限公司，2000.
［62］［美］坎贝尔（Campbell，L.），［美］坎贝尔（Campbell，B.），［美］狄瑾逊（Dickinson，D.）著．多元智能教与学的策略［M］．王成全，译．北京：中国轻工业出版社，2001.
［63］［美］约翰逊著．学生表现评定手册：场地设计和前景指南［M］．李雁冰，译．上海：华东师范大学出版社，2000.
［64］郑金洲．教育文化学［M］．北京：人民教育出版社，2000.
［65］潘懋元．潘懋元论高等教育［M］．福州：福建教育出版社，2000.
［66］黄新宪主编．传统文化影响下的台湾教育［M］．福州：福建教育出版社，1993.
［67］羊忆蓉，林全等著．台湾的教育改革［M］．台北：前卫出版

社，1994.
[68] 谢维和．教育活动的社会学分析：一种教育社会学的研究［M］．北京：教育科学出版社，2000.
[69] 李国霖编著．社会蜕变中的台湾学校文化［M］．福州：福建教育出版社，1995.
[70] 杨莹．教育机会均等——教育社会学的探究（第二版）［M］．台北：师大书苑有限公司，1995.
[71] 于钦波，杨晓主编．中外大学入学考试制度比较与中国高考制度改革［M］．成都：四川教育出版社，2000.
[72] 赵亮宏主编．普通高等学校招生制度概述［M］．北京：航空工业出版社，1994.
[73] 马文卿，刘文超．中国高考走向［M］．济南：山东人民出版社，2002.
[74] 鞠文灿主编．3＋X——考试的革命［M］．南京：江苏人民出版社，1999.
[75] 教育部考试中心《中国考试》杂志编辑部．高考内容和形式改革研讨会专辑［C］．北京：中国人民大学出版社，1999.
[76] 黄光雄主编．教育概论［M］．台北：师大书苑有限公司，1990.
[77] 蒋超．高考综合能力考试手稿［M］．北京：人民教育出版社，2001.
[78] 东方，岳龙．追问3＋X［M］．福州：福建教育出版社，2000.
[79] 唐佐明等著．高校招生体制改革研究［M］．桂林：广西师范大学出版社，2000.
[80] 杨学为．中国考试改革研究［M］．北京：北京大学出版社，2001.
[81] 官风华编著．台湾校园文化［M］．太原：山西教育出版社，1999.
[82] 姚志华编著．台湾教育管理［M］．太原：山西教育出版社，1999.
[83] 杨晓波编著．台湾社会教育［M］．太原：山西教育出版社，1999.
[84] 李济英编著．台湾科学教育［M］．太原：山西教育出版社，1999.
[85] 庄明水，谢作栩，黄鸿鸿，许明．台湾教育简史［M］．福州：福建教育出版社，1994.
[86] 李达．台湾教育问题（第一集）［C］．香港：广角镜出版社有限公司，1987.
[87] 李达．台湾教育问题（第二集）［C］．香港：广角镜出版社有限公

司，1988.
[88] 李达. 台湾教育问题（第三集）[C]. 香港：广角镜出版社有限公司，1988.
[89] 伍振鷟主译. 亚洲大学的发展——从依赖到自主 [M]. 台北：师大书苑有限公司，1990.
[90] 曹亮吉. 考试知多少 [M]. 台北：心理出版社股份有限公司，2000.
[91] 谢芬兰主编. 强力扫描：大学联考实战手册 [M]. 台北：正中书局，1994.
[92] 台湾辅导学会主编. 辅导学的先驱——西方篇 [M]. 台北：师大书苑有限公司，1992.
[93] 必胜考情辅导中心编著. 1996 学年大学选系须知 [M]. 台北：文渊企业图书出版部，1995.
[94] 必胜考情辅导中心编著. 1996 学年大学联考应考须知 [M]. 台北：文渊企业图书出版部，1995.
[95] 郑清荣. 你一定可以通过推荐甄选 [M]. 台北：如何出版社有限公司，2000.
[96] 林双川. 高考冲击波 [M]. 福州：福建人民出版社，1999.
[97] 陈奎熹. 教育社会学 [M]. 台北：三民书局股份有限公司，1980.
[98] 韩家勋，孙玲. 中等教育考试制度比较研究 [M]. 北京：人民教育出版社，1999.
[99] 程凯，王卫东. 考试社会学概论 [M]. 郑州：河南大学出版社，2000.
[100] 孙邦正编著. 六十年来的中国教育 [M]. 台北：正中书局，1971.
[101] 必胜考情辅导中心编著. 第一类组考生选填志愿手册 [G]. 台北：文渊企业图书出版部，1996.
[102] 必胜考情辅导中心编著. 第二类组考生选填志愿手册 [G]. 台北：文渊企业图书出版部，1996.
[103] 必胜考情辅导中心编著. 第三、第四类组考生选填志愿手册 [G]. 台北：文渊企业图书出版部，1996.
[104] 必胜考情辅导中心编著. 台湾地区大学就读指南 [G]. 台北：文渊企业图书出版部，1996.
[105] 必胜考情辅导中心编著. 第一类组（人文、传播、艺术类）大学就读

指南［G］．台北：文渊企业图书出版部，1996.
［106］必胜考情辅导中心编著．第二类组大学就读指南［G］．台北：文渊企业图书出版部，1996.
［107］必胜考情辅导中心编著．第一类组（法、商、管理、教育、资讯）大学就读指南［G］．台北：文渊企业图书出版部，1996.
［108］必胜考情辅导中心编著．第三、第四类组大学就读指南［G］．台北：文渊企业图书出版部，1996.
［109］刘昕，马世晔，胡平主编．中国考试史专题论文集［C］．北京：高等教育出版社，1999.
［110］［美］亚尔保德·兰著．新法考试［M］．浦漪人，黄明宗，译．南京：正中书局，1935.
［111］杨成鉴，金涛声．中国考试学［M］．北京：书目文献出版社，1995.
［112］陆震编著．中外学校教育考试制度探讨［M］．北京：高等教育出版社，1997.
［113］国家教育委员会考试中心．美、日、法人才选拔与考试办法［M］．北京：人民邮电出版社，1994.
［114］高志敏．国外及中国台湾省高中后教育比较研究［M］．北京：中国劳动出版社，1992.
［115］邱洪昌，林启泗主编．十国高等学校招生制度［M］．北京：航空工业出版社，1994.
［116］吴世淑．国外高等学校招生制度［M］．海南：南海出版公司，1992.
［117］李聪明．教育评价的理论与方法［M］．台北：幼狮文化事业公司，1972.
［118］桂万宏，苏玉兰．教育社会学［M］．天津：天津人民出版社，1987.
［119］吴永军．课程社会学［M］．南京：南京师范大学出版社，1999.
［120］“符合素质教育要求的中小学校内考试理论和操作体系研究课题组”．中小学素质教育考试的理论和方法［M］．武汉：华中师范大学出版社，2001.
［121］葛大汇．升学考试的问题与对策研究——对“应试教育”的剖析［M］．上海：华东师范大学出版社，2001.
［122］周祝瑛．海峡两岸教育比较研究［M］．台北：师大书苑有限公司，1998.

[123] 周祝瑛. 大陆高等教育问题研究——兼论台湾相关课题 [M]. 台北：师大书苑有限公司，1998.
[124] 杨莹编著. 转型社会中的教育 [M]. 台北：财团法人民主教育基金会，1991.
[125] 朱敬先. 教育心理学——教学取向 [M]. 台北：五南图书出版有限公司，1997.
[126] 王瑞琦. 中国大陆大学联招与高教之发展 [M]. 台北：文笙书局股份有限公司，1994.
[127] 大学入学考试中心编辑. 大学入学考试中心大事记（1988 年 12 月至 1999 年 6 月）[M]. 台北：大学入学考试中心出版物.
[128] 吴武典主编. 学校辅导工作 [M]. 台北：张老师文化事业股份有限公司，1980.
[129] 吕俊甫. 教育与社会 [M]. 台北：远流出版事业股份有限公司，1994.
[130] 徐南号主编. 台湾教育史 [M]. 台北：师大书苑有限公司，1993.
[131] 王家通. 高等教育制度比较研究 [M]. 台北：复文图书出版社，1981.
[132] [美] N. E. 格朗兰德著. 教学测量与评价 [M]. 郑军，等译. 石家庄：河北教育出版社，1991.
[133] 倪文锦. 语文考试论 [M]. 南宁：广西教育出版社，1996.
[134] 郭为藩等同著. 当代教育理论与实际——孙邦正教授七秩大庆纪念论文集 [C]. 台北：五南图书出版公司，1983.
[135] 张春兴主编. 当前高等教育问题 [M]. 台北："中国论坛社"，1980.
[136] 台湾师范大学教育研究所. 高等教育 [M]. 台北：伟文图书出版社有限公司，1979.
[137] 福建省高等学校招生办公室. 中国高校招生考试科研论文目录索引 [P]. 福州：福建教育出版社，1998.
[138] 刘海峰，庄明水. 福建教育史 [M]. 福州：福建教育出版社，1996.
[139] 周鹤鸣. 香港台湾地区和南朝鲜新加坡高等教育研究 [M]. 广州：广东高等教育出版社，1989.
[140] 郑秋霞. 从教育改革谈台湾地区大学入学制度之变革（1994—迄今）[D]. 嘉义：台湾南华大学公共行政与政策研究所，2002.

[141] 陈昌媛. 大学科系与高级中学对大学甄试入学之态度评估与研究[D]. 台北：东吴大学经济学系，1999.
[142] 陈林晓梅. 大学“甄选入学”制度之研究（1993—2000）[D]. 台东师范学院教育研究所，2000.
[143] 薛成龙. 近代中国高校招生考试研究 [D]. 厦门大学高等教育科学研究所，1999.
[144] 张亚群. 科举革废与中国高等教育近代化 [D]. 厦门大学高等教育科学研究所，2000.
[145] 田建荣. 中国考试思想史研究 [D]. 厦门大学高等教育科学研究所，2001.

二、台湾出版的研究报告

[146] 黄政杰主持. 大学入学加计高中在学成绩方案计划报告 [R]. 台北：大学入学考试中心出版物，1991.
[147] 曹亮吉等. 改良式联招架构规划工作计划研究报告 [R]. 台北：大学入学考试中心出版物，1996.
[148] 司徒达贤. 预修甄试入学之研究报告 [R]. 台北：大学入学考试中心出版物（编号研—81—035），1992.
[149] 曹亮吉. 改良式联招架构规划工作计划研究报告 [R]. 台北：大学入学考试中心出版物（编号 A27），1996.
[150] 萧次融. 推荐入学方式之研究 [R]. 台北：大学入学考试中心出版物（研 N0. 16），1991.
[151] 萧次融. 推荐甄选入学方式之研究报告（二）. 推荐方法与甄选办法之研拟 [R]. 台北：大学入学考试中心出版物，1992.
[152] 姚霞玲等. 推荐甄选入学面试类型与其评量方式研究报告 [R]. 台北：大学入学考试中心出版物（研 N0. 44），1992.
[153] 姚霞玲. 小论文适用性初探研究报告 [R]. 台北：大学入学考试中心出版物（研 N0. 56），1993.
[154] 萧次融，姚霞玲，林秀红，连正雄. 推荐甄选追踪研究 [R]. 台北：大学入学考试中心出版物，1999.
[155] 萧次融，姚霞玲，林秀红，连正雄. 1998 学年度推荐甄选追踪调查研究 [R]. 台北：大学入学考试中心出版物（编号 A34），1999.

[156] 萧次融. 1997 学年度推荐甄选追踪调查研究报告 [R]. 台北: 大学入学考试中心出版物 (编号 A33), 1999.
[157] 萧次融. 推荐甄选追踪调查研究 [R]. 台北: 大学入学考试中心出版物 (编号 A26), 1995.
[158] 财团法人大学入学考试中心. 1994—1997 学年度大学试办推荐甄选入学招生方案检讨报告 [R]. 台北: 财团法人大学入学考试中心出版, 1997.
[159] 万明美. 大学入学考试残障考生考试办法初探研究报告 [R]. 台北: 大学入学考试中心出版物 (编号 A28), 1996.
[160] 台湾大学入学考试中心. 各国大学招生方式简介——日本招生制度 (二) [G]. 海峡两岸"大学入学方式与终身教育"研讨会会议资料之一, 1996.
[161] "台湾中华发展基金管理委员会"主办. 海峡两岸高等教育发展与改革研讨会会议手册 [G]. 2000 年 3 月 13 日～14 日.
[162] 台湾大学入学考试中心主办. 两岸大学入学新制研讨会会议手册 [G]. 2001 年 4 月 25 日.

三、参阅论文

[163] 潘懋元. 我对招生考试的基本看法 [J]. 湖北招生考试, 2002 (56).
[164] 刘海峰. 在理想与现实之间——三论坚持统一高考 [J]. 高等教育研究, 1998 (2).
[165] 高耀明. 民国时期高校招生制度述略 [J]. 高等师范教育研究, 1997 (4).
[166] 吴家怡. 回首联招 40 年 [J]. 选才 (台湾), 1990 (1).
[167] 周进兴. 大学联招的演变 (二) [J]. 选才 (台湾大学入学考试中心通讯), (总 78).
[168] 张文峰. 大学联招的检讨与改进——兼谈大学入学考试新制 (第三方案) 之实施 [J]. 台湾教育辅导月刊, 1983 (9)、(10).
[169] 台湾师范大学附中辅导委员会. 大学联考新方案问题解答汇编 [G]. 原载"中国时报"副刊, 1983. 转引自教育资料文摘 (台湾), 1984 (73).
[170] 杨明宗. 大学联招新制实施成效之研究 (一) [J]. 教育资料文摘

(台湾), 1986 (107).
[171] 林清江. 大学入学考试改进的分析 [J]. 教育资料文摘 (台湾), 1983 (69).
[172] 蔡金庸, 邹浮安, 张秋铭. 高中学生对新制大学联招方式反应之研究 [J]. 教育资料文摘 (台湾), 1985 (88).
[173] 杨明宗. 大学联招新制实施成效之研究 [J]. 教育资料文摘 (台湾), 1986 (107)、1987 (108)、(109)、(110)、(111)、(112).
[174] 宗亮东口述, 洪素贞整理. 翻开一页联考沧桑史 [J]. 教育资料文摘 (台湾), 1989 (134).
[175] 天一出版社资料室编辑. 大专入学考试问题 (60 年代台湾主要报纸社论集锦) [G]. 北京国家图书馆港台阅览室馆藏.
[176] 天一出版社资料室编辑. 高等教育 (60 年代台湾主要报纸社论集锦) [G]. 北京国家图书馆港台阅览室馆藏.
[177] 台湾"教改会". 当前教育改革的五大方向 [J]. 教改通讯 (台湾"教改会"专刊), 1995 (4).
[178] 詹盛如. 台湾高等教育类型与功能之探讨 [J]. 教育研究资讯 (台湾), 2002 (12).
[179] 王俊权. 从大学联考到多元入学 [J]. 台湾教育 (台湾), 2002 (592).
[180] 台湾大学入学考试中心. 大学多元入学方案的内容与实施建议 [J]. 选才 (台湾), 1992 (4).
[181] 杨李娜. "3+X"高考改革方案与台湾"大学多元入学新方案"比较研究 [J]. 考试研究, 2002 (第 2 辑).
[182] 大学多元入学方案的构想 [J]. 选才 (台湾), 1991 (4).
[183] 大学多元入学方案的内容与实施建议及大学多元入学方案 [J]. 教育资料文摘 (台湾), 1992 (175)、(176).
[184] 任拓书. 大学多元入学新方案 [J]. 选才 (台湾), 1999 (7).
[185] 徐明珠. 站在大学入学考试变革的转折点上 [J]. 政策论坛 (台湾), 2001 (7).
[186] 杨李娜. 台湾的大学入学考试中学科能力测验述评 [J]. 理工高教研究, 2003 (2).
[187] 大学多元入学新方案 [J]. 选才 (台湾大学入学考试中心通讯),

1999 (8).
[188] 刘源俊. 对大学招生策进会的期望 [J]. 选才 (台湾大学入学考试中心通讯), (总 39).
[189] 杨李娜. 台湾大学入学考试制度改革探析 [J]. 教育发展研究, 2002 (6).
[190] 姚霞玲. 日本大学入学制度 [J]. 选才 (台湾), 1990 (3).
[191] 张宜年, 史亚杰, 张德伟. 日本大学招生考试制度的多样化 [J]. 外国教育研究, 2002 (6).
[192] 姚霞玲. 探梦——记日本推荐入学制度二三事 [J]. 选才 (台湾), 第二卷.
[193] 武勤. 日本的推荐入学与面试 [J]. 中国考试, 1998 (4).
[194] 黄炳煌. 谈推荐甄选方案的基本精神 [J]. 选才 (台湾大学入学考试中心通讯), 1993 (14).
[195] 廖年淼. 二技推荐甄选入学方式之研究 [J]. 教育研究资讯 (台湾), 2000 (1).
[196] 大学入学考试中心. 学科能力测验内容简介 [J]. 选才 (台湾大学入学考试中心通讯), (总 49).
[197] 吴国良. 2002 学年度学科能力测验 [J]. 选才 (台湾大学入学考试中心通讯), 2001 (总 80).
[198] 任拓书. 学科能力测验成绩使用方式 [J]. 选才 (台湾大学入学考试中心通讯), 1999 (总 55).
[199] 姚霞玲. 学科能力测验在推荐甄选中的使用状况 [J]. 选才 (台湾大学入学考试中心通讯), (总 50).
[200] 大学入学考试中心. 学科能力测验准备方向 [J]. 选才 (台湾大学入学考试中心通讯, (总 52).
[201] 谢馨. 2002 学年学科能力测验报名人数突破 14 万大关 [J]. 选才 (台湾大学入学考试中心通讯), 2001 (总 88).
[202] 姚霞玲. 从推荐甄选谈推荐条件的订定与甄选方式 [J]. 选才 (台湾大学入学考试中心通讯), (总 34).
[203] 胡天爵. 推荐甄选人选如何产生 [J]. 选才 (台湾大学入学考试中心通讯), (总 16)、(总 17)、(总 18).
[204] 杨贵荣. 剖析 1994 年度大学推荐甄选入学方案 [J]. 教育资料文摘

（台湾），1995（197）.
[205] 姚霞玲. 从推荐甄选的追踪浅谈推荐条件的订立与甄选方式［J］. 选才（台湾大学入学考试中心通讯），（总 53）.
[206] 李佳玲，萧次融. 推甄数据谈 2000 学年度大学推荐甄选入学［J］. 选才（台湾大学入学考试中心通讯），2000（11）.
[207] 任拓书. 推荐甄选试办四年回顾［J］. 选才（台湾大学入学考试中心通讯），（总 41）.
[208] 杨李娜. 教育功能的理论基础探析. 现代教育科学［J］. 高教研究，2003（1）.
[209] 霍力岩. 加德纳的多元智力理论及其主要依据探析［J］. 比较教育研究，2000（3）.
[210] 霍力岩. 多元智力理论及其对我们的启示［J］. 教育研究，2000（9）.
[211] 张玲. 加德纳多元智能理论对教育的意义到底何在？［J］. 华东师范大学学报（教育科学版），2003（1）.
[212] 黄光扬. 多元智力理论与中国高校招考制度改革［J］. 湖北招生考试（理论版），2002（4）下半月.
[213] 周祝瑛，张稚美. 多元智能理论在台湾中小学之实验［J］. 全球教育展望，2001（12）.
[214] 裴新宁，张桂春. “多元智力”：教育学的关注与理解［J］. 全球教育展望，2001（12）.
[215] 毛景焕. 从多元智力理论看教学的公平性和学生发展的平等性问题［J］. 山东教育科研，2001（11）.
[216] 夏蕙贤. 神话与使命——对多元智力的认识［J］. 全球教育展望，2001（6）.
[217] 潘懋元. 文化传统与高等教育［J］. 中国高等教育，1989（2）.
[218] 潘懋元. 全面深入地认识教育的文化功能［J］. 教育研究，1996（11）.
[219] 娄杰. 儒学与海峡两岸的文化根基［J］. 台湾研究，1997（1）.
[220] 刘海峰. 变革中的台湾大学联考制度［J］. 中国高校招生，1993（1）、（2）、（3）.
[221] 陈克琛，陈燕祯等. 多元入学方案下国三学生学习压力及焦虑倾向之探讨［J］. 民意研究季刊（台湾），2001（总 216）.

[222] 杨国枢，叶启政．升学主义下的教育问题 [S]．载于杨国枢，叶启政主编．台湾的社会问题（新编 1984 年版）．台北：巨流图书公司，1984.
[223] 王家通．论教育机会的均等与公平——以概念分析为中心 [J]．教育政策论坛（台湾），1998（8）.
[224] 赖弥荣．从学生背景之分析探讨台湾大学教育均等 [J]．台湾教育辅导月刊（台湾），1982.
[225] 杨李娜．科举学：一门探讨考试发展规律的专学 [J]．现代大学教育，2002（3）.
[226] 刘海峰．论科举的高等教育考试性质 [J]．高等教育研究，1994（2）.
[227] 李钟元．大学多元入学新方案之推广 [J]．台湾教育（台湾省教育学会编），2000（4）.
[228] 郑若玲．科举与自考：从比较到借鉴 [J]．青岛化工学院学报（社会科学版），2001（2）.
[229] 刘海峰．科举制是否有值得借鉴之处 [J]．教育研究与实验，1987（3）.
[230] 刘海峰．科举制长期存在原因析论 [J]．厦门大学学报（哲社版），1997（4）.
[231] 萧咏太．感性的多元入学方案 [J]．选才（台湾大学入学考试中心通讯），（总 82）.
[232] 史策．还是坚持大学入学统一考试好——关于台湾“大学多元入学方案”的介绍与思考 [J]．中国考试，1995（3）、（4）.
[233] 陈果真．高中职五专、技专院校、大学多元入学方案 改良方案大解析 [J]．师说（台湾），2002（总 169）.
[234] 陈果真．教改远景 怎样改良？——多元入学方案何去何从 [J]．师说（台湾），2002（总 168）.
[235] 钱幼兰．弥合多元入学方案之理想面与现实面 [J]．师说（台湾），2002（总 168）.
[236] 徐明珠．从生涯发展观点谈大学多元入学方案 [J]．政策论坛（台湾），2002（3）.
[237] 杨朝祥．多元入学方案面面观 [J]．政策论坛（台湾），2002（创刊号）.

[238] 洪仁进，简成熙，徐振邦，朱盈洁．台湾升学机制及升学竞争之简介 [J]．教育研究资讯（台湾），1999 (6).

[239] 高建民，周愚文，黄烈修．大陆各级学校的招生制度 [J]．教育研究资讯（台湾），1999 (6).

[240] 杨李娜．中国传统文化对台湾大学入学考试改革的影响 [J]．宁波大学学报（教育科学版），2004 (2).

[241] 杨李娜．日本大学入学考试中的推荐入学制研究 [J]．湖北招生考试（理论版），2004 (2) 下半月．

[242] 杨李娜．台湾的大学多元入学考试 [J]．复旦教育论坛，2004 (5).

[243] 杨李娜．浅析台湾的大学多元入学方案 [J]．台湾研究集刊，2005 (2).

[244] 杨李娜．台湾大学多元入学考试制度的若干特点 [J]．教育评论，2005 (1).

[245] 杨李娜．台湾高等技职院校入学制度改革述评 [J]．深圳职业技术学院学报，2005 (1).

[246] 杨李娜．台湾的大学入学考试制度的创立与实施 [J]．漳州师范学院学报（哲社版），2004 (4).

[247] 杨李娜．民国时期的大学招考制度及其影响 [J]．漳州师范学院学报（哲社版），2005 (4).

[248] 杨李娜．台湾的大学推荐甄选入学制度评价 [J]．湖北招生考试（理论版），2004 (12) 下半月．

[249] 杨李娜．台湾的大学入学招生机构演变 [J]．湖北招生考试（理论版），2006 (4) 下半月．

[250] 杨李娜．台湾的大学多元入学考试制度的变革及其启示 [J]．江苏高教，2005 (5).

[251] 杨思伟．日本升学机制之研究 [J]．教育研究资讯（台湾），1999 (6).

[252] 张希哲．拾肆：论大专入学考试之改进 [M]．张希哲．高等教育的理想与实际．台中：逢甲大学出版，1968.

[253] 厦门大学高等教育科学研究所主办．台湾高等教育研讨会会议论文资料 [C]．1991 年 6 月．

[254] 杨极东．辅导工作的内涵与实施 [M]．载于大学·教育·人生．台

北：桂冠图书股份有限公司，1987.
[255] 方炎明，吴怡萱. 高中多元入学方案机制之探讨 [J]. 台湾教育（台湾），2002 (3).
[256] 许泰益. 高级中学多元入学方案之规划与实施 [J]. 台湾教育（台湾），2000 (4).
[257] 吴俊宪. 高中多元入学的争议与检讨 [J]. 台湾教育（台湾），2001 (5).
[258] 黄政杰. 技职校院入学制度的改革 [J]. 台湾教育（台湾），2000 (4).
[259] 张锡动. 2001 学年度高中高职五专多元入学方案简介与评析. 台湾教育（台湾），2001 (3).
[260] 刘有鹏. 台湾“大学多元入学新方案”及其借鉴 [J]. 中国考试，2001 (10).
[261] 韩家勋. 我国台湾大学入学考试改革概述 [J]. 课程·教材·教法，1997 (10).
[262] 谢燕平. 台湾地区大学入学考试改革方案简介 [J]. 中国考试，1996 (1).
[263] 刘昕. 由台湾高校招生考试变迁引发的思考 [J]. 中国考试，2000 (7).
[264] 台湾高中多元入学方案的成败在于观念更新与政策配套 [J]. 世界教育信息（北京），2002 (2).
[265] 吴丽卿. 我国台湾省大学联考制度述评 [J]. 福建高教研究，1984 (1).
[266] 田建荣. 高考形式与科目改革 [J]. 高等教育研究，2000 (4).
[267] 导航文教基金会主办. 大学联考新制的回顾与前瞻 [J]. 教育资料文摘（台湾），1985 (总 85).
[268] 周愚文. 影响我国近百年教育发展的重要教育改革述评 [M]. 跨世纪教育的回顾与前瞻. 台北：扬智文化事业股份有限公司，2000.
[269] 周祝瑛. 海峡两岸高等教育改革之研究 [M]. 新世纪的教育挑战与各国因应策略. 台北：扬智文化事业股份有限公司，2000.
[270] 中国大陆高等教育招生制度改革动向之研究 [M]. 迈向二十一世纪之教育改革. 台北：师大书苑有限公司，1993.

四、外文部分

[271] Max A. Eckstein & Harold J. Noah (Ed.). (1992) Examinations: comparative and international studies [M]. Pergamon Press plc.

[272] J. C. Mathews. (1985) Examinations: a commentary [M]. George Allen & Unwin Ltd.

五、网络资料

[273] 台湾地区教育事务主管部门网站: http://www.edu.tw.

[274] 台湾地区大学入学考试中心网站: http://www.ceec.edu.tw.

[275] 台湾地区大学招生委员会联合会网站: http://www.jbcrc.edu.tw/.

[276] "哈学网——大学多元入学保固站"网站: http://w3.mingdao.edu.tw/ceec/index.html.

[277] 台湾地区教育事务主管部门统计处网站: http://www.edu.tw/EDU_WEB/Web/STATISTICS/index.php.

[278] 台湾地区大学甄选入学委员会网站: http://www.caac.ccu.edu.tw.

[279] 台湾地区大学入学考试分发委员会网站: http://www.uac.edu.tw.

[280] 来电网网址: http://www.jbcre.edu.tw/info/c3.htm.

[281] 台湾地区教育事务主管部门高等教育司网站: http://www.edu.tw/EDU_Web/Web/HIGH/.

[282] 台湾术科考试委员会联合会网站: http://www.cape.edu.tw.

[283] "谷歌"搜索网站: http://www.google.com.

[284] 张明辉. 新世纪教育改革的挑战与展望 [J/OL]. 网址: http://web.ed.ntnu.edu.tw/~minfei/artical(eduadmin)-6.html.

[285] 吴清基. 迎接新世纪的教育改革 [J/OL]. 网址: http://www.tvc.ntnu.edu.tw/other/1.htm.

[286] 黄政杰. 台湾教育改革的政策方向 [J/OL]. 网址: http://www.epa.ncnu.edu.tw/epforum/vol3nol/5-2.htm.

[287] 台湾大学入学考试中心编辑. 2002 学年大学多元入学方案——种子教师手册 (再版) [J/OL]. 转引自大学多元入学保固站——哈学网, 网址: http://w3.mingdao.edu.tw/ceec/index.html.

[288] 台湾大学入学考试中心编辑. 认识学科能力测验——前言 [J/OL].

选自哈学网——大学多元入学保固站，网址：http://w3.mingdao.edu.tw/ceec/index.html.
[289] “2001年教育改革之检讨与改进会议”——“畅通升学管道”子题分项报告书草案之议题：“A.整备教育环境”[J/OL].转引自台湾教育事务主管部门网站：http://www.edu.tw.
[290] 台湾教育事务主管部门新闻稿.关于2003及2004学年以后大学多元入学改进方案及配套措施[J/OL].转引自网站：http://www.edu.tw/university/importance/910821-5.htm(2002年8月21日).
[291] 台湾教育事务主管部门主办.2003学年度大学多元入学说明会[J/OL].第16页，转引自网站：http://www.ceec.edu.tw（2002年11月12日).
[292] 李佳玲，萧次融.推甄数据谈2000学年度大学推荐甄选入学[J/OL].选才（台湾大学入学考试中心通讯)，2000（75).转引自网站：http://www.ceec.edu.tw/magazine/75-5.htm.
[293] 多元智慧理论及其教育意义[J/OL].网址：http://soft.pces.tpc.edu.tw/join/other/L120493716/theory/mi.htm.
[294] 简茂发.多元化评量之理念与方法[J/OL].网址：http://www.bctest.ntnu.edu.tw/betweenus2-1.htm.
[295] 唯智功绩主义与正义主义之冲突：台湾升学主义改革的两难困境与挑战（摘要）[J/OL].转引自网站：http://www.sinica.edu.tw/as/survey/srda/abstract/e87129.htm.
[296] 台湾教育事务主管部门“2001年教育改革之检讨与改进会议”——“畅通升学管道”子题分项报告书草案[J/OL].转引自网站：http://www.edu.tw(2001年11月29日).
[297] 曹亮吉.入学制度（教改会第七次委员会议引言）[J/OL].载于网站：http://www.sinica.edu.tw/info/edu-reform/farea8/j06/05.html.

再版后记

今年上半年接到华中师范大学出版社要再版我的专著《台湾地区大学入学考试制度研究》的消息，我很高兴也很忐忑。高兴的是本书能够再版，列入“高考改革研究丛书”，忐忑的是这次对书中的内容没有做更大的变动和修改。

21世纪开始，台湾地区实施多元化的大学入学考试制度，在本书的初版中有专门的章节进行研究，本次再版仍然保留原书的内容和结构。修改的内容有：补充了近年来的最新资料和数据；增补了“附录”中2008年以来的国文科作文试题；新增了2007年以来多元入学考试报名、招生录取、大学院校的数据；统一了全书的内容及有关名称。

本书再版之际，我要感谢我的导师刘海峰教授，老师的严谨治学、专注科举和考试理论研究的精神，时刻激励着我。我在教学和研究中，也努力将所学的理论知识与实际相结合，从2008年开始给闽南师范大学课程与教学论专业的研究生开设了“教育评价与考试专题研究”的选修课程，在教育教学中实践考试和教育评价的理论。结合本职工作，对台湾地区的研究生考试入学制度、职业技术院校入学考试制度等进行探讨。

同时，感谢在厦门大学教育研究院学习期间同窗好友的鼓励和鞭策！感谢华中师范大学出版社冯会平老师耐心、周到的服务，对本书再版多次与我交流、沟通有关出版事宜！感谢责任编辑程继松老师认真负责的工作！感谢我的先生潘新平、儿子潘重杨对我的研究和学习的大力支持！感谢家人和父母对我的关爱！

我还将继续有关台湾地区大学入学考试的系统研究，书中的缺点、不足一定不少，恳请专家、学者不吝赐教，不胜感谢。

杨李娜

于福建漳州白鹭园

2016年11月23日